Géograp...

France et Europe : dynamiques des territoires dans la mondialisation

Sous la direction de

Anne GASNIER

professeur d'histoire-géographie au lycée Marguerite-Yourcenar au Mans

Fanny MAILLO-VIEL

professeur d'histoire-géographie au lycée Christophe-Colomb à Sucy-en-Brie

Auteurs

Valérie BODINEAU, Prag à l'université de Nantes, ESPÉ de l'académie de Nantes

Thomas GANGNEUX, professeur de géographie en classes préparatoires au lycée Descartes à Tours

Renaud LE GOIX, professeur des universités, faculté de géographie Paris VII-Diderot

Nicolas MARICHEZ, professeur d'histoire-géographie au lycée Anatole-France à Lillers

Julien PICOLLIER, chargé de cours à l'université de Chambéry

Philippe REKACEWICZ, journaliste et cartographe

Emmanuelle RUIZ, professeur d'histoire-géographie à la cité scolaire de Mamers

Estelle UGINET, professeur d'histoire-géographie au collège Maria-Casares à Rillieux-la-Pape

Youns ZRAEZAE, professeur d'histoire-géographie au lycée Jean Macé à Vitry-sur-Seine

hachette
ÉDUCATION

Programme SÉRIE ES/L

France et Europe : dynamiques des territoires dans la mondialisation

Bulletin officiel n° 9 du 30 septembre 2010
(dont aménagements apportés au J.O. du 15 décembre 2012).

Thème 1 – Comprendre les territoires de proximité (11-12 heures)

Question	Mise en œuvre
Approches des territoires du quotidien	Étude de cas : – Un aménagement choisi dans un territoire proche du lycée. Acteurs et enjeux de l'aménagement des territoires.
La région, territoire de vie, territoire aménagé	Étude de cas : – La région où est situé le lycée. La place et le rôle des régions en France et dans un autre pays européen.

Thème 2 – Aménager et développer le territoire français (24-26 heures)

Question	Mise en œuvre
Valoriser et ménager les milieux	Étude de cas : – La gestion durable d'un milieu. Potentialités et contraintes du territoire français (ultramarin compris).
La France en villes	Mouvements de population, urbanisation et métropolisation. Aménager les villes : réduire les fractures sociales et spatiales. Entre attractivité urbaine et nouvelles formes de développement : les espaces ruraux.
Les dynamiques des espaces productifs dans la mondialisation	Étude de cas : – Un territoire de l'innovation. Dynamiques de localisation des activités et mondialisation.
Mobilités, flux et réseaux de communication dans la mondialisation	Étude de cas : – Roissy : plate-forme multimodale et hub mondial. La connexion inégale du territoire français à l'Europe et au monde par les réseaux de transport et le numérique.

Thème 3 – L'Union européenne : dynamiques de développement des territoires (11-12 heures)

Question	Mise en œuvre
De l'espace européen aux territoires de l'Union européenne	L'Union européenne : frontières et limites ; une union d'États à géométrie variable. Disparités et inégalités socio-spatiales : l'action de l'Union européenne sur les territoires.
Les territoires ultramarins de l'Union européenne et leur développement	Étude de cas : – Le développement d'un territoire ultramarin : entre Union européenne et aire régionale. Discontinuités, distances, insularité, spécificités socio-économiques.

Thème 4 – France et Europe dans le monde (11-12 heures)

Question	Mise en œuvre
L'Union européenne dans la mondialisation	L'Union européenne, acteur et pôle majeurs de la mondialisation. Une façade maritime mondiale : la « Northern Range ».
La France dans la mondialisation	La présence française dans le monde. Paris, ville mondiale.

En géographie, comme en histoire, le programme a été conçu pour être traité dans un horaire annuel de 57 à 62 heures.

Sommaire SÉRIE ES/L

Thème 1
Comprendre les territoires de proximité
16-17
(11-12 heures)

Chapitre 1
Approches des territoires du quotidien 18-19

Fiche méthode
Comment étudier un aménagement dans
un territoire proche du lycée ? 20-21

Fiche méthode, *étude de cas* 1
Comment étudier un aménagement de proximité lié
au transport ? L'exemple du tramway de Grenoble 22-23

Fiche méthode, *étude de cas* 2
Comment étudier un aménagement de proximité lié
à l'urbanisme ? L'exemple de l'écoquartier Parc Marianne
de Montpellier 24-25

Fiche méthode, *étude de cas* 3
Comment étudier un aménagement de proximité
lié au développement économique ?
L'exemple du complexe ciné-théâtre du Mans 26-27

Cartes
Des aménagements à toutes les échelles :
du territoire de proximité au territoire national 28-29

Cours 1
Les acteurs de l'aménagement des territoires 30-31

Cours 2
Les enjeux de l'aménagement des territoires 32-33

Prépabac
Étude critique de documents 34-35

Prépabac
Production graphique 36-37

Prépabac
Composition 38

TICE
Préparer un débat à l'aide des sites d'acteurs
de l'aménagement 39

Fiche de révision 40-41

Chapitre 2
La région, territoire de vie, territoire aménagé 42-43

Fiche méthode 1
Comment étudier la région dans laquelle est situé votre lycée
dans le cadre de la réforme de 2015 ?
*La région dans laquelle se situe votre lycée a connu
une modification territoriale* 44-45

Fiche méthode 2
Comment étudier la région dans laquelle est situé votre lycée
dans le cadre de la réforme de 2015 ?
*La région dans laquelle se situe votre lycée n'a pas connu
de modification territoriale* 46-47

Étude de cas 1
La région Île-de-France, la région-capitale 48-51

Bilan étude de cas 1 52-53

Étude de cas 2
La région Auvergne et Rhône-Alpes :
une nouvelle organisation pour une nouvelle région 54-57

Bilan étude de cas 2 58-59

Étude de cas flash
Comment la région Bretagne concilie-t-elle sa forte identité
et l'ouverture à la mondialisation ? 60-61

Cartes
Les régions en France et dans l'UE 62-63

Cours 1
La région en France, un territoire de vie en mutation 64-65

Cours 2
La région en France, un acteur majeur du développement
des territoires 66-67

Cours 3
Une place et un rôle renforcés des régions au sein de l'UE 68-69

Exemple
La Bavière, un modèle régional différent
des régions françaises ? 70-71

Prépabac
Étude critique de documents 72-75

Prépabac
Production graphique 76-77

Prépabac
Composition 78

TICE
Utiliser un site institutionnel 79

Fiche de révision 80-81

Études de cas transversales
294-295

Étude de cas transversale 1 (chapitres 2 et 3)
Aquitaine, Limousin et Poitou-Charentes,
une région à développer durablement 296-299

Bilan de l'étude de cas transversale 1 300-301

Étude de cas transversale 2 (chapitres 2 et 5)
Alsace, Champagne-Ardenne et Lorraine,
une nouvelle région en quête d'innovation 302-305

Bilan de l'étude de cas transversale 2 306-307

Étude de cas transversale 3 (chapitres 2 et 8)
La Réunion, une région française
et un territoire ultramarin de l'UE 308-311

Bilan de l'étude de cas transversale 3 312-313

Sommaire SÉRIE ES/L

Thème 2
Aménager et développer le territoire français

Chapitre 3
Valoriser et ménager les milieux 84-85

Étude de cas
Le Mercantour, entre exploitation et protection du milieu 86-89

Bilan étude de cas 90-91

Étude de cas flash
Comment concilier mise en valeur industrialo-portuaire
   et protection du milieu dans l'estuaire de la Seine ? 92-93

Cartes
Vers une gestion durable des milieux en France 94-95

Cours 1
Des milieux valorisés et aménagés 96-97

Cours 2
Des contraintes à maîtriser 98-99

Cours 3
Gérer durablement les milieux 100-101

Prépabac
Étude critique de documents 102-105

Prépabac
Production graphique 106-107

Prépabac
Composition 108-109

Fiche de révision 110-111

Chapitre 4
La France en villes 112-113

Cartes
Un territoire dynamisé par l'urbanisation 114-115

Cours 1
La croissance urbaine et ses conséquences 116-117

Cours 2
Des politiques de la ville en mutation 118-119

Cours 3
Les nouvelles formes de développement
   des espaces ruraux 120-121

Exemple 1
Quelles sont les conséquences de la forte
   attractivité de Bordeaux ? 122-123

Exemple 2
Comment réduire les fractures sociales
   et spatiales à Lille ? 124-125

Exemple 3
Comment les espaces ruraux corses profitent-ils
   du dynamisme des villes ? 126-127

Prépabac
Étude critique de documents 128-131

Prépabac
Production graphique 132-133

Prépabac
Composition 134

TICE
Utiliser un globe virtuel 135

Fiche de révision 136-137

Études de cas transversales

Étude de cas transversale 1 (chapitres 2 et 3)
Aquitaine, Limousin et Poitou-Charentes,
   une région à développer durablement 296-299

Bilan de l'étude de cas transversale 1 300-301

Étude de cas transversale 2 (chapitres 2 et 5)
Alsace, Champagne-Ardenne et Lorraine,
   une nouvelle région en quête d'innovation 302-305

Bilan de l'étude de cas transversale 2 306-307

Chapitre 5
Les dynamiques des espaces productifs dans la mondialisation 138-139

Étude de cas
Le pôle Pass : un territoire de l'innovation
au cœur de la Provence 140-143
Bilan étude de cas 144-145
Étude de cas 1 `flash`
Pourquoi le pôle de compétitivité Aerospace Valley
est-il un territoire d'innovation dynamique ? 146-147
Étude de cas 2 `flash`
Le pôle de compétitivité UP-Tex peut-il transformer
le nord de la France en territoire de l'innovation ? 148-149
Cartes 1
Les espaces industriels de la France 152-153
Cartes 2
Les espaces agricoles de la France 154
Cartes 3
Les espaces tertiaires de la France 155
Cours 1
Les dynamiques de localisation des activités
encouragées par la mondialisation 156-157
Cours 2
Une nouvelle organisation de l'espace
économique français 158-159
Cours 3
Une inégale adaptation des territoires
productifs à la mondialisation 160-161
Prépabac
Étude critique de documents 162-165
Prépabac
Production graphique 166-167
Prépabac
Composition 168-169
Fiche de révision 170-171

Chapitre 6
Mobilités, flux et réseaux de communication dans la mondialisation 172-173

Étude de cas
Roissy : un hub aéroportuaire entre dynamisme local
et affirmation mondiale 174-177
Bilan étude de cas 178-179
Cartes
La connexion du territoire français
à l'Europe et au monde 180-181
Cours 1
La France, carrefour européen et mondial 182-183
Cours 2
Des territoires inégalement intégrés 184-185
Cours 3
Les réseaux, outil de développement des territoires 186-187
Exemple
La ligne TGV Paris-Barcelone, un outil de développement
pour le Sud-Ouest de la France ? 188-189
Prépabac
Étude critique de documents 190-193
Prépabac
Production graphique 194-195
Prépabac
Composition 196
TICE
Utiliser un SIG (Géoportail) 197
Fiche de révision 198-199

Étude de cas transversale 3 (chapitres 2 et 8)
La Réunion, une région française
et un territoire ultramarin de l'UE 308-311
Bilan de l'étude de cas transversale 3 312-313

82-83
(24-26 heures)

294-295

Sommaire SÉRIE ES/L

Thème 3

L'Union européenne : dynamiques de développement des territoires 200-201

(11-12 heures)

Chapitre 7
De l'espace européen aux territoires
de l'Union européenne 202-203

Cartes
L'Union européenne, une union d'États
    à géométrie variable 204-205

Cours 1
L'Union européenne : frontières et limites 206-207

Cours 2
L'action de l'UE pour concilier cohésion et compétitivité
    des territoires 208-209

Exemple 1
Quelle est la place du Royaume-Uni dans une Europe
    à géométrie variable ? 210-211

Exemple 2
Comment les frontières se recomposent-elles
    au sein de l'Union européenne ? 212-213

Exemple 3
Quels sont les effets de la politique de cohésion
    de l'UE en Roumanie ? 214-215

Prépabac
Étude critique de documents 216-219

Prépabac
Production graphique 220-221

Prépabac
Composition 222-223

Fiche de révision 224-225

Chapitre 8
Les territoires ultramarins de l'Union européenne
et leur développement 226-227

Étude de cas
La Martinique, un territoire européen en Amérique 228-231
Bilan étude de cas 232-233

Étude de cas flash
Comment les îles Canaries s'intègrent-elles
    à l'UE et à leur aire régionale ? 234-235

Cartes
Les territoires ultramarins de l'UE
    et leur développement 236-237

Cours 1
Des territoires européens lointains et discontinus 238-239

Cours 2
Des territoires spécifiques au sein de l'UE 240-241

Cours 3
Des territoires partagés entre Union européenne
    et aire régionale 242-243

Prépabac
Étude critique de documents 244-245

Prépabac
Production graphique 246-247

Prépabac
Composition 248

TICE
Traiter des données par cartographie interactive 249

Fiche de révision 250-251

Études de cas transversales

Étude de cas transversale 1 (chapitres 2 et 3)
Aquitaine, Limousin et Poitou-Charentes,
    une région à développer durablement 296-299
Bilan de l'étude de cas transversale 1 300-301

Étude de cas transversale 2 (chapitres 2 et 5)
Alsace, Champagne-Ardenne et Lorraine,
    une nouvelle région en quête d'innovation 302-305
Bilan de l'étude de cas transversale 2 306-307

Thème 4
France et Europe dans le monde

Chapitre 9
L'Union européenne dans la mondialisation 254-255

Cartes
L'Union européenne dans la mondialisation 256-257

Cours 1
L'Union européenne,
pôle majeur dans la mondialisation 258-259

Cours 2
Une façade maritime : la Northern Range 260-261

Exemple 1
Comment l'Union européenne conforte-t-elle sa place
de géant commercial dans le monde ? 262-263

Exemple 2
Comment le port d'Hambourg connecte-t-il
l'Union européenne au monde ? 264-265

Prépabac
Étude critique de documents 266-267

Prépabac
Production graphique 268-269

Prépabac
Composition 270-271

Fiche de révision 272-273

Chapitre 10
La France dans la mondialisation 274-275

Cartes
La France et Paris dans le monde 276-277

Cours 1
La puissance de la France dans le monde 278-279

Cours 2
Paris, ville mondiale 280-281

Exemple 1
Comment Renault participe-t-elle à la puissance
de la France dans la mondialisation ? 282-283

Exemple 2
Comment les aménagements du Grand Paris
renforcent-ils sa place dans la mondialisation ? 284-285

Prépabac
Étude critique de documents 286-287

Prépabac
Production graphique 288-289

Prépabac
Composition 290-291

Fiche de révision 292-293

Étude de cas transversale 3 (chapitres 2 et 8)
La Réunion, une région française
et un territoire ultramarin de l'UE 308-311

Bilan de l'étude de cas transversale 3 312-313

Lexique 314-316
Crédit photo 317
Atlas 318-320

France et Europe : dynamiques des territoires dans la mondialisation

Bulletin officiel n° 9 du 30 septembre 2010
(dont aménagements apportés au J.O. du 23 janvier 2013).

Thème 1 – Comprendre les territoires de proximité (7-8 heures)

Question	Mise en œuvre
Approches des territoires du quotidien	**Au choix**, une étude de cas sur les deux proposées : – Un aménagement choisi dans un territoire proche du lycée. – La région où est situé le lycée. Acteurs et enjeux de l'aménagement des territoires.

Thème 2 – Aménager et développer le territoire français (16-17 heures)

Question	Mise en œuvre
Valoriser et ménager les milieux	Potentialités et contraintes du territoire français (ultramarin compris).
La France en villes	Mouvements de population, urbanisation et métropolisation. Nouvelles formes de développement des espaces ruraux. Aménager les villes : réduire les fractures sociales et spatiales.
Les dynamiques des espaces productifs dans la mondialisation	**Au choix**, une étude de cas sur les trois proposées : – Roissy : plate-forme multimodale et hub mondial. – Un territoire de l'innovation. – Un espace de production agricole. Dynamiques de localisation des activités et mondialisation.

Thème 3 – L'Union européenne et la France dans le monde (13-14 heures)

Question	Mise en œuvre
Les territoires de l'Union européenne	L'Union européenne : frontières et limites ; disparités et inégalités socio-spatiales. Étude de cas : – Le développement d'un territoire ultramarin : entre Union européenne et aire régionale.
L'Union européenne et la France dans la mondialisation	L'Union européenne : acteur et pôle majeurs de la mondialisation. La présence française dans le monde. Un territoire d'intégration de la France et de l'Union européenne au monde. **Au choix**, une étude de cas sur les deux proposées : – Paris, ville mondiale. – Une façade maritime mondiale : la « Northern Range ».

En géographie comme en histoire le programme est conçu pour être traité dans un horaire annuel de 36 à 39 heures.

Sommaire SÉRIE S

Thème 1
Comprendre les territoires de proximité

(7-8 heures)

Chapitre 1
Approches des territoires du quotidien

Fiche méthode 1
Comment étudier un aménagement dans
un territoire proche du lycée ? 20-21

Fiche méthode, *étude de cas* 1
Comment étudier un aménagement de proximité lié
au transport ? L'exemple du tramway de Grenoble 22-23

Fiche méthode, *étude de cas* 2
Comment étudier un aménagement de proximité lié
à l'urbanisme ? L'exemple de l'écoquartier Parc Marianne
de Montpellier 24-25

Fiche méthode, *étude de cas* 3
Comment étudier un aménagement de proximité
lié au développement économique ?
L'exemple du complexe ciné-théâtre du Mans 26-27

Fiche méthode 2
Comment étudier la région dans laquelle est situé votre lycée
dans le cadre de la réforme de 2015 ?
*La région dans laquelle se situe votre lycée a connu
une modification territoriale* 44-45

Fiche méthode 3
Comment étudier la région dans laquelle est situé votre lycée
dans le cadre de la réforme de 2015 ?
*La région dans laquelle se situe votre lycée n'a pas connu de
modification territoriale* 46-47

Étude de cas 1
La région Île-de-France, la région-capitale 48-51

Bilan étude de cas 1 52-53

Étude de cas 2
La région Auvergne et Rhône-Alpes : une nouvelle organisation
pour une nouvelle région 54-57

Étude de cas 3
Aquitaine, Limousin et Poitou-Charentes, comment la nouvelle
région peut-elle faire face au double défi de la compétitivité
et de la cohésion ? 296-297

Étude de cas flash
Comment la région Bretagne concilie-t-elle sa forte identité
et l'ouverture à la mondialisation ? 60-61

Cartes
Des aménagements à toutes les échelles :
du territoire de proximité au territoire national 28-29

Cartes
Les régions en France et dans l'UE 62-63

Cours 1
Les acteurs de l'aménagement des territoires 30-31

Cours 2
Les enjeux de l'aménagement des territoires 32-33

Prépabac
Analyse de documents .... 34-35 et 72-75

Prépabac
Production graphique .... 36-37 et 76-77

Prépabac
Composition 38

TICE
Utiliser un site institutionnel 79

Fiche de révision 40-41

Études de cas transversales

Étude de cas transversale 1 (chapitres 1 et 4)
Alsace, Champagne-Ardenne et Lorraine,
une nouvelle région en quête d'innovation 302-305

Bilan de l'étude de cas transversale 1 306-307

Étude de cas transversale 2 (chapitres 1 et 5)
La Réunion, une région française
et un territoire ultramarin de l'UE 308-311

Bilan de l'étude de cas transversale 2 312-313

Sommaire SÉRIE S

Thème 2
Aménager et développer le territoire français

(16-17 heures)

Chapitre 2
Valoriser et ménager les milieux

Cartes
Vers une gestion durable des milieux en France 94-95

Cours 1
Des milieux valorisés et aménagés 96-97

Cours 2
Des contraintes à maîtriser 98-99

Cours 3
Gérer durablement les milieux 100-101

Exemple 1
Le Mercantour, entre exploitation et protection du milieu 86-89

Exemple 2
Comment concilier mise en valeur industrialo-portuaire
et protection du milieu dans l'estuaire de la Seine ? 92-93

Exemple 3
Comment gérer durablement la région Aquitaine,
Limousin et Poitou-Charentes ? 298-299

Prépabac
Analyse de documents 102-105

Prépabac
Production graphique 106-107

Prépabac
Composition 108-109

Fiche de révision 110-111

Chapitre 3
La France en villes

Cartes
Un territoire dynamisé par l'urbanisation 114-115

Cours 1
La croissance urbaine et ses conséquences 116-117

Cours 2
Les nouvelles formes de développement
des espaces ruraux 120-121

Cours 3
Des politiques de la ville en mutation 118-119

Exemple 1
Quelles sont les conséquences de la forte
attractivité de Bordeaux ? 122-123

Exemple 2
Comment les espaces ruraux corses profitent-ils
du dynamisme des villes ? 126-127

Exemple 3
Comment réduire les fractures sociales
et spatiales à Lille ? 124-125

Prépabac
Analyse de documents 128-131

Prépabac
Production graphique 132-133

Prépabac
Composition 134

TICE
Utiliser un globe virtuel 135

Fiche de révision 136-137

Chapitre 4
Les dynamiques des espaces productifs dans la mondialisation

Étude de cas
Roissy : un hub aéroportuaire entre dynamisme local
et affirmation mondiale 174-177

Bilan étude de cas 178-179

Étude de cas 1 flash
Pourquoi le pôle de compétitivité Aerospace Valley
est-il un territoire d'innovation dynamique ? 146-147

Étude de cas 2 flash
Le pôle de compétitivité UP-Tex peut-il transformer
le nord de la France en territoire de l'innovation ? 148-149

Étude de cas 3 flash
Comment le vignoble de Champagne s'intègre-t-il
dans la mondialisation ? 150-151

Cartes 1
Les espaces industriels de la France 152-153

Cartes 2
Les espaces agricoles de la France 154

Cartes 3
Les espaces tertiaires de la France 155

Cours 1
Les dynamiques de localisation des activités
encouragées par la mondialisation 156-157

Cours 2
Une nouvelle organisation de l'espace
économique français 158-159

Cours 3
Une inégale adaptation des territoires
productifs à la mondialisation 160-161

Prépabac
Analyse de documents .... 162-165 et 193

Prépabac
Production graphique 166-167

Prépabac
Composition 168-169

Fiche de révision 170-171

Thème 3
L'Union européenne et la France dans le monde

(13-14 heures)

Chapitre 5
Les territoires de l'Union européenne

Étude de cas
La Martinique, un territoire européen en Amérique 228-231

Bilan étude de cas 232-233

Étude de cas flash
Comment les îles Canaries s'intègrent-elles
à l'UE et à leur aire régionale ? 234-235

Cartes
L'Union européenne, une union d'États
à géométrie variable 204-205

Cours 1
L'Union européenne : frontières et limites 206-207

Cours 2
L'action de l'UE pour concilier cohésion et compétitivité
des territoires 208-209

Exemple 1
Comment les frontières se recomposent-elles au sein
de l'Union européenne ? 212-213

Exemple 2
Quels sont les effets de la politique de cohésion
de l'UE en Roumanie ? 214-215

Prépabac
Analyse de documents .... 216-219 et 244-245

Prépabac
Production graphique .... 220-221 et 246-247

Prépabac
Composition .... 222-223 et 248

TICE
Traiter des données par cartographie interactive 249

Fiche de révision 224-225

Chapitre 6
L'Union européenne et la France dans la mondialisation

Cartes
L'Union européenne dans la mondialisation 256-257

Cours 1
L'Union européenne,
pôle majeur dans la mondialisation 258-259

Cours 2
Une façade maritime : la Northern Range 260-261

Exemple 1
Comment l'Union européenne conforte-t-elle
sa place de géant commercial dans le monde ? 262-263

Exemple 2
Comment le port d'Hambourg connecte-t-il
l'Union européenne au monde ? 264-265

Cartes
La France et Paris dans le monde 276-277

Cours 3
La puissance de la France dans le monde 278-279

Cours 4
Paris, ville mondiale 280-281

Exemple 3
Comment les aménagements du Grand Paris
renforcent-ils sa place dans la mondialisation ? 284-285

Prépabac
Analyse de documents .... 266-267 et 286-287

Prépabac
Production graphique .... 268-269 et 288-289

Prépabac
Composition .... 270-271 et 290-291

Fiche de révision 272-273

Études de cas transversales

Étude de cas transversale 1 (chapitres 1 et 4)
Alsace, Champagne-Ardenne et Lorraine,
une nouvelle région en quête d'innovation 302-305

Bilan de l'étude de cas transversale 1 306-307

Étude de cas transversale 2 (chapitres 1 et 5)
La Réunion, une région française
et un territoire ultramarin de l'UE 308-311

Bilan de l'étude de cas transversale 2 312-313

Sommaire Méthode Bac

Étude critique de documents ES/L / Analyse de documents S

🔴▶ Chap. 1

Les gares, des territoires de proximité aménagés 34-35

Les enjeux de l'aménagement des transports urbains 35

🔴▶ Chap. 2

Le Nord-Pas-de-Calais et Picardie,
une nouvelle région à forte cohésion ? 72-73

Centre-Val de Loire, une région en quête d'identité 73

Les enjeux du développement de la région Pays de la Loire ... 74-75

Bourgogne et Franche-Comté, une nouvelle région
à organiser 75

🟢▶ Chap. 3

Les vallées fluviales, des milieux aménagés
exposés aux risques 102-103

Les forêts françaises, des milieux valorisés et préservés 104-105

Les littoraux, des milieux fragiles à valoriser et à protéger 105

🟢▶ Chap. 4

Urbanisation et métropolisation en France 128-129

Les dynamiques des différents espaces urbains en France 129

Les espaces ruraux du Massif central,
des espaces aux dynamiques contrastées 130-131

🟢▶ Chap. 5

Les technopôles, des territoires
de l'innovation 162-163

Les stratégies industrielles de l'Ouest de la France 163

Le Nord de la France, un espace productif
en reconversion 164-165

Les mutations des territoires productifs sous l'effet
de la mondialisation 165

🟢▶ Chap. 6

L'aéroport de Lyon-St-Exupéry,
une plate-forme multimodale performante ? ES/L .. 190-191

La France, un carrefour de flux de marchandises ES/L 192-193

L'aéroport de Roissy, un aéroport intégré
dans la mondialisation 193

🟣▶ Chap. 7

Le contrôle des frontières externes
de l'Union européenne 216-217

Des frontières internes de l'UE encore vivaces 217

L'Union européenne, un territoire marqué
par de fortes inégalités 218-219

🟣▶ Chap. 8

La Réunion, une RUP dépendante de l'UE
et faiblement intégrée à son aire régionale 244

La Polynésie française, entre richesse et pauvreté 245

Les Canaries, un archipel partagé entre UE et aire régionale 245

🔵▶ Chap. 9

Atouts et limites de la puissance commerciale de l'UE 266

La Northern Range, principale façade maritime européenne 267

🔵▶ Chap. 10

La France, un centre d'impulsion dans la mondialisation 286

Les défis du Grand Paris 287

Les savoir-faire de l'étude critique de documents ES/L
Les savoir-faire de l'analyse de documents S

Par type de documents

Étudier un texte	▶ p. 35
Étudier une carte	▶ p. 74
Étudier une photographie	▶ p. 102
Étudier un graphique	▶ p. 128
Étudier une affiche	▶ p. 162
Étudier une carte topographique	▶ p. 191
Étudier un tableau de données chiffrées	▶ p. 192
Étudier un dessin de presse	▶ p. 216

Par compétences

Identifier les notions clés	▶ p. 34
Délimiter l'espace concerné	▶ p. 34
Identifier les documents	▶ p. 72
Identifier les informations	▶ p. 73
Prélever les informations	▶ p. 104
Mobiliser des connaissances	▶ p. 129
Confronter deux documents	▶ p. 219
Critiquer un document	▶ p. 131
Dégager les limites d'un document pour traiter le sujet	▶ p. 131
Rédiger l'introduction	▶ p. 193
Rédiger un paragraphe de l'étude/l'analyse de document	▶ p. 165
Rédiger la conclusion	▶ p. 219
Auto-évaluer l'étude/l'analyse de documents	▶ p. 286

Production graphique

🔴 ▶ **Chap. 1**
Les commerces en France, des aménagements
de développement économique 36-37

🔴 ▶ **Chap. 2**
La Normandie, une nouvelle région
aux fortes complémentarités 76
Languedoc-Roussillon et Midi-Pyrénées,
une région puissante à consolider 77

🟢 ▶ **Chap. 3**
La valorisation et la gestion durable
des milieux montagnards français 106-107
La valorisation et la gestion durable des littoraux français 107

🟢 ▶ **Chap. 4**
Urbanisation et métropolisation en France 132-133

🟢 ▶ **Chap. 5**
Les dynamiques des espaces productifs français
dans la mondialisation 166-167

🟢 ▶ **Chap. 6**
Le rôle des réseaux de transport dans l'intégration
de la France métropolitaine à la mondialisation ES/L
.... 194-195

🟣 ▶ **Chap. 7**
Inégalités régionales et politique de cohésion
de l'Union européenne 220-221

🟣 ▶ **Chap. 8**
La Guadeloupe, un territoire entre dépendance
et intégration 246-247

🔵 ▶ **Chap. 9**
Une façade maritime mondiale : la Northern Range 268-269

🔵 ▶ **Chap. 10**
Paris, une ville mondiale en mutation 288

Composition

🔴 ▶ **Chap. 1**
En quoi le territoire étudié en classe est-il un territoire
du quotidien aménagé ? 38

🔴 ▶ **Chap. 2**
Place et rôle des régions en France 78
Les enjeux de la réforme des régions
en France métropolitaine 78

🟢 ▶ **Chap. 3**
La gestion durable des milieux en France
(territoires ultramarins compris) 108-109

🟢 ▶ **Chap. 4**
La France en villes : urbanisation, métropolisation et fractures
socio-spatiales 134

🟢 ▶ **Chap. 5**
Mutations des espaces productifs français
et mondialisation 168-169

🟢 ▶ **Chap. 6**
Le rôle des réseaux de transport terrestres
dans l'organisation du
territoire métropolitain français ES/L 196

🟣 ▶ **Chap. 7**
L'Union européenne, une association d'États « à la carte » ? 222

🟣 ▶ **Chap. 8**
Le développement de la Martinique,
entre Union européenne et aire régionale 248

🔵 ▶ **Chap. 9**
Forces et faiblesses de l'Union européenne
dans la mondialisation 270-271

🔵 ▶ **Chap. 10**
La France, une puissance mondiale ? 290-291

Les savoir-faire de la production graphique

Identifier les notions clés	p. 76
Délimiter l'espace concerné	p. 76
Identifier croquis et schéma	p. 36
Mobiliser des connaissances	p. 106
Construire une légende	p. 132
Formuler les titres de la légende	p. 167
Choisir des figurés	p. 194
Cartographier des données quantifiées	p. 246
Choisir la nomenclature	p. 221
Présenter le croquis	p. 77
Auto-évaluer la production graphique	p. 288

Les savoir-faire de la composition

Identifier les notions clés	p. 38
Délimiter l'espace concerné	p. 38
Choisir une problématique	p. 78
Construire un plan	p. 108
Rédiger une introduction	p. 134
Rédiger un paragraphe de la composition	p. 169
Travailler les transitions	p. 196
Illustrer la composition par des exemples précis	p. 222
Intégrer des schémas dans une composition	p. 223
Rédiger une conclusion	p. 248
Auto-évaluer la composition	p. 290

Épreuve obligatoire d'histoire-géographie du baccalauréat général, séries Économique et Sociale et Littéraire
BO spécial n° 7 du 6 octobre 2011

Épreuve écrite

Série ES, durée 4 heures, coefficient 5
Série L, durée 4 heures, coefficient 4
L'épreuve écrite d'histoire-géographie porte sur le programme de la classe de terminale des séries ES et L. Les modalités de l'épreuve sont communes à ces deux séries.

Objectifs de l'épreuve

L'épreuve a pour objectif d'évaluer l'aptitude du candidat à :
- mobiliser, au service d'une réflexion historique et géographique, des connaissances fondamentales pour la compréhension du monde et la formation civique et culturelle du citoyen ;
- rédiger des réponses construites et argumentées, montrant une maîtrise correcte de la langue ;
- exploiter, organiser et confronter des informations ;
- analyser des documents de sources et de natures diverses et à en faire une étude critique ;
- comprendre, interpréter et pratiquer différents langages graphiques.

Structure de l'épreuve

L'épreuve est composée de deux parties. Sa durée totale est de quatre heures dont l'utilisation est laissée à la liberté du candidat, même s'il lui est conseillé de consacrer environ deux heures et demie à la première partie.
Dans la première partie, le candidat rédige une composition en réponse à un sujet d'histoire ou de géographie.
La deuxième partie se compose d'un exercice portant sur la discipline qui ne fait pas l'objet de la composition :
- en histoire, une étude critique d'un ou de deux document(s) ;
- en géographie, soit une étude critique d'un ou de deux document(s), soit une production graphique (réalisation d'un croquis ou d'un schéma d'organisation spatiale d'un territoire).

Nature des exercices

1. La composition

Le candidat traite un sujet au choix parmi deux proposés dans la même discipline. Pour traiter le sujet choisi, en histoire comme en géographie :
- il montre qu'il sait analyser un sujet, qu'il maîtrise les connaissances nécessaires et qu'il sait les organiser ;
- il rédige un texte comportant une introduction (dégageant les enjeux du sujet et comportant une problématique), plusieurs parties structurées et une conclusion ;
- il peut y intégrer une (ou des) productions(s) graphique(s).
Le libellé du sujet peut prendre des formes diverses : reprise partielle ou totale d'intitulés du programme, question ou affirmation ; la problématique peut être explicite ou non.

2. L'étude critique de document(s) ou production graphique (réalisation d'un croquis ou d'un schéma d'organisation spatiale d'un territoire)

L'exercice d'étude critique de document(s), en histoire comme en géographie, comporte un titre, un ou deux document(s) et, si nécessaire, des notes explicatives. Il est accompagné d'une consigne visant à orienter le travail du candidat.
En géographie, un exercice d'un autre type peut être proposé : la réalisation d'un croquis ou d'un schéma d'organisation spatiale d'un territoire.

2.1 En histoire, l'étude critique d'un ou de deux document(s) Cette étude doit permettre au candidat de rendre compte du contenu du ou des document(s) proposé(s) et d'en dégager ce qu'il(s) apporte(nt) à la compréhension des situations, des phénomènes ou des processus historiques évoqués. Le candidat doit mettre en œuvre les démarches de l'étude de document en histoire :
- en dégageant le sens général du ou des document(s) en relation avec la question historique à laquelle il(s) se rapporte(nt) ;
- en montrant l'intérêt et les limites éventuelles du ou des document(s) pour la compréhension de cette question historique et en prenant la distance critique nécessaire ;
- en montrant, le cas échéant, l'intérêt de la confrontation des documents.

2.2 En géographie deux types d'exercices peuvent être proposés
- **soit l'étude critique d'un ou de deux document(s) :** Cette étude doit permettre au candidat de rendre compte du contenu du ou des document(s) proposé(s) et d'en dégager ce qu'il(s) apporte(nt) à la compréhension des situations, des phénomènes ou des processus géographiques évoqués.
Le candidat doit mettre en œuvre les démarches de l'étude de document(s) en géographie :
– en dégageant le sens général du ou des document(s) en relation avec l'objet géographique auquel il(s) se rapporte(nt),
– en faisant apparaître les enjeux spatiaux qu'il(s) exprime(nt) et la manière dont il(s) en rend(ent) compte,
– en montrant l'intérêt et les limites éventuelles du ou des document(s) pour la compréhension de cette question géographique et en prenant la distance critique nécessaire,
– en montrant, le cas échéant, l'intérêt de la confrontation des documents ;
- **soit la réalisation d'un croquis ou d'un schéma d'organisation spatiale d'un territoire en réponse à un sujet :** Pour la réalisation d'un croquis, un fond de carte est fourni au candidat.

Évaluation et notation

L'évaluation de la copie du candidat est globale et doit utiliser tout l'éventail des notes de 0 à 20. À titre indicatif, la première partie peut compter pour 12 points et la deuxième partie pour 8 points.

Épreuve obligatoire d'histoire-géographie du baccalauréat général, série Scientifique
BO n°43 du 13 novembre 2013

Nature de l'épreuve
Épreuve écrite : durée 3 heures ; coefficient 3.
L'épreuve écrite d'histoire-géographie au baccalauréat général, série S, porte sur le programme de la classe de terminale de cette série, défini par l'arrêté du 7 janvier 2013 (B.O.E.N. n°8 du 21 février 2013).

Objectifs de l'épreuve
L'épreuve d'histoire-géographie du baccalauréat en série S a pour objectif d'évaluer l'aptitude du candidat à :
- mobiliser, au service d'une réflexion historique et géographique, les connaissances fondamentales pour la compréhension du monde et la formation civique et culturelle du citoyen ;
- exploiter, hiérarchiser et mettre en relation des informations ;
- analyser et interpréter des documents de sources et de natures diverses ;
- rédiger des réponses construites et argumentées, montrant une maîtrise correcte de la langue ;
- comprendre, interpréter et pratiquer différents langages graphiques.

Structure de l'épreuve
La durée totale de l'épreuve est de **trois heures**.
L'épreuve est composée de **deux parties** :
– dans la première partie, le candidat rédige une composition en réponse à un sujet d'histoire ou de géographie ;
– la deuxième partie se compose d'un exercice portant sur la discipline qui ne fait pas l'objet de la composition :
  - en histoire : analyse d'un ou de deux document(s) ;
  - en géographie : soit l'analyse d'un ou de deux document(s), soit la réalisation d'un croquis d'organisation spatiale d'un territoire.

Évaluation et notation
L'évaluation de la copie du candidat est globale et doit utiliser tout l'éventail des notes de 0 à 20. À titre indicatif, la première partie peut compter pour 12 points et la deuxième partie pour 8 points.

Nature des exercices

1. La composition
Le candidat traite un sujet parmi deux proposés à son choix dans la même discipline.
En histoire comme en géographie, il doit montrer qu'il sait analyser le sujet et qu'il maîtrise les connaissances nécessaires. Pour traiter le sujet choisi, il produit une réponse organisée et pertinente, comportant une introduction, plusieurs paragraphes et une conclusion.
Il peut y intégrer une (ou des) production(s) graphique(s).
Le libellé du sujet peut prendre des formes diverses : reprise partielle ou totale d'un intitulé du programme, question ou affirmation ; il peut être bref ou plus détaillé ; la problématique peut être explicite ou non.

2. L'analyse de documents ou la réalisation d'un croquis
L'exercice d'analyse de document(s), en histoire comme en géographie, comporte un titre, un ou deux documents et, si nécessaire, des notes explicatives. Il est accompagné d'une consigne visant à orienter le travail du candidat.
En géographie, un exercice d'un autre type peut être proposé : réalisation d'un croquis d'organisation spatiale d'un territoire.

2.1. En histoire, l'analyse d'un ou de deux document(s)
Le candidat doit mettre en œuvre les démarches de l'analyse de document en histoire. Il doit faire la preuve de sa capacité à comprendre le contenu du ou des document(s), à en dégager les apports et les limites pour la compréhension de la situation historique abordée. Lorsque deux documents sont proposés, on attend du candidat qu'il les mette en relation en montrant l'intérêt de cette confrontation.

2.2. En géographie deux types d'exercices peuvent être proposés :
- **soit l'analyse d'un ou de deux document(s)**. Le candidat doit mettre en œuvre les démarches de l'analyse de document en géographie. Il doit faire la preuve de sa capacité à comprendre le contenu du ou des document(s) ainsi que les enjeux spatiaux qu'il(s) exprime(nt), à en dégager les apports et les limites pour la compréhension de la situation géographique abordée. Lorsque deux documents sont proposés, on attend du candidat qu'il les mette en relation en montrant l'intérêt de cette confrontation ;
- **soit la réalisation d'un croquis d'organisation spatiale d'un territoire, en réponse à un sujet** (dans ce cas, un fond de carte est fourni au candidat).

◼▸ **Étude de cas transversale 1**
Aquitaine, Limousin et Poitou-Charentes, une région à développer durablement   **296-301**

◼▸ **Étude de cas transversale 2**
Alsace, Champagne-Ardenne et Lorraine, une nouvelle région en quête d'innovation   **302-307**

◼▸ **Étude de cas transversale 3**
La Réunion, une région française et un territoire ultramarin de l'UE   **308-313**

La promenade du Paillon à Nice.

Reliant le théâtre national au bord de mer, sur plus d'un kilomètre, la promenade du Paillon est devenue rapidement un territoire du quotidien pour les Niçois et une vitrine touristique. Le parcours botanique est complété d'un miroir d'eau de plus de 3 000 m² permettant l'organisation de spectacles « son et lumière ». Les acteurs publics, parmi lesquels la métropole de Nice et la région Provence-Alpes-Côte d'Azur, ont largement contribué aux aménagements de cette promenade (tramway, mobilier urbain, aire de jeux) faisant d'elle un haut lieu de l'identité niçoise.

1

Approches des territoires du quotidien

ENJEUX

Quartier, agglomération, zone transfrontalière… les territoires parcourus et vécus quotidiennement par les citoyens sont aujourd'hui pluriels. Face à cette complexité, l'aménagement des territoires est devenu le fait de nombreux acteurs qui cherchent à adapter les espaces de proximité aux besoins des citoyens.

▶ **Comment des acteurs de plus en plus nombreux peuvent-ils répondre aux enjeux de l'aménagement des territoires ?**

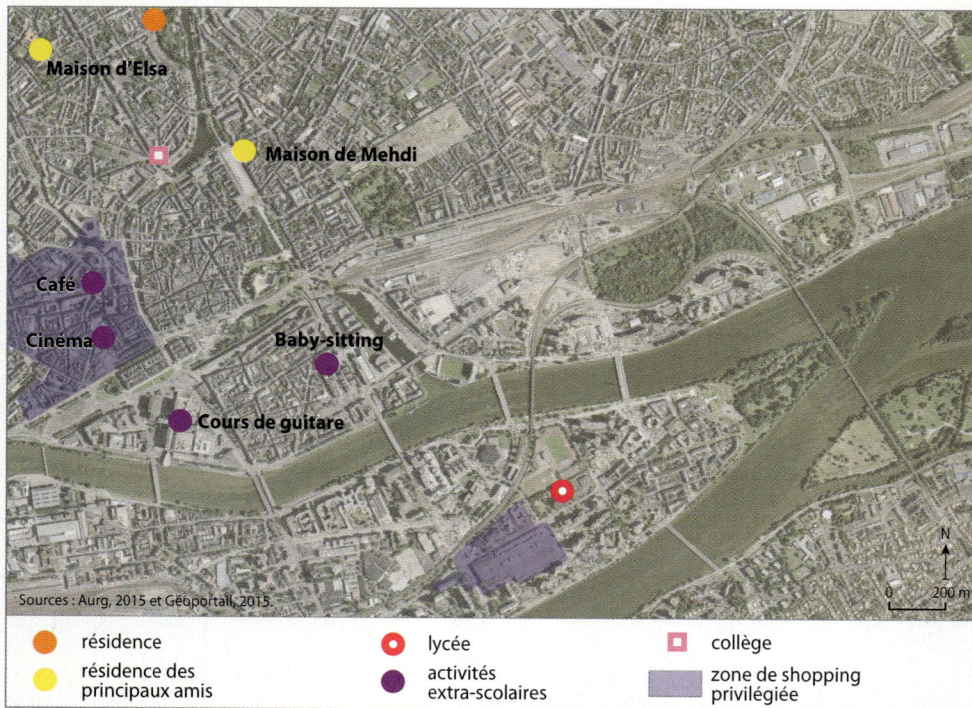

Maison d'Elsa
Maison de Mehdi
Café
Cinéma
Baby-sitting
Cours de guitare

Sources : Aurg, 2015 et Géoportail, 2015.

N
0   200 m

● résidence   ◉ lycée   ▣ collège
● résidence des principaux amis   ● activités extra-scolaires   ▨ zone de shopping privilégiée

1 **Le territoire du quotidien d'Annabelle, lycéenne de Nantes**

Questions

1 Quels éléments de la photographie montrent que l'Île de Nantes est un espace de vie des Nantais ? (doc. 2)

2 Montrez que l'implantation du lycée de l'Île de Nantes illustre les mutations de ce quartier. (doc. 1 et 2)

3 Montrez que l'Île de Nantes est un territoire du quotidien pour Annabelle. Quels autres espaces de la ville entrent également dans son espace vécu ? (doc. 1)

2 **L'Île de Nantes, un territoire du quotidien des Nantais.**
Traditionnellement industrielle et ouvrière, l'Île de Nantes fait l'objet d'une vaste opération de rénovation urbaine. Les usines et entrepôts abandonnés ont laissé place à de vastes espaces récréatifs, des activités tertiaires et des logements. Comme le lycée inauguré en 2014 (doc. 1), les nouveaux bâtiments sont le plus souvent construits selon des normes respectueuses de l'environnement.

• Paris

• *Nantes*

Comment étudier un aménagement dans un territoire proche du lycée ?

Étape 1

Quel aménagement du territoire proche du lycée choisir ?

1) **Caractériser le territoire** dans lequel se situe le lycée : petite ou grande ville, centre-ville ou périphérie, quartier ancien ou récent…

2) **Choisir un aménagement récent** et dont l'implantation a modifié le territoire proche du lycée. Il peut s'agir d'un aménagement :
– des transports (nouvelle ligne de tramway, rocade), ▶ **fiche p. 22-23**
– de l'urbanisme (écoquartier, réhabilitation d'un quartier ancien),
  ▶ **fiche p. 24-25**
– du développement économique (technopôle, centre commercial),
  ▶ **fiche p. 26-27**
– des loisirs (nouvel espace vert, salle de spectacles), etc.

3) **Décrire l'aménagement :** superficie, emplois créés, architecture, coût, accessibilité…

Mise en perspective

▶ Quels sont les autres types de territoire du quotidien que celui étudié en classe ?

▶ **Cartes** (p. 28-29)

Étape 2

Quels acteurs aménagent votre territoire du quotidien ?

4) **Identifier les acteurs publics** (collectivités locales, État, Union européenne) ou privés (entreprises, associations) à l'initiative de l'aménagement (décision, financement, réalisation). Identifier leurs stratégies.

5) **Lister les acteurs** (usagers, gestionnaires) impliqués aujourd'hui dans le fonctionnement de l'aménagement.

6) **Présenter les débats suscités par l'aménagement :** raisons, type de mobilisation, impact des débats sur l'aménagement.

▶ Quels sont les autres acteurs que ceux du territoire étudié en classe ?

▶ **Cours 1** (p. 30)

Étape 3

Quels sont les enjeux de l'aménagement de votre territoire du quotidien ?

7) **Identifier les objectifs de l'aménagement :** valoriser la compétitivité, renforcer la cohésion, assurer la durabilité du territoire où l'aménagement est implanté.

8) **Présenter l'impact de l'aménagement à différentes échelles :** le quartier, l'ensemble de la ville, la région…

9) **Présenter les limites de l'aménagement :** objectifs non atteints, effets imprévus.

▶ Quels sont les autres enjeux pour l'aménagement des territoires du quotidien ?

▶ **Cours 2** (p. 32)

Conseil

Il est important de ne pas se contenter des documents officiels et de consulter aussi les documents montrant des avis contradictoires.

Les sources et les documents à utiliser

Sites Internet des principaux acteurs

Presse locale

Magazines des collectivités territoriales

Cartes et plans

Argumentaires des différents acteurs

Aménagement : mise en valeur et transformation à usage public d'un territoire. Il peut résulter d'une politique à l'échelle nationale (réseau de communication) ou locale (construction d'un pont, d'un lycée).

Territoire : espace vécu et approprié par ses habitants. Il donne lieu à des pratiques (déplacements, habitat, loisirs…), des représentations (territoire attractif ou répulsif, territoire d'appartenance) et des stratégies (aménagement d'infrastructures, choix d'implantation économique…).

Territoire du quotidien : territoire parcouru régulièrement par un individu entre son logement et ses activités scolaire, professionnelle, commerçante ou récréative.

Acteur : personne ou organisme ayant, directement ou indirectement, une action sur un territoire. Cet acteur peut être **public** (collectivités locales, État, UE) ou **privé** (entreprises, associations, usagers).

Acteurs publics

Collectivités locales

État

Union européenne

Acteurs privés

Entreprises

Associations

Usagers

Travailler autrement

Recopiez et complétez l'organigramme bilan suivant en l'adaptant à la situation de votre lycée.

ÉTUDIER UN AMÉNAGEMENT PROCHE DE MON LYCÉE

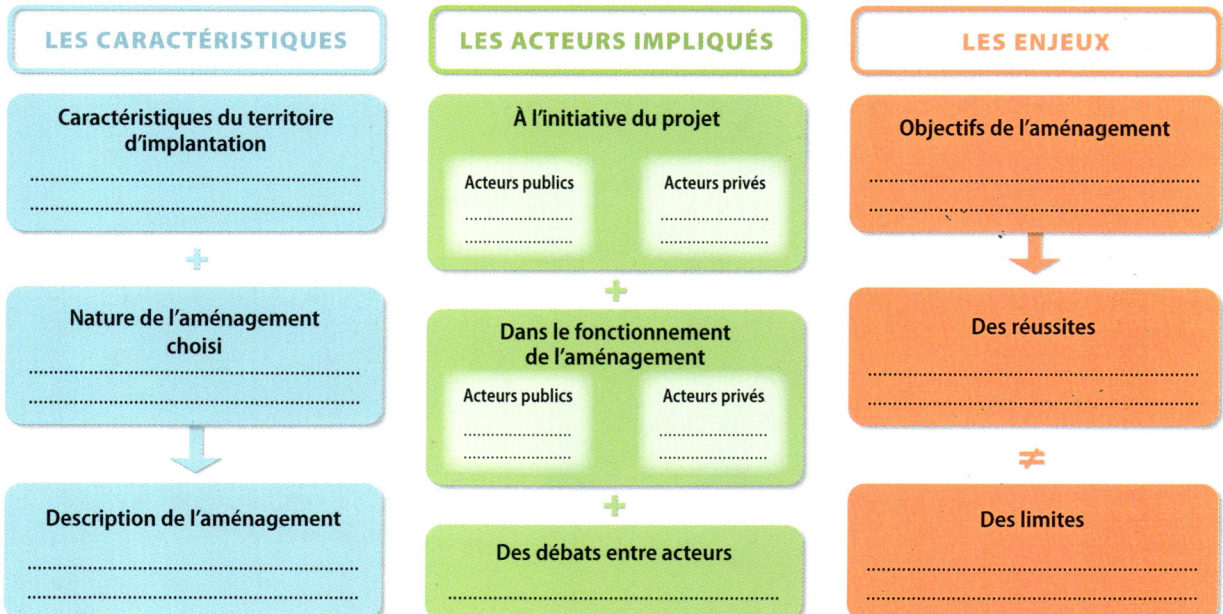

LES CARACTÉRISTIQUES

Caractéristiques du territoire d'implantation
....
....

+

Nature de l'aménagement choisi
....
....

↓

Description de l'aménagement
....
....

LES ACTEURS IMPLIQUÉS

À l'initiative du projet

Acteurs publics	Acteurs privés
....	....
....	....

+

Dans le fonctionnement de l'aménagement

Acteurs publics	Acteurs privés
....	....
....	....

+

Des débats entre acteurs
....

LES ENJEUX

Objectifs de l'aménagement
....
....

↓

Des réussites
....
....

≠

Des limites
....
....

▶ Fiche Méthode Comment étudier un aménagement de proximité lié au transport ?

Étape 1 Quelles sont les caractéristiques de l'aménagement ?

Méthode

1. **Caractériser le territoire** de l'aménagement de transport choisi près du lycée. Le plus souvent, ce type d'aménagement s'organise en lien avec le centre-ville.

2. **Choisir un aménagement de transport récent.** Il peut s'agir d'une nouvelle ligne de tramway, d'une rocade, d'une nouvelle gare…

3. **Décrire l'aménagement de transport** choisi (dimensions, nombre de stations, coût…).

Conseil
Réalisez un croquis présentant l'aménagement de transport dans son territoire. Vous pouvez vous aider d'une image satellite pour localiser le lycée, les lignes du réseau, les plates-formes multimodales…

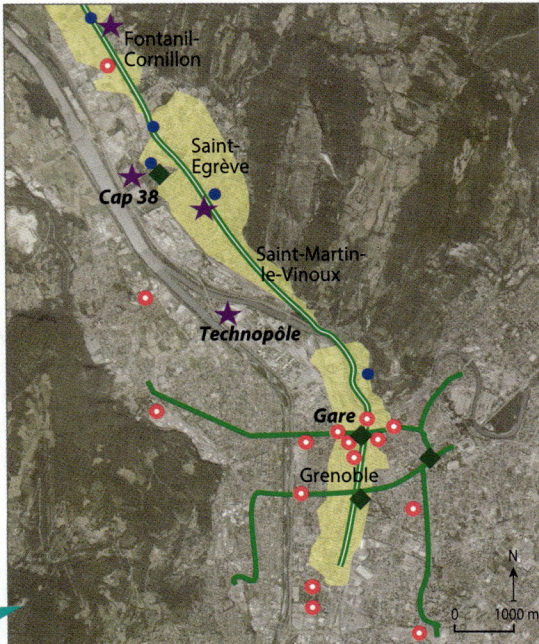

Une intermodalité croissante
— ligne E
— autre ligne du tramway
◆ plate-forme multimodale
● parking-relais

Des mutations urbaines en cours
★ pôle d'activités desservi
▨ zone résidentielle destinée à être densifiée
◉ lycée

Sources : Aurg, 2015 et Géoportail, 2015.

1 Les caractéristiques du tracé de ligne E du tramway de Grenoble

Étape 2 Quels sont les acteurs de l'aménagement ?

Méthode

4. **Identifier les acteurs publics ou privés** à l'initiative du projet. Dans le cas des transports, il s'agit le plus souvent des collectivités locales.

5. **Lister les acteurs usagers de l'aménagement :** fréquentation du réseau de transport ou des parkings-relais, gestionnaire de la concession…

6. **Présenter les éventuels débats** suscités par l'aménagement. Les débats les plus fréquents dans le domaine des transports portent sur l'expropriation et sur les nuisances.

Conseil
Consultez les sites qui présentent l'aménagement. Les logos des acteurs y figurent ainsi que leur part dans le financement. Ne pas oublier les associations qui s'opposent ou soutiennent le projet.

LE RÉSEAU DU SMTC Transports de l'Agglomération Grenobloise

2 Le logo de la société de transport grenoblois

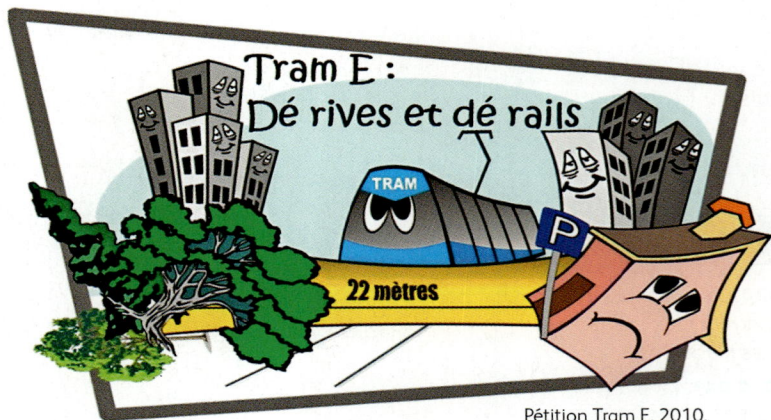

Tram E : Dé rives et dé rails
TRAM
22 mètres

Pétition Tram E, 2010.

3 Une pétition contre le projet de ligne E

Méthode

7. **Identifier les objectifs de l'aménagement.** Le plus souvent, un aménagement de transport vise une meilleure cohésion des territoires, parfois dans une démarche de développement durable.

8. **Présenter l'impact de l'aménagement** à différentes échelles : quartier du lycée, ensemble de la ville (quartiers desservis ou non), région (par le biais des parkings-relais, du réseau ferroviaire…).

9. **Présenter les limites de l'aménagement :** espaces non desservis, nuisances sonores…

Conseil

Consultez les documents promotionnels des acteurs à l'initiative du projet. Ils sont utilisables à condition de leur porter un regard critique : intention de l'auteur, slogans et éléments visuels utilisés…

4 — Un contrat d'axe pour une meilleure cohésion des territoires

Le contrat d'axe de la ligne E de l'agglomération grenobloise est innovant. Contrairement aux autres lignes de tramway, la ligne E répond moins à un besoin de desserte de populations (problématique de transport) qu'à un enjeu de densification (problématique d'urbanisme). Elle répond à deux enjeux essentiels : améliorer l'accès à l'agglomération en transports collectifs par le nord, et favoriser une meilleure articulation entre les transports en commun et l'urbanisation des secteurs desservis. Le secteur desservi par la ligne E offre de fortes potentialités de développement en termes d'habitat et d'activités sur lesquelles il est nécessaire d'anticiper. Le contrat d'axe s'articule autour de quatre grands objectifs : mettre en œuvre une offre de mobilité durable et performante, réorganiser le trafic automobile, requalifier et aménager les abords de la future ligne E et gérer la densification urbaine autour de l'axe tramway.

Agence d'urbanisme de la région grenobloise, 2015.

5 — L'intermodalité, un objectif majeur du réseau de transport grenoblois

Travailler autrement

Méthode

10. **Faire une synthèse** de l'aménagement de transport étudié en recopiant et complétant l'organigramme bilan p. 21.

11. **Réaliser un schéma** de l'aménagement de transport étudié en personnalisant le schéma ci-contre : ligne de métro, territoire du quotidien de centre-ville, parking-relais…

Un aménagement de transport près du lycée

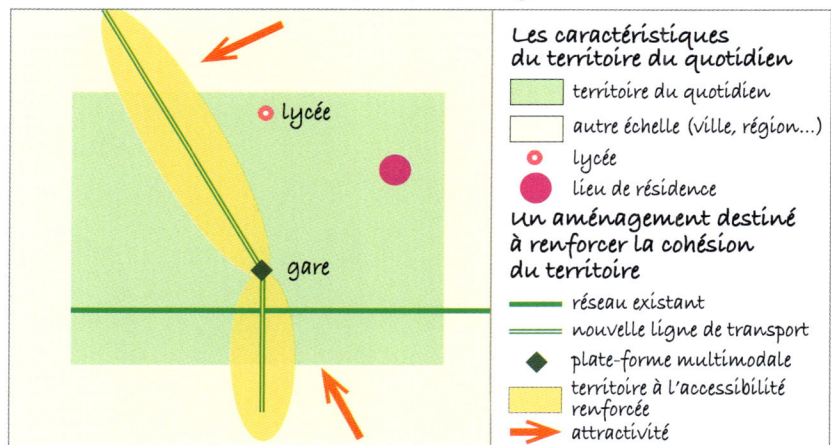

Les caractéristiques du territoire du quotidien

- territoire du quotidien
- autre échelle (ville, région…)
- lycée
- lieu de résidence

Un aménagement destiné à renforcer la cohésion du territoire

- réseau existant
- nouvelle ligne de transport
- plate-forme multimodale
- territoire à l'accessibilité renforcée
- attractivité

Vocabulaire des aménagements liés au transport

Cohésion des territoires : développement économique et social harmonieux des territoires ayant pour objectif la lutte contre les inégalités.

Contrat d'axe : planification d'un aménagement qui combine transport et urbanisme dans le but de créer des villes plus compactes (densification de l'habitat le long d'un nouvel axe de transport, renforcement des pôles d'activités).

Développement durable : développement qui permet de répondre aux besoins des générations actuelles sans compromettre la satisfaction des besoins des générations futures.

Intermodalité : utilisation combinée de plusieurs moyens de transport pour un même trajet.

▶ **Fiche Méthode**

Comment étudier un aménagement de proximité lié à l'urbanisme ?

Étape 1 — Quelles sont les caractéristiques de l'aménagement ?

Méthode

1. **Caractériser le territoire** de l'aménagement d'urbanisme choisi près du lycée. Il peut être en centre-ville ou en périphérie d'une ville.

2. **Choisir un aménagement d'urbanisme récent.** Il peut s'agir d'un aménagement réalisé sur un espace qui n'était pas urbanisé auparavant ou d'un aménagement dans un quartier ancien de la ville.

3. **Décrire l'aménagement d'urbanisme** choisi (superficie, fonction, architecture, composition sociale, coût…).

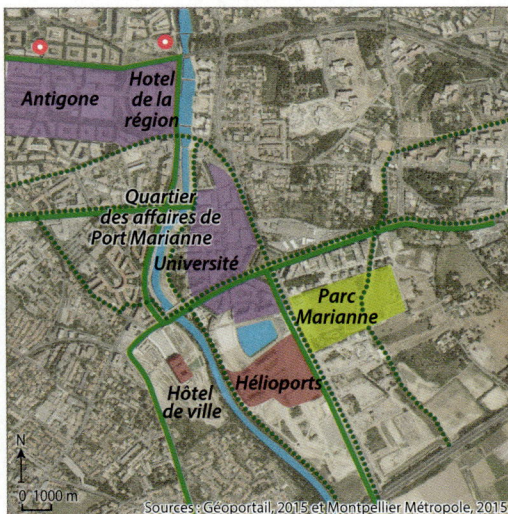

La recherche d'un cadre de vie agréable
- écoquartier Parc Marianne
- maintien d'espace vert
- plan et cours d'eau

L'intégration par les transports doux
- ········ cheminement doux (piste cyclable, chemin piétonnier)
- ligne de tramway

L'insertion dans un espace multifonctionnel
- ⊙ lycée
- activité tertiaire
- technopôle

Antigone — Hôtel de la région — Quartier des affaires de Port Marianne — Université — Parc Marianne — Hôtel de ville — Hélioports

N — 0 1000 m

Sources : Géoportail, 2015 et Montpellier Métropole, 2015.

1 Parc Marianne, un quartier conçu dans une démarche de développement durable

Conseil
Réalisez un croquis présentant l'aménagement d'urbanisme dans son territoire. Vous pouvez vous aider d'une image satellite pour localiser le lycée, le périmètre de l'opération, les équipements de transport…

Étape 2 — Quels sont les acteurs de l'aménagement ?

Méthode

4. **Identifier les acteurs publics ou privés** à l'initiative du projet. Dans le cas d'une opération d'urbanisme, les acteurs privés (promoteurs, constructeurs) sont souvent partenaires des acteurs publics.

5. **Lister les acteurs qui bénéficient de l'aménagement :** habitants ayant acheté un logement, habitants louant un logement social, commerçants installés dans le quartier…

6. **Présenter les éventuels débats** suscités par l'aménagement. Dans le cas d'une opération réalisée dans un quartier ancien, les débats peuvent être nombreux entre les associations d'habitants, les promoteurs, les collectivités locales.

PARC MARIANNE
qualité de vie et centralité

Avec une grande avenue orientée vers la mer, encadrée par une double façade urbaine, la future Cité du corps humain, un collège, deux groupes scolaires, des logements, des commerces et avec en son cœur, le parc public Georges Charpak, le quartier Parc Marianne

2 Une opération d'éco-construction

Conseil
Consultez les documents promotionnels des acteurs à l'initiative du projet (affiches, dépliants, magazines, sites Internet). Ils sont utilisables à condition de leur porter un regard critique : intention de l'auteur, slogans et éléments visuels utilisés…

Méthode

7. Identifier les objectifs de l'aménagement.
Actuellement, les aménagements d'urbanisme intègrent souvent une démarche de développement durable : éco-construction, mixité sociale, maintien d'espaces verts…

8. Présenter l'impact de l'aménagement à différentes échelles sur le quartier du lycée, sur les espaces agricoles en cas d'étalement urbain…

9. Présenter les limites de l'aménagement : absence de mixité sociale, coût des logements, manque de connexion avec les autres quartiers de la ville…

3 Parc Marianne : un quartier sans mixité sociale ?

Le cadre verdoyant de Port Marianne n'est pas à la portée de tout le monde : à 5 000 euros le m², le prix le plus haut du marché de l'immobilier à Montpellier. Quelques immeubles abritent bien des logements sociaux, mais les standards pour réduire l'empreinte écologique du bâti sont une priorité. Pour bénéficier du label Écocité, les constructeurs doivent respecter une charte contraignante qui augmente le coût d'environ 20 %, renforçant le caractère élitiste du public visé : des retraités aisés qui se rapprochent de la mer et du soleil, des investisseurs misant sur le développement de Montpellier, des jeunes cadres dynamiques. En 2009, C. Charlot-Valdieu, spécialiste du développement durable, critiquait déjà l'attitude des élus : « Les **écoquartiers** affichent surtout des ambitions liées à l'environnement, alors que le développement durable doit s'appuyer sur deux autres piliers tout aussi importants : l'économie et le social. »

Reporterre, 20 mars 2014.

> **Conseil**
> Organisez une sortie sur le terrain pour observer l'opération d'urbanisme. Il est également possible de travailler à partir de photographies du quartier.

4 Éco-construction et transport doux à Parc Marianne

Travailler autrement

Méthode

10. Faire une synthèse de l'aménagement d'urbanisme étudié en recopiant et complétant l'organigramme bilan p. 21.

11. Réaliser un schéma de l'aménagement d'urbanisme étudié en personnalisant le schéma ci-contre : un territoire de périphérie de la ville, une opération de rénovation urbaine, une opération de réhabilitation de centre historique, un écoquartier …

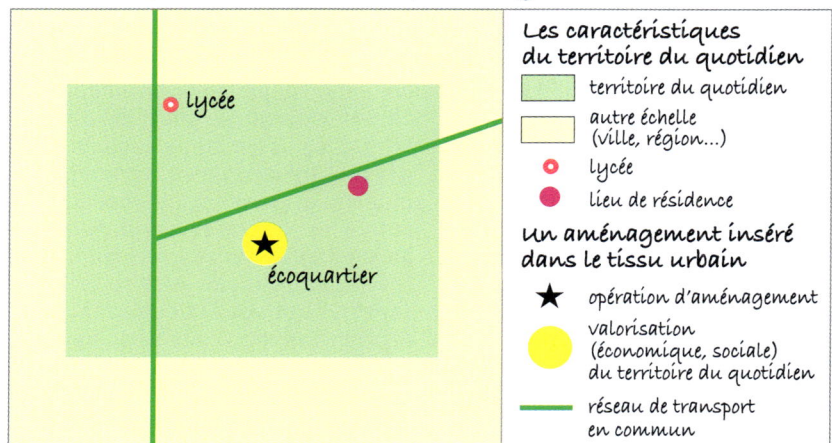

Un aménagement d'urbanisme près du lycée

- lycée
- écoquartier

Les caractéristiques du territoire du quotidien
- territoire du quotidien
- autre échelle (ville, région…)
- lycée
- lieu de résidence

Un aménagement inséré dans le tissu urbain
- opération d'aménagement
- valorisation (économique, sociale) du territoire du quotidien
- réseau de transport en commun

Vocabulaire des aménagements liés à l'urbanisme

Développement durable : développement qui permet de répondre aux besoins des générations actuelles sans compromettre la satisfaction des besoins des générations futures.

Écoquartier : quartier aménagé pour répondre aux objectifs du développement durable.

Mixité sociale : mélange sur un même territoire de personnes aux niveaux de vie et aux cultures différentes. Elle s'oppose à la fragmentation socio-spatiale.

Urbanisme : ensemble des sciences (étude du phénomène urbain) et des techniques (aménagements) liées à l'urbanisation.

▶ **Fiche Méthode**   **Comment étudier un aménagement de proximité lié au développement économique ?**

Étape 1   Quelles sont les caractéristiques de l'aménagement ?

Méthode

1. **Caractériser le territoire** de l'aménagement choisi près du lycée. Il peut s'agir d'un territoire de centre-ville ou d'un territoire de périphérie de la ville.

2. **Choisir un aménagement de développement économique récent.** Il peut s'agir d'une implantation industrielle, d'un technopôle, d'un centre commercial, d'un cinéma…

3. **Décrire l'aménagement de développement économique** choisi (équipements, coût, accessibilité, clientèle recherchée).

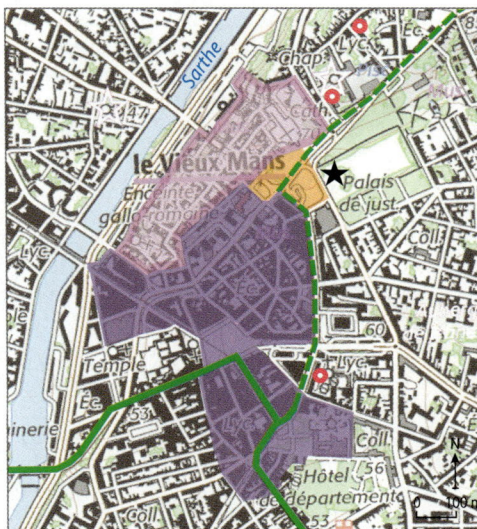

Une situation de centre-ville
- centre historique
- centre commerçant et administratif
- ◉ lycée

Un aménagement ambitieux
- ★ complexe ciné-théâtre (11 salles de cinéma)
- --- réseau de tramway existant et nouvelle ligne
- espace piétonnier

Sources : Géoportail, 2015 et Le Mans Métropole, 2015.

1   **Les caractéristiques de l'aménagement du ciné-théâtre du Mans**

> **Conseil**
> Réalisez un croquis présentant l'aménagement de développement économique dans son territoire. Vous pouvez vous aider d'une carte sur un site en ligne (Géoportail par exemple) pour localiser le lycée, les centres commerciaux, les zones industrielles…

Étape 2   Quels sont les acteurs de l'aménagement ?

Méthode

4. **Identifier les acteurs publics ou privés** à l'initiative du projet. Dans le cadre d'un aménagement de développement économique, les entreprises jouent un rôle majeur.

5. **Lister les acteurs qui bénéficient de l'aménagement :** entreprise implantée dans l'aménagement, clientèle, employés…

6. **Présenter les éventuels débats** suscités par l'aménagement. Il peut s'agir de débats portant sur la défense de l'environnement (naturel ou patrimonial) dans lequel s'implante l'aménagement ou de défense des riverains (Nimby) qui craignent des nuisances (bruit, pollution).

2   **Les arguments de l'opposition au projet d'aménagement des Jacobins**

Lorsque la mairie du Mans a annoncé l'intention d'implanter un complexe ciné-théâtre sur la place des Jacobins, deux associations se sont érigées contre ce projet d'équipement municipal. Leurs craintes portaient autant sur la préservation du site, au pied de la cathédrale, que sur le risque financier que ce projet représentait pour la communauté urbaine. Les opposants au multiplexe s'inquiétaient également de la mainmise d'une entreprise privée (Pathé) sur l'espace et le patrimoine public manceau : selon eux, l'emprise au sol du multiplexe menaçait la tenue des trois marchés hebdomadaires, risquait de limiter le stationnement automobile et, en conséquence, de fragiliser l'activité commerçante de cette partie du centre-ville. Enfin, dans un réflexe de type Nimby, les opposants dont un grand nombre résidaient dans ce quartier, dénonçaient aussi le risque d'afflux massif d'automobilistes susceptibles de provoquer régulièrement des embouteillages et d'autres nuisances.

A. Gasnier, enseignant-chercheur à l'Université du Maine, 2015.

> **Conseil**
> Rencontrez des spécialistes de l'aménagement (urbanistes, universitaires) qui analysent les stratégies des acteurs, notamment ceux qui s'opposent au projet d'aménagement.

Le financement du ciné-théâtre. 3

Coût : 93 millions d'euros.

Conseil
Consultez les documents financiers qui donnent la liste des acteurs à l'initiative de l'aménagement.

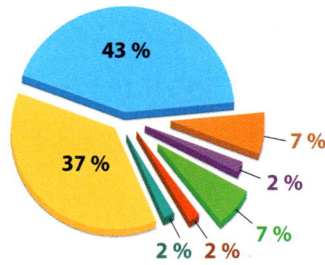

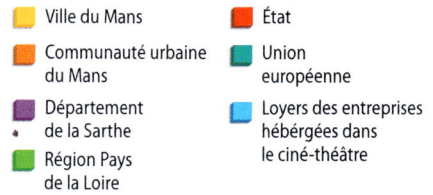

- Ville du Mans — 43 %
- Communauté urbaine du Mans
- Département de la Sarthe
- Région Pays de la Loire
- État
- Union européenne
- Loyers des entreprises hébergées dans le ciné-théâtre
- 37 % / 7 % / 2 % / 7 % / 2 % / 2 %

Source : Le Mans Métropole, 2014.

Étape 3 — Quels sont les enjeux (objectifs et résultats) de l'aménagement ?

Méthode

7. **Identifier les objectifs de l'aménagement.** Le plus souvent, un aménagement de développement économique vise une meilleure compétitivité des territoires.

8. **Présenter l'impact de l'aménagement** à différentes échelles : quartier du lycée, ensemble de la ville (concurrence avec d'autres aménagements de même nature), région (bassin de clientèle ou d'emplois).

9. **Présenter les limites de l'aménagement :** rentabilité, nuisances…

4 Renforcer la compétitivité du territoire, un pari réussi ?

Question posée à 590 passants sur la place des Jacobins	% de réponse OUI
Fréquentez-vous davantage les cinémas de centre-ville depuis l'implantation du ciné-théâtre ?	61
Selon vous, l'aménagement des Jacobins améliore-t-il l'attractivité commerciale du centre-ville du Mans ?	68
Selon vous, l'aménagement des Jacobins améliore-t-il les conditions de circulation en ville ?	47

Source : Sondage réalisé par les élèves de 1re du lycée Montesquieu, Le Mans, 2015.

Conseil
Réalisez un sondage pour mesurer l'impact de l'aménagement dans le territoire de proximité du lycée. Il permet de voir si les objectifs annoncés par les acteurs à l'initiative du projet sont atteints.

Travailler autrement

Méthode

10. **Faire une synthèse** de l'aménagement de développement économique étudié en recopiant et complétant l'organigramme bilan p. 21.

11. **Réaliser un schéma** de l'aménagement de développement économique étudié en personnalisant le schéma ci-contre : territoire du quotidien de centre-ville, centre commercial, zone industrielle…

Un aménagement de développement économique près du lycée

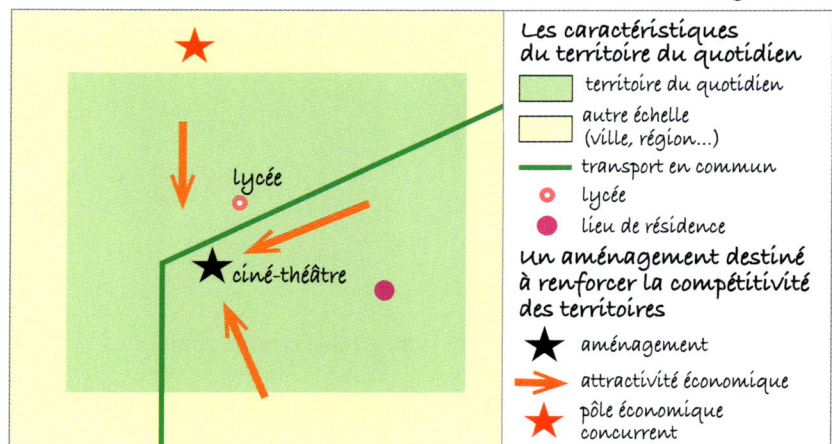

Les caractéristiques du territoire du quotidien
- territoire du quotidien
- autre échelle (ville, région…)
- transport en commun
- lycée
- lieu de résidence

Un aménagement destiné à renforcer la compétitivité des territoires
- aménagement
- attractivité économique
- pôle économique concurrent

Vocabulaire des aménagements liés à l'urbanisme

Compétitivité des territoires : capacité à faire face à la concurrence des autres territoires dans le cadre de la mondialisation.

Nimby (*Not in my back yard* – pas dans mon jardin) : opposition de riverains à l'implantation d'une infrastructure (transport, industrie, énergie).

Technopôle : parc d'activités spécialisé dans les industries de haute technologie.

Des aménagements à toutes les échelles : du territoire de proximité au territoire national

Saint-Tropez, une des 36 786 communes françaises

La communauté de communes du Golfe de Saint-Tropez, un des 2 145 groupements d'*intercommunalité*

Le Var, un des 101 départements français

PACA (Provence-Alpes-Côte-d'Azur), l'une des 13 régions métropolitaines françaises

1 Les territoires de proximité, des acteurs de l'aménagement

Vocabulaire

Agenda 21 : plan d'action qui fixe la mise en œuvre de chaque pilier du développement durable à l'échelle d'un territoire (ville, région, État). Son adoption à l'échelle locale n'est pas obligatoire et son contenu est très variable.

Cohésion des territoires : développement économique et social harmonieux des territoires ayant pour objectif la lutte contre les inégalités.

Développement durable : voir p. 23.

Intercommunalité : regroupement de communes ayant des projets de développement commun et soumis à des règles communes (fiscalité, urbanisme).

Quartier prioritaire : quartier en difficulté considéré comme prioritaire par la politique de la ville pour bénéficier d'aides publiques, en raison du faible revenu de ses habitants.

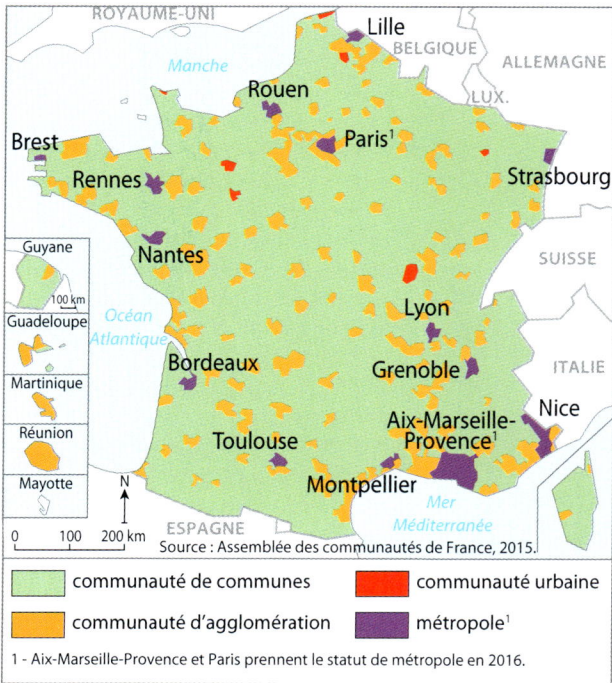

Source : Assemblée des communautés de France, 2015.

- 🟩 communauté de communes
- 🟥 communauté urbaine
- 🟧 communauté d'agglomération
- 🟪 métropole[1]

1 - Aix-Marseille-Provence et Paris prennent le statut de métropole en 2016.

2 Renforcer la coopération à l'échelle locale : l'intercommunalité

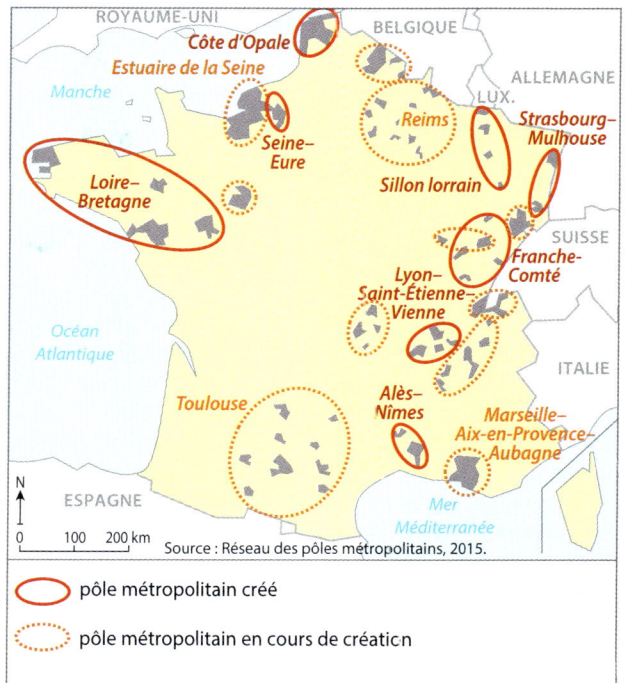

Source : Réseau des pôles métropolitains, 2015.

- ⭕ pôle métropolitain créé
- ⭕ pôle métropolitain en cours de création

3 Renforcer la coopération régionale : les pôles métropolitains

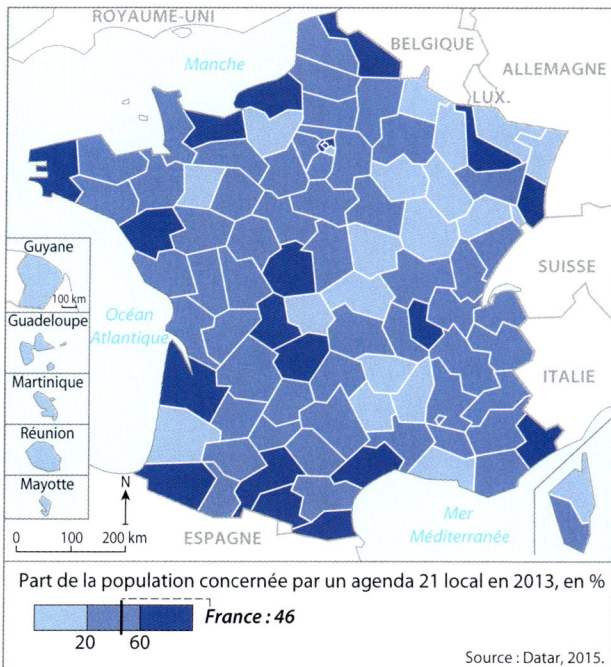

Part de la population concernée par un agenda 21 local en 2013, en %

France : 46

20   60

Source : Datar, 2015.

4 L'agenda 21, un outil de développement durable

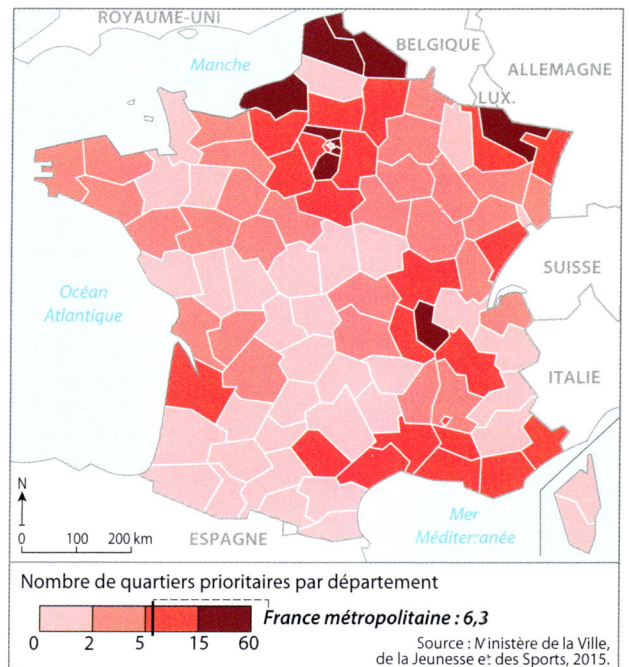

Nombre de quartiers prioritaires par département

France métropolitaine : 6,3

0   2   5   15   60

Source : Ministère de la Ville, de la Jeunesse et des Sports, 2015.

5 Les quartiers prioritaires, des outils de cohésion des territoires

Questions

1 Montrez que les territoires de proximité sont d'échelles différentes. (doc. 1)

2 Montrez que la coopération entre les territoires peut se mettre en place à différentes échelles. Quelle forme de coopération Saint-Tropez a-t-elle privilégiée ? (doc. 1, 2 et 3)

3 Quelles régions concentrent le plus de quartiers prioritaires ? d'agendas 21 ? En quoi l'agenda 21, par son pilier social, peut-il constituer une priorité pour les départements qui comptent le plus de quartiers prioritaires ? (doc. 4 et 5)

Les acteurs de l'aménagement des territoires

▶ **Pourquoi les acteurs de l'aménagement des territoires sont-ils aujourd'hui plus nombreux ?**

A Des territoires pluriels à aménager

• **Jusqu'en 1982, l'**aménagement **du territoire français était centralisé par l'État**. Depuis, certaines compétences ont été transférées au niveau local, plus adapté pour aménager les territoires du quotidien. Ainsi, les acteurs impliqués sont plus nombreux (communes, intercommunalités, régions) et on ne parle plus de l'aménagement du territoire mais des territoires.

• **Pour s'adapter au mieux aux évolutions des territoires et aux besoins des habitants, l'aménagement se fait à plusieurs échelles.** Si les grands projets se pensent à l'échelle nationale (ligne à grande vitesse, réseau autoroutier), voire européenne (tunnels transalpins), l'implantation d'un écoquartier (p. 24-25) ou d'une ligne de tramway (p. 22-23) se décide à l'échelle locale.

• **Mais l'augmentation du nombre des acteurs rend l'aménagement des territoires plus complexes.** Par exemple, l'aménagement d'un réseau de transport doit non seulement se concevoir à l'échelle des villes, mais également de plus en plus à l'échelle des départements ou des régions (doc. 1). L'un des objectifs de la réforme territoriale de 2015 est de clarifier les compétences de chaque échelon administratif (Repère).

B Des acteurs publics au rôle essentiel

• **L'État reste l'acteur majeur de l'aménagement.** Il s'appuie sur des établissements publics aux compétences nationales pour piloter l'aménagement (Datar, Réseau ferré de France) ou la protection du territoire (Conservatoire du littoral). Mais l'État est également un partenaire incontournable dans le financement de projets locaux (CPER, contrats de ville).

• **D'autres acteurs publics participent aux aménagements.** L'Union européenne finance certaines opérations (doc. 3 p. 27), tandis que les collectivités territoriales se dotent d'outils spécifiques (PLU, Scot). Avec la réforme des institutions, la région prend de l'importance par rapport à l'État et l'intercommunalité par rapport aux communes (Repère).

• **L'intercommunalité devient essentielle dans l'aménagement des territoires.** Elle s'avère par exemple efficace pour encadrer l'étalement urbain (transports en commun, implantation des activités économiques). Les communes s'organisent en communautés de communes ou d'agglomérations, communautés urbaines, pays ou métropoles selon le nombre d'habitants et les compétences mises en commun (doc. 2 p. 29).

C Des acteurs privés de plus en plus impliqués

• **Les entreprises jouent un rôle croissant dans l'aménagement.** Face au désengagement des pouvoirs publics, des PPP (partenariats public-privé) se mettent en place (doc. 3). Pour avoir financé la construction de l'hôpital de Bourgoin-Jallieu, près de Lyon, le groupe Bouygues a ainsi obtenu une concession d'exploitation de 32 ans.

• **L'aménagement des territoires associe de plus en plus les citoyens** dans le cadre d'une démocratie participative. Les enquêtes publiques menées pour toute procédure d'aménagement collectent l'avis des citoyens. De même, les conseils de quartier sont parfois force de proposition (aménagement d'une piste cyclable ou d'une médiathèque), même si leur rôle reste encore limité (doc. 2).

• **Les citoyens s'organisent parfois en groupes de pression et entrent alors en conflit pour dénoncer un aménagement** (doc. 4). Les associations de protection de la nature dénoncent, par exemple, les impacts environnementaux des aménagements, tandis que des oppositions de type Nimby peuvent s'organiser contre un projet local (doc. 2 p. 26). Ces manifestations peuvent parfois aboutir à la modification ou l'annulation d'un projet d'aménagement.

Vocabulaire

Aménagement : voir p. 21.

Contrat de ville : partenariat d'une durée de 7 ans entre l'État et une collectivité locale. Son objectif est de réaliser des projets urbains.

CPER (Contrat de plan État-région) : partenariat d'une durée de 7 ans entre l'État et une région. Son objectif est le financement d'aménagements à l'échelle régionale.

Démocratie participative : forme de partage et d'exercice du pouvoir qui implique la participation des citoyens.

Intercommunalité : voir p. 28.

Nimby (*Not in my back yard – pas dans mon jardin*) : voir p. 27.

PPP (Partenariat public-privé) : accord permettant la mise en place d'un aménagement public par des entreprises privées qui, en échange de tout ou d'une partie du financement, obtiennent l'usage de cet aménagement durant une période déterminée.

PLU (Plan local d'urbanisme) : document de planification définissant les règles d'urbanisme sur un territoire : zones constructibles, zones agricoles, zones naturelles.

Scot (Schéma de cohérence territoriale) : document définissant un projet de territoire visant à mettre en cohérence les différentes politiques d'urbanisme.

REPÈRE

Les acteurs publics de l'aménagement des territoires

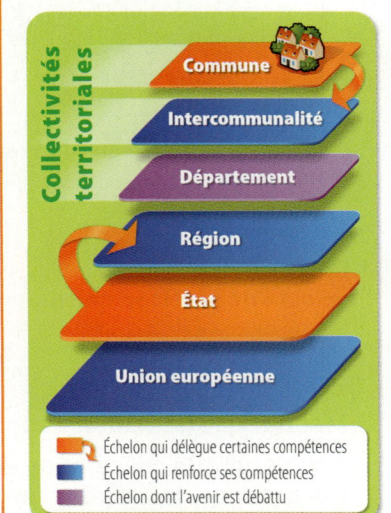

Collectivités territoriales

- Commune
- Intercommunalité
- Département
- Région
- État
- Union européenne

Échelon qui délègue certaines compétences
Échelon qui renforce ses compétences
Échelon dont l'avenir est débattu

Source : Datar, 2015.

Pour faire Condom Marmande via Villeneuve? Faut aller à la gare, prendre un bus TER du Conseil régional Midi-Pyrénées, un bus TER du Conseil régional d'Aquitaine, un bus Tidéo du Conseil général, et un Gouzybus de l'agglo de Marmande...

2014

1 La gestion des transports : une compétence partagée par de nombreux acteurs.
Sud-Ouest, 27 janvier 2014.

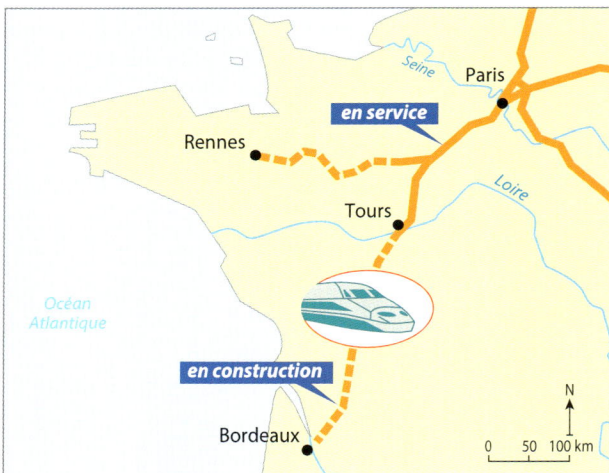

"Mieux entendre les préoccupations des Auxerrois pour mieux en tenir compte" *Guy Férez*
Maire d'Auxerre

ASSEMBLÉE DE QUARTIER

PROPOSER
S'EXPRIMER
DIALOGUER
PARTICIPER
S'INFORMER

2 L'implication croissante des citoyens dans la vie des quartiers

4 L'aéroport de Notre-Dame-des-Landes, source de conflit entre les acteurs

Pour : État, région Pays de la Loire, département de Loire-Atlantique, Nantes Métropole, entreprises impliquées dans le projet.	Contre : défenseurs de l'environnement, riverains
Arguments :	
– Renforcement de la compétitivité de Nantes et Rennes à l'échelle européenne. – Risque de saturation de l'aéroport de Nantes. – Suppression des vols au-dessus du centre-ville de Nantes. – 4 000 emplois pendant la construction + 9 000 emplois indirects. – Diminution des nuisances sonores.	– Inutilité d'un nouvel aéroport (possibilité d'élargir l'aéroport de Nantes). – Coût : 550 millions d'euros. – Suppression des activités et des emplois agricoles. – Environnement : disparition de zones humides (risque pour la biodiversité). artificialisation des sols.

Source : *Ouest-France*, 2012-2015.

Part du financement, en %

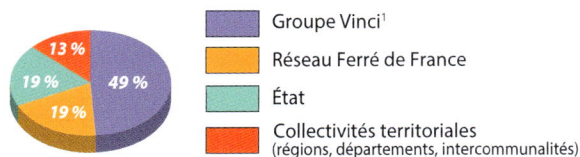

13 %
19 %
19 %
49 %

- Groupe Vinci[1]
- Réseau Ferré de France
- État
- Collectivités territoriales (régions, départements, intercommunalités)

1. En contrepartie du financement, le groupe Vinci a obtenu une concession de 50 ans sur l'exploitation de cette ligne.

Source : Ministère de l'Écologie, du Développement durable et de l'Énergie, 2015.

3 La ligne à grande vitesse Tours-Bordeaux, un partenariat public-privé

Capacités et méthodes — Développer le sens critique (doc. 1 et 2)

1. Quels sont l'auteur et la nature du doc. 1 ; du doc. 2 ?

2. Quel est le message véhiculé par le texte et l'illustration de chacun des documents ? Pourquoi faut-il porter un regard critique sur ce dessin de presse et cette affiche ?

Les enjeux de l'aménagement des territoires

▶ **Comment la mondialisation et le développement durable redéfinissent-ils les enjeux de l'aménagement des territoires ?**

A Valoriser la compétitivité des territoires

• **Dans le contexte de la mondialisation, les territoires sont mis en concurrence.** Si la mondialisation valorise les territoires compétitifs (métropoles, façades maritimes et frontalières), elle délaisse les territoires les moins attractifs (régions rurales isolées, quartiers urbains en difficulté).

• **L'aménagement des territoires vise à valoriser la compétitivité des territoires.** L'État et les collectivités territoriales investissement donc dans les aménagements et dans l'innovation qui attirent les entreprises : infrastructures de transport (LGV, autoroutes, doc. 4), réseaux numériques à haut débit, pôles de compétitivité (doc. 4 p. 153).

• **Pour améliorer leur compétitivité, les territoires s'organisent en réseau.** Les communes sont renforcées par l'intercommunalité qui permet une mise en commun de certains efforts financiers et des infrastructures. Les métropoles coopèrent dans le cadre des pôles métropolitains ce qui leur permet de rivaliser avec les métropoles européennes : le pôle Loire Bretagne rassemble par exemple 1,6 million d'habitants (Angers, Nantes, Rennes, Brest, Saint-Nazaire) et 845 000 emplois (doc. 3 p. 29).

B Favoriser la cohésion des territoires

• **Les territoires présentent de fortes inégalités économiques et sociales** (accès aux soins, emploi, éducation). Dans le cadre de la politique régionale de l'UE (p. 208) visant la réduction des contrastes territoriaux, la France bénéficie d'une allocation de 27 milliards d'euros pour la période 2014-2020. Les régions ont depuis 2014 les compétences pour utiliser une partie de ces aides.

• **L'État apporte son soutien aux territoires en difficulté.** La cohésion des territoires passe par l'aide aux quartiers prioritaires urbains ou ruraux. Ainsi, 1 300 quartiers dans 700 communes bénéficient de subventions nationales pour lutter contre la pauvreté. L'État œuvre également pour la réduction de la fracture numérique (câblage de la Polynésie et doc. 1) ou le désenclavement (LGV Poitiers-Limoges, quartiers périphériques de Grenoble p. 22-23).

• **L'intercommunalité joue un rôle essentiel dans la cohésion des territoires.** Elle ne peut pas gommer totalement les inégalités entre les communes : les territoires les plus pauvres ont des ressources fiscales faibles alors que les besoins d'aménagement sont coûteux. Mais aménager une ligne de bus entre plusieurs communes peut, par exemple, réduire les fractures internes.

C Assurer la durabilité de l'aménagement des territoires

• **Face à des inégalités socio-économiques croissantes et aux pressions environnementales,** le développement durable **est devenu une priorité.** Il s'agit de promouvoir le développement économique, en assurant l'égalité socio-spatiale tout en préservant l'environnement des territoires. Ainsi, les aménagements doivent anticiper les besoins de demain (croissance démographique, vieillissement, mutation économique, accroissement des mobilités) en s'appuyant sur des études de prospective (doc. 3).

• **L'échelle locale est la plus efficace dans l'application du développement durable** (p. 24-25). Les agendas 21 se multiplient (doc. 2) et des outils techniques se mettent en place : schéma éolien, plan de déplacement urbain. Par la démocratie participative, les citoyens sont associés à la réflexion sur l'aménagement des territoires.

• **Le développement concerté tente de concilier la durabilité avec la compétitivité et la cohésion** (Repère). En prenant en compte l'ensemble des acteurs locaux, il conditionne aujourd'hui la réussite de chacune des opérations d'aménagement des territoires mais reste difficile à mettre en œuvre (doc. 1 p. 92).

Vocabulaire

Agenda 21 : voir p. 28.

Cohésion des territoires : développement économique et social harmonieux des territoires ayant pour objectif la lutte contre les inégalités.

Compétitivité des territoires : capacité à faire face à la concurrence des autres territoires dans le cadre de la mondialisation.

Désenclavement : action de rompre l'isolement d'une région en la connectant aux réseaux de communication.

Développement concerté : action de mener un territoire à la compétitivité et à la cohésion, à travers le développement durable et la mise en réseau des acteurs publics et privés.

Développement durable : voir p. 23.

Fracture numérique : inégalité d'accès aux technologies de l'information et de la communication.

Mondialisation : processus de mise en relation et d'interdépendance des différentes parties du monde.

Pôle de compétitivité : regroupement, sur un territoire donné, d'entreprises et de centres de recherche publics ou privés dans le but de développer l'innovation.

Quartier prioritaire : voir p. 28.

REPÈRE

Le développement concerté, l'enjeu essentiel de l'aménagement des territoires

Source : Ministère de l'Écologie, du Développement durable et de l'Énergie, 2015.

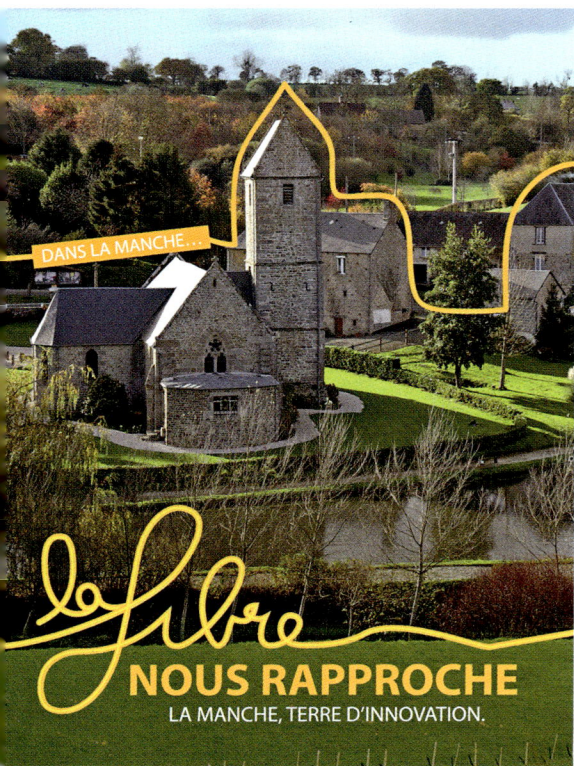

DANS LA MANCHE…

la fibre

NOUS RAPPROCHE
LA MANCHE, TERRE D'INNOVATION.

1 L'aménagement numérique, une nécessité pour la cohésion des territoires

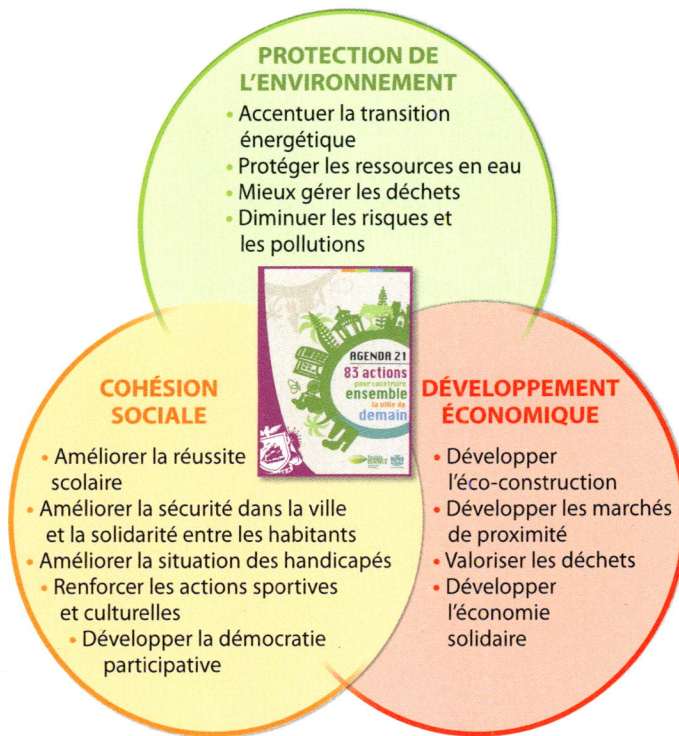

PROTECTION DE L'ENVIRONNEMENT
- Accentuer la transition énergétique
- Protéger les ressources en eau
- Mieux gérer les déchets
- Diminuer les risques et les pollutions

COHÉSION SOCIALE
- Améliorer la réussite scolaire
- Améliorer la sécurité dans la ville et la solidarité entre les habitants
- Améliorer la situation des handicapés
- Renforcer les actions sportives et culturelles
- Développer la démocratie participative

DÉVELOPPEMENT ÉCONOMIQUE
- Développer l'éco-construction
- Développer les marchés de proximité
- Valoriser les déchets
- Développer l'économie solidaire

Source : Agenda 21 de Nouméa, 2015.

2 L'agenda 21 de Nouméa, un outil vers un développement durable

3 Prévoir les besoins de demain pour aménager les territoires

La prospective est la démarche qui vise à se préparer aujourd'hui à demain. Elle ne consiste pas à prévoir l'avenir, mais à élaborer des scénarios possibles sur la base de l'analyse des données disponibles. Dès la création de la Datar en 1963, prospective et aménagement du territoire vont de pair : porter un regard attentif aux évolutions de la société et faire preuve d'anticipation pour préparer et accompagner le territoire national dans ses mutations font partie des compétences pour lesquelles la Datar est particulièrement attendue. La démarche de prospective Territoires 2040 s'inscrit dans la continuité de cette mission pour appréhender au plus près les évolutions des territoires tout en impliquant les acteurs spatiaux.

Datar, 2015.

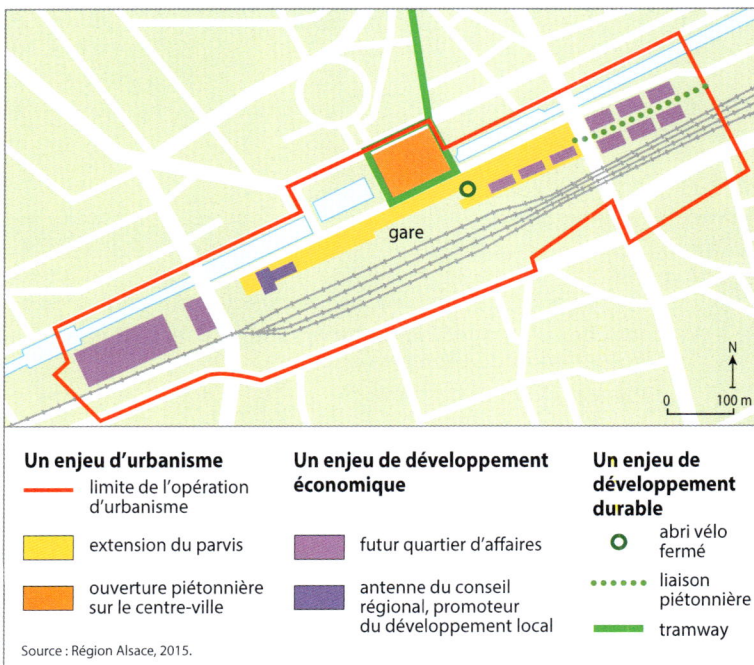

Un enjeu d'urbanisme
— limite de l'opération d'urbanisme
▢ extension du parvis
▢ ouverture piétonnière sur le centre-ville

Un enjeu de développement économique
▢ futur quartier d'affaires
▢ antenne du conseil régional, promoteur du développement local

Un enjeu de développement durable
○ abri vélo fermé
••••• liaison piétonnière
— tramway

Source : Région Alsace, 2015.

4 L'aménagement de la gare de Mulhouse : des enjeux pluriels

Capacités et méthodes · Changer et mettre en relation les échelles (doc. 4)

1. À quelle échelle l'aménagement de la gare TGV de Mulhouse favorise-t-il la cohésion des territoires ?
2. À quelles échelles améliore-t-il la compétitivité des territoires ?

Capacités travaillées
- Analyser le sujet et la consigne
- Étudier un texte

S ujet guidé   Les gares, des territoires de proximité aménagés

À partir du texte, montrez que les aménagements font des gares françaises des territoires du quotidien où interviennent de multiples acteurs.

Conseil
Illustrez votre analyse par des exemples concrets comme ici celui de la gare Saint-Lazare à Paris.

L'aménagement des gares, une valorisation du territoire de proximité

• La SNCF compte plus de 80 projets d'aménagement de pôles d'échanges multimodaux (PEM) qui positionnent désormais la gare comme un territoire aux fonctions multiples : une fonction pôle d'échange multimodal, une fonction commerciale et une fonction lieu de vie, puisque c'est un territoire de proximité.

• Le développement durable incite le citadin à combiner, pour un même trajet, plusieurs moyens de transport, afin de minimiser son temps de trajet, ses efforts et les coûts. La gare PEM devient le lieu par excellence de cette intermodalité. À Annecy, par exemple, 18 000 personnes passent par la gare, mais seulement 4 000 pour prendre un train (TER du conseil régional ou TGV) : les autres y viennent pour les bus gérés par le département de la Haute-Savoie, les bus de la communauté d'agglomération d'Annecy ou le parking.

• Les flux humains en transit dans les gares, évalués à 2 milliards chaque année en France, en font des lieux à très fort potentiel de consommation. Le principe du commerce de transit est d'exploiter le temps d'attente pour le transformer en temps d'achat. Les grandes gares deviennent donc des centres commerciaux, à l'instar de la nouvelle gare Saint-Lazare[1].

• Enfin, la gare devient un lieu de vie. La SNCF y crée des événements : expositions (photographie à Avignon ou Arles, architecture à Strasbourg, affiche de films à Lyon en 2013) ou concerts (Eurockéennes de Belfort en gare de Lyon en 2012). Les élus des collectivités territoriales voient en effet dans la gare un lieu public où la mixité sociale est permise. Cependant, elle est aussi un lieu de contrôle où la police et la vidéosurveillance sont très largement présents.

D'après C. Capo et O. Chanut, *Économies et Sociétés* n° 16, 2015.

1. En 2012, le centre commercial de la gare Saint-Lazare a reçu 460 000 visiteurs par jour contre une moyenne de 100 000 pour les plus grands centres commerciaux français.

A   Analyser le sujet et la consigne

Méthode

Le sujet donne le thème central à étudier ; la consigne permet d'orienter le travail.
a. **Identifier les notions clés.** Apporter une définition géographique précise de ces notions clés en consultant les pages cours du manuel et le cahier.
b. **Délimiter l'espace concerné.**

1 Identifiez les notions clés et délimitez l'espace concerné.

> À partir de la définition de territoire et d'aménagement, montrez que les gares sont les deux à la fois. ▶ **Aide** p. 21

> La France compte plus de 3 000 gares encore opérationnelles. Pourquoi le sujet ne porte-t-il que sur les gares situées dans les villes ?

Les gares des territoires de proximité aménagés

À partir du texte, montrez que les aménagements font des gares françaises des territoires du quotidien où interviennent de multiples acteurs.

Conseil
Ce travail d'analyse du sujet se réalise au brouillon. Il est essentiel car il conduit à dégager les grandes parties de l'étude de document.

> En confrontant le dessin p. 21 et les cartes p. 28, donnez une définition du « territoire du quotidien » et du « territoire de proximité ».

> Quels sont les grands acteurs de l'aménagement du territoire ?

a. **Identifier la source** : auteur, date, provenance (ouvrage scientifique, article de presse...).

b. **Repérer l'idée générale** (notions clés, espace concerné) et l'organisation du texte : grandes parties, arguments (causes, conséquences) et exemples (preuves chiffrées, lieux...).

c. **Interpréter le texte :**
  – en utilisant les notions clés ;
  – en expliquant les informations du texte à l'aide des connaissances ;
  – en illustrant les idées par des exemples ;
  – en dégageant les limites du texte.

2 Rédigez une présentation de la source en sélectionnant parmi les informations suivantes celles qui vous semblent utiles.

Économies et Sociétés est une revue mensuelle d'économie qui existe depuis 1944. Chaque numéro de la revue comprend 200 pages et correspond à une thématique économique particulière. Le numéro 16 de l'année 2015 est consacré aux transports. Claire Capo et Odile Chanut sont des enseignants-chercheurs spécialisées dans la géographie des transports.

> **Conseil**
> Aidez-vous des expressions utilisées dans le paragraphe 1 introductif.

3 Repérez l'organisation du texte en donnant un titre aux paragraphes 2, 3 et 4.

4 Complétez le tableau suivant en vous aidant des informations surlignées dans le document.

	Sélectionner les informations du texte utiles au sujet	Interpréter à l'aide des notions clés du chapitre
Un territoire aménagé...	– Pôle d'échanges multimodaux	– Aménagement lié au transport. Leur objectif est de renforcer la cohésion des territoires, dans un développement durable (intermodalité).
	– Centres commerciaux	– ....
... par de multiples acteurs...	– Acteurs publics : conseil régional, ...	– Autres acteurs : .... – Type d'opérations menées : ....
	– Acteurs privés :	– Autres acteurs : .... – Type d'opérations menées : ....
... qui en font un territoire de proximité	– .... –	– .... – ....

> **Conseil**
> Aidez-vous de la définition des acteurs p. 21 pour repérer les acteurs de l'aménagement des gares en France.

Sujet d'entraînement

Les enjeux de l'aménagement des transports urbains

À l'aide du texte présentant la mise en place du tramway d'Aubagne, montrez que l'aménagement des transports urbains tente de concilier les enjeux sociaux, économiques et environnementaux.

> **Conseil**
> Classez les informations selon les trois enjeux de l'aménagement : compétitivité des territoires, cohésion des territoires, développement durable.

L'aménagement du tramway d'Aubagne (Provence-Alpes-Côte d'Azur)

Trottoirs plus larges, moins de pollution, de bruit et d'accidents : partout où les agglomérations ont investi dans un tramway, l'activité économique a été renforcée. À Aubagne, de nombreux espaces ont été modifiés et embellis grâce au passage du tramway. Les commerces, les cyclistes et les piétons profitent des larges espaces réaménagés. Avec un départ au cœur de la cité, le tramway dessert la piscine, le lycée Joliot-Curie, pour rejoindre, à terme, la zone industrielle des Paluds.

L'arrêt du tramway au pôle d'échange d'Aubagne renforce sa position centrale, avec les liaisons en bus et en train. Ce pôle d'échanges est accessible au plus grand nombre : piétons, personnes à mobilité réduite, modes doux, bus, automobiles... Des parkings relais sont mis en place afin de permettre le stationnement des véhicules des usagers utilisant le nouveau réseau de transport. La gratuité du tramway a fait ses preuves : depuis son instauration, les voyages ont doublé.

Tramway du pays d'Aubagne.com (site de la communauté d'agglomération du pays d'Aubagne et de l'Étoile), 2015.

Capacités travaillées
• Différencier carte, croquis et schéma
• Réaliser un croquis
• Réaliser un schéma

MÉTHODE BAC

S ujet guidé — Les commerces en France, des aménagements de développement économique

A Différencier carte, croquis et schéma

Carte : La densité commerciale en France

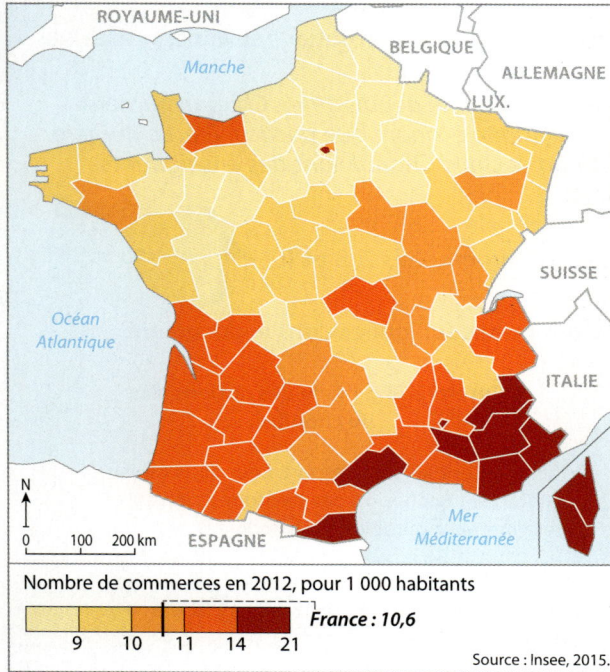

Nombre de commerces en 2012, pour 1 000 habitants

France : 10,6

9   10   11   14   21

Source : Insee, 2015.

Croquis : Une inégale densité commerciale en France

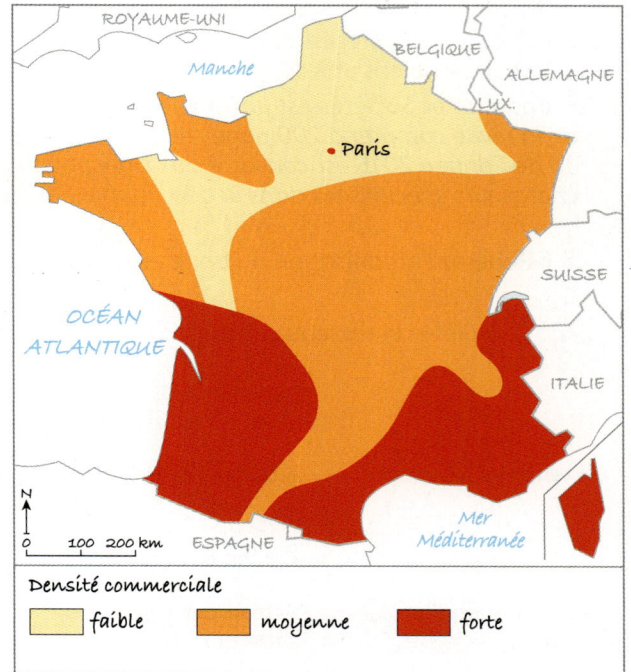

Densité commerciale

faible   moyenne   forte

Schéma : Une inégale densité commerciale en France

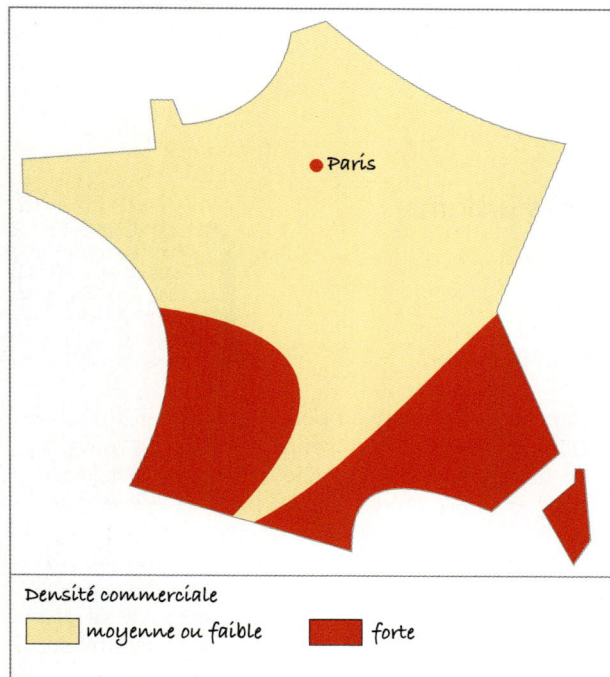

Densité commerciale

moyenne ou faible   forte

Méthode

Identifier carte, croquis et schéma

	Carte	Croquis	Schéma
Points communs	langage commun : figurés, couleurs, règles cartographiques, titre et légende organisée.		
Spécificités	document scientifique qui permet de localiser des lieux, de représenter des données. La légende n'est pas nécessairement problématisée.	document plus simplifié que la carte, qui présente des informations organisées et hiérarchisées.	document plus simplifié que le croquis, dans la forme (tracé géométrique) et dans les informations (moins nombreuses).
Épreuves du bac	Étude / analyse de document	Production graphique fond fourni	fond à dessiner par l'élève
			Composition

1) Listez les points communs et les différences de ces trois représentations cartographiques.

B Réaliser un croquis

2 À partir de la carte ci-dessous, complétez le titre, la légende et le croquis ci-dessous.

> **Conseil**
> Comme sur l'exemple p. 36, formulez un titre problématisé.

Carte : **Le commerce dans les Pays de la Loire**

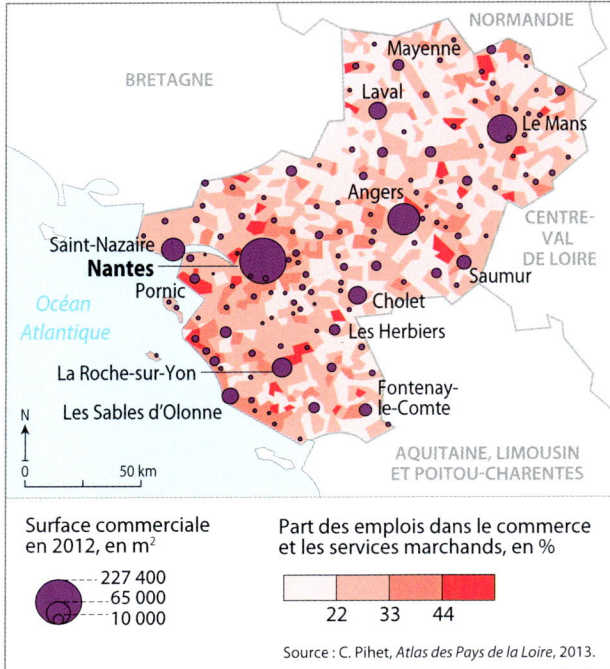

Surface commerciale en 2012, en m²

- 227 400
- 65 000
- 10 000

Part des emplois dans le commerce et les services marchands, en %

22 33 44

Source : C. Pihet, *Atlas des Pays de la Loire*, 2013.

Croquis : Les Pays de la Loire, ...

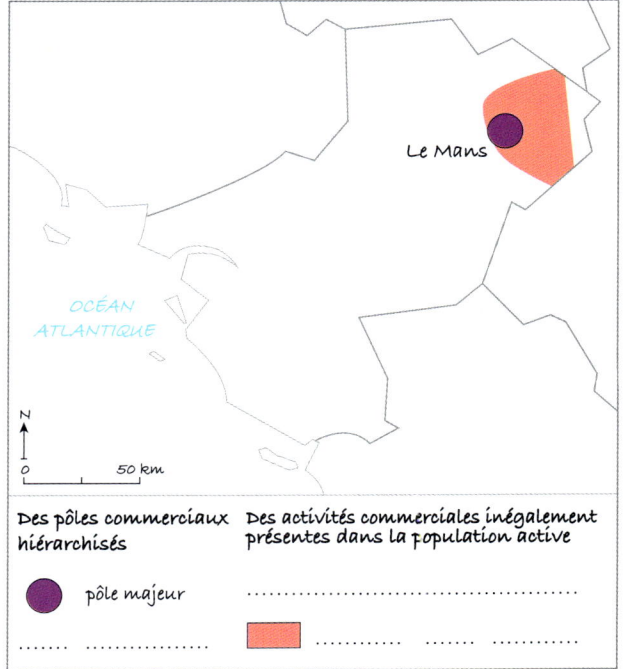

Le Mans

OCÉAN ATLANTIQUE

N
0 50 km

Des pôles commerciaux hiérarchisés

● pôle majeur

Des activités commerciales inégalement présentes dans la population active

....

....

C Réaliser un schéma

3 Recopiez et terminez le tracé schématisant le contour de la région Pays de la Loire.

Schéma : ....

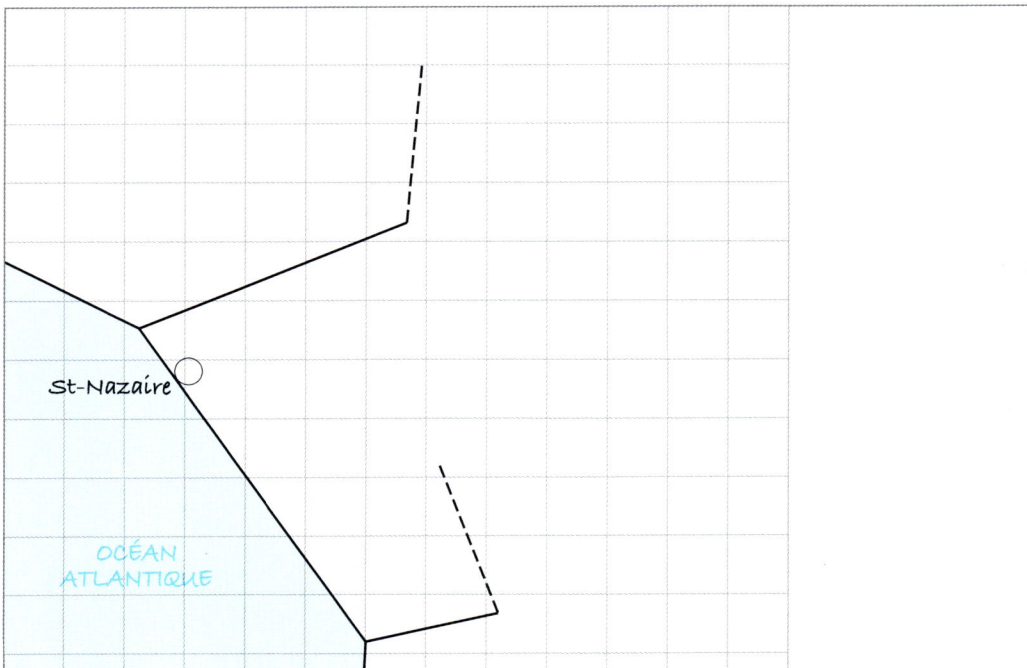

St-Nazaire

OCÉAN ATLANTIQUE

> **Conseil**
> Ne sélectionnez que 2 ou 3 informations majeures et simplifiez leur formulation dans la légende.

4 À partir du croquis réalisé dans la question 3, complétez le titre, la légende et le schéma ci-dessus.

Composition

Capacités travaillées
- Analyser le sujet
- Rédiger un paragraphe définissant une notion clé

S ujet guidé En quoi le territoire étudié en classe est-il un territoire du quotidien aménagé ?

A Analyser le sujet

Méthode

a. **Identifier et mettre en relation les notions clés.**

b. **Chercher dans le manuel la définition des notions clés.** Apporter une définition précise et en lien avec le sujet.

c. **Délimiter l'espace concerné :**
 – quelle échelle ? *monde / continent / région / État / ville* ;
 – quel type d'espace ? *de centre-ville / périurbain / rural*.

> **Conseil**
> L'analyse du sujet est indispensable à sa compréhension. Elle se réalise au brouillon.

1 Identifiez les notions clés et délimitez l'espace concerné.

> Le territoire étudié en classe est le territoire proche du lycée. Pourquoi fait-il partie de votre territoire du quotidien ?

> Les territoires du quotidien sont des territoires parcourus régulièrement par un individu. Donnez des exemples d'activités générant des déplacements dans un territoire du quotidien.

En quoi le territoire étudié en classe est-il un territoire du quotidien aménagé ?

> Donnez des exemples d'aménagement qui transforment les territoires du quotidien.

B Rédiger un paragraphe définissant et illustrant une notion clé

2 À partir du travail réalisé dans la question 1 et du modèle proposé ci-dessous, rédigez un paragraphe définissant « un territoire aménagé ».

L'exemple de la promenade du Paillon à Nice

Un territoire du quotidien est un territoire parcouru régulièrement par un individu. C'est le cas de la promenade du Paillon à Nice. Espace vécu et approprié par ses habitants, il donne lieu à des pratiques : lieu de résidence, déplacements (ici grâce au tramway) entre ce lieu de résidence et les lieux d'activités professionnelles (bureau du centre-ville de Nice), scolaire (lycée Masséna), administratives (mairie de Nice), commerciales (ici magasins de la rue Jean-Médecin) ou de loisirs (jeux d'eau de la place).
Il est aussi l'objet de représentations pour chaque individu (territoire attractif ou répulsif) : la promenade du Paillon est un lieu approprié choisi comme point de rencontre des lycéens.

> **Conseil**
> Pour rédiger, inspirez-vous de ce paragraphe définissant les territoires du quotidien : il reprend la définition p. 21, illustrée par des exemples du territoire du quotidien d'un lycéen de Nice (photographie p. 16-17).

Un territoire aménagé ....
....
....
....

> **Conseil**
> Listez les aménagements de votre territoire du quotidien et présentez-les dans un paragraphe ordonné.

Sujet L'aménagement du quartier des affaires Euroméditerranée à Marseille

EuroMediterranee > Qui Sommes-Nous ? > Les Partenaires Publics

ARCHITECTURE
MER
LOGEMENTS
EMPLOI
ÉCONOMIE
CULTURE
ESPACES VERTS
TRANSPORT/DÉPLACEMENT
QUALITÉ DE VIE

QUI SOMMES-NOUS ?
L'Etablissement Public
Les Partenaires Publics
Ressources Humaines

LES PARTENAIRES PUBLICS

Euroméditerranée associe les grands acteurs publics : l'Etat et les collectivités locales :

Ils sont regroupés au sein d'une structure juridique appelé Etablissement Public d'Aménagement et décident ensemble des grandes orientations du projet.

Les Financements

L'Etat, la Ville, la Communauté Urbaine, la Région et le Département confient à l'Etablissement Public un budget lui permettant de réaliser les études, d'acheter les terrains, d'engager les travaux. Cet investissement public est mobilisé pour engager les transformations et les aménagements nécessaires à l'attraction d'investissements privés.

SUIVEZ-NOUS

RECHERCHER
Tapez votre recherche ici   OK

SUIVI DE CHANTIERS

EUROMÉDITERRANÉE ACTE 2

ECOCITÉ D'EUROMEDITERRANEE

Conseil
Gardez un esprit critique en consultant les sites de promotion d'une opération d'aménagement.

1 Réalisez l'exercice d'application en vous aidant de la méthode proposée.

Méthode pour utiliser un site d'aménagement en ligne	Application
Choisir le site en ligne d'un aménagement du territoire : site d'un aménagement de transport, d'urbanisme, de développement économique, de loisirs…	Allez sur le site « euromediterranee.fr », le site officiel de l'aménagement du quartier des affaires de Marseille.
Consulter les rubriques qui peuvent être classées par thème, par type de ressources accessibles…	Consultez la rubrique « Qui sommes-nous ? » et listez les acteurs partenaires publics et privés du projet.
Porter un regard critique sur les informations disponibles sur le site en consultant des sites ou des publications d'opposition au projet.	Allez sur le site « centrevillepourtous.asso.fr », association des habitants du centre-ville de Marseille, et consultez les différentes actions menées pour modifier ou critiquer l'aménagement.
Prélever les informations utiles au sujet en les organisant en grandes parties.	À partir des deux sites précédents, relevez le rôle et les arguments de chaque acteur de l'aménagement d'Euroméditerranée.

Conseil
Vous pouvez classer les arguments des acteurs en fonction des 3 enjeux de l'aménagement : compétitivité, cohésion des territoires et développement durable.

2 Préparez le débat en complétant l'organigramme suivant.

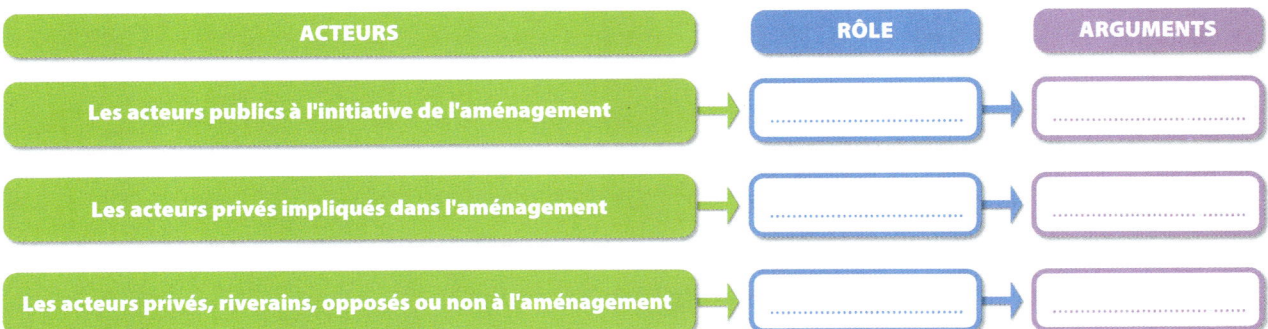

ACTEURS	RÔLE	ARGUMENTS
Les acteurs publics à l'initiative de l'aménagement	....	....
Les acteurs privés impliqués dans l'aménagement	....	....
Les acteurs privés, riverains, opposés ou non à l'aménagement	....	....

Localisations essentielles

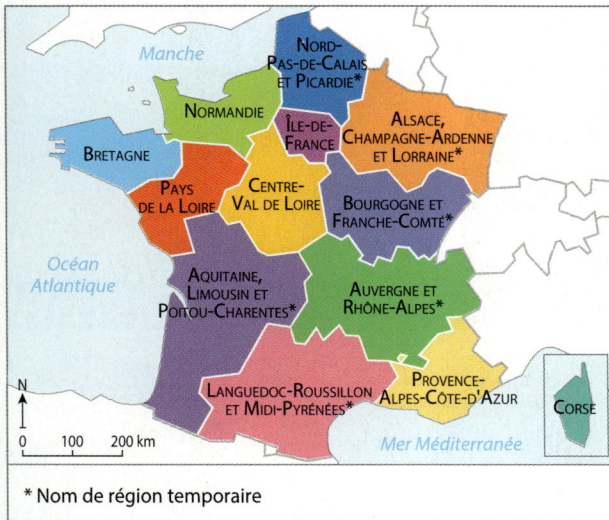

* Nom de région temporaire

1 Les 13 régions métropolitaines

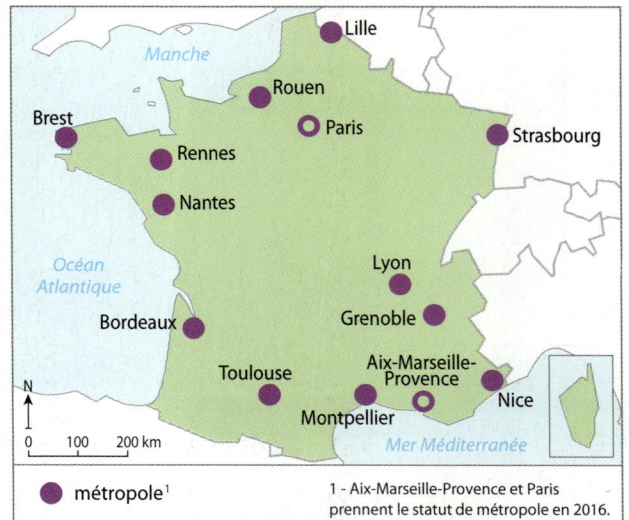

● métropole[1]

1 - Aix-Marseille-Provence et Paris prennent le statut de métropole en 2016.

2 Les métropoles, une nouvelle forme d'intercommunalité

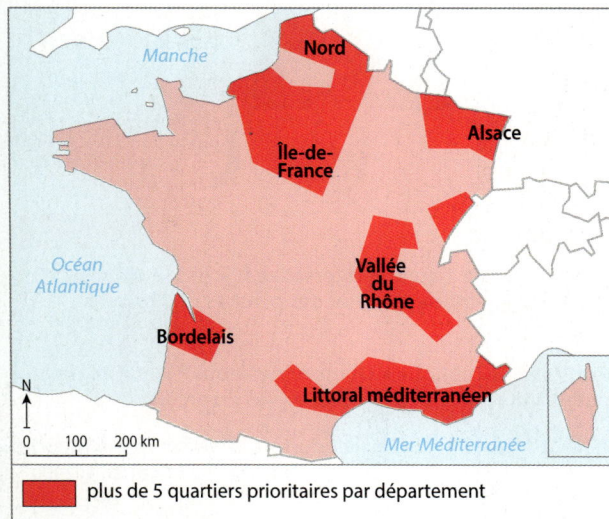

■ plus de 5 quartiers prioritaires par département

3 Les espaces bénéficiant de l'aide de l'État

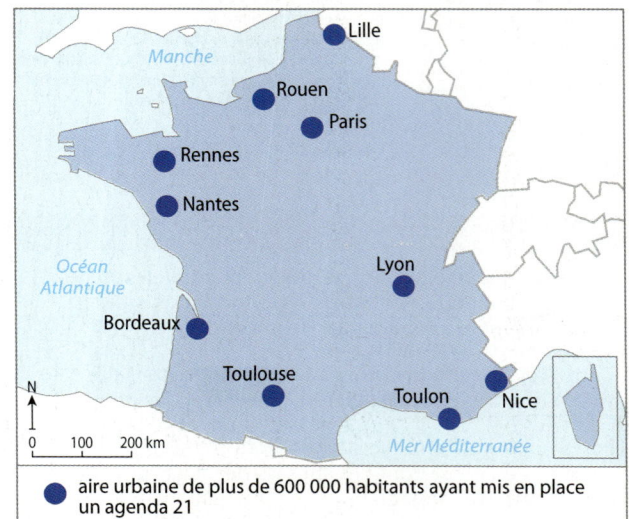

● aire urbaine de plus de 600 000 habitants ayant mis en place un agenda 21

4 Les agendas 21 urbains

Chiffres clés

A Le poids des petites communes

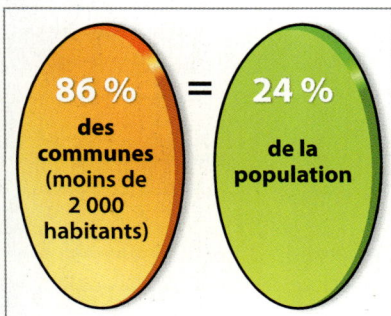

86 % des communes (moins de 2 000 habitants) = 24 % de la population

B Les principaux découpages administratifs

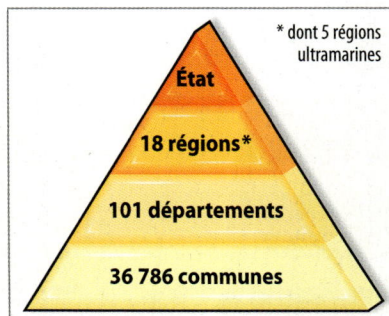

* dont 5 régions ultramarines

État
18 régions*
101 départements
36 786 communes

C L'intercommunalité en 2015 (en % de la population)

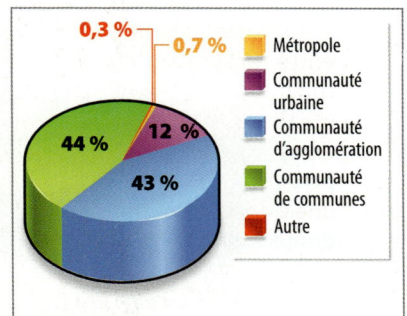

0,3 % · 0,7 %
44 %
12 %
43 %

■ Métropole
■ Communauté urbaine
■ Communauté d'agglomération
■ Communauté de communes
■ Autre

QUELS SONT LES ACTEURS ET LES ENJEUX DE L'AMÉNAGEMENT DES TERRITOIRES ?

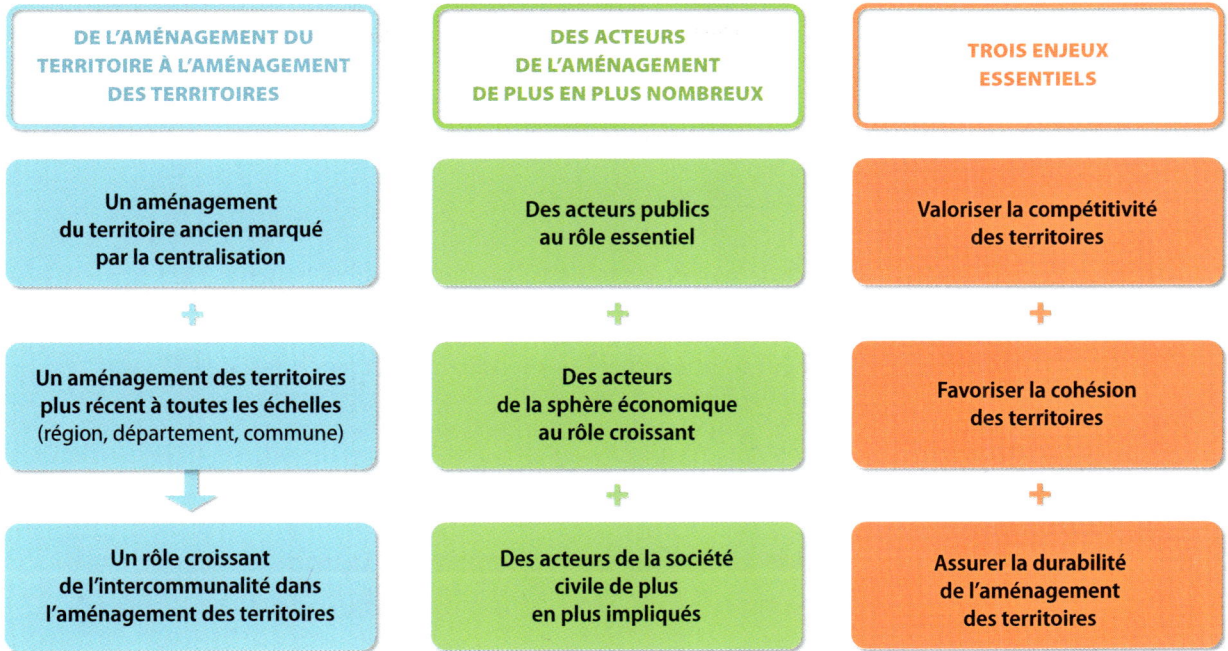

DE L'AMÉNAGEMENT DU TERRITOIRE À L'AMÉNAGEMENT DES TERRITOIRES	DES ACTEURS DE L'AMÉNAGEMENT DE PLUS EN PLUS NOMBREUX	TROIS ENJEUX ESSENTIELS
Un aménagement du territoire ancien marqué par la centralisation	Des acteurs publics au rôle essentiel	Valoriser la compétitivité des territoires
+	+	+
Un aménagement des territoires plus récent à toutes les échelles (région, département, commune)	Des acteurs de la sphère économique au rôle croissant	Favoriser la cohésion des territoires
↓	+	+
Un rôle croissant de l'intercommunalité dans l'aménagement des territoires	Des acteurs de la société civile de plus en plus impliqués	Assurer la durabilité de l'aménagement des territoires

A Pourquoi les acteurs de l'aménagement des territoires sont-ils aujourd'hui plus nombreux ?

L'aménagement des territoires se réalise à toutes les échelles : européenne (tunnel transalpin), nationale (réseau autoroutier ou ferroviaire) ou locale (écoquartier, transport urbain). Quelle que soit l'échelle, les acteurs publics gardent un rôle essentiel dans l'aménagement des territoires mais leurs compétences évoluent : la région prend de l'importance par rapport à l'État, et l'intercommunalité par rapport aux communes. Les acteurs privés sont de plus en plus impliqués : entreprises participant au financement d'aménagement onéreux, associations de citoyens dans le cadre de la démocratie participative ou de la contestation.

B Comment la mondialisation et le développement durable redéfinissent-ils les enjeux de l'aménagement des territoires ?

L'aménagement des territoires français répond à trois enjeux. Il vise d'abord à valoriser la compétitivité des territoires : renforcement de leur attractivité par la connexion aux grands axes de transport ou par l'innovation, coopération entre territoires à l'échelle intercommunale ou métropolitaine. Pour renforcer la cohésion du territoire, l'aménagement lutte aussi contre les inégalités socio-économiques en soutenant les espaces les plus défavorisés (quartiers prioritaires). Enfin, le développement durable est devenu une priorité de l'aménagement des territoires (agenda 21, démocratie participative).

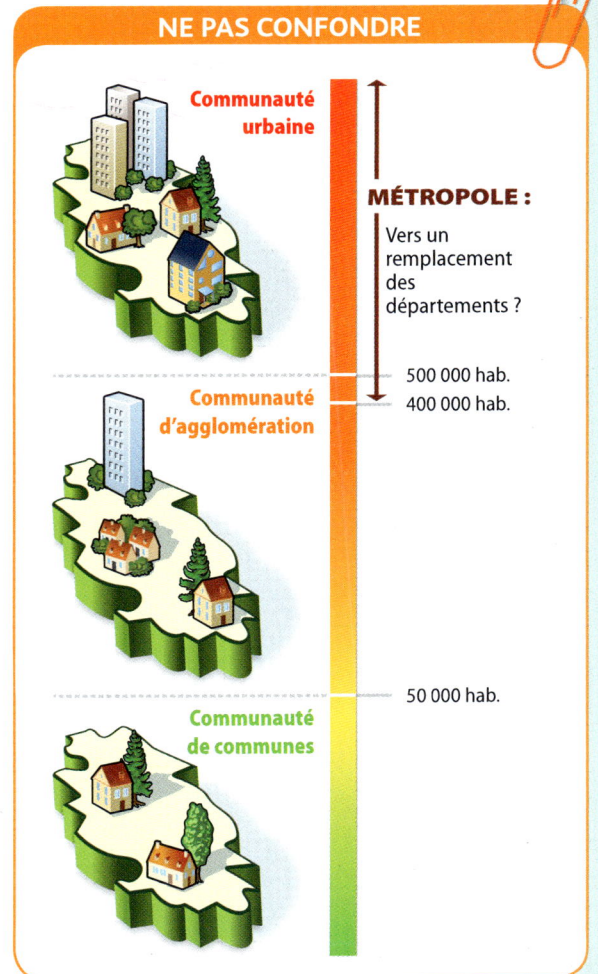

NE PAS CONFONDRE

Communauté urbaine

MÉTROPOLE : Vers un remplacement des départements ?

500 000 hab.
400 000 hab.

Communauté d'agglomération

50 000 hab.

Communauté de communes

2 La région, territoire de vie, territoire aménagé

ENJEUX

Les régions sont aujourd'hui des territoires de vie auxquels les habitants s'identifient. Elles sont également une structure administrative et politique. D'un bout à l'autre de l'UE, leurs pouvoirs et leurs statuts varient mais elles restent un outil majeur pour l'aménagement des territoires. En France, les régions ont fait l'objet d'une double réforme en 2015. Elles sont plus vastes, moins nombreuses et leurs compétences ont été renforcées pour relever un véritable défi : garantir leur cohésion au sein d'une Union européenne élargie, tout en conciliant compétitivité et développement durable.

▶ **Pourquoi les réformes récentes conduisent-elles à une affirmation du rôle des régions en France et en Europe ?**

1 Le découpage régional en 2015

Questions

1 Quels sont les changements opérés par le découpage de 2015 sur le nombre et la taille des régions ? (doc. 1)

2 Quels éléments de la photographie de Tourcoing marquent l'identité culturelle du Nord ? D'après vos connaissances, citez d'autres régions françaises associées à une identité culturelle forte. (doc. 2)

3 Comment les doc. 1 et 2 montrent-ils que la région est à la fois un territoire de vie et une structure administrative ?

2 **Les Géants du Nord : un marqueur de l'identité culturelle régionale.** (ici, à Tourcoing)

Comment étudier la région dans laquelle est situé votre lycée dans le cadre de la réforme de 2015 ?

▶ **La région dans laquelle se situe votre lycée a connu une modification territoriale**

Étape 1

En quoi votre nouvelle région est-elle un territoire de vie ?

1) **Lister les nouvelles caractéristiques régionales :** situation, superficie, données « naturelles », environnementales, complémentarités économiques.

2) **Expliquer sur quelles identités se fonde la nouvelle région :** des éléments historiques et culturels, un regroupement purement administratif.

3) **Chercher les motivations liées à la fusion :** complémentarité économique entre deux territoires, présence d'une métropole ayant une vaste aire régionale, liens culturels et sentiment d'appartenance des populations.

4) **Décrire la nouvelle organisation de l'espace régional :** métropoles, axes de transport qui structurent la région, caractéristiques des différents espaces.

Étape 2

Quel est le rôle de votre nouvelle région dans l'aménagement du territoire ?

5) **Présenter les différences entre les conseils régionaux qui fusionnent :** budget, domaines d'action (économique, éducatif, transport), réalisations.

6) **Présenter les liens existants entre les régions ayant fusionné :** ancienneté et complémentarités des politiques régionales, aménagements des territoires réalisés en commun avant la fusion.

7) **Lister les acteurs** qui travaillent en collaboration avec la nouvelle région (décision, financement, réalisation).

Étape 3

Quels défis votre nouvelle région doit-elle relever pour affirmer sa place en France et en Europe ?

8) **Classer les enjeux majeurs de l'aménagement :** construire une cohésion territoriale, renforcer sa compétitivité, accompagner le développement durable.

9) **Mesurer la place de votre nouvelle région dans le territoire français :** puissance renforcée par un poids économique accru, ouverture frontalière élargie, autonomie renforcée par rapport à Paris.

10) **Analyser les forces et les faiblesses de la région en Europe :** poids démographique ou économique, dynamiques transfrontalières.

Mise en perspective

▶ Les caractéristiques qui font de votre nouvelle région un territoire de vie sont-elles les mêmes dans les autres régions de France ?

▪ ▶ **Cours 1** (p. 64)

▶ En quoi la réforme territoriale de 2015 renforce-t-elle le rôle joué par les régions dans l'aménagement des territoires ?

▪ ▶ **Cours 2** (p. 66)

▶ La réforme de 2015 des régions en France leur permet-elle de s'affirmer face aux autres régions de l'UE

▪ ▶ **Cours 3** (p. 68)

L'évolution des nouvelles régions dans le cadre de la réforme

Loi définissant les 13 régions métropolitaines	Loi définissant les nouvelles compétences régionales	Élections régionales	Entrée en fonction des nouveaux conseils régionaux
2014	**2015**		**2016**

Les nouvelles régions définissent :
- un nouveau nom
- un nouveau logo
- une nouvelle capitale régionale

Les nouveaux conseils régionaux appliquent :
- de nouvelles orientations politiques
- un nouveau budget
- de nouvelles compétences

Des défis à relever

UNE NOUVELLE COHÉSION RÉGIONALE

- Lutter contre les inégalités territoriales
- Renforcer les liens intrarégionaux par les infrastructures de transport

DE NOUVEAUX ATOUTS FACE À LA COMPÉTITIVITÉ MONDIALE

- De nouvelles complémentarités économiques à conforter
- Des politiques d'innovation à valoriser

DES DÉFIS POUR LES NOUVELLES RÉGIONS

UNE NOUVELLE PLACE EN FRANCE ET EN EUROPE

- Un poids économique et démographique renforcé
- De nouvelles coopérations transfrontalières

UN RÔLE RENFORCÉ DANS LE DÉVELOPPEMENT DURABLE

- Définir une politique de l'emploi
- Repenser les transports durables
- Développer des énergies renouvelables

Réaliser un schéma de la nouvelle région

En vous aidant du schéma ci-dessous représentant la région Normandie, réalisez un schéma de votre région.

La Normandie, une nouvelle région aux fortes complémentarités

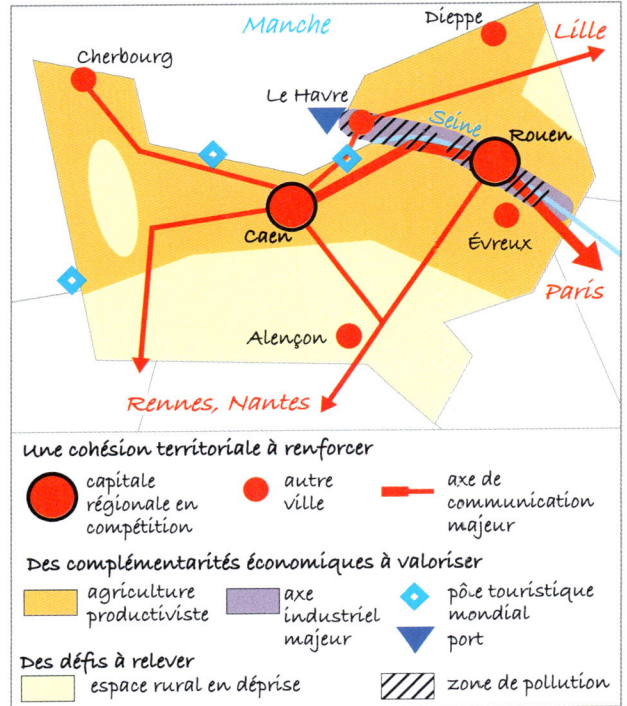

Une cohésion territoriale à renforcer
- capitale régionale en compétition
- autre ville
- axe de communication majeur

Des complémentarités économiques à valoriser
- agriculture productiviste
- axe industriel majeur
- pôle touristique mondial
- port

Des défis à relever
- espace rural en déprise
- zone de pollution

Conseil
Adaptez les titres de la légende et le choix des informations à la situation de votre propre région.

Travailler autrement

Recopiez et complétez l'organigramme bilan suivant, en l'adaptant à la situation de votre région.

ÉTUDIER UNE NOUVELLE RÉGION

UN NOUVEAU TERRITOIRE DE PROXIMITÉ

De nouvelles complémentarités socio-économiques à valoriser
....
....

➕

Une nouvelle identité régionale à construire
....
....

➕

Une nouvelle organisation territoriale à mettre en place
....
....

UN ACTEUR AU RÔLE RENFORCÉ DANS L'AMÉNAGEMENT DES TERRITOIRES

Un nouveau conseil régional aux compétences renforcées
....
....

Une nouvelle politique régionale fondée sur des coopérations parfois anciennes
....
....

Une concertation permanente avec d'autres acteurs
....
....

DES DÉFIS À RELEVER

Établir une cohésion régionale en luttant contre les déséquilibres
....
....

➕

Favoriser les nouvelles coopérations transfrontalières
....
....

➕

Valoriser les atouts de compétitivité et de développement durable
....
....

Comment étudier la région dans laquelle est situé votre lycée dans le cadre de la réforme de 2015 ?

▶ **La région dans laquelle se situe votre lycée n'a pas connu de modification territoriale**

Étape 1

En quoi votre région est-elle un territoire de vie ?

1) **Lister les caractéristiques régionales :** situation, superficie, poids et croissance démographique, données « naturelles », économiques, environnementales.

2) **Analyser ce qui forge l'identité de la région et ses limites géographiques :** un passé commun, une culture commune, le découpage territorial de 2015, des limites acceptées ou contestées.

3) **Décrire l'organisation de l'espace régional :** principales métropoles, axes de transport qui relient la région aux autres espaces et structurent la région, caractéristiques des différents espaces composant la région.

Mise en perspective

▶ Les caractéristiques qui font de la région étudiée un territoire de vie sont-elles les mêmes dans les autres régions de France ?

▶ **Cours 1** (p. 64)

Étape 2

Quel est le rôle de votre région dans l'aménagement du territoire ?

4) **Présenter le conseil régional, son budget et les domaines dans lesquels son action a été renforcée par la réforme de 2015 :** économique, éducatif, transport…

5) **Présenter le rôle joué par le conseil régional** dans l'aménagement du quotidien étudié dans le chapitre 1. Comparer cet aménagement avec un aménagement à l'échelle régionale.

6) **Lister les acteurs** qui travaillent en collaboration avec la région (décision, financement, réalisation) : rôle de l'État, des autres collectivités territoriales, des acteurs privés (entreprises…) et éventuellement les débats suscités par les aménagements.

▶ Les choix d'aménagement réalisés dans la région étudiée sont-ils les mêmes que dans les autres régions ?

▶ **Cours 2** (p. 66)

Étape 3

Quels défis votre région doit-elle relever pour affirmer sa place en France et en Europe ?

7) **Classer les défis** que votre région doit relever selon les trois enjeux majeurs de l'aménagement : cohésion territoriale, compétitivité, développement durable.

8) **Identifier la place de la région dans le territoire français :** région motrice, dynamique, en reconversion, frontalière, maritime, polarisée par Paris…

9) **Analyser les forces et les faiblesses de la région face aux autres régions en Europe :** situation par rapport à la mégalopole européenne, poids démographique ou économique, dynamiques transfrontalières.

▶ Existe-t-il dans l'UE des régions qui bénéficient de plus d'atouts que la région étudiée pour s'affirmer dans la mondialisation ?

▶ **Cours 3** (p. 68)

Les sources et les documents à utiliser

Sites Internet des régions   Presse locale   Magazines des régions   Site de la Datar et de l'Insee

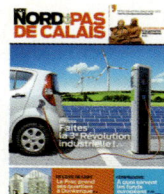

Les notions à maîtriser

UNE RÉGION

Un territoire

exemple :
RÉGION PROVENCE-ALPES-
CÔTE D'AZUR

Une collectivité territoriale

Président du conseil

Conseil régional élu
au suffrage universel

Collectivité territoriale : structure administrative (commune, département, région) compétente sur un territoire délimité. Elle est représentée par des élus qui disposent d'un pouvoir de décision, de compétences propres et d'un budget pour répondre aux besoins des habitants.

Région : structure administrative intermédiaire entre l'État et les collectivités locales (département, commune). Elle peut avoir une identité héritée de son histoire (Bretagne, Catalogne), de ses caractéristiques géographiques (Guadeloupe, Vallée d'Aoste, Bavière) ou être le résultat d'un découpage administratif (Pays de la Loire). Les régions administratives françaises sont devenues des collectivités territoriales en 1982.

Réaliser un schéma de la région

En vous aidant du schéma ci-dessous représentant la région PACA, réalisez un schéma de votre région.

L'organisation du territoire de la région Provence-Alpes-Côte d'Azur

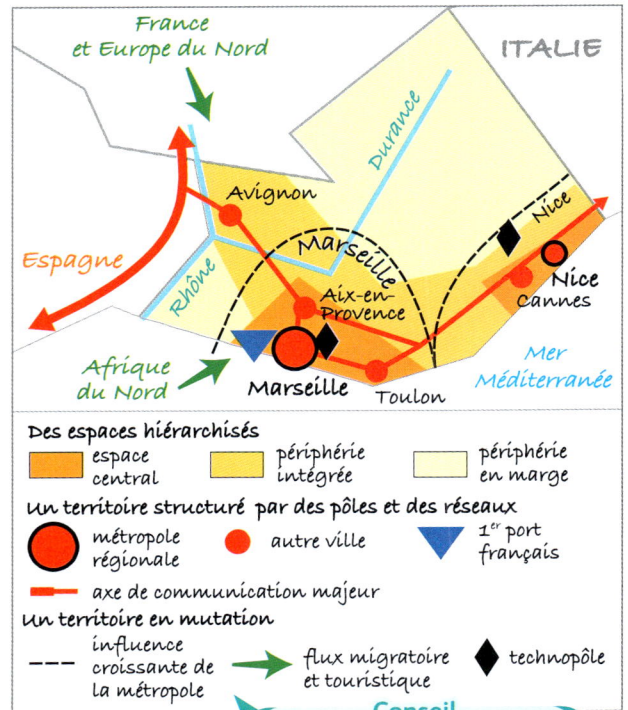

Conseil
Adaptez les titres de la légende et le choix des informations à la situation de votre propre région.

Travailler autrement

Recopiez et complétez l'organigramme bilan suivant, en l'adaptant à la situation de votre région.

ÉTUDIER LA RÉGION DU LYCÉE

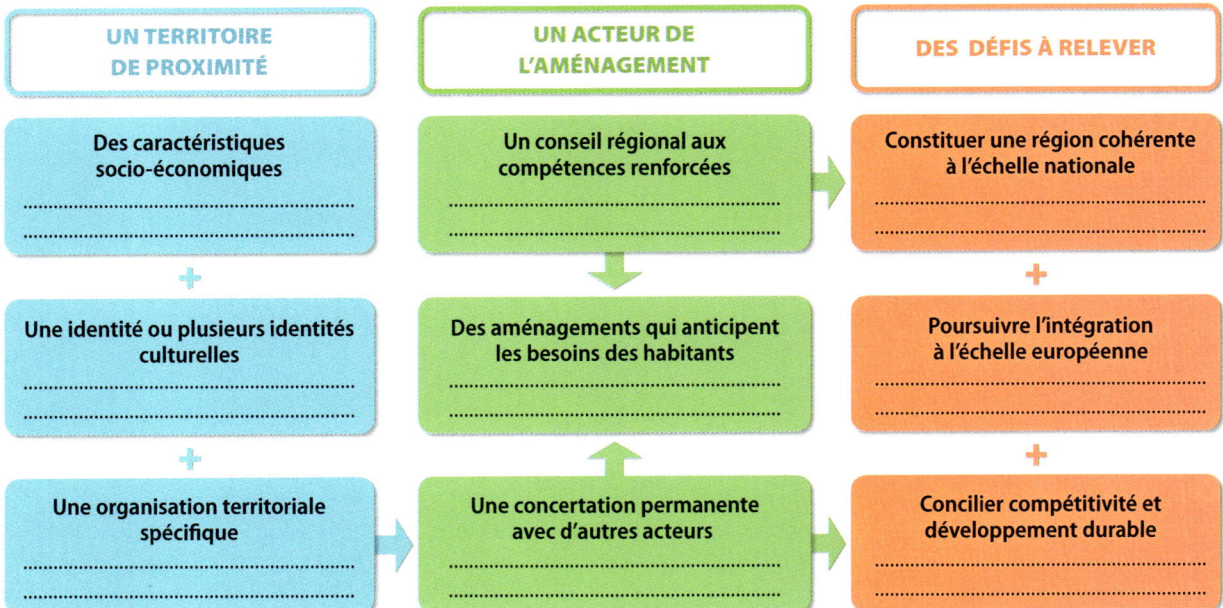

UN TERRITOIRE DE PROXIMITÉ	UN ACTEUR DE L'AMÉNAGEMENT	DES DÉFIS À RELEVER
Des caractéristiques socio-économiques	**Un conseil régional aux compétences renforcées**	**Constituer une région cohérente à l'échelle nationale** ....
Une identité ou plusieurs identités culturelles	**Des aménagements qui anticipent les besoins des habitants**	**Poursuivre l'intégration à l'échelle européenne** ....
Une organisation territoriale spécifique	**Une concertation permanente avec d'autres acteurs**	**Concilier compétitivité et développement durable** ....

L'Île-de-France, la région-capitale

Véritable poumon économique du pays, marquée par la domination parisienne, la région Île-de-France concentre 19 % de la population française. Jeune et multiculturelle, la région a su se forger une identité et une attractivité mondiale. Le conseil régional, dont les compétences en matière de cohésion territoriale ont été renforcées par la réforme de 2015, doit aujourd'hui composer avec d'autres acteurs, notamment les intercommunalités qui s'organisent à l'image de la Métropole du Grand Paris.

La région Île-de-France en chiffres

- 12 millions d'habitants (1re région française)
- 30 % du PIB national
- 40 % des chercheurs français

A Pourquoi l'Île-de-France s'affirme-t-elle comme un territoire de vie contrasté ?

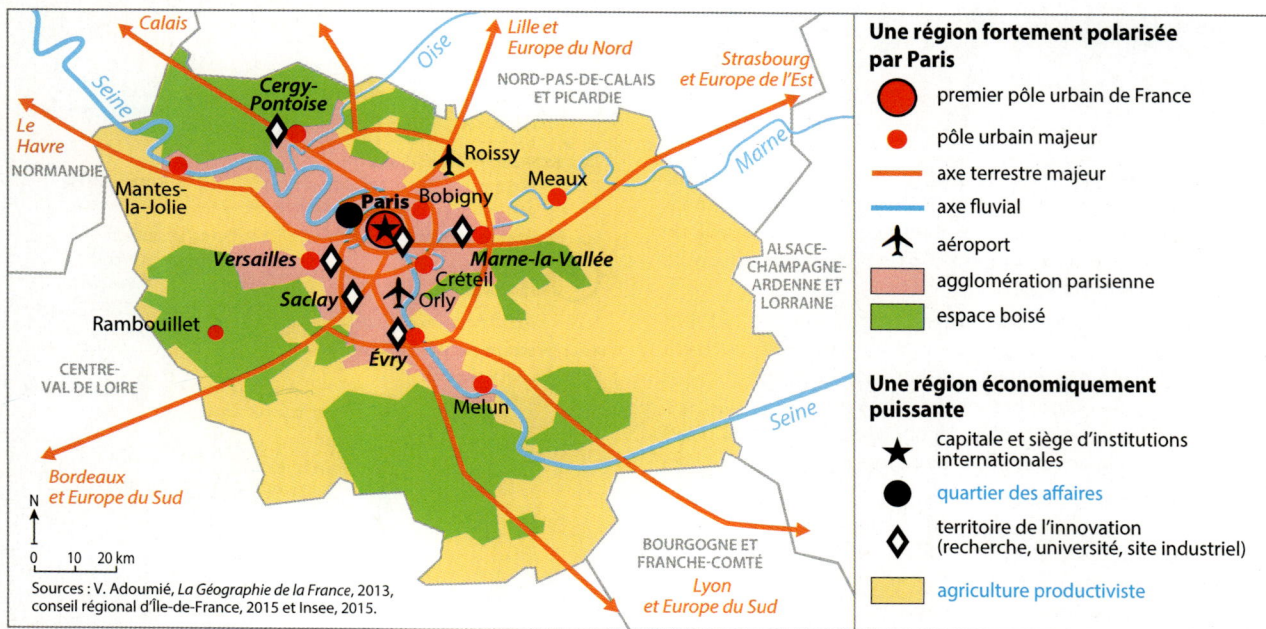

1 La région-capitale

2 La 1re région économique et démographique française

	Île-de-France	Province
Densité en 2013, en hab./km²	987	96
PIB/hab. en 2012, en euros	51 382	26 826
Taux de chômage en 2014, en %	8,7	10 (moyenne de la France)
Part des emplois dépendants d'une entreprise étrangère, en %	17	11,8
Part de l'emploi tertiaire dans la population active en 2013, en %	87	76

Sources : Conseil régional d'Île-de-France, 2015 et Insee, 2015.

Vocabulaire

Agriculture productiviste : agriculture commerciale recherchant l'augmentation des rendements par l'utilisation des progrès scientifiques et techniques.

Quartier des affaires : quartier qui concentre les activités économiques décisionnelles des métropoles (sièges sociaux des grandes entreprises, places boursières).

3 **Des activités financières et touristiques concentrées à Paris et à La Défense.**

Avec 32 millions de touristes (dont 48 % d'étrangers), Paris et sa région restent la 1re destination mondiale en 2013. La Défense (arrière-plan) est le 1er quartier d'affaires européen et assure à elle seule 10 % du PIB français.

4 **Des activités industrielles et agricoles en périphérie : l'exemple de Flins.**

Malgré la baisse des emplois industriels, l'Île-de-France est toujours la 1re région industrielle française (industrie automobile, ici l'usine Renault ; industrie de pointe). La céréaliculture intensive en fait également un grenier de la France.

5 **Une identité régionale multiple et complexe**

Les uns se sentent parisiens avant tout, les autres ne jurent que par leur appartenance à la Seine-Saint-Denis, sans oublier les banlieusards avant tout. « *Il n'y a pas de carence, ni de problème d'identité en Île-de-France. C'est simplement une identité très différente de celle des autres régions. Elle est choisie et non héritée,* explique J. Robert, professeur à la Sorbonne. *Traditionnellement, l'identité d'un individu se base sur trois piliers : la famille, le travail et le territoire. Pour les Franciliens, c'est plus compliqué. Ils se construisent une identité qui englobe leurs centres d'intérêt, leurs loisirs.* » Avec 17 % d'étrangers et d'immigrés, l'Île-de-France est une terre multiculturelle, sans oublier les nombreux provinciaux qui viennent s'y installer pour des raisons professionnelles. Souvent, ce sont les modes de vie qui dessinent une identité francilienne : une population jeune, urbaine, active et mobile. C'est finalement ce mélange, qui constituent l'identité régionale.

Région Île-de-France, 2015.

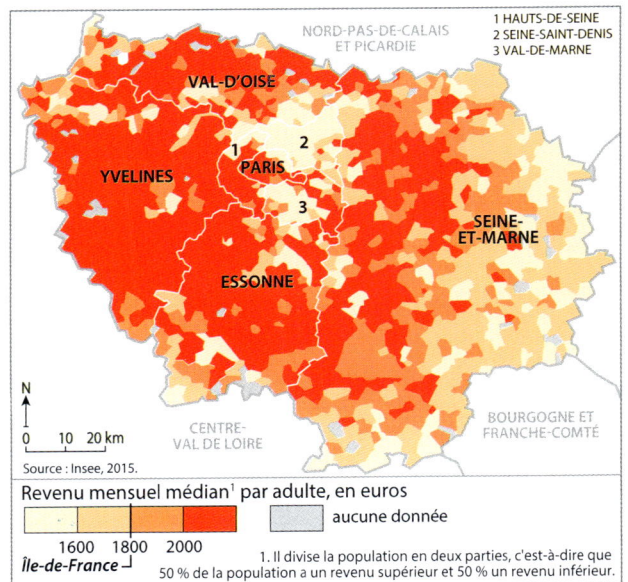

Source : Insee, 2015.

Revenu mensuel médian[1] par adulte, en euros

1600   1800   2000   aucune donnée
Île-de-France

1. Il divise la population en deux parties, c'est-à-dire que 50 % de la population a un revenu supérieur et 50 % un revenu inférieur.

6 **Une région marquée par de forts contrastes de revenus**

Questions

1 Quelles sont les caractéristiques économiques et démographiques de l'Île-de-France ? Quelle place occupe-t-elle parmi les régions françaises ? (doc. 2, 3 et 4)

2 Sur quoi repose l'identité francilienne ? En quoi est-elle différente de celle des autres régions françaises ? (doc. 5)

3 Pourquoi peut-on dire que Paris joue un rôle majeur dans l'organisation du territoire francilien ? (doc. 1, 3 et 4)

4 Quelles grandes oppositions socio-économiques marquent le territoire francilien ? (doc. 1, 3 et 6)

▶ **Bilan :** Complétez la 1re colonne de l'organigramme bilan p. 52.

B Pourquoi le conseil régional ne peut-il être le seul acteur de l'aménagement de l'Île-de-France ?

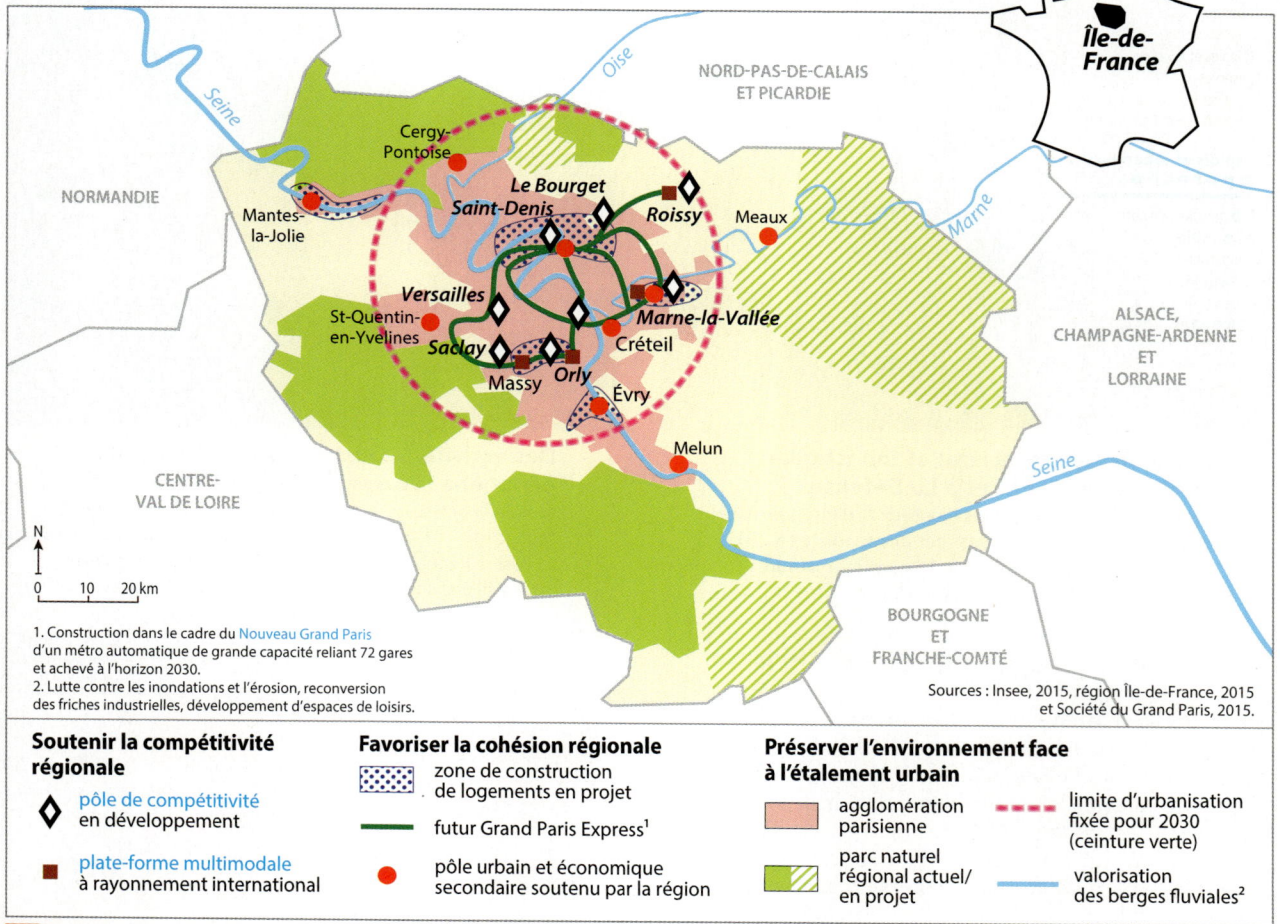

1. Construction dans le cadre du Nouveau Grand Paris d'un métro automatique de grande capacité reliant 72 gares et achevé à l'horizon 2030.
2. Lutte contre les inondations et l'érosion, reconversion des friches industrielles, développement d'espaces de loisirs.

Sources : Insee, 2015, région Île-de-France, 2015 et Société du Grand Paris, 2015.

Soutenir la compétitivité régionale
- ◇ pôle de compétitivité en développement
- ■ plate-forme multimodale à rayonnement international

Favoriser la cohésion régionale
- zone de construction de logements en projet
- ▬ futur Grand Paris Express[1]
- ● pôle urbain et économique secondaire soutenu par la région

Préserver l'environnement face à l'étalement urbain
- agglomération parisienne
- parc naturel régional actuel/ en projet
- ▬ ▬ limite d'urbanisation fixée pour 2030 (ceinture verte)
- valorisation des berges fluviales[2]

7 Les enjeux de l'aménagement de la région Île-de-France

8 Un rang européen et mondial à maintenir

Une région riche et innovante	• 1er PIB régional de l'UE • 1er bassin d'emploi européen • 1er bassin technologique et scientifique européen
Une région accessible	• 2e plate-forme aéroportuaire d'Europe (après Londres)
Une région attractive	• 1re destination touristique mondiale • 1re destination mondiale du tourisme d'affaires • 2e destination européenne des investissements étrangers (après Londres). • 2e rang pour le nombre de visiteurs accueillis dans des salons internationaux (après Milan) • 30 sièges de FTN parmi les 500 premières mondiales

Sources : Conseil régional d'Île-de-France, 2015 et Insee, 2015.

Vocabulaire

Métropole du Grand Paris : intercommunalité regroupant les communes de Paris et celles des 3 départements de la petite couronne. Elle a vocation à s'élargir. Elle vise à développer et à assurer la continuité des aménagements entre Paris et sa proche banlieue.

Nouveau Grand Paris : projet d'aménagement à l'échelle de la métropole du Grand Paris qui a vocation à améliorer la vie des habitants, corriger les inégalités territoriales et affirmer son rôle de ville mondiale.

Plate-forme multimodale : nœud de circulation qui facilite le passage d'un moyen de transport à un autre.

Pôle de compétitivité : regroupement, sur un territoire donné, d'entreprises et de centres de recherche publics ou privés, dans le but de développer l'innovation.

Des solutions pour 13 millions de Franciliens en 2030

Environnement préservé

+ 2 parcs naturels régionaux
~ 90 % des espaces agricoles et boisés conservés
+ 2 300 ha de parcs et jardins
~ 1 300 ha maximum d'urbanisation/an

Emplois et logements rapprochés

930 quartiers de gare densifiés
+ 1,5 million de logements neufs
30 % de logements sociaux
+ 28 000 emplois/an

Modes de transport diversifiés

+ 77 gares
+ 240 km de métro
+ 70 km de RER
+ 75 km de tramway

Accessibilité renforcée

Un hub ferré, aérien et fluvial au cœur du Bassin parisien
130 plates-formes multimodales
+ 9 gares TGV
5 millions de foyers connectés au très haut débit

Île de France

Source : Conseil régional d'Île-de-France, 2015.

9 Le conseil régional, un acteur stratégique pour anticiper les besoins des Franciliens

Budget total :
5 milliards d'euros en 2015

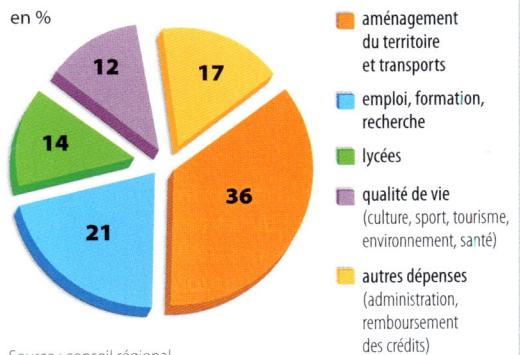

en %

- aménagement du territoire et transports
- emploi, formation, recherche
- lycées
- qualité de vie (culture, sport, tourisme, environnement, santé)
- autres dépenses (administration, remboursement des crédits)

Source : conseil régional d'Île-de-France, 2015.

10 Le budget du conseil régional

11 Une nécessité : œuvrer avec les autres acteurs de l'aménagement des territoires.
Les plates-formes multimodales, comme celle de Créteil-Pompadour financée à 65 % par la région, 19 % par le département du Val-de-Marne et 16 % par l'État, sont au cœur du Nouveau Grand Paris. Ce dernier prévoit en effet la construction de 72 nouvelles gares le long du Grand Paris Express. L'objectif est qu'en 2030, neuf Franciliens sur 10 soient situés à moins de deux kilomètres d'une gare.

12 Un enjeu : maintenir une spécificité face à la nouvelle Métropole du Grand Paris

Le pouvoir en Île-de-France est parcellisé entre la région, 8 départements, plusieurs dizaines de communautés d'agglomération et 1 300 communes. Impossible, dans ces conditions, de définir une stratégie. La Métropole du Grand Paris doit créer une plus grande égalité entre les territoires riches (La Défense, par exemple) et les territoires pauvres (Seine-Saint-Denis, notamment). En effet, une grande partie des richesses provient des entreprises. Quand il y en a beaucoup, comme à Courbevoie, c'est l'opulence. Quand il y en a peu, comme à Sevran, c'est la misère. La vraie solution consiste donc à créer une intercommunalité à l'échelle du Grand Paris avec une caisse commune profitant à tous. Les deux compétences les plus importantes de la Métropole seront l'urbanisme et la solidarité financière. La région, en tant que collectivité, demeure et doit assurer la coordination entre la future métropole et la grande couronne. Un autre scénario était possible, consistant à fusionner le conseil régional et la nouvelle métropole. Cette « métropole-région » aurait eu pour intérêt de lier petite et grande couronne et de gérer ensemble les transports et le logement. Elle n'a pas été retenue.

Lexpress.fr, 10 décembre 2013.

Questions

1 Quels sont les domaines de compétences du conseil régional d'Île-de-France ? (doc. 10)

2 En confrontant les documents, montrez comment la région tente, par les aménagements (doc. 7 et 11), de répondre aux besoins des Franciliens à l'horizon 2030. (doc. 9)

3 Quelle est la place de la région en Europe et dans le monde ? (doc. 8) Quels sont les dispositifs mis en place par l'État pour renforcer la cohésion et la compétitivité de la région ? (doc. 9, 11 et 12)

4 Montrez que la mise en place de la Métropole du Grand Paris soulève des débats. (doc. 12)

▶ **Bilan :** Complétez la 2e colonne de l'organigramme bilan p. 52.

L'Île-de-France, la région-capitale

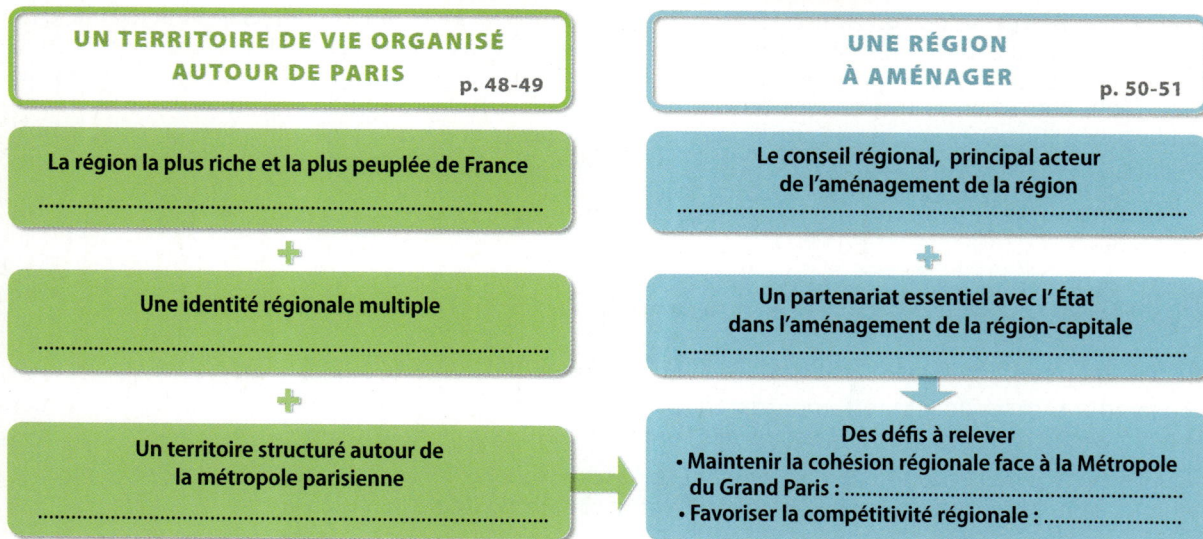

L'essentiel

A Pourquoi l'Île-de-France s'affirme-t-elle comme un territoire de vie contrasté ? ▶ (p. 48-49)

- L'Île-de-France est la région française la plus riche et la plus peuplée. Elle concentre des activités tertiaires de haut niveau (finance, tourisme, recherche) mais aussi des activités industrielles et agricoles, ce qui explique la forte concentration d'actifs et d'étrangers.
- Son identité est liée au mode de vie francilien mais il reste multiple selon l'origine ou le lieu de résidence des habitants.
- Paris structure le territoire régional : axes de transport en étoile, localisation des activités économiques. Les inégalités de revenus y sont très fortes.

B Pourquoi le conseil régional ne peut-il être le seul acteur de l'aménagement de l'Île-de-France ? ▶ (p. 50-51)

- Le conseil régional est le principal acteur de l'aménagement du territoire régional. Il répond aux besoins des habitants notamment pour la gestion des lycées, pour les transports régionaux et pour soutenir l'emploi et la formation.
- Pour renforcer la compétitivité de l'Île-de-France en Europe et dans le monde, l'État a engagé des travaux d'aménagements dans le cadre du Grand Paris (Grand Paris Express, soutien de pôles de compétitivité).
- Pour concilier cohésion régionale et développement durable, la région définit ses priorités jusqu'en 2030. Elle fixe ainsi une ligne directrice pour les acteurs avec qui elle coopère : intercommunalités dont la Métropole du Grand Paris, État.

Mise en perspective

- **Les caractéristiques qui font de l'Île-de-France un territoire de vie sont-elles les mêmes dans les autres régions de France ?**
  ▶ **Cours 1** (p. 64)

- **Les enjeux d'aménagement des régions de province sont-ils semblables à ceux de la région Île-de-France ?**
  ▶ **Cours 2** (p. 66)

- **Existe-t-il dans l'UE des régions qui bénéficient de plus de pouvoir que la région Île-de-France pour s'affirmer dans la mondialisation ?**
  ▶ **Cours 3** (p. 68)

Travailler autrement

FICHE À COMPLÉTER
En téléchargement sur le site de l'éditeur

Recopiez et complétez l'organigramme bilan de l'étude de cas en illustrant les idées par des exemples précis.

L'ÎLE-DE-FRANCE, LA RÉGION-CAPITALE

UN TERRITOIRE DE VIE ORGANISÉ AUTOUR DE PARIS p. 48-49	UNE RÉGION À AMÉNAGER p. 50-51
La région la plus riche et la plus peuplée de France	Le conseil régional, principal acteur de l'aménagement de la région ....
Une identité régionale multiple	Un partenariat essentiel avec l'État dans l'aménagement de la région-capitale ....
Un territoire structuré autour de la métropole parisienne	Des défis à relever • Maintenir la cohésion régionale face à la Métropole du Grand Paris : .... • Favoriser la compétitivité régionale : ....

Des schémas...

A Un territoire de vie organisé autour de Paris

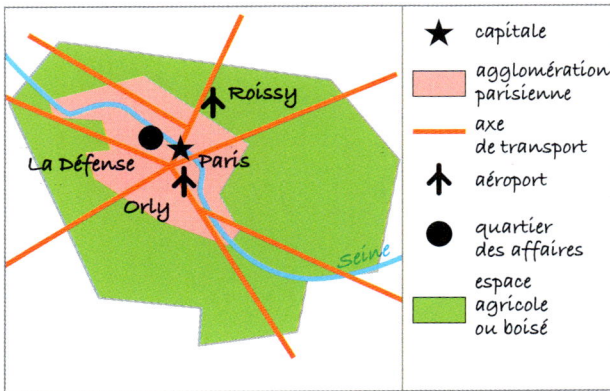

Légende :
- ★ capitale
- agglomération parisienne
- axe de transport
- ↑ aéroport
- ● quartier des affaires
- espace agricole ou boisé

Roissy · La Défense · Paris · Orly · Seine

B Une région à aménager

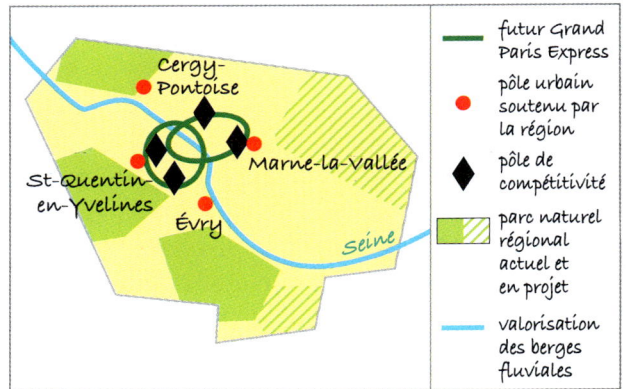

Légende :
- futur Grand Paris Express
- ● pôle urbain soutenu par la région
- ◆ pôle de compétitivité
- parc naturel régional actuel et en projet
- valorisation des berges fluviales

Cergy-Pontoise · St-Quentin-en-Yvelines · Évry · Marne-la-Vallée · Seine

...au croquis de synthèse

Sur votre cahier, complétez le titre, la légende et le croquis à l'aide des pages 48 à 51.

FICHE À COMPLÉTER
En téléchargement sur le site de l'éditeur
PDF

Titre : ....

N ↑ · 0 — 20 km

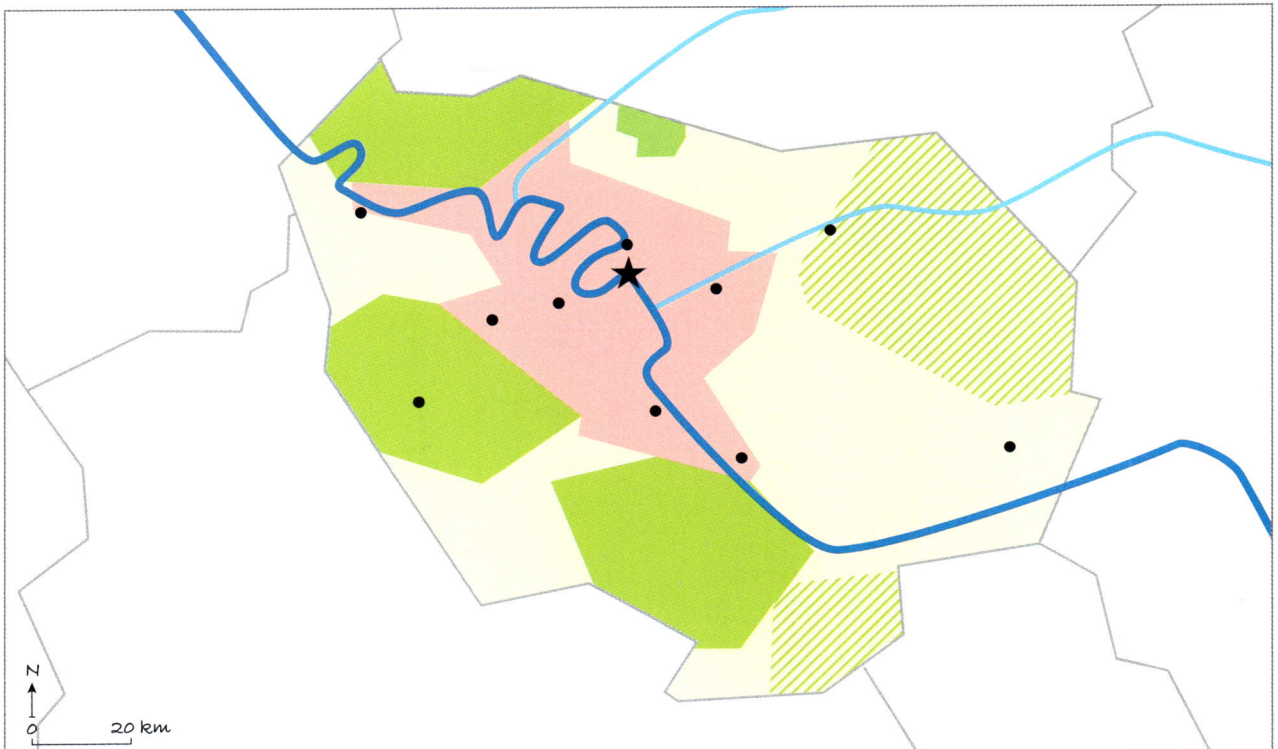

Un territoire de vie contrasté
- ★ ....
- ....
- → axe de communication
- ↑ aéroport
- ● quartier des affaires

Une région à aménager
- —— futur Grand Paris Express
- ● pôle urbain et économique secondaire soutenu par la région
- ◆ pôle de compétitivité
- ....
- ....

La région Auvergne et Rhône-Alpes : une nouvelle organisation pour une nouvelle région

Deuxième région la plus riche et la plus peuplée de France en 2015, la nouvelle région Auvergne et Rhône-Alpes se hisse aussi parmi les régions européennes les plus dynamiques. Si l'Auvergne était majoritairement agricole et Rhône-Alpes plus tertiaire, la nouvelle région issue de leur fusion cherche à mettre en valeur ces complémentarités socio-économiques. Développer sa compétitivité, tout en renforçant sa cohésion à toutes les échelles, reste un défi majeur pour ce nouveau territoire qui doit également se construire une identité.

La région Auvergne et Rhône-Alpes en chiffres

- 7,7 millions d'habitants (2e région française)
- 230 milliards d'euros de PIB (2e région française)
- 69 700 km² (3e rang français)

A Sur quelles complémentarités socio-économiques se fonde la fusion entre Auvergne et Rhône-Alpes ?

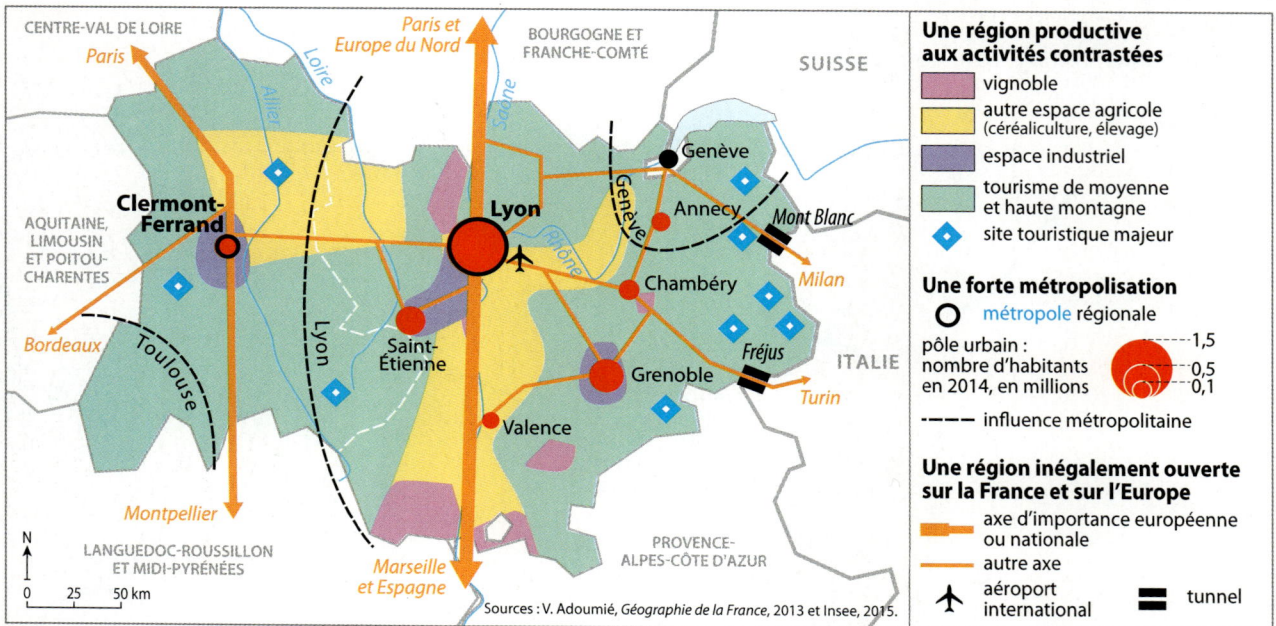

Une région productive aux activités contrastées
- vignoble
- autre espace agricole (céréaliculture, élevage)
- espace industriel
- tourisme de moyenne et haute montagne
- site touristique majeur

Une forte métropolisation
- métropole régionale
- pôle urbain : nombre d'habitants en 2014, en millions — 1,5 / 0,5 / 0,1
- influence métropolitaine

Une région inégalement ouverte sur la France et sur l'Europe
- axe d'importance européenne ou nationale
- autre axe
- aéroport international
- tunnel

Sources : V. Adoumié, *Géographie de la France*, 2013 et Insee, 2015.

1 Un territoire contrasté fortement influencé par la métropole lyonnaise

2 Des inégalités socio-économiques régionales

	Auvergne	Rhône-Alpes	Auvergne et Rhône-Alpes	France métropolitaine
PIB par habitant en euros, en 2012	24 900	30 811	29 778	28 500
Densité de population en 2013, en hab./km²	51	137	111	117
Part de la population immigrée en 2011, en %	4, 8	9	7, 8	8, 4
Part des plus de 65 ans en 2011, en %	20,8	16,5	17, 2	17,2
Nombre de nuitées dans les hôtels en 2013, en milliers	3 434	18 493	21 927	197 878

Source : Insee, 2015.

Vocabulaire

Métropole : grande ville qui concentre la population, les activités et les fonctions de commandement et qui exerce une influence sur le territoire qui l'entoure.

3 Lyon, une métropole en mutation.

Lyon affiche son dynamisme économique à travers la reconquête des friches industrielles comme le montre le quartier de la Confluence : ① pôle de commerces et de loisirs, ② nouvel Hôtel de Région, ③ musée des Confluences. La métropole cherche à affirmer son rayonnement grâce à la création du Grand Lyon, qui regroupe 59 communes de l'agglomération.

5 Des dynamiques économiques contrastées mais complémentaires

La région Rhône-Alpes peut compter sur le tourisme avec 12 % de l'emploi touristique français. L'emploi salarié privé est redevenu stable, le nombre de chômeurs continue d'augmenter mais ralentit, les créations d'entreprises individuelles connaissent un réel essor. De l'autre côté, l'Auvergne, une petite région, certes, mais une région où la part de l'emploi industriel est supérieure à la moyenne nationale. Cependant, l'industrie connaît un ralentissement depuis 2008, et elle ne sera probablement pas un secteur sur lequel la super-région pourra compter. « La crise est encore là », exposait l'Insee dans sa synthèse économique de l'année 2013 sur l'Auvergne. De nombreux établissements auvergnats ont mis la clé sous la porte en 2013. Le département de l'Allier a été fortement touché avec, notamment, les fermetures des usines Candia et Svana (agroalimentaire) et JPM (métallurgie). Mais ne dramatisons pas la situation auvergnate : Michelin, le géant des pneus, investit dans l'innovation. 270 millions d'euros vont être injectés dans un futur campus de recherche et développement à Ladoux. Le secteur aéronautique est en croissance. Avec quelques moteurs comme ceux-là, on peut supposer que les spécificités économiques de l'Auvergne ne pénaliseront pas la région Rhône-Alpes.

Rue 89lyon.fr, 21 novembre 2014.

4 L'Auvergne, un territoire rural et agricole.

L'Auvergne conserve une agriculture importante qui occupe 5 % de population active contre 1, 7 % en Rhône-Alpes. Alors que la céréaliculture est pratiquée au nord, le reste du territoire est davantage consacré à l'élevage. Le tourisme (chaîne des Puys en arrière-plan) est une activité complémentaire de plus en plus pratiquée.

6 Une nouvelle identité régionale à construire : le point de vue des Auvergnats.

La Montagne, 24 septembre 2014.

Questions

1 Quelles sont les caractéristiques économiques et démographiques de la région Auvergne et Rhône-Alpes ? Quelle place occupe-t-elle parmi les régions françaises ? (doc. 1 et 2)

2 Montrez que l'identité de la nouvelle région est à définir ? (doc. 6)

3 Pourquoi la diversité des activités économiques est-elle à la fois un atout et un défi à relever pour la cohésion régionale ? (doc. 3, 4 et 5)

4 Montrez que le territoire régional est très fortement organisé par les métropoles et que les réseaux de communication expliquent l'inégale ouverture des territoires à la mondialisation. (doc. 1 et 3)

▶ **Bilan :** Complétez la 1re colonne de l'organigramme bilan p. 58.

B À quels défis la nouvelle région doit-elle faire face pour être cohérente et compétitive ?

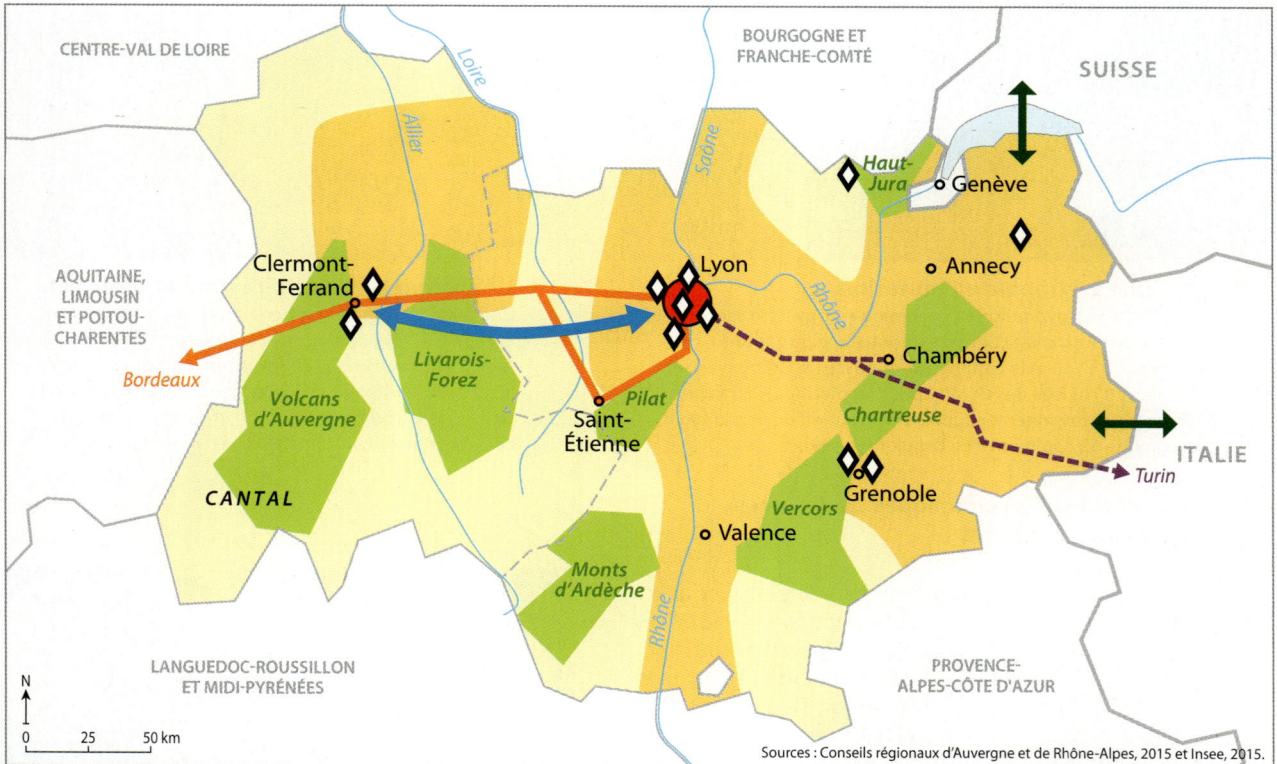

CENTRE-VAL DE LOIRE

BOURGOGNE ET FRANCHE-COMTÉ

SUISSE

Haut-Jura

Genève

Clermont-Ferrand

Lyon

Annecy

AQUITAINE, LIMOUSIN ET POITOU-CHARENTES

Chambéry

Bordeaux

Livarois-Forez

Volcans d'Auvergne

Pilat

Saint-Étienne

Chartreuse

ITALIE

Turin

CANTAL

Vercors

Grenoble

Valence

Monts d'Ardèche

LANGUEDOC-ROUSSILLON ET MIDI-PYRÉNÉES

PROVENCE-ALPES-CÔTE D'AZUR

N

0   25   50 km

Sources : Conseils régionaux d'Auvergne et de Rhône-Alpes, 2015 et Insee, 2015.

Réaliser une nouvelle cohésion territoriale
- axe de transport terrestre en cours de renforcement
- fusion des compétences des 2 conseils régionaux
- nouvelle capitale régionale

Concilier compétitivité et développement durable
- ◇ pôle de compétitivité soutenu par l'action régionale
- espace dynamique aux activités diversifiées
- espace industriel ou agricole en crise ou peu dynamique
- parc naturel régional

Renforcer l'intégration européenne
- coopération transfrontalière
- projet de ferroutage transalpin

7 Les enjeux de la fusion régionale

8 Harmoniser les compétences régionales et les partenariats : vers la fusion des 2 conseils régionaux

	Auvergne	Rhône-Alpes
Budget régional en 2014 :		
– en millions d'euros	675	2 450
– en euros par habitant	498	383
– part des transferts de l'État, en %	55	39
Fonds européens 2014-2020, en milliards d'euros (en euros par habitant)	1,46 (1 076)	1,58 (245)
Dépenses en 2014, en % :		
– Lycées et universités	20	24
– Formation et apprentissage	23	20
– Transports	28	26
– Autres formes d'aménagement du territoire et environnement	11	7

Sources : Conseils régionaux, 2015.

Vocabulaire

Ferroutage : système permettant le transport des camions de marchandises par la voie ferrée. Coûteux mais moins polluant, il est adapté aux longues distances ou au franchissement d'obstacles (montagnes).

Pôle de compétitivité : regroupement, sur un territoire donné, d'entreprises et de centres de recherche publics ou privés dans le but de développer l'innovation.

Transition énergétique : passage d'un système énergétique fondé sur la consommation d'énergies fossiles à un système énergétique intégrant efficacité énergétique et énergies renouvelables.

ACCOMPAGNER LA RECHERCHE EN ONCOLOGIE
FÉDÉRER LES FORCES INTER-RÉGIONALES

CLARA
CANCÉROPÔLE
LYON AUVERGNE
RHÔNE - ALPES

ACCÉLÉRATEUR D'AVANCÉES CONTRE LE CANCER

9 Le Canceropôle, un exemple d'action interrégionale depuis 2003

11 Un atout à valoriser : la complémentarité des politiques régionales d'innovation

① L'Auvergne, une région pionnière dans le très haut débit

Les enjeux du très haut débit en Auvergne

- **Un meilleur accès à l'éducation et la culture :**
  – 100 % des collèges et lycées connectés ;
  – 30 % des Auvergnats ont déjà visité un musée ou une exposition virtuel.
- **Une valorisation des services en lignes pour compenser l'isolement, notamment en zone rurale :**
  – 60 % des Auvergnats utilisent les téléprocédures pour leurs dossiers de services publics (impôts, CAF) ;
  – 57 % des Auvergnats font des achats via le e-commerce.

Source : auvergnetreshautdébit.fr, 2015.

10 Un défi à relever : organiser une politique régionale

Au départ, ils n'étaient guère séduits : le président de la région Rhône-Alpes rappelait que sa région, grande comme la Suisse voisine, avait « déjà la taille européenne » ; celui de la région Auvergne songeait vaguement à une méga-région Massif central, mais il aurait fallu pour cela démembrer plusieurs régions. L'idée de marier Auvergnats et Rhônalpins s'est donc imposée. Plusieurs structures publiques et quelques grandes entreprises épousent déjà les contours des deux régions : chambre régionale des comptes, France 3, ERDF, etc. Avec 7,7 millions d'habitants, la nouvelle entité sera presque aussi peuplée que la Catalogne et accédera au sixième rang européen par sa richesse. « Tout de suite, on a dit : il va falloir aller à Lyon, c'est loin ! », raconte le président de la région Auvergne. « Mais il n'y aura pas plus besoin d'aller à Lyon demain qu'aujourd'hui, ce sera encore moins nécessaire », grâce à la généralisation du numérique. Le président du conseil général du Cantal est plus sceptique : « Quelle sera la place du Cantal dans cette grande région ? » demande-t-il. Autre objection : un nouvel Hôtel de Région, d'un coût approchant les 70 millions d'euros, a été inauguré fin juin 2014 à Clermont-Ferrand, alors que Lyon doit être le siège de la nouvelle entité.

France3-régions, 24 octobre 2014.

② L'engagement dans la transition énergétique de Rhône-Alpes : l'exemple des chaufferies au bois de la Loire

Source : Siel42.fr, 2015.

En cofinançant ce projet en faveur des énergies renouvelables, la région a permis une réduction de 1 200 tonnes de CO_2 annuels, soit les émissions de plus de 500 voitures parcourant 20 000 km.
① Bois déchiqueté ou granule de bois issus des forêts locales (28 % de la superficie du département).
② Chaufferie (41 en 2015 dans l'ensemble du département).
③ Chauffage des logements ou bâtiments publics.

Questions

1 Montrez que la coopération entre les deux régions existait avant la fusion. Quels sont les acteurs engagés dans cette coopération ancienne ? (doc. 9 et 10)

2 Montrez que les conseils régionaux sont des acteurs essentiels de l'aménagement des territoires. Relevez les points communs et les différences du budget des conseils régionaux en 2014 (budget total, orientation budgétaire, partenariats). (doc. 8 et 11)

3 Quels sont les enjeux de l'aménagement de la nouvelle région ? Quels déséquilibres régionaux seront difficiles à surmonter ? (doc. 7, 10 et 11)

▶ **Bilan :** Complétez la 2e colonne de l'organigramme bilan p. 58.

La région Auvergne et Rhône-Alpes : une nouvelle organisation pour une nouvelle région

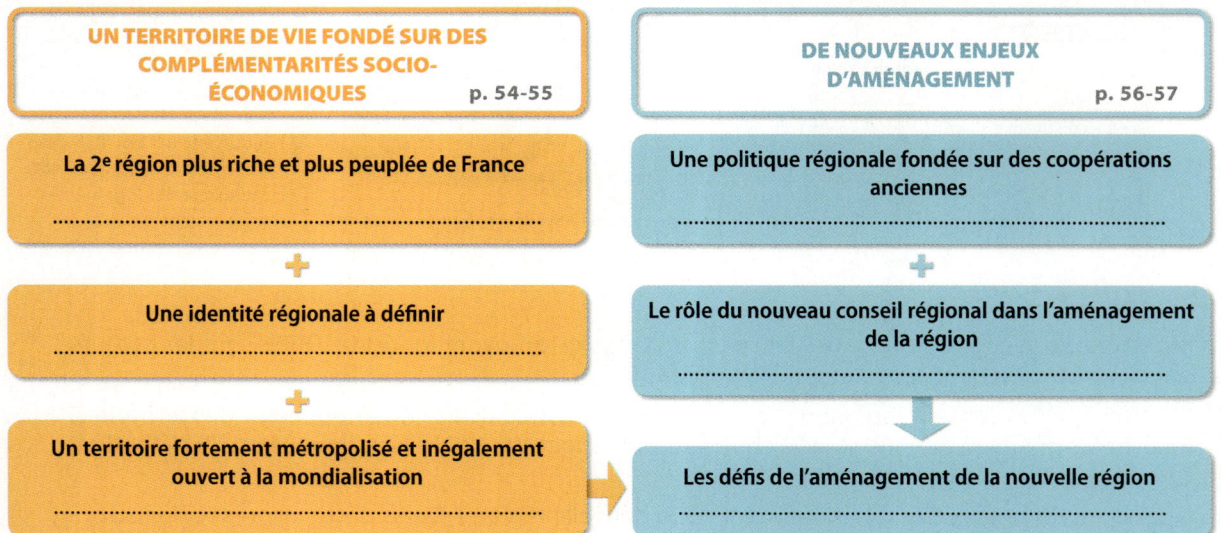

L'essentiel

A Sur quelles complémentarités socio-économiques se fonde la fusion entre Auvergne et Rhône-Alpes ? ▶ (p. 54-55)

- La région Auvergne et Rhône-Alpes est la 2e région française la plus riche et la plus peuplée, après l'Île-de-France. Elle repose sur des activités économiques variées et complémentaires.
- Elle recouvre plusieurs identités culturelles fondées sur des héritages historiques. Une nouvelle identité régionale est à construire.
- Lyon, carrefour majeur du territoire français et, dans une moindre mesure, Clermont-Ferrand structurent le territoire régional et captent le dynamisme économique. L'Est de la région est fortement intégré à la France et à l'Europe alors que l'Ouest fait figure de périphérie.

B À quels défis la nouvelle région doit-elle faire face pour être cohérente et compétitive ? ▶ (p. 56-57)

- La coopération entre les deux régions existait avant la fusion : coopération administrative, économique et scientifique (Canceropôle).
- La fusion des conseils régionaux redéfinit les orientations régionales pour répondre aux besoins des habitants (lycées, transports régionaux, emplois) et valoriser les politiques d'innovation. D'autres acteurs (État, UE) participent aux budgets régionaux.
- Pour concilier cohésion régionale et compétitivité, la région mise sur l'innovation, le développement durable et son ouverture européenne.

Mise en perspective

- **Les caractéristiques qui font de la région Auvergne et Rhône-Alpes un territoire de vie sont-elles les mêmes dans les autres régions de France ?**
  ▶ **Cours 1** (p. 64)

- **Les enjeux d'aménagement des autres régions françaises sont-ils semblables à ceux de la région Auvergne et Rhône-Alpes ?**
  ▶ **Cours 2** (p. 66)

- **Existe-t-il dans l'UE des régions qui bénéficient de plus d'atouts que la région Auvergne et Rhône-Alpes pour s'affirmer dans la mondialisation ?**
  ▶ **Cours 3** (p. 68)

Travailler autrement

FICHE À COMPLÉTER
En téléchargement sur le site de l'éditeur

PDF

Recopiez et complétez l'organigramme bilan de l'étude de cas en illustrant les idées par des exemples précis.

LA RÉGION AUVERGNE ET RHÔNE-ALPES : UNE NOUVELLE ORGANISATION POUR UNE NOUVELLE RÉGION

UN TERRITOIRE DE VIE FONDÉ SUR DES COMPLÉMENTARITÉS SOCIO-ÉCONOMIQUES p. 54-55	DE NOUVEAUX ENJEUX D'AMÉNAGEMENT p. 56-57
La 2e région plus riche et plus peuplée de France	Une politique régionale fondée sur des coopérations anciennes ....
+	+
Une identité régionale à définir	Le rôle du nouveau conseil régional dans l'aménagement de la région ....
+	
Un territoire fortement métropolisé et inégalement ouvert à la mondialisation .... →	Les défis de l'aménagement de la nouvelle région ....

Des schémas...

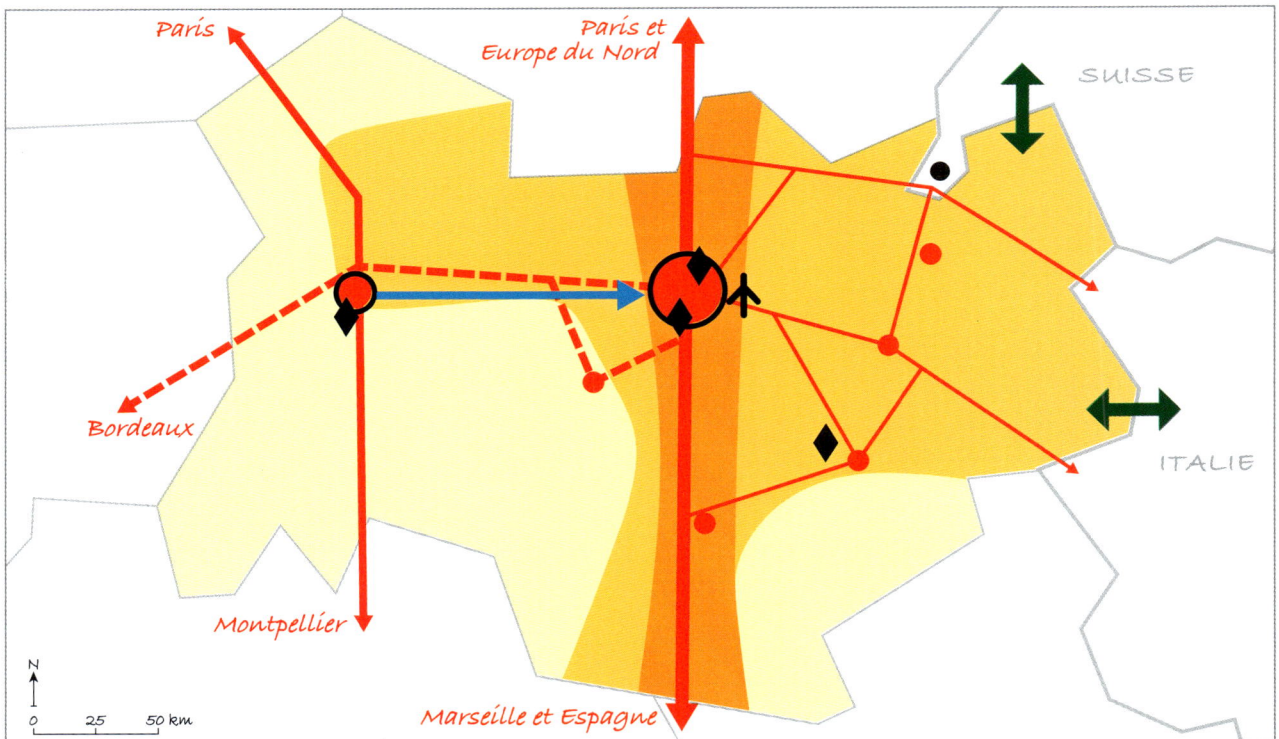

A Un territoire de vie fondé sur des complémentarités socio-économiques

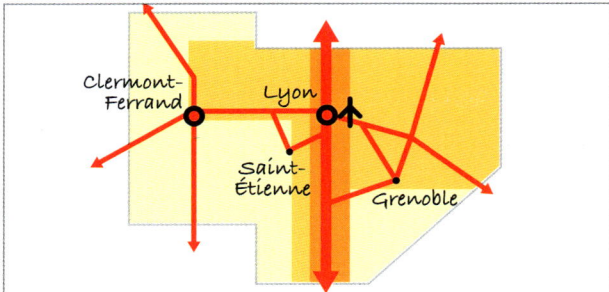

Une vaste région aux dynamismes contrastés
- centre très dynamique
- périphérie dynamique
- périphérie en marge

Une région inégalement accessible
- ○ métropole régionale
- ▬ axe d'intégration
- ✈ aéroport international

B De nouveaux enjeux d'aménagement

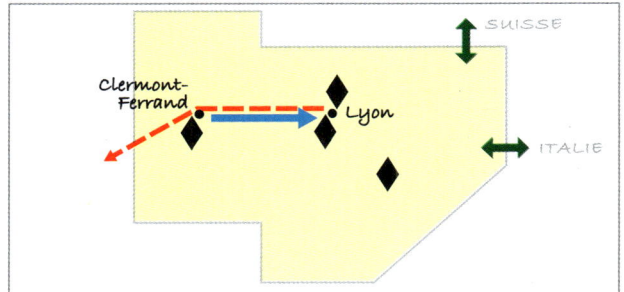

- → transfert de la capitale régionale
- ♦ pôle de compétitivité à soutenir
- ⇢ axe de transport terrestre à renforcer
- ↔ interface avec l'Europe

...au croquis de synthèse

Sur votre cahier, complétez le titre, la légende et le croquis à l'aide des pages 54 à 57.

FICHE À COMPLÉTER
En téléchargement sur le site de l'éditeur
PDF

Titre : ....

Un territoire de vie fondé sur des complémentarités socio-économiques
- ....
- .... périphérie dynamique
- .... périphérie en marge

Une région inégalement accessible
- ○ ....
- ● ....
- ▬ axe d'intégration nationale et internationale
- .... aéroport international

De nouveaux enjeux d'aménagement
- → transfert de la capitale régionale
- .... axe de transport à renforcer
- ....
- interface avec l'Europe

Comment la région Bretagne concilie-t-elle sa forte identité et l'ouverture à la mondialisation ?

La région Bretagne en chiffres

- 3,2 millions d'habitants (5 % de la population française)
- 2 730 km de côtes (1/3 du linéaire côtier français)
- 4 % du PIB national

La puissante agro-industrie de la région Bretagne et sa culture celte, encore très présente, façonnent son identité. Périphérie française et plus encore européenne dans un contexte d'élargissement de l'UE vers l'est, la région cherche à renforcer sa cohésion autour de projets d'aménagements innovants pour faire face aux défis de la mondialisation.

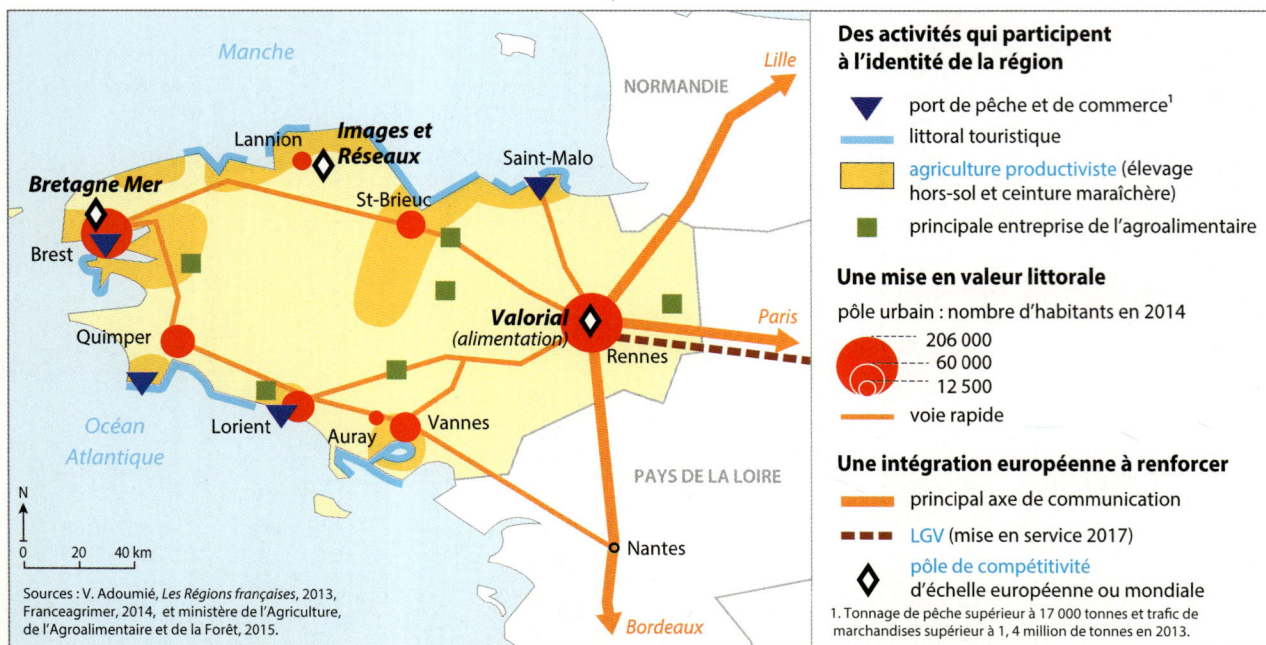

Des activités qui participent à l'identité de la région

- ▼ port de pêche et de commerce[1]
- ▬ littoral touristique
- ▭ agriculture productiviste (élevage hors-sol et ceinture maraîchère)
- ▪ principale entreprise de l'agroalimentaire

Une mise en valeur littorale

pôle urbain : nombre d'habitants en 2014
- 206 000
- 60 000
- 12 500
- ▬ voie rapide

Une intégration européenne à renforcer

- ▬ principal axe de communication
- ▬ ▬ LGV (mise en service 2017)
- ◇ pôle de compétitivité d'échelle européenne ou mondiale

1. Tonnage de pêche supérieur à 17 000 tonnes et trafic de marchandises supérieur à 1, 4 million de tonnes en 2013.

Sources : V. Adoumié, *Les Régions françaises*, 2013, Franceagrimer, 2014, et ministère de l'Agriculture, de l'Agroalimentaire et de la Forêt, 2015.

1 Une région entre terre et mer, face au défi de l'intégration européenne

2 Un **régionalisme** breton réactivé.

En 2013, le mouvement des « Bonnets rouges » (référence à une révolte bretonne contre les impôts, en 1675) mêlait contestation contre une taxe du transport routier et revendications identitaires autour du slogan : « *Breizh adunvanet : Bevan, Bevan mestr, Labourat en hor Bro* ; Bretagne réunifiée : vivre, décider, travailler en Bretagne ».

— limite et capitale historiques de la Bretagne
— limite et capitale actuelles de la région Bretagne

Vocabulaire

Agriculture productiviste : agriculture commerciale recherchant l'augmentation des rendements par l'utilisation des progrès scientifiques et techniques.

Arrière-pays : espace terrestre en liaison avec un port.

LGV (ligne à grande vitesse) : ligne ferroviaire permettant la circulation de trains à grande vitesse (supérieure à 270 km/h).

Pôle de compétitivité : regroupement, sur un territoire donné, d'entreprises et de centres de recherche publics ou privés dans le but de développer l'innovation.

Régionalisme : attitude de valorisation ou de défense des particularités d'une région (mouvements culturels, organisation politique).

Dépenses totales :
1,4 milliard d'euros en 2015

en %

- aménagement du territoire et transports
- emploi, formation, recherche
- lycées
- qualité de vie (culture, sport, tourisme, environnement, santé)
- autres (administration, remboursement des crédits)

Recettes totales :
1,4 milliard d'euros en 2015

en %

- dotations de l'État (transferts de compétences : lycées, TER)
- impôts fixés par l'État
- impôts fixés par la région (cartes grises, consommation de produits énergétiques)
- emprunt
- autres (dont subventions de l'UE)

Source : Conseil régional de Bretagne, 2015.

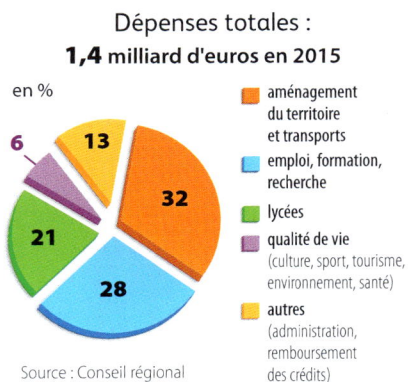

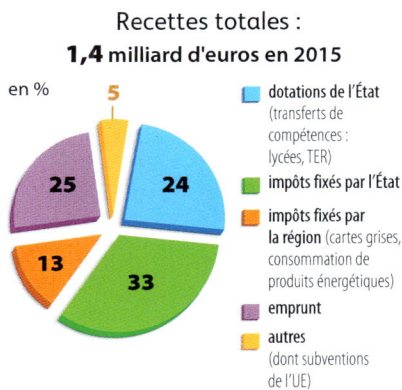

3 **Des compétences régionales nombreuses et des sources de financement variées**

Porzh Brest Breizh
raktres diorren, kuzuliadeg foran

PORT Brest-Bretagne
PROJET DE DÉVELOPPEMENT

5 **La région, un acteur majeur de l'aménagement du territoire.**
La région Bretagne, propriétaire du port de Brest depuis 2007, a lancé un vaste projet d'agrandissement (2015-2020) afin de renforcer la compétitivité de ce port classé au 16e rang français. Plus largement, la région soutient la filière maritime qui emploie 100 000 personnes en Bretagne.

4 **Une cohésion régionale à renforcer face à la mondialisation**

Rennes joue-t-elle un rôle d'entraînement pour toute la Bretagne ? Économiquement, elle a une influence faible dans le domaine agricole (stimulé par de petites villes actives), et quasi nulle dans celui des transports maritimes. Malgré l'amélioration des liaisons, elle reste « distante » de certaines villes de Bretagne occidentale (Quimperlé, Châteaulin). Les villes moyennes littorales, Saint-Brieuc, Quimper, Vannes tentent d'affirmer leur rôle de centre régional. Pourtant Brest s'intéresse à son arrière-pays (université, recherche, institut de valorisation des produits agricoles), à ses liaisons interrégionales et internationales (aéroport). En effet, la crainte que la Bretagne se retrouve en situation périphérique dans une Union européenne élargie à l'Est pousse à une meilleure association entre villes (Nantes, Rennes, Brest), à une coopération entre régions voisines (le Grand Ouest) ainsi qu'à de meilleures liaisons maritimes et aériennes, au sein de l'Arc Atlantique (de l'Écosse au Portugal).

D'après J. Gras, La France, *Les 26 régions*, A. Colin, 2014.

FICHE À COMPLÉTER
En téléchargement sur le site de l'éditeur
PDF

Activités

Rédigez, en une vingtaine de lignes, une réponse au sujet : « Comment la région Bretagne concilie-t-elle sa forte identité et l'ouverture à la mondialisation ? »

Pour vous aider dans la préparation de la rédaction, vous pouvez organiser vos idées au brouillon dans l'organigramme suivant.

Une identité culturelle forte (doc. 1 et 2)	La région, un acteur du développement et de l'aménagement (doc. 3 et 5)	Des enjeux face aux défis de la mondialisation (doc. 1 , 4 et 5)
– Une culture celte vivace : .... – Une tradition maritime : .... – Une agriculture puissante :	– Des priorités dans les politiques mises en place : .... – Des limites dans l'action régionale :	– Favoriser l'intégration à l'UE et au monde : .... – Renforcer la cohésion territoriale : .... – Stimuler la compétitivité économique : ....

Les régions en France et dans l'UE

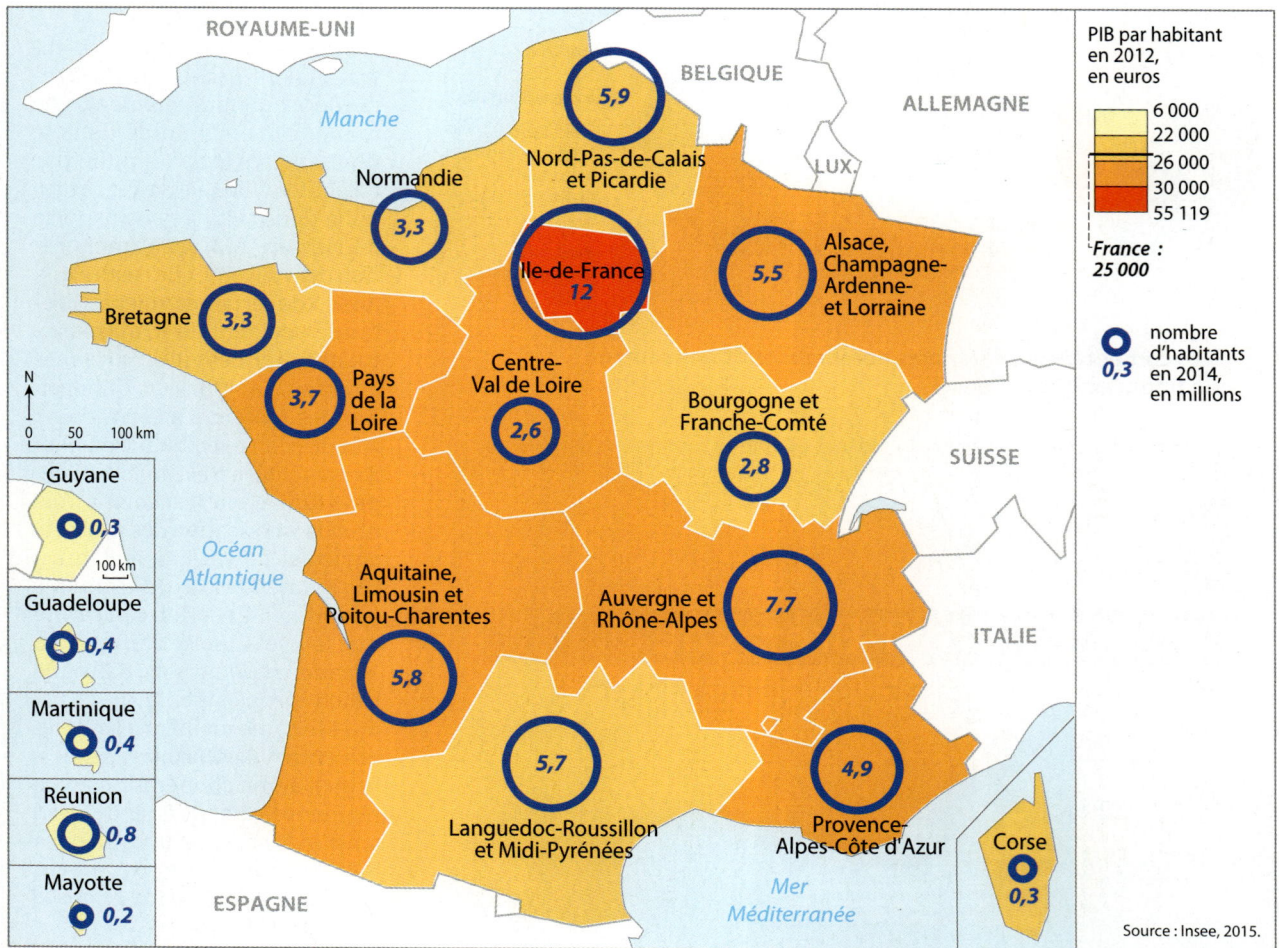

1 Le poids démographique et économique des régions françaises

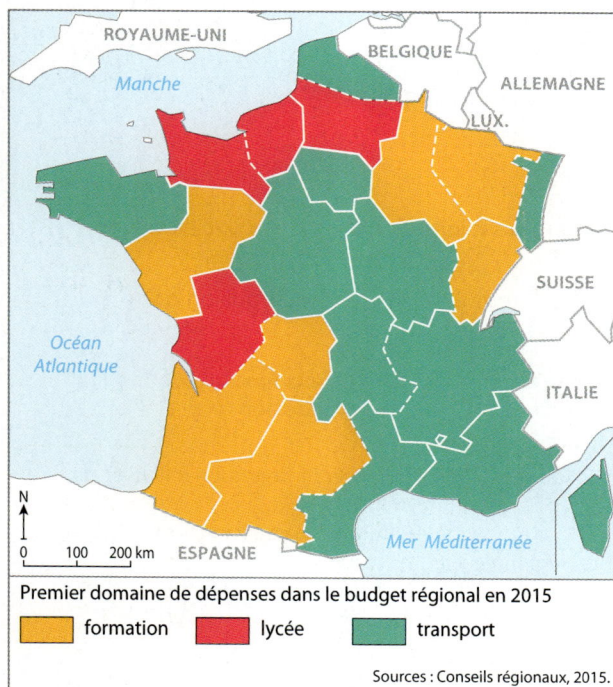

Premier domaine de dépenses dans le budget régional en 2015
- formation
- lycée
- transport

Sources : Conseils régionaux, 2015.

Vocabulaire

Eurorégion : espace de coopération transfrontalière au sein de l'UE dont le statut administratif est très variable. Il bénéficie d'aides européennes pour mener des politiques communes (transport, économie, protection de l'environnement).

Nuts : unité territoriale découpant le territoire de l'Union européenne. Définies pour les besoins statistiques, elles ne constituent pas forcément des unités administratives officielles. Les fonds européens sont distribués selon les Nuts2 qui sont au nombre de 274 dans l'UE en 2015.

Régionalisme : attitude de valorisation ou de défense des particularités d'une région (mouvements culturels, organisation politique).

2 Une priorité après le découpage de 2015 : harmoniser des politiques régionales contrastées

Source : Y. Lacoste, *Atlas 2000*, 2000.

3 Les régions historiques à la fin du Xᵉ siècle

Aquitaine les duchés sous Hugues Capet

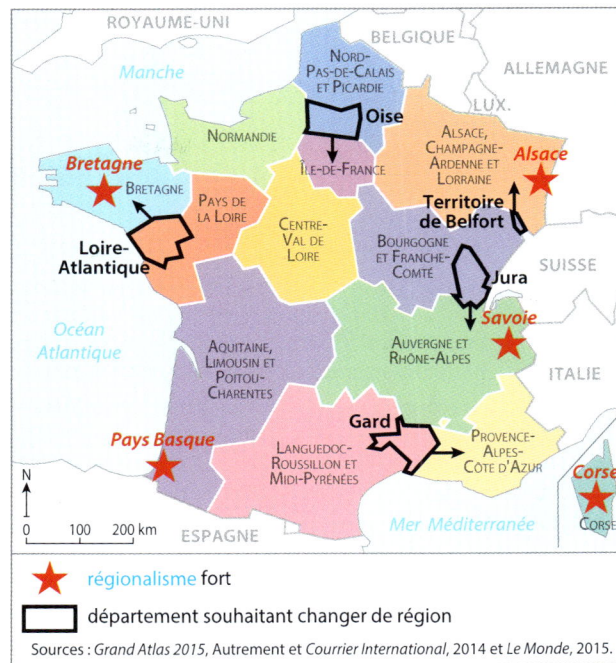

★ régionalisme fort

▭ département souhaitant changer de région

Sources : *Grand Atlas 2015*, Autrement et *Courrier International*, 2014 et *Le Monde*, 2015.

4 Des découpages régionaux parfois contestés

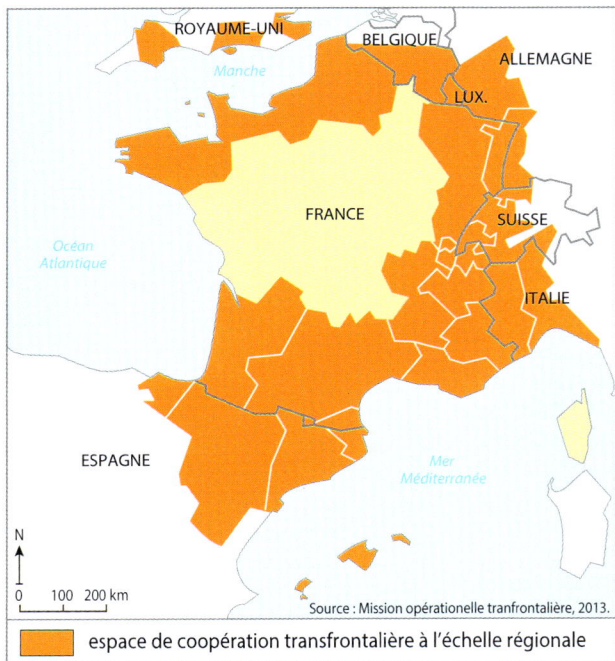

☐ espace de coopération transfrontalière à l'échelle régionale

Source : Mission opérationnelle tranfrontalière, 2013.

5 Les coopérations transfrontalières françaises dans le cadre des eurorégions

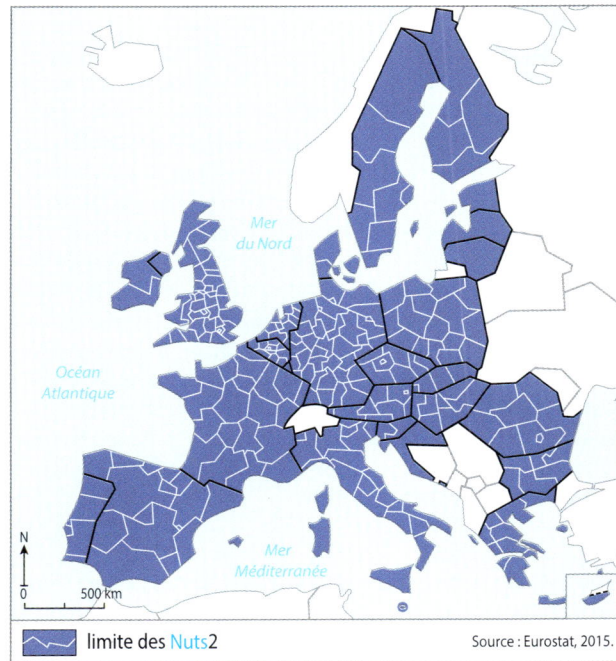

☐ limite des Nuts2

Source : Eurostat, 2015.

6 Les régions statistiques de l'UE en 2015

Questions

1 Quelles sont les conséquences du découpage de 2015 sur le poids économique et démographique des régions françaises ? (doc. 1)

2 Identifiez les nouvelles régions dans lesquelles les politiques régionales sont à harmoniser. (doc. 2)

3 Quelle est la nature des contestations sur les limites régionales ? (doc. 3 et 4)

4 Montrez que, dans le cadre de l'UE, les régions correspondent à de nouvelles coopérations entre les territoires mais aussi à des outils statistiques. (doc. 5 et 6)

La région en France, un territoire de vie en mutation

▶ **Quelles conséquences le nouveau découpage territorial a-t-il sur les territoires de proximité que sont les régions ?**

A Des territoires en voie d'uniformisation

• **Depuis 2014, la France compte 13 régions métropolitaines et 5 régions ultramarines** (Repère A). Échelon majeur du découpage administratif français, les régions regroupent les 101 départements et les 36 786 communes. Certaines conservent cependant un statut spécial : les 5 **DROM** et la Corse.

• **Le nouveau découpage administratif de 2015 renforce le poids économique et démographique des régions en métropole.** En 2015, plus de la moitié des régions ont un PIB supérieur à 100 milliards d'euros (contre 1/5 avant la réforme). Sur le plan démographique, 3/4 des régions ont actuellement entre 2 et 6 millions d'habitants (contre un peu plus d'un tiers en 2013, Repère B ; doc. 1 p. 62).

• **Ce découpage représente une nouvelle étape de l'histoire des régions.** Les limites régionales résultent en effet d'héritages historiques (provinces de l'Ancien Régime) et de choix politiques. Ces deux facteurs expliquent l'hétérogénéité des régions que la réforme de 2015 a atténué sans parvenir à la gommer : la région Aquitaine, Limousin et Poitou-Charentes est ainsi 10 fois plus vaste que la Corse (Repère B).

B Des territoires appropriés par leurs habitants

• **Le territoire régional s'affirme de plus en plus comme un territoire de vie.** Sans être un territoire du quotidien, il est parcouru régulièrement par les habitants pour accéder aux services sanitaires, sportifs, culturels et commerciaux. Mais ce sont surtout les raisons professionnelles qui justifient les déplacements dans les régions : depuis 10 ans, le nombre de **navetteurs** a ainsi progressé de 35 %.

• **Pour cette raison, les découpages administratifs s'adaptent aux évolutions des territoires.** Par exemple, le rayonnement des **métropoles** dépasse les limites administratives régionales et redessine de nouveaux territoires. Certains découpages ont pris en compte ces nouveaux flux démographiques et économiques autour des métropoles. Ainsi, le Limousin, traditionnellement influencé par Bordeaux, a fusionné avec l'Aquitaine et le Poitou-Charentes et non avec la région Centre-Val de Loire.

• **Mais la région est encore une réalité institutionnelle floue pour certains habitants.** Au contraire des départements mieux identifiés par la population car plus anciens (1790) et plus engagés dans la vie quotidienne des citoyens (aides sociales, bus scolaires), le pouvoir régional paraît parfois distant ou abstrait. L'impression d'éloignement est notamment forte dans les zones rurales, faiblement dynamisées par un pôle urbain. C'est pourquoi les régions s'engagent dans des opérations de **marketing territorial** (doc. 1).

C Des territoires encore contestés ?

• **La région s'articule de moins en moins autour d'une seule identité.** Si certaines régions ont une identité culturelle forte (Corse, Normandie, Bretagne), d'autres l'ont construite sur un mode de vie commun (PACA, Île-de-France doc. 5 p. 49). Le nouveau découpage fait craindre un brouillage des spécificités régionales (doc. 3). L'Alsace, tournée vers l'Europe, craint que l'enseignement de l'allemand ne soit pas une priorité pour la Champagne-Ardenne et la Lorraine.

• **Certaines limites régionales demeurent contestées.** Des mouvements fondés sur le **régionalisme** souhaitent un retour au territoire historique (Pays basque, Savoie, Bretagne). Pour des raisons économiques ou politiques, certains départements contestent leur appartenance régionale (Oise, actuellement dans le Nord-Pas-de-Calais et Picardie, dont le sud est dans l'aire d'influence de l'Île-de-France).

• **Le nouveau découpage régional tente alors de s'adapter à la diversité des situations régionales.** Les critères pour constituer les nouvelles régions ont été pluriels : complémentarité économique (Bourgogne et Franche-Comté), présence d'une métropole ayant une vaste aire régionale (Lyon pour Auvergne et Rhône-Alpes), liens culturels (Normandie, doc. 2), compromis politique.

Vocabulaire

DROM (Département et région d'Outre-Mer) : territoire ultramarin faisant partie du territoire national (Guadeloupe, Martinique, Guyane, Réunion, Mayotte).

Marketing territorial : campagne de communication (affiche, presse institutionnelle, site Internet) visant à renforcer l'image d'un territoire.

Métropole : grande ville qui concentre la population, les activités et les fonctions de commandement et qui exerce une influence sur le territoire qui l'entoure.

Navetteur : personne qui habite et travaille ou étudie dans deux zones distinctes et qui effectue des trajets quotidiens.

Régionalisme : attitude de valorisation ou de défense des particularités d'une région (mouvements culturels, organisation politique).

REPÈRE A
Les 13 régions métropolitaines en 2015

REPÈRE B
Les grandes régions françaises

3 régions les plus peuplées	– Île-de-France – Auvergne et Rhône-Alpes – Nord-Pas-de-Calais et Picardie
3 régions les plus vastes	– Guyane – Aquitaine, Limousin et Poitou-Charentes – Languedoc-Roussillon et Midi-Pyrénées

Source : Insee, 2015.

1 Le marketing territorial, un outil au service des régions : l'exemple des Pays de la Loire

2 La Normandie : une fusion fondée sur un passé commun et de nouvelles opportunités économiques

Normandie

Demandez à n'importe quel touriste s'il a passé ses vacances en Haute ou en Basse-Normandie, il vous répondra probablement « *en Normandie* » tout court. Du Cotentin au port du Havre, de la cathédrale de Rouen au parc régional du Perche, il y a longtemps que la « réunification » d'une Normandie divisée administrativement en 1956 fait débat. Unis depuis le Xᵉ siècle et la création du duché de Normandie, les cinq départements normands avaient été divisés pour tenter un découpage mieux adapté aux spécificités d'une Haute-Normandie considérée comme plus industrielle et d'une Basse-Normandie plus rurale.

Les deux Normandies ont, depuis leur création, conservé des liens très forts. Agriculteurs haut et bas-normands se réfèrent à une seule et même chambre d'agriculture. Bientôt, ce sera également le cas pour les chefs d'entreprise, puisque les deux chambres de commerce et d'industrie fusionnent en 2016. Au-delà de leurs racines historiques, ces unions constituent surtout des opportunités économiques. Fort de ses 3 millions de visiteurs chaque année, le Mont-Saint-Michel pourrait à lui seul symboliser l'intérêt que les deux régions ont eu à capitaliser les moyens autour de leurs atouts communs : miser sur l'attractivité pour dynamiser le territoire.

Le Monde, 22 juillet 2014.

3 La crainte de la perte des identités régionales.
X. Delucq, *Le Huffington Post*, 10 avril 2014.

Capacités et méthodes

Porter un regard critique sur le document

1. Identifiez la nature des doc. 1 et 3.
2. Quel message délivre chacun des documents ? Pourquoi montre-t-il un point de vue ?

La région en France, un acteur majeur du développement des territoires

▶ **En quoi la réforme territoriale de 2015 renforce-t-elle le rôle joué par les régions dans l'aménagement des territoires ?**

A Une collectivité territoriale en mutation

- **Les régions sont des créations administratives récentes.** Depuis leur création en 1963, les régions ont connu quelques grandes mutations. En 1982, la première loi de **décentralisation** en fait des **collectivités territoriales**. Entre 1982 et 2004, elles reçoivent de nouvelles compétences (gestion des lycées, TER). En 2003, les régions utilisent librement leurs ressources fiscales. Enfin, la réforme territoriale de 2015 en modifie les tracés et les compétences.

- **Aujourd'hui, le conseil régional représente démocratiquement les habitants d'une région** (doc. p. 47). Il gère le budget et conduit la politique de la région. Ainsi, il répond aux aspirations croissantes des citoyens à une politique de proximité qui permet de s'adapter à leurs besoins, notamment en période de crise économique.

- **Le conseil régional travaille toujours en étroite collaboration avec l'État et les autres collectivités territoriales** (doc. 2). Certains projets régionaux d'aménagement sont encadrés et financés par l'État dans le cadre de **CPER**. Dans la région Centre-Val de Loire, entre 2007 et 2013, le CPER a permis la création de 16 relais des services publics et 6 maisons de l'emploi dans les espaces ruraux isolés. Les collectivités locales ont aussi participé à hauteur de 5 %.

B Un acteur stratégique de l'aménagement des territoires

- **La région est dotée de compétences en matière d'aménagement local.** Trois domaines d'action absorbent l'essentiel des dépenses régionales : le transport ferroviaire de voyageurs, la construction et l'entretien des lycées et la formation professionnelle. Les grandes orientations politiques sont fixées par un schéma régional d'aménagement et de développement du territoire.

- **Dans le cadre de la réforme, la région renforce son pouvoir économique sur les territoires.** Elles prennent en charge de nouveaux domaines (transports scolaires), jusqu'à présent gérés par les départements. Stratèges, elles sont désormais chargées d'anticiper, aux côtés des entreprises, les mutations économiques des territoires (énergie, transport, tourisme, **pôles de compétitivité**, doc. 4 p. 151) et distribuent les fonds européens du **Feder**.

- **Mais l'action des régions françaises reste limitée.** Même si leur budget a presque doublé depuis 2000, il reste 5 à 10 fois plus faible que les budgets régionaux des autres pays européens (Repère). De plus, les capacités d'action sont très inégales car les ressources financières sont différentes d'une région à l'autre.

C Un acteur face aux enjeux de l'aménagement des territoires

- **La réforme de 2015 vise à faire des régions françaises des pôles compétitifs à l'échelle européenne ou mondiale** (doc. 3). La France compte 6 régions parmi les 20 plus riches de l'UE contre 3 avant la réforme (Repère). Mais la compétitivité est difficile à concilier avec la cohésion des territoires nationaux (doc. 1). Les travaux du **Nouveau Grand Paris** tentent de renforcer le rayonnement mondial de l'Île-de-France, au risque de creuser le déséquilibre avec les métropoles régionales.

- **Même si leurs compétences sont renforcées, les régions restent très dépendantes** de l'État et de plus en plus des entreprises privées, notamment financièrement. En outre, les régions doivent de plus en plus coordonner leurs actions avec de vastes intercommunalités, notamment les nouvelles métropoles (Lyon Métropole, Métropole du Grand Paris, doc. 2 p. 29). Or, leurs compétences respectives, notamment en matière économique, restent à préciser.

- **La région s'affirme comme un acteur important du développement durable.** Certaines régions ont leur propre agenda 21 (Bretagne, Île-de-France). Elles participent à l'administration des **parcs naturels** régionaux. Elles impliquent de plus en plus les habitants en organisant des débats sur la planification urbaine ou la transition énergétique, à l'image de la région Auvergne et Rhône-Alpes.

Vocabulaire

CPER (Contrat de plan État-région) : partenariat d'une durée de 7 ans entre l'État et une région. Son objectif est le financement d'aménagements à l'échelle régionale.

Collectivité territoriale : voir p. 47.

Décentralisation : transfert de compétences et de ressources budgétaires de l'État vers les collectivités territoriales.

Feder (Fonds européen de développement régional) : fonds destinés à corriger les déséquilibres régionaux dans l'Union européenne (projets de développement, reconversion de zones industrielles en déclin).

Nouveau Grand Paris : projet d'aménagement à l'échelle de la Métropole du Grand Paris qui a vocation à améliorer la vie des habitants, corriger les inégalités territoriales et affirmer son rôle de ville mondiale.

Parc naturel : espace protégé soumis à une réglementation spécifique afin d'y préserver l'environnement tout en favorisant le développement économique. Il peut être régional, national ou marin.

Pôle de compétitivité : voir p. 50.

REPÈRE

Des régions françaises puissantes aux moyens d'action limités

Les 5 régions européennes les plus riches	PIB en 2011, en millions d'euros	Budget régional, en euros/hab.
Île-de-France	608 648	397
Grand Londres	394 759	1 329
Lombardie	337 161	9 230
Auvergne et Rhône-Alpes[1]	226 457	466
Catalogne	194 285	3 871

Sources : Conseils régionaux, 2015 et Eurostat, 2015.

1. Les calculs ont été réalisés sur la base des valeurs avant la réforme de 2015.

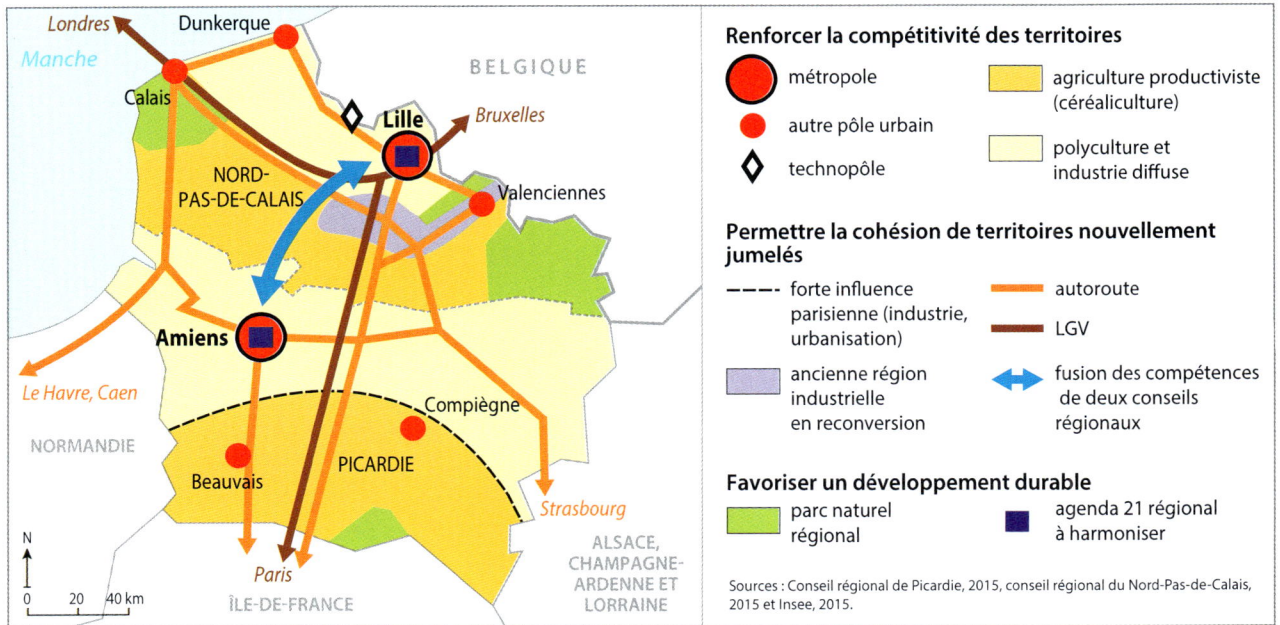

Londres
Manche
Dunkerque
Calais
Bruxelles
Lille
BELGIQUE
NORD-
PAS-DE-CALAIS
Valenciennes
Amiens
Le Havre, Caen
Compiègne
NORMANDIE
PICARDIE
Beauvais
Strasbourg
N
ALSACE,
CHAMPAGNE-
ARDENNE ET
LORRAINE
0   20   40 km
Paris
ÎLE-DE-FRANCE

Renforcer la compétitivité des territoires

- métropole
- autre pôle urbain
- technopôle
- agriculture productiviste (céréaliculture)
- polyculture et industrie diffuse

Permettre la cohésion de territoires nouvellement jumelés

- – – – forte influence parisienne (industrie, urbanisation)
- ancienne région industrielle en reconversion
- autoroute
- LGV
- fusion des compétences de deux conseils régionaux

Favoriser un développement durable

- parc naturel régional
- agenda 21 régional à harmoniser

Sources : Conseil régional de Picardie, 2015, conseil régional du Nord-Pas-de-Calais, 2015 et Insee, 2015.

1 **L'aménagement de la nouvelle région Nord-Pas-de-Calais et Picardie, des enjeux pluriels**

2 **La plate-forme expérimentale Myrte, une réalisation menée conjointement par la région Corse et l'État.**
Dotée d'un budget de 21 millions d'euros cofinancé par l'État, la Corse et l'UE, cette plate-forme permet de stocker l'énergie solaire. Elle témoigne de la volonté, inscrite dans le CPER, de faire de la Corse l'un des pôles européens de la recherche et de l'innovation sur les énergies renouvelables.

3 **Réduire le nombre des régions pour renforcer la compétitivité de chacune ?**

Dans l'économie du XXIe siècle, le modèle centralisé français ne fonctionne plus aussi bien que pendant les Trente Glorieuses. En 1950, l'enjeu était de rattraper les États-Unis. Les grands programmes industriels et de R&D (recherche et développement) conçus et pilotés depuis Paris ont joué leur rôle. Dans une économie comme celle d'aujourd'hui, située pour partie à la frontière technologique, l'innovation joue un rôle accru. Son terreau, ce sont les technopôles. L'exemple en est la Silicon Valley californienne. Or, les technopôles français sont trop petits. Ils présentent une taille et un niveau de spécialisation infé-rieurs à leurs homologues européens, en particulier allemands. Certes, l'Île-de-France demeure une région économique majeure dans la mondialisation, et Toulouse est le pôle européen de l'aéronautique. Au-delà, cependant, l'économie française manque de locomotives qui, à l'image du Bade-Wurtemberg ou de Hambourg, sont leaders sur un ou plusieurs secteurs à niveau mondial. La réduction du nombre de régions, et donc la consolidation d'entités régionales puissantes, dotées de moyens plus importants, aurait le mérite de simplifier le mille-feuille territorial français.

Lemonde.fr, 9 juillet 2014.

Capacités et méthodes   **Comprendre un texte (doc. 3)**

1. Quels sont les deux principaux arguments en faveur d'une réduction du nombre de régions en France ?
2. Pourquoi, d'après l'auteur, « le mille-feuille territorial français » représente-t-il un frein pour l'innovation ?

Une place et un rôle renforcés des régions au sein de l'UE

▶ **Pourquoi les régions, pourtant très diverses, prennent-elles une place croissante dans l'UE ?**

A Les régions, des réalités contrastées dans l'UE

• **Présentes dans tous les pays de l'UE, les régions sont de superficie et de poids socio-économiques variés.** L'écart démographique s'étire de 1 à 420 entre la région européenne la moins peuplée (Aland en Finlande) et la plus peuplée (Île-de-France). De même, le PIB par habitant est 10 fois plus élevé dans le Grand Duché de Luxembourg que dans certaines régions bulgares.

• **Leur degré d'autonomie varie en fonction du degré de centralisation du pays.** Certaines régions sont de simples relais d'un État centralisateur (Portugal, Danemark). D'autres ont un statut de collectivité territoriale (France, Pologne, Suède). Enfin, dans les pays qui appliquent le fédéralisme (Allemagne, Autriche), des constitutions régionales offrent aux régions de très larges compétences (Bavière p. 70-71).

• **Toutefois, au sein même d'un pays, le pouvoir des régions peut être inégal.** En Espagne, les compétences régionales diffèrent en raison de l'histoire (statut d'autonomie régionale de la Catalogne). Au Royaume-Uni, le transfert de pouvoirs a abouti au rétablissement des parlements gallois et écossais. De même en France, le pouvoir du conseil régional de la Corse est plus important que celui de la région PACA, et les spécificités des territoires ultramarins expliquent leur statut de DROM.

B Les régions, des outils d'aménagement des territoires pour l'UE

• **Pour aménager les territoires de proximité, l'UE soutient la décentralisation dans les États membres.** Elle a contraint les pays ne possédant pas d'organisation régionale à en mettre en place (Hongrie, Pologne). En créant le Comité des Régions, l'UE privilégie également les liens directs avec les régions : elle devient la principale interlocutrice pour les demandes de financement dans la recherche et de l'innovation.

• **L'UE fonde sa politique territoriale sur l'échelon régional.** Compte tenu de l'hétérogénéité des régions européennes, l'UE les classe en entités statistiques appelées Nuts. Dans le cadre de la politique de cohésion, chaque Nuts reçoit et distribue, entre autres, les aides financières du Feder. Les fonds européens s'appliquent aux Nuts2 qui sont au nombre de 274 dans l'UE en 2015 (doc. 6 p. 63).

• **La création de coopérations transfrontalières est incitée par l'UE.** Les eurorégions bénéficient de subventions de l'UE, financent des infrastructures (hôpitaux, routes, doc. 2) ou reconvertissent leurs industries (Grande région). Cependant, il n'existe pas de statut officiel pour les eurorégions et leur dynamisme est très divers.

C Les régions, des entités à renforcer dans le cadre de la mondialisation ?

• **Pour faire face à la concurrence des territoires dans la mondialisation, les États européens cherchent à renforcer leurs régions.** Elles cherchent à attirer les investissements et les entreprises les plus performantes. Les Lander allemands décident de leur politique d'innovation et sont compétents en matière de formation et d'enseignement supérieur. La Saxe consacre par exemple 2,2 % de son PIB à la R&D et soutient la Silicon Saxony, plus grand territoire de l'innovation microélectronique européen.

• **Un processus de décentralisation est donc en marche dans l'ensemble de l'UE.** De nombreux pays européens ont ainsi entrepris des réformes territoriales visant à renforcer le poids de leurs régions et à rendre plus lisibles les compétences (Grèce, Roumanie, Belgique). Les Pays-Bas et la Suède ont commencé à fusionner leurs régions. La Hongrie, qui recentralise, est aujourd'hui une exception (doc. 3).

• **Mais la montée des régionalismes remet en cause l'unité de certains États au sein de l'UE (Repère).** En réaction à une mondialisation omniprésente, de nombreux mouvements régionalistes s'affirment dans les États membres de l'UE. En Lombardie, Flandre, Écosse ou Catalogne, les revendications culturelles et linguistiques se mêlent aux considérations économiques ou politiques. Des référendums (Écosse et Catalogne en 2014) sont organisés et permettent d'ouvrir des négociations avec les gouvernements centraux pour obtenir plus d'autonomie (doc. 1).

Vocabulaire

Eurorégion : espace de coopération transfrontalière au sein de l'UE dont le statut administratif est très variable. Il bénéficie d'aides européennes pour mener des politiques communes (transport, économie, protection de l'environnement).

Fédéralisme : système politique dans lequel l'État est composé de plusieurs entités autonomes, ayant leur propre gouvernement.

Nuts : voir 62.

Politique de cohésion : politique de l'Union européenne qui vise à créer une solidarité financière entre les États membres afin de corriger les inégalités régionales.

R&D (recherche et développement) : activité créatrice des entreprises et des laboratoires de recherche basée sur l'innovation scientifique et technique.

REPÈRE

Les mouvements régionalistes en Europe

■ région ayant une volonté d'autonomie ou d'indépendance

Source : *Grand Atlas 2015*, Autrement et *Courrier International*, 2014.

1 **Manifestation en faveur de l'indépendance de l'Écosse (Royaume-Uni).**
Ce mouvement a recueilli 45 % des suffrages lors du référendum de septembre 2014. Même si ce résultat n'a pas suffi pour rendre l'Écosse indépendante, il témoigne de la force du régionalisme.

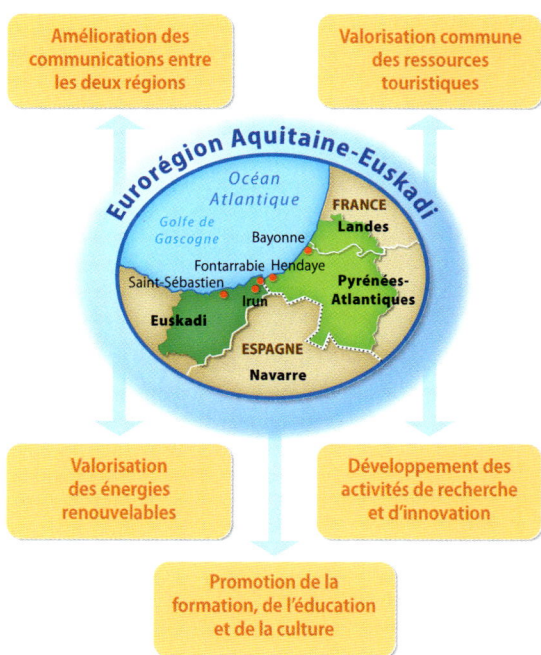

2 **Les objectifs de l'eurorégion Aquitaine-Euskadi**

Source : *aquitaine-euskadi.eu*, 2015.

3 **La décentralisation dans l'Union européenne**

De nombreux pays européens ont entrepris des réformes territoriales qui se sont amplifiées et accélérées sous l'effet de la crise financière. Ils se sont mis à simplifier leur organisation administrative territoriale, à diminuer le nombre d'élus, à fusionner des collectivités pour rechercher des économies d'échelle. L'Italie, la Grèce, le Portugal, l'Espagne, les Pays-Bas, la Belgique, la Suède : les exemples se multiplient. Si l'Europe des collectivités locales n'est pas uniforme, poids de l'histoire oblige, certaines entités semblent prendre l'ascendant sur d'autres : le bloc dit « communal » (à savoir les métropoles, les intercommunalités, etc.) et les régions ont le vent en poupe. *A contrario*, des échelons intermédiaires hérités de l'histoire (provinces, départements) déclinent. Un phénomène constaté notamment en Belgique et en Italie. Les régions montent en puissance, notamment sur le plan économique et social, parce qu'elles sont le bon échelon de coordination entre espaces urbains et ruraux, parce que c'est à ce niveau que se joue la compétition internationale, mais aussi parce que la Commission européenne a une politique régionaliste, via la distribution de ses fonds. Il y a, néanmoins, des exceptions comme la Hongrie qui recentralise.

Les Échos, 11 avril 2014.

Capacités et méthodes   **Localiser un lieu et changer d'échelle (doc. 2)**

1. À quels États appartiennent les espaces qui coopèrent au sein de cette eurorégion ?
2. Pourquoi peut-on dire que cette eurorégion occupe une situation périphérique en Europe ?

La Bavière, un modèle régional différent des régions françaises ?

La Bavière représente, à elle seule, presque un cinquième de la richesse allemande. La région, dont le poids démographique est comparable à celui de l'Île-de-France, est passée en quelques décennies d'une région agricole à une région mondialement reconnue pour ses technologies de pointe. La Bavière affirme son autonomie au sein du système fédéral allemand et de l'UE, tout en contribuant largement à la cohésion territoriale de l'ensemble.

La Bavière en chiffres

- 33 % des exploitations agricoles allemandes
- 25 % des brevets allemands déposés
- 15 % des exportations allemandes

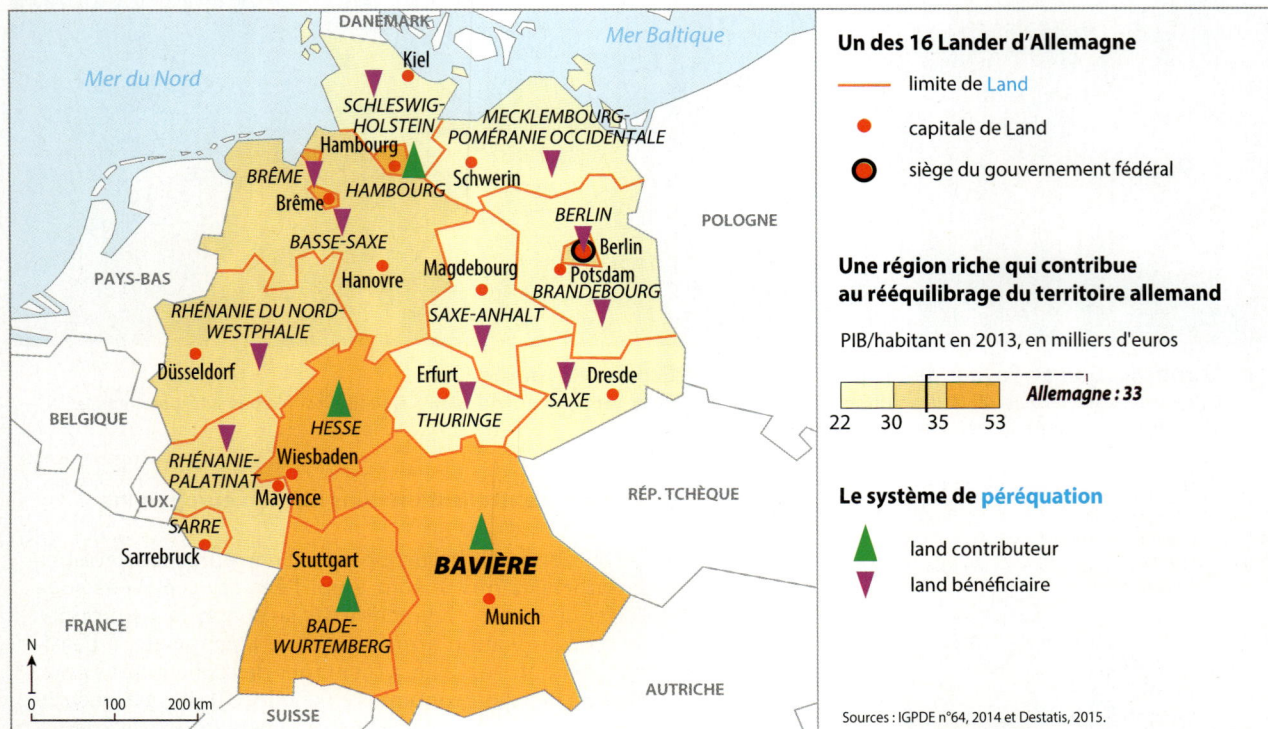

1 Une région puissante en Allemagne

2 Une région comparable à l'Île-de-France ?

2013	Île-de-France (part de la région en France en %)	Bavière (part du Land en Allemagne en %)
Population, en millions	12 (18 %)	12,5 (15 %)
Superficie, en km²	12 000 (2 %)	70 550 (20 %)
PIB, en milliards d'euros	613 (30 %)	488 (18 %)
PIB/hab., en euros	36 944	38 429
Taux de chômage, en %	8,6	4,4
Budget régional, en milliards d'euros	5	48
Population active, en % Agriculture Industrie Services	0,2 12,8 87	0,8 33,4 65,8

Sources : Insee, 2015 et ministère des Affaires économiques, de l'Énergie et technologie de Bavière, 2015.

Vocabulaire

Cluster : regroupement d'entreprises spécialisées sans un même secteur d'activités et fonctionnant en réseau.

Fédéralisme : système politique dans lequel l'État est composé de plusieurs entités autonomes, ayant leur propre gouvernement.

Land (Lander au pluriel) : structure administrative allemande disposant d'une autonomie budgétaire et politique au sein de l'État allemand. Chaque Land dispose d'un pouvoir législatif (élu par les citoyens du Land) et exécutif.

Péréquation : mécanisme de redistribution financière qui vise à réduire les inégalités entre des territoires.

R&D (recherche et développement) : activité créatrice des entreprises et des laboratoires de recherche basée sur l'innovation scientifique et technique.

3 Le cluster de Martinsried à Munich au service de la compétitivité de la Bavière.

La Bavière a investi 3 % de son PIB dans la recherche et développement en 2013. Martinsried rassemble plusieurs centres de recherche qui contribuent au rayonnement mondial de Munich : Centre de l'innovation et des Biotechnologies ①, Instituts de neurobiologie et biochimie ②, Université des sciences ③.

LAND DE BAVIÈRE
=

- Une **constitution** adoptée en 1946 qui fonde les institutions du Land
- Un **gouvernement** qui gère un budget important : **48 milliards** d'euros en 2013
- Un **parlement élu** qui légifère dans tous les domaines sauf ceux relevant de la compétence exclusive de l'État fédéral (défense, affaires étrangères, douanes).

Budget total en 2015

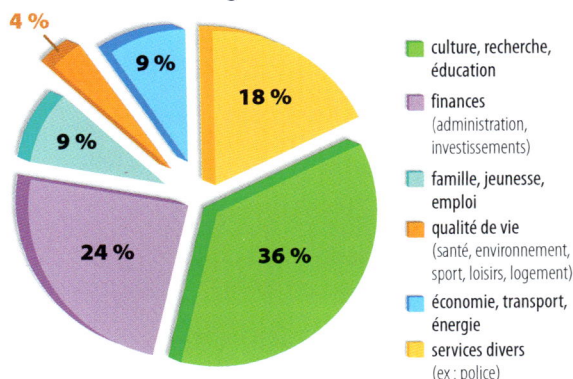

- 4 %
- 9 %
- 18 %
- 9 %
- 24 %
- 36 %

- culture, recherche, éducation
- finances (administration, investissements)
- famille, jeunesse, emploi
- qualité de vie (santé, environnement, sport, loisirs, logement)
- économie, transport, énergie
- services divers (ex : police)

Source : Land de Bavière, 2015.

4 Un exemple du fonctionnement du fédéralisme allemand

5 Une solidarité fédérale remise en question par la Bavière

La constitution allemande est remise en cause par la Bavière et la Hesse. Elle oblige les États les plus riches à aider financièrement les plus pauvres. La Bavière et la Hesse se plaignent de la dilapidation de leurs richesses par les Lander les plus pauvres. En 2012, la Bavière a contribué à hauteur de 3,9 milliards d'euros, alors que Berlin a reçu près de 3,3 milliards. La Hesse et la Bavière sont les deux plus gros contributeurs au système de péréquation financière inter-Lander. Sont visées ici entre autres, les nombreuses Kita[1] que possède la capitale allemande. La Sarre s'est récemment jointe à la fronde contre Berlin en dénonçant la disproportion des subventions allouées, Berlin recevant près de 945€ par habitant, alors que la Sarre ne touche que 91€ : une situation jugée inéquitable car la Sarre est également un Land très endetté mais qui bénéficie d'une aide bien inférieure à celle de la capitale fédérale : seulement 119 millions d'euros reçus en 2012.

La Gazette de Berlin, novembre 2013.

1. « Kita » : structure correspondant aux crèches et écoles maternelles françaises. En Allemagne, la prise en charge collective des jeunes enfants n'est en effet pas une obligation légale.

Questions

1 Montrez que la Bavière dispose d'une large autonomie et de pouvoirs de décision dans de nombreux domaines. (doc. 4)

2 Quels sont les éléments de la puissance de la Bavière au sein de l'Allemagne et de l'UE ? (doc. 1, 2 et 3)

3 Quel est l'intérêt du système de péréquation et pourquoi la Bavière le remet-elle en question ? (doc. 1 et 5)

Consigne Bac

À partir de l'exemple de la Bavière, expliquez le fonctionnement des Lander allemands en soulignant les points communs et les différences avec les régions françaises (documents 2 et 4).

MÉTHODE BAC

Étude critique de documents **SÉRIE ES/L**
Analyse de documents **SÉRIE S**

Capacités travaillées
• Identifier un document
• Identifier des informations géographiques

S ujet guidé — Le Nord-Pas-de-Calais et Picardie, une nouvelle région à forte cohésion ?

Expliquez pourquoi la nouvelle région Nord-Pas-de-Calais et Picardie présente des complémentarités, du point de vue régional comme du point de vue national ou européen. Vous montrerez ensuite qu'il existe des limites à la cohésion régionale.

> **Conseil**
> Utilisez le doc. 4 p. 149 pour illustrer les capacités d'innovation dans l'industrie textile.

1 Une région carrefour de l'Europe

Sources : Autoroutes.fr, 2015 et RFF, 2015.

Légende :
— autoroute et voie rapide
— LGV
— voie navigable principale
--- grand gabarit en projet
■ plate-forme multimodale

2 Une fusion régionale qui divise les élus

Mariés, le Nord-Pas-de-Calais et la Picardie le sont déjà : culturellement, par la langue, les traditions, l'architecture, … qui en font de véritables régions jumelles. Géographiquement, par les liens physiques qui les unissent (autoroutes, façade maritime). Historiquement, par le sang versé lors des deux derniers conflits mondiaux qui ont laissé les mêmes cicatrices. Économiquement, par les pôles de compétitivité (transports, textiles innovants) que les deux régions portent ensemble. La nouvelle région sera un véritable trait d'union entre l'Europe du Nord et le Grand Paris. Irriguée économiquement par le plus grand canal fluvial d'Europe, elle tiendra le 1er rôle national, voire européen, dans les domaines de la mobilité, de l'innovation technologique, de l'agroalimentaire, ou encore du développement durable.

Points de vue d'élus régionaux, France 3, 22 septembre 2014.

Les situations socio-économiques du Nord-Pas-de-Calais et de la Picardie sont telles que les faire fusionner reviendrait à créer des difficultés supplémentaires, à rajouter de la crise à la crise. Deux pauvres n'ont jamais fait un riche. Mais, seule, la région Nord-Pas-de-Calais a les atouts pour être une grande région européenne.

Points de vue d'élus régionaux, Le Figaro, 16 juillet 2014.

A Analyser le sujet et la consigne

1 Identifiez les notions clés et délimitez l'espace concerné.

▶ Méthode p. 34

> Le **Nord-Pas-de-Calais et Picardie**, une **nouvelle région** à **forte cohésion** ?

Expliquez pourquoi la **nouvelle région Nord-Pas-de-Calais et Picardie** présente **des complémentarités, du point de vue régional comme du point de vue national ou européen**. Vous montrerez ensuite qu'il existe des **limites à la cohésion régionale**.

B Identifier un document

La nature du document aide à comprendre le sujet.

a. **Identifier la nature précise du document** : carte, texte (essai, loi, article de journal), photographie, affiche, dessin de presse, graphique…

b. **Identifier les conditions de production** : auteur, date, destinataire, sources…

c. **Identifier l'intérêt du document** et de sa nature pour traiter le sujet proposé.

> **Conseil**
> Ce travail préparatoire essentiel pour interpréter les documents se réalise au brouillon et peut être réutilisé dans la copie.

2 Sélectionnez dans la liste suivante les termes adaptés et rédigez une phrase de présentation des documents.

croquis ; carte ; texte ; article de presse ; point de vue objectif ; schéma ; texte de géographie ; carte routière ; sources officielles ; point de vue subjectif.

C Identifier des informations géographiques

Méthode

a. **Décrire le document :** grands ensembles géographiques de la carte ; éléments visuels et slogans d'une affiche ; grandes tendances d'un graphique ; cadre environnemental d'une photographie (paysage urbain, rural) ; thèmes essentiels d'un texte.

b. **Associer les informations aux notions essentielles du chapitre.** Seules les informations en lien avec ces notions ont de l'intérêt pour l'étude de document.

3 Complétez le tableau suivant.

	Identifier les informations	**Interpréter les informations à l'aide des notions essentielles**
Des complémentarités à l'échelle régionale	– Une histoire commune – Une culture commune –	– Région à l'identité renforcée par les conflits – .... – ....
Des atouts à l'échelle nationale et européenne	– Un trait d'union entre l'Europe du Nord et le Grand Paris –	– .... **Conseil** Utilisez le doc. 1 p. 180 pour expliquer le rôle joué par la région dans l'ouverture de la France à la mondialisation. – ....
Des limites	– .... –	– .... – ....

Sujet d'entraînement

Centre-Val de Loire, une région en quête d'identité

À l'aide des documents, montrez que la région Centre-Val de Loire (anciennement région Centre) mise sur le marketing territorial pour conforter une identité à l'origine artificielle.

Conseil
Expliquez dans votre analyse que lors de la réforme de 2015, la région Centre a gardé ses limites territoriales mais a changé de nom.

1 **Les enjeux liés à la nouvelle dénomination régionale**

Le vote par le Parlement de la dénomination « Centre-Val de Loire » constitue une victoire historique pour la région et une avancée considérable. Cette décision vient conforter une identité construite tout au long des 30 ans de la première grande vague de décentralisation. Elle a été obtenue au terme d'une mobilisation exceptionnelle de la collectivité régionale auprès de l'ensemble des parlementaires, des élus des collectivités comme des conseillers économiques et sociaux et des forces vives de nos territoires. Ce résultat vient conforter l'identité de notre région ainsi que sa diversité. À travers le « Centre », ce sont en effet les 6 départements qui l'ont construite qui sont rassemblés dans une nouvelle identité, tandis que la mention du « Val de Loire » vient conférer une signature et une visibilité mondialement connues et reconnues. Ce pas en avant représente une chance nouvelle pour une région forte en Europe et en ordre de marche pour l'avenir, afin de conforter ses atouts majeurs. Le Val de Loire et l'image très positive qu'il véhicule bénéficieront à l'ensemble des acteurs du territoire, aux activités économiques, universitaires, touristiques et culturelles pour nous permettre d'aborder ensemble avec confiance les défis de l'avenir.

Région Centre-Val de Loire, 2015.

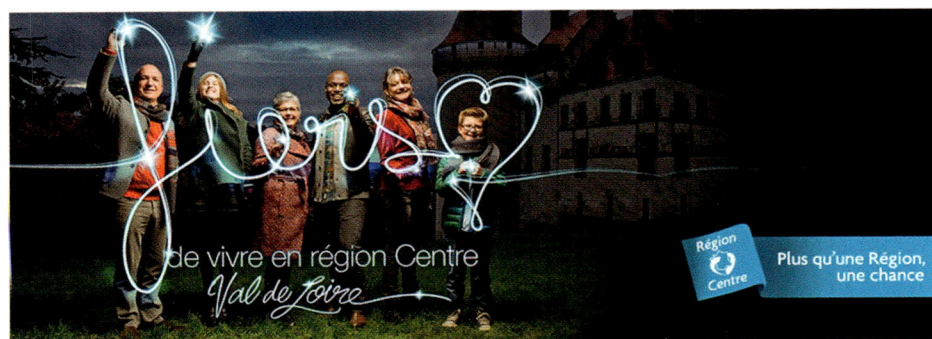

Conseil
Expliquez le choix du château de l'arrière-plan de l'affiche.

J'oze de vivre en région Centre
Val de Loire

Région Centre

Plus qu'une Région, une chance

2 **Document promotionnel de la région Centre-Val de Loire, 2015**

Capacités travaillées
• Analyser le sujet et la consigne
• Étudier une carte

S ujet guidé — Les enjeux du développement de la région Pays de la Loire

En vous appuyant sur la carte, présentez les caractéristiques de la région Pays de la Loire et les défis que cette région doit relever tant en termes de cohésion que de compétitivité.

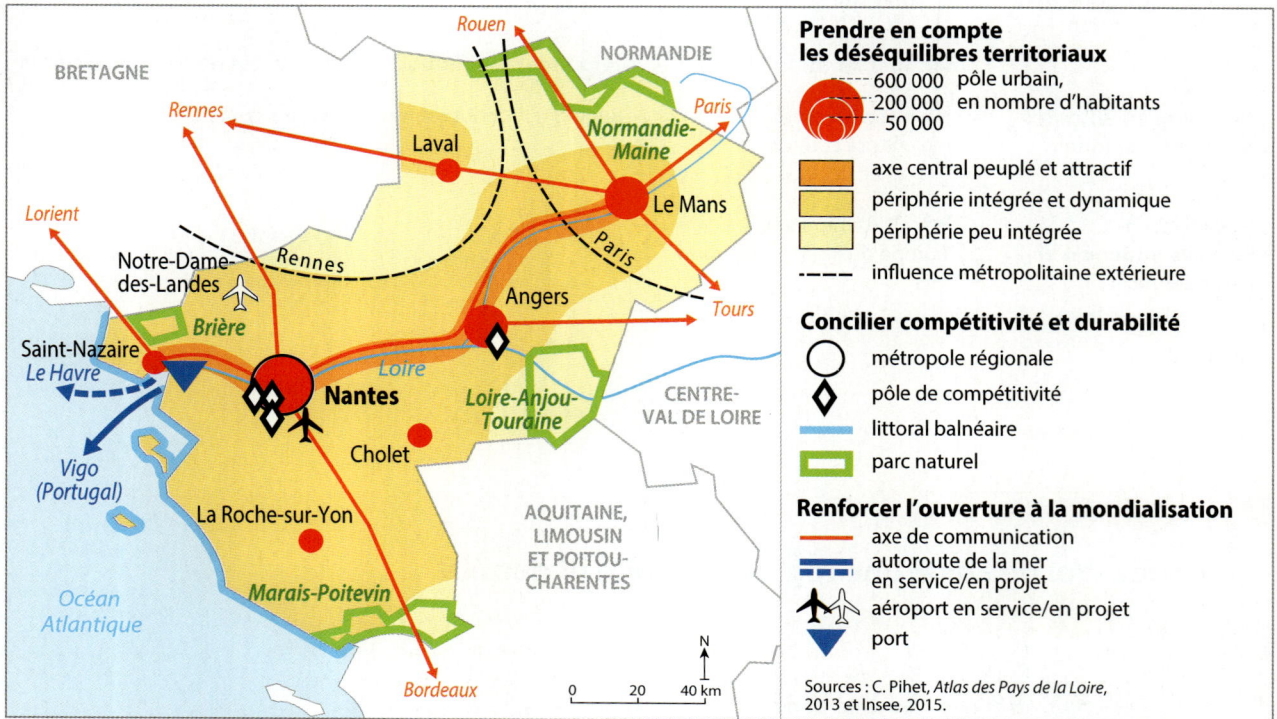

Les défis à relever par la région Pays de la Loire

Sources : C. Pihet, *Atlas des Pays de la Loire*, 2013 et Insee, 2015.

A Analyser le sujet et la consigne

1) Identifiez les notions clés et délimitez l'espace concerné.

▶ **Méthode** p. 34

Les **enjeux** du **développement** de la **région Pays de la Loire**

En vous appuyant sur la carte, présentez les **caractéristiques** de la **région Pays de la Loire** et les **défis** que cette région doit relever tant en termes de **cohésion** que de **compétitivité**.

> **Conseil**
> Pour dégager les enjeux, partez du constat (caractéristiques) avant de voir les défis à relever.

B Étudier une carte

Méthode

La carte est l'outil de géographie par excellence.
a. **Identifier la source** : auteur, date, provenance des données chiffrées (Insee, Eurostat…).
b. **Décrire la carte :**
   – pour les cartes d'informations statistiques : repérer les grands ensembles géographiques dessinés en fonction de l'information représentée ; identifier les exceptions au sein de chaque grand ensemble ;
   – pour les cartes d'informations qualitatives : repérer les grands espaces et les dynamiques (mutations, flux).
c. **Interpréter la carte :**
   – utiliser les connaissances extraites du cours pour expliquer les informations décrites ;
   – organiser les informations en lien avec les différentes parties de la consigne.

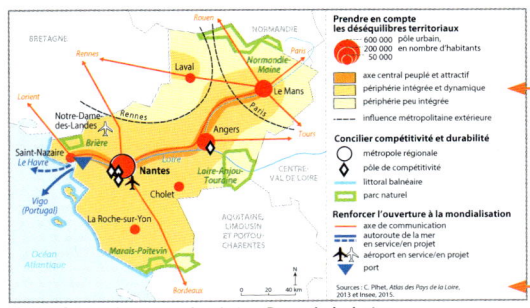

Les défis à relever par la région Pays de la Loire

Montrez que la légende est organisée pour permettre une démonstration du sujet.

Identifiez la source officielle et la source provenant d'un travail de géographe. Quel est l'intérêt de chacune de ces sources ?

Montrez que ce titre est problématisé et ne se contente pas de décrire une situation.

2) Après avoir répondu au brouillon aux questions posées dans les cartouches de lecture, rédigez une identification du document.

3) Complétez le tableau suivant.

	Description de la carte	Interprétation de la carte
Les caractéristiques de la région	– Des espaces inégalement dynamiques –	– Les métropoles (Nantes) et l'axe majeur de la Loire (vallée fluviale) concentrent la population et les activités.
Les défis que la région doit relever	– Influence extérieure –	– .... – ....

Conseil
Pour qualifier les défis, utilisez les notions de compétitivité, cohésion et développement durable.

S ujet d'entraînement

Bourgogne et Franche-Comté, une nouvelle région à organiser

Montrez que la nouvelle région Bourgogne et Franche-Comté peut compter sur des atouts pour s'organiser, mais qu'elle doit également relever des défis pour s'affirmer.

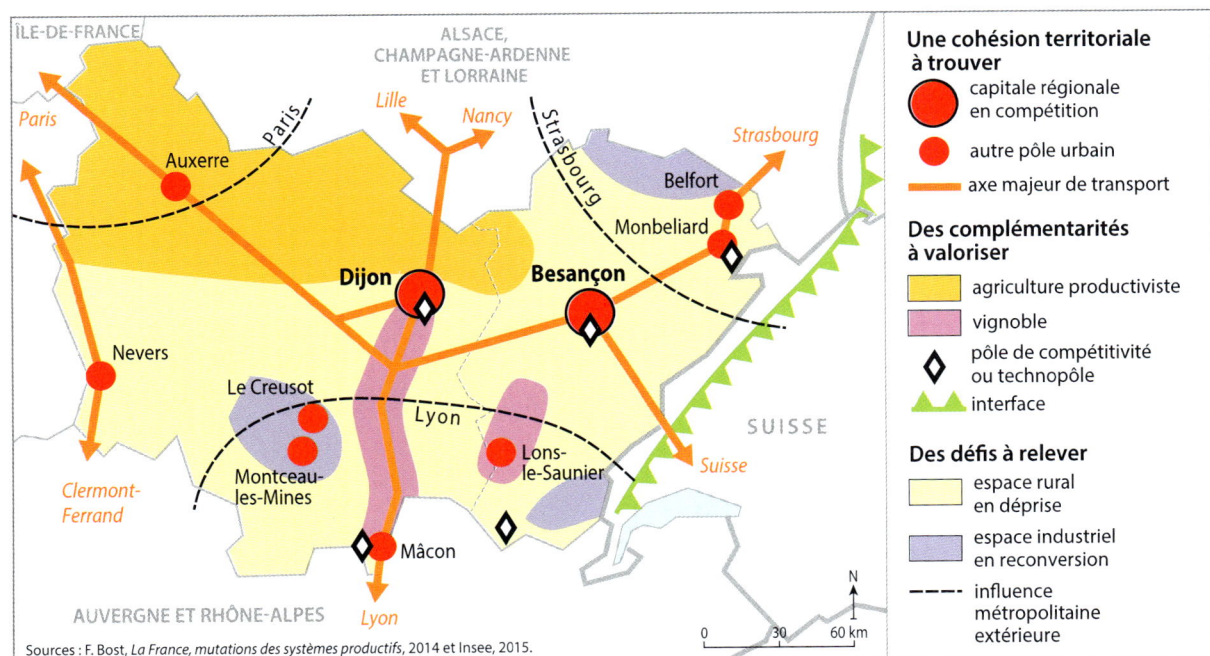

Sources : F. Bost, *La France, mutations des systèmes productifs*, 2014 et Insee, 2015.

La Bourgogne et Franche-Comté, une région en quête d'un nouvel équilibre territorial

Conseil
Aidez-vous du doc. 3 p. 161 pour expliquer la reconversion des espaces industriels traditionnels.

MÉTHODE BAC

Production graphique

Capacités travaillées
• Analyser le sujet et la consigne
• Présenter un croquis

Sujet guidé — La Normandie, une nouvelle région aux fortes complémentarités

A — Analyser le sujet

Méthode

a. **Délimiter l'espace concerné** : comprendre son intérêt par rapport au sujet.
b. **Identifier et expliquer les notions clés** : réfléchir en particulier à la façon dont ces notions peuvent être cartographiées en mobilisant ses connaissances.
c. **Dégager une problématique** : comprendre le sujet.

1 Identifiez les notions clés et délimitez l'espace concerné.

Quels sont les grands axes de communication et les principales villes qui organisent ce territoire ?

Quelles sont les complémentarités économiques et culturelles de ces deux territoires ?

La Normandie, une nouvelle région aux fortes complémentarités

Quels défis d'aménagement la nouvelle région doit-elle relever pour créer une cohésion régionale ?

2 Pourquoi la problématique suivante convient-elle au sujet ?

Quels sont les enjeux de l'aménagement liés à la fusion de la Normandie ?

B — Présenter le croquis

Titre : Toujours placé en haut, centré et en majuscules, il doit être concis mais complet.

La Normandie, une nouvelle région aux fortes complémentarités

Cadre : Il délimite l'espace cartographié et doit être tracé à la règle.

Nomenclature : Elle doit être hiérarchisée (majuscules pour les États, minuscules pour les villes, …) et écrite soigneusement.

Orientation : Elle se figure par une flèche indiquant le Nord.
Échelle : Elle se représente de manière graphique et elle se place dans l'angle de la carte.

Réalisation graphique : Elle doit être très soignée (coloriage, tracé, écriture).

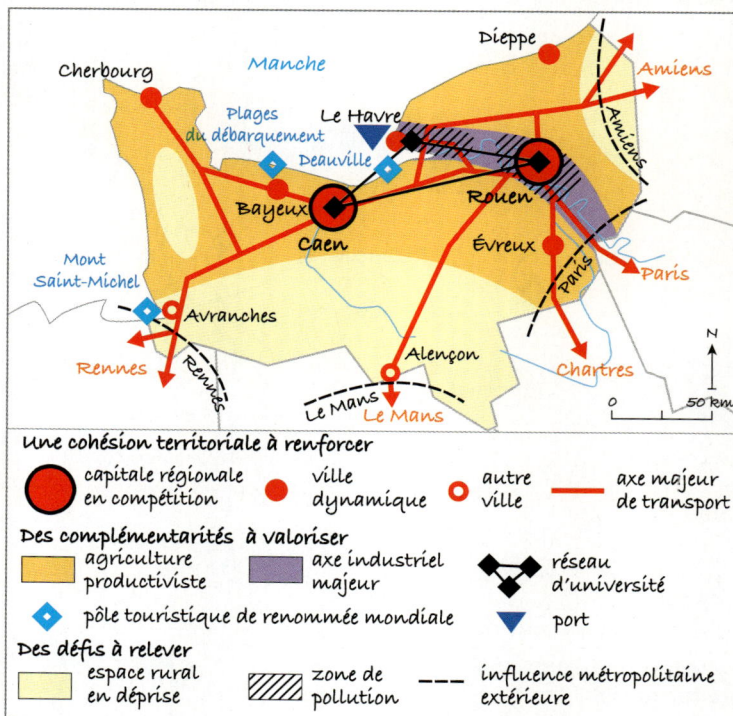

Légende : Elle se place sous ou à côté de la production graphique (jamais au dos). Elle doit être problématisée et organisée en grandes parties distinctes.

Carte : Cherbourg, Manche, Dieppe, Amiens, Plages du débarquement, Le Havre, Deauville, Rouen, Bayeux, Caen, Évreux, Paris, Mont Saint-Michel, Avranches, Alençon, Chartres, Rennes, Le Mans

N — 0 — 50 km

Une cohésion territoriale à renforcer
- ● capitale régionale en compétition
- ● ville dynamique
- ○ autre ville
- — axe majeur de transport

Des complémentarités à valoriser
- agriculture productiviste
- axe industriel majeur
- ◆ pôle touristique de renommée mondiale
- ◆ réseau d'université
- ▼ port

Des défis à relever
- espace rural en déprise
- zone de pollution
- --- influence métropolitaine extérieure

Languedoc-Roussillon et Midi-Pyrénées, une région puissante à consolider

A | Présenter un croquis

Méthode

Une carte comporte :
– **T**itre
– **O**rientation
– **N**omenclature (noms de lieux, océans...)
– **L**égende comportant des figurés associés à des informations (voir memento cartographique)
– **É**chelle
– **C**adre

> **Conseil**
> Dans cet ordre, les premières lettres de ces éléments forment un acronyme facile à mémoriser : TONLEC.

● Sur le modèle proposé p. 76, recopiez le croquis et la légende, et complétez les éléments manquants.

Titre : ....

> **Conseil**
> Pour compléter le titre, appuyez-vous sur la formulation du sujet.

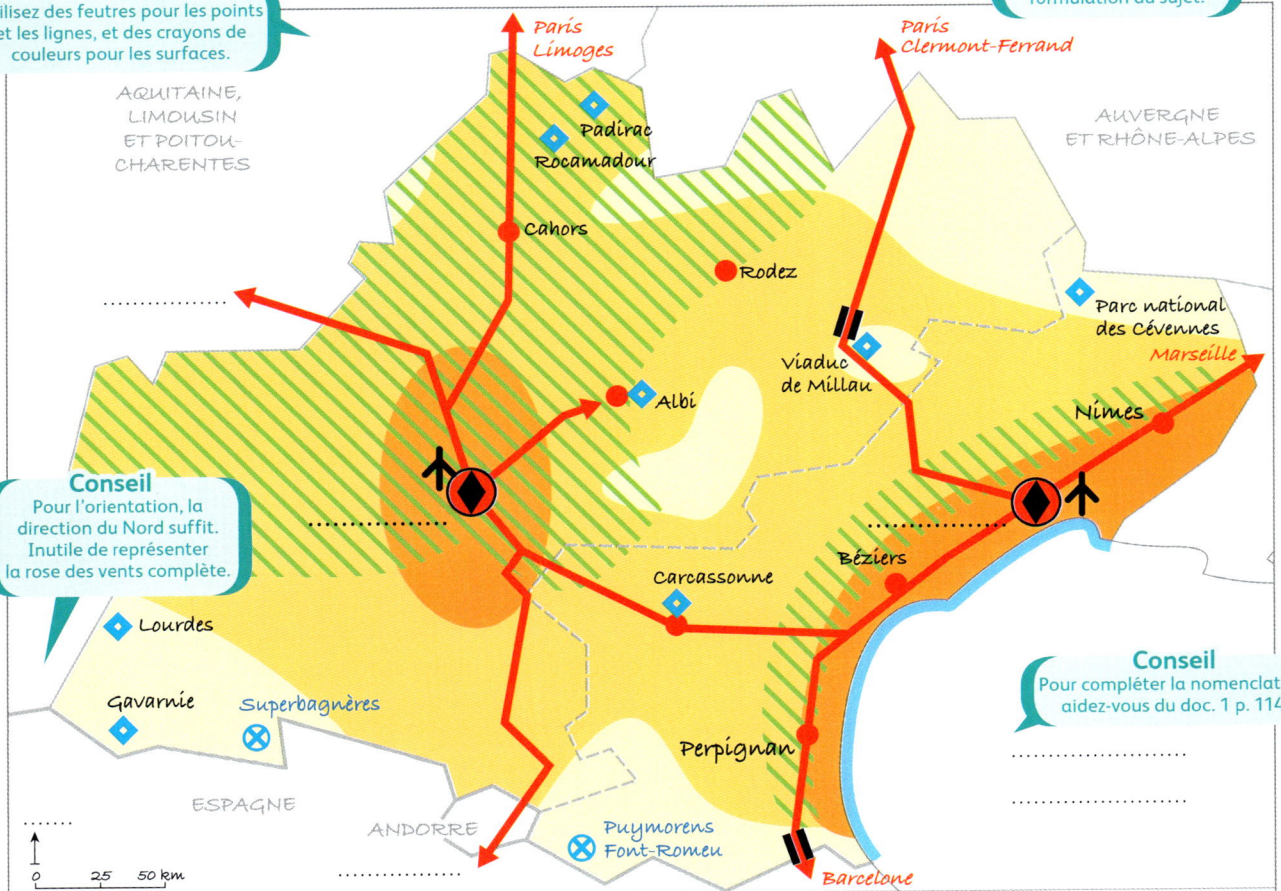

> **Conseil**
> Utilisez des feutres pour les points et les lignes, et des crayons de couleurs pour les surfaces.

> **Conseil**
> Pour l'orientation, la direction du Nord suffit. Inutile de représenter la rose des vents complète.

> **Conseil**
> Pour compléter la nomenclature, aidez-vous du doc. 1 p. 114.

AQUITAINE, LIMOUSIN ET POITOU-CHARENTES

AUVERGNE ET RHÔNE-ALPES

Paris
Limoges

Paris
Clermont-Ferrand

Padirac
Rocamadour

Cahors

Rodez

Parc national des Cévennes

Marseille

Viaduc
de Millau

Nîmes

Albi

Béziers

Carcassonne

Lourdes

Gavarnie   Superbagnères

Perpignan

ESPAGNE

ANDORRE   Puymorens
Font-Romeu

Barcelone

0 25 50 km

Un développement régional déséquilibré

.... métropole-capitale régionale dynamique et attractive

● pôle urbain

espace attractif

espace faiblement attractif

.... espace rural en déprise

Des activités complémentaires à valoriser

◆ technopôle et pôle de compétitivité

agriculture productiviste

.... tourisme balnéaire de masse

.... station de sports d'hiver

◆ site touristique majeur

Des réseaux de communication à développer pour renforcer la cohésion régionale

.... autoroute/ LGV

.... aéroport

━ tunnel et pont

> **Conseil**
> Pour identifier les figurés manquants en légende, aidez-vous de la carte p. 76.

Capacités travaillées
• Analyser le sujet
• Choisir une problématique

Sujet guidé — Place et rôle des régions en France

A Analyser le sujet

● Identifiez les notions clés et délimitez l'espace concerné.

▶ Méthode p. 38

Montrez que la région est à la fois un territoire de vie et un échelon administratif.

Combien de régions la France compte-t-elle ? Quels changements ont connu les régions en 2015 ?

Place et rôle des régions en France

En tant qu'acteur, quelles sont les compétences des régions en France ?

Sans précision, le sujet concerne-t-il les régions d'Outre-mer ?

Conseil
Le vocabulaire géographique doit être défini avec précision.

B Choisir une problématique

Méthode

a. **Interroger le sujet** pour en dégager les enjeux :
– quelles sont les limites spatiales du sujet ? Comment se manifeste le phénomène géographique étudié ?
– quelles en sont les causes ? Quels sont les problèmes soulevés ? Quelles en sont les solutions et les limites ?
b. **Formuler la problématique** sous la forme d'une question qui englobe l'ensemble du sujet. Elle doit servir de fil directeur à la composition.

La problématique la plus simple est : Quelle est la place et le rôle des régions en France ?

Vous pouvez cependant formuler une problématique qui ne se contente pas de recopier les termes du sujet.

Proposition de formulation :

En dehors de la région étudiée en classe, choisissez des exemples cités dans les cours ou les exemples du chapitre. Montrez la place particulière des régions d'Outre-mer (doc. 1 p. 62).

Montrez que la région que vous avez étudiée en classe est un territoire de vie.

En quoi les régions françaises sont-elles à la fois des territoires de vie et des acteurs majeurs de l'aménagement ?

La formule invite à présenter une réponse argumentée à la problématique. Trouvez d'autres formulations possibles pour amorcer la problématique.

Quelles sont les 3 principales compétences gérées par les conseils régionaux ? (voir doc. 2 p. 62)
Dans quel domaine la réforme de 2015 a-t-elle renforcé le pouvoir des régions ? (voir cours 2 p. 66)

Sujet d'entraînement

Les enjeux de la réforme des régions en France métropolitaine

Dans quelle mesure et dans quel but la réforme régionale modifie-t-elle les régions en France métropolitaine ?

Conseil
Listez les notions clés à associer à chaque expression de cette problématique.

Utiliser un site institutionnel

Capacités travaillées
- Sélectionner des informations
- Utiliser des ressources numériques de différentes natures

Sujet **Le logement en Île-de-France, un défi majeur pour la région-capitale**

Vérifier qu'il s'agit d'un site institutionnel

Accéder aux cartes et aux données (ici, sur l'Île-de-France)

Sélectionner soigneusement les mots clés (ici, le logement)

L'INSTITUT SAVOIR-FAIRE L'IAU ET VOUS PARTENARIATS ET INTERNATIONAL Rechercher

Comment le parc social peut-il répondre aux besoins en logement des Franciliens ?

Ressources

Les ménages défavorisés représentent 30 % des ménages franciliens, soit 1,3 million de ménages qui regroupent plus de 3 millions de personnes.
La cité le Luth à Gennevilliers (92) © Huijbregts (Frédéric) IAU îdF

les actes du **COLLOQUE** Observatoire
Comment le parc social peut-il répondre aux besoins en logement des Franciliens ?
Jeudi 4 avril 2013

La crise du logement

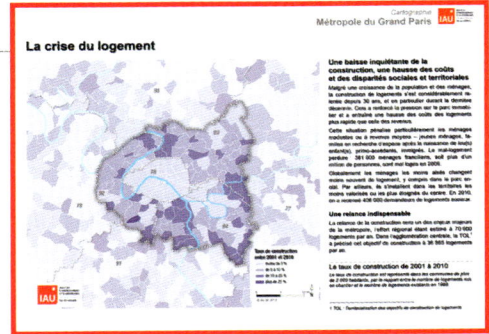

1 Réalisez l'exercice d'application en vous aidant de la méthode proposée.

Méthode pour utiliser un site institutionnel	Application
Choisir un site institutionnel lié à la région dans laquelle se situe votre lycée.	Allez sur le site « IAU-IDF.fr », l'institut d'aménagement et d'urbanisme de l'Île-de- France.
Sélectionner un thème caractéristique de l'espace régional étudié (exemples : les transports, la reconversion industrielle, la protection de l'environnement, l'intégration européenne…).	Expliquez pourquoi le logement est un thème fondamental pour étudier la région Île-de-France.
Collecter des informations sur : – l'action régionale (politiques mises en œuvre, budget) ; – les acteurs participant à ces politiques (UE, État, collectivités territoriales, entreprises) ; – les limites des aménagements mis en place.	Sélectionnez au moins 4 documents qui mettent en valeur les défis que soulève le logement : une carte à l'échelle régionale (onglet cartes interactives), un texte, un graphique, une photographie.
Confronter ces informations avec des données fournies par d'autres sites Internet : presse régionale, association d'usagers ou de riverains.	Complétez votre recherche pour montrer comment les politiques mises en place pour lutter contre les inégalités face au logement sont perçues par les habitants (site du quotidien *Le Parisien*) ou les associations d'aide au logement.

Conseil
Tapez les mots clés suivants dans le moteur de recherche : crise du logement, inégalités face aux logements, politique du logement.

---

2 Complétez l'organigramme grâce aux informations sélectionnées et illustrez chaque case par un exemple extrait d'un document.

Carence en logements, et notamment en logements sociaux
+
Croissance des déplacements domicile-travail

→ **L'action de la région** ....
+
→ **L'action de l'État** ....
+
→ **Les objectifs du Grand Paris** ....

→ **Résultats** ....
+
→ **Limites** ....

Localisations essentielles

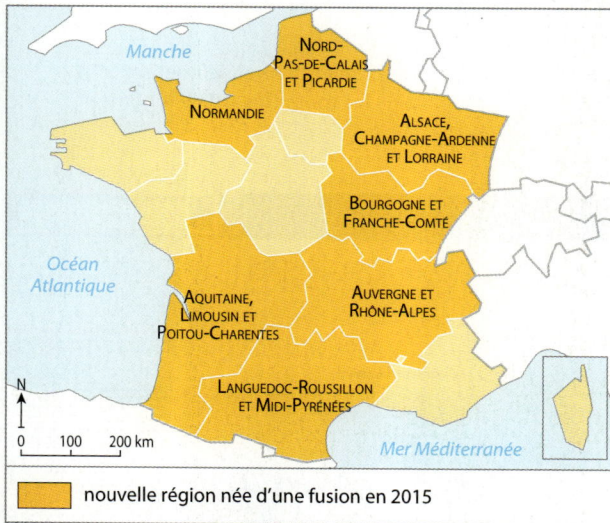

1 Les 7 nouvelles régions nées de la fusion en 2015

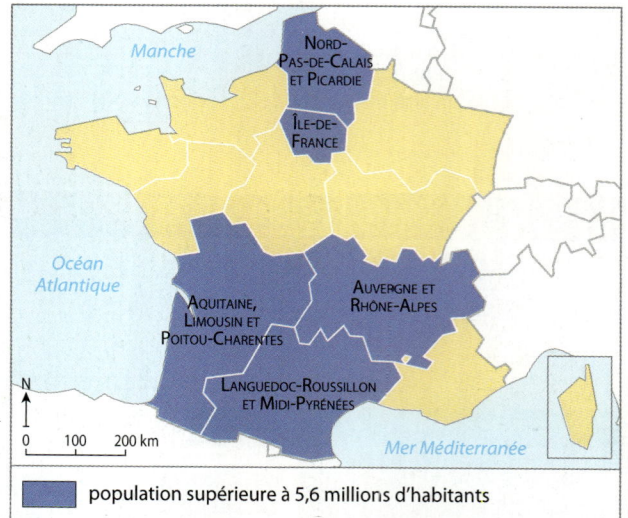

Manche
Nord-Pas-de-Calais et Picardie
Normandie
Alsace, Champagne-Ardenne et Lorraine
Bourgogne et Franche-Comté
Océan Atlantique
Aquitaine, Limousin et Poitou-Charentes
Auvergne et Rhône-Alpes
Languedoc-Roussillon et Midi-Pyrénées
Mer Méditerranée
N
0 100 200 km

■ nouvelle région née d'une fusion en 2015

2 Les 5 régions les plus peuplées

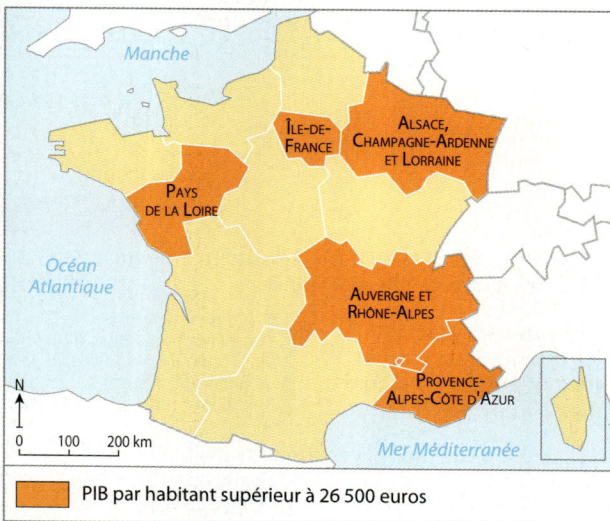

Manche
Nord-Pas-de-Calais et Picardie
Île-de-France
Océan Atlantique
Aquitaine, Limousin et Poitou-Charentes
Auvergne et Rhône-Alpes
Languedoc-Roussillon et Midi-Pyrénées
Mer Méditerranée
N
0 100 200 km

■ population supérieure à 5,6 millions d'habitants

3 Les 5 régions les plus riches

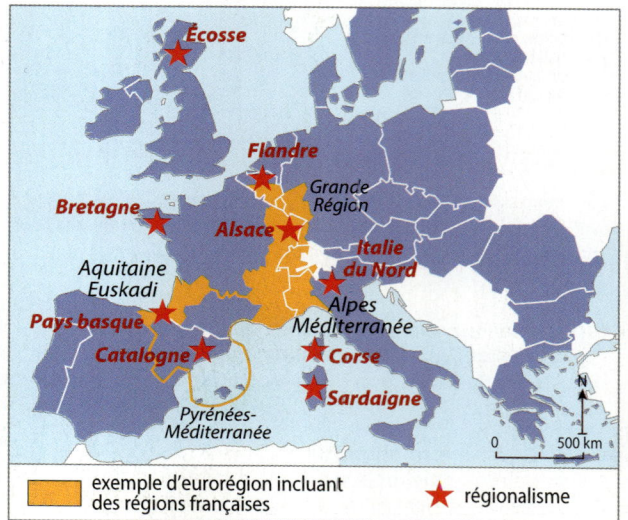

Manche
Pays de la Loire
Île-de-France
Alsace, Champagne-Ardenne et Lorraine
Océan Atlantique
Auvergne et Rhône-Alpes
Provence-Alpes-Côte d'Azur
Mer Méditerranée
N
0 100 200 km

■ PIB par habitant supérieur à 26 500 euros

4 Régionalisme et coopérations transfrontalières dans l'UE

Écosse
Flandre
Bretagne
Grande Région
Alsace
Italie du Nord
Aquitaine Euskadi
Alpes Méditerranée
Pays basque
Catalogne
Corse
Sardaigne
Pyrénées-Méditerranée
N
0 500 km

■ exemple d'eurorégion incluant des régions françaises
★ régionalisme

Chiffres clés

A Les conséquences de la réforme régionale

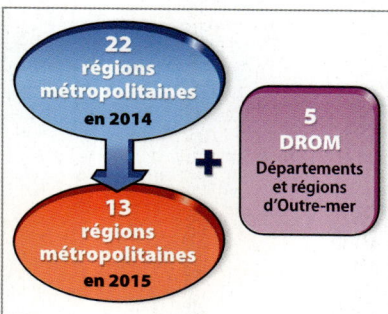

22 régions métropolitaines en 2014
↓
13 régions métropolitaines en 2015
+
5 DROM Départements et régions d'Outre-mer

B Les 3 principales dépenses des régions françaises

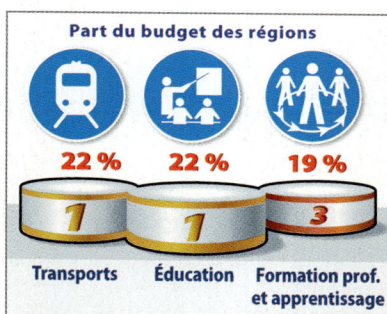

Part du budget des régions

22 %   22 %   19 %
1   1   3
Transports   Éducation   Formation prof. et apprentissage

C Le budget des 3 régions administratives les plus riches de l'UE

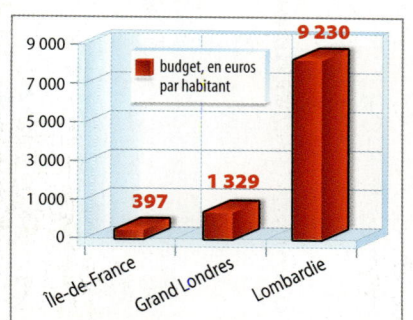

■ budget, en euros par habitant

9 000
7 000
5 000
3 000
1 000

397 Île-de-France
1 329 Grand Londres
9 230 Lombardie

POURQUOI LES RÉFORMES RÉCENTES CONDUISENT-ELLES À UNE AFFIRMATION DU RÔLE DES RÉGIONS EN FRANCE ET EN EUROPE ?

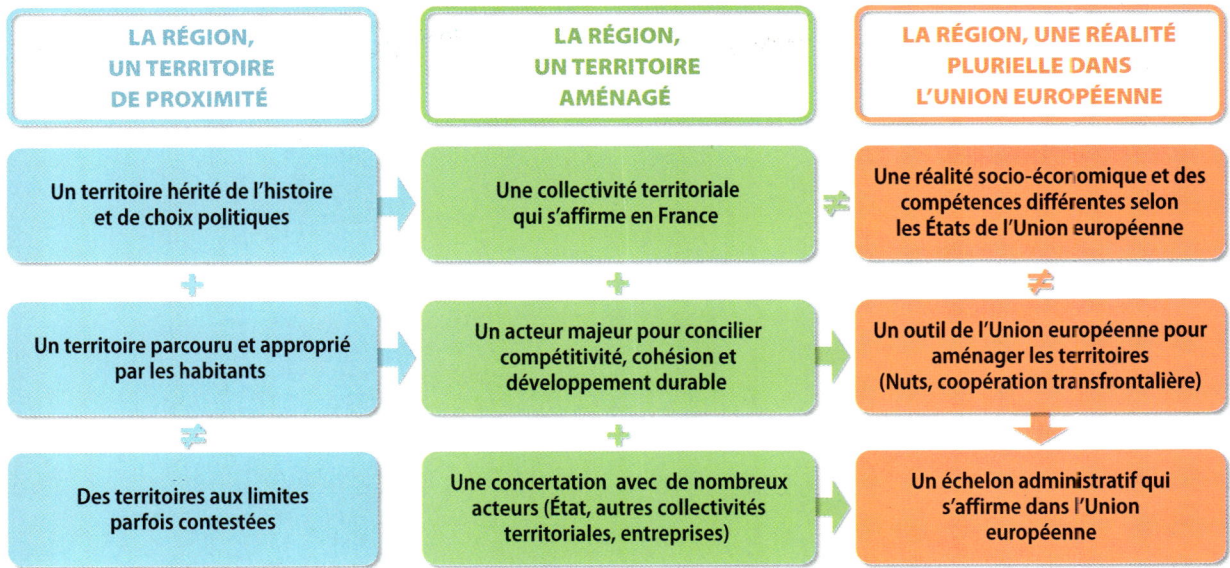

LA RÉGION, UN TERRITOIRE DE PROXIMITÉ	LA RÉGION, UN TERRITOIRE AMÉNAGÉ	LA RÉGION, UNE RÉALITÉ PLURIELLE DANS L'UNION EUROPÉENNE
Un territoire hérité de l'histoire et de choix politiques	Une collectivité territoriale qui s'affirme en France	Une réalité socio-économique et des compétences différentes selon les États de l'Union européenne
Un territoire parcouru et approprié par les habitants	Un acteur majeur pour concilier compétitivité, cohésion et développement durable	Un outil de l'Union européenne pour aménager les territoires (Nuts, coopération transfrontalière)
Des territoires aux limites parfois contestées	Une concertation avec de nombreux acteurs (État, autres collectivités territoriales, entreprises)	Un échelon administratif qui s'affirme dans l'Union européenne

A Quelles conséquences le nouveau découpage territorial a-t-il sur les territoires de proximité que sont les régions ?

La France compte actuellement 13 régions métropolitaines et 5 régions ultramarines. Les régions sont aujourd'hui plus homogènes (superficie, habitants) mais les écarts de richesse sont encore très marqués. La région s'affirme de plus en plus comme un territoire de vie et certaines fusions régionales ont tenu compte des évolutions des territoires et de coopérations anciennes (Auvergne et Rhône-Alpes, Normandie). Cependant, certains découpages demeurent contestés et le régionalisme est encore actif (Bretagne, Alsace, Corse).

B En quoi la réforme territoriale de 2015 renforce-t-elle le rôle joué par les régions dans l'aménagement des territoires ?

La région est aussi une collectivité territoriale issue des politiques de décentralisation. Elle exerce des compétences ciblées (transport, lycées, formation) et collabore avec de nombreux acteurs (commune, intercommunalité, État, UE) pour répondre aux besoins des habitants. Les régions ont renforcé leurs compétences économiques pour rester compétitive dans la mondialisation mais leurs budgets restent limités face à d'autres régions européennes (Bavière). Cette quête de compétitivité s'opère parfois au détriment de la cohésion régionale ou du développement durable.

C Pourquoi les régions, pourtant très diverses, prennent-elles une place croissante dans l'UE ?

À l'image des régions françaises, les régions européennes ont tendance à renforcer leur pouvoir sur les territoires. Bien que très hétérogènes, elles sont devenues des interlocutrices privilégiées de l'UE qui leur distribue des aides financières dans le cadre de la politique de cohésion (Nuts2) et qui soutient les coopérations transfrontalières. Les États européens cherchent actuellement à renforcer leurs régions pour qu'elles soient plus compétitives dans la mondialisation. Mais les compétences et les budgets des régions restent très contrastés au sein de l'UE.

NE PAS CONFONDRE

Eurorégion : espace de coopération transfrontalière au sein de l'UE dont le statut administratif est très variable. Il bénéficie d'aides européennes pour mener des politiques communes (transport, économie, protection de l'environnement).

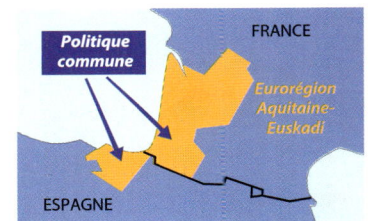

Nuts : unité territoriale découpant le territoire de l'Union européenne. Définies pour les besoins statistiques, elles ne constituent pas forcément des unités administratives officielles. Les fonds européens sont distribués selon les Nuts2 qui sont au nombre de 274 dans l'UE en 2015.

Paris

Lyon

■ ▶ **Étude de cas transversale 1**
Aquitaine, Limousin et Poitou-Charentes, une région à développer durablement   **296-301**

■ ▶ **Étude de cas transversale 2**
Alsace, Champagne-Ardenne et Lorraine, une nouvelle région en quête d'innovation   **302-307**

Le quartier de la Confluence à Lyon.

Bâti à l'origine sur les hauteurs, à la confluence du Rhône et de la Saône, Lyon s'est progressivement étendue vers l'est. La pointe de la Presqu'île, milieu marécageux, a longtemps été inhabitée, avant de devenir un quartier industriel structuré autour de la gare de Perrache et du port. Aujourd'hui en pleine transformation économique et sociale, le quartier de la Confluence illustre l'insertion croissante des activités de la métropole lyonnaise au sein de la mondialisation. Il témoigne aussi des mutations que connaissent les espaces urbains français mais aussi de la nécessaire mise en place de nouvelles infrastructures de transport (pont, tramway).

3

Valoriser et ménager les milieux

La France, malgré sa taille modeste, possède des milieux divers et fortement valorisés. Cependant, leur mise en valeur a entraîné une importante artificialisation. Les acteurs présents sur le territoire doivent désormais trouver un équilibre entre aménagements et protection des milieux.

▶ **Comment la valorisation des milieux en France peut-elle être compatible avec les nouvelles exigences du développement durable ?**

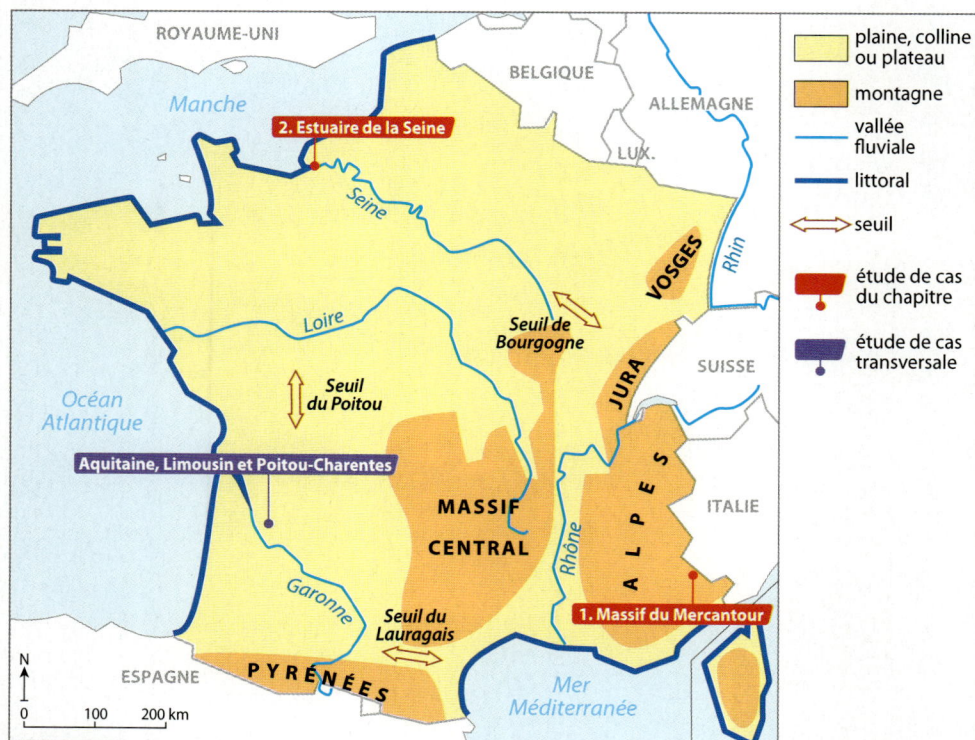

1 La diversité des milieux naturels en France

Questions

1 Quels sont les grands types de milieux naturels en France ? (doc. 1)

2 Montrez que les aménagements du littoral de La Baule transforment profondément le milieu naturel. (doc. 2)

3 Pourquoi la valorisation de ce littoral est-elle source de conflit d'usage ? (doc. 2)

2 Une forte fréquentation touristique du littoral en été (Le Pouliguen à gauche, La Baule à droite).

La Baule-Escoublac est célèbre pour sa grande plage de 8 km bordée d'un front urbain continu. Avant l'arrivée du train en 1879, La Baule n'est qu'une dune de sable fixée par des pins plantés vers 1850. Le tourisme y a depuis redessiné les paysages. Cependant les tempêtes de l'hiver 2014 ont conduit l'État à prendre des mesures de protection contre les risques naturels : les professionnels du tourisme doivent dorénavant démonter leurs installations pendant la période hivernale afin de préserver un littoral de plus en plus fragilisé par la fréquentation touristique et l'érosion côtière. Le défi est donc de concilier l'activité touristique, 1re source de revenu de ce territoire, et la protection du littoral.

Le Mercantour, entre exploitation et protection du milieu

Le Mercantour est un massif alpin dont une grande partie est protégée, depuis 1979, par le Parc national du Mercantour. Toutefois, le développement du tourisme et la persistance d'activités traditionnelles pastorales provoquent de nombreux conflits d'usage. Ainsi, la protection environnementale et le développement économique sont au cœur des enjeux du développement du massif.

Le massif du Mercantour en chiffres :
- 1 465 km²
- 17 700 habitants
- 2 loups apparus en 1992 ; 40 en 2015 (estimation)
- 45 % de touristes étrangers dans les stations de ski

A Pourquoi le Mercantour est-il un milieu difficile à valoriser ?

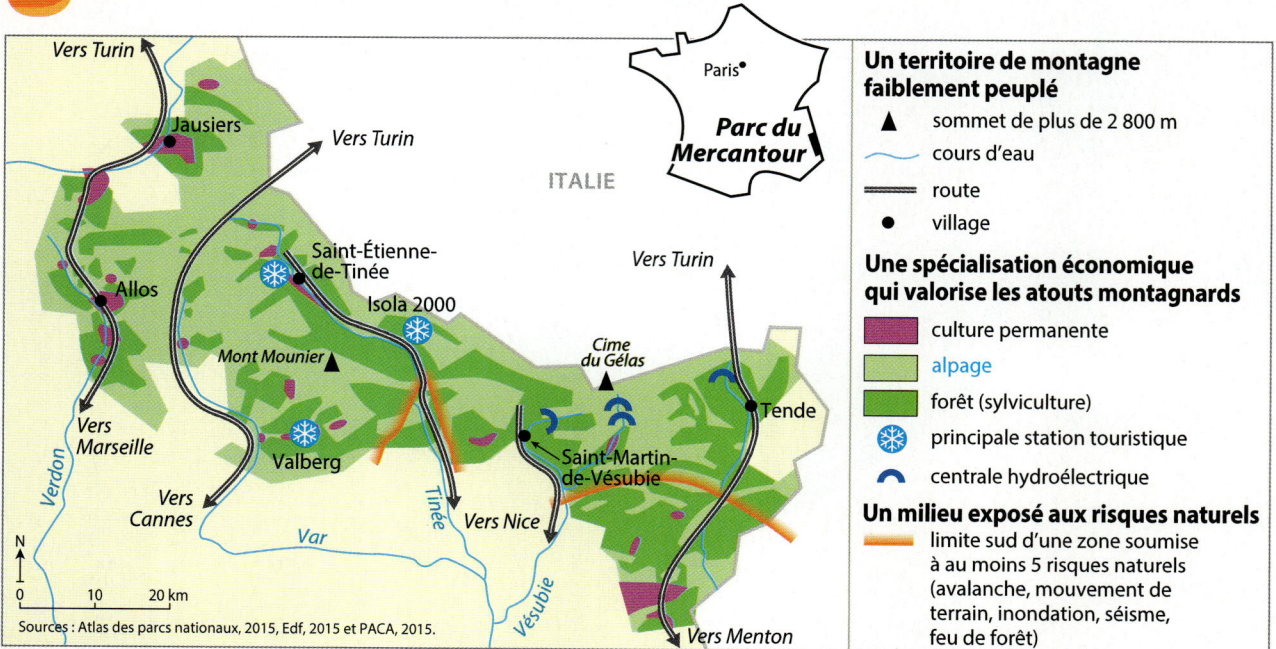

Un territoire de montagne faiblement peuplé
- ▲ sommet de plus de 2 800 m
- cours d'eau
- route
- • village

Une spécialisation économique qui valorise les atouts montagnards
- culture permanente
- alpage
- forêt (sylviculture)
- ❄ principale station touristique
- centrale hydroélectrique

Un milieu exposé aux risques naturels
- limite sud d'une zone soumise à au moins 5 risques naturels (avalanche, mouvement de terrain, inondation, séisme, feu de forêt)

Sources : Atlas des parcs nationaux, 2015, Edf, 2015 et PACA, 2015.

1 Le Massif du Mercantour, un milieu valorisé mais fragile

2 Isola 2000 l'hiver, principale station de ski du Mercantour

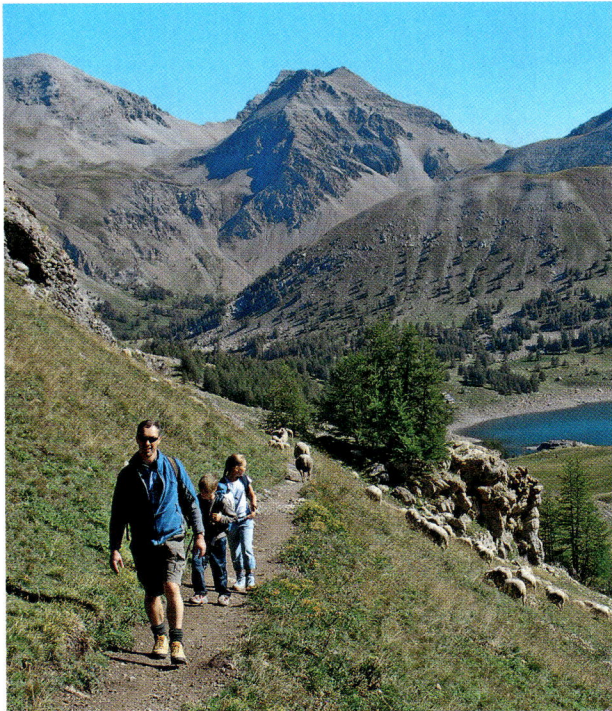

D'un espace rural enclavé dont l'activité agricole était la première ressource dans les années 1950, le territoire des vallées Roya-Bévéra s'est transformé en zone de loisirs, un espace de nature et de découverte où le tourisme est le moteur de l'économie locale. Mais l'agriculture est un pilier du tourisme car c'est elle qui façonne les paysages et met à disposition des produits du terroir de qualité. Le maintien de l'activité agricole représente donc un enjeu important d'autant plus qu'elle connaît aujourd'hui de nombreuses difficultés. Le relief y est difficile et ne permet pas une forte mécanisation des exploitations. La concurrence italienne et des structures du littoral se fait sentir sur les activités tout comme la déprise agricole et le vieillissement des exploitations[1]. Les revenus que l'on peut tirer de ce secteur n'encouragent pas à l'installation et la mise aux normes des exploitations n'est pas toujours évidente. Pour lutter contre la déprise, la commercialisation en vente directe se développe dans les vallées de la Roya et de la Bévéra. Les produits de montagne valorisent les atouts des produits « du terroir » : appellation « Agneau des estives » ou « Olive de Nice ». Plusieurs maraîchers de Roya-Bévéra s'orientent vers une agriculture biologique.

Office de tourisme des vallées de Roya-Bévéra, 2015.

1. Depuis 1990, le nombre d'exploitants agricoles dans le Mercantour a été divisé par plus de 4. En 2010, 40 % des agriculteurs avaient plus de 55 ans.

3 **Le Val d'Allos l'été, entre activités pastorales et tourisme vert**

5 **Les risques naturels, un frein pour les activités humaines.** Durant l'hiver 2014, plusieurs glissements de terrain ont fait deux morts dans un chalet et bloqué à plusieurs reprises la route d'accès à Isola 2000, très fréquentée par les Niçois durant les week-ends.

Vocabulaire

Alpage : pâturage de montagne.

Contrainte : frein au développement des sociétés. Elle peut être physique (relief, climat) ou socio-économique (pauvreté, dégradation environnementale).

Déprise : recul de l'activité agricole qui se traduit par des friches et la progression de la forêt.

Milieu : ensemble des éléments naturels, plus ou moins transformés par les aménagements, constituant le cadre de vie d'une société.

Risque : probabilité qu'un ou plusieurs aléas affectent une société.

Vulnérabilité : fragilité des sociétés face à un aléa. Elle varie selon leur préparation et leur capacité à y faire face.

Questions

1 Quelles sont les caractéristiques naturelles du massif du Mercantour ? Quelles en sont les **contraintes** ? (doc. 1, 4 et 5)

2 Quelles potentialités le milieu naturel du massif du Mercantour offre-t-il aux activités humaines ? Par quels aménagements le massif est-il valorisé ? Montrez qu'il est toutefois peu artificialisé. (doc. 1 et 2)

3 Montrez que les activités économiques sont inégalement dynamiques. (doc. 3 et 4)

4 Montrez que les activités humaines peuvent aussi générer des contraintes ou aggraver la **vulnérabilité** face aux risques naturels. (doc. 4 et 5)

▶ **Bilan :** Complétez la 1re colonne du tableau bilan p. 90.

B Comment gérer durablement le Massif du Mercantour ?

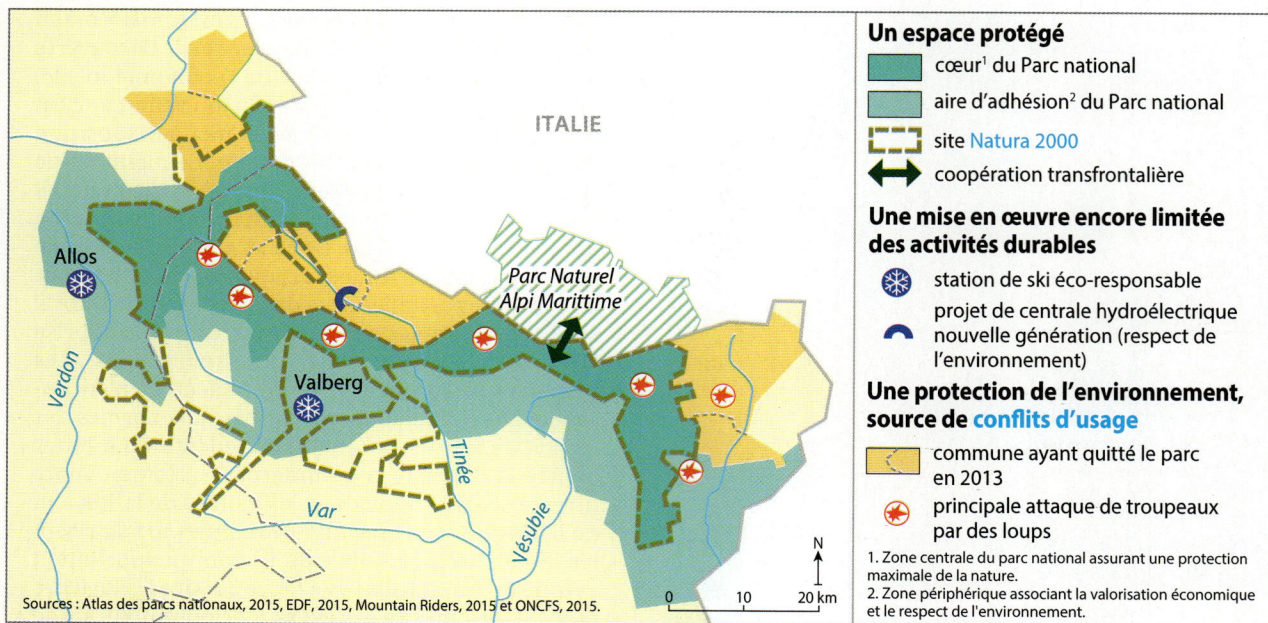

Un espace protégé
- cœur[1] du Parc national
- aire d'adhésion[2] du Parc national
- site Natura 2000
- coopération transfrontalière

Une mise en œuvre encore limitée des activités durables
- ❄ station de ski éco-responsable
- 🌙 projet de centrale hydroélectrique nouvelle génération (respect de l'environnement)

Une protection de l'environnement, source de conflits d'usage
- commune ayant quitté le parc en 2013
- ✳ principale attaque de troupeaux par des loups

1. Zone centrale du parc national assurant une protection maximale de la nature.
2. Zone périphérique associant la valorisation économique et le respect de l'environnement.

ITALIE — Allos — Valberg — Parc Naturel Alpi Marittime — Verdon — Tinée — Var — Vésubie

0   10   20 km

Sources : Atlas des parcs nationaux, 2015, EDF, 2015, Mountain Riders, 2015 et ONCFS, 2015.

6 Le Parc national du Mercantour, acteur controversé de la mise en valeur du milieu

PROTÉGER
- Réintroduction d'espèces en voie de disparition :
  - 39 gypaètes barbus (vautours)
  - 48 bouquetins
- Inventaire biologique :
  - 9 391 espèces animales
  - 2 000 espèces végétales, dont 220 très rares

MÉNAGER
- Soutien et maintien de l'élevage dans les alpages
- Soutien à l'écotourisme
- Entretien des sentiers de randonnée

PARC NATIONAL DU MERCANTOUR
Établissement public
Budget annuel :
6,5 millions d'euros

Le Mercantour Parc National

SANCTUARISER
- Interdiction de construire, chasser, cueillir, camper dans le cœur du parc naturel
- Limitation des surfaces artificialisées dans l'aire d'adhésion
- Candidature au classement mondial des « biens naturels » de l'Unesco

Source : Parc du Mercantour, 2015.

7 Le Parc national, acteur de la protection du massif

8 Une charte qui fait débat

La France et l'Italie ont le projet d'un parc transfrontalier du Mercantour. Il leur faut alors concilier deux conceptions différentes : la vision italienne axée sur la volonté de jumeler les intérêts économiques et la protection de la nature ; et la vision française, où la protection de la nature est une priorité en soi (sanctuarisation) et où la présence des activités humaines est critiquée.

D'après A. Bergamaschi (dir.), *Espaces et sociétés*, 2013.

En 2013, le Mercantour a perdu près de 500 km^2 de territoire après le retrait de sa zone d'adhésion de sept communes. Ces dernières ont en effet choisi d'interrompre leur collaboration avec le parc face aux mesures jugées trop contraignantes. La présence du loup a par exemple cristallisé les mécontentements des chasseurs et éleveurs qui attribuent au Parc la responsabilité de la réintroduction de l'animal dans le Mercantour, malgré les démentis officiels de ses responsables.

D'après *Nice Matin*, 6 juillet 2013.

Vocabulaire

Conflit d'usage : concurrence entre différents acteurs pour le contrôle et l'utilisation d'un espace ou d'une ressource.

Ménager : action de protéger un milieu tout en valorisant durablement ses potentialités.

Natura 2000 : réseau européen de sites naturels protégés (terrestres et marins) pour leur biodiversité.

Parc naturel : espace protégé soumis à une réglementation spécifique afin d'y préserver l'environnement tout en favorisant le développement économique. Il peut être régional, national ou marin.

Sanctuarisation : protection totale d'un espace de toute action humaine pouvant porter atteinte à l'environnement.

9 ▸ La présence du loup, source de conflits d'usage.
Le Parc national a la tâche de protéger les loups, mais aussi les bergers exposés aux attaques de troupeaux. Les éleveurs réclament une révision du « plan loup » afin de limiter la population de cet animal protégé.

10 Vers un tourisme durable dans les stations du Mercantour ?

La mise en place de navettes à 1€ pour atteindre Valdeblore depuis Nice propose une alternative au « tout voiture » très polluant. En matière d'énergie, certaines stations utilisent des énergies propres pour chauffer leurs locaux (solaire, bois) et réduisent leur consommation en limitant l'éclairage public. Valberg s'est par exemple engagée dans une campagne dont l'objectif est de réduire de 10 % ses émissions de gaz à effet de serre. En termes d'équipement des stations, certaines communes privilégient la rénovation de bâtiments anciens plutôt que la création de nouveaux bâtiments. Sur ce point Valdeblore est ambiguë : d'un côté, elle a réalisé des travaux de réhabilitation d'immeubles anciens ; de l'autre côté, elle a établi une vaste zone réservée à la construction de nouveaux bâtiments d'accueil touristique.

Trait d'union de Valdeblore, 28 février 2011.

11 ▸ La destruction des traces des activités humaines, une étape de la sanctuarisation du massif ?
L'association Moutain Wilderness et des agents du Parc national organisent des opérations de démontage d'anciennes installations agricoles (câbles, grillage). 330 tonnes de déchets ont ainsi été récoltées en 10 ans.

Questions

1 Quels sont les acteurs et les outils de la protection du massif du Mercantour ? Quel bilan peut-on dresser de ces actions ? (doc. 6 et 7)

2 Montrez que des efforts sont faits pour développer des activités économiques de manière durable. (doc. 6, 7 et 10)

3 Pourquoi est-il difficile de concilier protection de l'environnement et valorisation économique du massif du Mercantour ? (doc. 8, 9 et 11)

▸ **Bilan :** Complétez la 2ᵉ colonne du tableau bilan p. 90.

Le Mercantour, entre exploitation et protection du milieu

L'essentiel

A **Pourquoi le Mercantour est-il un milieu difficile à valoriser ?** ▶ (p. 86-87)

- Le massif du Mercantour est un milieu de haute montagne caractérisé par des contraintes fortes (altitude, pente) et des risques naturels (glissements de terrain).
- Le massif du Mercantour est un territoire aux potentialités essentiellement touristiques et énergétiques. Les activités agricoles sont en déprise.
- Les aménagements restent très concentrés autour des stations de ski. Globalement, le territoire est donc très peu artificialisé mais les activités humaines le fragilisent.

B **Comment gérer durablement le massif du Mercantour ?** ▶ (p. 88-89)

- Des périmètres sont délimités (cœur du Parc national, sites Natura 2000) pour protéger le milieu (réapparition d'espèces animales).
- Pour ménager le massif du Mercantour, le développement de l'écotourisme et de l'agropastoralisme est encouragé par le Parc national.
- Cela mène le Parc national à prendre des mesures visant à la sanctuarisation du massif et provoque des conflits d'usage entre le Parc, certaines stations de ski et les éleveurs.

Mise en perspective

- **La valorisation du massif du Mercantour reflète-t-elle celle des milieux en France ?**
  ▶ Cours 1 p. 96

- **Tous les territoires français sont-ils exposés aux mêmes risques ?**
  ▶ Cours 2 p. 98

- **Protection de l'environnement et développement économique sont-ils toujours difficiles à concilier ?**
  ▶ Cours 3 p. 100

Travailler autrement

FICHE À COMPLÉTER En téléchargement sur le site de l'éditeur
PDF

Recopiez et complétez l'organigramme bilan de l'étude de cas en illustrant les idées par des exemples précis.

LE MASSIF DU MERCANTOUR, ENTRE VALORISATION ET PROTECTION

DES CONTRAINTES IMPORTANTES ET DES ATOUTS VALORISÉS p. 86-87

UNE GESTION DURABLE QUI NE RÉSOUT PAS LES CONFLITS D'USAGE p. 88-89

Un milieu montagnard contraignant
- ....
- ....

Un territoire protégé
- ....
- ....

➕

Un milieu aux potentialités spécifiques
- ....
- ....

Un territoire ménagé
- ....
- ....

🟰

Des espaces faiblement aménagés
- ....
- ....

Un développement concerté, source de conflits d'usage
- ....
- ....

A Des contraintes importantes et des atouts valorisés

Les contraintes d'un milieu montagnard

▲ sommet

⌒ limite sud d'une zone soumise à au moins 5 risques naturels

Des activités humaines valorisant les atouts du milieu

⊗ station de ski

▨ élevage (alpages)

B Une gestion durable qui ne résout pas les conflits d'usage

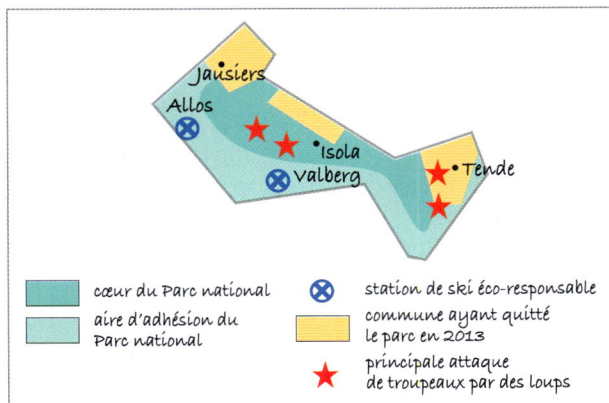

▨ cœur du Parc national
▨ aire d'adhésion du Parc national

⊗ station de ski éco-responsable
▨ commune ayant quitté le parc en 2013
★ principale attaque de troupeaux par des loups

...au croquis de synthèse

Sur votre cahier, complétez le titre, la légende et le croquis à l'aide des pages 84 à 87.

Titre : ....

FICHE À COMPLÉTER
En téléchargement sur le site de l'éditeur

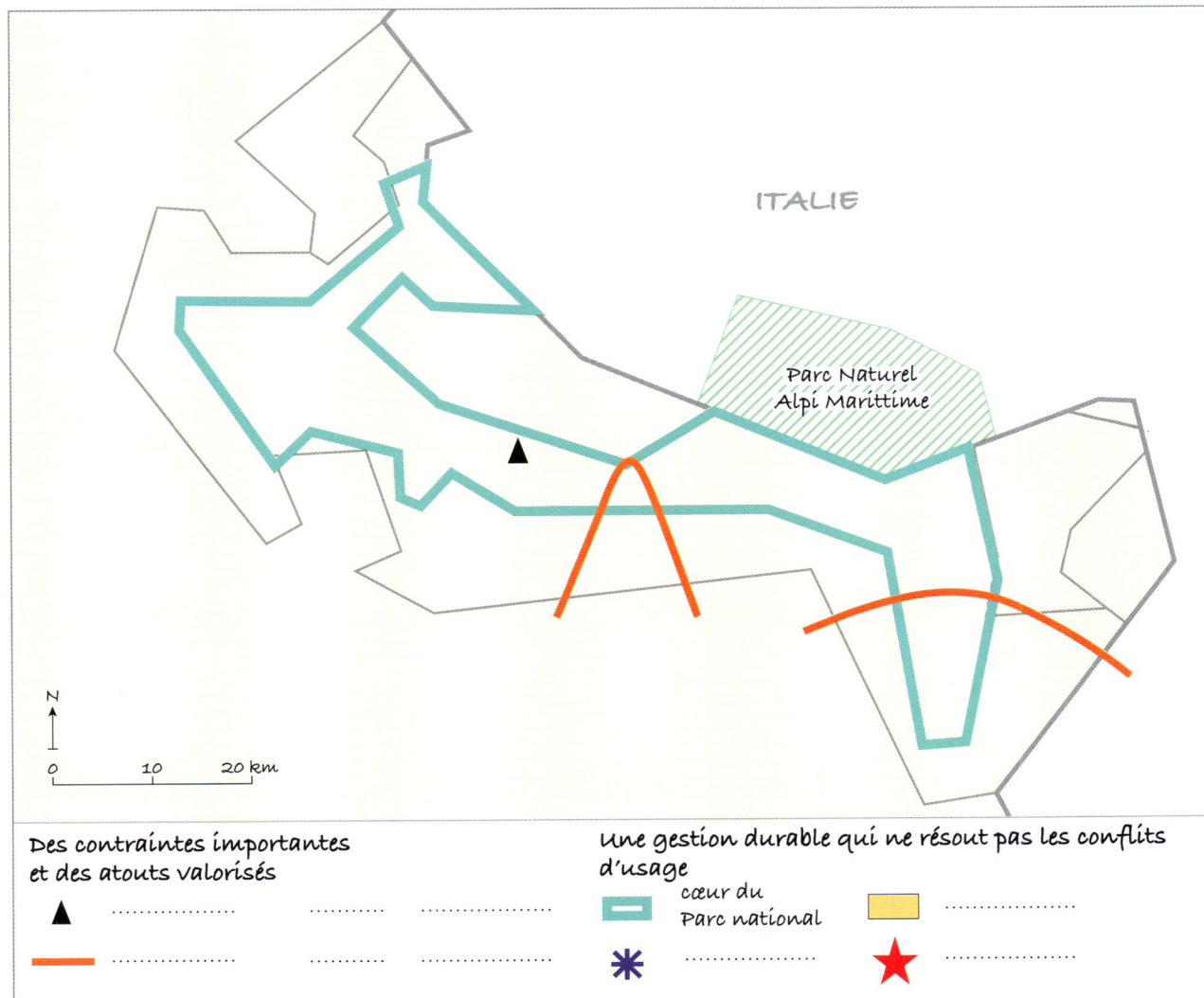

Des contraintes importantes et des atouts valorisés

▲ ....

━ ....

Une gestion durable qui ne résout pas les conflits d'usage

▭ cœur du Parc national   ▨ ....

✳ ....   ★ ....

Comment concilier mise en valeur industrialo-portuaire et protection du milieu dans l'estuaire de la Seine ?

L'estuaire de la Seine en chiffres :

- 236 km² de superficie totale
- 85 km² classés en réserve naturelle
- 100 km² de surface portuaire : 1ʳᵉ porte maritime française

Situé sur la plus grande route maritime commerciale du monde, l'estuaire de la Seine est le principal point d'ancrage français dans la mondialisation des échanges. Or, c'est dans cette zone humide exceptionnelle qu'un pôle industriel majeur s'est développé. Il est aujourd'hui en pleine mutation pour protéger le milieu naturel.

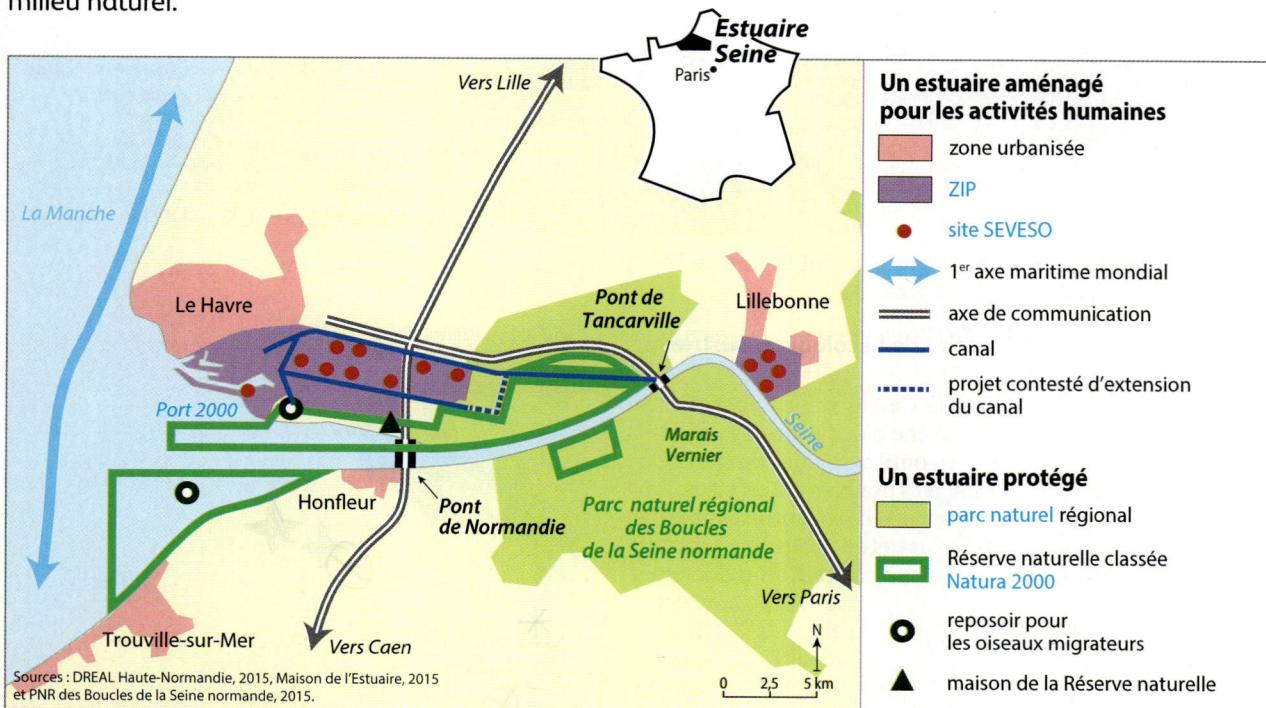

Un estuaire aménagé pour les activités humaines
- zone urbanisée
- ZIP
- site SEVESO
- 1ᵉʳ axe maritime mondial
- axe de communication
- canal
- projet contesté d'extension du canal

Un estuaire protégé
- parc naturel régional
- Réserve naturelle classée Natura 2000
- reposoir pour les oiseaux migrateurs
- maison de la Réserve naturelle

Sources : DREAL Haute-Normandie, 2015, Maison de l'Estuaire, 2015 et PNR des Boucles de la Seine normande, 2015.

1 L'estuaire de la Seine, un **milieu** valorisé et protégé

2 La Réserve naturelle de l'estuaire de la Seine, un territoire protégé et réglementé

L'estuaire de la Seine se compose d'une grande diversité de milieux naturels : prairies humides, mares, prés salés, rivages de sables et de galets. Ces habitats permettent l'expression d'une flore d'une grande richesse – près de 500 espèces – et attirent quantité d'animaux dont 385 espèces de papillons, 325 espèces d'oiseaux, 70 espèces de poissons, 48 espèces de mammifères…
Différentes activités économiques et de loisirs s'exercent dans la Réserve naturelle. Les exploitants agricoles et les coupeurs de roseaux contribuent à l'entretien des prairies humides. Les pêcheurs professionnels du Havre et de Honfleur pratiquent encore la pêche à la crevette. Enfin la chasse est autorisée dans la réserve sur 30 % de sa surface. Il s'agit en majorité d'une chasse au gibier d'eau, pratiquée de nuit depuis des installations semi-enterrées à côté de mares entretenues au sein des prairies. Pour assurer la préservation du patrimoine, ces activités sont réglementées et soumises aux conditions définies par la Réserve.

Maison de l'Estuaire, 2015.

Vocabulaire

Écologie industrielle : système associant le développement industriel et la protection de l'environnement par le recyclage des matières et des énergies.

Milieu : ensemble des éléments naturels, plus ou moins transformés par les aménagements, constituant le cadre de vie d'une société.

Natura 2000 : réseau européen de sites naturels protégés (terrestres et marins) pour leur biodiversité.

Parc naturel : espace protégé soumis à une réglementation spécifique afin d'y préserver l'environnement tout en favorisant le développement économique. Il peut être régional, national ou marin.

Risque : probabilité qu'un ou plusieurs aléas affectent une société.

Site Seveso : site industriel dangereux, surveillé par les autorités publiques par le biais des Plans de prévention des risques technologiques.

ZIP (Zone industrialo-portuaire) : espace côtier associant des fonctions portuaires (accueil de gros navires) et industrielles liées au transport maritime (transformation de matières premières).

3 Port 2000 (Le Havre), 1ᵉʳ port à conteneurs de France. ① Seine ; ② Port 2000 ; ③ digue ; ④ canal ; ⑤ Pont de Normandie

4 L'estuaire, un laboratoire de l'écologie industrielle

Depuis 2010, le projet Estuaire de la Seine expérimente la mise en place d'une démarche d'écologie industrielle. Née en 1989, elle constitue un outil de réduction des coûts environnementaux et financiers pour les entreprises. Par exemple, les déchets d'une entreprise sont utilisés comme matières premières ou ressources énergétiques par une autre. Le périmètre de l'opération s'étendant sur trois départements (Calvados, Eure, Seine-Maritime), cette initiative encourage la concertation entre les différents acteurs du territoire (collectivités territoriales, décideurs économiques et associations). Pour répondre à la demande énergétique, l'étude préconise le développement des filières bois-énergie, de méthanisation et éolienne. Aujourd'hui, 121 000 tonnes/an de bois restent en effet non exploitées. La création d'une filière bois conduirait à une production de 300 à 500 GWh d'énergie thermique et électrique. De la même manière, les 767 000 tonnes de lisier non utilisées pourraient alimenter des unités de méthanisation.

Actu-environnement, 2014.

5 Un milieu soumis aux risques du trafic portuaire. Même si les procès pour pollution maritime se multiplient, le risque écologique lié au transport maritime s'étend bien au-delà des risques de marée noire : rejet des déchets, dégazages sauvages…

FICHE À COMPLÉTER
En téléchargement sur le site de l'éditeur
PDF

Activités

Rédigez, en une vingtaine de lignes, une réponse au sujet : « Comment concilier mise en valeur industrielle et protection du milieu dans l'estuaire de la Seine ? »

Pour vous aider dans la préparation de la rédaction, vous pouvez organiser vos idées au brouillon dans l'organigramme suivant.

	Caractéristiques	Acteurs	Limites
Un milieu aux fortes potentialités	Une situation littorale exceptionnelle :		....
Un milieu aménagé pour l'insertion dans la mondialisation	....	....	....
Un milieu protégé ?	....	....	....

Vers une gestion durable des milieux en France

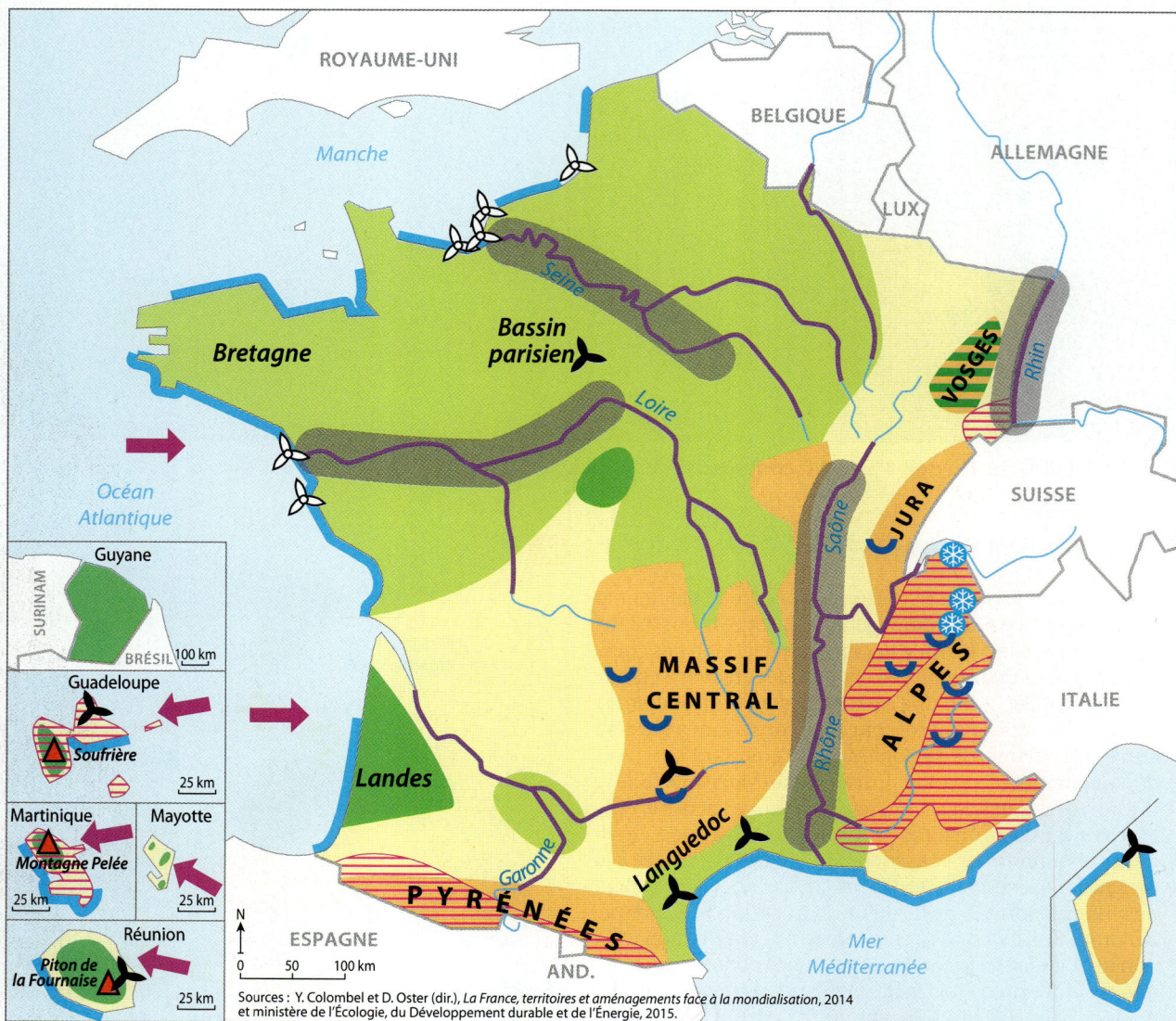

ROYAUME-UNI

BELGIQUE

ALLEMAGNE

LUX.

Manche

Seine

Bretagne

Bassin parisien

Loire

VOSGES

Rhin

Océan Atlantique

SUISSE

Guyane

SURINAM

BRÉSIL   100 km

Guadeloupe

Soufrière   25 km

**M A S S I F
C E N T R A L**

JURA

A L P E S

ITALIE

Martinique   Mayotte

Montagne Pelée
25 km   25 km

Landes

Rhône

Saône

Réunion

*Piton de
la Fournaise*   25 km

Languedoc

Garonne

N

ESPAGNE

0   50   100 km

AND.

P Y R É N É E S

**Mer
Méditerranée**

Sources : Y. Colombel et D. Oster (dir.), *La France, territoires et aménagements face à la mondialisation*, 2014 et ministère de l'Écologie, du Développement durable et de l'Énergie, 2015.

Les potentialités du territoire

🟩	agriculture intensive
🟩	forêt
▬	littoral touristique aménagé
⬭	vallée : grand couloir de circulation

◗ grande centrale hydroélectrique

principal parc éolien
✈ existant   ✈ en projet

❄ domaine skiable de rang mondial

Les contraintes naturelles du territoire

🟧	massif montagneux
▬	vallée soumise aux inondations
➡	tempête
▤	zone à risque sismique
🔺	volcanisme

1 **Potentialités et contraintes du territoire**

Vocabulaire

Artificialisation : transformation d'espaces naturels, forestiers ou agricoles en espaces bâtis (habitations, zones industrielles) ou en infrastructures de transport.

Contrainte : frein au développement des sociétés. Elle peut être physique (relief, climat) ou socio-économique (pauvreté, dégradation environnementale).

Milieu : ensemble des éléments naturels, plus ou moins transformés par les aménagements, constituant le cadre de vie d'une société.

Parc naturel : espace protégé soumis à une réglementation spécifique afin d'y préserver l'environnement tout en favorisant le développement économique. Il peut être régional, national ou marin.

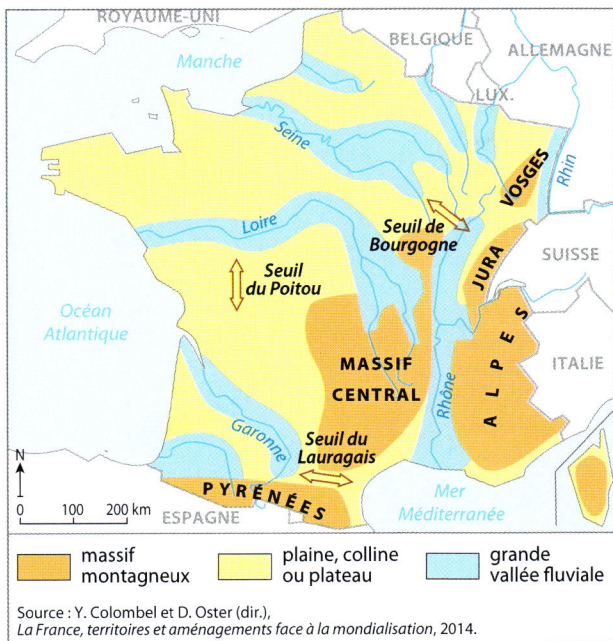

2 Les grands ensembles du relief

massif montagneux — plaine, colline ou plateau — grande vallée fluviale

Source : Y. Colombel et D. Oster (dir.), *La France, territoires et aménagements face à la mondialisation*, 2014.

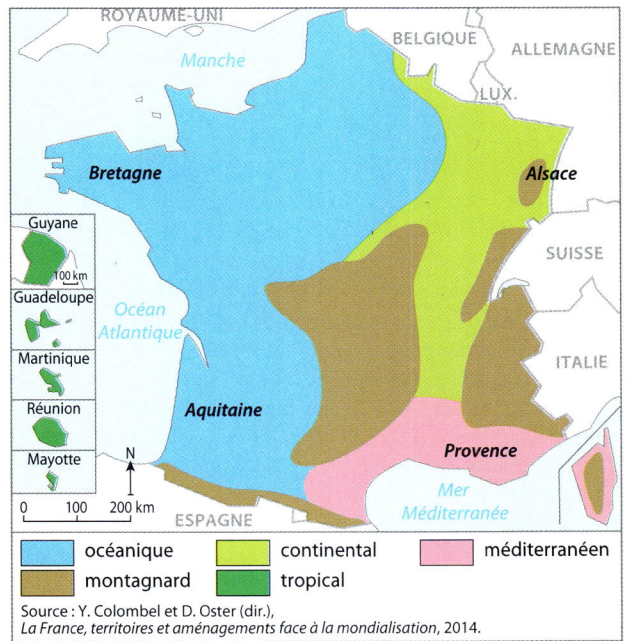

3 Les grands domaines climatiques

océanique — continental — méditerranéen — montagnard — tropical

Source : Y. Colombel et D. Oster (dir.), *La France, territoires et aménagements face à la mondialisation*, 2014.

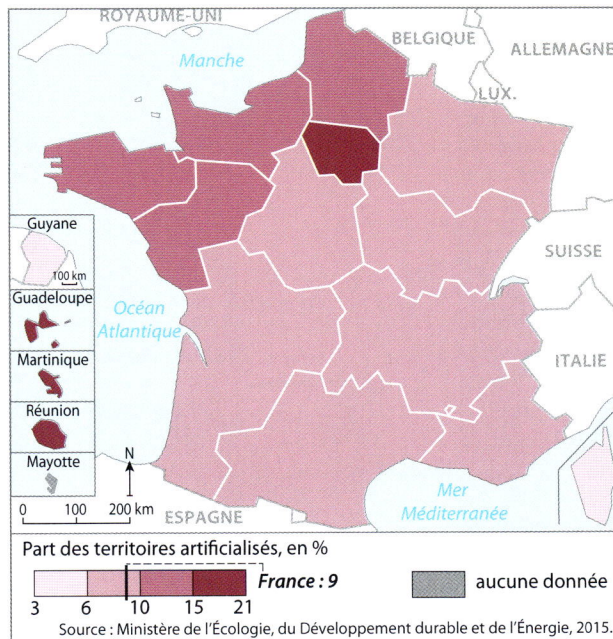

4 L'artificialisation du territoire

Part des territoires artificialisés, en %
France : 9 — aucune donnée
3 6 10 15 21

Source : Ministère de l'Écologie, du Développement durable et de l'Énergie, 2015.

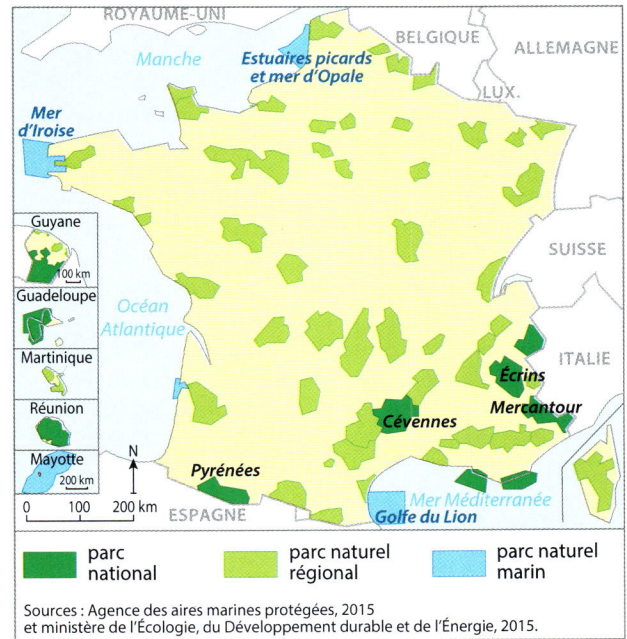

5 Les parcs naturels en France

parc national — parc naturel régional — parc naturel marin

Sources : Agence des aires marines protégées, 2015 et ministère de l'Écologie, du Développement durable et de l'Énergie, 2015.

Questions

1 Quels éléments du milieu naturel peuvent être des atouts pour la valorisation du territoire français ? Quels sont ceux qui peuvent être des contraintes ? (doc. 1, 2 et 3)

2 Montrez que les contraintes ou potentialités des milieux ne déterminent pas l'importance économique des régions. (doc. 1 et doc. 1 p. 62)

3 Quels milieux sont les plus artificialisés ? Par quels aménagements ? (doc. 1 et 4)

4 Quelles parties du territoire concentrent le plus d'aires protégées ? Montrez que la protection du territoire français se décide à l'échelle nationale mais également à l'échelle européenne et mondiale. (doc. 5 et 4 p. 101)

Des milieux valorisés et aménagés

▶ Comment les nombreux atouts des milieux français sont-ils valorisés ?

A Des milieux très diversifiés

• **La France occupe une position géographique privilégiée**. Elle dispose d'une triple ouverture maritime avec 5 500 km de côtes et de grandes vallées qui lui assurent une situation de carrefour européen. Si le territoire métropolitain est petit à l'échelle mondiale (552 000 km²), il est l'un des plus grands d'Europe.

• **La variété des milieux naturels est un atout pour les activités humaines** (Repère). Ils varient selon le relief et le climat (doc. 2 et 3 p. 95). En France, le milieu montagnard et le milieu littoral font l'objet d'une valorisation croissante tandis que les plaines occupent 2/3 du territoire. Les vallées fluviales (Rhône, Rhin) sont des couloirs de circulation fortement valorisés. De l'influence océanique à l'ouest (douceur et humidité) à l'influence continentale à l'est (hivers froids et étés chauds), en passant par le climat méditerranéen au sud, les climats en France constituent des contraintes ou des ressources potentielles.

• **Les territoires ultramarins enrichissent cette diversité**. Ils couvrent 120 000 km² et, à l'exception de la Guyane, sont insulaires. Situés dans la zone intertropicale, mis à part Saint-Pierre-et-Miquelon, leurs reliefs sont contrastés, entre montagnes volcaniques (Antilles) et récifs coralliens (Polynésie).

B Des potentialités valorisées par les activités humaines

• **Le potentiel agricole et forestier est important**. La surface agricole représente 60 % de la superficie du territoire et la surface forestière, 34 %. La politique de reboisement entreprise au XIXᵉ siècle (Landes), et poursuivie aujourd'hui par l'Office national des forêts, a conduit au doublement de la surface forestière en 200 ans.

• **Le potentiel énergétique et minier est varié**. Certaines ressources non renouvelables (charbon, uranium) sont épuisées, d'autres sont l'objet de nouvelles prospections (cuivre, zinc). Les ressources renouvelables sont importantes : si le potentiel hydroélectrique est exploité (11 % de la consommation électrique en 2013), le potentiel éolien (2ᵉ d'Europe) ne couvre que 3,1 % de la consommation électrique en 2013 mais se développe rapidement (+ 6 % entre 2012 et 2013). Il est surtout concentré dans le nord et l'est du pays.

• **Les paysages sont de plus en plus valorisés et prennent une valeur marchande et patrimoniale** (Mont-Saint-Michel). Ils reposent sur des éléments naturels (volcans d'Auvergne) et sont valorisés par les activités humaines : paysages de vignobles, infrastructures à haute valeur touristique (viaduc de Millau, barrage de Bort-les-Orgues, doc. 1).

C Des milieux densément aménagés

• **L'aménagement d'un milieu a pour objectif de le valoriser afin de répondre aux besoins des Français et de leurs activités** (doc. 2). Pour produire, transformer et transporter les ressources, des aménagements nombreux sont créés : barrages hydroélectriques, infrastructures de transport (port du Havre dans l'estuaire de la Seine).

• **Aucun milieu n'échappe aux aménagements** et l'artificialisation du territoire s'accélère : 600 km² d'espaces agricoles ou de zones humides sont artificialisés tous les ans sous l'effet de l'urbanisation et du mitage. Les formes de cette artificialisation sont variées : infrastructures routières, lotissements pavillonnaires, zones commerciales et industrielles, parkings. Même si les friches agricoles progressent, la nature est domestiquée : entretien des forêts, réintroduction de saumons dans le Rhin, d'ours dans les Pyrénées.

• **L'aménagement des milieux suscite des conflits d'usage** (doc. 2). Environ 60 conflits opposent chaque année les défenseurs de l'environnement, les acteurs économiques (agriculteurs, professionnels du tourisme), les résidents et les collectivités territoriales. La moitié des conflits d'usage en Île-de-France sont liés aux terres agricoles. Certains projets locaux prennent une ampleur nationale tant leur contestation est médiatisée : aéroport Notre-Dame-des-Landes, barrage de Sivens ou Ferme des Mille-vaches (doc. 3).

Vocabulaire

Artificialisation : transformation d'espaces naturels, forestiers ou agricoles en espaces bâtis (habitations, zones industrielles) ou en infrastructures de transport.

Conflit d'usage : concurrence entre différents acteurs pour le contrôle et l'utilisation d'un espace ou d'une ressource.

Milieu : ensemble des éléments naturels, plus ou moins transformés par les aménagements, constituant le cadre de vie d'une société.

Mitage : extension non planifiée de zones d'habitations et d'aménagements dans un espace rural d'origine.

Paysage : aspect visible d'un espace géographique. Il est le produit du milieu naturel et des aménagements humains.

REPÈRE

Le milieu, une notion géographique majeure

Un milieu = un espace...

... caractérisé par des données naturelles...

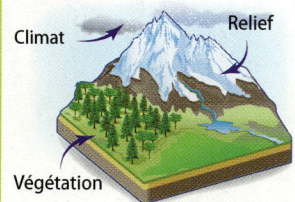

Climat — Relief — Végétation

... et aménagé par l'homme

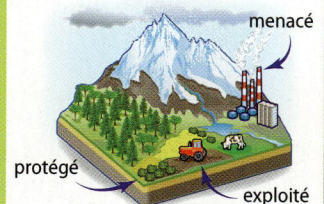

menacé — protégé — exploité

Source : Géothèque, 2015.

1 Les marais salants de Guérande, des paysages exceptionnels

2 La nouvelle route du littoral à la Réunion, un aménagement qui divise

La route est un véritable projet de développement durable qui assure **1)** la sécurité des usagers vis-à-vis des chutes de pierres, des houles cycloniques et des effets du réchauffement climatique (remontée du niveau de l'océan) ; **2)** un axe respectueux de son environnement : assainissement qui protège le milieu marin des pollutions, récifs artificiels ; **3)** une infrastructure qui favorise les transports collectifs ; **4)** un ouvrage créateur d'emplois avec de fortes retombées locales ; **5)** un ouvrage remarquable valorisant pour l'image de l'île.

Région Réunion, 12 avril 2014.

La route du littoral va perturber ou détruire des espèces protégées et leurs habitats naturels. La baleine à bosse et le grand dauphin sont deux espèces particulièrement appréciées des Réunionnais et des touristes. Or, ces deux espèces, et bien d'autres encore, sont menacées par le projet. En effet, toutes les instances scientifiques reconnues affirment qu'il existe un risque réel pour la conservation des espèces impactées par le projet. Par ailleurs, l'extraction des roches nécessaires au projet tel qu'il est présenté aujourd'hui par la région Réunion transformera des terres agricoles fertiles et des zones naturelles en carrières.

Réunion Nature Environnement, 2015.

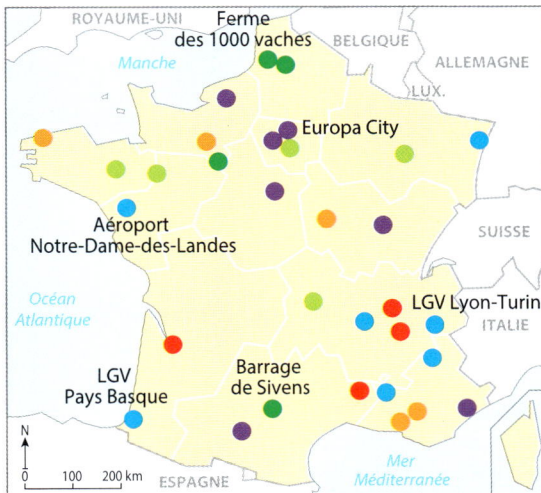

aménagement agricole

aménagement énergétique

aménagement commercial ou de bureaux

aménagement lié au transport

aménagement lié aux loisirs

aménagement lié au traitement des déchets

Source : France Nature Environnement, 2015.

3 Les grands projets d'aménagements contestés en France en 2014

C apacités et méthodes   Nommer et localiser un lieu dans son espace géographique

1. À quel type de milieu les doc. 1 et 2 font-ils référence ?
2. Comment ce milieu est-il artificialisé ? (doc. 1 et 2)

Des contraintes à maîtriser

▶ **Face à la variété des contraintes et des risques, comment organiser une prévention efficace ?**

A Des contraintes globalement surmontées

- **Certaines contraintes sont longtemps restées un obstacle à la mise en valeur des territoires par les hommes.** Par exemple, la pente et l'altitude ont isolé les hautes montagnes jusqu'au début du XXᵉ siècle, tandis que les marais ont freiné la valorisation de littoraux comme le Languedoc.

- **Le niveau de développement économique et technologique de la France permet aujourd'hui de surmonter les contraintes.** Les aménagements ont permis de s'adapter aux milieux contraignants (assèchement des marais des Landes, terrasses pour cultiver les pentes méditerranéennes) ou de franchir les obstacles (pont reliant l'île de Ré au continent, tunnels dans les Alpes). Les hautes montagnes, longtemps répulsives, sont devenues très attractives.

- **Mais certains aménagements ont un impact sur les milieux les plus fragiles** parce qu'ils accentuent la pollution et l'érosion. La pression de l'urbanisation et des activités humaines fragilise, par exemple, les montagnes ou les littoraux (Repère A – algues vertes en Bretagne). Dans les stations de ski savoyardes, l'usage intensif de la neige de culture, plus lourde que la neige naturelle, couvre 27 % de la surface des domaines skiables et favorise l'érosion des pentes.

B Des risques parfois accentués par les aménagements

- **La France est soumise à l'ensemble des risques naturels qui existent sur la planète** (doc. 2). En métropole, les plus fréquents sont les risques climatiques (Repère B) : inondations, sécheresses, tempêtes. Les risques géologiques se caractérisent par des séismes (Alpes du Sud, Alsace) et des glissements de terrain.

- **Les risques sont aggravés par les activités humaines** (doc. 3). Par exemple, l'étalement urbain, notamment dans les vallées, et l'imperméabilisation des sols accentuent le risque d'inondation (11 % de la population française est soumise à ce phénomène). En outre, les **risques technologiques** concernent tous les espaces densément occupés : vallées fluviales industrielles (Rhône, Seine), littoraux bordant les routes maritimes (doc. 1). Les Bouches-du-Rhône concentrent 45 **sites Seveso**, en grande majorité autour de l'étang de Berre et de la zone industrialo-portuaire de Fos-sur-Mer.

- **Les territoires ultramarins connaissent la vulnérabilité la plus forte.** Le risque cyclonique existe pour toutes les îles tropicales alors que les séismes et les éruptions volcaniques menacent surtout les Antilles. Les îles polynésiennes sont les plus vulnérables du fait de leur faible altitude : les 2/3 ont une altitude de seulement 5 m au dessus du niveau de la mer.

C Une gestion des risques relativement efficace

- **La prévention des risques consiste à prévoir les aléas et protéger les populations** (doc. 3). Elle est confiée à des organismes de surveillance : Météo France (risque climatique), Observatoire de physique de Strasbourg (risque sismique). L'entretien des digues et le débroussaillage permettent de protéger les espaces habités des inondations et des incendies.

- **Les acteurs de la prévention des risques se partagent les responsabilités.** L'État coordonne la prévention des espaces à risques, à travers les **PPR** (Plan de prévention des risques). Sur le terrain, les communes doivent intégrer les risques dans les plans d'aménagement du territoire (interdiction de construire dans les zones les plus vulnérables).

- **La gestion des crises est organisée grâce à des outils adaptés.** À l'échelle départementale, le préfet met en œuvre le plan ORSEC (Organisation de la Réponse de Sécurité Civile) et supervise les secours. À l'échelle communale, le maire assure la sécurité de la population en coordonnant les forces de police, de gendarmerie et des pompiers.

Vocabulaire

Contrainte : voir p. 94.

PPR (Plan de Prévention des Risques) : document administratif organisant la prévention des risques sur un territoire.

Prévention : ensemble de mesures visant à réduire la vulnérabilité d'une société : prévision du risque, aménagements, plans d'information et de secours.

Risque : probabilité qu'un ou plusieurs aléas affectent une société.

Risque technologique : probabilité qu'un ou plusieurs aléas liés aux activités humaines (explosion, incendie, irradiation) affectent une société.

Site Seveso : site industriel dangereux, surveillé par les autorités publiques par le biais des Plans de prévention des risques technologiques.

Vulnérabilité : fragilité des sociétés face à un aléa. Elle varie selon leur préparation et leur capacité à y faire face.

REPÈRE A

Les contraintes et les risques sur les littoraux

Part des communes soumises aux risques naturels, en %	80
Part des côtes soumises à l'érosion, en %	24
Part des sites industriels classés Seveso, en %	15

Source : Observatoire National de la Mer et du Littoral, 2015.

REPÈRE B

Les catastrophes naturelles en France depuis 1900

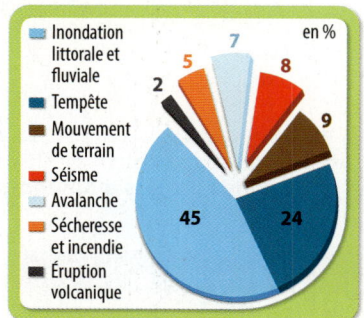

Inondation littorale et fluviale
Tempête
Mouvement de terrain
Séisme
Avalanche
Sécheresse et incendie
Éruption volcanique

en % : 7, 5, 8, 2, 9, 45, 24

Source : Ministère de l'Écologie, du Développement durable et de l'Énergie, 2015.

1 **La vallée de la Seine, une zone soumise aux risques technologiques.**
Les 500 000 habitants de l'agglomération rouennaise cohabitent avec 12 sites Seveso dont la dangerosité est liée à des industries chimiques (engrais azotés) et énergétiques (raffineries).

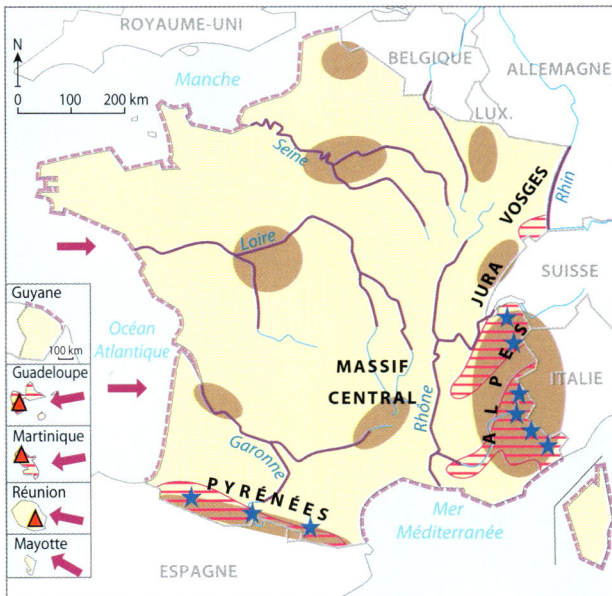

Les risques climatiques

——	inondation fluviale
-----	inondation littorale
➡	tempête

Les risques géologiques

▤	zone sismique
▨	glissement de terrain
▲	volcanisme
★	avalanche

Source : Ministère de l'Écologie, du Développement durable et de l'Énergie, 2015.

2 **Les risques naturels en France**

3 **La protection contre les risques naturels : une mémoire oubliée**

Les aménagements effectués au cours du temps pour se protéger des intempéries ont souvent été abandonnés par la suite. Il y a eu des inondations et des tempêtes catastrophiques depuis le début du XVIe siècle, en France, mais elles entraînaient des dégâts moins importants, du fait de moindres constructions et, surtout, d'une plus grande mémoire : en effet, les processions religieuses rappelaient aux habitants les événements dramatiques qui avaient frappé leur région. Les hommes s'adaptaient donc aux aléas, entretenant digues et canaux, et cultivant la mémoire des aléas. Au Moyen Âge, à Quimperlé par exemple, le rez-de-chaussée des maisons, inondable, était réservé aux marchandises, tandis que les hommes habitaient au premier étage. Il existait aussi des jardins entre les bâtisses, ce qui limitait les dégâts. Toutefois, progressivement, la vigilance des habitants s'est affaiblie. Ils ont occupé la basse ville en endiguant ou remblayant des marais. Les rez-de-chaussée ont été occupés par des commerçants. De plus, aujourd'hui, l'inondation arrive plus rapidement à cause de l'accélération du cycle de l'eau avec l'arasement des talus bocagers et l'assèchement des zones humides en amont. Les catastrophes sont donc davantage dues aux aménagements humains qu'au climat. Tout le monde en est conscient, mais la volonté de changement se heurte en France à des résistances humaines.

La Croix, 11 mars 2014.

Capacités et méthodes   **Rédiger un texte construit et argumenté en utilisant un vocabulaire géographique**

1. À quels risques naturels est soumis le territoire français ? (Repères A et B, doc. 2)
2. Pourquoi les risques sont-ils aussi d'origine humaine ? (doc. 3)

Gérer durablement les milieux

▶ **Comment concilier exploitation et protection des milieux ?**

A Protéger les milieux les plus fragiles

- **La protection des milieux est un enjeu de l'aménagement des territoires**, au côté du développement économique et social. Mais les atteintes à l'environnement perdurent. Ainsi, le littoral breton est urbanisé aux 2/3. En montagne, l'élargissement des pistes skiables remodèle le relief.

- **Des outils ont été créés pour gérer durablement les milieux et les ressources naturelles**. Le Conservatoire du littoral qui possède 12 % du tracé côtier métropolitain et l'Office national des forêts, qui gère 10 % de la forêt française (doc. 3), œuvrent pour la préservation de la **biodiversité**. À l'échelle locale, les documents d'urbanisme intègrent la préservation des milieux fragiles. Sur les littoraux, ils doivent par exemple prévoir des coupures d'urbanisation (bois, marais, zones agricoles, golfs).

- **Des périmètres ont été dessinés pour protéger les espaces naturels d'exception**. Les 305 réserves naturelles établissent une **sanctuarisation** de 2,8 millions d'hectares des milieux les plus fragiles par une législation très contraignante, tandis que les 10 parcs nationaux (8 % du territoire) et les 50 **parcs naturels** régionaux (13 %) tentent de **ménager** les milieux en associant le développement économique à la protection environnementale (doc. 1). Cette protection vaut aussi pour les aires marines : 6 parcs naturels marins organisent la préservation de 188 852 km², essentiellement en Outre-mer.

B Ménager les milieux : vers une exploitation raisonnée

- **Les littoraux et montagnes sont les seuls milieux dont les aménagements sont encadrés par la loi**. La loi Littoral et la loi Montagne (Repère) soutiennent les activités économiques mais encadrent le développement du bâti (interdiction de construire à moins de 100 m de la côte) et des infrastructures (interdiction de construire de nouvelles routes en haute montagne).

- **Les activités humaines s'orientent vers un mode de développement plus durable**. L'UE, depuis 2014, conditionne les subventions agricoles à des critères de verdissement (prairies permanentes, surfaces boisées). Les lois du Grenelle de l'environnement imposent des mesures de compensation écologique lors de projets d'aménagement. L'**écologie industrielle** se développe (doc. 4 p. 93) pour limiter l'impact environnemental des usines mais dépend fortement des orientations politiques (législation, fiscalité encourageante) et relève parfois du *greenwashing*.

- **Mais l'exploitation raisonnée des milieux reste encore limitée**. À peine 4 % de la surface agricole sont exploités en bio et l'agriculture raisonnée ne concerne que 20 % des exploitations. Par ailleurs, si la France est la 1ʳᵉ destination touristique mondiale, environ 357 hôtels et campings seulement bénéficient de la certification européenne du tourisme durable en 2015.

C Gérer les milieux : le rôle essentiel des acteurs publics

- **L'État est le garant du développement durable des milieux**. Depuis 2010, un des objectifs majeurs de l'aménagement des territoires est de faire de la France un territoire éco-compatible (gestion des déchets, éco-construction). Alors que la **transition énergétique** peine à se mettre en place, la loi de 2014 vise à réduire de 30 % la consommation d'énergies fossiles d'ici 2030.

- **À l'échelle locale, les collectivités territoriales sont impliquées à travers les Agendas 21**. Les acteurs publics et privés sont réunis dans des projets, encore peu nombreux, de **développement concerté** (estuaire de la Seine) prenant en compte le respect de la biodiversité et le développement économique (doc. 2). Cette impulsion est encouragée par la Stratégie nationale pour la biodiversité : en 2014, 19 projets sont labellisés dont 7 portés par des entreprises (Suez, EDF).

- **La France intègre aussi des réseaux de protection européens et mondiaux**. En dehors des périmètres protégés **Natura 2000** et Ramsar (doc. 4), la France participe aux conférences internationales pour l'environnement (Conférence Paris Climat, 2015). Localement, elle coopère par exemple avec l'Allemagne et la Suisse pour dépolluer le Rhin.

Vocabulaire

Biodiversité : diversité des êtres vivants et des écosystèmes dans un espace donné.

Développement concerté : voir p. 32.

Écologie industrielle : voir p. 92.

Exploitation raisonnée : système productif alliant préservation des ressources et développement économique.

Greenwashing : pratique commerciale qui consiste à utiliser des arguments environnementaux parfois trompeurs pour vendre des produits.

Ménager : action de protéger un milieu tout en valorisant durablement ses potentialités.

Natura 2000 : voir p. 92.

Parc naturel : espace protégé soumis à une réglementation spécifique afin d'y préserver l'environnement tout en favorisant le développement économique. Il peut être régional, national ou marin.

Sanctuarisation : protection totale d'un espace de toute action humaine pouvant porter atteinte à l'environnement.

Transition énergétique : passage d'un système énergétique fondé sur la consommation d'énergies fossiles à un système énergétique intégrant efficacité énergétique et énergies renouvelables.

REPÈRE

Les principales lois sur la protection de l'environnement

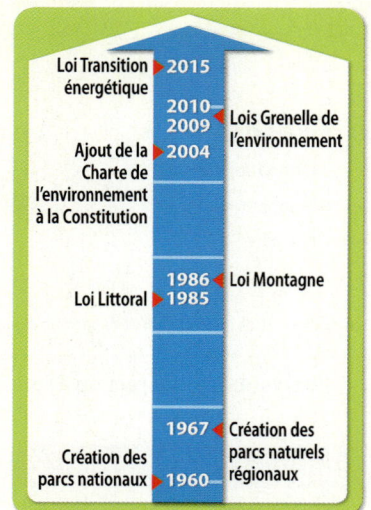

Loi Transition énergétique — 2015
2010-2009 — Lois Grenelle de l'environnement
Ajout de la Charte de l'environnement à la Constitution — 2004
Loi Littoral — 1986 — Loi Montagne
1985
1967 — Création des parcs naturels régionaux
Création des parcs nationaux — 1960

Source : Ministère de l'Écologie, du Développement durable et de l'Énergie, 2015.

1 **Sanctuariser pour protéger : l'étang de Berre (Bouches-du-Rhône).**
L'étang de Berre fait partie du réseau Natura 2000. Ce classement limite l'extension de la zone industrialo-portuaire de Fos-sur-Mer mais n'empêche pas son usage récréatif.

2 **Préserver la biodiversité : l'exemple du grand hamster d'Alsace**

La région Alsace a lancé un programme de préservation de son mammifère emblématique, le grand hamster d'Alsace, qui figure sur la liste rouge des espèces menacées. Ce projet, soutenu par la Commission européenne, répond à une demande de l'État et vise à faire passer la population du hamster à un effectif de 1 500 rongeurs, contre 500 à 1 000 actuellement. La Cour européenne de justice a en effet estimé en 2011 que « les mesures mises en œuvre par la France n'étaient pas suffisantes » pour assurer une « protection stricte de l'espèce ». Le projet, soutenu par le CNRS pour le volet scientifique et par l'Office national de la chasse et de la faune sauvage, a recensé une trentaine d'actions destinées à favoriser la reproduction de l'animal. La chambre régionale de l'agriculture s'est engagée à ce que les exploitants consacrent une partie de leurs surfaces à des cultures favorables à l'alimentation du rongeur, comme le blé et la luzerne. À charge pour eux de labourer les champs de maïs en laissant par exemple des bandes de végétation entre chaque semis.

Le Monde, 6 mai 2014.

3 **Exploiter raisonnablement les milieux : l'exemple de la forêt**

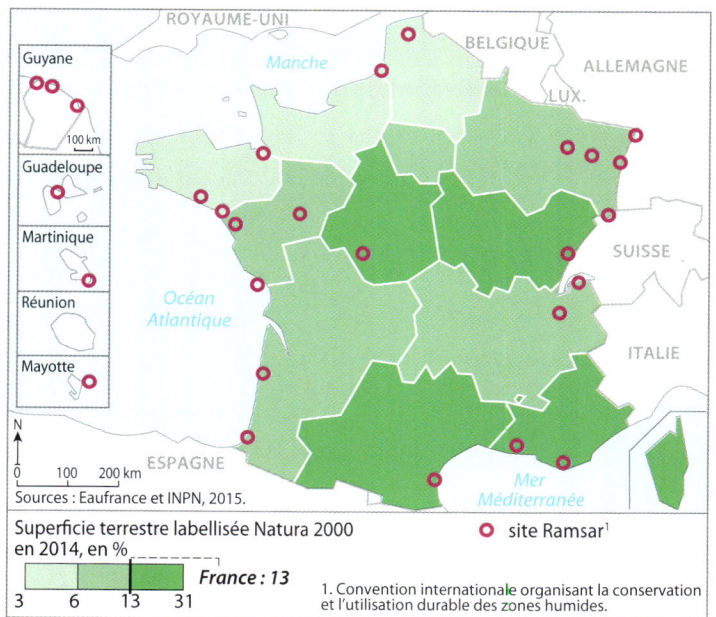

4 **Les espaces naturels protégés aux échelles européenne et mondiale**

Capacités et méthodes — **Décrire une situation géographique (doc. 1)**

1. Quels sont les différents plans qui composent ce paysage ?
2. En quoi ce milieu est-il à la fois exploité et protégé ?

MÉTHODE BAC

Étude critique de documents **ES/L** SÉRIE
Analyse de documents **S** SÉRIE

Capacités travaillées
• Étudier une photographie
• Identifier des informations géographiques

Sujet guidé · Les vallées fluviales, des milieux aménagés exposés aux risques

Après avoir présenté la photographie, vous montrerez que la vallée du Rhône est profondément transformée par les activités humaines et exposée à des risques naturels et technologiques.

Conseil
Précisez dans l'analyse que cette île est artificielle. Elle a été redessinée dans les années 1970 par la construction de digues contre les inondations.

Arrière-plan
2e plan
1er plan

Paris
Caderousse

Le Rhône à hauteur du barrage de Caderousse (Vaucluse)

A Analyser le sujet et la consigne

▶ **Méthode** p. 34

1 Identifiez les notions clés et délimitez l'espace concerné.

Les vallées fluviales, des milieux aménagés exposés aux risques

Après avoir présenté la photographie, vous montrerez que la **vallée du Rhône** est **profondément transformée** par **les activités humaines** et **exposée aux risques naturels et technologiques**.

B Étudier une photographie

Méthode

a. **Localiser** précisément le lieu de la prise de vue.
b. **Identifier** le type de prise de vue (au sol, aérienne, oblique, verticale).
c. **Décrire une photographie :**
   - Repérer les éléments structurants de l'image : fleuve, route, zone d'habitations… ;
   - Délimiter les plans de la photographie (premier, deuxième, arrière-plan) et les sous-ensembles.
d. **Interpréter une photographie :**
   - Utiliser les connaissances pour expliquer les éléments géographiques identifiés sur la photographie ;
   - Organiser les informations en lien avec les différentes parties de la consigne.

2 Localisez le lieu de la prise de vue sur le doc. 1 p. 94. Quelles sont les potentialités et les contraintes de cet espace ?

3 Sélectionnez parmi les adjectifs suivants ceux qui qualifient la photographie : *aérienne ; verticale ; au sol ; plongée ; contre-plongée ; oblique ; panoramique.*

4 Associez chaque numéro de la photographie à un élément suivant : *canal de dérivation destiné à l'irrigation ; Rhône ; site nucléaire ; parcelles agricoles ; île artificielle, barrage hydroélectrique.*

5 À l'aide du travail précédent, complétez le schéma de lecture du paysage.

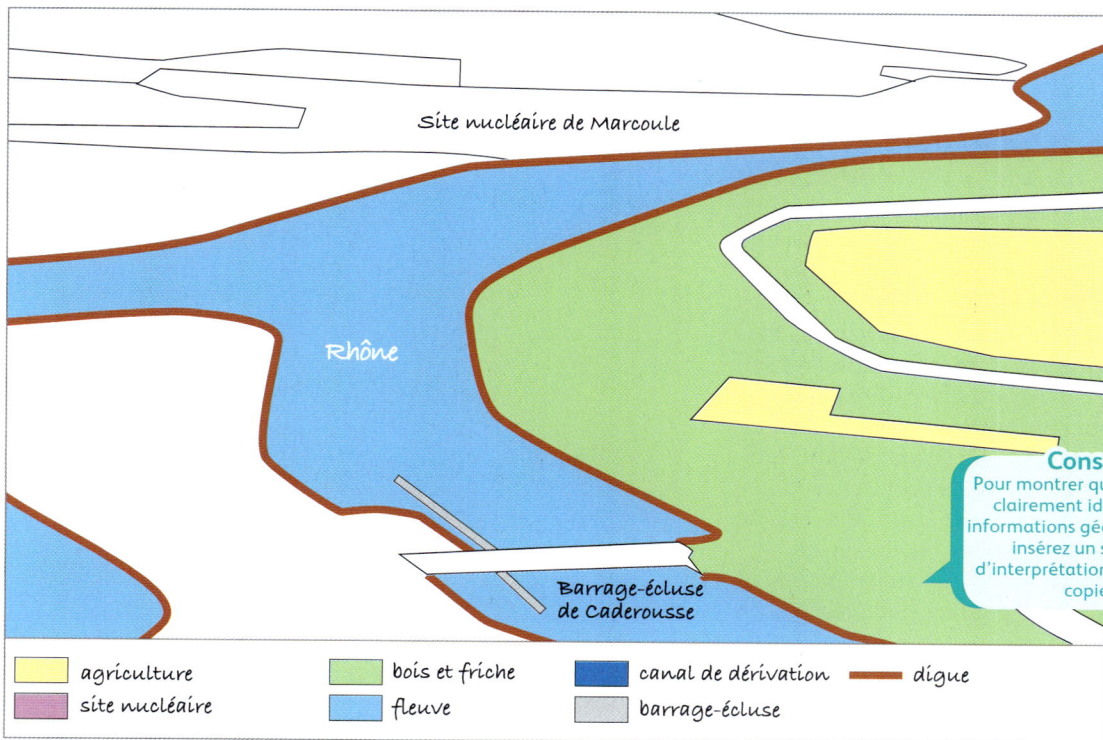

Site nucléaire de Marcoule

Rhône

Barrage-écluse
de Caderousse

Conseil
Pour montrer que vous avez clairement identifié les informations géographiques, insérez un schéma d'interprétation dans votre copie.

agriculture	bois et friche	canal de dérivation — digue
site nucléaire	fleuve	barrage-écluse

6 Reliez chaque élément identifié dans la photographie à une notion du chapitre.

▶ **Méthode** p. 73

barrage hydroélectrique • —— • potentiel agricole
digues contre les inondations • • potentiel énergétique
parcelles agricoles • • couloir de circulation
… • • ressource en eau
• aménagement
• risque

Conseil
Ne prélevez que les informations que vous êtes capable d'expliquer grâce à vos connaissances.

7 Rédigez deux paragraphes qui répondent aux deux thèmes de la consigne en utilisant les notions identifiées ci-dessus.

Les vallées fluviales constituent des milieux profondément transformés par les activités humaines. Elles offrent en effet de nombreuses potentialités. Grâce à des systèmes d'écluses, les fleuves sont des voies navigables et leur débit permet la production d'hydroélectricité. En outre, certaines activités, comme la production d'énergie nucléaire, s'installent au bord des fleuves afin d'utiliser l'eau pour leur système de refroidissement : c'est le cas de la centrale de Caderousse. Enfin, grâce à des canaux de dérivation, les fleuves constituent une réserve hydraulique pour l'agriculture.

Mais les vallées fluviales sont aussi des espaces à risques. Les risques naturels
....
....

Conseil
Comme sur le paragraphe ci-dessus, alternez description et interprétation de la photographie.

MÉTHODE BAC

Étude critique de documents **SÉRIE** **ES/L**
Analyse de documents **SÉRIE** **S**

• Analyser le sujet et la consigne
• Prélever des informations

Capacités travaillées

Sujet guidé — Les forêts françaises, des milieux valorisés et préservés

Après avoir présenté les milieux forestiers en France, expliquez comment ils sont valorisés par les activités humaines et gérés de plus en plus durablement.

Conseil
La progression des surfaces forestières est à mettre en relation avec la déprise agricole des territoires ruraux défavorisés (doc. 4 p. 115).

1 **La création d'une charte nationale des forêts d'exception**

L'Office national des forêts crée un label « Forêt d'exception » destiné à faire connaître et valoriser le patrimoine forestier dans une démarche de développement durable. La « Forêt d'exception » repose sur des valeurs de protection du patrimoine forestier : biodiversité, paysages, éléments culturels et sylvicoles. Elle constitue un territoire privilégié d'innovation pour de nouvelles pratiques de tourisme durable, de gestion des milieux, de gestion sylvicole. La « Forêt d'exception » veut apporter une réponse adaptée et durable aux attentes et demandes de la société vis-à-vis de l'espace forestier : attrait paysager, accueil de tous les publics, pédagogie de la nature, lieu de ressourcement… La gestion forestière, la production de bois – matériau et énergies renouvelables – font partie du projet et contribuent à sa dimension économique et patrimoniale. L'exploitation s'effectue dans le respect des valeurs et des usages des lieux.

ONF, 2015.

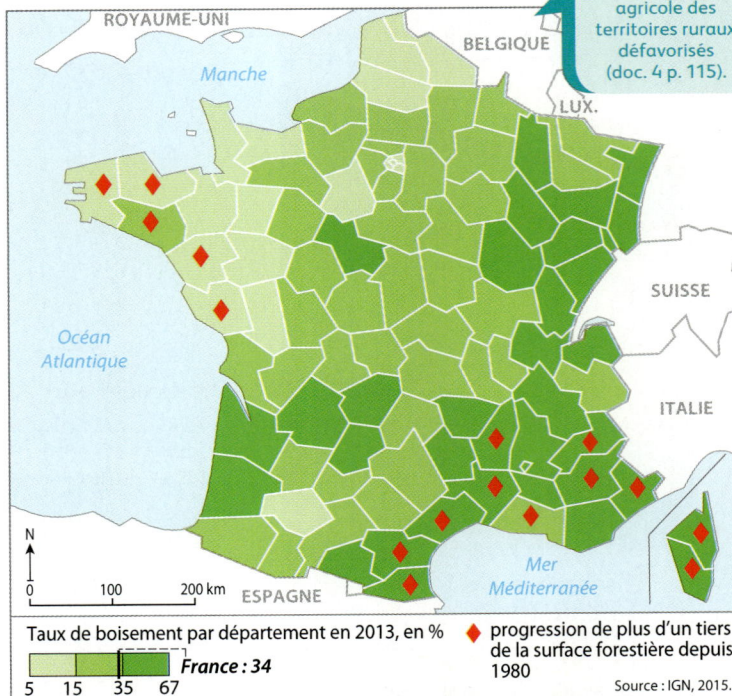

Taux de boisement par département en 2013, en %
France : 34
5 15 35 67

♦ progression de plus d'un tiers de la surface forestière depuis 1980

Source : IGN, 2015.

2 **Répartition et évolution de la surface forestière en France**

A Analyser le sujet et la consigne

▶ **Méthode** p. 34

1 Identifiez les notions clés et délimitez l'espace concerné.

Comment évoluent les forêts en France métropolitaine ?

Après avoir présenté **les milieux forestiers en France**, expliquez comment ils sont **valorisés par les activités humaines** et **gérés** de plus en plus **durablement**.

Quels sont les formes d'exploitation et les usages de la forêt ?

Quel est l'acteur gestionnaire de la forêt en France ? Quel est son rôle ?

B Prélever les informations

Méthode

a. Prélever les informations en tenant compte de la consigne. Les classer en fonction des notions clés.
b. Ne prélever que les informations qui ont un rapport avec les thèmes de la consigne.
c. Ne prélever que les informations que vous pourrez expliquer et commenter grâce à vos connaissances.

2 Classez les informations surlignées dans le doc. 1 en fonction des deux notions clés : valorisation et gestion durable.

3 Complétez le tableau suivant.

Parties de la consigne	Prélever les informations	Expliquer les informations prélevées grâce aux notions clés.
1. Les milieux forestiers en France	– des espaces forestiers présents dans les espaces montagnards, les Landes, ... – des espaces forestiers en progression en Bretagne, ...	– reboisement (dans les Landes au XIXe) – des espaces en progression à cause de la déprise agricole
2. Des milieux valorisés par les activités humaines	– des usages nombreux :	....
3. Des milieux à gérer durablement	....	....

> **Conseil**
> Aidez-vous du doc. 3 p. 101 pour illustrer une forme d'exploitation raisonnée de la forêt.

4 Rédigez le paragraphe qui répond à la première partie de la consigne.

Les milieux forestiers en France connaissent des évolutions contrastées selon les régions. ....
....
....

Sujet d'entraînement

Les littoraux, des milieux fragiles à valoriser et à protéger

Montrez, à travers l'exemple de l'estuaire de la Loire, que les littoraux sont des milieux fortement valorisés par les activités humaines mais que leur fragilité impose des mesures de protection.

> **Conseil**
> Aidez-vous de l'étude de cas sur l'estuaire de la Seine p. 92-93.

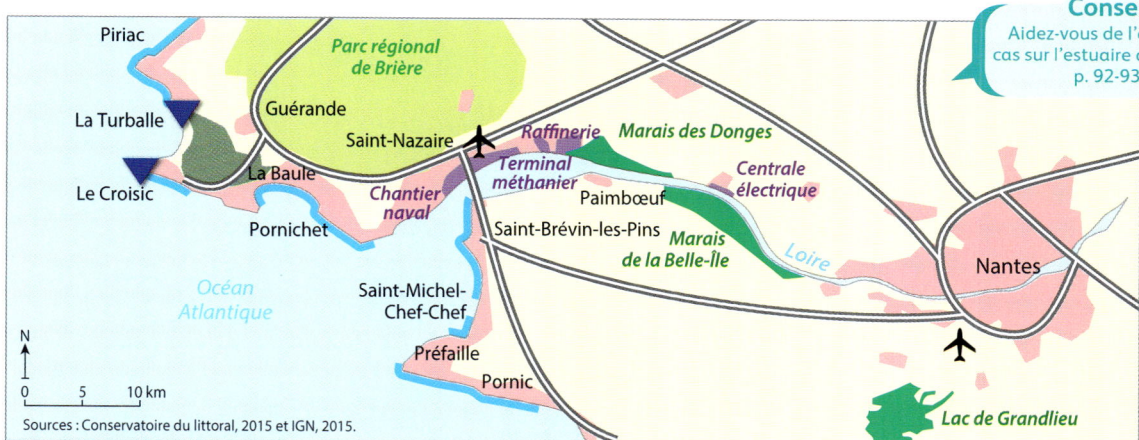

Sources : Conservatoire du littoral, 2015 et IGN, 2015.

Un estuaire très aménagé

- zone densément urbanisée
- zone industrialo-portuaire
- port de pêche
- tourisme balnéaire
- principal axe de communication

Un estuaire protégé

- parc naturel régional
- zone protégée par le Conservatoire du littoral
- marais salant protégé par l'Unesco[1]

1. Agence de l'ONU spécialisée dans la mise en place de projets destinés à favoriser la collaboration des États dans les domaines de l'éducation et de la culture.

L'estuaire de la Loire, un milieu valorisé et protégé

Production graphique

Sujet guidé — La valorisation et la gestion durable des milieux montagnards français

A — Analyser le sujet

1) Identifiez les notions clés et délimitez l'espace concerné.

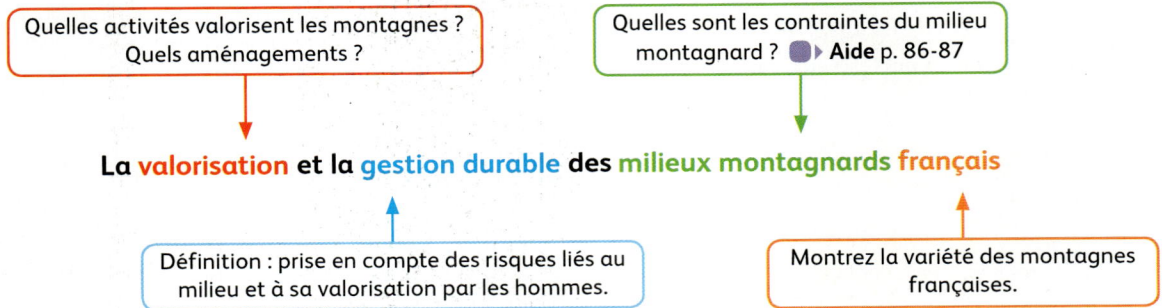

> Quelles activités valorisent les montagnes ? Quels aménagements ?

> Quelles sont les contraintes du milieu montagnard ? ● ▶ **Aide** p. 86-87

La valorisation et la gestion durable des milieux montagnards français

> Définition : prise en compte des risques liés au milieu et à sa valorisation par les hommes.

> Montrez la variété des montagnes françaises.

B — Mobiliser des connaissances

Méthode

a. Les informations utiles sont contenues dans les cartes du manuel ou d'un atlas.

b. Seules les informations susceptibles d'être cartographiées (informations localisables) sont mobilisées.

c. En raison du nombre limité d'informations sur un croquis ou un schéma, seules les informations essentielles (8-10 maximum) sont mobilisées.

2) Listez les espaces montagnards à cartographier. Selon vos connaissances, leur valorisation est-elle similaire ? Pourquoi ?

3) Sélectionnez dans la liste suivante, 8 informations utiles au sujet et faciles à représenter.

parc national
montagne   glissement de terrain
domaine skiable   centrale hydraulique
axe de communication   parc naturel régional
enneigement   altitude élevée   inondation
avalanche
risque sismique   pentes fortes

4) Recopiez le tableau suivant puis classez les informations retenues.

Plan de la légende		
Des milieux contraignants	**Une valorisation inégale**	**Une gestion durable des milieux**

5) Sélectionnez, dans la liste suivante, la nomenclature essentielle au sujet. Justifiez vos choix.
Camargue ; Massif Central ; Vosges ; Pyrénées ; Jura ; Alpes ; Mercantour ; Vanoise ; Écrins ; Cévennes ; Sologne ; Bassin Parisien ; Calanques ; Massif armoricain ; Ardennes.

▶ **Méthode** p. 77

6 Complétez le croquis, son titre et sa légende à partir des informations retenues à l'aide des doc. 1 p. 94, 5 p. 95 et 2 p. 99.

Titre : ....

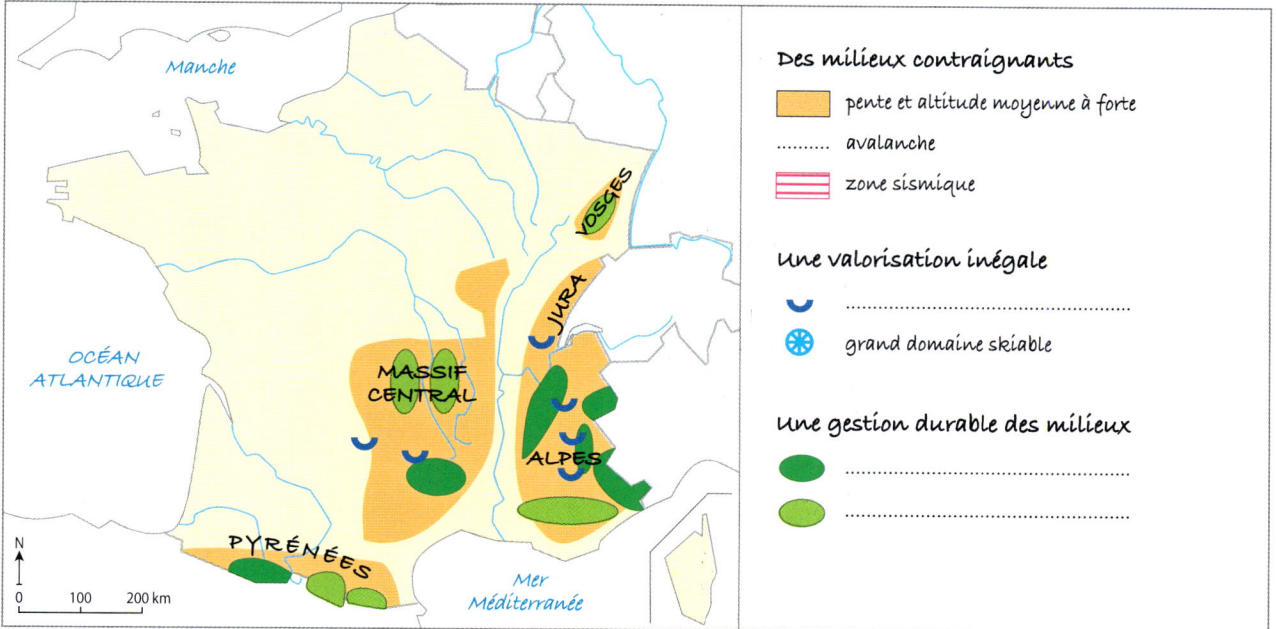

Des milieux contraignants

- pente et altitude moyenne à forte
- .... avalanche
- zone sismique

Une valorisation inégale

- ⌣ ....
- ❄ grand domaine skiable

Une gestion durable des milieux

- ....
- ....

Sujet d'entraînement

La valorisation et la gestion durable des littoraux français

En suivant la démarche proposée ci-contre pour les milieux montagnards, complétez la légende et le croquis ci-dessous.

> **Conseil**
> Pour réaliser le croquis, appuyez-vous sur les documents 1 p. 94, 5 p. 95 et 2 p. 99.

Titre : ....

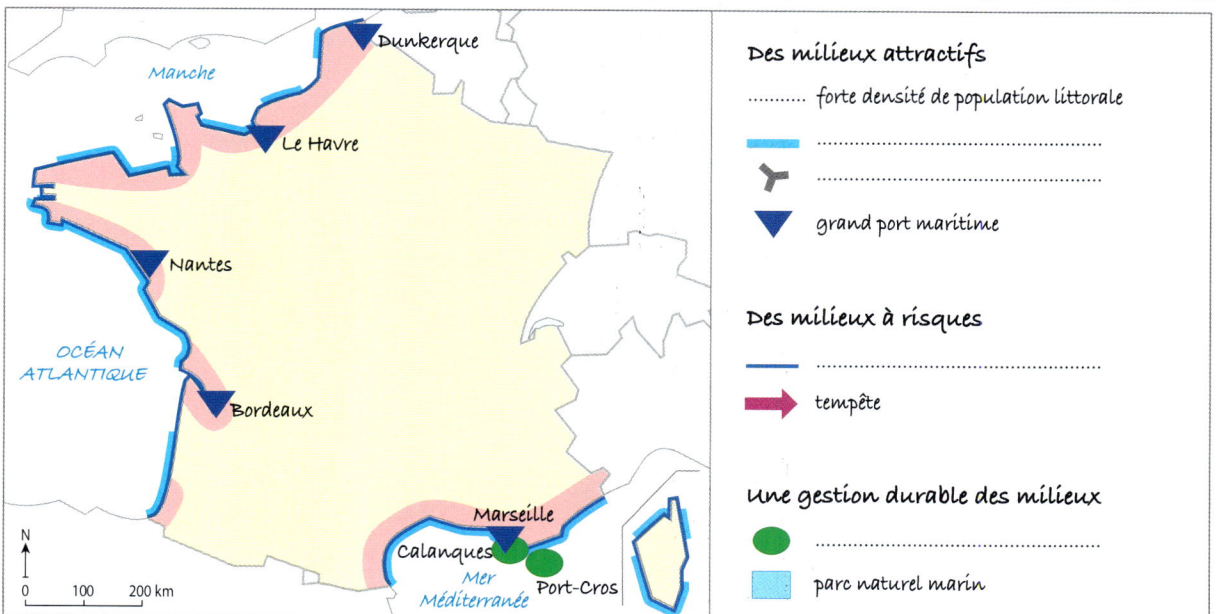

Des milieux attractifs

- .... forte densité de population littorale
- ━━━ ....
- ✈ ....
- ▼ grand port maritime

Des milieux à risques

- ━━━ ....
- ➡ tempête

Une gestion durable des milieux

- ● ....
- ▮ parc naturel marin

Composition

Sujet guidé

La gestion durable des milieux en France (territoires ultramarins compris)

A Analyser le sujet

1) Identifiez les notions clés et délimitez l'espace concerné.

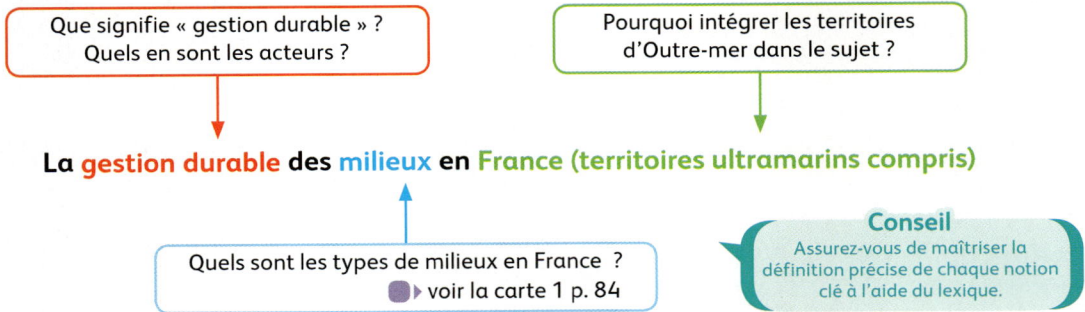

> Que signifie « gestion durable » ?
> Quels en sont les acteurs ?

> Pourquoi intégrer les territoires
> d'Outre-mer dans le sujet ?

La gestion durable des milieux en France (territoires ultramarins compris)

> Quels sont les types de milieux en France ?
> ▶ voir la carte 1 p. 84

> **Conseil**
> Assurez-vous de maîtriser la définition précise de chaque notion clé à l'aide du lexique.

SÉRIE ES/L

2) Quelle problématique convient le mieux ?
Justifiez votre choix.

choix 1
> Comment mettre en place une protection des milieux ?

choix 2
> Quels sont les aménagements des milieux en France ?

choix 3
> Comment concilier durablement aménagements et préservation des milieux français ?

SÉRIE S

2) Quel fil directeur convient le mieux ?
Justifiez votre choix.

choix 1
> L'aménagement des milieux est difficilement compatible avec leur protection.

choix 2
> Une gestion durable des milieux est nécessaire pour concilier leur valorisation et leur protection.

choix 3
> L'aménagement durable des milieux nécessite des politiques de prévention et de préservation à toutes les échelles.

B Construire un plan

Méthode

a. **Choisir le type de plan.** En géographie, il existe deux possibilités :
   – plan thématique (groupement des idées par grands thèmes) ;
   – plan par échelle (échelle mondiale, échelle régionale, échelle locale).
b. **Mobiliser les connaissances** en listant les informations du cours en lien avec le sujet.
c. **Organiser les idées** dans des parties divisées chacune en deux ou trois sous-parties SÉRIE ES/L ;
   en plusieurs paragraphes SÉRIE S.
d. **Le plan doit répondre à la problématique** SÉRIE ES/L ; **au fil directeur** SÉRIE S.

3) Expliquez pourquoi les deux plans suivants ne conviennent pas pour traiter le sujet.

Plan 1 1) La gestion durable des milieux montagnards.
2) La gestion durable des milieux littoraux.
3) La gestion durable des milieux forestiers.

Plan 2 1) La gestion durable des milieux en métropole.
2) La gestion durable des milieux ultramarins.

4 À l'aide des cours p. 96 et 98 et du schéma 1, complétez le plan de la première partie de la composition.

I. Des milieux valorisés mais vulnérables
* Des potentialités importantes qui sont valorisées : potentiel agricole (agriculture intensive), forestier (extension de la forêt), énergétique et minier (ressources renouvelables et non renouvelables) et paysager (paysages à haute valeur touristique : Mont-Saint-Michel, vignobles, viaduc de Millau...).
* Des milieux particulièrement attractifs : ....
....
* Des risques à prendre en compte : ....
....
....

Conseil
Distinguez bien risques naturels et risques technologiques

Schéma 1 : **Des milieux fortement transformés**

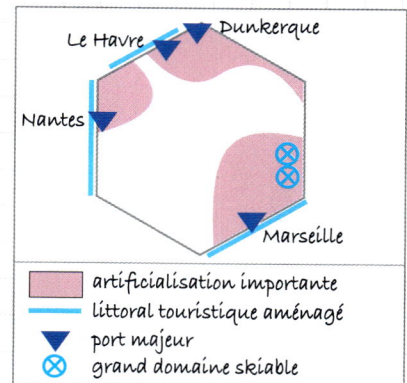

Le Havre — Dunkerque
Nantes
Marseille

artificialisation importante
littoral touristique aménagé
port majeur
grand domaine skiable

5 Terminez le plan détaillé de la 2ᵉ partie de la composition en vous aidant des cours p. 98 et 100 et du schéma 2.

II. Des politiques de prévention et de préservation
      à toutes les échelles
* Une gestion durable impulsée par l'État ....
* ....
* ....
....

Conseil
Listez tous les acteurs de la gestion durable des milieux.

Schéma 2 : **Des espaces protégés**

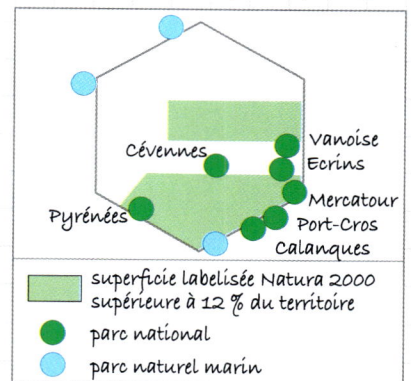

Cévennes — Vanoise Ecrins
Pyrénées — Mercatour Port-Cros Calanques

superficie labelisée Natura 2000 supérieure à 12 % du territoire
parc national
parc naturel marin

6 À l'aide des cours p. 98 et 100, trouvez trois idées organisant la 3ᵉ partie de la composition et réalisez le schéma 3 pour illustrer une de ces idées.

▶ **Aide** doc. 5 p. 95

III. Les limites des politiques de gestion durable...........
* ....
* ....
* ....

Conseil
Formulez les idées autour des trois notions clés : faible exploitation raisonnée ; conflits d'usage ; artificialisation du territoire.

Schéma 3 : **L'artificialisation du territoire**

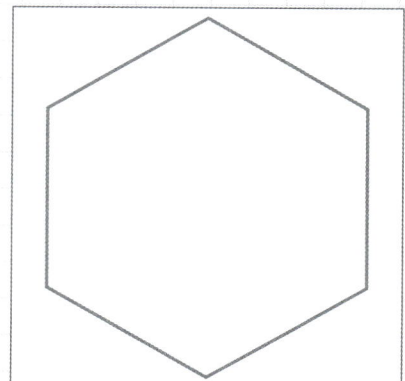

Localisations essentielles

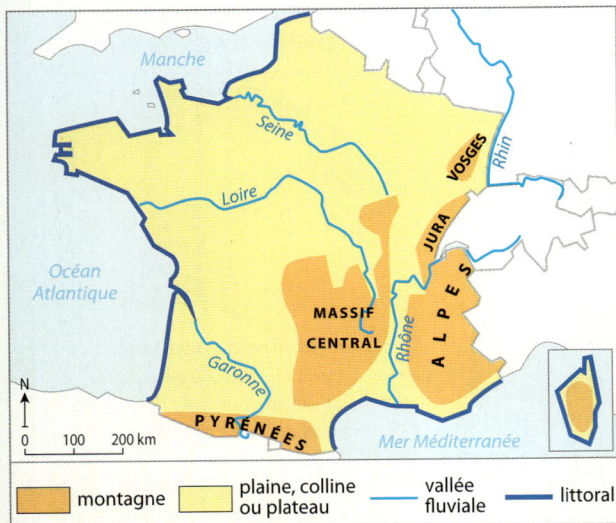

1 **La diversité des milieux**

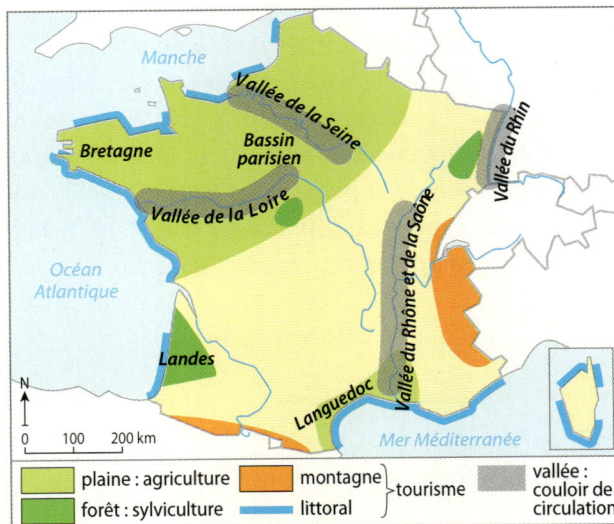

Carte 1 :
- Manche
- Seine
- Loire
- Rhin
- VOSGES
- JURA
- Rhône
- ALPES
- MASSIF CENTRAL
- Garonne
- Océan Atlantique
- PYRÉNÉES
- Mer Méditerranée
- 0 100 200 km

Légende :
- montagne
- plaine, colline ou plateau
- vallée fluviale
- littoral

2 **Les potentialités du territoire**

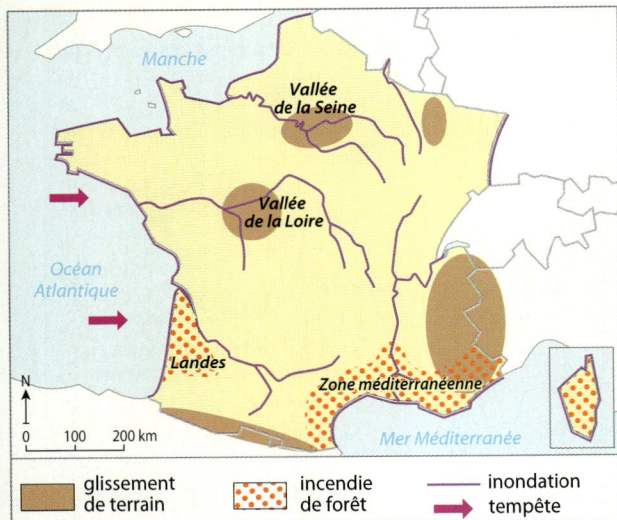

Carte 2 :
- Manche
- Vallée de la Seine
- Bretagne
- Bassin parisien
- Vallée du Rhin
- Vallée de la Loire
- Océan Atlantique
- Landes
- Vallée du Rhône et de la Saône
- Languedoc
- Mer Méditerranée
- 0 100 200 km

Légende :
- plaine : agriculture
- forêt : sylviculture
- montagne } tourisme
- littoral
- vallée : couloir de circulation

3 **Les principaux risques naturels**

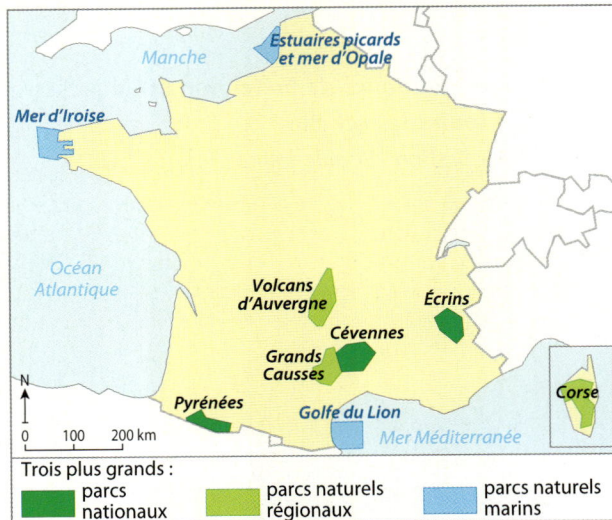

Carte 3 :
- Manche
- Vallée de la Seine
- Vallée de la Loire
- Océan Atlantique
- Landes
- Zone méditerranéenne
- Mer Méditerranée
- 0 100 200 km

Légende :
- glissement de terrain
- incendie de forêt
- inondation
- tempête

4 **Les plus grands espaces protégés**

Carte 4 :
- Estuaires picards et mer d'Opale
- Mer d'Iroise
- Manche
- Océan Atlantique
- Volcans d'Auvergne
- Écrins
- Cévennes
- Grands Causses
- Pyrénées
- Golfe du Lion
- Corse
- Mer Méditerranée
- 0 100 200 km

Trois plus grands :
- parcs nationaux
- parcs naturels régionaux
- parcs naturels marins

Chiffres clés

A L'occupation du sol en France

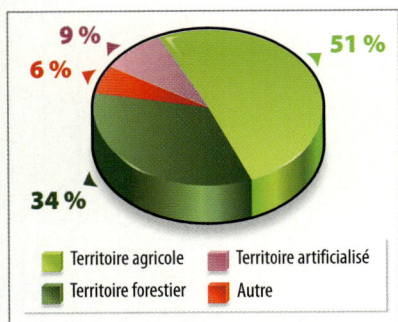

- 51 %
- 9 %
- 6 %
- 34 %

Légende :
- Territoire agricole
- Territoire artificialisé
- Territoire forestier
- Autre

B Les principales catastrophes naturelles (en nombre d'événements)

- Tempêtes
- Inondations
- Mouvements de terrain
- 2 1 3

C Les espaces terrestres protégés (en % du territoire)

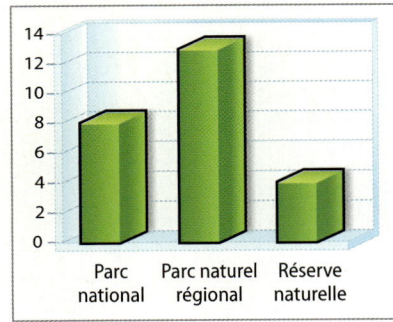

Graphique (valeurs axe : 0, 2, 4, 6, 8, 10, 12, 14) :
- Parc national : ~8
- Parc naturel régional : ~13
- Réserve naturelle : ~4

COMMENT LA VALORISATION DES MILIEUX EN FRANCE PEUT-ELLE ÊTRE COMPATIBLE AVEC LES NOUVELLES EXIGENCES DU DÉVELOPPEMENT DURABLE ?

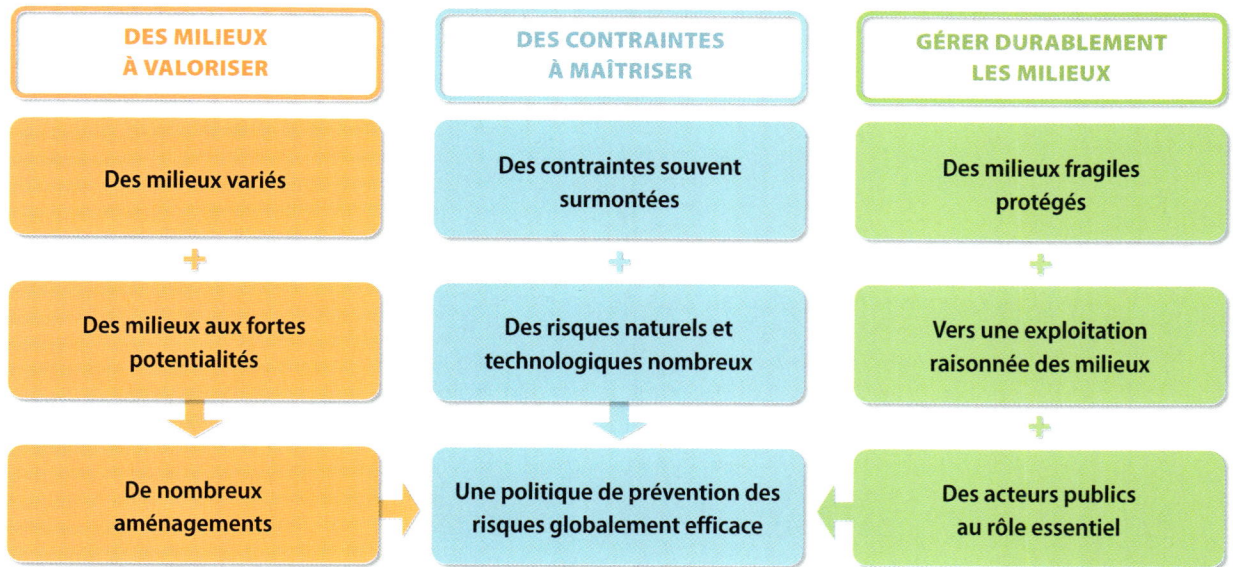

DES MILIEUX À VALORISER	DES CONTRAINTES À MAÎTRISER	GÉRER DURABLEMENT LES MILIEUX
Des milieux variés	Des contraintes souvent surmontées	Des milieux fragiles protégés
+	+	+
Des milieux aux fortes potentialités	Des risques naturels et technologiques nombreux	Vers une exploitation raisonnée des milieux
		+
De nombreux aménagements	Une politique de prévention des risques globalement efficace	Des acteurs publics au rôle essentiel

A Comment les nombreux atouts des milieux français sont-ils valorisés ?

La France bénéficie d'une grande variété de **milieux**. Son territoire possède à la fois des climats tempérés et tropicaux, de grandes vallées fluviales, de grands massifs montagneux (Alpes, Pyrénées) et un linéaire côtier métropolitain de 5 500 km. Cette diversité est un **atout** qui lui permet de valoriser son potentiel agricole (60 % du territoire), forestier, énergétique, minier et touristique. Cette valorisation s'appuie sur des aménagements qui artificialisent les milieux, ce qui suscite des **conflits d'usage** (La Réunion).

B Face à la variété des contraintes et des risques, comment organiser une prévention efficace ?

Les **contraintes** du territoire (pente, marais) ont été surmontées par des aménagements qui, à leur tour, peuvent créer de nouvelles contraintes, comme la surexploitation du milieu littoral (Languedoc). Le territoire est aussi soumis à de nombreux **risques** naturels (inondations, tempêtes) et technologiques, essentiellement en milieux urbains. Ces risques sont aujourd'hui gérés par les acteurs publics (État, collectivités territoriales) qui organisent la **prévention** (PPR) et la gestion des catastrophes.

C Comment concilier exploitation et protection des milieux ?

Face aux atteintes environnementales (pressions touristiques sur les littoraux et en montagne) et pour **ménager** les milieux les plus fragiles, des outils ont été créés comme le Conservatoire du littoral ou les parcs naturels (Mercantour). La législation (loi Littoral et loi Montagne) oriente la valorisation des milieux vers une **exploitation raisonnée**. Le rôle des acteurs publics, de l'État aux collectivités territoriales (Agenda 21), est donc central pour faire de la France un territoire éco-compatible.

NE PAS CONFONDRE

Sanctuarisation : protection totale d'un espace de toute action humaine pouvant porter atteinte à l'environnement.

Exploitation raisonnée : système productif alliant préservation des ressources et développement économique.

4 La France en villes

ENJEUX

Quatre Français sur cinq sont aujourd'hui citadins. Avec la mondialisation, les villes concentrent de plus en plus de pouvoirs et accroissent leur emprise sur le territoire, notamment les grandes métropoles régionales – et plus seulement Paris. Malgré un certain rééquilibrage dans l'armature urbaine du pays, les inégalités persistent, à l'échelle régionale mais aussi entre quartiers ; d'autant que la limite entre ville et campagne s'estompe sous l'effet de l'urbanisation croissante.

▶ **Comment l'urbanisation transforme-t-elle le territoire français ?**

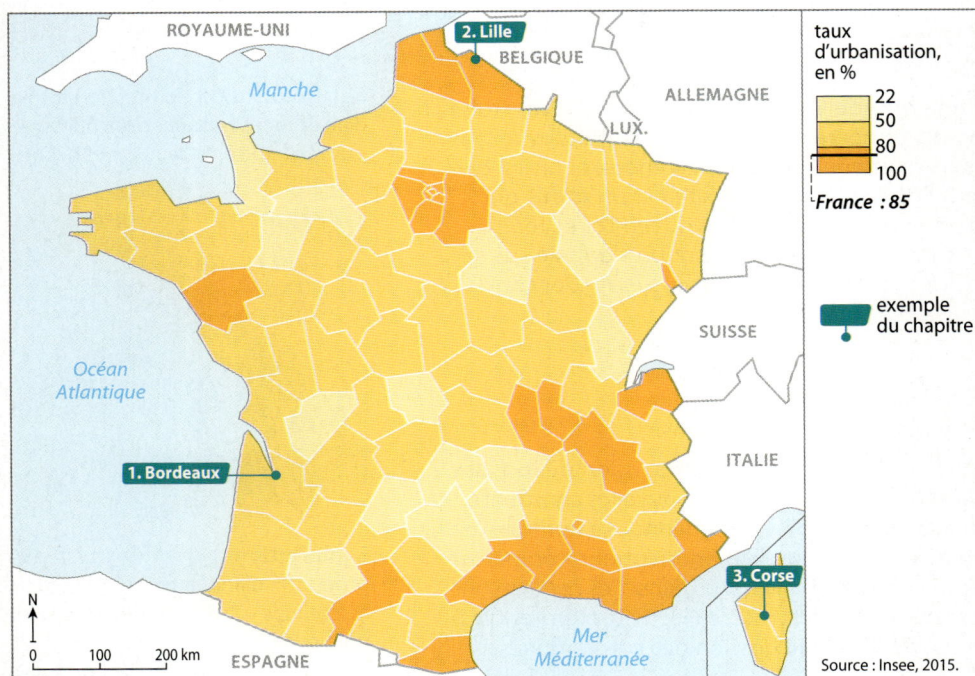

1 **Une population majoritairement urbaine**

Questions

1 Montrez que l'urbanisation est importante mais inégale sur le territoire français. (doc. 1)

2 Comment l'étalement et les contrastes de la ville de Marseille se traduisent-ils sur la photographie ? (doc. 2)

3 Comment le quartier des affaires Euroméditerranée renforce-t-il le dynamisme de Marseille ? (doc. 1 p. 39)

Paris•

Marseille

2 Marseille, une ville étalée aux contrastes marqués

Un territoire dynamisé par l'urbanisation

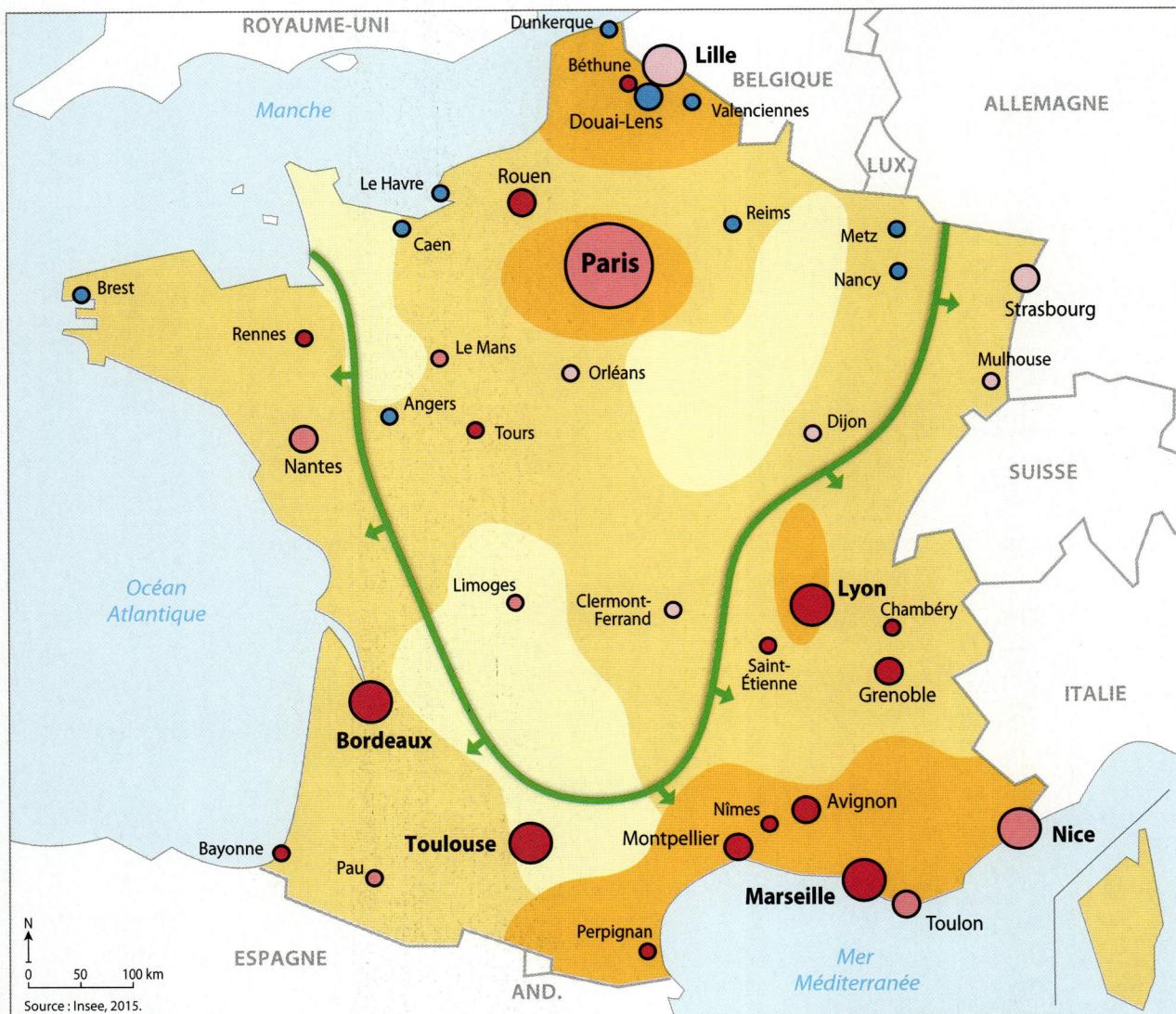

Une répartition contrastée de la population urbaine

taux d'urbanisation, en %

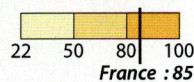

22   50   80   100
France : 85

Une armature urbaine déséquilibrée

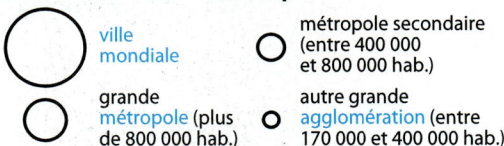

○ ville mondiale

○ grande métropole (plus de 800 000 hab.)

○ métropole secondaire (entre 400 000 et 800 000 hab.)

○ autre grande agglomération (entre 170 000 et 400 000 hab.)

Des dynamiques de rééquilibrage

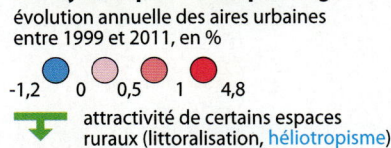

évolution annuelle des aires urbaines entre 1999 et 2011, en %

-1,2   0   0,5   1   4,8

attractivité de certains espaces ruraux (littoralisation, héliotropisme)

Source : Insee, 2015.

1 **Une population française majoritairement urbaine**

Vocabulaire

Aire urbaine : espace constitué d'un pôle urbain central et d'une couronne périurbaine. Elle regroupe des communes dans lesquelles au moins 40 % de la population ayant un emploi travaille dans le pôle urbain central.

Armature urbaine : réseau hiérarchisé des villes sur un territoire.

Héliotropisme : attractivité exercée par les espaces aux conditions climatiques favorables (ensoleillement, chaleur).

Métropole : grande ville qui concentre la population, les

activités et les fonctions de commandement et qui exerce une influence sur le territoire qui l'entoure.

Quartier prioritaire : quartier en difficulté considéré comme prioritaire par la politique de la ville pour bénéficier d'aides publiques, en raison du faible revenu de ses habitants.

Ville mondiale : grande métropole concentrant des fonctions de commandement et exerçant une influence à l'échelle mondiale dans les domaines politique, économique et culturel.

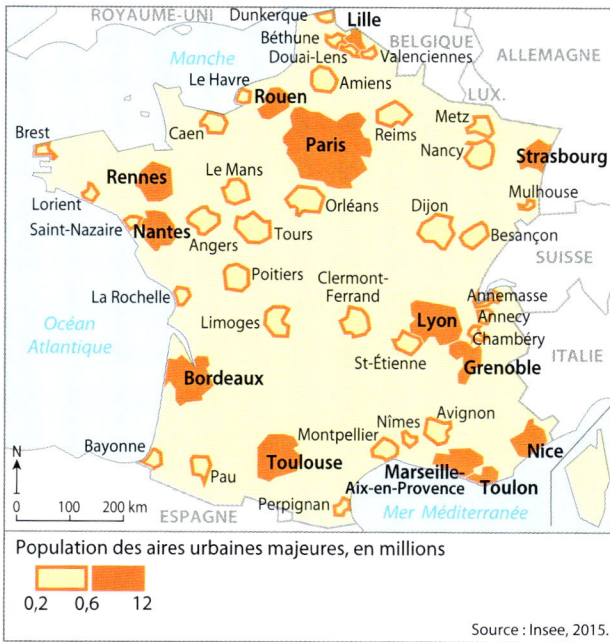

Population des aires urbaines majeures, en millions

0,2 0,6 12

Source : Insee, 2015.

2 Les principales aires urbaines

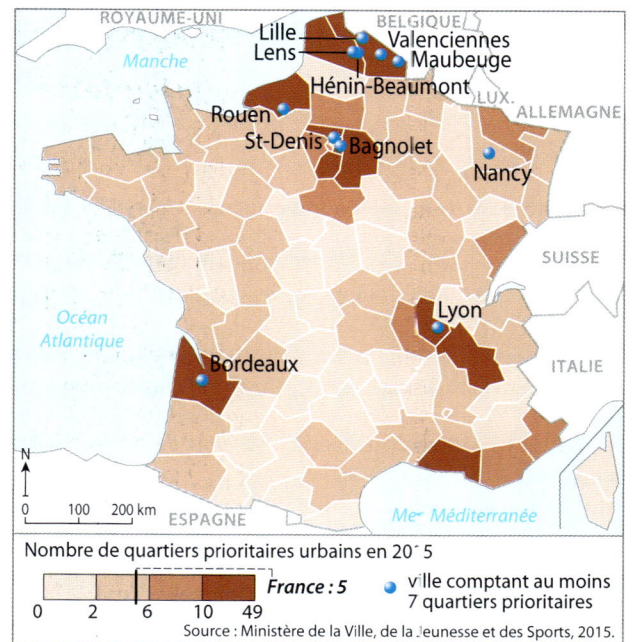

Nombre de quartiers prioritaires urbains en 2015

0 2 6 10 49   *France : 5*   ● ville comptant au moins 7 quartiers prioritaires

Source : Ministère de la Ville, de la Jeunesse et des Sports, 2015.

3 Les quartiers prioritaires urbains

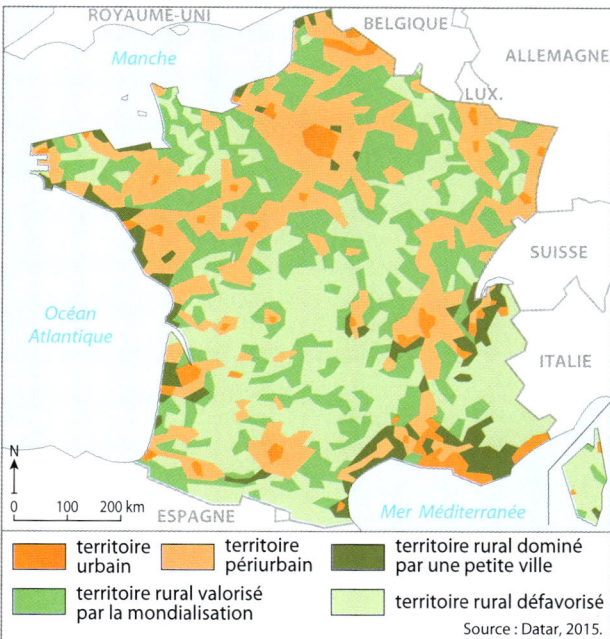

territoire urbain
territoire périurbain
territoire rural dominé par une petite ville
territoire rural valorisé par la mondialisation
territoire rural défavorisé

Source : Datar, 2015.

4 Les différents types de territoires ruraux définis par la Datar

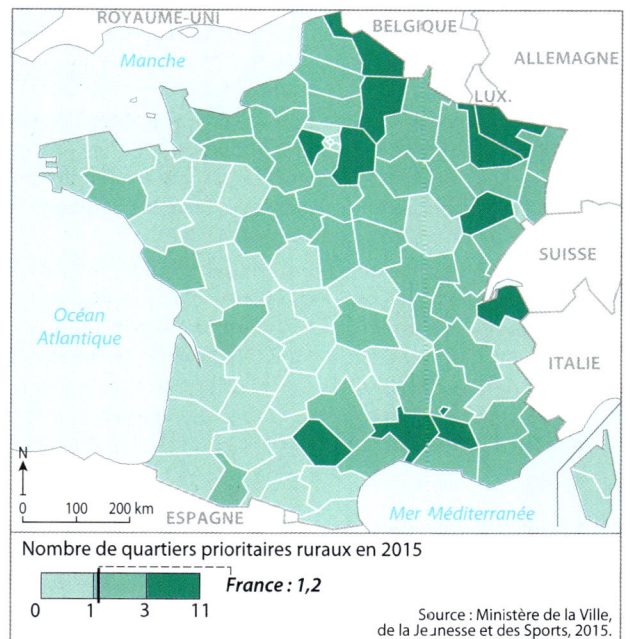

Nombre de quartiers prioritaires ruraux en 2015

0 1 3 11   *France : 1,2*

Source : Ministère de la Ville, de la Jeunesse et des Sports, 2015.

5 Les quartiers prioritaires ruraux

Questions

1 Où se situent les espaces les plus urbanisés ? Les moins urbanisés ? (doc. 1)

2 Quels sont les espaces qui gagnent le plus d'habitants ? Montrez que cette évolution modifie l'armature urbaine de la France. (doc. 1 et 2)

3 Où se concentrent les quartiers prioritaires urbains ? Comment expliquer leur concentration dans certaines régions ? (doc. 2 et 3)

4 Où se concentrent les quartiers prioritaires ruraux ? Montrez qu'ils ne se localisent pas nécessairement dans les espaces ruraux les plus défavorisés. Pourquoi ? (doc. 4 et 5)

La croissance urbaine et ses conséquences

▶ **Quelles sont les conséquences de la forte attractivité des villes ?**

A Un territoire majoritairement urbain

• **En 2015, 85 % de la population française vit en ville.** L'urbanisation de la population française a été progressive depuis la fin du XIXᵉ siècle et la France devient majoritairement urbaine en 1931. Aujourd'hui, elle compte 30 **agglomérations** de plus de 200 000 habitants, dont 4 au-dessus d'un million d'habitants (Paris, Marseille-Aix en Provence, Lyon et Lille).

• **La croissance urbaine se traduit par un étalement urbain spectaculaire.** Les villes grignotent les espaces ruraux : la superficie des espaces urbanisés a progressé de 20 % en 10 ans et occupe en 2015 un quart du territoire métropolitain. Ainsi, la population de Montpellier a plus que doublé durant les 50 dernières années, alors que sa superficie a été multipliée par 5.

• **Les limites entre espaces urbains et espaces ruraux sont de plus en plus floues :** l'urbanisation absorbe des communes rurales avec l'étalement des banlieues et la **périurbanisation**. L'Insee a pris en compte ces nouvelles réalités en intégrant les **mobilités pendulaires** dans sa définition de **l'aire urbaine** : celle de Toulouse a un rayon de 50 km (Repère).

B Un territoire marqué par la métropolisation

• **La mondialisation et les transformations de l'économie française favorisent la métropolisation du territoire.** Même si les **métropoles** françaises sont moins puissantes que leurs voisines européennes, elles concentrent 45 % de la population nationale et près de 50 % du PIB. Dans le paysage, la métropolisation s'incarne dans les **quartiers des affaires** (Euralille, Wacken-Europe à Strasbourg, doc. 1).

• **La métropole parisienne domine le territoire.** Avec 12,3 millions d'habitants en 2015, elle est de loin l'agglomération la plus peuplée de France. Seule **ville mondiale** française, elle concentre les fonctions de commandement politique, économique (29 des 31 plus grandes entreprises françaises ont leur siège dans l'agglomération parisienne) et culturel (grandes écoles, musées, doc. 4 p. 277).

• **Les métropoles régionales tentent de renforcer leur attractivité.** Elles constituent d'importants relais régionaux face à la persistante **macrocéphalie** parisienne (doc. 2). Pour faire face à la concurrence interurbaine nationale et européenne, elles développent des projets ambitieux tel Euroméditerranée à Marseille (voir p. 39). Elles entretiennent aussi de fortes relations et fonctionnent en réseau. Ainsi, 92 maires de grandes villes coopèrent dans des domaines variés comme le tourisme ou le développement durable.

C Un territoire dynamisé par l'urbanisation

• **À l'échelle nationale, le territoire est inégalement urbanisé.** Hérité de la révolution industrielle au XIXᵉ siècle, le déséquilibre entre l'Est, plus peuplé et urbanisé, et l'Ouest, moins urbanisé, se maintient mais s'atténue (doc. 1 p. 112). Les grandes villes se concentrent le long des fleuves, des littoraux et dans les régions frontalières. En raison de l'effet polarisant de Paris, les métropoles sont moins nombreuses au centre de la France, des Pyrénées aux Ardennes.

• **L'évolution récente tend vers un rééquilibrage de l'armature urbaine.** Grâce à leur cadre de vie attractif et à leur dynamisme économique, les grandes métropoles du Sud et surtout de l'Ouest enregistrent les plus fortes progressions. Nantes a ainsi gagné 80 000 habitants en moins de 20 ans. Les villes moyennes (Auxerre, Pau) jouent également un rôle croissant, notamment dans l'équilibre du territoire (doc. 3). Leurs élus mutualisent leurs compétences au sein d'association comme Villes de France.

• **Avec l'étalement urbain, les distances parcourues au sein des aires urbaines augmentent** (28 km par jour en moyenne en 2014). Le **zonage** entraîne des mobilités pendulaires et génère des embouteillages dans lesquels les Parisiens passent en moyenne 55 heures par an. Cela nécessite la mise en place d'un réseau de transport cohérent à l'échelle des agglomérations, ainsi 341 réseaux de transports urbains desservent les villes françaises et leurs périphéries.

Vocabulaire

Agglomération : unité urbaine qui s'étend sur plusieurs communes.

Aire urbaine : voir p. 114.

Armature urbaine : réseau hiérarchisé des villes sur un territoire.

Étalement urbain : croissance spatiale des villes sous l'effet d'un accroissement démographique et/ou de l'implantation de nouvelles activités.

Macrocéphalie : situation d'une métropole dominant nettement les autres villes du pays.

Métropole : voir p. 114.

Métropolisation : concentration croissante de la population, de la richesse et des fonctions de commandement dans les métropoles.

Mobilité pendulaire : déplacement quotidien effectué entre le domicile et le lieu de travail.

Périurbanisation : urbanisation au-delà des limites d'une agglomération à l'origine d'un étalement urbain discontinu.

Quartier des affaires : quartier qui concentre les activités économiques décisionnelles des métropoles (sièges sociaux des grandes entreprises, place boursière).

Ville mondiale : voir p. 114.

Zonage : spécialisation des territoires urbains en fonction des activités.

REPÈRE

Les différents espaces de l'aire urbaine

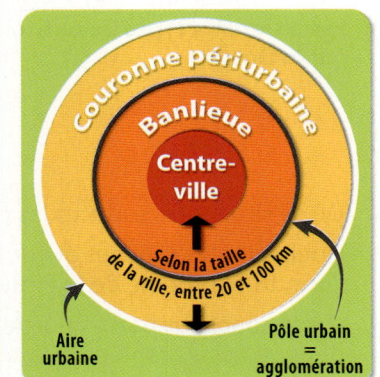

Source : Insee, 2015.

1 Le quartier Wacken-Europe à Strasbourg, une vocation internationale.
Le quartier Wacken accueille les institutions européennes ① et de nombreux bureaux ②. Le projet Wacken-Europe (2013-2023) a pour ambition de l'étendre pour en faire un quartier des affaires à dimension mondiale.

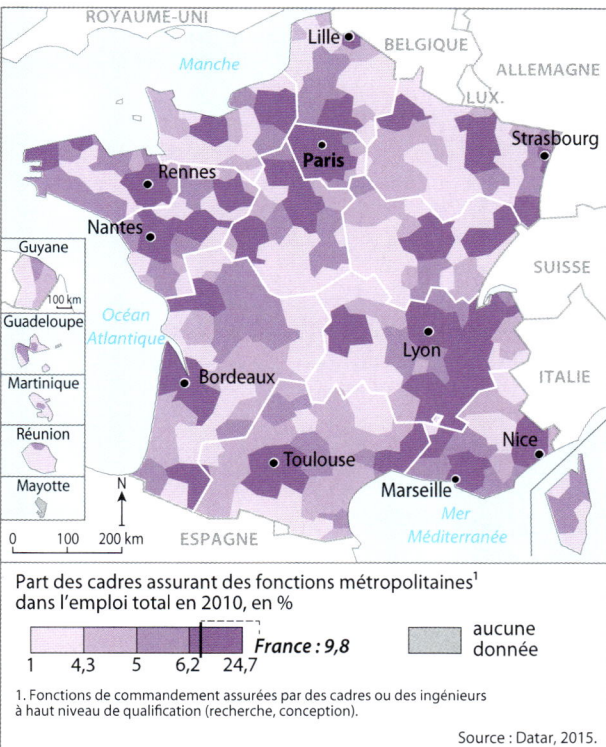

Part des cadres assurant des fonctions métropolitaines[1]
dans l'emploi total en 2010, en %

1   4,3   5   6,2   24,7   France : 9,8   aucune donnée

1. Fonctions de commandement assurées par des cadres ou des ingénieurs à haut niveau de qualification (recherche, conception).

Source : Datar, 2015.

2 Les emplois métropolitains dans les villes françaises

3 L'importance des villes moyennes dans l'armature urbaine

Les villes moyennes représentent un quart des aires urbaines françaises, soit plus de 12 millions d'habitants selon l'Insee. Ces villes ont globalement connu une croissance démographique régulière depuis les années 1960, mais à un rythme moins soutenu que celui des métropoles. La croissance y est portée essentiellement par les périphéries : ces villes connaissent pour la plupart un fort étalement résidentiel, avec une augmentation des mobilités pendulaires. Dans le détail, ces villes connaissent toutefois des trajectoires différenciées : au sud et à l'ouest, elles affichent un fort dynamisme, alors qu'au nord-est et au nord du Massif central, elles souffrent d'un déficit d'attractivité. Les villes moyennes exercent globalement une forte attractivité sur les ménages avec enfants venant des métropoles ou, au contraire, des petites villes. En revanche, le bilan migratoire est déficitaire pour les jeunes (départ vers les grandes villes) et les personnes âgées (installation en milieu rural et dans les petites villes). On y observe une surreprésentation de trois activités : administration publique, services aux populations, activités de fabrication. Les emplois y sont moins qualifiés que dans les métropoles.

M. Reghezza-Zitt, *La France, une géographie en mouvement*, La Documentation française, 2013

Capacités et méthodes   **Prélever des informations (doc. 3)**

1. Que nous apprend le doc. 3 sur l'évolution des villes moyennes en France ?
2. Quelles difficultés rencontrent les villes moyennes françaises ? Comment peut-on les expliquer ?

Des politiques de la ville en mutation

▶ **Comment lutter contre la fragmentation urbaine et repenser la ville ?**

A Un espace urbain très fragmenté

- **La fragmentation urbaine concerne à la fois les activités et les populations.** Les espaces accueillant des activités valorisantes (quartiers des affaires, activités culturelles) attirent des populations aisées. À Marseille, la **fragmentation socio-spatiale** oppose le sud mieux équipé et plus riche, au nord majoritairement industriel et populaire.

- **Les centres-villes excluent les populations modestes** (Repère A). Dans les années 1980, des politiques se développent pour valoriser les centres-villes (réhabilitation du patrimoine, mise en place de transports collectifs). Mais elles provoquent une hausse du prix du foncier et un processus de **gentrification** (quartier Saint-Bruno à Grenoble, doc. 5 p. 125).

- **Les périphéries sont plus diversifiées** en termes de type d'habitat, de population et d'activité (doc. 1). Les banlieues résidentielles sont constituées de quartiers d'habitat collectif et de lotissements pavillonnaires. Le zonage entre les zones industrielles, les zones commerciales et les espaces de loisirs est marqué.

B Des espaces urbains en marge

- **Certains quartiers cumulent les difficultés socio-économiques** (Repère B). 1 300 **quartiers prioritaires** sont ainsi identifiés par la faiblesse des revenus de leurs habitants dont 36 % vivent sous le seuil de pauvreté. Ils connaissent des difficultés d'accès à l'emploi ou aux services de base (loisirs, transports, logements). 20 % des habitants du quartier Chemin vert, à Caen, sont au chômage et ils ne disposent d'aucun accès direct en transport collectif ni au centre-ville, ni aux zones d'emplois.

- **Ces quartiers prioritaires sont au cœur des politiques de la ville.** Les acteurs publics multiplient les actions pour réduire l'exclusion à travers des mesures économiques (soutien à la création d'entreprises dans le quartier des Vergnes à Clermont-Ferrand) et sociales (centre socio-culturel du Mont-Mesly à Créteil). Cependant, ces politiques restent souvent impuissantes face aux difficultés socio-économiques de ces quartiers : malgré l'obtention d'un statut de **zone franche**, 27 % des habitants du quartier de la Mare-Rouge, au Havre, sont au chômage.

- **La politique de la ville, menée dans les quartiers prioritaires, évolue.** Elle s'est longtemps limitée à la rénovation urbaine, c'est-à-dire la reconstruction après destruction d'habitat collectif (490 quartiers d'habitat social rénovés depuis 2004). Aujourd'hui, la politique de renouvellement urbain a pour objectif l'amélioration du cadre de vie (petits immeubles collectifs remplaçant les tours ou barres, doc. 3 p. 125) et le développement de la mobilité, en particulier grâce aux transports en commun (tramway, bus en site propre) (doc. 2).

C Mettre en œuvre des politiques durables de la ville

- **Les politiques de la ville s'appuient aujourd'hui sur le développement durable.** Il s'agit de favoriser le dynamisme économique de la ville tout en luttant contre les inégalités sociales et en préservant l'environnement urbain. Certaines villes (Angers, Metz) adoptent des agendas 21 pour mettre en œuvre ces objectifs (doc. 3).

- **Les politiques de la ville visent à favoriser la mixité des populations et des activités.** Pour limiter les mobilités, elles tentent d'organiser les aires urbaines en plusieurs pôles résidentiels et économiques comme le **Scot** 2030 de Lyon qui organise l'agglomération en 21 pôles. Elles développent des équipements dans des banlieues (doc. 4 p. 125), créent des liaisons de transport interbanlieue et répartissent les logements sociaux. Néanmoins, l'impact de ces efforts ne se mesure qu'à long terme. En 2013, 12 % des quartiers prioritaires d'Île-de-France n'étaient encore desservis par aucun transport collectif.

- **Les politiques de la ville reposent sur une nouvelle gestion des territoires.** Pour une plus grande cohérence, elles se font à l'échelle de l'intercommunalité et utilisent des outils comme les **contrats de ville** (Grand Dijon, agglomération havraise). Par exemple, le contrat de ville du Grand Nancy coordonne les acteurs de la santé pour améliorer l'offre médicale proposée à ses habitants.

Vocabulaire

Contrat de ville : partenariat d'une durée de 7 ans entre l'État et une collectivité locale. Son objectif est de réaliser des projets urbains.

Fragmentation socio-spatiale : division des territoires urbains en fonction des catégories sociales de population. Elle s'oppose à la mixité socio-spatiale.

Gentrification : afflux d'une population aisée dans un quartier auparavant populaire.

Quartier prioritaire : quartier en difficulté considéré comme prioritaire par la politique de la ville pour bénéficier d'aides publiques, en raison du faible revenu de ses habitants.

Scot : voir p. 30.

Zone franche : zone qui présente des avantages fiscaux pour attirer les entreprises et développer l'activité économique.

REPÈRE A

Des prix immobiliers très inégaux entre quartiers toulousains

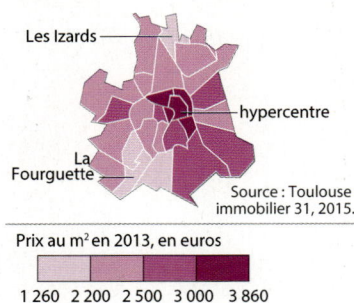

Les Izards

hypercentre

La Fourguette

Source : Toulouse immobilier 31, 2015.

Prix au m² en 2013, en euros

1 260   2 200   2 500   3 000   3 860

REPÈRE B

Les difficultés des quartiers prioritaires

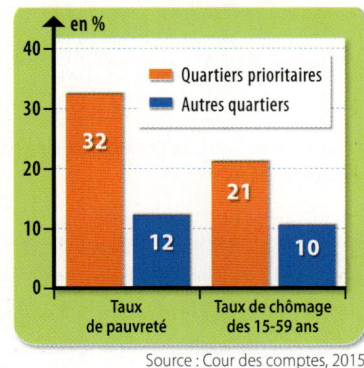

en %

■ Quartiers prioritaires
■ Autres quartiers

40

30

20   32

10   12   21   10

0

Taux de pauvreté   Taux de chômage des 15-59 ans

Source : Cour des comptes, 2015.

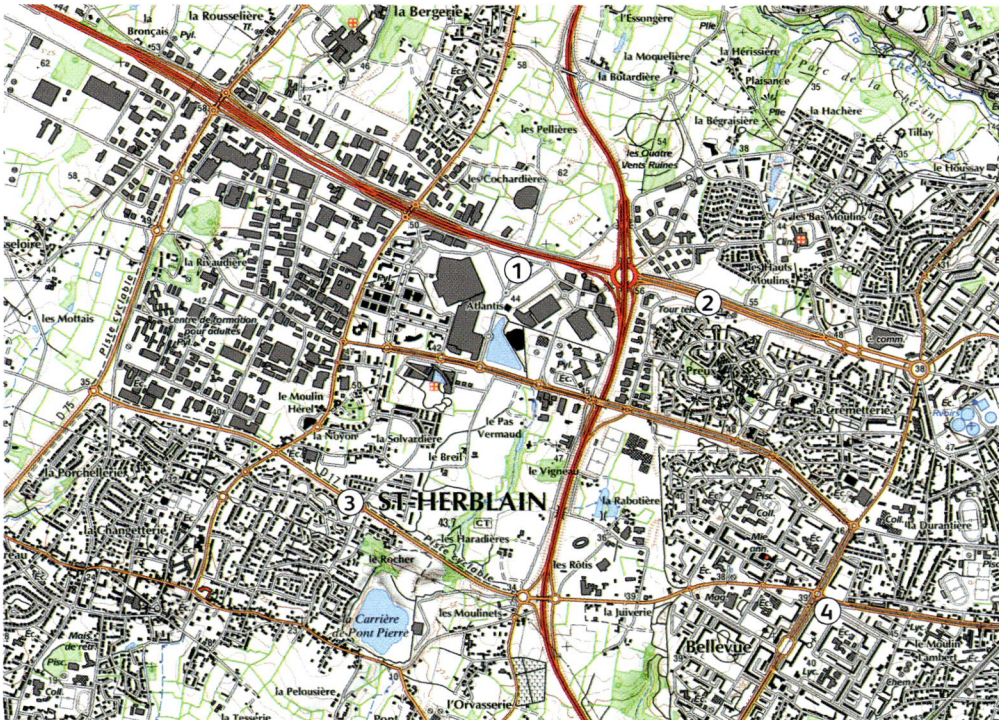

1 **Le zonage de la périphérie de Nantes.**

Le centre commercial Atlantis ① s'étend sur 70 ha et accueille 200 enseignes. Il est relié au centre-ville de Nantes (7 km) par une route périphérique ② et des transports en commun. À proximité se situent des lotissements pavillonnaires ③ et les grands ensembles du quartier prioritaire Bellevue ④.

2 **L'échec de la politique de la ville dans le quartier La Paillade de Montpellier**

La Paillade conserve tous les stigmates des cités dortoirs construites dans les années 1960 pour accueillir les populations du Maghreb. Avec 36 % de chômage et 12 500 personnes (sur une population de 24 000) sous le seuil de pauvreté, la Paillade est l'archétype du quartier populaire. Et les politiques nationales ou locales mises en œuvre ne parviennent pas à contrer cette évolution. Contrairement à d'autres cités, la Paillade est pourtant loin d'être délaissée par les institutions. Le quartier est bien équipé : un stade, une médiathèque, un cinéma, un théâtre, un centre social, un centre nautique, 23 écoles, 3 collèges et un lycée professionnel. La vie associative y est très développée avec une centaine de structures subventionnées par la ville. Côté logements (63% sont sociaux), depuis la destruction des barres de Phobos à la fin des années 1980, le quartier est aussi le cadre d'un vaste plan de renouvellement urbain et de mixité sociale. Terminus de la première ligne de tramway livrée en 2000, la cité bénéficie aussi du statut de zone franche urbaine pour aider à la création d'emplois. Mais cette forte implication de la ville n'empêche pas La Paillade d'éviter le processus de ségrégation qui a concentré progressivement des populations précaires à tous égards, financiers, culturels et sociaux.

L'Hérault du jour, 24 février 2014.

3 **Campagne de sensibilisation de la ville de Chalon-sur-Saône dans le cadre de son agenda 21**

Capacités et méthodes **Cerner le sens général d'un document iconographique (doc. 3)**

1. Quels symboles de la ville durable sont mis en avant sur l'affiche ? Lesquels sont oubliés ?
2. Pourquoi la ville de Chalon-sur-Saône utilise-t-elle ce moyen de communication ? Pourquoi faut-il faire preuve d'esprit critique face à ce type de document ?

Les nouvelles formes de développement des espaces ruraux

▶ **Quelles sont les perspectives de développement pour les espaces ruraux dans une France majoritairement urbaine ?**

A Des espaces ruraux gagnés par la périurbanisation

• **Les espaces périurbains sont dynamiques.** Ils ont une croissance démographique forte : les communes de moins de 5 000 habitants concentrent 70 % de la croissance du pays en 2012 (Repère A). Ils connaissent une évolution d'autant plus rapide que le pôle urbain est dynamique, comme autour de Rennes, Lyon, Toulouse ou Bordeaux.

• **Les espaces périurbains répondent à de nouveaux usages résidentiels et récréatifs.** La majorité des **néo-ruraux** qu'ils attirent travaille en ville et conserve des modes de vie urbains (habitat en lotissement, mobilités pendulaires). Pour répondre à leurs besoins, des infrastructures se développent, parfois à l'origine de conflits d'usage (parcs de loisirs, zones commerciales) ou, au contraire, de complémentarité (cueillette à la ferme).

• **La périurbanisation transforme les paysages ruraux** (doc. 1). Dans les couronnes périurbaines, l'habitat prend la forme de lotissements pavillonnaires ou de petits immeubles situés à proximité d'infrastructures de transport. Entre 1970 et 2000, la périurbanisation a gagné 20 % de la surface agricole en région PACA et les territoires ruraux sont marqués par le **mitage**.

B Des espaces ruraux valorisés par la mondialisation

• **Certains espaces agricoles sont intégrés au marché mondial** (céréaliculture, culture spécialisée). Ils ont profité de la mécanisation et ont mis en place une agriculture productiviste. C'est le cas de la Bretagne, aujourd'hui 1re région française pour la production porcine et avicole. Néanmoins, cette bonne insertion dans la mondialisation explique les difficultés (concurrence internationale, dépendance à l'égard des subventions de l'UE) qui fragilisent les agriculteurs.

• **D'autres espaces ruraux s'intègrent à la mondialisation par leur mise en valeur touristique.** Ils se situent sur l'arrière-pays des littoraux (parc naturel régional du Lubéron), en Outre-mer et dans la haute montagne. En 2013, les espaces ruraux ont attiré 21 % des vacanciers français. Certaines petites villes du milieu rural restent dynamiques, en particulier grâce à l'**économie résidentielle.**

• **Des politiques sont menées pour rendre les espaces ruraux plus compétitifs.** Ils bénéficient de subventions de l'État et de l'Union européenne. Les **Pôles d'excellence rurale** financent des projets innovants comme l'**écopole** énergie-bois en Savoie ou autour de l'agroalimentaire à Agripolis en Charentes (doc. 3). Leurs résultats sont inégaux : les PER ont permis le maintien ou la création d'environ 30 000 emplois dans les espaces ruraux mais 5 % des projets labellisés n'ont pas abouti faute de coordination entre les acteurs.

C Des espaces ruraux défavorisés en reconversion

• **Certains espaces ruraux sont touchés par le déclin démographique** et le vieillissement de leur population. Ils sont à l'écart des grands axes de communication et concentrent des activités agricoles et industrielles (fermeture des mines d'Alès) en difficulté. Couvrant 59 % du territoire français, ils connaissent les densités les plus faibles (moins de 30 hab. /km²) et comprennent environ 30 % de personnes âgées de plus de 60 ans.

• **Le déclin démographique entraîne des difficultés socio-économiques importantes** (doc. 2). Ces espaces enclavés concentrent des populations modestes. Ils subissent une **déprise** de l'activité agricole et la disparition de nombreux services de proximité (fermeture d'école, déserts médicaux, Repère B).

• **Les acteurs publics et privés cherchent à promouvoir des modes de développement spécifiques.** Ils encouragent les labels régionaux (Saveur en or dans le Nord, Ardennes de France, doc. 4 p. 127) ou la mise en place d'un tourisme vert. L'État propose des aides, dans le cadre des quartiers prioritaires ruraux, sans parvenir à éviter la désertification des espaces ruraux les plus enclavés.

Vocabulaire

Déprise : recul de l'activité agricole qui se traduit par des friches et la progression de la forêt.

Économie résidentielle : ensemble des activités essentiellement destinées à satisfaire les besoins des résidents permanents ou des touristes (services aux personnes, transports).

Écopole : pôle d'accueil d'entreprises en lien avec le développement durable.

Mitage : extension non planifiée de zones d'habitations et d'aménagements dans un espace rural à l'origine.

Néo-rural : personne d'origine citadine nouvellement installée dans une commune rurale.

PER (pôle d'excellence rurale) : projet de développement d'un territoire rural fondé sur l'innovation.

REPÈRE A

La population des espaces ruraux et urbains depuis 1962

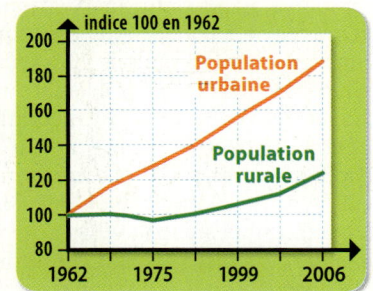

Source : Insee, 2015.

REPÈRE B

La désertification médicale en France

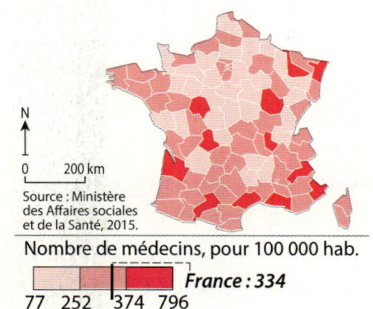

Source : Ministère des Affaires sociales et de la Santé, 2015.

Nombre de médecins, pour 100 000 hab.

France : 334

77   252   374   796

78 000 ha de surface agricole disparaissent tous les ans en France

toutes les secondes
1 potager de 25 m²

toutes les 5 minutes
1 stade de foot

tous les 7 ans
1 département

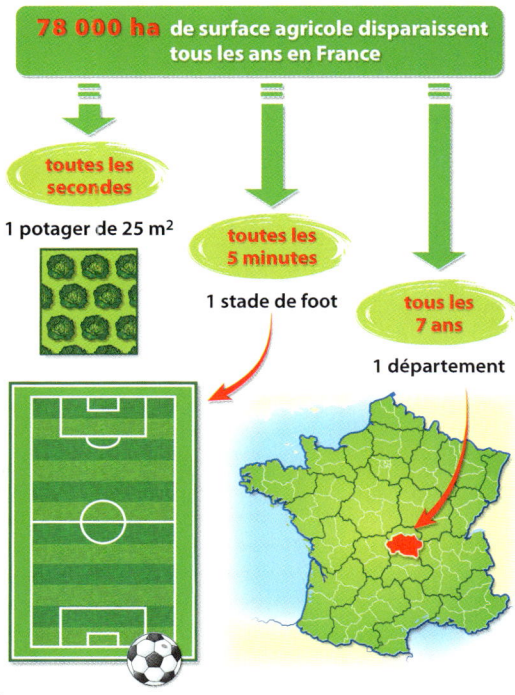

① Une artificialisation croissante du territoire français...

L'URBANISME ENVAHIT LA CAMPAGNE

VOUS ÊTES DÉJÀ LÀ ? J'AI GARÉ MON TRACTEUR AU FOND DU CHAMP HIER SOIR !

PHILIPPE TASTET

② ... qui inquiète les exploitants agricoles

1 **Des territoires ruraux grignotés par l'urbanisation.** Source : fnsea.fr, 2015.

2 **Les difficultés des espaces ruraux dans le Pays Basque**

En Soule[1], des médecins généralistes sont tout près de la retraite, mais la relève se fait attendre. Le mouvement ne date pas d'hier et l'on pourrait ajouter la disparition des stations-services, cafés, épiceries et boucheries, celles de classes si ce n'est d'écoles communales, la concentration sur le bourg voisin des services fiscaux ou les tournées plus espacées de La Poste. Dès que l'on s'éloigne du littoral, les commerces du quotidien, les services publics se font rares sauf dans quelques petites villes. Or la voiture ne peut pas tout et la population vieillit. Cette « hyper-rurale solitude » est éloignée des pôles urbains, pas seulement par la géographie mais aussi par les mentalités et les modes de vie. Elle vit une situation d'enclavement et éprouve le sentiment d'être laissée pour compte, peu ou pas entendue. Elle correspond au centre de la France, aux Alpes du Sud, à la Corse et au Massif central comme aux Pyrénées. Tous ces territoires ont atteint des niveaux critiques : population éparse, faibles revenus, vieillissement, services et équipements se raréfiant, le tout loin des agglomérations et centres de décision. En cause, un État moins porté sur l'aménagement du territoire et une métropolisation croissante du pays.

La semaine du Pays Basque, 8 septembre 2014.

1. Région pyrénéenne du Pays Basque.

RÉVOLUTION DURABLE
CONSEIL GÉNÉRAL DU GERS

terra mair

AU CŒUR DE VOS PROJETS D'ÉCO-CONTRUCTION

PÔLE D'EXCELLENCE EN CONSTRUCTION ET RÉHABILITATION

www.terra-mair.fr

Pôle d'excellence rurale

CCI du GERS   BTP GERS   Chambre de Métiers et de l'Artisanat   CAPEB

3 **Le Pôle d'excellence rural Terra Mair, dans le Gers**

Capacités et méthodes   **Mettre en relation des faits et développer le sens critique**

1. Quels problèmes rencontrent certains espaces ruraux ? Où sont-ils localisés ? (doc. 2)
2. Quels acteurs tentent de surmonter ces problèmes ? Par quels moyens ? (doc. 3)
3. En identifiant leurs auteurs, portez un regard critique sur les doc. 1 et 3.

Quelles sont les conséquences de la forte attractivité de Bordeaux ?

Forte de ses différents pôles de compétitivité et de son image de ville embellie, Bordeaux connaît une croissance et un étalement urbain importants. Mieux connectée à Paris, l'agglomération ambitionne d'entrer dans la cour des grandes métropoles européennes.

Bordeaux en chiffres
- Ville : 239 399 habitants (49 km²)
- Aire urbaine : 1,1 million d'hab. (3 901 km²)
- 5e métropole française pour les emplois supérieurs

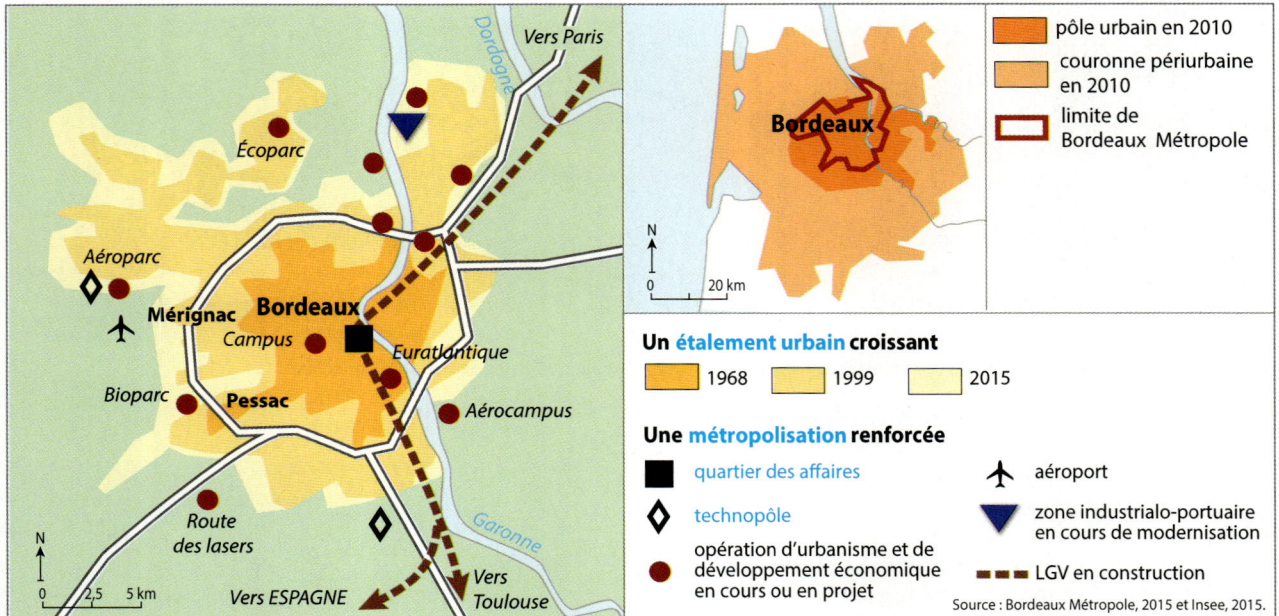

- pôle urbain en 2010
- couronne périurbaine en 2010
- limite de Bordeaux Métropole

Un étalement urbain croissant
- 1968
- 1999
- 2015

Une métropolisation renforcée
- ■ quartier des affaires
- ✈ aéroport
- ◇ technopôle
- ▼ zone industrialo-portuaire en cours de modernisation
- ● opération d'urbanisme et de développement économique en cours ou en projet
- ▬▬ LGV en construction

Source : Bordeaux Métropole, 2015 et Insee, 2015.

1 Les transformations de la métropole bordelaise

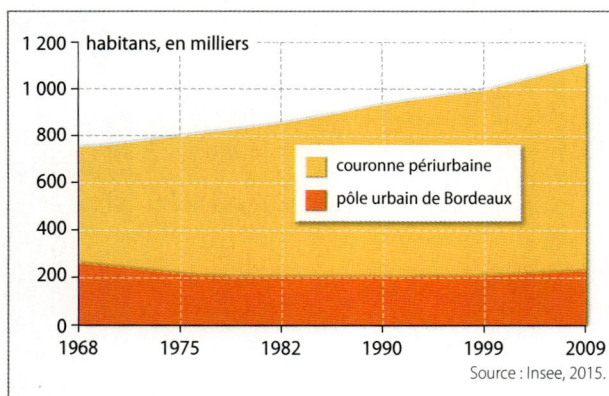

- couronne périurbaine
- pôle urbain de Bordeaux

Source : Insee, 2015.

2 Une croissance essentiellement périurbaine

3 Le marketing territorial, une stratégie d'attractivité

Vocabulaire

Étalement urbain : voir p. 116.

Marketing territorial : campagne de communication (affiche, presse institutionnelle, sites Internet) visant à renforcer l'image d'un territoire.

Métropole : voir p. 114.

Métropolisation : concentration croissante de la population, de la richesse et des fonctions de commandement dans les métropoles.

Périurbanisation : urbanisation au-delà des limites d'une agglomération à l'origine d'un étalement urbain discontinu.

Quartier des affaires : voir p. 116.

Technopôle : parc d'activités spécialisé dans les industries de haute technologie.

4 Le vignoble de Pessac grignoté par la **périurbanisation**

5 Les défis posés par la périurbanisation et la métropolisation

Bordeaux doit-elle avoir peur du million d'habitants ? Davantage d'habitants, cela veut dire davantage d'emplois, de ressources qui justifient la mise en place de grands équipements (grand stade, salle de spectacles mais également développement de l'université, des transports…). Bref, l'ambition millionnaire entend insuffler une dynamique et renforcer la métropole. Les urbanistes s'accordent sur le fait qu'à long terme, la métropole bordelaise constituera un croissant allant du Libournais au bassin d'Arcachon qui brasse déjà un million d'habitants. Or, les prévisions donnent pour acquis un accroissement démographique constant dans les années qui viennent. À l'inverse, la densité ne cesse de décliner, ce qui fait le lit de l'étalement urbain. Il s'explique par le fait que le rêve pavillonnaire et de son lopin de terre reste encore vivace. Mais aussi et surtout parce que le centre de l'agglomération n'attire plus (cherté des loyers). Le mot d'ordre est densification. D'où la marche en avant en termes de logements, comme le programme de 50 000 logements le long du tramway.

Géopopulation, 2015.

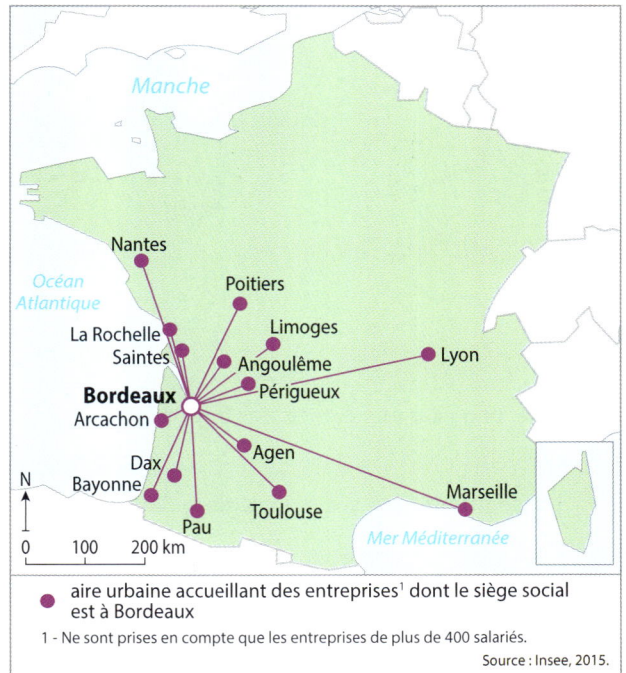

aire urbaine accueillant des entreprises[1] dont le siège social est à Bordeaux
1 - Ne sont prises en compte que les entreprises de plus de 400 salariés.
Source : Insee, 2015.

6 Une aire de rayonnement économique essentiellement régionale

Questions

1 Comment la population de Bordeaux et de son aire urbaine évolue-t-elle ? Comment cette évolution se traduit-elle dans l'espace ? Comment s'explique-t-elle ? (doc. 1, 2, 4 et 5)

2 Comment la métropolisation se traduit-elle à l'échelle urbaine ? À l'échelle nationale ? (doc. 1 et 5)

3 Par quels moyens la ville cherche-t-elle à renforcer la métropolisation ? Quels en sont les résultats ? (doc. 1, 3 et 6)

Consigne Bac

Montrez, à partir des documents 1 et 2, que la métropolisation de Bordeaux se manifeste à différentes échelles mais qu'elle présente des limites.

Comment réduire les fractures sociales et spatiales à Lille ?

Forte de sa situation européenne, Lille connaît depuis les années 1990 une croissance démographique et économique importante et se démarque de son image d'ancienne cité ouvrière. Toutefois les inégalités socio-spatiales se sont accrues, faisant du sud de la ville une zone enclavée et paupérisée. La politique de la ville concerne ainsi 6 quartiers sur 10 et tente de réduire ces inégalités.

Lille en chiffres :
- 217 000 habitants (Lille) ; 1,15 million (aire urbaine)
- Population sous le seuil de pauvreté : 25 % (France : 14 %)
- Taux de chômage : 17 % (France : 10 %)

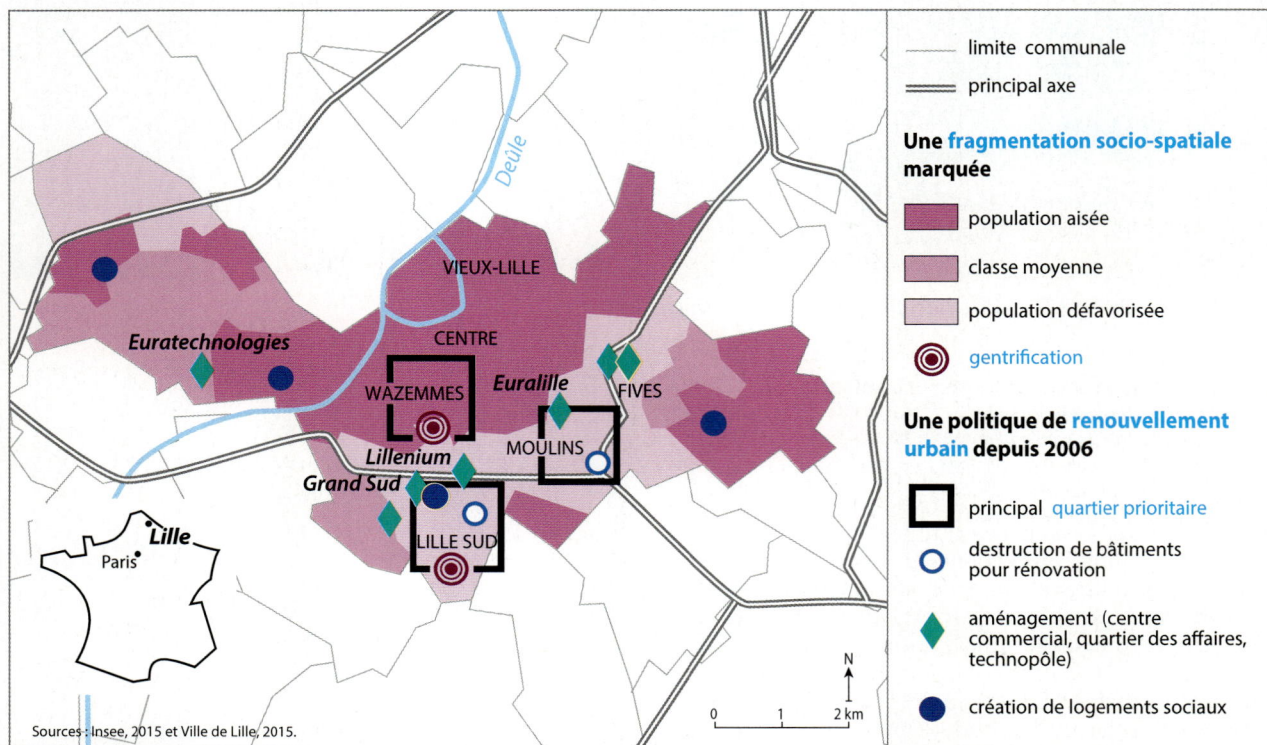

1 Lille, une ville aux contrastes importants

2 La fragmentation socio-spatiale à Lille

	Quartier prioritaire Wazemmes	Quartier prioritaire Lille Sud	Ensemble de l'unité urbaine de Lille
Revenus fiscaux moyens par ménage, en euros	1 059	620	1 428
Part des ménages propriétaires de leur logement, en %	16,5	12	51
Part des ménages touchant au moins une allocation chômage, en %	21	27	19

Source : Insee, 2015.

Vocabulaire

Éco-construction : bâtiment construit dans le respect de l'environnement (matériaux locaux, énergie durable, récupération des eaux de pluie).

Fragmentation socio-spatiale : division des territoires urbains en fonction des catégories sociales de population. Elle s'oppose à la mixité socio-spatiale.

Gentrification : afflux d'une population aisée dans un quartier auparavant populaire.

Quartier prioritaire : quartier en difficulté considéré comme prioritaire par la politique de la ville pour bénéficier d'aides publiques, en raison du faible revenu de ses habitants.

Renouvellement urbain : opération urbaine ayant pour objectif la mixité sociale, l'amélioration du cadre de vie et le développement de la mobilité.

Zone franche : zone qui présente des avantages fiscaux pour attirer les entreprises et développer l'activité économique.

3 **Le renouvellement urbain du quartier Lille-Sud.**
Plusieurs tours d'immeubles ont été détruites dans le quartier Lille-Sud pour laisser place au complexe Grand Sud (salle de spectacle et d'activités culturelles) en **éco-construction**. Les populations ont été relogées en partie dans des logements neufs construits dans le quartier. D'autres ont changé de quartier.

4 **Les défis de la politique de la ville**

Lille est une des grandes villes les plus chères du pays, résultat de sa politique de développement et de son attractivité, mais avec une des populations les moins riches. La politique des quartiers s'est donc imposée comme une des priorités de M. Aubry[1] avec un vaste plan de construction et de rénovation de logements et d'équipements. À chaque fois, la consigne est la même : pas question de créer des quartiers des affaires comme Euralille – qui s'éteint les soirs et week-ends– ni des cités-dortoirs. Les nouveaux projets doivent mêler habitations, commerces et entreprises et proposer des logements sociaux. La ville s'est lancée le vaste défi de construire 12 000 nouveaux logements en six ans. La bataille pour l'emploi est, elle aussi, loin d'être gagnée. Exemple avec les **zones franches** en place depuis 1997 et au bilan en demi-teinte. Plus d'un millier d'entreprises s'y sont installées en échange d'exonérations de charges, mais les embauches d'habitants de ces quartiers sont faibles. De quoi nourrir les frustrations des populations concernées : « *Dans les quartiers, les façades sont rénovées, les trottoirs élargis mais, tout ça, c'est l'arbre qui cache la forêt du chômage et de la misère* », estime Franck, 26 ans, habitant de Lille-Sud.

D'après *Le Monde*, 29 mai 2012.

1. Maire de Lille depuis 2001.

5 **La gentrification, une conséquence des mutations urbaines.**
Source : T. Colin, Journal *La Brique*, 2014. Bondues est une commune aisée au nord de Lille. Wazemmes est un quartier à tradition ouvrière qui a souffert des fermetures d'usines dans les années 1960. Aujourd'hui, ce quartier est gagné par la gentrification à la suite des travaux entrepris pour réaménager les anciennes friches industrielles.

Consigne Bac

À partir des documents 3 et 5, montrez que les opérations de renouvellement urbain peuvent modifier le paysage d'un quartier mais avoir des conséquences sociales différentes. Montrez les limites de ces documents.

Questions

1 Comment la fragmentation socio-spatiale se manifeste-t-elle à Lille ? (doc. 1 et 2)

2 Montrez que les politiques de la ville tentent de prendre en compte des mesures économiques et sociales. (doc. 1, 3 et 4)

3 Quelles sont les limites de ces politiques ? (doc. 2 et 5)

Comment les espaces ruraux corses profitent-ils du dynamisme des villes ?

Portées par le tourisme, les villes littorales corses ont largement étendu leur influence. L'arrière-pays autrefois rural d'Ajaccio ou de Bastia profite d'un renouveau démographique, tandis que les espaces ruraux montagnards restent enclavés et sont souvent désertés. Les conflits entre acteurs se multiplient également autour des nouveaux espaces périurbains.

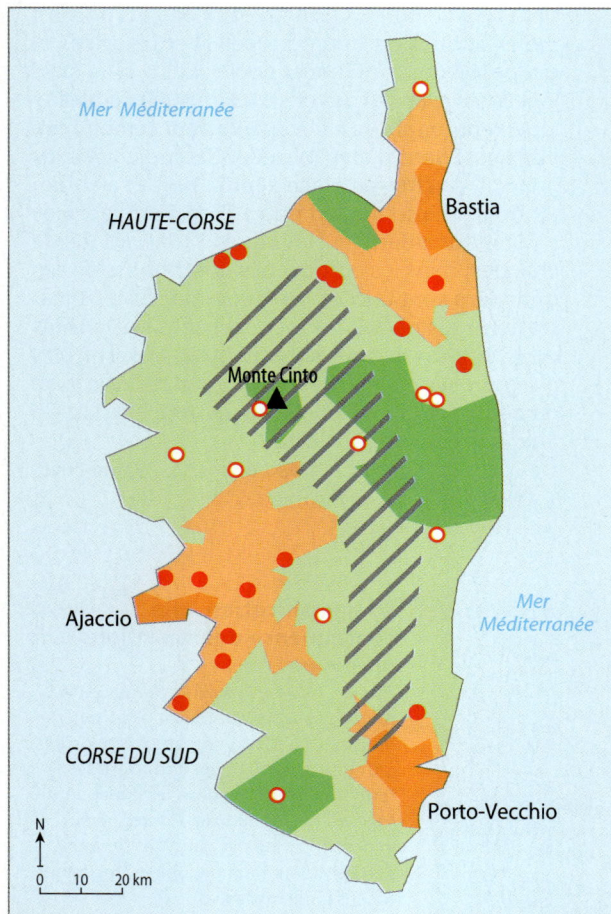

Des territoires ruraux dynamisés par les villes

- pôle urbain
- couronne périurbaine
- espace rural dynamique (agriculture périurbaine, tourisme vert)
- • petite ville et village dont la population a augmenté depuis 1999

Des espaces ruraux en difficulté

- territoire rural défavorisé
- territoire montagnard enclavé
- ○ petite ville et village dont la population a baissé depuis 1999

Sources : Agreste, 2015, Datar, 2015 et Insee, 2015.

1 Des territoires ruraux aux dynamiques contrastées

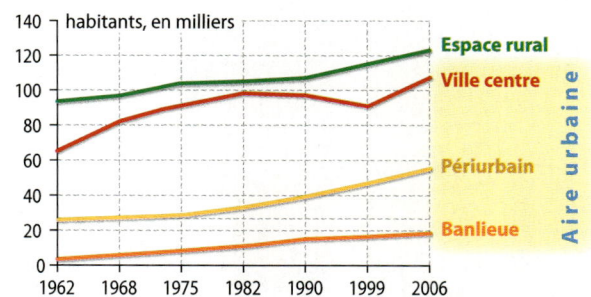

Source : Insee, 2015.

2 Une croissance démographique forte

3 Des espaces ruraux de montagne à l'écart du dynamisme urbain

Vocabulaire

Aire urbaine : espace constitué d'un pôle urbain central et d'une couronne périurbaine. Elle regroupe des communes dans lesquelles au moins 40 % de la population ayant un emploi travaille dans le pôle urbain central.

Mitage : extension non planifiée de zones d'habitations et d'aménagements dans un espace rural à l'origine.

Néo-rural : personne d'origine citadine nouvellement installée dans une commune rurale.

Périurbanisation : urbanisation au-delà des limites d'une agglomération à l'origine d'un étalement urbain discontinu.

4 Des espaces ruraux transformés par le **mitage**. (ici, autour de Propriano)

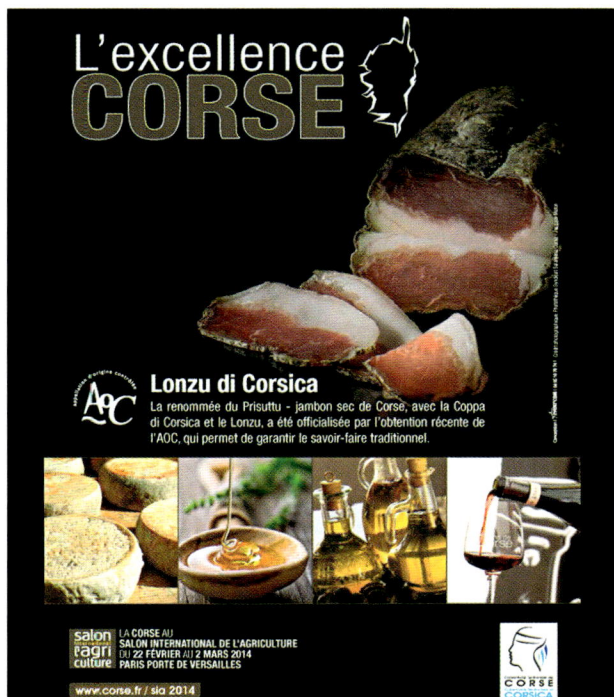

5 L'appellation contrôlée, un outil de développement de l'agriculture de terroir

6 Des villages dynamisés par la **périurbanisation**

Cozzano excelle par son dynamisme. Musée, médiathèque, épicerie, station essence, centrales hydro-électriques, création d'une deuxième classe dans l'école et d'un laboratoire de langues. Enfin, comme une cerise sur le gâteau, une micro-crèche devrait ouvrir ses portes à la rentrée. Une fierté pour le maire et ses habitants qui font de leur village un village quasi-autonome où il fait bon vivre. Mme Pantalacci est présidente de la crèche : « *C'est un projet novateur en milieu rural. Avec tous les services présents sur la commune et maintenant la crèche, il n'y a plus de barrière pour vivre dans le rural !* ». Beaucoup de jeunes couples **néo-ruraux** avec enfants vivent à Cozzano, sûrement grâce au dynamisme de la commune. Mais beaucoup travaillent plus loin. « *Moi je travaillais à Ajaccio. Je faisais l'aller-retour tous les jours avec mes enfants que je réveillais à 6h pour les confier à une crèche à Ajaccio, se souvient Virginie. Ce n'était plus vivable et plus rentable. J'ai dû arrêter de travailler. Aujourd'hui j'ai demandé à faire garder ma dernière à la crèche ici. Je vais enfin pouvoir rechercher du travail* ».

Corse-matin, 4 août 2014.

Questions

1 Où se situent les espaces ruraux les plus dynamiques ? Les moins dynamiques ? Comment peut-on expliquer ces localisations ? (doc. 1, 2 et 3)

2 Comment la périurbanisation transforme-t-elle les espaces ruraux ? (doc. 4 et 6)

3 Quelles difficultés rencontrent les espaces ruraux corses qui sont moins dynamisés par les villes ? (doc. 1 et 3) Comment peuvent-elles être surmontées ? (doc. 5 et 6)

Consigne Bac

À partir du document 1, montrez que les espaces corses sont contrastés et profitent inégalement du dynamisme des villes.

MÉTHODE BAC

Étude critique de documents **ES/L**
Analyse de documents **S**

Capacités travaillées
• Étudier un graphique
• Mobiliser des connaissances

Sujet guidé — Urbanisation et métropolisation en France

À l'aide des documents, montrez que les grandes aires urbaines françaises connaissent des évolutions disparates qui ne s'expliquent qu'en partie par la métropolisation.

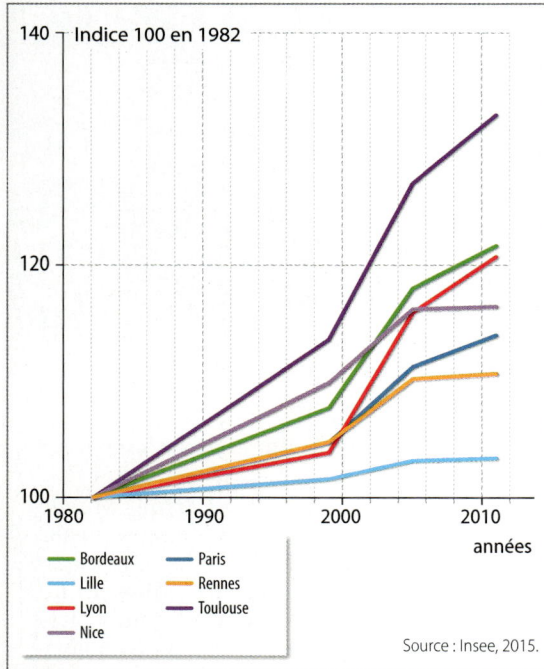

1 L'évolution de la population des grandes aires urbaines en France

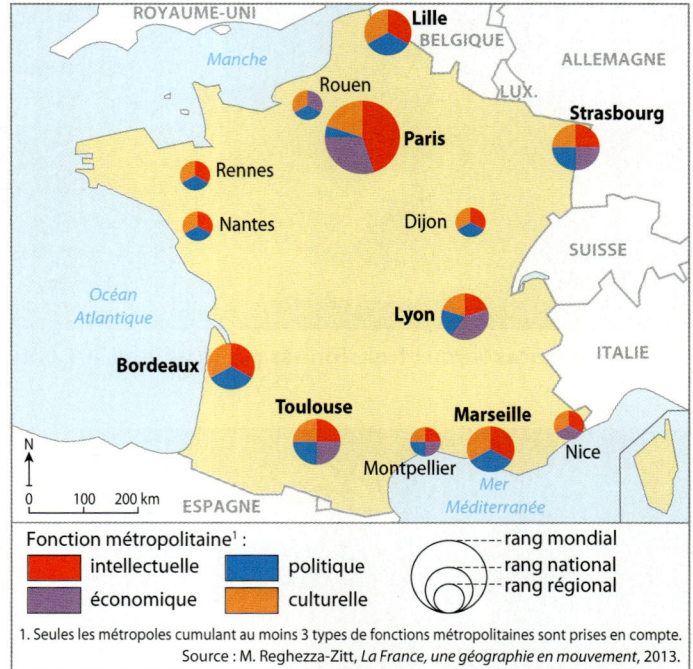

Source : Insee, 2015.

2 Les fonctions métropolitaines dans les villes françaises

Fonction métropolitaine[1] :
- intellectuelle
- politique
- économique
- culturelle

rang mondial
rang national
rang régional

1. Seules les métropoles cumulant au moins 3 types de fonctions métropolitaines sont prises en compte.
Source : M. Reghezza-Zitt, *La France, une géographie en mouvement*, 2013.

A — Étudier un graphique

Méthode

a. **Identifier la source** : auteur, date, provenance des données chiffrées (Insee, Eurostat…).

b. **Décrire le graphique** :
  – repérer les éléments de construction : forme (circulaire, histogramme, courbe…), axe et unité de mesure ;
  – repérer la tendance générale : augmentation ou diminution pour une courbe, équilibre ou déséquilibre des données pour les graphiques circulaires ou histogrammes ;
  – identifier les exceptions : irrégularité d'une courbe, faiblesse ou importance d'une donnée.

c. **Interpréter le graphique** :
  – utiliser les connaissances extraites du cours pour expliquer les grandes tendances et les exceptions ;
  – organiser les informations en lien avec les différentes parties de la consigne.

1 Au brouillon, répondez aux questions posées dans les cartouches de lecture. Puis, à l'aide de vos réponses, rédigez deux phrases de présentation du document.

Que représente l'axe des ordonnées ? des abscisses ?

Pourquoi les courbes partent-elles toutes de l'indice 100 ?
Quel est l'intérêt de la représentation en indice ?

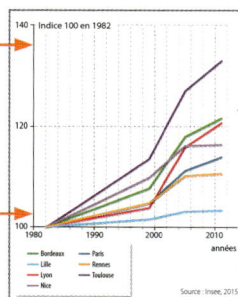

Sur quel critère s'est effectué le choix des aires urbaines représentées ?
▶ **Aide** doc. 1 p. 114

Pourquoi peut-on dire que cette source est institutionnelle ?

a. Pourquoi mobiliser des connaissances ?
– pour comprendre les enjeux du sujet ;
– pour expliquer les documents ;
– pour apporter d'autres exemples qui mettent le document en perspective.

b. Comment mobiliser ses connaissances ?
– utiliser le cours (notions clés, étude de cas, fiche de révision) ;
– utiliser le manuel (lexique, cours, carte pour situer le cas étudié) ;
– utiliser la culture personnelle.

2 Complétez le tableau suivant.   ●▶ **Méthode** p. 104

	Prélever les informations	Mobiliser des connaissances
Un constat : une évolution contrastée des aires urbaines	– Inégale répartition géographique des grandes aires urbaines en France – Augmentation de la population de toutes les aires – Croissance inégale : 16 % depuis 1982 pour Paris…	– Définition d'aire urbaine : espace constitué d'un pôle urbain .... – Peu de métropoles des Pyrénées aux Ardennes .... – .... – Nuance : même si elle augmente lentement, l'aire urbaine de Paris est néanmoins 7 fois plus peuplée que celle de Lyon (2ᵉ rang français).
La métropolisation n'est pas la seule cause de l'évolution des aires urbaines	– .... – .... –	– Périurbanisation : .... – .... – ....

> **Conseil**
> À l'aide du doc. 1 p. 114, montrez que la croissance des aires urbaines ne touche pas que les plus peuplées d'entre elles.

> **Conseil**
> Rappelez la définition de « périurbanisation » et montrez que c'est une cause de l'augmentation de la population des aires urbaines.

S ujet d'entraînement

Les dynamiques des différents espaces urbains en France

À partir de ces documents, montrez que les dynamiques démographiques sont différentes selon les types d'espaces urbains.

> **Conseil**
> Aidez-vous du repère p. 116 pour identifier les différents espaces urbains.

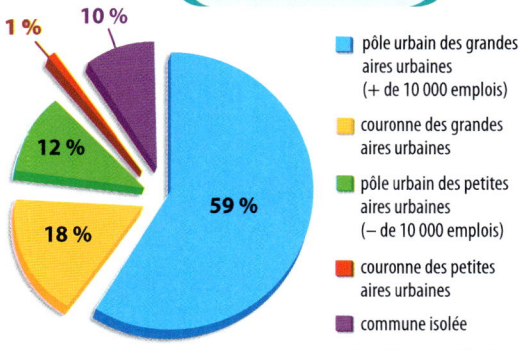

1%   10%

12%

18%   **59%**

- pôle urbain des grandes aires urbaines (+ de 10 000 emplois)
- couronne des grandes aires urbaines
- pôle urbain des petites aires urbaines (– de 10 000 emplois)
- couronne des petites aires urbaines
- commune isolée

Source : Insee, 2015.

1 La répartition de la population française selon les différents espaces urbains

2 Des dynamiques démographiques contrastées

Dans la plupart des grandes aires urbaines françaises, la population augmente, particulièrement dans les communes de la couronne périurbaine qui sont toujours plus dynamiques que l'agglomération elle-même. Les couronnes sont souvent très étendues : 30 km autour de Rennes ou Montpellier, 50 km autour de Toulouse ou Lyon, 100 km pour Paris. En revanche, certaines grandes agglomérations comme Valenciennes, Le Havre, Dunkerque et Saint-Étienne ont perdu des habitants sur 30 ans, conséquence des restructurations industrielles.

Les centres-villes perdent eux aussi une partie de leurs habitants, à la faveur de leur couronne périurbaine. C'est ainsi le cas des villes du Mans ou de Limoges mais aussi de Béziers et La Rochelle. Ce recul s'observe aussi dans certaines villes outre-mer : Basse-Terre, Fort-de-France.

Dans les zones rurales, la croissance démographique s'observe seulement lorsque de grandes agglomérations sont à proximité, plus particulièrement le long des axes routierss. La plupart des territoires qui sont éloignés de toute agglomération perdent de la population, et ce même dans des régions en croissance (Bretagne, Sud-Ouest).

Le Figaro, 15 janvier 2014.

Sujet guidé — Les espaces ruraux du Massif central, des espaces aux dynamiques contrastées

À partir des documents, montrez que les espaces ruraux du Massif central sont contrastés et connaissent de nouvelles formes de développement.

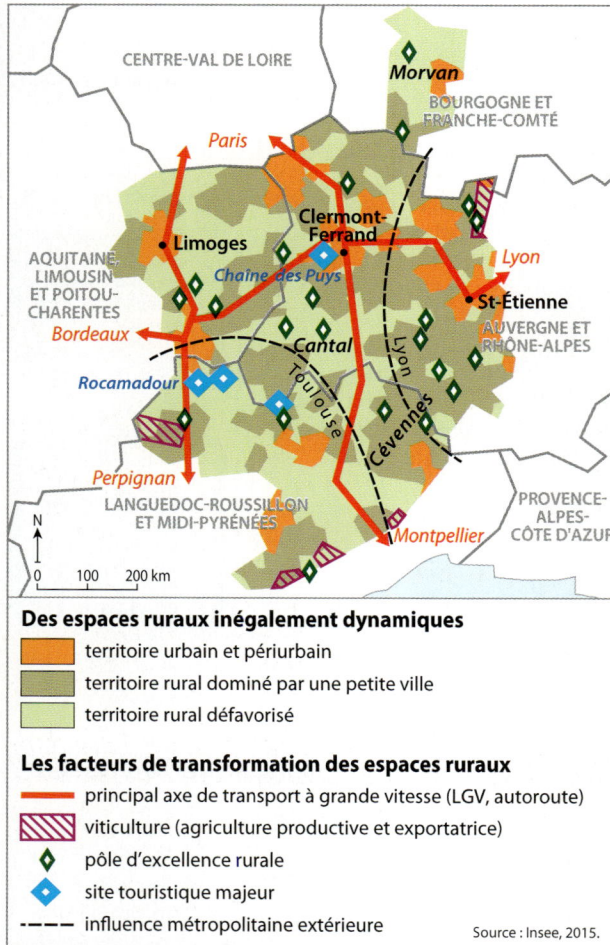

Conseil
Indiquez dans votre analyse que le Massif central est un territoire de moyenne montagne et de plateaux où l'activité agricole (élevage) domine, tandis que les villes sont des foyers industriels.

1 Les espaces ruraux du Massif central, des espaces en cours d'intégration

Des espaces ruraux inégalement dynamiques
- territoire urbain et périurbain
- territoire rural dominé par une petite ville
- territoire rural défavorisé

Les facteurs de transformation des espaces ruraux
- principal axe de transport à grande vitesse (LGV, autoroute)
- viticulture (agriculture productive et exportatrice)
- pôle d'excellence rurale
- site touristique majeur
- influence métropolitaine extérieure

Source : Insee, 2015.

2 Les difficultés des espaces ruraux du Massif central

Dans le Massif central, les territoires de montagne connaissent une situation démographique critique. Si certains territoires comme les Cévennes ou le Morvan bénéficient d'une attractivité renouvelée, elle est essentiellement le fait des seniors et tend à renforcer le vieillissement de la population. 10 des 22 bassins français dont la population est à plus de 30 min des services intermédiaires sont situés dans le Massif. Du point de vue des infrastructures de transport, il subsiste quelques faiblesses : une desserte ferroviaire limitée, l'absence de lignes à grande vitesse, des communications est-ouest encore malaisées. Le développement du très haut débit, gage d'attractivité pour les entreprises et les familles, constitue un enjeu fort pour le Massif. De même, l'économie résidentielle est très développée (67 % des emplois salariés). Or, cette activité a peu d'effet d'entraînement sur l'économie : les espaces ruraux se caractérisent souvent par une faible densité économique. La nature des spécialisations agricoles (élevage) se traduit souvent par un faible revenu agricole et une dépendance plus forte aux subventions européennes. En outre, deux enjeux économiques forts restent à relever : soutenir la filière bois encore limitée et développer le potentiel touristique avec la promotion d'une image « Massif central » qui ne serait pas seulement circonscrite à la Chaîne des Puys.

Insee, 2015.

A Analyser le sujet et la consigne

1 Identifiez les notions clés et délimitez l'espace concerné. ▶ Méthode p. 34

Qu'est-ce qu'un espace rural ? Pourquoi les espaces ruraux se définissent-ils de plus en plus par rapport aux espaces urbains ?

Pourquoi le Massif central est-il un exemple adapté pour étudier la diversité des espaces ruraux ?

Les espaces ruraux du Massif central, des espaces aux dynamiques contrastées

À partir des documents, montrez que les espaces ruraux du Massif central sont **inégalement intégrés** et mettent en œuvre de **nouvelles formes de développement**.

Par quels moyens passe l'intégration des espaces ruraux au reste du territoire et à la mondialisation ?

À l'aide de vos connaissances, listez les formes de développement tentées par les espaces ruraux pour se développer davantage.

B   Dégager les limites d'un document pour traiter les sujets

a. **Confronter deux documents** permet de constater que les éléments fournis ne sont pas identiques.
b. **Mobiliser des connaissances** aide à repérer des informations essentielles qui ne figurent pas dans les documents et/ou des informations subjectives.

2 Dans la liste suivante, classez les expressions qui qualifient les espaces ruraux présentés dans le doc. 1 ; dans le doc. 2.

dynamiques ; défavorisés ; connectés ; marginalisés ; intégrés à la mondialisation ; en déprise ; productifs ; vieillissants ; sous influence urbaine ; enclavés ; faiblement peuplés ; désertifiés ; d'excellence.

3 Complétez le tableau suivant.   ● Méthode p. 129

	Identifier les informations	Mobiliser les connaissances pour…	
		… interpréter les informations	… repérer des informations essentielles absentes des documents
Les contrastes entre les espaces ruraux	– territoire périurbain (doc. 1)	– il s'agit des principales aires urbaines (ex : Limoges)	– existence d'un réseau dense de transport organisé autour des pôles urbains (mobilités pendulaires)
	– .... (doc. 2)	–	– ....
Les dynamiques de développement	–	–	– ....

Conseil
Pour identifier les dynamiques, observez les mutations en cours sur le territoire étudié : croissance démographique, implantation de nouvelles infrastructures ou de nouvelles activités économiques…

C   Critiquer un document   SÉRIE ES/L

a. **Montrer que le document offre un point de vue :**
   – par la présentation des informations (formulation de la légende d'une carte ; subjectivité d'un texte ; codes de la caricature ou de l'affiche) ;
   – qui permettent de transmettre un message (convaincre, séduire, provoquer, critiquer, influencer).
b. **Évoquer ce que l'auteur ne mentionne pas sur le sujet.**

4 Par quels moyens la légende du doc. 1 présente-t-elle un point de vue optimiste sur les espaces ruraux du Massif central ? Relevez dans le doc. 2 les expressions qui insistent sur les difficultés des espaces ruraux du Massif central.

5 Sur le modèle proposé pour le doc. 1, rédigez un texte qui critique le point de vue du doc. 2.

Le doc. 1 offre une présentation optimiste de la situation des espaces ruraux du Massif central. En effet, dans la 2ᵉ partie, la légende insiste sur les dynamiques d'entraînement, tant du point de vue des infrastructures (axes de transport) que des atouts économiques (sites touristiques, PER…). Ce parti pris a ses limites puisque les dynamiques démographiques (faibles densités, vieillissement), l'enclavement (accès aux services essentiels, aux réseaux numériques ou de transports) et les fragilités socio-économiques (faibles revenus et déprise agricole) sont occultés.
Le doc.2 ....

Sujet guidé — Urbanisation et métropolisation en France

A — Analyser le sujet

1 Identifiez les notions clés et délimitez l'espace concerné.

▶ **Méthode** p. 76

> L'urbanisation mesure le poids de la population urbaine dans la population totale. En France, le taux d'urbanisation est de 85 %.

Urbanisation et métropolisation du territoire français

> À partir de la définition de « métropole » p. 114, donnez une définition de « métropolisation ».

> À l'aide du doc. 1 p. 112, montrez que l'urbanisation est généralisée en France.

B — Construire une légende

Méthode

a. **Grouper les informations** en grands thèmes distincts qui forment les parties. La formulation du sujet aide à dégager les grandes idées de la légende.

b. **Déterminer l'ordre des parties.** Il dépend du sujet.

c. **Donner un titre significatif** à chacune des parties de la légende.

d. **Choisir un figuré** pour chacune des informations.

2 Dans la liste suivante, sélectionnez les informations en lien avec le sujet.

zonage

étalement urbain

zones industrielles

taux d'urbanisation fort

forte croissance des aires urbaines

mitage

quartiers prioritaires urbains

périurbanisation

aire urbaine

croissance des aires urbaines faible

quartier des affaires d'échelle européenne

3 Groupez les informations selon les deux thèmes suggérés par le sujet.

> **Conseil**
> Pour réaliser ce classement, assurez-vous que les définitions d'« urbanisation » et « métropolisation » sont bien comprises.

4 Sur le modèle proposé pour la première partie de la légende, complétez le titre de la 2e partie en utilisant une ou des expressions de la liste suivante :

régionales et nationales ; françaises ; au poids croissant ; au rayonnement limité ; inégalement dynamiques ; complémentaires et concurrentes entre elles.

1. Une urbanisation généralisée du territoire français

2. Des métropoles ....

5) En vous aidant des cartes du chapitre p. 114 et 115, complétez le titre, la légende et le croquis.

Titre : ....

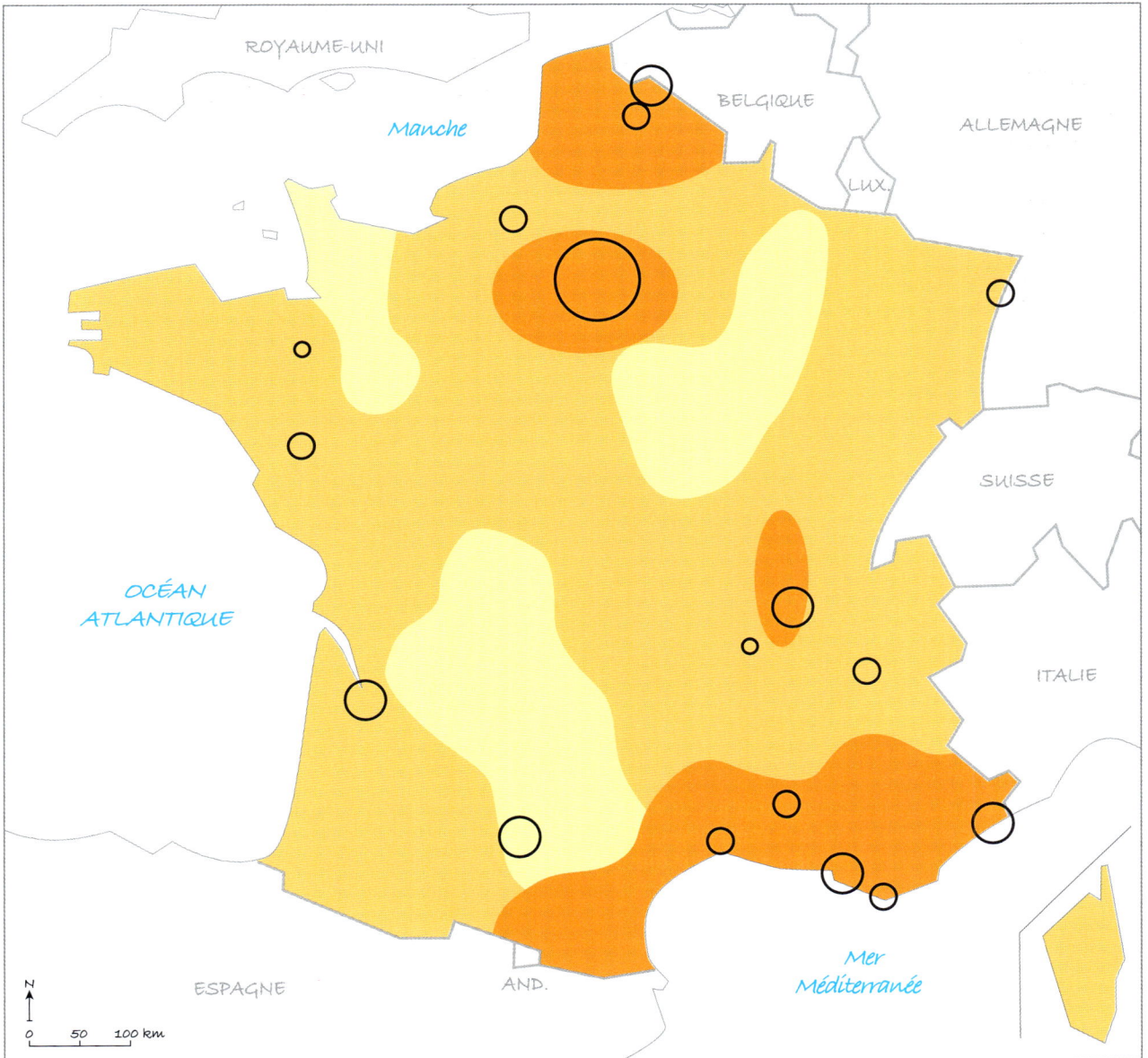

ROYAUME-UNI

Manche

BELGIQUE

ALLEMAGNE

LUX.

SUISSE

OCÉAN
ATLANTIQUE

ITALIE

N

0   50   100 km

ESPAGNE

AND.

Mer
Méditerranée

**Une urbanisation généralisée
du territoire français**

....
....
....

....
....

Des métropoles ....
....

🔵 ....
🔴 ....
⬛ ....

Conseil
Cherchez dans le chapitre
le nom des quartiers des
affaires de rayonnement
mondial ou européen
(Paris, Lyon, Strasbourg).

Composition

Capacités travaillées
• Analyser le sujet
• Rédiger une introduction

Sujet guidé — La France en villes : urbanisation, métropolisation et fractures socio-spatiales

A Analyser le sujet

1 Identifiez les notions clés et délimitez l'espace concerné.

▶ **Méthode** p. 38

> Expliquez l'expression « la France en villes » en montrant que le fait urbain touche directement ou indirectement tous les territoires de la France.

> Quel type de quartier urbain est aujourd'hui plutôt favorisé ? défavorisé ? Quelles politiques sont menées pour réduire ces fractures urbaines ?

La France en villes : urbanisation, métropolisation et fractures socio-spatiales

> Quel est le taux d'urbanisation moyen en France ?

> Définissez la métropolisation.

> **Conseil**
> Aidez-vous des questions d'analyse du sujet p. 132

B Rédiger une introduction

Méthode

SÉRIE ES/L

a. **Amorcer la composition :** accrocher le lecteur en partant d'un chiffre clé, d'un fait d'actualité, d'une citation.

b. **Définir le sujet :** apporter une définition géographique des notions clés, délimiter l'espace concerné, poser les enjeux.

c. **Formuler la problématique :** elle doit couvrir l'ensemble du sujet ; elle soulève une question qui sera le fil conducteur de la composition.

d. **Annoncer les grandes parties de la composition.**

SÉRIE S

a. **Définir le sujet :** apporter une définition géographique des notions clés, délimiter l'espace concerné.

b. **Formuler le fil directeur :** il doit couvrir l'ensemble du sujet et guidera la réflexion tout au long de la composition.

> **Conseil**
> Ne choisissez que les paragraphes nécessaires à l'introduction.

2 Sélectionnez dans les paragraphes suivants ceux qui correspondent à la méthode ci-dessus et donnez-leur un titre (définition du sujet, amorce, problématique, annonce du plan).

2 Sélectionnez dans les paragraphes suivants ceux qui correspondent à la méthode ci-dessus et donnez-leur un titre (définition du sujet, fil directeur).

Titre : ....

Titre : ....

Titre : ....

Titre : ....

Titre : ....

Pourquoi l'attractivité urbaine s'est-elle traduite par un creusement des inégalités entre les métropoles et les villes secondaires, mais aussi entre les quartiers urbains ?

Après avoir présenté l'urbanisation du territoire français et ses conséquences, nous montrerons que l'attractivité des villes profite d'abord aux métropoles qui structurent le territoire français mais engendre aussi des fractures socio-spatiales entre quartiers.

L'attractivité urbaine s'est donc traduite par un creusement des inégalités entre les métropoles et les villes secondaires, mais également entre les différents quartiers urbains.

Quatre Français sur cinq sont aujourd'hui citadins et l'insertion croissante de la France dans la mondialisation ne cesse d'accroître cette proportion et l'importance des villes sur le territoire.

L'urbanisation de la population française a été progressive depuis la seconde moitié du XIXe siècle. Aujourd'hui, les villes ....

---

3 Reconstituez l'ordre et complétez le paragraphe manquant de l'introduction de la composition.

Utiliser un globe virtuel

Sujet   La périurbanisation autour de Nîmes

1. Barre de recherche de l'espace choisi

3. Outils de changement d'échelle et d'orientation

Conseil
Expliquez la forte périurbanisation par le fait que, depuis 40 ans, la population de Nîmes métropole a augmenté deux fois plus vite que la moyenne française.

2. Coordonnées géographiques

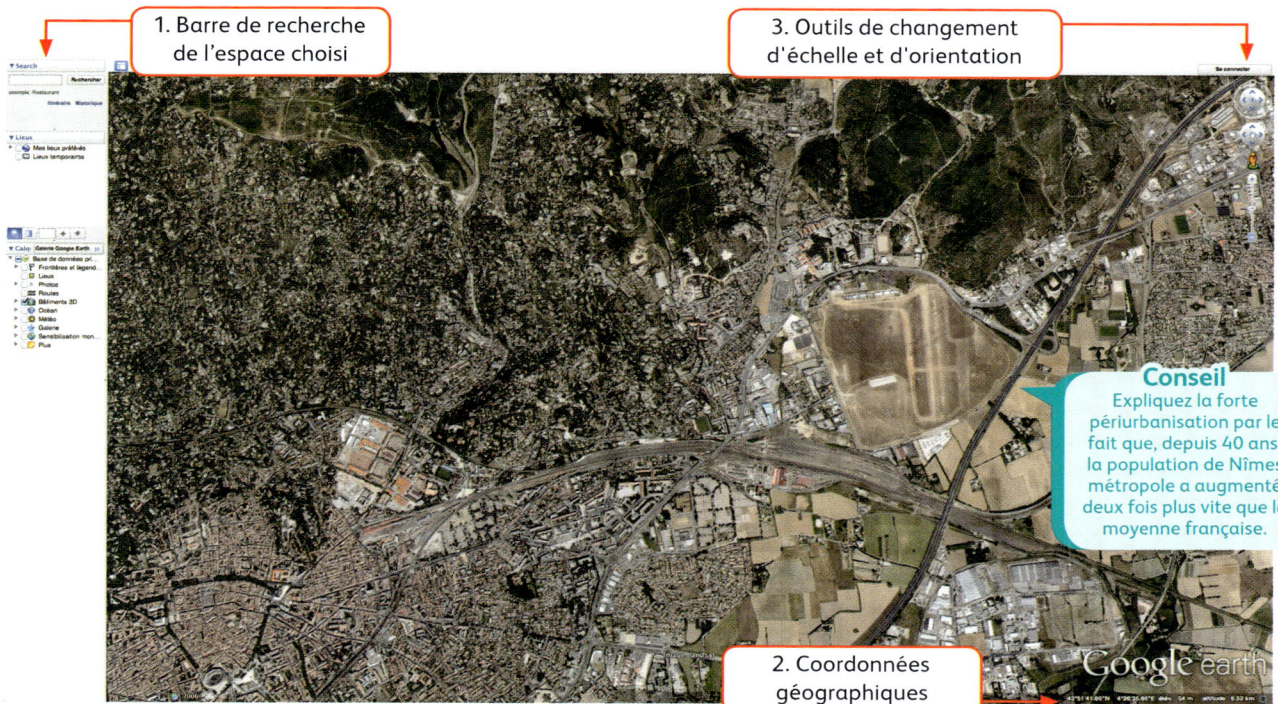

1 Réalisez l'exercice d'application sur Google Earth en vous aidant de la méthode proposée.

Méthode pour utiliser un globe virtuel	Application
Rechercher l'espace choisi grâce au nom du lieu ou grâce à ses coordonnées géographiques.	Tapez Nîmes dans la barre de recherche ①. Repérez-vous grâce aux coordonnées géographiques du curseur ②.
Identifier les éléments structurants de cet espace visibles sur l'image (route, village, zone industrielle, zone agricole…).	Naviguez dans l'image en changeant d'échelle ③ pour identifier les éléments structurants : route, autoroute, village, parcelle agricole, centre commercial, lotissement pavillonnaire.
Organiser les informations relevées dans un plan organisé.	Classez ces informations dans trois parties grâce à ces titres : – un espace à l'origine rural ; – un espace gagné par la périurbanisation ; – un espace au zonage marqué.

2 Réalisez un croquis d'interprétation de l'espace étudié en complétant le modèle proposé ci-dessous.

Un espace à l'origine rural

● village   ▢ ....

Un espace gagné par la périurbanisation

....

....   **Conseil**
Ce croquis d'interprétation peut illustrer une composition.

....

Un espace au zonage marqué

....

Fiche de révision

Localisations essentielles

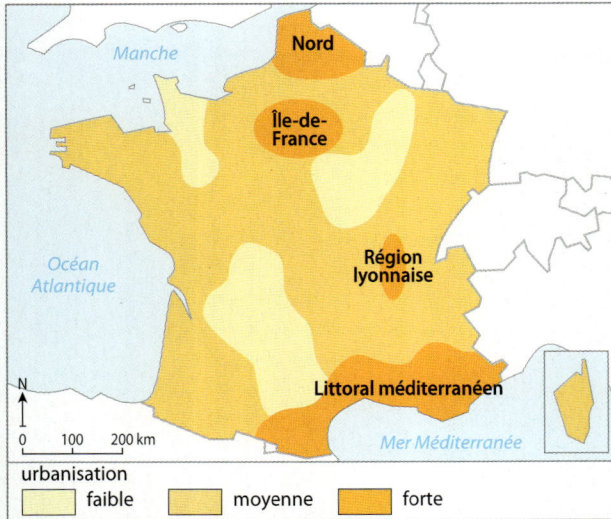

urbanisation
- faible
- moyenne
- forte

1 L'inégale urbanisation en France

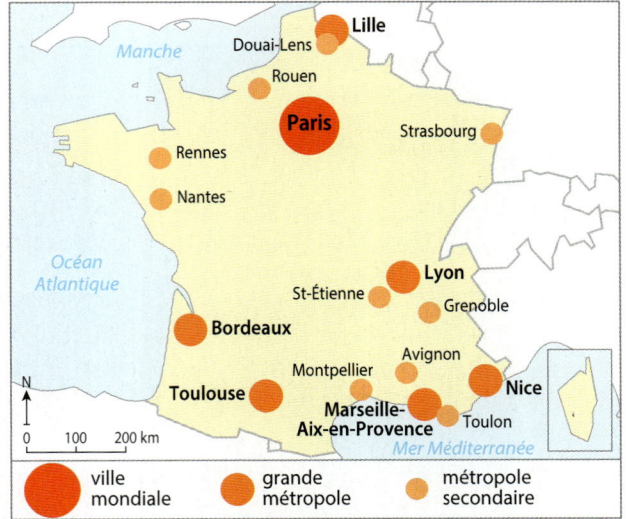

- ville mondiale
- grande métropole
- métropole secondaire

2 Une armature urbaine hiérarchisée

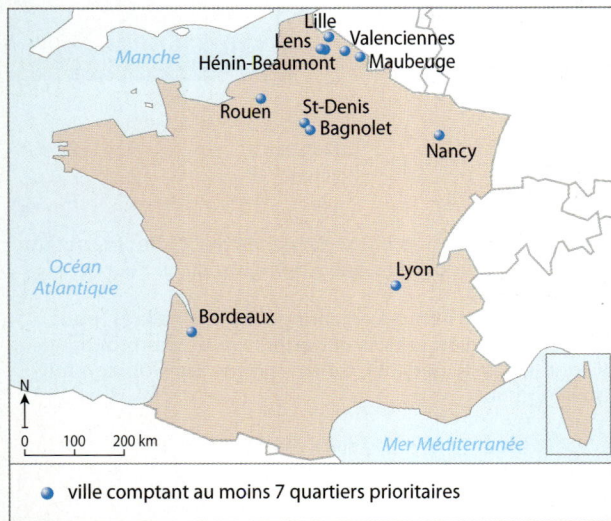

- ville comptant au moins 7 quartiers prioritaires

3 Les quartiers urbains prioritaires

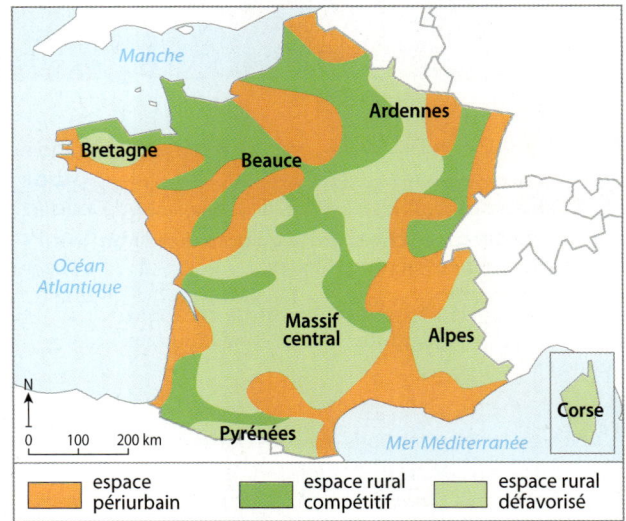

- espace périurbain
- espace rural compétitif
- espace rural défavorisé

4 La diversité des espaces ruraux

Chiffres clés

A Le taux d'urbanisation en France

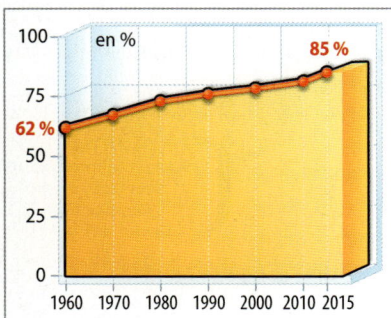

B Les 3 premières aires urbaines françaises (en millions)

Lyon	Paris	Marseille-Aix-en-Provence
2	1	3
2,2	12,3	1,7

C Le recul des espaces ruraux

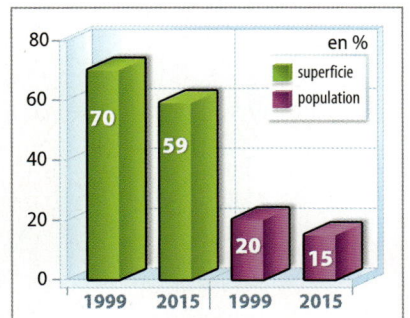

COMMENT L'URBANISATION TRANSFORME-T-ELLE LE TERRITOIRE FRANÇAIS ?

LES CONSÉQUENCES DE LA CROISSANCE URBAINE	LES AMÉNAGEMENTS POUR RÉDUIRE LA FRACTURE URBAINE	LES NOUVELLES FORMES DE DÉVELOPPEMENT DES ESPACES RURAUX
Un étalement urbain spectaculaire	Des espaces urbains très fragmentés	Des espaces ruraux transformés par la périurbanisation
Une métropolisation accentuée par la mondialisation	Des politiques de la ville pour soutenir les quartiers en difficulté	Des espaces ruraux productifs et de plus en plus compétitifs
Des inégalités à toutes les échelles	Des politiques de la ville pour favoriser le développement durable	Des espaces ruraux défavorisés en quête de dynamisme

A Quelles sont les conséquences de la forte attractivité des villes ?

La population française est de plus en plus urbaine et les espaces ruraux diminuent au profit des villes. L'**étalement urbain** rend l'opposition ville/campagne moins pertinente en raison de la **périurbanisation**. L'**armature urbaine** est largement dominée par Paris mais les **métropoles** régionales (Lyon, Lille, Bordeaux) se développent. Elles renforcent leurs fonctions (économique, culturelle) pour faire face aux concurrences européennes et mondiales.

B Comment lutter contre la fragmentation urbaine et repenser la ville ?

La **fragmentation urbaine** s'accentue dans tous les espaces des aires urbaines. Elle oppose des espaces aux fonctions différentes et creuse les écarts de richesse entre les quartiers (opposition entre les quartiers Nord et Sud de Marseille). Les **quartiers prioritaires**, qui sont les plus défavorisés, bénéficient d'une **politique de la ville** en pleine évolution. Aujourd'hui, le **développement durable** est pris en compte en favorisant la mixité sociale ou une nouvelle gestion des territoires (intercommunalité).

C Quelles sont les perspectives de développement pour les espaces ruraux dans une France majoritairement urbaine ?

Face à la croissance urbaine, les espaces ruraux évoluent. Les **espaces périurbains** sont grignotés par l'urbanisation et se transforment pour accueillir de nouvelles populations et activités. Certains espaces agricoles ou touristiques (bassin parisien, littoral méditerranéen), encouragés par l'État, sont valorisés par la mondialisation et sont compétitifs. D'autres **espaces défavorisés** (Massif central, Ardennes) restent en marge et subissent des difficultés socio-économiques. Ils sont amenés à se reconvertir notamment dans une démarche de développement durable (parfois dans le cadre des **PER**).

NE PAS CONFONDRE

Étalement urbain : croissance spatiale des villes sous l'effet d'un accroissement démographique et/ou de l'implantation de nouvelles activités.

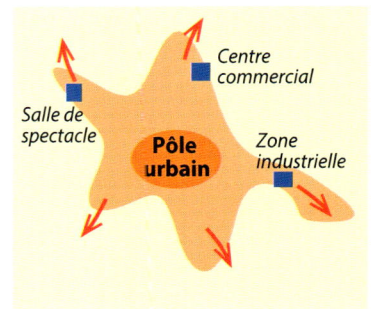

Périurbanisation : urbanisation au-delà des limites d'une agglomération à l'origine d'un étalement urbain discontinu.

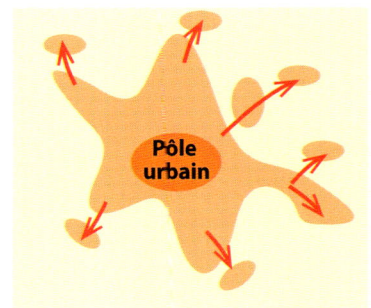

5

Les dynamiques des espaces productifs dans la mondialisation

ENJEUX

Le « made in France » doit aujourd'hui faire face à un système de production mondialisé et concurrentiel. Dans le cadre de la mondialisation, les acteurs économiques s'implantent en effet là où les avantages en termes d'accessibilité, de réseaux ou de compétences sont les plus nombreux. Tous les espaces ne sont donc pas égaux face à cette nouvelle donne.

▶ **Comment la mondialisation transforme-t-elle les territoires productifs français ?**

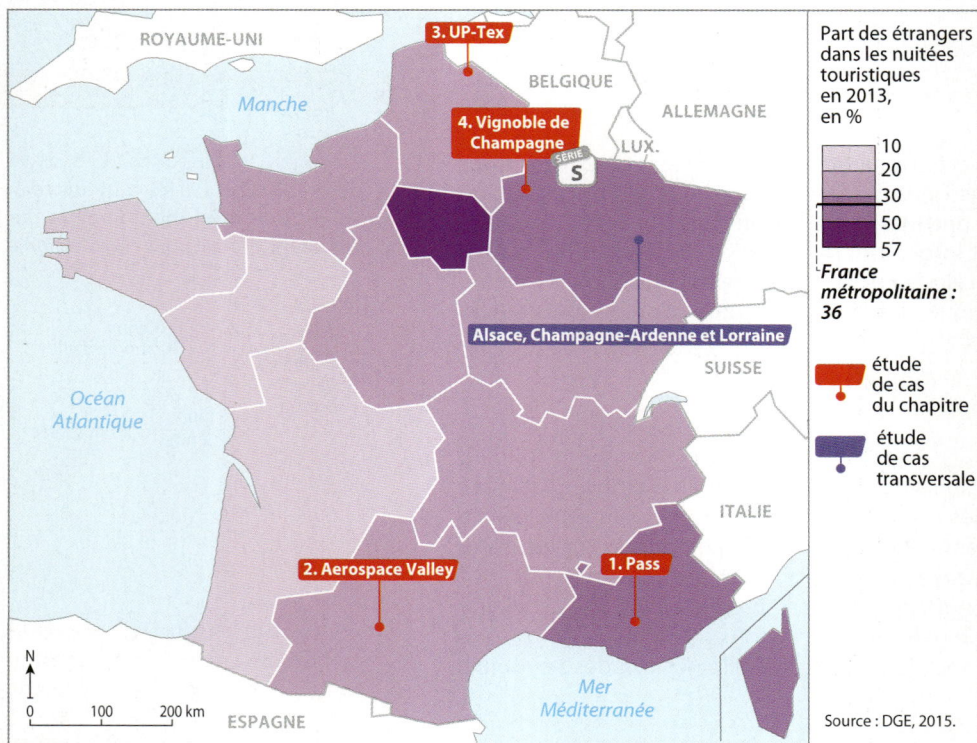

Part des étrangers dans les nuitées touristiques en 2013, en %
- 10
- 20
- 30
- 50
- 57

France métropolitaine : 36

- étude de cas du chapitre
- étude de cas transversale

3. UP-Tex
4. Vignoble de Champagne
SÉRIE S
Alsace, Champagne-Ardenne et Lorraine
2. Aerospace Valley
1. Pass

ROYAUME-UNI · Manche · BELGIQUE · ALLEMAGNE · LUX. · SUISSE · ITALIE · Océan Atlantique · ESPAGNE · Mer Méditerranée

Source : DGE, 2015.

1 Le tourisme international en France

Questions

1) Quelle activité abritait le bâtiment de la photographie dans les années 1920 ? en 2015 ? (doc. 2 et 3)

2) Quelle transformation cette mutation des activités a-t-elle entraînée sur le paysage du quartier ?

3) Montrez que la mondialisation touristique du territoire français est importante mais inégale. (doc. 1)

Les halles aux vins de Bercy à Paris en 1926

Paris
Bercy

La valorisation touristique du patrimoine industriel parisien (Bercy Village en 2015)

Le pôle Pass : un territoire de l'innovation au cœur de la Provence

Alors que la Provence est associée aux plantes aromatiques, Grasse est depuis le XVIIᵉ siècle indissociable de l'industrie du parfum. Le pôle de compétitivité Pass (Parfums, Arômes, Senteurs, Saveurs) a été créé en 2005 pour dynamiser le secteur d'activité et répondre aux enjeux environnementaux.

Pass en chiffres
- 13 000 emplois
- 46 laboratoires de recherche
- 50 % du chiffre d'affaires national de l'industrie des plantes à parfum

A En quoi la Provence est-elle un territoire favorable à l'innovation dans l'industrie des plantes à parfum ?

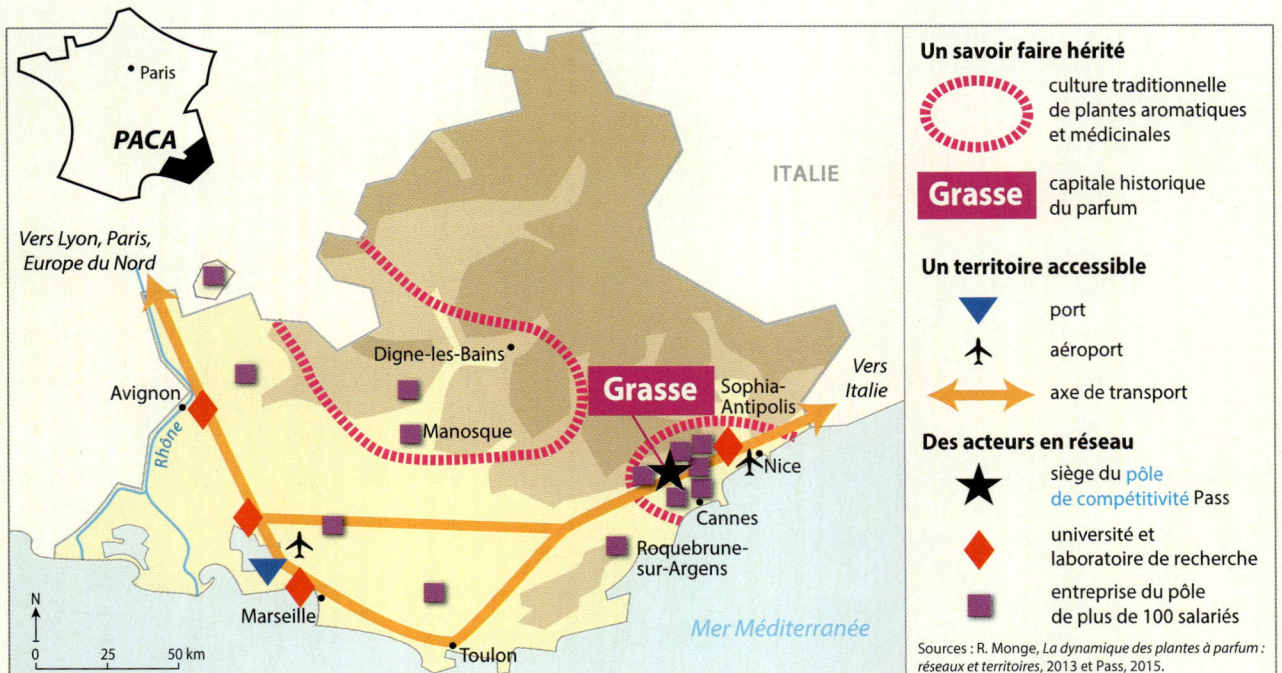

Un savoir faire hérité
- culture traditionnelle de plantes aromatiques et médicinales
- **Grasse** capitale historique du parfum

Un territoire accessible
- port
- aéroport
- axe de transport

Des acteurs en réseau
- ★ siège du pôle de compétitivité Pass
- ◆ université et laboratoire de recherche
- ■ entreprise du pôle de plus de 100 salariés

Sources : R. Monge, *La dynamique des plantes à parfum : réseaux et territoires*, 2013 et Pass, 2015.

1 Des atouts favorables à l'innovation

2 Un pôle de compétitivité au cœur d'un réseau d'acteurs

3 Le laboratoire de recherche Erini à Grasse. Le centre de recherche Erini cherche à optimiser des méthodes d'extraction des parfums naturels.

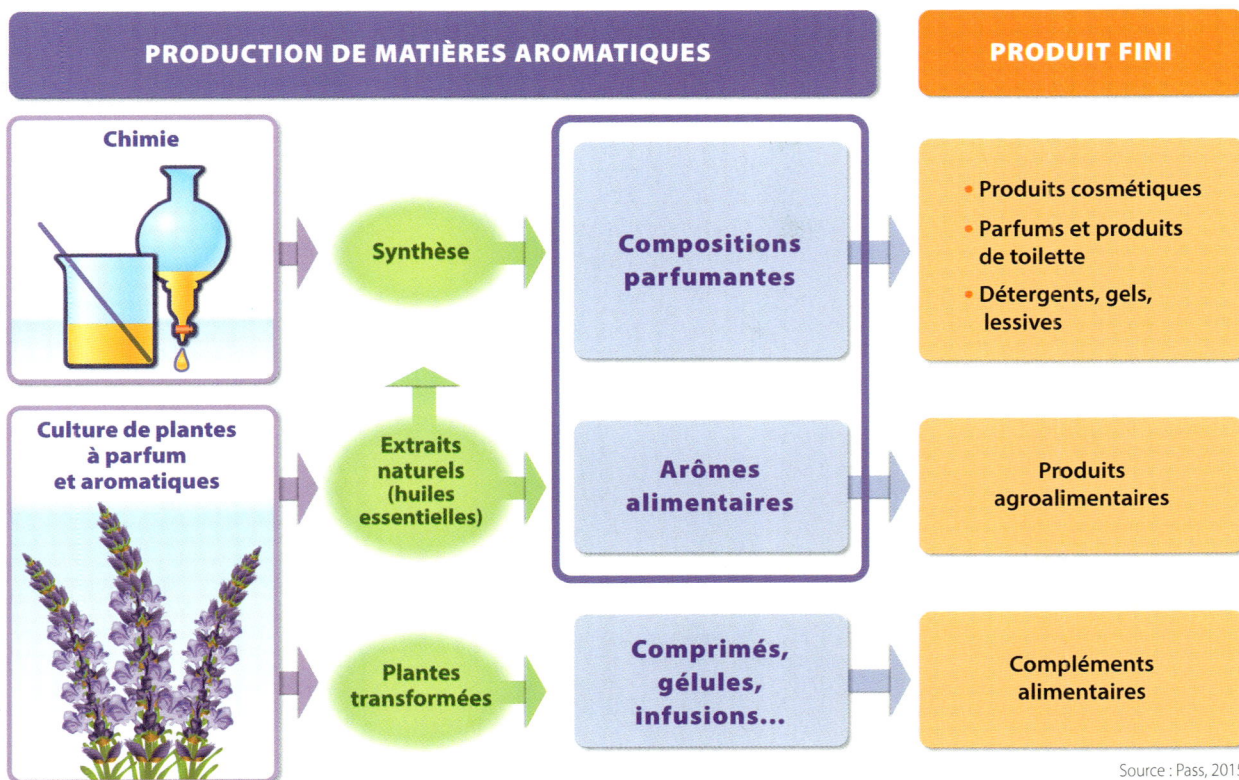

| PRODUCTION DE MATIÈRES AROMATIQUES | | PRODUIT FINI |

Chimie → **Synthèse** → **Compositions parfumantes** → • Produits cosmétiques • Parfums et produits de toilette • Détergents, gels, lessives

Culture de plantes à parfum et aromatiques → **Extraits naturels (huiles essentielles)** → **Arômes alimentaires** → Produits agroalimentaires

→ **Plantes transformées** → **Comprimés, gélules, infusions...** → Compléments alimentaires

Source : Pass, 2015.

4 Les activités des entreprises du pôle Pass

5 Les arguments promotionnels du pôle de compétitivité Pass

PASS ambitionne de devenir un pôle international de référence pour la production des extraits naturels utilisés dans l'industrie aromatique et cosmétique. La filière aromatique, historiquement présente en région PACA, s'appuie sur 1) le premier territoire national de productions de plantes à parfum aromatiques et médicinales (leader mondial pour l'essence de lavandin) ; 2) une concentration inégalée de sociétés productrices d'ingrédients aromatiques (plus de la moitié de la production française). Aucune autre région en Europe n'abrite une telle concentration d'entreprises sur ce secteur d'activité ; 3) des sociétés dynamiques dans le secteur de la parfumerie-cosmétique, positionnées sur des marchés au fort potentiel de croissance.

Les missions du pôle Pass sont d'impulser des projets d'innovation réunissant tous les acteurs de la filière, de l'amont à l'aval, dans la sphère privée comme la sphère publique, et de proposer à ses adhérents des actions collectives [mise en commun de moyens technologiques] et des services mutualisés [étude du marché et de la concurrence, identification des brevets existants, portail emplois].

Pass, 2015.

Vocabulaire

Pôle de compétitivité : regroupement, sur un territoire donné, d'entreprises et de centres de recherche publics ou privés dans le but de développer l'innovation.

Questions

1 Quels facteurs historiques et géographiques font de la Provence un territoire favorable à l'industrie des plantes à parfum ? (doc. 1 et 5)

2 Quels sont les acteurs publics et privés du pôle de compétitivité Pass ? Quelles sont leurs relations ? Pourquoi doit-on porter un regard critique sur ces documents ? (doc. 2 et 4)

3 Par quels moyens le pôle Pass contribue-t-il à faire de la Provence un territoire de l'innovation ? (doc. 1, 3 et 5)

▶ **Bilan :** Complétez la 1ʳᵉ colonne de l'organigramme bilan p. 144.

B Quel est le bilan de l'activité du pôle de compétitivité Pass ?

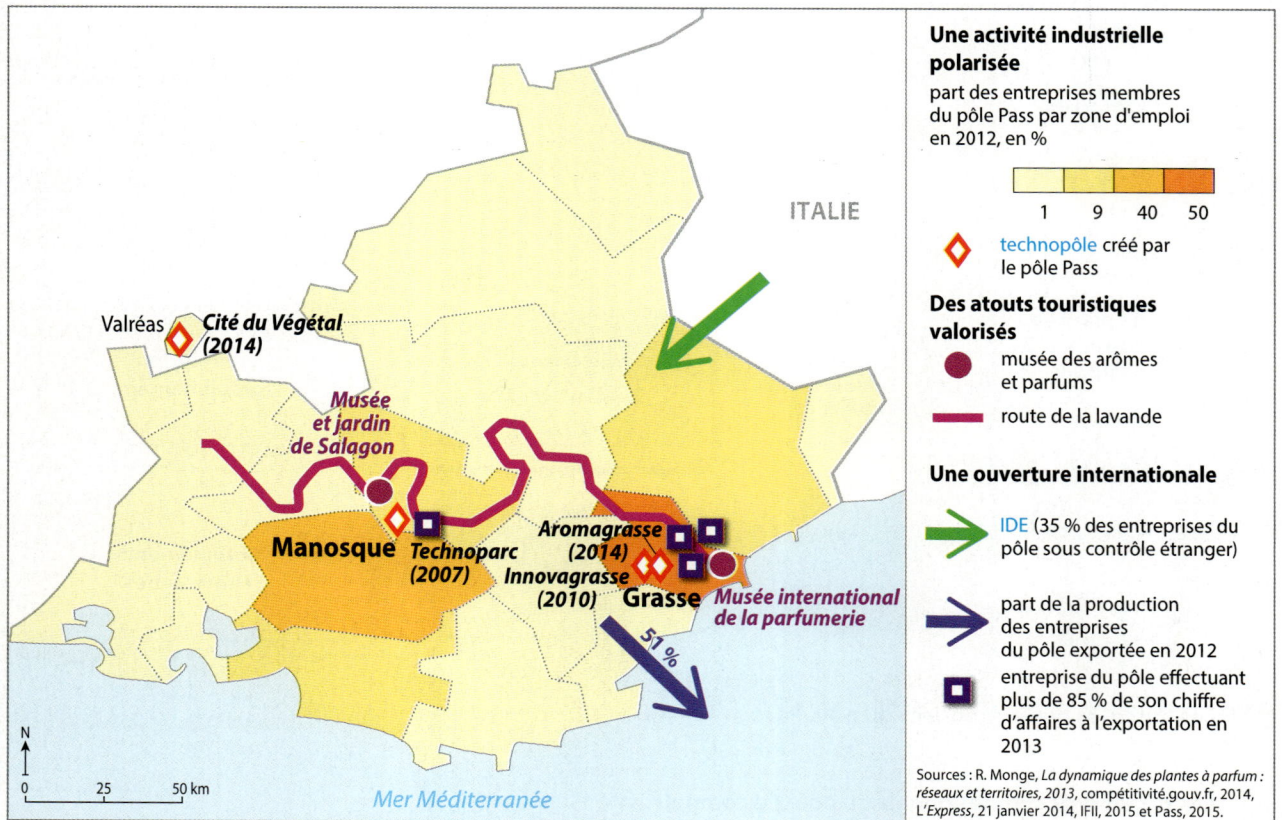

Une activité industrielle polarisée
part des entreprises membres du pôle Pass par zone d'emploi en 2012, en %

1	9	40	50

◇ technopôle créé par le pôle Pass

Des atouts touristiques valorisés

● musée des arômes et parfums

━━ route de la lavande

Une ouverture internationale

➜ IDE (35 % des entreprises du pôle sous contrôle étranger)

➜ part de la production des entreprises du pôle exportée en 2012

◼ entreprise du pôle effectuant plus de 85 % de son chiffre d'affaires à l'exportation en 2013

ITALIE

Valréas — *Cité du Végétal (2014)*

Musée et jardin de Salagon

Manosque — *Technoparc (2007)*

Aromagrasse (2014)
Innovagrasse (2010) — **Grasse** — *Musée international de la parfumerie*

51 %

Mer Méditerranée

N

0   25   50 km

Sources : R. Monge, *La dynamique des plantes à parfum : réseaux et territoires*, 2013, compétitivité.gouv.fr, 2014, *L'Express*, 21 janvier 2014, IFII, 2015 et Pass, 2015.

6 Un territoire dynamisé par le pôle Pass

7 L'Occitane en Provence, une entreprise internationalisée

L'Occitane en Provence s'est transformée en un véritable empire commercial : 2 387 boutiques réparties sur tous les continents, 500 produits proposés à la vente et 1 milliard de chiffre d'affaires. Au fil des années, un partenariat s'est tissé entre les producteurs de lavande et l'entreprise. Si bien qu'aujourd'hui L'Occitane en Provence préempte près de 50 % de la production locale. L'Occitane en Provence s'est établie à Manosque. Gigantesque, le complexe s'étend sur plus de 30 000 m², l'équivalent de 3 terrains de foot où s'activent près de 900 employés. Les chaînes de production tournent à plein régime en suivant le mode des trois-huit. Fier de son usine, le directeur du site se félicite de l'implantation locale de l'entreprise. Plus que de vanter les mérites du *made in France*, il met à l'honneur le *made in Provence*. Une Provence qui séduit toute la planète. « 88 % des produits sont exportés vers l'international », précise-t-il. L'Asie, à elle seule, consomme près de 50 % de la production annuelle.

Le Point, 10 juillet 2013.

Boutique de L'Occitane en Provence à Hong Kong (Chine).

Vocabulaire

IDE (Investissement direct à l'étranger) : investissement d'une FTN à l'étranger par la création ou le rachat d'une entreprise, ou encore la prise de participation dans son capital.

Technopôle : parc d'activités spécialisé dans les industries de haute technologie.

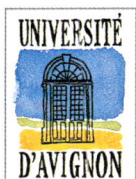

International Congress on
Green Extraction of Natural Products
University of Avignon 16 - 17 April 2013

Groupe de Recherche en Eco-Extraction de produits Naturels

Les 16 et 17 avril 2013
Campus Centre-Ville - Site Sainte Marthe - AT 03 et AT 04
Plus d'informations sur www.univ-avignon.fr

8 **Des innovations au rayonnement international.**
En 2013, le congrès international « Extraction écologique des produits naturels » a réuni 230 participants aux conférences données par 37 chercheurs venus de 14 pays européens, africains ou américains. Le pôle Pass a assuré la promotion de l'évènement et certaines de ses entreprises l'ont sponsorisé. Une nouvelle édition du congrès est prévue en 2016.

9 **Le musée international de la parfumerie de Grasse, un espace culturel valorisé par le pôle Pass.** Inauguré en 1989, le musée a doublé sa surface en 2008 et triplé le nombre de visiteurs depuis 10 ans (92 000 en 2013).

10 **Pass, un moteur pour l'innovation**

Le pôle de compétitivité Pass joue un rôle important pour cristalliser les énergies. Parmi ses domaines d'innovation stratégiques, la protection du consommateur et de l'environnement. Il s'agit de faire des produits inoffensifs pour l'homme, mais toujours aussi efficaces. Autre axe majeur du pôle : le développement des technologies de traitement, de caractérisation et d'analyse des matières premières naturelles. Une substance naturelle est un milieu très complexe, variant en fonction de la récolte, de la période de l'année, etc. Il est donc très dur de connaître sa composition. C'est pourtant indispensable, car elle peut contenir des éléments indésirables, notamment allergènes. L'accent est également mis sur la préservation de la biodiversité régionale, avec des projets qui permettent la remise en culture de plantes aux vertus cosmétiques ou médicinales. Toute la chaîne de valeur de la filière est représentée, des sociétés de première transformation (huiles essentielles produites après récolte au champ) jusqu'aux entreprises de transformation et de production d'ingrédients, en passant par les distilleries.

L'Express, 7 novembre 2013.

Questions

1 Comment les activités du pôle Pass dynamisent-elles le territoire ? (doc. 6, 7 et 9)
Montrez qu'elles peuvent y encourager le développement durable. (doc. 10)

2 Comment le pôle Pass ouvre-t-il son territoire au monde ? (doc. 6 et 8)

3 Comment les entreprises du pôle Pass s'internationalisent-elles ? (doc. 7)

▶ **Bilan :** Complétez la 2e colonne de l'organigramme bilan p. 144.

Pass, un territoire de l'innovation au cœur de la Provence

L'essentiel

A En quoi la Provence est-elle un territoire favorable à l'innovation dans l'industrie des plantes à parfum ? ▶ (p. 140-141)

- La Provence est un territoire favorable à l'industrie des plantes à parfum : savoir-faire ancien de la culture des plantes aromatiques et médicinales, bonne accessibilité par les moyens de transport.
- Le pôle de compétitivité Pass met en réseau des acteurs publics et privés : laboratoires de recherche, entreprises de production, collectivités locales et État.
- Pass facilite l'innovation en proposant des services aux entreprises et des activités de recherche.

B Quel est le bilan de l'activité du pôle de compétitivité Pass ? ▶ (p. 142-143)

- Pass renforce l'attractivité économique de la Provence : développement des entreprises du pôle et de l'offre touristique.
- Pass ouvre son territoire au monde en accueillant des investissements étrangers et des conférences internationales.
- Les entreprises du pôle s'internationalisent grâce à leurs exportations et en développant leurs enseignes à l'étranger.

Mise en perspective

- **Les facteurs de localisation des industries de plantes à parfum en Provence reflètent-ils ceux de la localisation des industries en France ?**
  ▶ **Cours 1** (p. 156)

- **En quoi la mise en réseau des acteurs du pôle de compétitivité Pass est-elle représentative de celle des autres espaces productifs français ?**
  ▶ **Cours 2** (p. 158)

- **Tous les territoires français s'adaptent-ils avec la même facilité à la mondialisation que le pôle Pass ?**
  ▶ **Cours 3** (p. 160)

Travailler autrement

FICHE À COMPLÉTER
PDF ▶ En téléchargement sur le site de l'éditeur

Recopiez et complétez l'organigramme bilan de l'étude de cas en illustrant les idées par des exemples précis.

LE PÔLE DE COMPÉTITIVITÉ PASS, UN TERRITOIRE DE L'INNOVATION

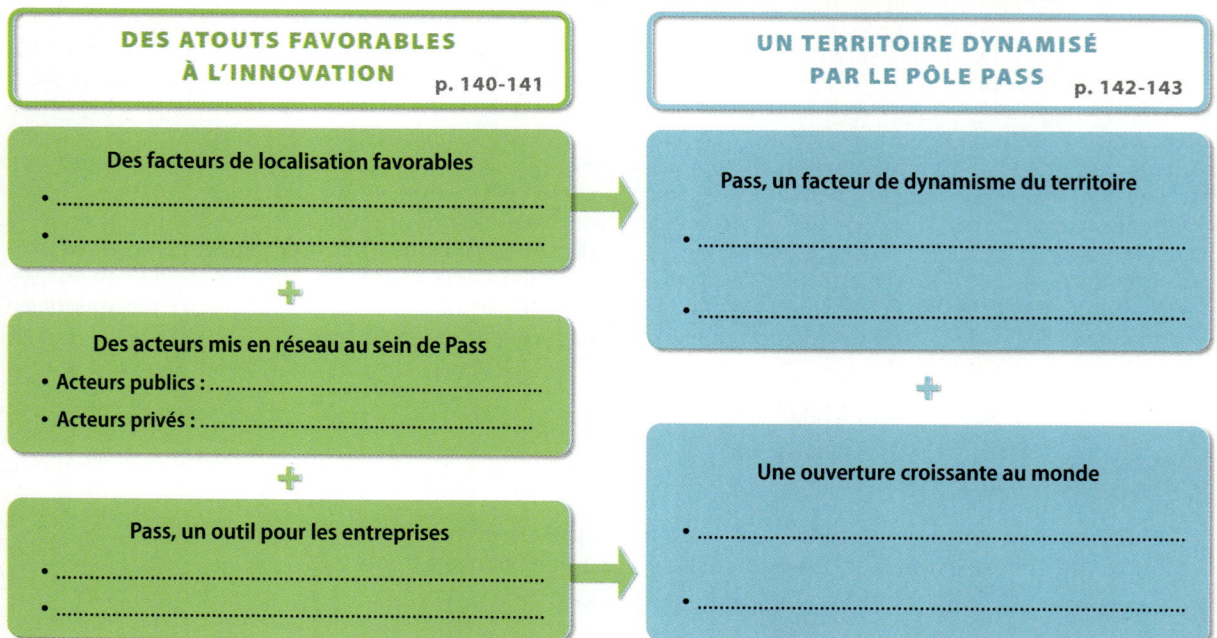

DES ATOUTS FAVORABLES À L'INNOVATION p. 140-141

Des facteurs de localisation favorables
- ....
- ....

+

Des acteurs mis en réseau au sein de Pass
- Acteurs publics : ....
- Acteurs privés : ....

+

Pass, un outil pour les entreprises
- ....
- ....

UN TERRITOIRE DYNAMISÉ PAR LE PÔLE PASS p. 142-143

Pass, un facteur de dynamisme du territoire
- ....
- ....

+

Une ouverture croissante au monde
- ....
- ....

Des schémas...

A Des atouts favorables à l'innovation

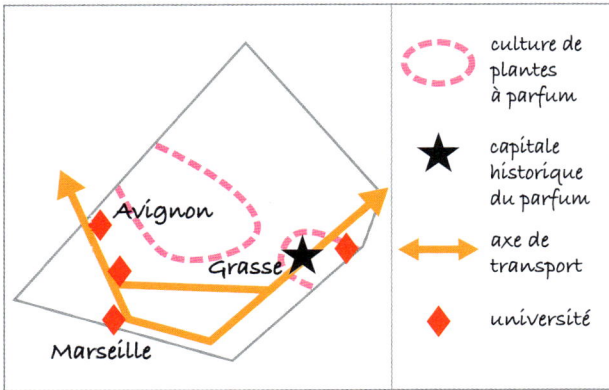

Légende :
- culture de plantes à parfum
- ★ capitale historique du parfum
- ↔ axe de transport
- ◆ université

B Un territoire dynamisé par le pôle Pass

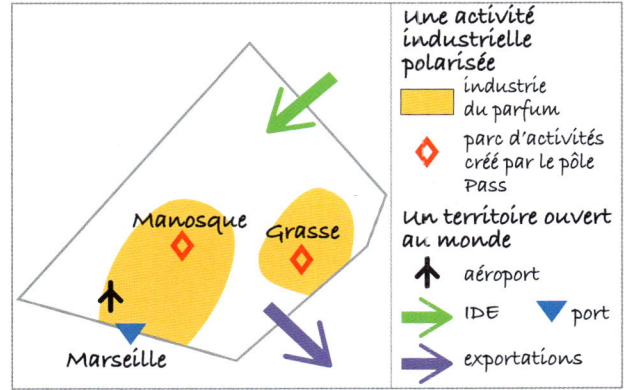

Légende :
Une activité industrielle polarisée
- industrie du parfum
- ◇ parc d'activités créé par le pôle Pass

Un territoire ouvert au monde
- ✈ aéroport
- → IDE
- ▼ port
- → exportations

...au croquis de synthèse

Sur votre cahier, complétez le titre et la légende du croquis à l'aide des pages 140 à 143.

FICHE À COMPLÉTER
En téléchargement sur le site de l'éditeur
PDF

Titre : ....

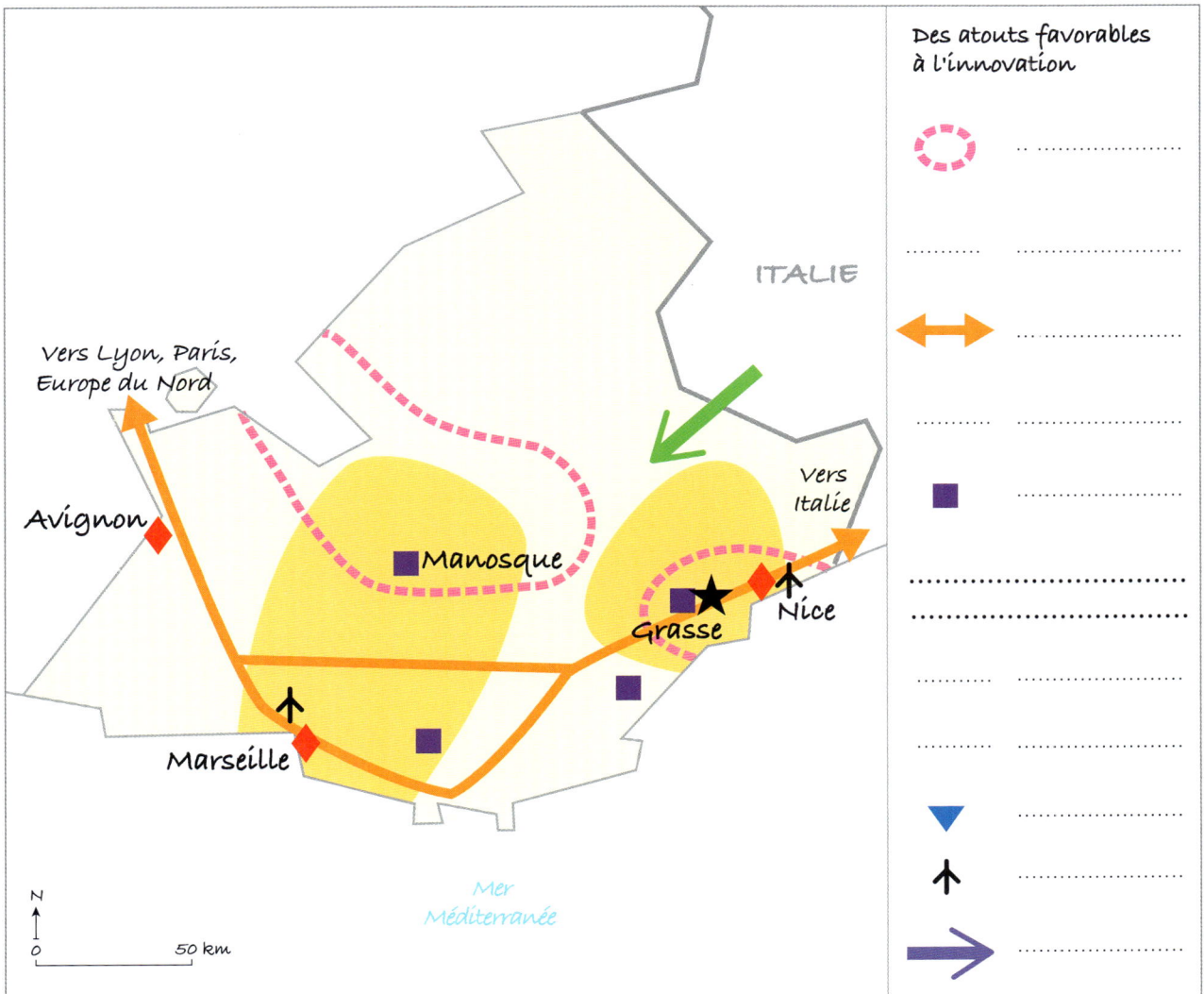

Des atouts favorables à l'innovation

- ⬭ ....
- ....
- ↔ ....
- ....
- ■ ....
- ....
....
- ....
- ....
- ▼ ....
- ✈ ....
- → ....

Pourquoi le pôle de compétitivité Aerospace Valley est-il un territoire d'innovation dynamique ?

À l'image de la Silicon Valley aux États-Unis, et de ses industries de haute technologie, l'Aerospace Valley ambitionne de faire du Sud-Ouest français la référence mondiale en matière d'aéronautique. Autour de Toulouse et du géant Airbus, le pôle de compétitivité fédère plus de 400 entreprises spécialisées dans la recherche constante d'innovations.

Aerospace Valley en chiffres

- 705 membres (entreprises, laboratoires de recherche)
- 130 000 emplois industriels
- 689 projets R&D réalisés

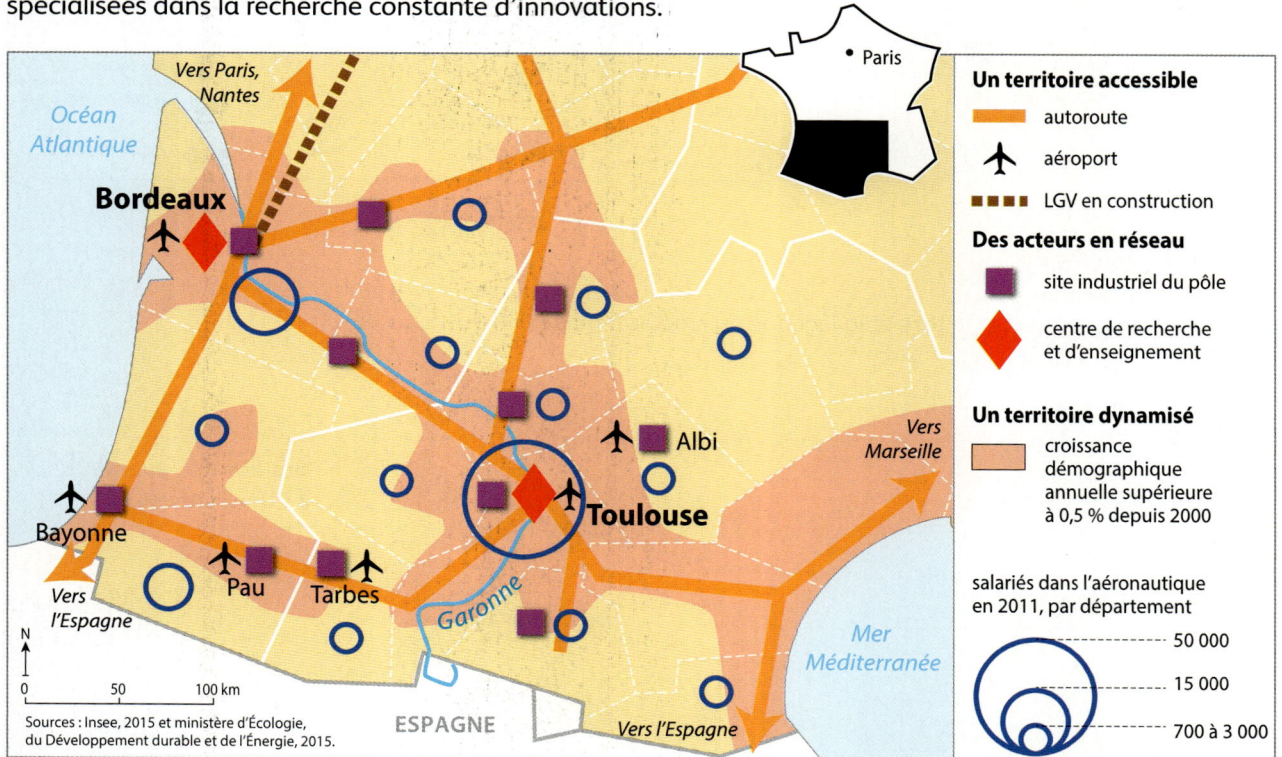

1 Aerospace Valley, un territoire dynamique

2 Toulouse, des aménagements au service d'Airbus

Malgré l'ouverture d'une chaîne d'assemblage en Chine, en 2007, et la construction d'une autre aux États-Unis en 2013, malgré ses bureaux d'ingénierie en Inde et en Russie, ses centres de formation aux quatre coins du monde, Airbus se retrouve plus toulousain que jamais. L'avionneur a en effet investi plus d'1 milliard d'euros ces dix dernières années dans l'agglomération. Cas unique en France, la région Midi-Pyrénées a connu l'an dernier une progression de 1,7 % de l'emploi industriel. Une situation exceptionnelle due à l'aéronautique qui embauche à tour de bras pour suivre les cadences de production de l'avionneur.

« Dès le milieu des années 1990, on entendait dire : Airbus quittera Blagnac s'il n'y a plus de terrains », raconte un ancien cadre. Mais les collectivités locales se sont toujours débrouillées pour libérer les emprises utiles à l'avionneur. La plus belle opération du genre restant AéroConstellation pour l'A380. Une nouvelle plate-forme logistique de 40 hectares est également en cours d'aménagement. L'aéroport de Toulouse-Blagnac ne ménage pas non plus ses efforts : non seulement il partage ses deux pistes avec les avions d'essai d'Airbus, mais il a accepté récemment la construction d'un hangar le long du tarmac.

V. Lion, « Toulouse, le vrai pouvoir du géant Airbus », lexpress.fr, 8 octobre 2013.

Vocabulaire

Plate-forme logistique : zone de stockage et de redistribution de marchandises reliée à des axes de communications rapides (autoroute, voies ferrée ou aérienne).

Pôle de compétitivité : regroupement, sur un territoire donné, d'entreprises et de centres de recherche publics ou privés dans le but de développer l'innovation.

Recherche et développement (R&D) : activité créatrice des entreprises et des laboratoires de recherche basée sur l'innovation scientifique et technique.

Taux de variation de la population entre 2006 et 2011

🔴 supérieur à 7%

🟠 entre 0 et 7%

🔵 entre 0 et − 4,5%

Source : Insee, 2015.

3 Toulouse, une métropole attractive

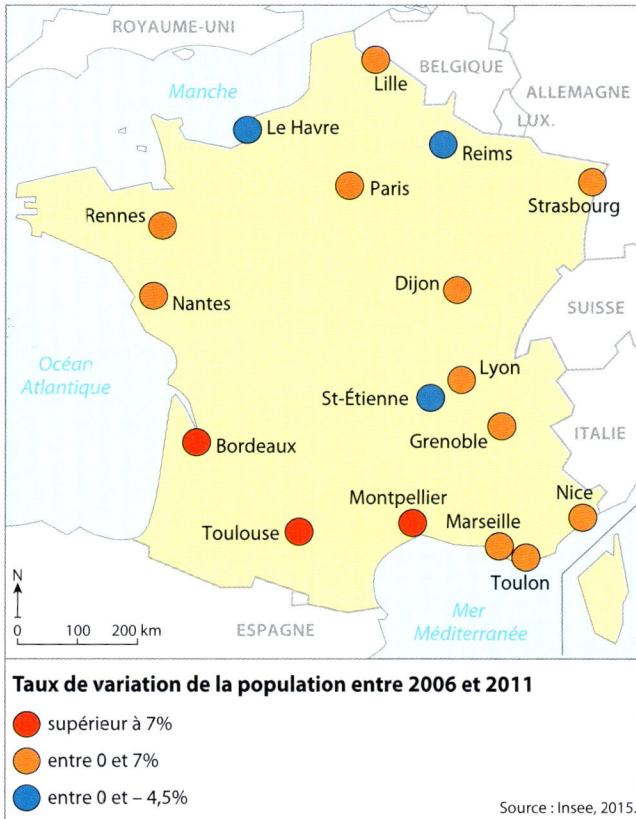

Toulouse / Midi-Pyrénées, leader européen de l'aéronautique et du spatial.

Faire de sa vie un rêve, et d'un rêve, une réalité : Antoine de St Exupéry, pionnier de l'Aéropostale qui a décollé de Toulouse, semble avoir été entendu... À Toulouse et en Midi-Pyrénées, le ciel et l'espace sont la terre de tous les possibles : les avions les plus innovants, les propulseurs les plus puissants, les satellites les plus révolutionnaires sont nés à Toulouse. Aujourd'hui leader européen de l'aéronautique et du spatial, Toulouse Midi-Pyrénées propose une incomparable concentration d'expertises à laquelle contribuent industriels, ingénieurs, chercheurs, universitaires, étudiants et l'ensemble de la main-d'œuvre compétente. Toulouse vient d'être désignée pour accueillir l'Institut de Recherche Technologique français (IRT) pour l'aéronautique, le spatial et les systèmes embarqués.

www.midipyrenees.fr
www.grandtoulouse.fr

4 Une spécialisation dans les activités de haute technologie

DES PARTENAIRES SCIENTIFIQUES
- **6 universités** (Toulouse, Bordeaux, Poitiers)
- **12 grandes écoles** dont :
  - École nationale d'aviation civile
  - Institut supérieur de l'aéronautique et de l'espace
  - Institut polytechnique de Toulouse et Bordeaux

AEROSPACE VALLEY
Toulouse, France
Un slogan : « Le collectif qui rend compétitif »

DES PARTENAIRES PUBLICS
- **Conseils régionaux** (Toulouse, Bordeaux)
- **CCI de Toulouse et Bordeaux**
- **Métropole toulousaine**
- **Ministère de la Défense**

DES PARTENAIRES INDUSTRIELS
Réseau européen EACP (*European Aerospace Cluster Partnership*) :
1 200 entreprises (Airbus, Dassault...)

Source : Aerospace, 2015.

5 Les acteurs du pôle de compétitivité Aerospace Valley

Activités

FICHE À COMPLÉTER
En téléchargement sur le site de l'éditeur

Rédigez, en une vingtaine de lignes, une réponse au sujet : « Pourquoi le pôle de compétitivité Aerospace Valley est-il un territoire d'innovation dynamique ? »

Pour vous aider dans la préparation de la rédaction, vous pouvez organiser vos idées au brouillon dans le tableau suivant.

	Des acteurs en réseau (doc. 1, 2 et 5)	Une innovation permanente (doc. 4)	Des aménagements renforçant l'attractivité (doc. 1, 2 et 3)
Échelle locale			
Échelle régionale ou nationale			
Échelle européenne			

Le pôle de compétitivité UP-Tex peut-il transformer le nord de la France en territoire de l'innovation ?

UP-Tex en chiffres

- 138 membres (entreprises, laboratoires de recherche)
- 12 000 emplois industriels
- 120 chercheurs

Pays du charbon et du textile au XIXᵉ siècle, le nord de la France est devenu un symbole de la crise industrielle. Mais la région recèle de nombreux atouts. Ouverte sur l'international, elle possède des savoir-faire notamment dans l'industrie textile qu'elle valorise depuis 2005 dans un nouveau pôle de compétitivité : UP-Tex.

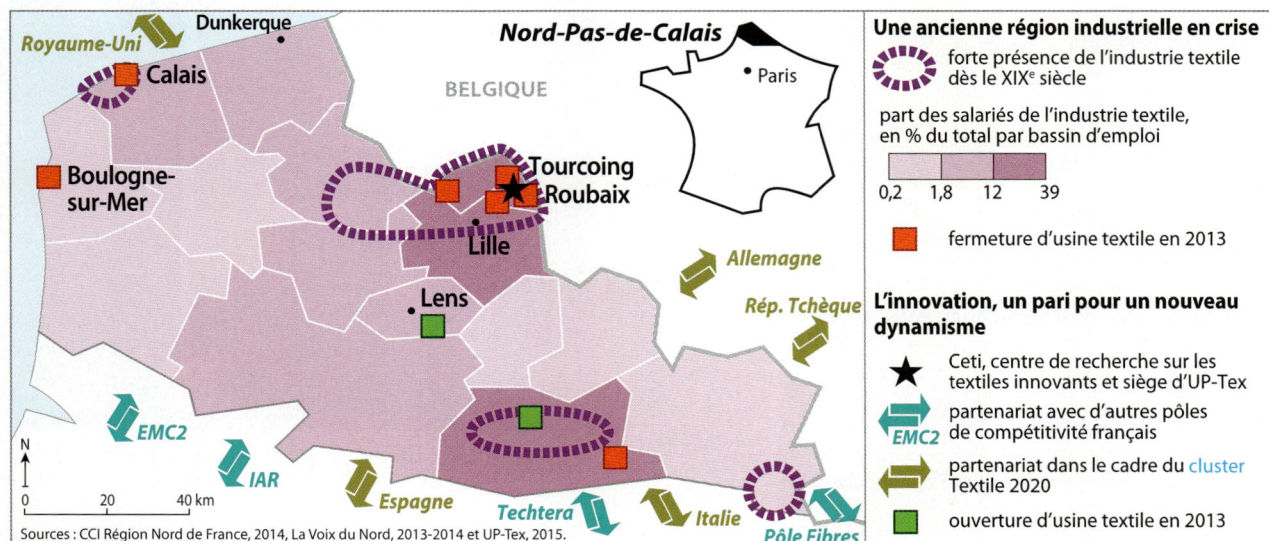

Une ancienne région industrielle en crise

- forte présence de l'industrie textile dès le XIXᵉ siècle
- part des salariés de l'industrie textile, en % du total par bassin d'emploi
  0,2   1,8   12   39
- fermeture d'usine textile en 2013

L'innovation, un pari pour un nouveau dynamisme

- Ceti, centre de recherche sur les textiles innovants et siège d'UP-Tex
- partenariat avec d'autres pôles de compétitivité français
- partenariat dans le cadre du cluster Textile 2020
- ouverture d'usine textile en 2013

Sources : CCI Région Nord de France, 2014, La Voix du Nord, 2013-2014 et UP-Tex, 2015.

1 Un **pôle de compétitivité**, outil de la reconversion industrielle

2 Le textile, une activité d'avenir pour le Nord-Pas-de-Calais ?

Dans le Nord-Pas-de-Calais, les entreprises du textile qui se portent le moins mal s'appuient sur un ou deux ressorts : l'innovation et l'international. L'un n'excluant pas forcément l'autre. Le luxe tire son épingle du jeu parce que ces entreprises Vuitton, Hermès misent sur la « *french touch* » et exportent à travers l'Europe, les États-Unis, l'Asie. Certaines jouent la carte de l'innovation. Sur les 424 entreprises textiles de la région, 55 % sont spécialisées dans le textile à usage technique[1]. Le CETI (Centre européen des textiles innovants) rassemble dans un même lieu des chercheurs de haut niveau et l'ensemble des technologies de pointe du textile.

La Voix du Nord, 1ᵉʳ novembre 2013.

1. Textile ayant des propriétés techniques : résistance à la chaleur, filtre de matériaux polluants…

Vocabulaire

Cluster : regroupement d'entreprises spécialisées dans un même secteur d'activités et fonctionnant en réseau.

Pôle de compétitivité : regroupement, sur un territoire donné, d'entreprises et de centres de recherche publics ou privés, dans le but de développer l'innovation.

3 Une friche de l'industrie textile à Roubaix

COMPOSITION : 70 % entreprises, 15 % universités et laboratoires de recherche, 15 % de collectivités territoriales
FINANCEMENT : État, Région Nord-Pas-de-Calais, 4 Chambres de commerce et d'industrie et 6 fédérations industrielles
PARTENARIAT : 7 autres pôles de compétitivité européens dans le cadre de cluster européen Textile 2020
PROJETS : 83 projets labellisés, 27 projets en incubation

Sources :
*Fastcompany.com,
2015 et UP-Tex, 2015.*

4 UP-Tex, au cœur de l'innovation textile

5 Décathlon, une entreprise d'UP-Tex innovante

Décathlon a conquis la France et l'international depuis son bastion nordiste. Le premier produit estampillé Décathlon, un tee-shirt, date de 1986. Mais ce n'est que depuis le tournant des années 2000 que le géant du sport s'est mis en tête de développer massivement ses propres marques grand public. À Villeneuve-d'Ascq, dans le centre de recherche Oxylane, une cinquantaine de chercheurs travaillent avec une kyrielle de machines destinées aux tests : des douches géantes pour simuler la pluie, des chambres chaudes et froides (de – 40 à + 60° !), des engins mesurant le bruit et l'odeur des objets, d'autres pour fabriquer des prototypes.

Le Monde, 21 décembre 2013.

Activités

FICHE À COMPLÉTER
En téléchargement sur le site de l'éditeur

Rédigez, en une vingtaine de lignes, une réponse au sujet : « Le pôle de compétitivité UP-Tex peut-il transformer le Nord de la France en territoire de l'innovation ? »

Pour vous aider dans la préparation de la rédaction, vous pouvez organiser vos idées au brouillon dans l'organigramme suivant.

Le textile : un héritage historique (doc. 1)
• ....

Des acteurs multiples (doc. 1 et 4)
• ....

UP-Tex : un pôle de compétitivité innovant (doc. 4 et 5)
• ....

Réussites (doc. 2, 4 et 5)
• ....

Difficultés (doc. 1 et 3)
• ....

Comment le vignoble de Champagne s'intègre-t-il dans la mondialisation ?

Vitrine du luxe à la française, les vins de Champagne doivent aujourd'hui faire face à de nouveaux concurrents et à de nouvelles demandes des consommateurs. Si le terroir reste unique, les viticulteurs ont dû adapter leurs stratégies de communication et leurs méthodes de production.

Le vignoble champenois en chiffres

- 14 % de la superficie du vignoble français
- 30 000 emplois permanents
- 13 % de la consommation mondiale de vins effervescents

Un espace d'agriculture labellisée

- vignoble AOC
- projet d'extension de l'aire de production (2015-2018)

Un espace agricole intégré à la mondialisation

- LGV et gare
- autoroute
- 6 % exportations en 2013, en % du total[1]

1 – Seules les exportations représentant plus de 4 % du total sont prises en compte.

Sources : Atlas régional de Champagne-Ardennes, 2015.

1 Le vignoble champenois, un terroir agricole au cœur de la mondialisation

2 Moët & Chandon, une entreprise agricole mondialisée

En 1833, la Maison Moët devient Moët & Chandon après l'entrée du gendre de Jean-Rémy Moët, Pierre-Gabriel Chandon, à la direction de la maison qui se charge du développement des exportations en Europe, puis dans le monde. Moët & Chandon acquiert son principal concurrent Ruinart en 1962, puis rachète la maison Mercier en 1970. Après avoir racheté les parfums Christian Dior en 1971, Moët & Chandon procède à un nouvel investissement en acquérant le domaine Chandon, en Californie, en 1971. Depuis 1987, Moët & Chandon fonde le groupe LVMH. Moët & Chandon est le leader incontestable de la filière champagne avec une part de marché mondiale d'environ 20 %. La maison Moët & Chandon compte 1 274 salariés dont 11 œnologues. Cela fait d'elle la plus grande maison de champagne du monde avec plus de 30 millions de bouteilles produites chaque année.

LSA, 16 octobre 2012.

3 L'utilisation d'**intrants** dans la viniculture champenoise.
En raison du climat humide et du risque de développement de champignons sur les vignes, le nombre annuel de traitements agricoles est de 24 en Champagne, contre 18 dans le vignoble bordelais et 13 en Alsace.

Vocabulaire

Agriculture biologique : agriculture n'utilisant ni intrants d'origine industrielle (pesticides, engrais) ni OGM.

Agriculture productiviste : agriculture commerciale recherchant l'augmentation des rendements par l'utilisation des progrès scientifiques et techniques.

AOC (Appellation d'origine contrôlée) : appellation française protégeant les produits agricoles de qualité.

Intrants : produits utilisés pour accroître la croissance des plantes (engrais, produits de traitement des végétaux, semences). Certains nuisent à l'environnement.

4 L'innovation, un facteur de durabilité ?

Le recours aux produits de protection de la vigne, qu'ils soient d'origine naturelle ou de synthèse, est une nécessité technique et économique. La situation géographique du vignoble champenois lui confère une sensibilité particulièrement élevée en raison d'un climat favorable au développement des maladies et ravageurs. Depuis plus de vingt ans, la profession investit en recherche et développement pour réduire le recours aux produits de protection de la vigne. Les quantités d'intrants appliquées ont donc diminué (–50 % depuis 15 ans). Cette baisse touche particulièrement les produits les plus dangereux et ceux dont le risque d'être retrouvé à l'état de traces dans l'environnement est le plus grand. Aujourd'hui, près de 50 % des quantités de produits appliquées en Champagne sont autorisés en agriculture biologique. La Champagne est même une des régions leader en Europe pour le développement d'une technique biologique qui permet la quasi-suppression des traitements insecticides classiques (plus de 13 200 hectares protégés par cette méthode en 2013, soit près de 40 % des surfaces de l'AOC). La viticulture biologique n'est pas en reste : elle a vu ses surfaces multipliées par 5 en 10 ans. Son importance demeure toutefois limitée (1 % des surfaces).
L'objectif de la profession est désormais d'amplifier ces efforts, c'est-à-dire réduire de 50 % si possible les usages d'intrants à l'horizon 2018. La filière souhaite également poursuivre le développement en cours de la viticulture biologique.

Comité Champagne, 2015.

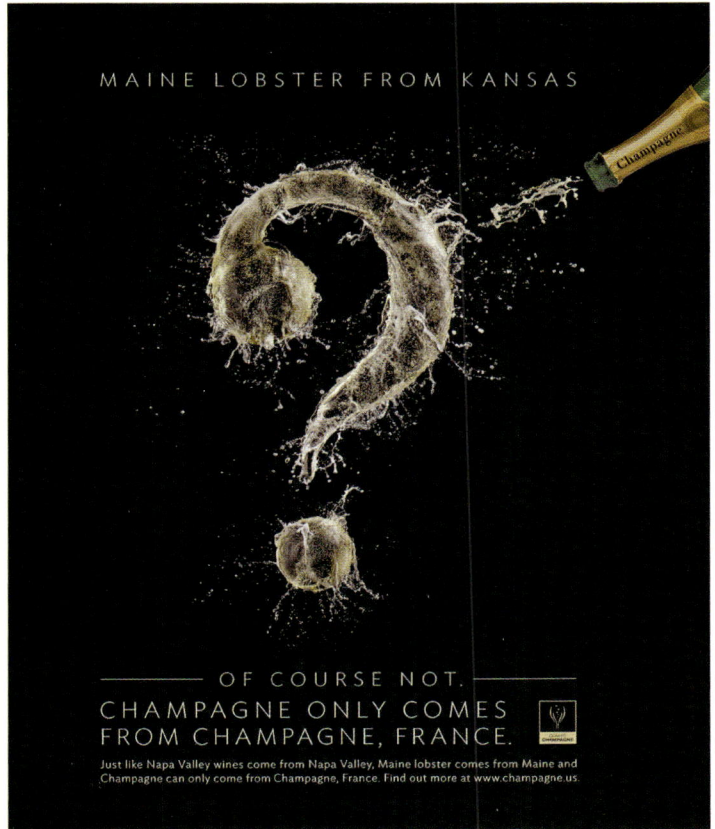

5 Protéger l'appellation « Champagne » : une campagne d'information aux États-Unis.

Traduction : « Non, bien-sûr… Le Champagne vient exclusivement de Champagne, France. Exactement comme le vin de la vallée de Napa vient de la vallée de Napa, le homard du Maine vient du Maine, le Champagne vient exclusivement de France. »

Activités

FICHE À COMPLÉTER
En téléchargement sur le site de l'éditeur
PDF

Rédigez, en une vingtaine de lignes, une réponse au sujet : « Comment le vignoble de Champagne s'intègre-t-il dans la mondialisation ? »

Pour vous aider dans la préparation de la rédaction, vous pouvez organiser vos idées au brouillon dans l'organigramme suivant.

Les atouts de la Champagne (doc. 1, 2 et 3)
- Des conditions naturelles favorables (relief, vallées)
- ....
- ....

Une agriculture productiviste (doc. 2 et 3)
- ....
- ....

Une agriculture au cœur de la mondialisation (doc. 1 et 2)
- ....
- ....

Une nécessité : s'adapter aux menaces (doc. 4 et 5)
- ....
- ....

Les espaces industriels de la France

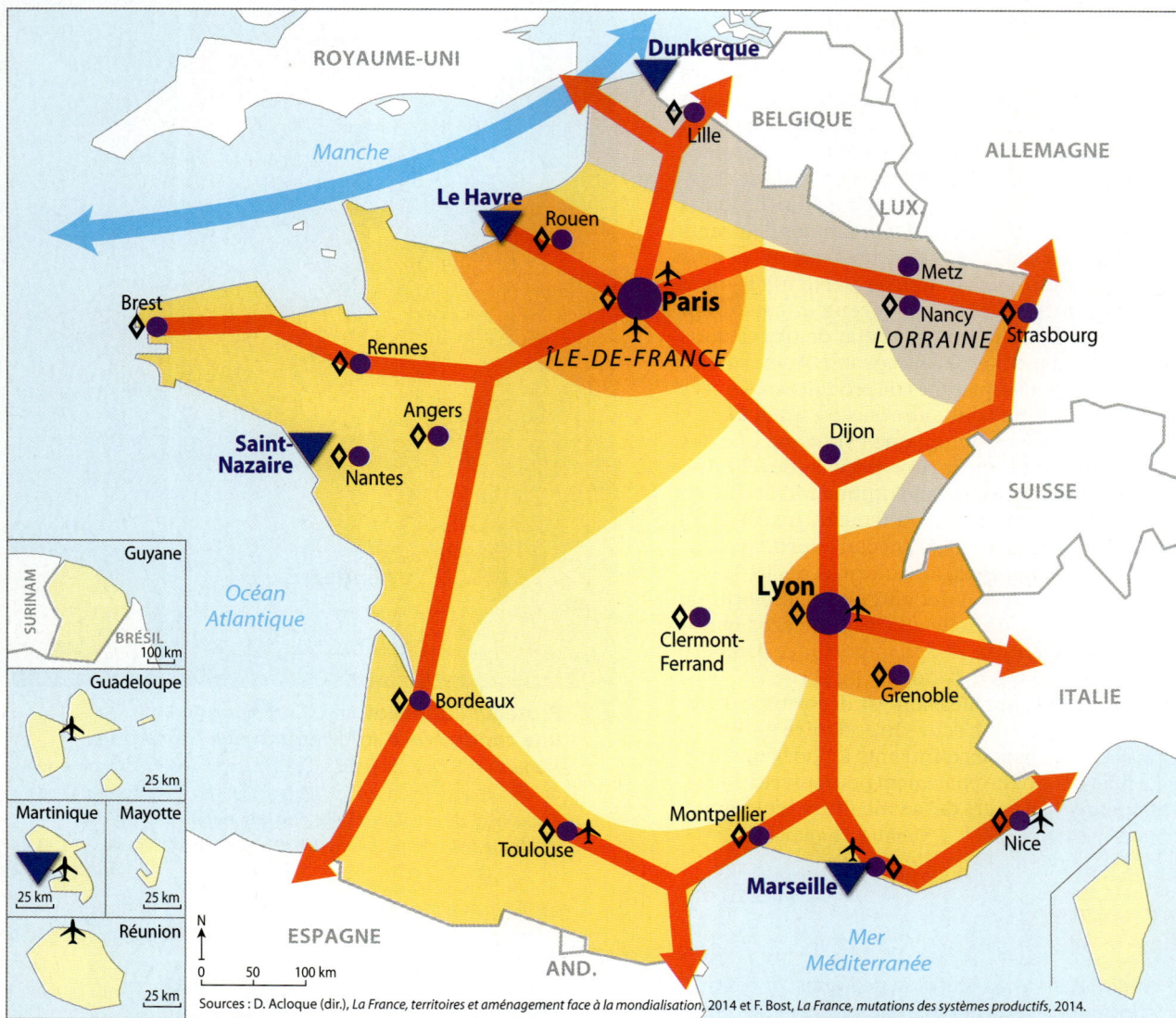

1 Des espaces industriels inégalement attractifs et inégalement ouverts

Des espaces industriels hiérarchisés

- région industrielle majeure
- région industrielle attractive
- région industrielle en reconversion
- région faiblement industrialisée

Une valorisation des territoires ouverts à la mondialisation

- métropole (pôle industriel majeur)
- centre urbain et industriel
- principal axe de transport terrestre
- principal axe de transport maritime
- ZIP
- aéroport
- principal technopôle

Sources : D. Acloque (dir.), *La France, territoires et aménagement face à la mondialisation*, 2014 et F. Bost, *La France, mutations des systèmes productifs*, 2014.

Vocabulaire

Pôle de compétitivité : regroupement, sur un territoire donné, d'entreprises et de centres de recherche publics ou privés dans le but de développer l'innovation.
Recherche et développement (R&D) : activité créatrice des entreprises et des laboratoires de recherche basée sur l'innovation scientifique et technique.

Technopôle : parc d'activités spécialisé dans les industries de haute technologie.
ZIP (Zone industrialo-portuaire) : espace côtier associant des fonctions portuaires (accueil de gros navires) et industrielles liées au transport maritime (transformation de matières premières).

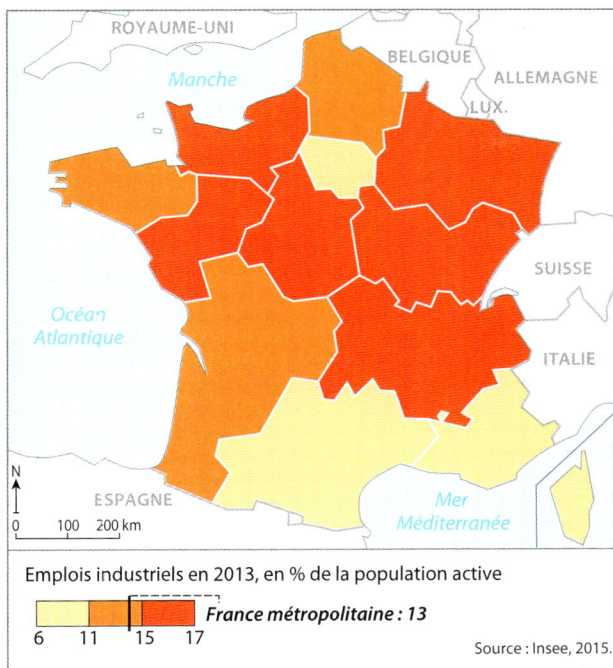

Emplois industriels en 2013, en % de la population active

France métropolitaine : 13

6 11 15 17

Source : Insee, 2015.

2 **L'emploi industriel**

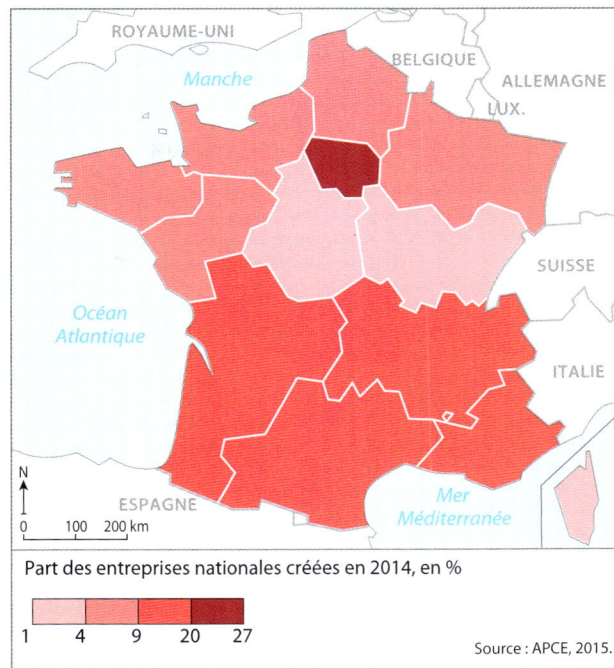

Part des entreprises nationales créées en 2014, en %

1 4 9 20 27

Source : APCE, 2015.

3 **La création d'entreprises**

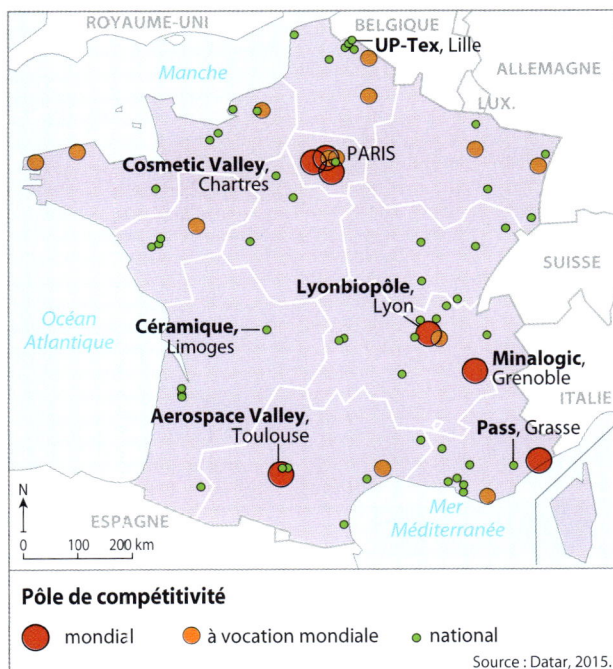

Pôle de compétitivité

● mondial   ● à vocation mondiale   ● national

Source : Datar, 2015.

4 **Les 71 pôles de compétitivité**

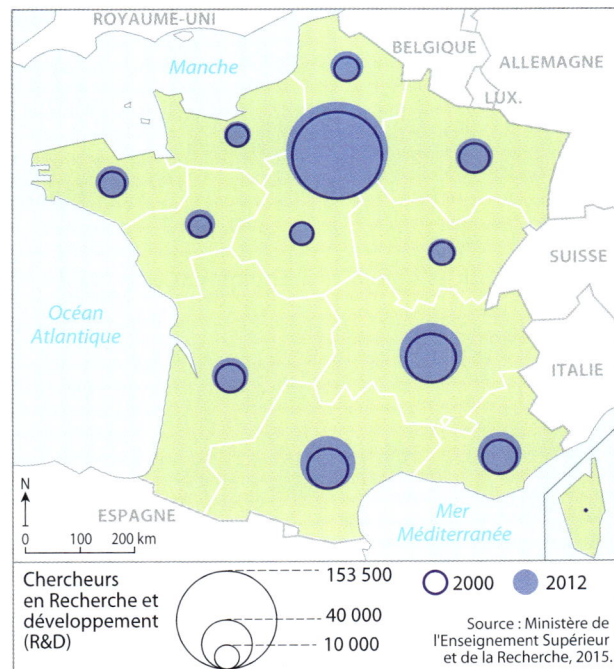

Chercheurs en Recherche et développement (R&D)

○ 2000   ● 2012

153 500
40 000
10 000

Source : Ministère de l'Enseignement Supérieur et de la Recherche, 2015.

5 **La recherche et développement (R&D)**

Questions

1) Dans quelles régions se concentrent les territoires industriels dynamiques ? les territoires industriels en reconversion et faiblement industrialisés ? (doc. 1 et 2)

2) Montrez le lien entre la création des pôles de compétitivité et celle des entreprises. (doc. 3 et 4)

3) Quels liens peut-on établir entre dynamisme industriel (doc. 1) et poids de la recherche ? (doc. 5)

Les espaces agricoles de la France

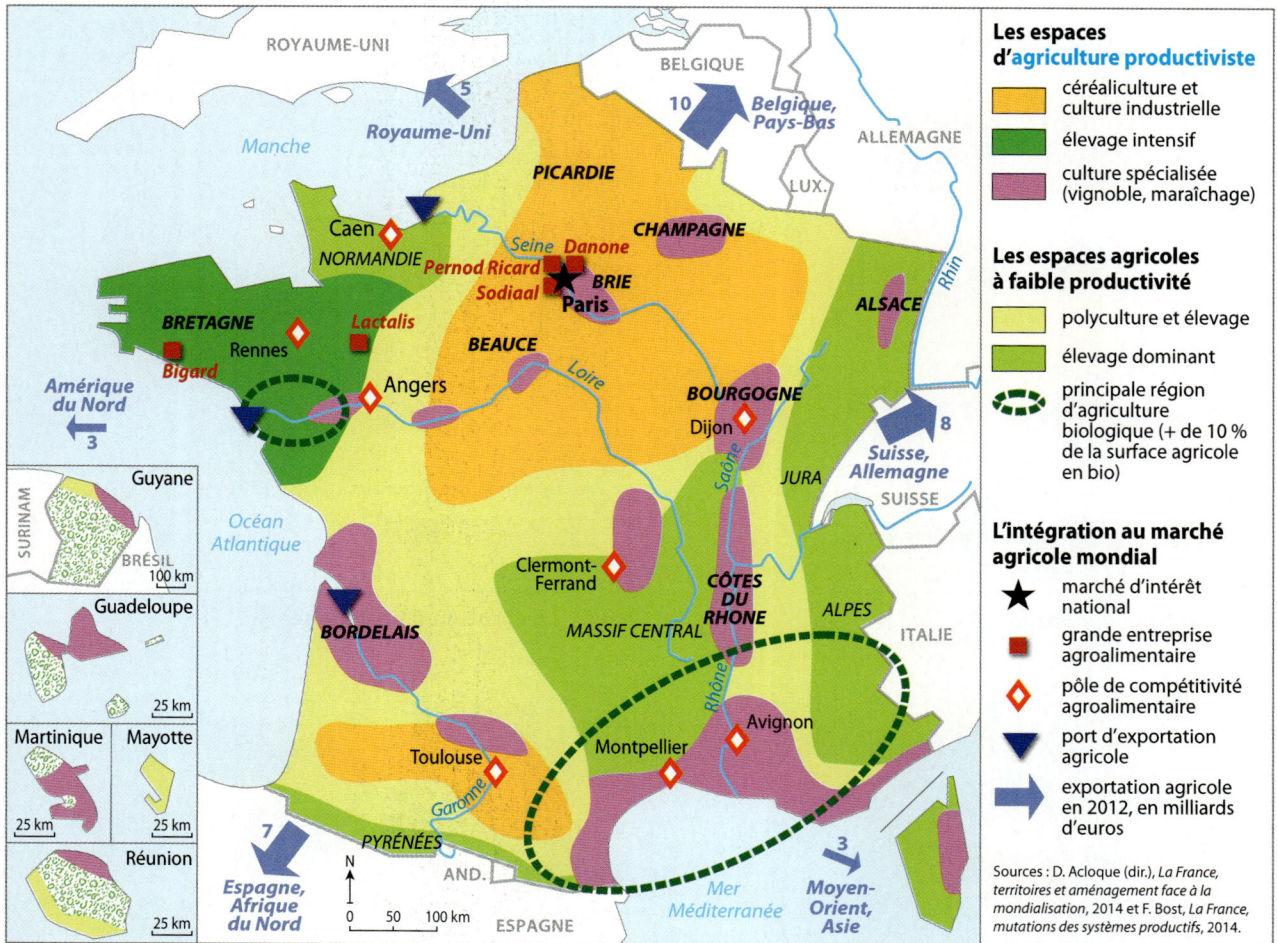

1 Des espaces agricoles inégalement dynamisés par la mondialisation

Les espaces d'**agriculture productiviste**
- céréaliculture et culture industrielle
- élevage intensif
- culture spécialisée (vignoble, maraîchage)

Les espaces agricoles à faible productivité
- polyculture et élevage
- élevage dominant
- principale région d'agriculture biologique (+ de 10 % de la surface agricole en bio)

L'intégration au marché agricole mondial
- ★ marché d'intérêt national
- ■ grande entreprise agroalimentaire
- ◇ pôle de compétitivité agroalimentaire
- ▼ port d'exportation agricole
- ➡ exportation agricole en 2012, en milliards d'euros

Sources : D. Acloque (dir.), *La France, territoires et aménagement face à la mondialisation*, 2014 et F. Bost, *La France, mutations des systèmes productifs*, 2014.

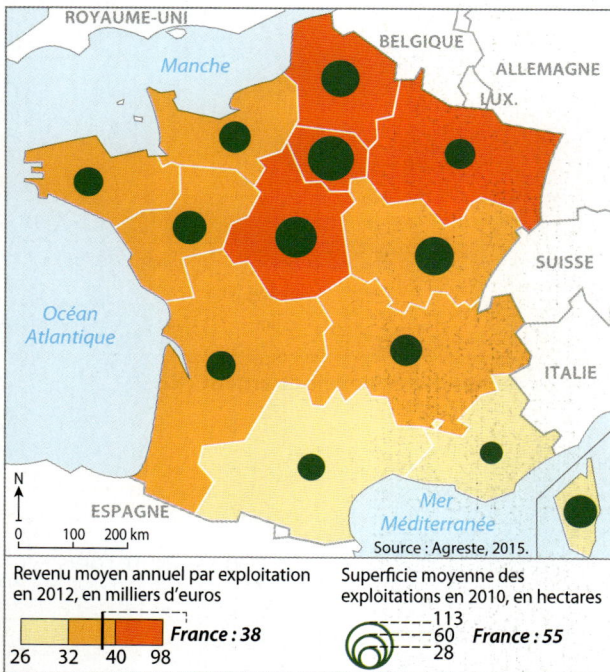

Revenu moyen annuel par exploitation en 2012, en milliers d'euros
26 32 40 98 *France : 38*

Superficie moyenne des exploitations en 2010, en hectares
113 60 28 *France : 55*

Source : Agreste, 2015.

2 Les exploitations agricoles

Vocabulaire

Agriculture productiviste : agriculture commerciale recherchant l'augmentation des rendements par l'utilisation des progrès scientifiques et techniques.

Questions

1 Dans quelles régions se concentre l'agriculture productiviste ? Quel lien peut-on faire entre productivisme et mondialisation agricole ? (doc. 1)

2 Quel lien peut-on établir entre la taille et le revenu des exploitations, d'une part, et le type d'agriculture d'autre part ? (doc. 1 et 2)

Les espaces tertiaires de la France

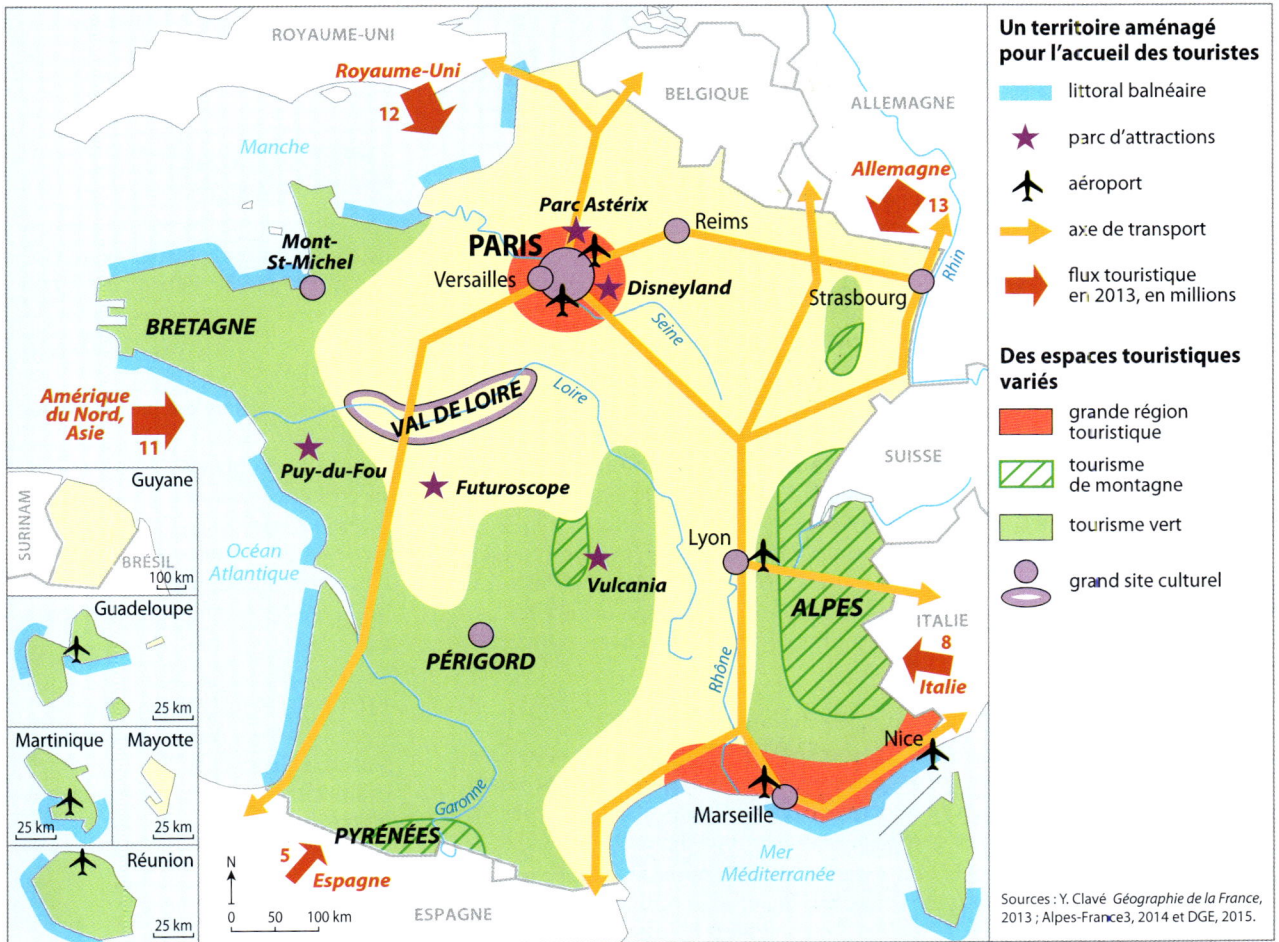

1 Un exemple d'espaces tertiaires intégrés à la mondialisation : les espaces touristiques

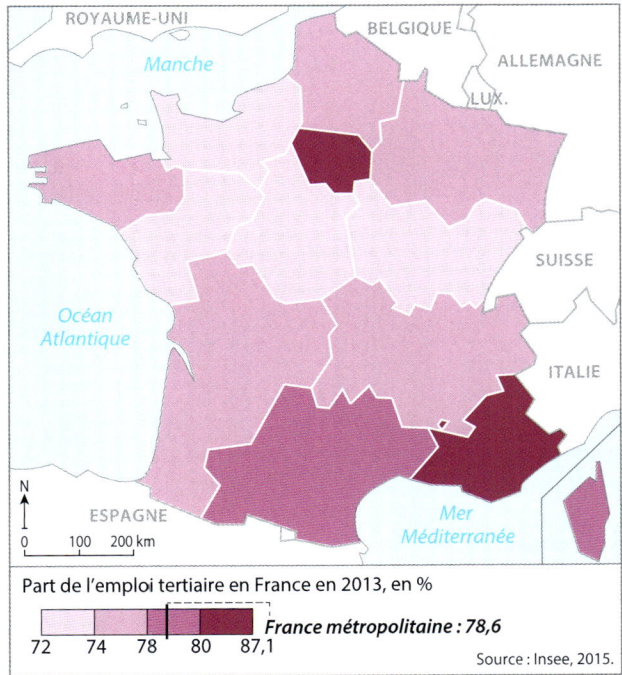

Part de l'emploi tertiaire en France en 2013, en %

France métropolitaine : 78,6

72 74 78 80 87,1

Source : Insee, 2015.

2 Une économie tertiarisée

Questions

1 Quels sont les atouts touristiques de la France ? Montrez que le territoire français est inégalement mis en valeur par le tourisme. (doc. 1)

2 Montrez que la tertiarisation de l'économie est généralisée mais inégale. (doc. 2)

Les dynamiques de localisation des activités encouragées par la mondialisation

▶ **Comment l'implantation des activités productives évolue-t-elle sous l'effet de la mondialisation ?**

A Une priorité : renforcer l'accessibilité

● **L'accessibilité des territoires est une nécessité dans le contexte de la mondialisation** pour répondre à la multiplication des échanges de marchandises et de capitaux. Autrefois à la recherche de la proximité des matières premières et d'une grande quantité de main-d'œuvre, les FTN privilégient aujourd'hui les territoires qui sont les mieux connectés à l'échelle nationale et à l'échelle mondiale (Paris, Lyon) (doc. 1). L'accessibilité numérique est aussi primordiale. Ainsi, l'Île-de-France héberge 39 % des centres d'hébergement de serveurs numériques du pays.

● **La mondialisation valorise les interfaces.** Les activités productives se concentrent essentiellement dans les métropoles, le long des grands axes de transport et sur les **façades maritimes** et frontières. Mais la France subit la concurrence internationale : son trafic maritime a diminué de 11 % depuis 2000 et son premier port (Marseille) ne se situe qu'au 41ᵉ rang mondial.

● **Les acteurs publics ont un rôle essentiel.** L'État détermine les grands projets favorisant l'accès des espaces productifs (doc. 2) (LGV Paris-Bordeaux et Paris-Toulouse). Les Chambres de commerce et de l'industrie, représentantes des entreprises, sont associées aux collectivités territoriales dans la gestion d'équipements (ZIP, aéroports).

B Une nécessité : attirer les entreprises

● **Pour attirer les entreprises, les espaces productifs doivent capter les investissements.** Or, la mondialisation élargit les choix d'implantation pour les entreprises. De nombreux critères mettent donc les territoires en concurrence : marché de consommation, bassin de main-d'œuvre qualifiée, mise en réseau des entreprises (doc. 1).

● **Pour attirer les entreprises, le cadre de vie est déterminant.** Pour faire venir le personnel le plus qualifié, les entreprises privilégient des littoraux du Sud et de l'Ouest (**héliotropisme**) ou des métropoles régionales aux infrastructures tertiaires abondantes (quartiers d'affaires, pôles multimodaux) comme Montpellier. Cette métropole, située sur un arc méditerranéen numérique mondial, a été choisie par IBM pour y installer un centre d'hébergement de serveurs numériques.

● **Pour attirer les entreprises, l'État a instauré des mesures** qui favorisent la compétitivité des territoires (**pôle de compétitivité, pôle d'excellence rurale**) et aide moins aujourd'hui les zones en déclin. Alors que l'attractivité de la France décline, l'État met en œuvre des stratégies pour capter les **IDE**, comme la baisse de la fiscalité pour les entreprises.

C Un choix : développer l'innovation

● **La France mise aujourd'hui sur une économie fondée sur la connaissance**, puisqu'il est impossible de concurrencer la main-d'œuvre industrielle à bas salaire à l'étranger. Il devient nécessaire de développer l'industrie de haute technologie et l'innovation (objets connectés, chimie verte) (doc. 3).

● **Les centres de recherche et développement qui concentrent l'innovation attirent les entreprises.** En 2013, la France est d'ailleurs au 3ᵉ rang mondial en matière d'innovation, derrière les États-Unis et le Japon. Elle détient plus de la moitié des entreprises et centres de recherche les plus innovants d'Europe. Les entreprises sur le territoire français privilégient la proximité des universités et centres de recherche au sein de **technopôles** (Sophia-Antipolis, Saclay).

● **Cette orientation dépend beaucoup de la volonté publique.** Au sommet de Lisbonne en 2000, les États européens se sont engagés à augmenter les dépenses de recherche en stimulant la participation du secteur privé. La France, avec 2,26 % du PIB consacré à la recherche en 2012, encourage donc le rapprochement entre les universités et les entreprises (Repère).

Vocabulaire

Façade maritime : littoral comprenant de grands ports en relation entre eux et partageant un même arrière-pays.

Héliotropisme : voir p. 114.

IDE (Investissement direct à l'étranger) : voir p. 142.

Interface : lieu de contact entre un espace et le reste du monde.

Pôle de compétitivité : regroupement, sur un territoire donné, d'entreprises et de centres de recherche publics ou privés dans le but de développer l'innovation.

Pôle d'excellence rurale : voir p. 120.

Recherche et développement (R&D) : voir p. 146.

Technopôle : voir p. 142.

ZIP (Zone industrialo-portuaire) : espace côtier associant des fonctions portuaires (accueil de gros navires) et industrielles liées au transport maritime (transformation de matières premières).

REPÈRE

Les chercheurs en France en milliers

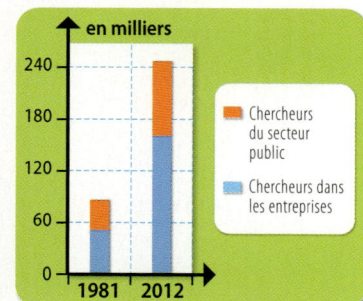

Source : Insee, 2015.

Une stratégie de collectivité locale : valoriser les atouts du territoire

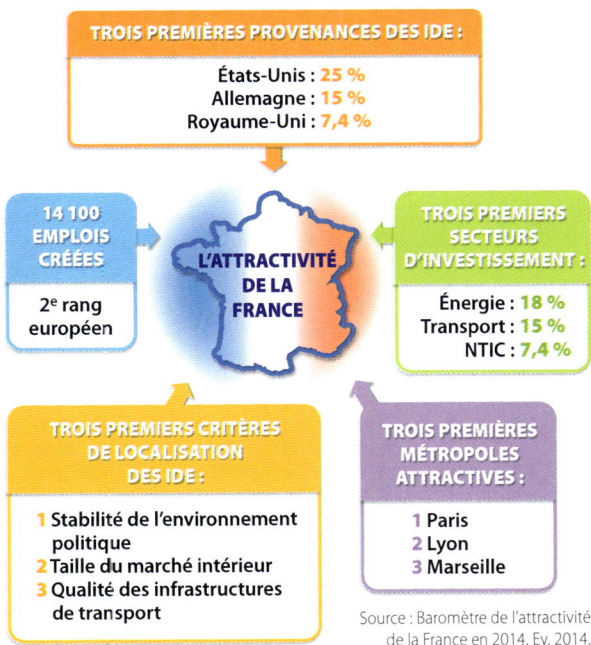

IL AURAIT DÛ S'INSTALLER À METZ...

WWW.JEVEUXMETZ.COM

Metz Métropole, de grands projets structurants,
Un tissu économique dynamique,
Des réseaux professionnels performants,
Un territoire attractif à 82 mn de Paris, aux portes de l'Allemagne, de la Belgique et du Luxembourg,
Une agence de développement économique à vos côtés.

TROIS PREMIÈRES PROVENANCES DES IDE :
États-Unis : **25 %**
Allemagne : **15 %**
Royaume-Uni : **7,4 %**

14 100 EMPLOIS CRÉÉES
2ᵉ rang européen

L'ATTRACTIVITÉ DE LA FRANCE

TROIS PREMIERS SECTEURS D'INVESTISSEMENT :
Énergie : **18 %**
Transport : **15 %**
NTIC : **7,4 %**

TROIS PREMIERS CRITÈRES DE LOCALISATION DES IDE :
1 Stabilité de l'environnement politique
2 Taille du marché intérieur
3 Qualité des infrastructures de transport

TROIS PREMIÈRES MÉTROPOLES ATTRACTIVES :
1 Paris
2 Lyon
3 Marseille

Source : Baromètre de l'attractivité de la France en 2014, Ey, 2014.

2 L'attractivité de la France entre 2009 et 2013

---

3 Une stratégie d'entreprise : développer l'innovation

Si la France, comme l'Europe, paie aujourd'hui le prix d'avoir raté le coche d'Internet il y a vingt ans, elle n'en compte pas moins quelques acteurs à l'image de Critéo, spécialiste du reciblage publicitaire. La troisième vague d'Internet, celle des objets connectés[1], offre des opportunités que tentent de saisir des dizaines d'entreprises tricolores. Dans d'autres secteurs d'avenir, l'industrie française n'est pas dépourvue d'atouts comme dans la chimie verte (agrocarburants de Sofiprotéol) ou dans la santé (cœur artificiel de Carmat). Même les secteurs traditionnels ne sont pas tous à priori condamnés par la mondialisation. Seb en fait la démonstration en confortant sa place de leader mondial du petit électroménager. Il ne s'agit pas de verser dans l'éloge naïf du *made in France* : le maintien d'une production en France passe par la montée en gamme dont le moteur est l'innovation.

Alternatives économiques, avril 2014.

1. Objet partageant des informations (textile mesurant l'activité de celui qui le porte...) ou pouvant être piloté depuis un ordinateur, une tablette, un téléphone mobile.

Capacités et méthodes   Confronter des documents (doc. 1 et 2)

1. En vous aidant des dessins p. 21, listez les acteurs publics et les acteurs privés présentés dans ces documents.
2. En quoi leurs stratégies peuvent-elles se compléter ou, au contraire, se différencier ?
Pourquoi doit-on porter un regard critique sur le doc. 1 ?

Une nouvelle organisation de l'espace économique français

▶ **Comment la mondialisation influence-t-elle la géographie économique de la France ?**

A Des territoires agricoles en mutation

● **Le productivisme des grandes régions agricoles fait de la France la 1ʳᵉ agriculture de l'UE** (avec moins d'un million d'agriculteurs, Repère A) et la 5ᵉ puissance exportatrice mondiale : céréaliculture du bassin parisien, grands vignobles (Bordelais, Champagne), élevage breton. Longtemps encouragée par la PAC, cette **agriculture productiviste** est à la base des IAA, 1ᵉʳ secteur industriel français (575 000 emplois en 2013).

● **D'autres espaces agricoles sont fragilisés par la mondialisation.** Les régions d'élevage extensif de moyenne montagne (Vosges, Corse) et de polyculture sont en **déprise**, tandis que le modèle breton d'élevage intensif est en crise. La concurrence des vins californiens ou australiens explique la diminution des exportations de vins français de qualité moyenne. Cela a entraîné, par exemple, une diminution de 40 % de la production des vins du Languedoc depuis 2000.

● **Des modes durables d'agriculture se développent** face aux effets écologiques (pollution des sols et eaux souterraines) et sanitaires (qualité de l'alimentation) du productivisme. L'agriculture biologique introduit des objectifs environnementaux (diminution des **intrants**, approvisionnement local). La traçabilité et les labels de qualité rassurent les consommateurs (doc. 1). Le label AB (agriculture biologique) est ainsi un repère d'achat pour 80 % d'entre eux.

B Des territoires industriels inégaux face à la mondialisation

● **La désindustrialisation du territoire français est relative.** Entre 2009 et 2014, 1 512 usines françaises ont fermé pour 907 ouvertures. Mais la situation est très inégale : l'industrie fournit 5,7 % des emplois en Corse, contre 21 % en Franche-Comté. Néanmoins, si le nombre d'ouvriers chute (Repère B), celui des ingénieurs et des cadres a plus que doublé depuis 1975.

● **Les territoires industriels s'organisent en systèmes productifs locaux**, plus ou moins vastes et parfois hérités de l'histoire locale : textile (Nord), aéronautique (Sud-Ouest) (doc. 2). Ainsi, les pôles de compétitivité s'appuient souvent sur des savoir-faire anciens. Par exemple, le pôle européen de la céramique à Limoges exploite une tradition de la porcelaine née à la fin du XVIIIᵉ siècle.

● **La géographie industrielle française est de plus en plus mondialisée**, en particulier grâce aux FTN françaises implantées à l'étranger (Renault p. 282-283, Total). Les **délocalisations** affectent les activités industrielles traditionnelles (textile du Nord, sidérurgie de l'Est) mais les IDE créent aussi des emplois industriels. Une dynamique de relocalisation émerge (*made in France*) (doc. 1).

C Des territoires de plus en plus tertiarisés

● **Les services marchands représentent un quart de l'emploi national** et sont indispensables à l'agriculture et à l'industrie (financement, transport et distribution des productions). Les activités tertiaires supérieures (finance, marketing, conseil), localisées dans les quartiers d'affaires des grandes métropoles (La Défense à Paris, La Part-Dieu à Lyon doc. 2) sont très dynamiques.

● **La France est le premier pôle touristique mondial** (doc. 1 p. 155). Le tourisme concerne l'ensemble du territoire, même si les littoraux, les montagnes et les métropoles (Paris, Marseille) sont plus visités. Des espaces récréatifs se développent : parcs d'attraction (Eurodisney à Marne-la-Vallée, Futuroscope à Poitiers), musées (Centre Pompidou à Metz, Le Louvre à Lens).

● **L'économie résidentielle est moins exposée à la concurrence** et est très diffuse sur le territoire national (doc. 3). Assurant la moitié des emplois, son dynamisme reflète celui des territoires. Elle dynamise les régions de la façade atlantique, du littoral méditerranéen et des Alpes, particulièrement dans les villes moyennes et les régions dont la population est plus âgée (Sud-Est). Elle porte aussi les pôles touristiques, comme Biarritz qui mise sur le tourisme d'affaires et accueille environ 65 000 congressistes par an.

Vocabulaire

Agriculture productiviste : voir p. 150.

Délocalisation : transfert d'activités vers un pays étranger pour diminuer les coûts de production et/ou gagner de nouveaux marchés.

Déprise : voir p. 120.

Désindustrialisation : diminution ou disparition de l'activité industrielle.

Économie résidentielle : ensemble des activités essentiellement destinées à satisfaire les besoins des résidents permanents ou des touristes (services aux personnes, transports).

IAA (Industrie agroalimentaire) : industries de transformation et de valorisation d'un produit agricole.

Intrants : voir p. 150.

PAC (Politique agricole commune) : politique européenne de modernisation de l'agriculture.

Service marchand : service à but lucratif incluant le commerce et les services aux entreprises.

REPÈRE A

L'évolution des exploitations agricoles

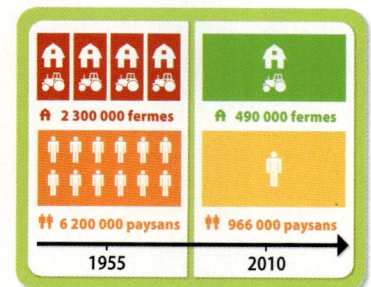

2 300 000 fermes	490 000 fermes
6 200 000 paysans	966 000 paysans
1955	2010

Source : Agreste, 2015.

REPÈRE B

L'évolution de la population active

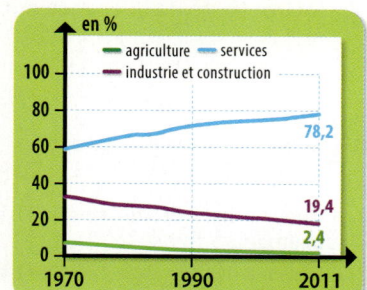

Source : Insee, 2015.

Je ne rêve pas, Je relocalise.

En consommant **Produit en Bretagne**
je soutiens l'emploi et l'environnement de ma région.

1 **La relocalisation, une stratégie qui se développe.**
Les relocalisations bénéficient surtout aux territoires industriels innovants et bien connectés aux axes de communication. Paris, Lyon et Nantes ont accueilli respectivement 10 %, 8 % et 4 % des relocalisations en 2013.

2 **Les mutations économiques de la région lyonnaise**

À l'époque moderne, la soierie fait vivre des centaines d'ateliers à l'ouest de Lyon. Dès le XIXᵉ siècle, les périphéries lyonnaises s'industrialisent : exploitation des mines de charbon, mise en service du premier chemin de fer, développement d'hydroélectricité. Ce développement se poursuit au XXᵉ siècle, surtout dans la vallée du Rhône qui devient le « couloir de la chimie » : construction d'une raffinerie de pétrole, industries pharmaceutiques. Aujourd'hui, le quartier d'affaires de la Part-Dieu regroupe des activités commerciales ainsi que des services supérieurs (plus d'une cinquantaine de sièges sociaux d'entreprises importantes, des banques, des assurances). Le quartier de Gerland abrite un technopôle comprenant des unités de recherches médicales et scientifiques (pôle de compétitivité Lyonpôle) ainsi que des grandes écoles. Ainsi, l'agglomération lyonnaise a diversifié ses activités économiques en les orientant vers le tertiaire supérieur.

V. Adoumié, *Géographie de la France,* Hachette, 2013.

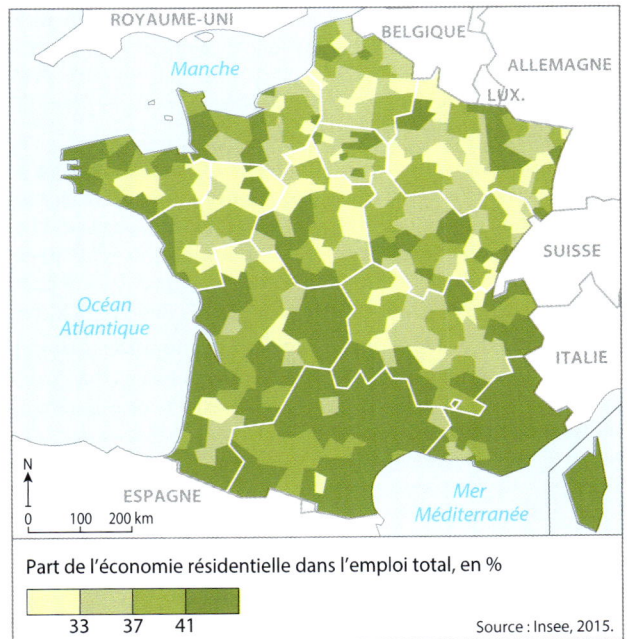

Part de l'économie résidentielle dans l'emploi total, en %

33   37   41

Source : Insee, 2015.

3 **L'économie résidentielle**

Capacités et méthodes   **Cerner le sens général d'un texte (doc. 2)**

1. Quelles mutations des systèmes productifs ont été observées dans la métropole lyonnaise ?
2. En quoi sont-elles caractéristiques de la mutation des systèmes productifs français ?

Une inégale adaptation des territoires productifs à la mondialisation

▶ **Comment les espaces productifs s'adaptent-ils à la mondialisation ?**

A Des territoires productifs attractifs

- **La traditionnelle opposition entre l'Ouest agricole et l'Est industriel s'atténue.** Même si le poids économique de l'Île-de-France (près de 30 % du PIB) et de régions comme Auvergne et Rhône-Alpes (près de 12 %) reste fort, les périphéries sud et ouest bénéficient de la littoralisation des activités et de l'héliotropisme (Repère A).

- **Les activités se concentrent dans les métropoles** (Repère B). Paris est la seule ville mondiale (voir p. 280-281). Les grandes métropoles régionales (Lyon, Marseille, Nantes) sont dynamiques et attirent les activités dans leur quartier des affaires et leurs technopôles. La Part-Dieu à Lyon a, par exemple, lancé la construction de tours permettant de passer de 1 million de m² de bureaux en 2015 à 1,6 en 2030 (doc. 2). Le projet Euratlantique de 738 hectares mise sur l'arrivée de la LGV qui placera Bordeaux à 2h10 de Paris (doc. 1 p. 122).

- **À l'échelle locale, les territoires de l'innovation attirent les entreprises.** En France, il existe une centaine de technopôles : le plus ancien, Sophia-Antipolis, mêle depuis les années 1970 activités de recherche et de production. Certains de ces technopôles sont devenus en 2005 des pôles de compétitivité. Ceux-ci sont à vocation mondiale (Lyonbiopôle, Aerospace) ou nationale (Cosmetic Valley, UP-Tex) (doc. 1).

B Des territoires productifs en mutation

- **La mondialisation entraîne la mutation de certaines régions spécialisées.** La reconversion industrielle a été localement possible grâce à de nouveaux investissements industriels (Coca-Cola à Dunkerque, Toyota à Valenciennes, Smart en Lorraine). La mondialisation explique également l'appropriation de grands vignobles par des investisseurs chinois ou russes.

- **Certains territoires se diversifient et bénéficient de la tertiarisation des activités.** D'anciennes friches industrielles sont ainsi valorisées : transformation du site minier du Creusot en IUT (doc. 3), de l'usine nantaise LU en centre culturel. Des activités commerciales s'implantent dans les entrepôts délaissés par les activités portuaires (Quai des marques à Bordeaux, Dock 76 à Rouen). Enfin, le tourisme dynamise certains espaces agricoles (routes des vins, de la lavande).

- **Le local est parfois une réponse à la mondialisation.** Le terroir devient un argument commercial, comme le montre le succès des **AMAP**, ou celui des labels de qualité (doc. 5 p. 151). Aux Herbiers en Vendée, le dynamisme local s'appuie sur des industries très territorialisées : viennoiserie et charcuterie industrielles, construction navale.

C Des territoires productifs en crise

- **Certains territoires touchés par la désindustrialisation peinent à trouver un nouveau dynamisme.** La reconversion est en effet souvent difficile pour les espaces les plus anciennement industrialisés : bassin houiller (Nord, Lorraine), villes d'industries monofonctionnelles héritées des Trente Glorieuses (textile à Cholet, plasturgie à Oyonnax, automobile à Sochaux).

- **Les espaces affectés par la déprise agricole tentent des stratégies de diversification.** Le tourisme vert qui se développe en moyenne montagne (Corse intérieure, Massif central) et dans les régions forestières (Morvan) ne parvient cependant pas à limiter les **friches** agricoles : la superficie forestière française gagne ainsi plus de 50 000 hectares par an.

- **À l'échelle locale, certains espaces, en crise démographique, sont fragilisés par le recul de l'économie résidentielle.** La fermeture des commerces et services dans les villages isolés (Creuse, Cantal) accélère la désertification rurale (doc. 4). De même, malgré l'instauration de **zones franches**, certains quartiers urbains sont à l'écart des espaces productifs (Villejean à Rennes, La Courneuve en Seine-Saint-Denis) : les commerces y ferment et les entreprises hésitent à s'y installer.

Vocabulaire

AMAP (Association pour le maintien de l'agriculture paysanne) : partenariat entre un groupe de consommateurs et un producteur, basé sur un système de distribution de « paniers » composés des produits de la ferme.

Cluster : regroupement d'entreprises spécialisées dans un même secteur d'activités et fonctionnant en réseau.

Économie résidentielle : voir p. 158.

Friche : espace abandonné par l'activité qui y était pratiquée.

Zone franche : voir p. 124.

REPÈRE A

L'inégale adaptation des territoires à la mondialisation

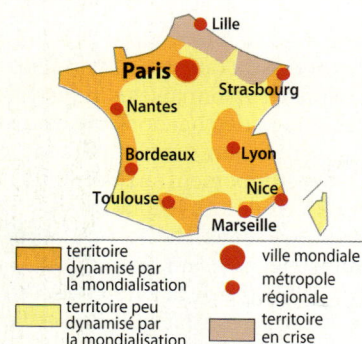

territoire dynamisé par la mondialisation	● ville mondiale
territoire peu dynamisé par la mondialisation	● métropole régionale
	territoire en crise

REPÈRE B

Les métropoles, au cœur du système productif

	Part du PIB du département, en %
Amiens	46
Bordeaux	71
Dijon	63
Nantes	63
Strasbourg	56

Source : L. Carroué, *La France, la mutation des espaces productifs*, Colin, 2013.

1 **Un territoire de l'innovation : le technopôle du Futuroscope de Poitiers.**
Le Futuroscope réunit sur un même site un parc d'attraction et un technopôle consacrés à l'image et aux nouvelles technologies.
En partenariat avec l'université de Poitiers, il s'organise sur le modèle d'un **cluster**.

2 **Le quartier des affaires de la Part-Dieu à Lyon**

3 **Le Creusot, un exemple de reconversion industrielle réussie.**
Malgré une crise profonde liée à la fermeture d'anciens sites industriels ① dans les années 1980, Le Creusot compte aujourd'hui autant d'emplois industriels qu'avant la crise. La reconversion en industries de pointe (ex. : usine de moteurs d'avions Snecma) ② a été possible grâce à la valorisation de centres de recherche locaux ③.

4 **Recul de l'économie résidentielle et désertification rurale à Izeste dans le Béarn**

C'est d'abord l'école qui a fermé ses portes. Puis les commerces ont suivi. Aujourd'hui certains habitants préfèrent partir vivre dans les villages aux alentours faute de services dignes de ce nom dans la petite commune. Une trentaine de classes dans le Béarn est menacée de fermeture. Pour la commune d'Izeste, c'est déjà fait. L'école a fermé il y a deux ans maintenant, après décision de l'Inspection académique. À l'époque, une trentaine d'élèves y étudiaient. L'école était alors le poumon de la commune de 500 habitants. Depuis la fermeture de l'école, certains parents d'élèves ont préféré déménager. Pour des raisons évidentes de commodité. Pour ceux qui ont fait le choix de rester, ils font désormais face à une pénurie réelle de services. Beaucoup de commerces ont en effet baissé le rideau. Même la mairie n'est plus ouverte que quatre jours par semaine.

France 3 Aquitaine, 1er septembre 2014.

Capacités et méthodes — Changer les échelles et mettre en relation

1. Montrez que chacun des doc. 1 à 4 est représentatif d'un espace productif présenté dans le Repère A.
2. Comment l'inégale insertion de ces territoires dans la mondialisation se traduit-elle dans les paysages ? (doc. 1, 2 et 3)

Capacités travaillées
• Analyser le sujet
• Étudier une affiche

MÉTHODE BAC

Sujet guidé — Les technopôles, des territoires de l'innovation

Montrez, à travers l'affiche du pôle Ester de Limoges, que les technopôles sont des territoires de l'innovation aux multiples acteurs et ouverts sur le monde.

•Paris

Limoges

ESTER Technopole, 20 ans de succès et encore de l'avenir.

INTERNATIONAL

CÉRAMIQUES, MATÉRIAUX

BIOTECHNOLOGIES SANTÉ

EAU ET ENVIRONNEMENT

172 ENTREPRISES

ÉLECTRONIQUE, OPTIQUE, TÉLÉCOMMUNICATIONS

LABORATOIRES DE RECHERCHE

1933 EMPLOIS

CADRE DE VIE

PROXIMITÉ

Conseil
Précisez dans l'analyse que Limoges est depuis la fin du XVIIIe siècle un centre industriel de renommée internationale spécialisé dans la porcelaine.

20 ANS

E . S . T . E . R

www.ester-technopole.org

La promotion du parc technologique ESTER de Limoges

A — Analyser le sujet et la consigne

1) Identifiez les notions clés et délimitez l'espace concerné.

▶**Méthode** p. 34

Les **technopôles**, des **territoires de l'innovation**.

Montrez, à travers l'affiche du **pôle Ester de Limoges** que les **technopôles** sont des **territoires de l'innovation** aux **multiples acteurs** et **ouverts sur le monde**.

B — Étudier une affiche

Méthode

a. Décrire l'affiche :
– repérer les éléments visuels : décor, couleurs, personnages, objets, mise en scène ;
– dégager les informations contenues dans le texte : titre, slogans et style du texte (informatif, ironique, humoristique, provocateur) ;
– identifier les auteurs grâce au logo.

b. Interpréter l'affiche :
– utiliser les connaissances extraites du cours pour interpréter les informations ;
– interpréter l'intention des auteurs de l'affiche : convaincre, séduire, provoquer ;
– organiser les informations en lien avec les différentes parties de la consigne.

2 Au brouillon, répondez aux questions suivantes.

Dans quelles activités Ester est-il spécialisé ?

Comment la connexion au monde est-elle présentée ? Confrontez la présentation de la proximité parisienne avec le doc. 1 p. 114.

Comment le cadre de vie est-il présenté ? Quel contraste offre-t-il avec le reste de l'affiche ?

ESTER Technopole, 20 ans de succès et encore de l'avenir.

INTERNATIONAL

CÉRAMIQUES, MATÉRIAUX

BIOTECHNOLOGIES SANTÉ

EAU ET ENVIRONNEMENT

172 ENTREPRISES

LABORATOIRES DE RECHERCHE   1933 EMPLOIS

ÉLECTRONIQUE, OPTIQUE, TÉLÉCOMMUNICATIONS

CADRE DE VIE

PROXIMITÉ

E S T E R

20 ANS

www.ester-technopole.org

Quels sont les acteurs du parc Ester ? Quels acteurs n'apparaissent pas ?

3 Recopiez et complétez le tableau suivant.

FICHE À COMPLÉTER
En téléchargement sur le site de l'éditeur
PDF

Thèmes de la consigne	Décrire l'affiche	Interpréter l'affiche
Un territoire de l'innovation	– « Ester Technopôle » –	– Technopôle : .... – ....
Des acteurs nombreux	–	– ....
Une ouverture sur le monde	–	– ....

Conseil
Aidez-vous de la définition p. 21 pour identifier les acteurs.

Sujet d'entraînement

Les stratégies industrielles de l'Ouest de la France

Montrez, à travers l'étude de ces documents, que la mondialisation conduit les acteurs des territoires productifs de l'Ouest de la France à mettre en place des stratégies variées.

1 Les Herbiers, un exemple de stratégie industrielle

Le canton des Herbiers (28 000 hab.) possède un des taux de chômage le plus bas de France et compte 950 entreprises, dont certaines sont très connues : Fleury Michon, les bateaux Jeanneau, La Boulangère, les foies gras Euralis. La part des emplois industriels aux Herbiers est de 44 % contre 16 % en France. Comment expliquer cette réussite ? Dans les années 1960, des hommes ont fondé leur entreprise et ont créé une sorte de dynamisme. À partir du milieu des années 1980, la région active les choses pour désenclaver la Vendée (autoroute terminée en 2000). Il ne restait plus qu'à changer l'image de la Vendée. En 1989, la course du Vendée Globe a alors été créée, le parc du Puy du Fou construit. Au niveau politique, mairies et communautés de communes ont contribué à cet essor. Le département a mis en place des formations adaptées aux besoins des entreprises et la construction de zones d'activités haut de gamme au début des années 2000.

France Info, 24 janvier 2014.

L'INNOVATION PREND VIE EN PAYS DE LA LOIRE

PAYS DE LA LOIRE

2 Affiche promotionnelle des Pays de la Loire

Étude critique de documents **ES/L**
Analyse de documents **S**

Capacités travaillées
• Préparer l'étude / l'analyse de documents
• Rédiger un paragraphe de l'étude / l'analyse de documents

Sujet guidé Le Nord de la France, un espace productif en reconversion

Montrez, à travers l'étude de ces deux documents, que la mondialisation a fragilisé l'économie du Nord de la France mais qu'elle offre aujourd'hui des solutions de reconversion.

1 L'évolution des territoires productifs du Nord de la France

Dès le XIXᵉ siècle, le charbon a entraîné la création de nombreuses industries dérivées : centrales électriques, entreprises métallurgiques (matériel ferroviaire), textile. La plupart de ces industries ont disparu.

Aujourd'hui, la littoralisation de l'industrie entraîne un glissement des entreprises de l'arrière-pays vers la côte. La région de Dunkerque accueille aujourd'hui une raffinerie de pétrole, une centrale nucléaire, des usines sidérurgiques, une usine Coca-Cola. Mais elle n'en reste pas moins un espace industriel fragile. La métropolisation a entraîné le déplacement des emplois vers les zones urbaines, particulièrement grâce au développement des technopôles. Celui de Lille-Villeneuve-d'Ascq a permis la création de 10 000 emplois. Les grands axes internationaux sont performants, notamment grâce au TGV Nord, qui place Lille à 35 minutes de Bruxelles, une heure de Paris, deux heures de Londres et trois heures de Cologne (Allemagne). C'est cette accessibilité qui a poussé le japonais Toyota à s'implanter près de Valenciennes en 2001.

V. Adoumié, *Géographie de la France*, Hachette, 2013.

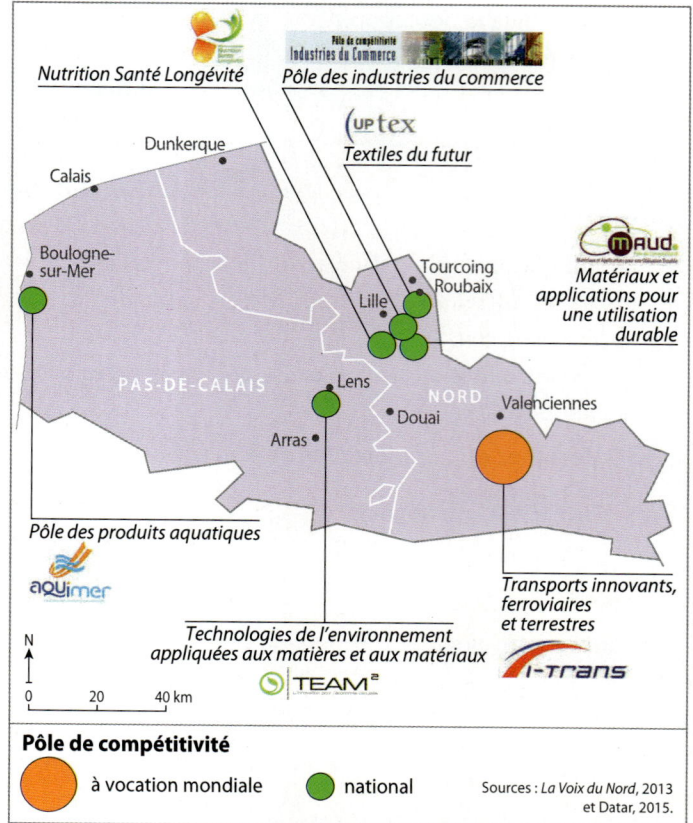

Nutrition Santé Longévité
Pôle des industries du commerce
Textiles du futur
Matériaux et applications pour une utilisation durable
Pôle des produits aquatiques
Technologies de l'environnement appliquées aux matières et aux matériaux
Transports innovants, ferroviaires et terrestres

N
0   20   40 km

Pôle de compétitivité
● à vocation mondiale   ● national

Sources : *La Voix du Nord*, 2013 et Datar, 2015.

2 Les pôles de compétitivité, un outil de la reconversion régionale

---

A Préparer l'étude de documents **ES/L**
Préparer l'analyse de documents **S**

FICHE À COMPLÉTER
En téléchargement sur le site de l'éditeur
PDF

1 Recopiez et complétez le tableau suivant en vous aidant de la carte et des phrases surlignées dans le texte.

▶ **Méthode** p. 104 et p. 129

Grandes parties	Prélever les informations	Mobiliser des connaissances
La mondialisation a fragilisé les territoires productifs du Nord.	– bassin houiller (charbon) délaissé et industries dérivées (sidérurgie) en crise – textile de la région lilloise	– désindustrialisation des territoires productifs nés de la révolution industrielle du XIXᵉ siècle – ....
La situation géographique devient un atout dans le cadre de la mondialisation.	–	– ....
Les savoir-faire hérités sont valorisés dans le choix de l'innovation.	– UP-Tex : textile du futur –	▶ **Aide** p. 148-149

Conseil
Aidez-vous de l'étude du pôle UP-Tex p. 148-149 pour expliquer les mutations de l'industrie textile.

Méthode

a. Commencer chaque partie par une phrase indiquant l'idée générale.

b. Utiliser les informations des documents, complétées ou nuancées par les connaissances personnelles.

c. Utiliser des mots de liaison pour donner du sens à la démonstration.

d. Terminer chaque partie par une phrase de transition avec la suivante.

2 Recopiez le paragraphe rédigé ci-dessous, en utilisant le code couleur suivant :

En rouge, la phrase annonçant l'idée générale du paragraphe ; **en vert, les informations prélevées dans les documents** ; **en bleu, les connaissances personnelles** ; en noir, les mots de liaison.

> La mondialisation a contribué à fragiliser les territoires productifs du Nord de la France. C'est le cas du bassin houiller qui a connu une exploitation intensive au XIXᵉ siècle, lors de la première révolution industrielle. Par un phénomène d'entraînement, la valorisation du charbon a alors donné naissance à de nombreuses industries, aujourd'hui en crise. Elles sont en effet affectées par la désindustrialisation commune à toutes les anciennes régions industrielles françaises (Lorraine, Saint-Étienne). L'exemple du textile est particulièrement significatif. En l'occurrence, dans cette branche, le nombre d'emplois a été divisé par 7 depuis 1975 et de nombreuses usines ont fermé.

3 Rédigez les deux derniers paragraphes de votre devoir.

Conseil
Aidez-vous de la rédaction de la première partie ci-dessus et du travail préparatoire (tableau).

Sujet d'entraînement

Les mutations des territoires productifs sous l'effet de la mondialisation

À l'aide des documents, montrez que les territoires productifs français sont inégalement attractifs et intégrés à la mondialisation.

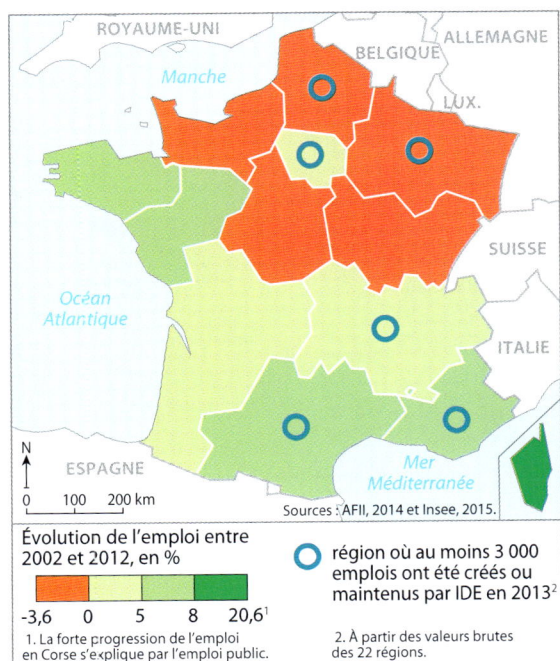

Évolution de l'emploi entre 2002 et 2012, en %

-3,6   0   5   8   20,6[1]

région où au moins 3 000 emplois ont été créés ou maintenus par IDE en 2013[2]

1. La forte progression de l'emploi en Corse s'explique par l'emploi public.

2. À partir des valeurs brutes des 22 régions.

Sources : AFII, 2014 et Insee, 2015.

1 L'évolution de l'emploi en France

2 **Les facteurs d'attractivité du territoire français**

En France, les prix du foncier sont attractifs alors que l'accessibilité se situe en général à un excellent niveau, exception faites de zones d'ombre au sein du Massif central, des Pyrénées ou des Alpes du Sud. De même, la main-d'œuvre française est perçue comme étant responsable et créative. La qualité des paysages ruraux, les bonnes tables, la culture, le soleil méridional, la proximité de la mégalopole européenne vers l'est du pays et la séduction parisienne sont autant de facteurs d'attractivité. Les infrastructures de transport sont un autre élément de l'attractivité du territoire. Mais les grands équipements ne sont pas un élément d'attractivité en soi. Il n'y a pas de lien systématique entre la croissance économique et la présence d'une infrastructure. Celle-ci n'est qu'une opportunité dont les acteurs doivent se saisir s'ils veulent développer leur territoire.

R. Woessner, *Mutation des systèmes productifs – France*, Atlande, 2013.

Production graphique

Capacités travaillées
• Formuler les titres de la légende
• Réaliser un croquis

Sujet guidé — Les dynamiques des espaces productifs français dans la mondialisation

A Analyser le sujet

1 Identifiez les notions clés et délimitez l'espace concerné.

▸ Méthode p. 76

Les dynamiques désignent l'ensemble des mutations enregistrées sur un territoire. Quelles sont les dynamiques qui modifient l'organisation des espaces productifs en France ?

Les activités agricoles, industrielles et tertiaires dessinent des cartes différentes des espaces productifs. Quels sont les espaces les plus dynamiques pour chaque activité ?

Les dynamiques des espaces productifs français dans la mondialisation.

La mondialisation est un processus de mise en relation et d'interdépendances des différentes parties du monde. Quels sont les territoires valorisés par la mondialisation ?

Le sujet est posé à l'échelle nationale. Pourtant, il implique une définition des territoires productifs à d'autres échelles. Lesquelles ?

Conseil
Aidez-vous des informations contenues dans ces deux cartes pour répondre au sujet.

▸ Aide carte p. 152 à 155

1 aéroport — provenance des IDE en 2011, en % du total — autoroute — technopôle. Sources : AFII, 2015 et Insee, 2015.

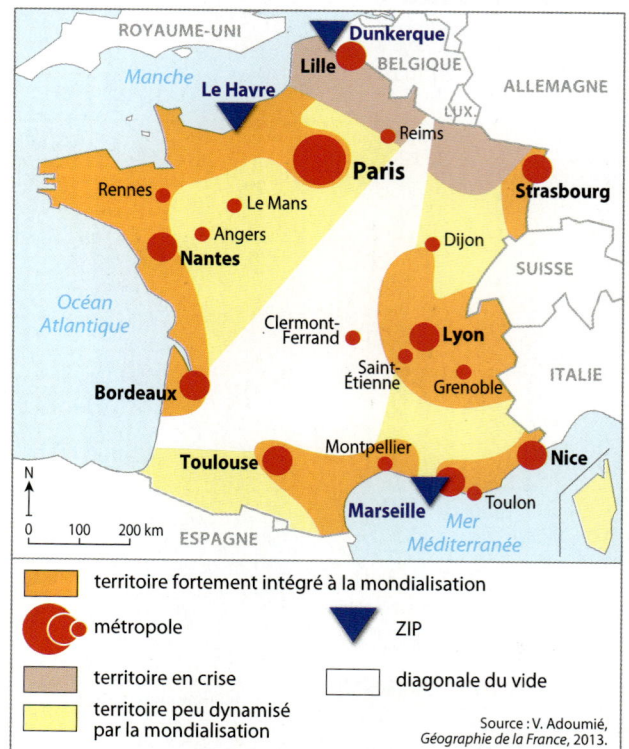

2 territoire fortement intégré à la mondialisation — métropole — ZIP — territoire en crise — diagonale du vide — territoire peu dynamisé par la mondialisation. Source : V. Adoumié, Géographie de la France, 2013.

B Formuler les titres de la légende

Méthode

a. Formuler des titres concis qui se complètent pour répondre au sujet.
b. Utiliser les notions clés du cours.
c. Choisir des titres qui regroupent l'ensemble des informations de la partie.

2 Choisissez, parmi les propositions suivantes, celles qui conviennent pour titre des documents 1 et 2. Justifiez les choix.

Doc. 1 • — • Les facteurs de dynamisme
• Les territoires productifs français
• La France, un territoire intégré
• Des espaces productifs inégalement intégrés
Doc. 2 • — • Les mutations des espaces productifs
• Les facteurs d'intégration dans la mondialisation

3 Parmi les propositions retenues, sélectionnez celles qui vous semblent les plus adaptées au sujet du croquis à réaliser et reportez-les dans la légende du croquis ci-dessous.

Conseil
Privilégiez les titres problématisés pour construire les parties de votre légende.

PDF FICHE À COMPLÉTER
En téléchargement sur le site de l'éditeur

C Réaliser le croquis

4 Sur votre cahier, complétez le titre, la légende et le croquis. **Méthode** p. 77

Titre : ....

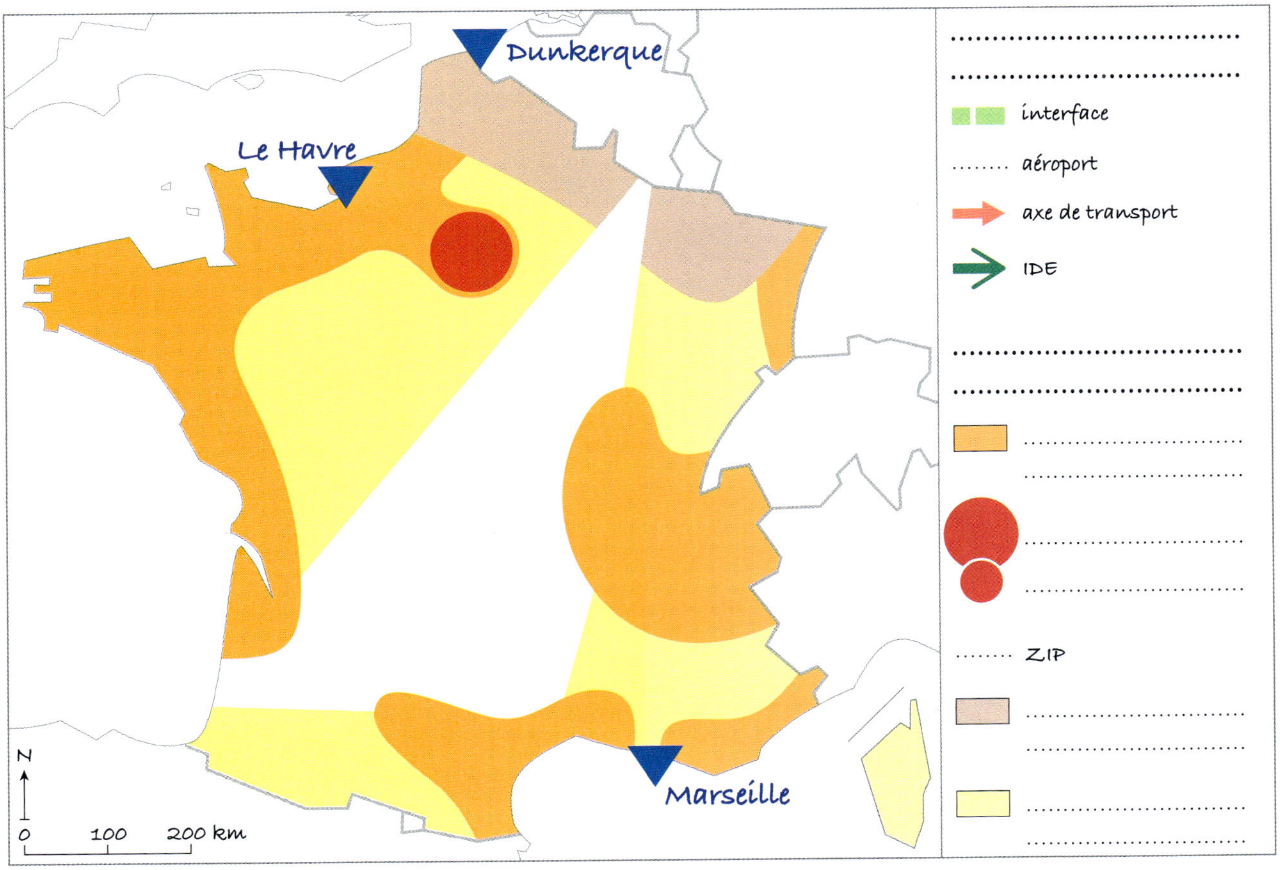

Dunkerque
Le Havre
Marseille
N
0
100
200 km
....
....
interface
.... aéroport
axe de transport
IDE
....
....
....
....
....
....
.... ZIP
....
....
....
....

Composition

Capacités travaillées
- Analyser le sujet
- Construire un plan
- Rédiger un paragraphe de composition

Sujet guidé Mutations des espaces productifs français et mondialisation

A Analyser le sujet

1 Identifiez les notions clés et délimitez l'espace concerné.

> À partir des exemples vus en cours, listez les formes d'évolution que peut connaître un lieu de production (agricole, industriel ou tertiaire).

> Montrez que ces mutations peuvent être observées à différentes échelles.

Mutations des espaces productifs français et mondialisation.

> **Conseil**
> Utilisez le lexique pour définir les notions clés du sujet.

> Ce mot de liaison oblige à trouver les liens entre les deux parties du sujet.

> Que signifie ce terme ?

> **FICHE À COMPLÉTER**
> En téléchargement sur le site de l'éditeur
> PDF

B Construire un plan

> **Méthode** p. 108

Problématique suggérée :
Comment les espaces productifs français évoluent-ils sous l'effet de la mondialisation ?

2 Recopiez et complétez l'organigramme suivant à l'aide de vos connaissances et des informations du manuel.

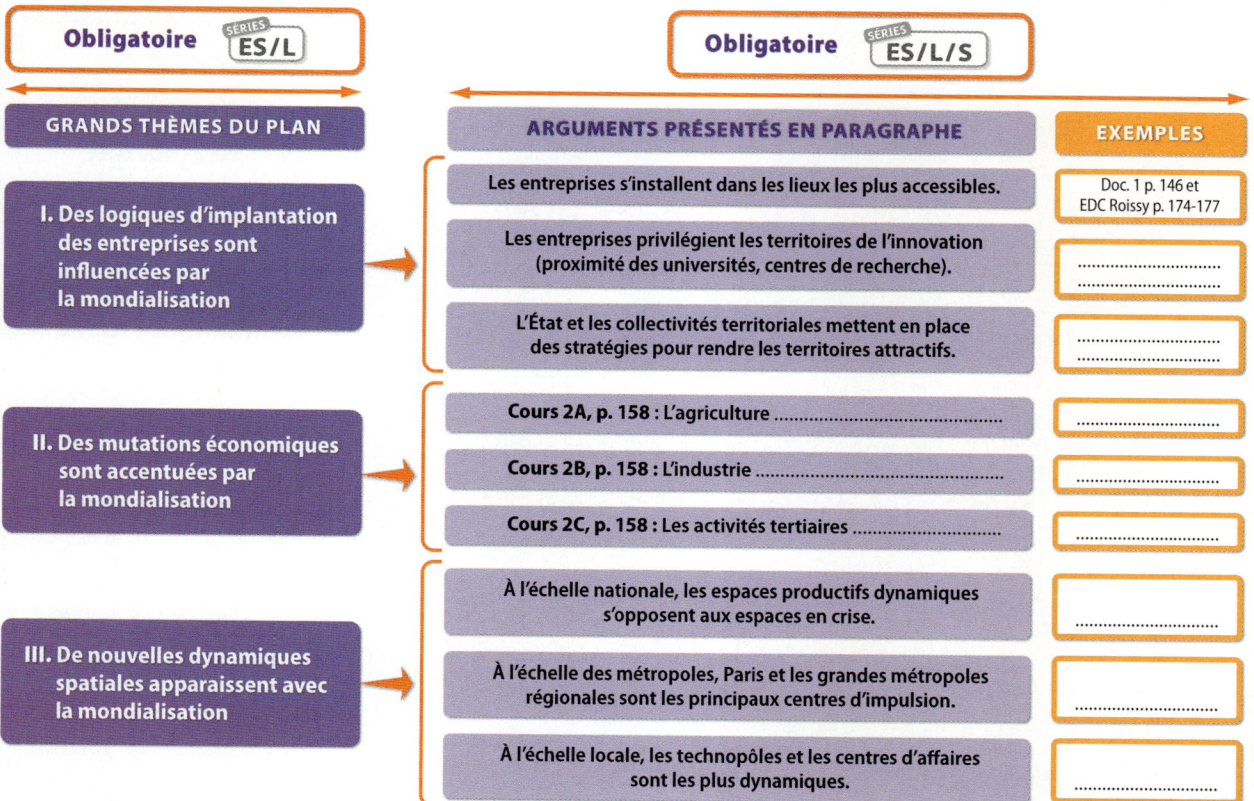

Obligatoire SÉRIES ES/L

Obligatoire SÉRIES ES/L/S

GRANDS THÈMES DU PLAN	ARGUMENTS PRÉSENTÉS EN PARAGRAPHE	EXEMPLES
I. Des logiques d'implantation des entreprises sont influencées par la mondialisation	Les entreprises s'installent dans les lieux les plus accessibles.	Doc. 1 p. 146 et EDC Roissy p. 174-177
	Les entreprises privilégient les territoires de l'innovation (proximité des universités, centres de recherche).	....
	L'État et les collectivités territoriales mettent en place des stratégies pour rendre les territoires attractifs.	....
II. Des mutations économiques sont accentuées par la mondialisation	**Cours 2A, p. 158 :** L'agriculture	....
	Cours 2B, p. 158 : L'industrie	....
	Cours 2C, p. 158 : Les activités tertiaires	....
III. De nouvelles dynamiques spatiales apparaissent avec la mondialisation	À l'échelle nationale, les espaces productifs dynamiques s'opposent aux espaces en crise.	....
	À l'échelle des métropoles, Paris et les grandes métropoles régionales sont les principaux centres d'impulsion.	....
	À l'échelle locale, les technopôles et les centres d'affaires sont les plus dynamiques.	....

a. Commencer chaque partie par une phrase indiquant l'idée générale.

b. Construire chaque paragraphe autour d'une idée générale, organisée à travers des arguments qui s'enchaînent.

c. Utiliser des mots de liaison pour donner du sens à la démonstration.

d. Terminer chaque partie par une phrase de transition avec la suivante.

3 Recopiez le paragraphe rédigé ci-dessous et soulignez : **en violet foncé, l'idée principale**, en violet clair, le premier argument, **en orange, les exemples**.

Les logiques d'implantation des activités productives évoluent sous l'effet de la mondialisation. Tout d'abord, les entreprises françaises comme étrangères recherchent les territoires les mieux connectés au monde pour permettre la circulation des hommes, des marchandises et des capitaux. Paris, ville mondiale, les grandes métropoles (Lyon, Lille) ainsi que les interfaces maritimes et frontalières sont donc les lieux privilégiés par les investisseurs. La proximité des autoroutes, d'aéroports ou de gares desservant des LGV explique la concentration des espaces industriels autour d'une métropole comme Toulouse (Aerospace Valley) ou la forte intégration mondiale des vignobles de Champagne.

4 Sur ce modèle, rédigez les paragraphes suivants de votre devoir.

Conseil
Comme dans le paragraphe ci-dessus, utilisez des mots de liaison pour construire votre rédaction.

▶ **Méthode** p. 223

5 Complétez la légende des schémas suivants illustrant la 1re et la 3e parties de la composition.

Schéma 1 : Un territoire de l'innovation : Aerospace Valley (doc. 1. p. 146)

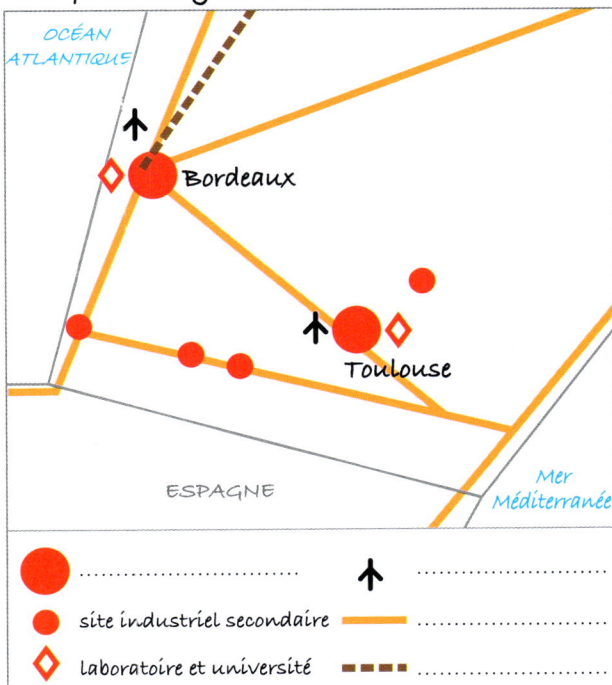

OCÉAN ATLANTIQUE
Bordeaux
Toulouse
ESPAGNE
Mer Méditerranée

● .... ↑ ....
● site industriel secondaire ━━ ....
◇ laboratoire et université ▪▪▪ ....

Schéma 2 : Les espaces productifs dynamisés par la mondialisation

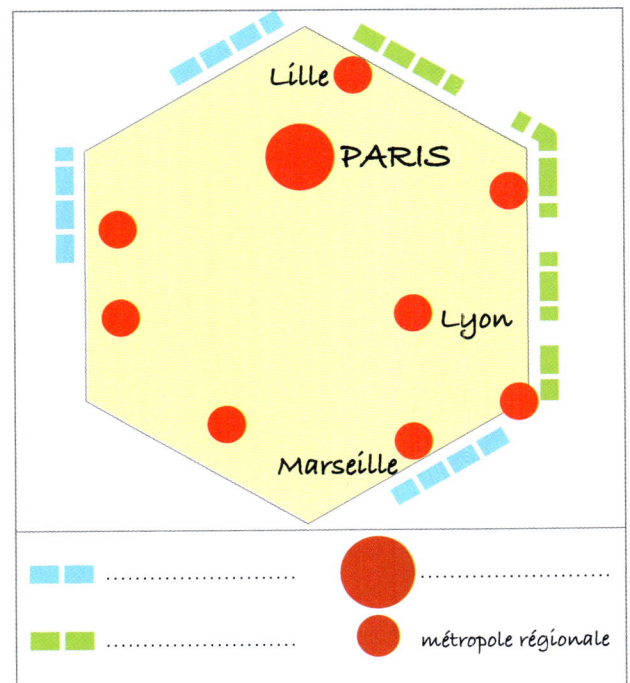

Lille
PARIS
Lyon
Marseille

▪▪ .... ● ....
▪▪ .... ● métropole régionale

Localisations essentielles

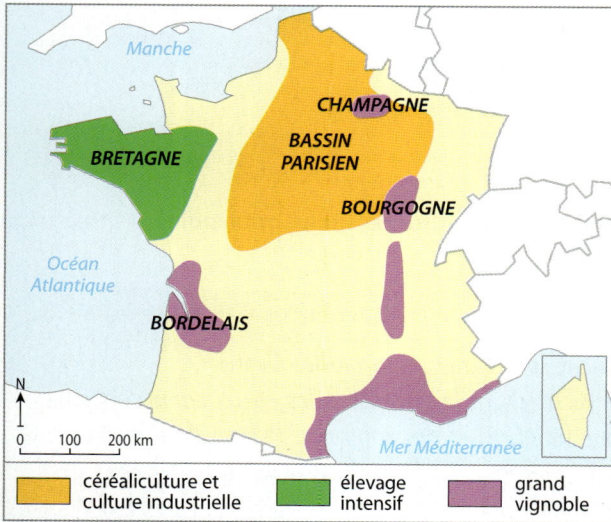

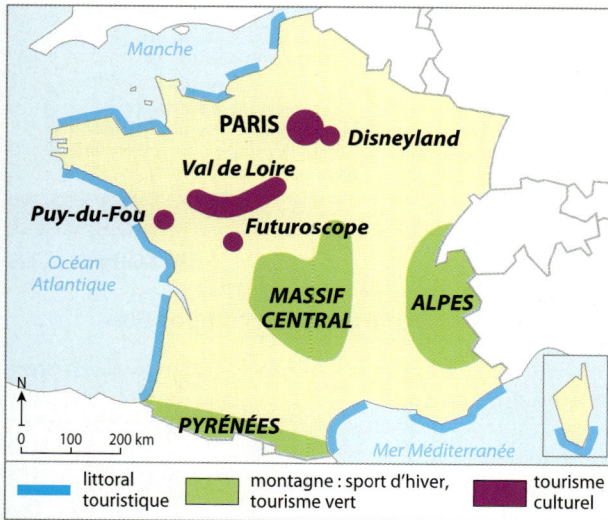

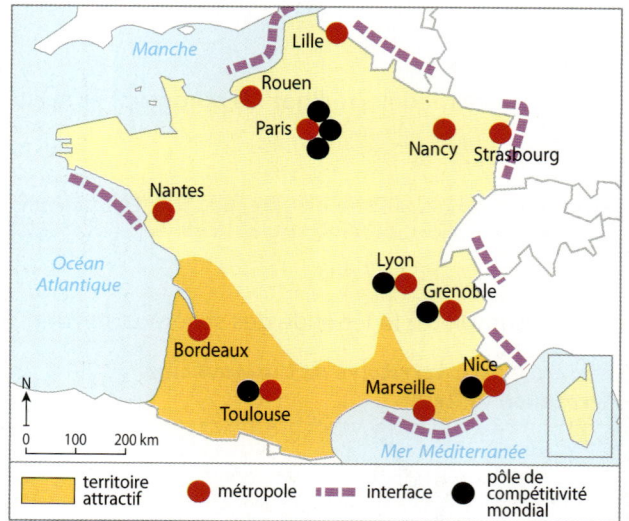

Carte 1 — Les grands espaces agricoles

Manche · Océan Atlantique · Mer Méditerranée

CHAMPAGNE · BASSIN PARISIEN · BOURGOGNE · BRETAGNE · BORDELAIS

N · 0 100 200 km

Légende :
- céréaliculture et culture industrielle
- élevage intensif
- grand vignoble

1 Les grands espaces agricoles

Carte 2 — Les grands espaces industriels

Manche · Océan Atlantique · Mer Méditerranée

Lille · Paris · Rennes · Île-de-France · Nancy · Strasbourg · Nantes · Lyon · Bordeaux · Grenoble · Montpellier · Toulouse · Marseille · Nice

N · 0 100 200 km

Légende :
- région industrielle dynamique
- région industrielle en reconversion
- ◆ technopôle

2 Les grands espaces industriels

Carte 3 — Les grands espaces touristiques

Manche · Océan Atlantique · Mer Méditerranée

PARIS · Disneyland · Val de Loire · Puy-du-Fou · Futuroscope · MASSIF CENTRAL · ALPES · PYRÉNÉES

N · 0 100 200 km

Légende :
- littoral touristique
- montagne : sport d'hiver, tourisme vert
- tourisme culturel

3 Les grands espaces touristiques

Carte 4 — Les territoires dynamisés par la mondialisation

Manche · Océan Atlantique · Mer Méditerranée

Lille · Rouen · Paris · Nancy · Strasbourg · Nantes · Lyon · Grenoble · Bordeaux · Nice · Marseille · Toulouse

N · 0 100 200 km

Légende :
- territoire attractif
- ● métropole
- - - interface
- ● pôle de compétitivité mondial

4 Les territoires dynamisés par la mondialisation

Chiffres clés

A La population active française

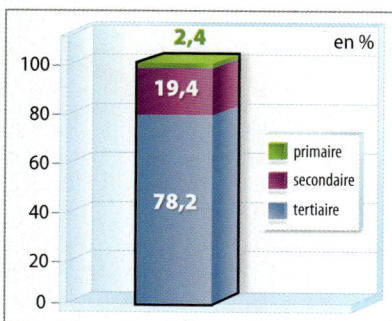

en %
- 2,4 primaire
- 19,4 secondaire
- 78,2 tertiaire

(graphique : 0 à 100)

B Les 3 premières entreprises françaises

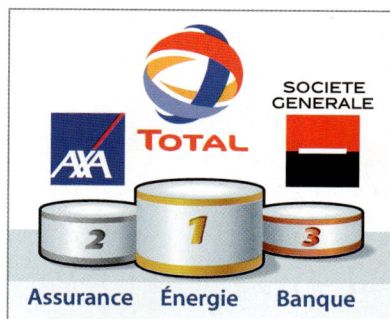

AXA · TOTAL · SOCIETE GENERALE

2 · 1 · 3

Assurance · Énergie · Banque

C Les exportations françaises

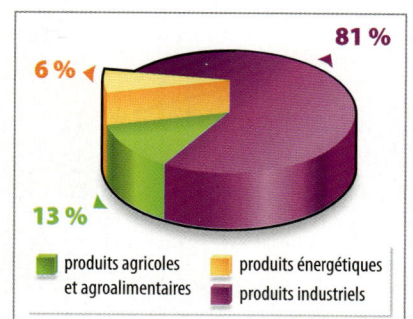

- 81 %
- 6 %
- 13 %

Légende :
- produits agricoles et agroalimentaires
- produits énergétiques
- produits industriels

COMMENT LA MONDIALISATION TRANSFORME-T-ELLE LES TERRITOIRES PRODUCTIFS FRANÇAIS ?

DE NOUVELLES LOGIQUES D'IMPLANTATION DES ACTIVITÉS	UNE NOUVELLE ORGANISATION DE L'ESPACE ÉCONOMIQUE	UNE INÉGALE ADAPTATION DES TERRITOIRES PRODUCTIFS
Renforcement des espaces les plus accessibles	Des territoires agricoles en mutation	Des territoires productifs attractifs
+	+	+
Recherche d'un environnement attractif par les entreprises	Des territoires industriels inégaux face à la mondialisation	Des territoires productifs en mutation
+	+	≠
Valorisation de l'innovation	Des territoires de plus en plus tertiarisés	Des territoires productifs en crise

A Comment l'implantation des activités productives évolue-t-elle sous l'effet de la mondialisation ?

Les entreprises privilégient les territoires les mieux connectés au monde : grandes métropoles, frontières, littoraux. Elles cherchent également à optimiser leur localisation en fonction de la main-d'œuvre et du marché de consommation. Ainsi, les territoires sont mis en concurrence. L'État prend des mesures pour attirer les entreprises et faciliter leur mise en réseau : infrastructures (LGV Paris-Bordeaux), pôles de compétitivité (Aerospace Valley, Pass) et encouragement de la recherche et développement.

B Comment la mondialisation influence-t-elle la géographie économique de la France ?

Au niveau agricole, certains territoires se spécialisent pour être plus performants (céréaliculture du bassin parisien, grand vignoble) alors que les zones d'élevage sont en déprise. La croissance industrielle se concentre dans les territoires de l'innovation alors que les régions d'industrie ancienne (textile, sidérurgie) sont en déclin. La part croissante des services dans l'économie française modifie aussi les territoires (métropolisation, dynamisme de certaines régions touristiques, essor de l'économie résidentielle).

C Comment les espaces productifs s'adaptent-ils à la mondialisation ?

Les espaces productifs les plus attractifs se concentrent autour de Paris et des grandes métropoles régionales (Marseille, Lyon) où les technopôles impulsent l'innovation (Sophia-Antipolis). Fortement concurrencés dans le cadre de la mondialisation, certains espaces industriels ont été obligés de se reconvertir (Coca-Cola à Dunkerque) ou d'accueillir de nouvelles activités tertiaires. Mais certains espaces ne s'adaptent pas et restent en crise (bassin houiller du Nord) et fragilisés (sud du Massif central).

NE PAS CONFONDRE

IDE (Investissement direct à l'étranger) : investissement d'une FTN à l'étranger par la création ou le rachat d'une entreprise, ou encore la prise de participation dans son capital.

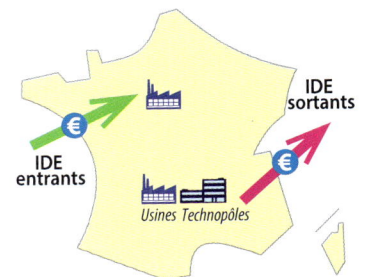

Délocalisation : transfert d'activités vers un pays étranger pour diminuer les coûts de production et/ou gagner de nouveaux marchés.

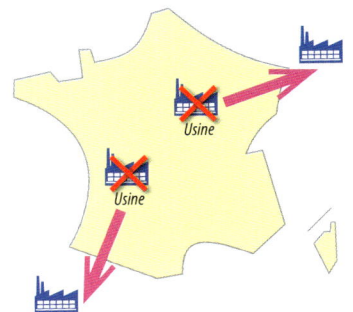

6 Mobilités, flux et réseaux de communication dans la mondialisation

ENJEUX

Terre d'accueil, de tourisme ou de transit, la France a dû adapter ses réseaux de communication aux nouveaux flux mondialisés. Mais à l'heure du numérique et de la grande vitesse, tous les territoires français ne sont pas également intégrés aux infrastructures de communication. Afin de renforcer la position de carrefour européen et mondial de la France, les politiques d'aménagement doivent permettre un accès garanti à des réseaux performants, propres et économiquement viables.

▶ **Comment les réseaux de communication en France s'adaptent-ils aux mobilités et aux flux croissants dans le contexte de la mondialisation ?**

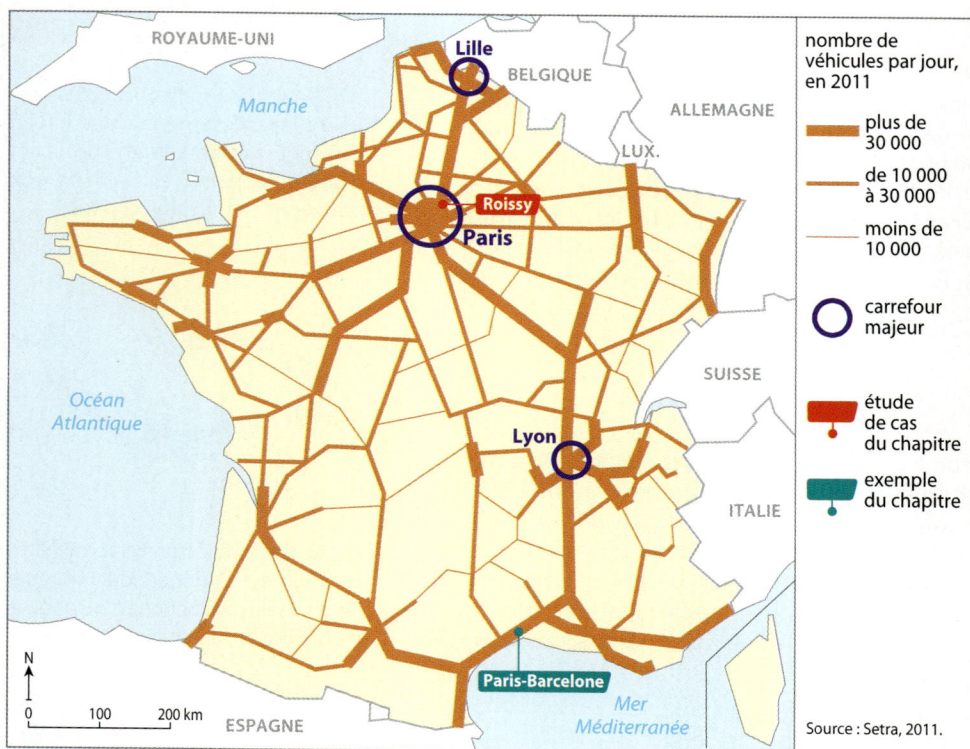

1 Le trafic routier français

Questions

1 Quels sont les principaux axes de circulation visibles à travers les flux du trafic routier ? (doc. 1)

2 Quels avantages présentent le mode de transport dans le doc. 2 ?

3 Pourquoi des alternatives au transport routier sont-elles nécessaires mais difficiles à mettre en place ? (doc. 1, 2 et 3)

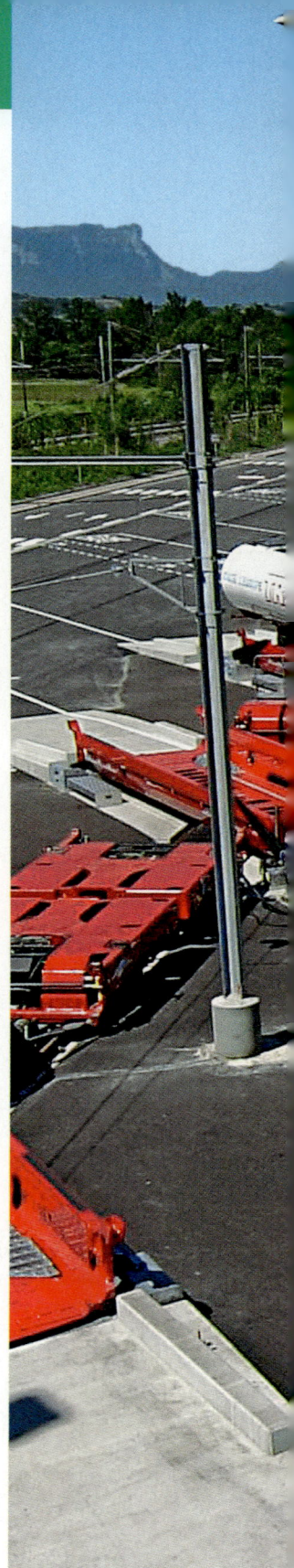

3 Réduire les transports individuels : un enjeu pour limiter la pollution. J.-L. Belhomme, illustrabank.com, 2014.

2 Charger des camions sur des trains à Aiton (Savoie) : une alternative durable à la route ?

La gare d'Aiton est le départ d'une liaison transfrontalière de 175 km (entre la France et l'Italie), en direction de Turin, via le tunnel ferroviaire du Fréjus. Ouverte en 2003, elle a permis le transport de plus de 25 000 camions en 2013 (contre 663 000 pour le tunnel routier du Fréjus) réduisant les émissions de CO_2 de 5 000 t par an.

Roissy : un hub aéroportuaire entre dynamisme local et affirmation mondiale

Connecté au réseau européen et national, l'aéroport de Roissy est une porte d'entrée internationale du territoire français. Leader européen en matière de fret, 8e aéroport mondial pour le trafic passager, il doit aujourd'hui relever un double défi : soutenir le dynamisme régional qu'il a engendré tout en répondant aux multiples nuisances occasionnées.

Roissy en chiffres :
- 64 millions de passagers par an
- 2 millions de tonnes de marchandises par an
- 4 % du PIB de l'Île-de-France

A Comment Roissy permet-il une intégration de la France à l'Europe et au monde ?

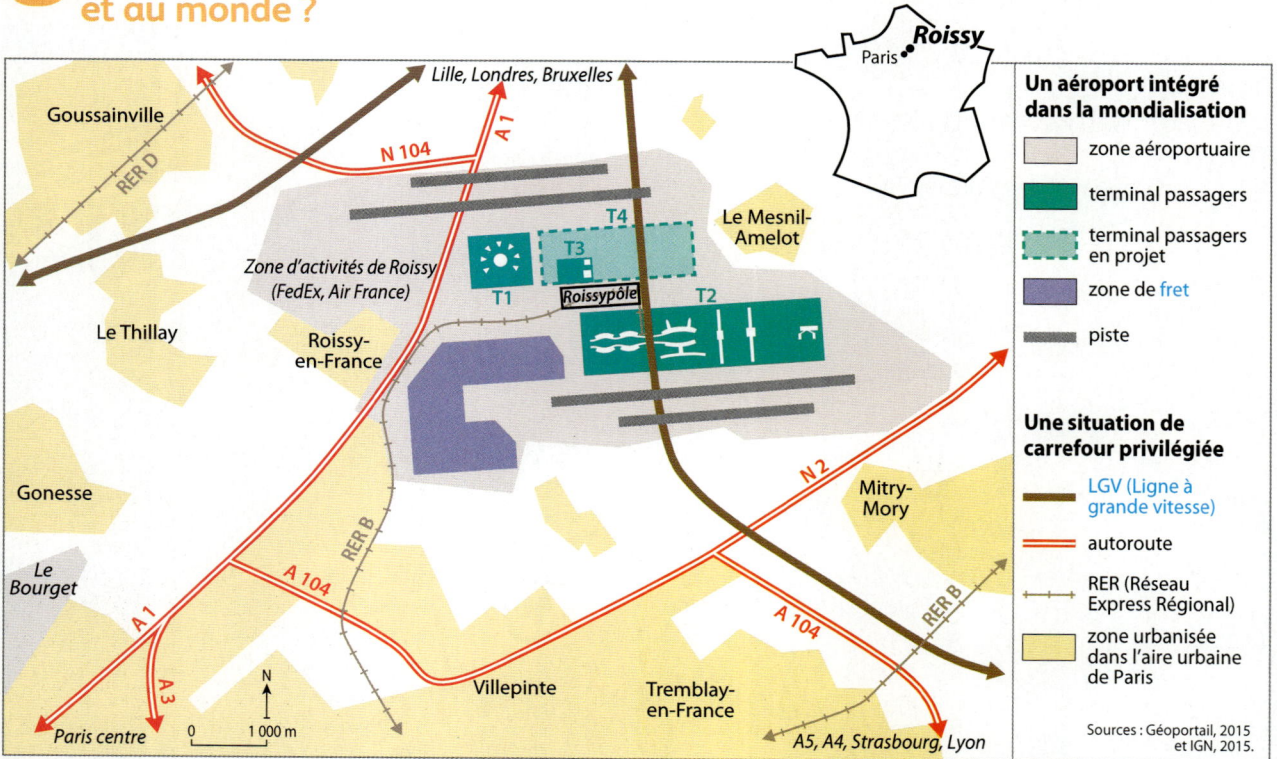

1 Une plate-forme multimodale accessible

Carte — Un aéroport intégré dans la mondialisation :
- zone aéroportuaire
- terminal passagers
- terminal passagers en projet
- zone de fret
- piste

Une situation de carrefour privilégiée :
- LGV (Ligne à grande vitesse)
- autoroute
- RER (Réseau Express Régional)
- zone urbanisée dans l'aire urbaine de Paris

Sources : Géoportail, 2015 et IGN, 2015.

2 Une desserte ferroviaire à l'échelle régionale et nationale. Avec 50 trains par jour et plus de 2 millions de voyageurs par an en correspondance avec l'avion, la gare de Roissy est une véritable plaque tournante permettant l'interconnection entre l'avion, le RER et les TGV.

Vocabulaire

Espace Schengen : espace de libre circulation des personnes entre les États signataires des accords de Schengen (1985).

Fret : trafic de marchandises et de colis postaux.

Hub : point d'un réseau (aéroport, port) drainant passagers ou marchandises pour les redistribuer à une échelle internationale.

Intermodalité : utilisation combinée de plusieurs moyens de transport pour un même trajet.

LGV (ligne à grande vitesse) : ligne ferroviaire permettant la circulation de trains à grande vitesse (supérieure à 270 km/h).

Plate-forme multimodale : nœud de circulation qui permet le passage d'un moyen de transport à un autre.

Passager A : Bordeaux-Tokyo
Vol AF 7621
7h30 : Bordeaux
8h30 : Roissy

Passager B : Toulouse-Edimbourg
Vol AF 7793
7h15 : Toulouse
8h45 : Roissy

Gare TGV-RER B

Vol AF 272
10h50 : Roissy
6h00 (+ 1 jour) : Tokyo

Vol AF 1686
10h05 : Roissy
11h05 : Edimbourg

- ■ trafic national et européen
- ■ trafic international
- ■ zone de correspondance sans contrôle pour les ressortissants de l'**espace Schengen**

- ·····▶ exemple d'itinéraire de passager
- ·····▶ navette de correspondance avec contrôle

Source : ADP, 2014.

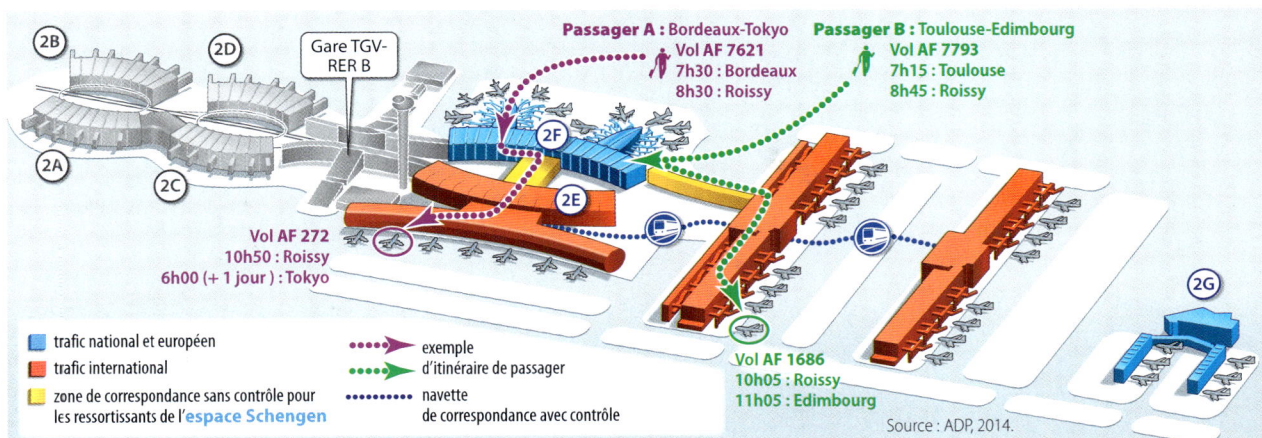

3 Le Terminal 2, le **hub** d'Air France-KLM

4 **Roissy, un atout pour le hub de FedEx.** Installé en 1999, le centre de tri européen de FedEx, 1re entreprise mondiale de fret express, dispose d'une superficie de tri de 72 000 m². Roissy n'appliquant pas de restrictions pour les vols de nuit, contrairement à Francfort, l'entreprise peut fonctionner 24h/24h.

5 **Une connexion insuffisante avec Paris**

Si l'aéroport est relativement bien connecté au secteur environnant immédiat par un réseau de bus étoffé et bénéficie d'une bonne accessibilité nationale assurée par les lignes TGV interconnectées en Île-de-France, son accessibilité depuis Paris (72 % des passagers d'Île-de-France) et le reste de la région est très moyenne. L'aéroport n'est en effet relié à la capitale que par un seul mode ferroviaire, le RER B, et le nombre de liaisons avec le reste de la région est limité. Enfin, sur la plate-forme [aéroportuaire], la qualité de l'**intermodalité** varie selon les terminaux. Au-delà de ces aspects, certains modes de transport en commun entre Paris et Roissy présentent une mauvaise image en termes de sécurité. C'est notamment le cas du RER B que l'ambassade des États-Unis à Paris recommande d'éviter en raison des *pickpockets*, avec comme conséquence première un report vers les modes de transport routiers.

Rapport du Ceser Île-de-France, 2013.

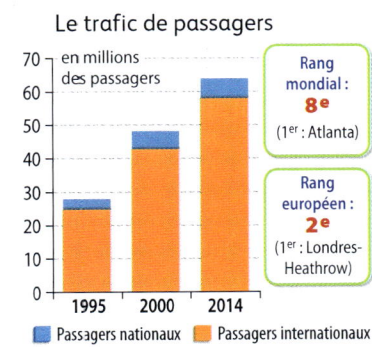

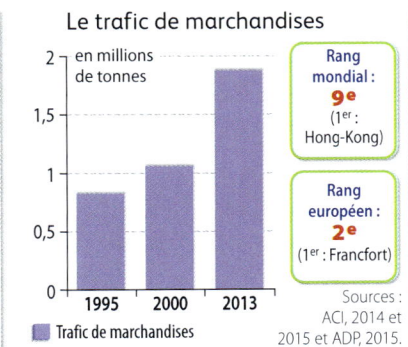

Le trafic de passagers

Le trafic de marchandises

Rang mondial : **8e** (1er : Atlanta)

Rang européen : **2e** (1er : Londres-Heathrow)

Rang mondial : **9e** (1er : Hong-Kong)

Rang européen : **2e** (1er : Francfort)

Sources : ACI, 2014 et 2015 et ADP, 2015.

6 Le trafic de passagers et de marchandises de Roissy

Questions

1 Quelle est la place de l'aéroport de Roissy à l'échelle mondiale (passagers, marchandises) ? (doc. 4 et 6). Montrez que cet aéroport fonctionne comme un hub mondial. (doc. 1, 2 et 3)

2 Comment Roissy s'adapte-t-il à la croissance des flux ? (doc. 3, 4 et 6)

3 Quels facteurs contribuent à faire de Roissy une plate-forme multimodale performante ? Quelles en sont les limites ? (doc. 1, 2 et 5)

▶ **Bilan :** Complétez la 1re colonne de l'organigramme bilan p. 178.

B   Quels sont les enjeux du développement de Roissy ?

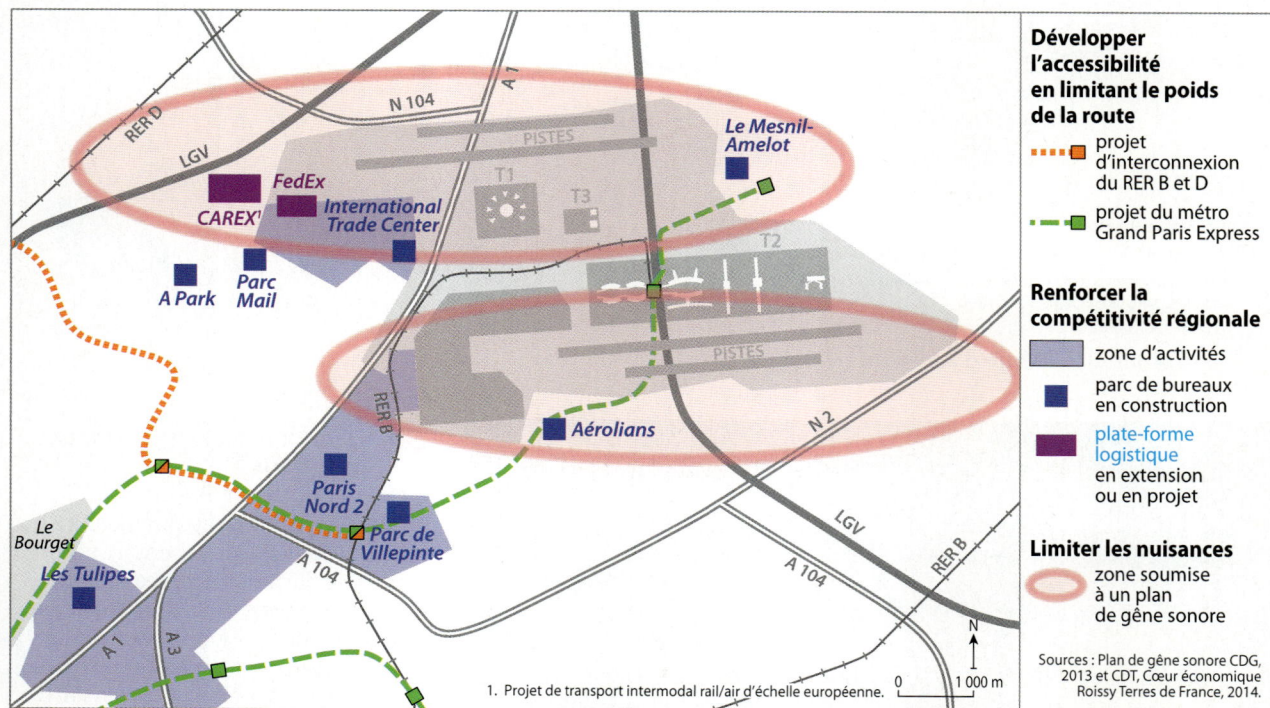

Développer l'accessibilité en limitant le poids de la route

- ·····□ projet d'interconnexion du RER B et D
- –·–■ projet du métro Grand Paris Express

Renforcer la compétitivité régionale

- zone d'activités
- ■ parc de bureaux en construction
- ■ plate-forme logistique en extension ou en projet

Limiter les nuisances

- zone soumise à un plan de gêne sonore

1. Projet de transport intermodal rail/air d'échelle européenne.

0 ————— 1 000 m

Sources : Plan de gêne sonore CDG, 2013 et CDT, Cœur économique Roissy Terres de France, 2014.

7 Les défis du développement : concilier compétitivité et développement durable

8 Le Grand Roissy, un moteur économique pour l'Île-de-France

	Le Grand Roissy
Extension géographique	Sur 3 départements : Seine-Saint-Denis, Seine-et-Marne, Val-d'Oise
Population	600 000 habitants
Nombre d'emplois	230 000 (dont 87 000 sur Roissy) = 5,6 % de l'emploi salarié d'Île-de-France.
Part dans le PIB de l'Île-de-France	4 %
Secteurs d'activités majoritaires	– logistique – hébergement et restauration – commerce

Sources : Journal municipal de Roissy en France, sept. 2013, ADP, 2014 et Insee, 2015.

Vocabulaire

Contrat de développement territorial : partenariat d'une durée de 15 ans entre l'État et une collectivité territoriale d'Île-de-France pour la mise en œuvre du Grand Paris (voir p. 284-285).

Grand Roissy : territoire d'influence de l'aéroport de Roissy s'étendant sur 63 communes. L'aéroport en constitue le cœur.

Plate-forme logistique : zone de stockage et de redistribution de marchandises reliée à des axes de communication rapides (autoroute, voie ferrée ou aérienne).

9 Renforcer l'attractivité commerciale de Roissy

En moins d'une décennie, les boutiques ont colonisé Roissy. En 2014, elles couvrent 56 700 m^2 de surface. L'élément majeur a été l'extension de la surface consacrée aux commerces, avec la création du terminal S4, qui a ouvert ses portes en 2012. Dans le même temps, Roissy a connu une spectaculaire montée en puissance du trafic international de passagers. Or, chez ADP[1], un Chinois dépense 115 euros en moyenne et un Russe 82 euros. Ces passagers, qui ne regardent pas à la dépense, le groupe a donc décidé de les chouchouter. Les enseignes du luxe, de la mode, de la gastronomie ont ainsi explosé. Entre 2006 et 2012, le nombre de points de vente d'épicerie fine est par exemple passé de un à vingt. Mais le chic a ses limites. « *Nous allons sortir du tout luxe pour avoir une offre plus accessible pour les passagers* », annonce ADP qui veut atteindre 19 euros de dépenses par passager passant par Roissy en 2015. Pour réduire un peu l'écart avec Heathrow, le champion toutes catégories car l'aéroport international de Londres obtient 27 à 28 euros de dépenses par passager.

Le Monde, 3 mars 2014.

1. ADP (Aéroports de Paris), société privée gestionnaire des plates-formes aéroportuaires de Roissy, Orly et Le Bourget.

10 **Paris Nord 2, un parc d'activités attractif.**
Situé à proximité du parc international des expositions de Villepinte et à quelques minutes de Roissy, le parc d'activités regroupe près de 500 entreprises et 20 000 salariés. 80 % d'entre eux s'y rendent en voiture.

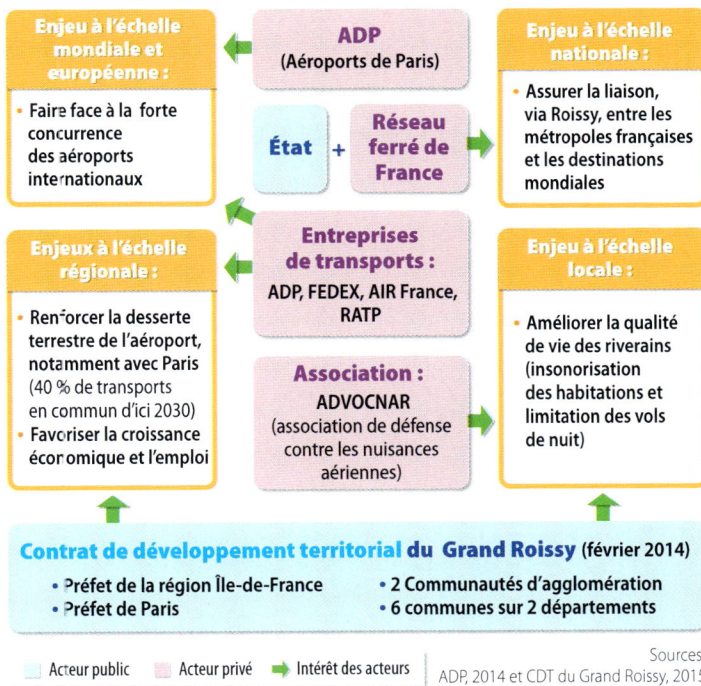

11 **Enjeux et acteurs du développement de Roissy**

Sources : ADP, 2014 et CDT du Grand Roissy, 2015.

Acteur public Acteur privé → Intérêt des acteurs

12 **Les riverains, des acteurs mobilisés contre les nuisances de Roissy**

Questions

1 Quelles sont les activités économiques qui s'implantent à proximité de Roissy ? Expliquez ce choix de localisation. (doc. 7 et 10)

2 Montrez que l'aéroport est un moteur du développement régional. Par quels moyens l'aéroport de Roissy et le Grand Roissy renforcent-ils leur attractivité ? (doc. 7, 8 et 9)

3 Montrez que, selon les échelles et les acteurs, les enjeux du développement de Roissy ne sont pas les mêmes. Pourquoi sont-ils difficiles à concilier ? (doc. 8, 11 et 12)

▶ **Bilan :** Complétez la 2ᵉ colonne de l'organigramme bilan p. 178.

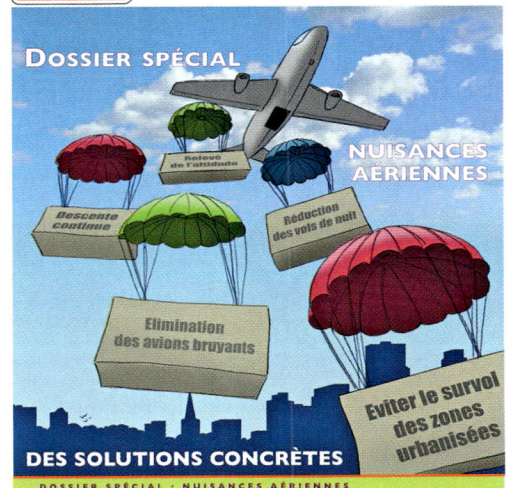

Roissy : un hub aéroportuaire entre dynamisme local et affirmation mondiale

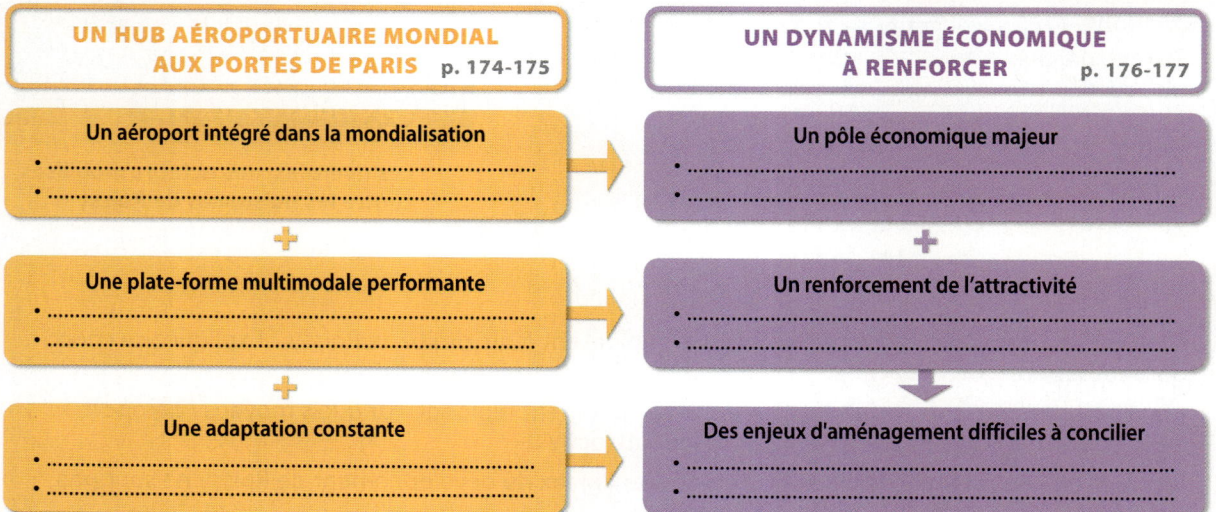

L'essentiel

A Comment Roissy permet-il une intégration de la France à l'Europe et au monde ? ▶ (p. 174-175)

- Roissy est un hub qui draine les flux nationaux et européens de passagers (Air France-KLM) ou du fret (Fedex) pour les redistribuer dans le monde entier.
- Roissy est aussi une plate-forme multimodale connectée au territoire national et européen par une gare TGV et plusieurs autoroutes. L'accès à Paris par des transports en commun (RER B, bus) demeure cependant insuffisant
- Roissy a su s'adapter à la croissance des flux par la construction de nouveaux terminaux (terminal 2 et futur terminal 4, en 2025) et de zones de fret importantes.

B Quels sont les enjeux du développement de Roissy ? ▶ (p. 176-177)

- Les activités tertiaires et logistiques se développent le long des nœuds de communication et à proximité du hub aéroportuaire. L'accessibilité du site à l'échelle régionale, nationale et mondiale est le premier facteur de localisation de ces activités.
- Le Grand Roissy est un moteur de développement économique pour l'Île-de-France. Son attractivité est renforcée par des projets de transports en commun, de parcs d'activités et de zones commerciales.
- Promouvoir un développement économique durable du Grand Roissy constitue un défi pour tous les acteurs. Il s'agit de limiter les nuisances, la saturation du réseau routier et l'extension des surfaces bâties.

Mise en perspective

Chapitre 6 — SÉRIE ES/L

- **En quoi Roissy illustre-t-il la position de carrefour européen et mondial de la France ?**
  - Cours 1 (p. 182)
- **Les enjeux de l'aménagement de l'aéroport de Roissy sont-ils similaires à ceux des réseaux de communication en France ?**
  - Cours 2 (p. 184)
  - Cours 3 (p. 186)

Chapitre 5 — SÉRIE S

- **Les facteurs favorisant le dynamisme économique de Roissy sont-ils également présents dans les autres espaces productifs français ?**
  - Cours 1 (p. 156)
- **Les évolutions économiques de Roissy sont-elles représentatives des mutations des espaces productifs français ?**
  - Cours 2 (p. 158)
  - Cours 3 (p. 160)

Travailler autrement

FICHE À COMPLÉTER
En téléchargement sur le site de l'éditeur
PDF

Recopiez et complétez l'organigramme bilan de l'étude de cas de cas en illustrant les idées par des exemples précis.

ROISSY : UN HUB AÉROPORTUAIRE ENTRE DYNAMISME LOCAL ET AFFIRMATION MONDIALE

UN HUB AÉROPORTUAIRE MONDIAL AUX PORTES DE PARIS p. 174-175

UN DYNAMISME ÉCONOMIQUE À RENFORCER p. 176-177

Un aéroport intégré dans la mondialisation
- ....
- ....

Un pôle économique majeur
- ....
- ....

Une plate-forme multimodale performante
- ....
- ....

Un renforcement de l'attractivité
- ....
- ....

Une adaptation constante
- ....
- ....

Des enjeux d'aménagement difficiles à concilier
- ....
- ....

Des schémas...

A Un hub aéroportuaire mondial aux portes de Paris

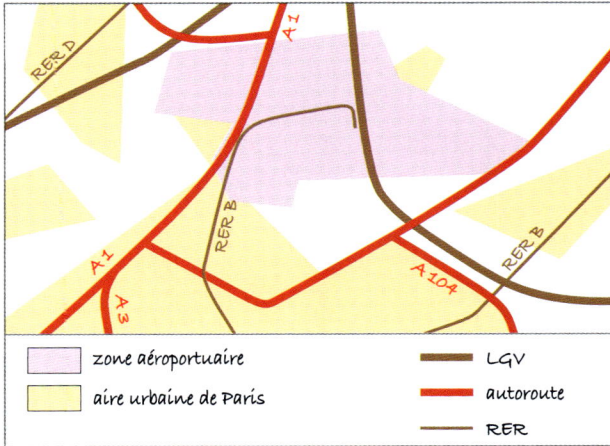

▨ zone aéroportuaire	▬ LGV
▨ aire urbaine de Paris	▬ autoroute
	▬ RER

B Un dynamisme économique à renforcer

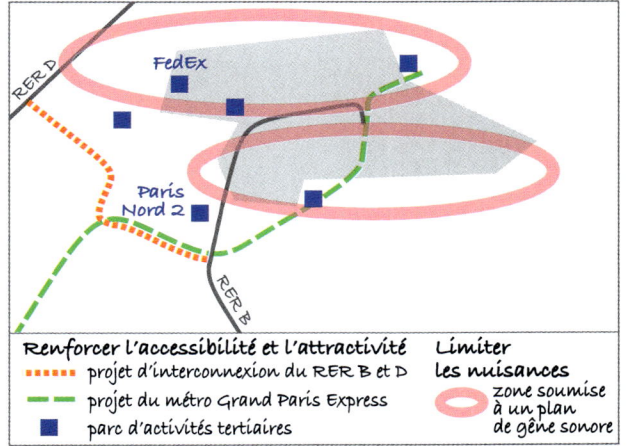

Renforcer l'accessibilité et l'attractivité
- ••••• projet d'interconnexion du RER B et D
- --- projet du métro Grand Paris Express
- ▪ parc d'activités tertiaires

Limiter les nuisances
- ⬭ zone soumise à un plan de gêne sonore

...au croquis de synthèse

Sur votre cahier, complétez le titre, la légende et le croquis à l'aide des pages 174 à 177.

FICHE À COMPLÉTER
En téléchargement sur le site de l'éditeur

Titre : ....

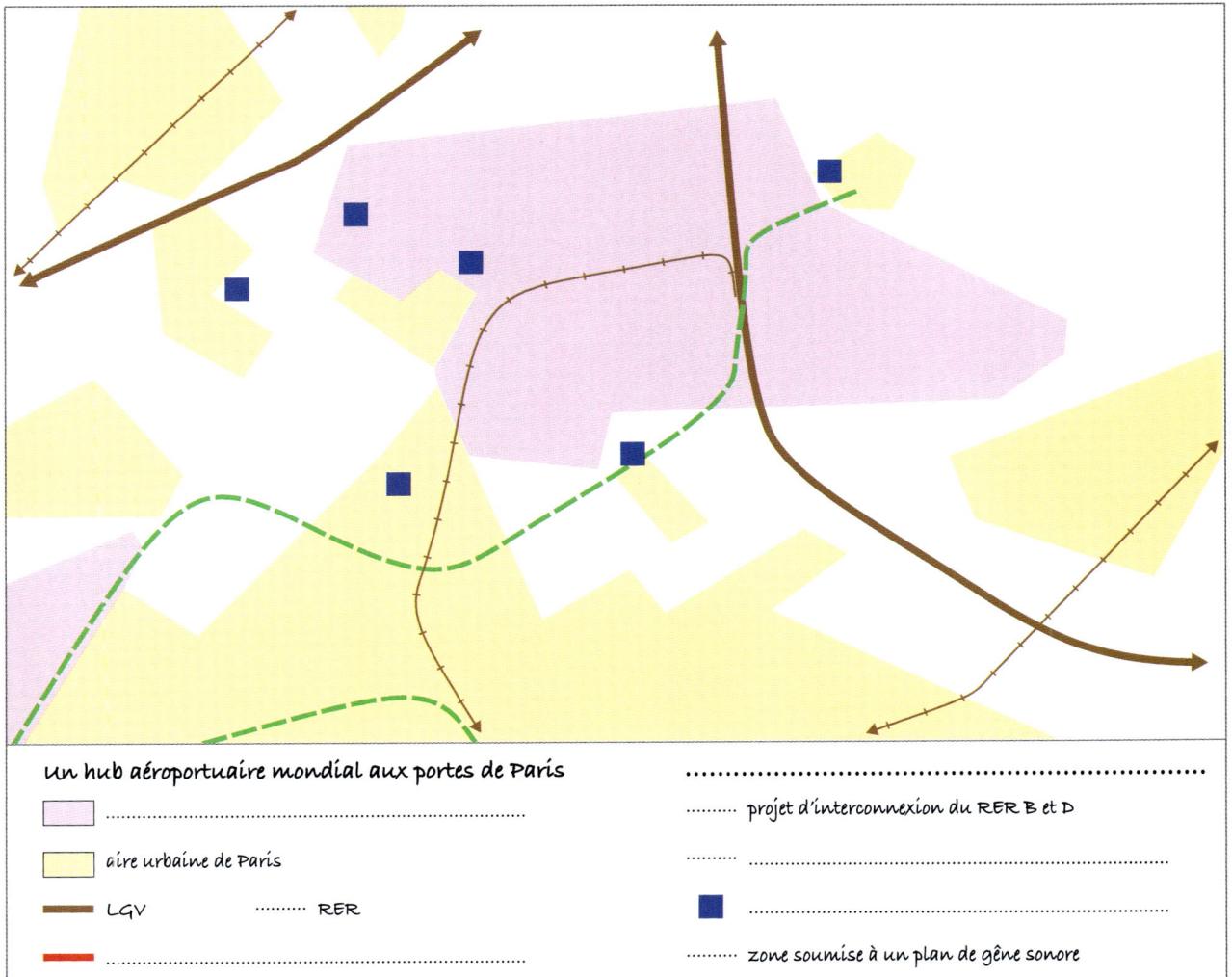

Un hub aéroportuaire mondial aux portes de Paris

▨	....
▨ aire urbaine de Paris	.... projet d'interconnexion du RER B et D
▬ LGV .... RER	....
▬	▪ ....
	.... zone soumise à un plan de gêne sonore

La connexion du territoire français à l'Europe et au monde

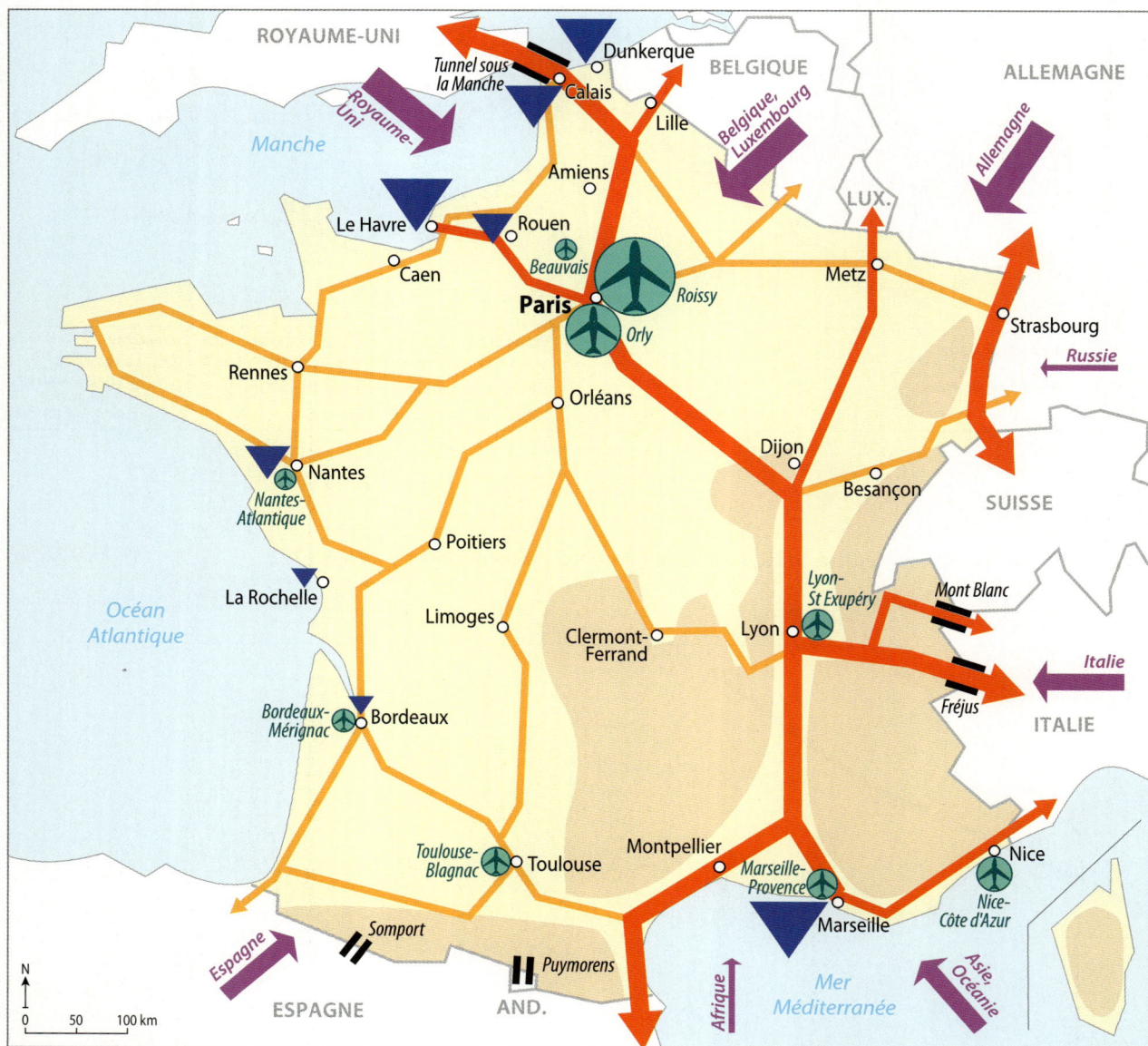

Carte avec villes : ROYAUME-UNI, Dunkerque, Calais, BELGIQUE, ALLEMAGNE, Tunnel sous la Manche, Lille, Manche, Amiens, Le Havre, Rouen, Beauvais, Caen, Metz, LUX., Paris, Roissy, Orly, Strasbourg, Russie, Rennes, Orléans, Dijon, Besançon, SUISSE, Nantes, Nantes-Atlantique, Poitiers, Lyon-St Exupéry, Mont Blanc, La Rochelle, Océan Atlantique, Limoges, Clermont-Ferrand, Lyon, Italie, Fréjus, ITALIE, Bordeaux-Mérignac, Bordeaux, Montpellier, Nice, Toulouse-Blagnac, Toulouse, Marseille-Provence, Nice-Côte d'Azur, Marseille, Espagne, Somport, ESPAGNE, Puymorens, AND., Afrique, Mer Méditerranée, Asie Océanie

La France, un carrefour de flux internationaux

trafic de marchandises des principaux ports en 2014, en millions de tonnes : 78,5 — 40 — 8,5

trafic de voyageurs des principaux aéroports en 2014, en millions : 64 — 28 — 4

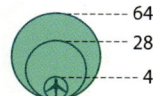

nombre de touristes étrangers en 2013, en millions : de 0,8 à 4,9 ; de 5 à 10 ; plus de 10

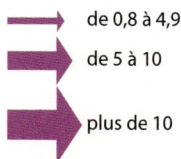

Des réseaux inégalement connectés à l'Europe

- axe de circulation d'échelle européenne mais saturé
- axe de circulation secondaire de plus en plus intégré à l'échelle européenne
- axe d'échelle nationale
- tunnel transfrontalier

Sources : Compte des transports, 2015, Insee, 2015 et Veille info tourisme, 2015.

1 Des réseaux ouverts sur l'Europe et sur le monde

Vocabulaire

Axe : couloir de circulation caractérisé par l'importance des flux (personnes et marchandises) qu'il génère entre deux pôles.

LGV (ligne à grande vitesse) : ligne ferroviaire permettant la circulation de trains à grande vitesse (supérieure à 270 km/h).

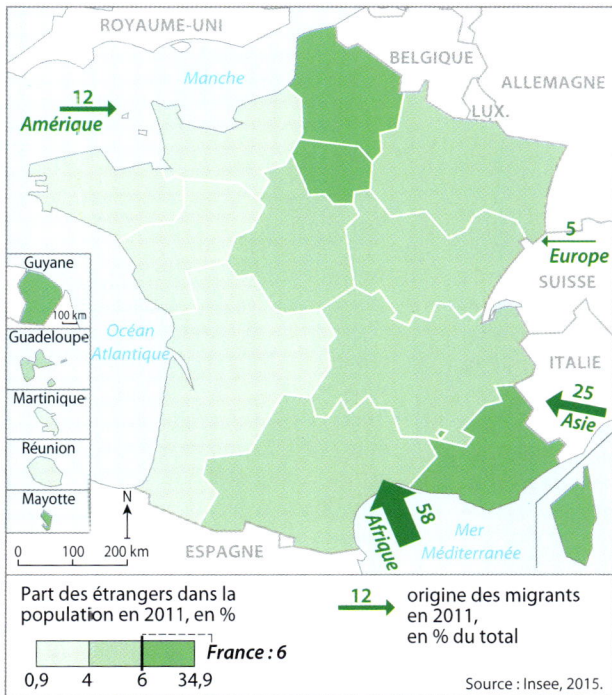

2 Un espace au cœur des flux migratoires internationaux

Part des étrangers dans la population en 2011, en %

France : 6

0,9   4   6   34,9

12 → origine des migrants en 2011, en % du total

Source : Insee, 2015.

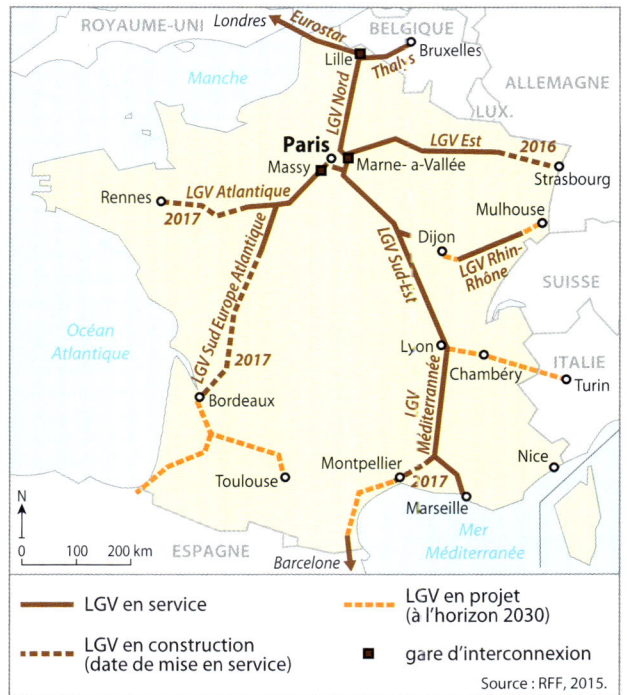

3 Le réseau LGV (Ligne à grande vitesse)

— LGV en service
····· LGV en construction (date de mise en service)
- - - LGV en projet (à l'horizon 2030)
■ gare d'interconnexion

Source : RFF, 2015.

4 Le réseau maritime et fluvial

↔ route maritime mondiale
▼ port majeur

voie navigable
— majeure
— secondaire
····· canal en projet

Source : VNF, 2015.

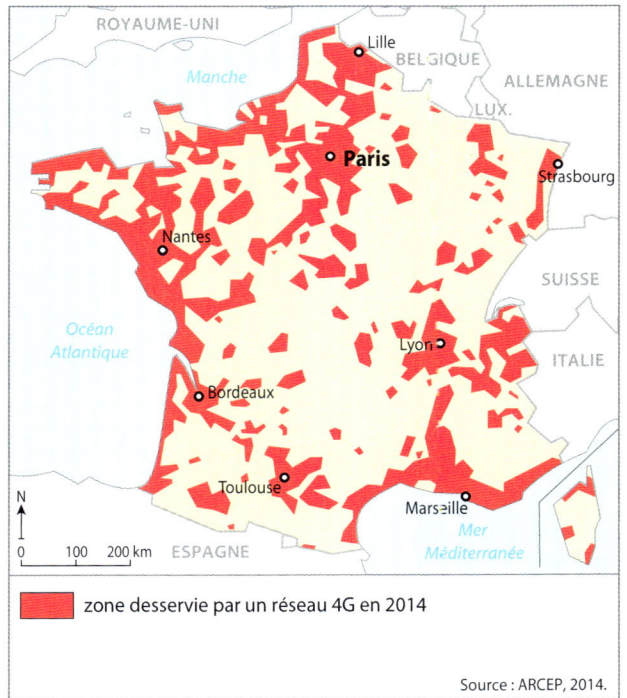

5 Le réseau numérique du très haut débit

■ zone desservie par un réseau 4G en 2014

Source : ARCEP, 2014.

Questions

1 Montrez que la France est un carrefour de flux. (doc. 1 et 2)

2 Montrez que la connexion des territoires français aux réseaux rapides est inégale. (doc. 3 et 5)

3 Comment les infrastructures de transport favorisent-elles l'ouverture du territoire français à l'Europe et au monde ? (doc. 1, 3 et 4)

La France, carrefour européen et mondial

▶ **Comment les réseaux de communication permettent-ils l'ouverture du territoire français sur l'Europe et le monde ?**

A Des réseaux qui s'adaptent à des flux croissants

• **La France est un carrefour de flux de marchandises.** L'ouverture des frontières de l'Union européenne et la mondialisation des échanges entraînent une forte croissance des flux entre la France et les autres pays. Ils représentent 36 % des flux totaux de marchandises en 2013. Une partie de ces flux ne fait que traverser la France. En effet, les deux tiers des échanges se font à l'intérieur des frontières du territoire français.

• **La France est aussi une terre d'accueil des flux migratoires mondiaux.** Les immigrés représentent 8,4 % de la population française. Le renforcement des contrôles aux frontières de l'UE entraîne une circulation plus complexe des migrants. La France n'est pas uniquement une terre d'immigration mais est aussi un espace de transit (migrants en attente à Calais d'un passage vers le Royaume-Uni).

• **Les mobilités s'amplifient à toutes les échelles.** La France est la 1re destination touristique du monde avec 85 millions de touristes étrangers en 2014. La dissociation entre lieu de résidence et lieu de travail augmente les flux des migrations quotidiennes domicile/travail (des mobilités pendulaires aux « navetteurs » du TGV). Ainsi, en 2013, 303 000 Français travaillent dans un pays voisin (Repère).

B Des réseaux de plus en plus rapides

• **Les transports terrestres sont largement dominés par le poids de la route** (doc. 2). Grâce à un réseau dense et hiérarchisé, elle permet une desserte fine du territoire tant pour les flux de voyageurs que pour les marchandises. Le réseau autoroutier qui ne comptait que 150 km en 1960 en compte 11 500 en 2015.

• **Les autres modes de transports (ferroviaire, aérien, fluvial) restent minoritaires** (doc. 2). En effet, face à la souplesse de la route, le transit des hommes ou des marchandises par les gares, aéroports ou ports est une contrainte. Ainsi, le transport fluvial de marchandises reste marginal, sauf dans les bassins de la Seine, de la Moselle et du Rhin (15 à 25 % du total). La voie ferrée ne parvient pas non plus à contrebalancer le poids de la route.

• **La connexion entre les territoires s'améliore grâce aux réseaux rapides.** Grâce aux 11 400 km d'autoroutes et 2 000 km de LGV, les distances-temps entre les principales métropoles régionales se sont réduites de 30 à 50 % depuis les années 1970. Le réseau numérique haut débit est passé de 3,6 millions d'abonnés en 2003 à 23 millions en 2014.

C Des réseaux qui renforcent la position de carrefour de la France

• **Les réseaux à grande vitesse français sont désormais conçus à l'échelle européenne** (doc. 1). Le raccordement des réseaux français aux réseaux européens est à l'œuvre depuis 1994. Ainsi, la LGV Nord est reliée au Royaume-Uni par l'Eurostar, et à la Belgique par le Thalys. Un projet de LGV ferroviaire entre Lyon et Turin a été signé en 2012 pour une mise en service vers 2030.

• **L'interconnexion des différents réseaux améliore l'efficacité des échanges.** Les plates-formes multimodales permettent de connecter plusieurs modes de transport et de répondre à l'explosion des flux. Elles sont parfois complétées par des plates-formes logistiques pour le stockage de marchandises (doc. 3). Décathlon est installé sur la plate-forme multimodale (rail-fleuve-route) de Dourges, près de Lille.

• **Cependant, la place de la France dans le réseau maritime mondial est à consolider** (doc. 1 p. 180). Depuis 2008, l'État a confié la gestion des ports aux collectivités territoriales qui doivent relever le défi de leur compétitivité. Ainsi, Le Havre, 1er port français de conteneurs en 2014 n'est qu'au 60e rang mondial. Pour s'adapter à la révolution de la conteneurisation et à la saturation des espaces maritimes de stockage, des ports secs sont alors créés.

Vocabulaire

Conteneurisation : système permettant la manutention, le stockage et le transport de marchandises grâce aux conteneurs, boîtes métalliques de taille standardisée.

Immigré : personne résidant en France mais née à l'étranger. Elle peut avoir acquis la nationalité française.

LGV (Ligne à grande vitesse) : ligne ferroviaire permettant la circulation de trains à grande vitesse (supérieure à 270 km/h).

Mobilité : déplacement des hommes dans l'espace, temporaire et de courte durée. Elle peut être liée à des raisons professionnelles, touristiques, personnelles.

Mobilité pendulaire : voir p. 116.

Plate-forme multimodale : nœud de circulation (portuaire, ferroviaire ou aéroportuaire) qui permet le passage d'un moyen de transport à un autre.

Plate-forme logistique : zone de stockage et de redistribution de marchandises reliée à des axes de communication rapide (autoroute, voie ferrée ou aérienne).

Port sec : plate-forme logistique en liaison directe avec un port maritime offrant de vastes espaces de stockage.

Transit : passage par un lieu sans s'y arrêter ou séjourner.

REPÈRE

Les flux transfrontaliers en 2013

Suisse 50 %
Luxembourg 22 %
Allemagne 14 %
Belgique 12 %
Italie, Espagne 2 %

303 000 travailleurs transfrontaliers français

Source : Insee, 2015.

Le trafic de voyageurs
(y compris transports urbains)

10 %
2 %
5 %
83 %

- Véhicules particuliers
- Autobus, autocars, tramways
- Transport ferroviaire
- Transport aérien

Le trafic de marchandises

3 %
2 %
10 %
85 %

- Transport ferroviaire
- Transport routier
- Navigation fluviale
- Oléoducs

Source : Ministère de l'Écologie, du Développement durable et de l'Énergie, 2014.

Un carrefour de communications
- principal axe terrestre
- principal axe maritime
- ○ carrefour terrestre majeur
- ▼ port inséré dans le réseau maritime mondial

Une position à consolider
- réseau de communication très dense
- réseau de communication dense
- réseau de communication incomplet
- LGV d'échelle européenne en service / en projet

Sources : AAPA, 2015 et RFF, 2015.

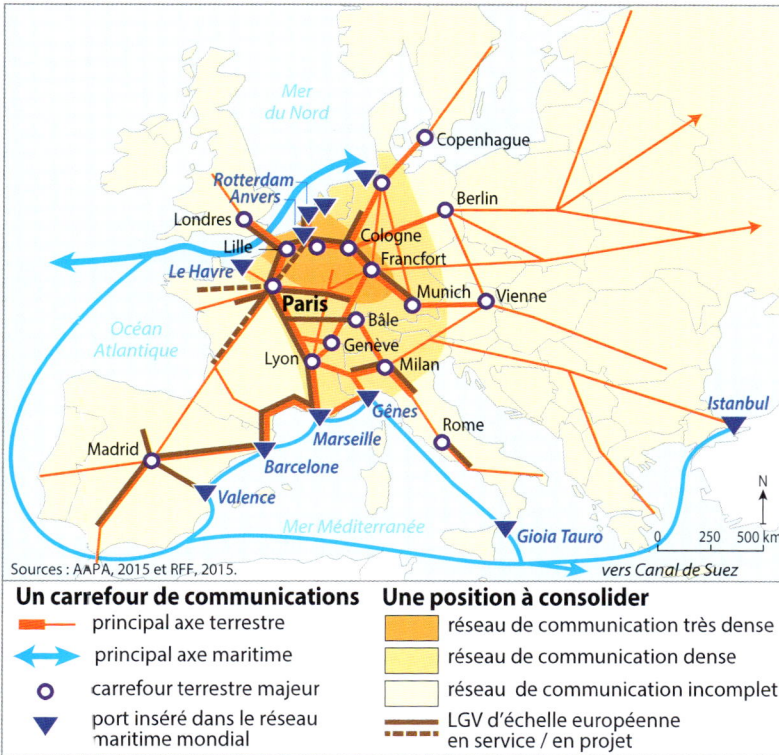

1 La France au cœur des réseaux européens et mondiaux

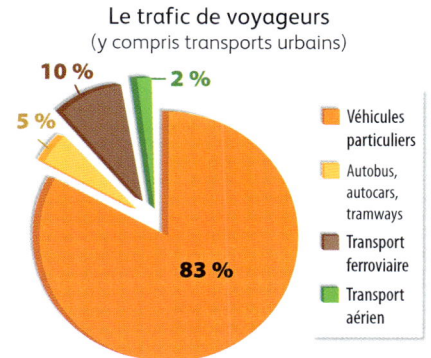

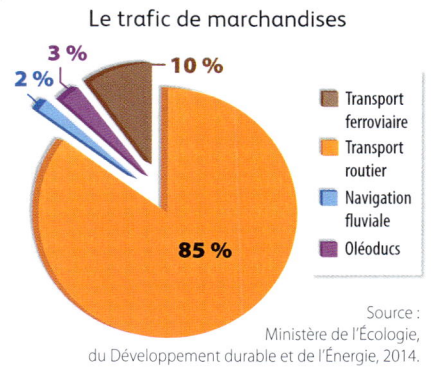

2 La répartition des modes de transport, en 2013, en %

3 **La plate-forme logistique d'Amazon à Lauwin-Planque (Nord).**
Installée depuis 2013 en France, la firme américaine, Amazon dispose d'une surface de 90 000 m² près de Douai (l'équivalent de 18 terrains de football). Située à proximité de l'autoroute A21, la plate-forme est insérée dans un bassin de population de 100 millions d'habitants dans un rayon de 300 km.

Capacités et méthodes **Changer les échelles et mettre en relation**

1. Quels sont les grands axes et carrefours nationaux qui intègrent le territoire français à l'Europe ? (doc. 1)
2. Montrez les liens entre les logiques d'implantation de firmes comme Amazon et les réseaux de transport. (doc. 1 et 3)

Des territoires inégalement intégrés

▶ **Comment les réseaux de communication reflètent-ils l'organisation du territoire français ?**

A Des métropoles de mieux en mieux connectées

• **Paris est le carrefour de tous les réseaux et constitue un véritable hub.** Ses aéroports concentrent et redistribuent 60 % du trafic passagers et 90 % du trafic fret. 70 % des passagers du trafic ferroviaire national transitent dans les gares parisiennes. Enfin, le réseau LGV reste polarisé sur Paris (doc. 2).

• **Les principaux axes connectent la capitale aux grandes villes françaises.** L'axe Lille-Paris-Lyon-Marseille constitue un couloir majeur de circulation. D'autres axes, incomplets, concentrent les flux entre Paris et les capitales régionales périphériques comme Bordeaux, Toulouse, Nantes, Rennes ou Strasbourg. Rennes est à 1 h 37 de Paris et Bordeaux à 2 h seulement avec les nouvelles LGV.

• **Des nouveaux axes relient les métropoles régionales en contournant Paris.** La gare de Massy, grâce à l'interconnexion des LGV Atlantique et Sud-Est, permet de relier Nantes à Strasbourg ; celle de Marne-la-Vallée-Chessy connecte les LGV Nord et Sud-Est (doc. 3 p. 181) reliant ainsi Lille à Marseille. L'autoroute A89, achevée en 2013, permet la liaison Bordeaux-Lyon via Clermont-Ferrand (doc. 2).

B Des territoires valorisés par l'ouverture sur l'Europe

• **Le Nord et l'Est de la France sont bien intégrés à la mégalopole européenne.** Les villes frontalières de cette interface, comme Strasbourg et Lille, deviennent des relais sur les axes reliant les métropoles françaises et européennes. Ainsi, le réseau ferré grande vitesse allemand est raccordé au réseau LGV français à Strasbourg. Grâce à sa gare TGV, Lille est une plaque tournante du trafic ferroviaire entre Paris, Londres (Eurostar) et Bruxelles (Thalys).

• **Des corridors transeuropéens se mettent en place progressivement intégrant les régions de l'Ouest et du Sud (Repère).** À l'Ouest, l'achèvement de l'« autoroute des estuaires » relie l'Espagne au Benelux via Bordeaux et Nantes. Au Sud, un axe émerge entre la Péninsule Ibérique et l'Italie via Montpellier et Marseille connectées, depuis fin 2013, à Barcelone par une nouvelle LGV.

• **Des territoires locaux tirent parti des activités logistiques d'échelle européenne.** Depuis 2015, le port du Havre a le plus grand terminal multimodal de France, destiné à accroître le trafic de conteneurs. La plate-forme Delta 3 à Dourges (Pas-de-Calais) ou celle de Niort-St-Florent (Poitou), combinant rail/route et voie d'eau, drainent et redistribuent les marchandises des ports de la façade atlantique vers l'Europe.

C Des territoires marginalisés

• **Certains territoires restent mal desservis par les réseaux de communication.** L'enclavement marque les espaces ruraux peu peuplés et les zones montagneuses à l'écart des axes autoroutiers. Des villes comme Auch, Roanne ou Gap n'ont pas de desserte par l'autoroute ou une LGV. Dans le domaine numérique, les collectivités territoriales s'efforcent d'éliminer les zones blanches en développant la fibre optique et la couverture 4G.

• **Les inégalités territoriales sont accentuées par le développement des transports rapides.** Le réseau LGV en ne desservant que des grandes villes engendre un effet-tunnel : Amiens, autrefois relais du réseau classique, se trouve marginalisée, la gare TGV se trouvant à 40 km du centre-ville. En effet, de nouvelles dessertes intégrant des villes moyennes se développent mais les nouvelles gares sont excentrées (doc. 1).

• **À l'échelle locale, l'accès aux réseaux est très inégal.** Certains quartiers mal desservis par les transports en commun sont dépendants de la voiture. Les habitants y sont pénalisés dans l'accès à l'emploi et aux services. De même, la « fracture numérique » est désormais dans l'accès à des connexions à très haut débit. En 2013, sur 25,3 millions d'abonnés à Internet, seulement 2,3 millions disposent du très haut débit (doc. 3).

V ocabulaire

Corridor : couloir de circulation multimodal concentrant des flux transfrontaliers majeurs. L'Union européenne a défini 9 corridors transeuropéens.

Effet-tunnel : situation dans laquelle un espace est traversé par une voie de transport rapide mais sans y avoir accès (pas de gare TGV, pas de péage autoroutier). L'espace a les nuisances du trafic sans en avoir les effets économiques ou sociaux dynamiques.

Enclavement : situation d'un espace géographique isolé du fait d'une desserte insuffisante par les voies de communication et de transport.

Hub : voir p. 174.

Interface : lieu de contact entre un espace et le reste du monde.

Mégalopole européenne : vaste espace urbanisé s'étendant de Londres à Milan en englobant l'espace rhénan. Il se caractérise par une forte concentration de métropoles et d'axes de communication.

Zone blanche : zone géographique où les habitants n'ont pas accès à un service de communication numérique par téléphonie mobile ou ADSL.

REPÈRE

Les corridors d'intégration à l'Union européenne

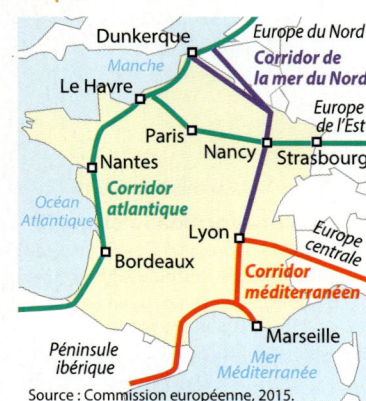

Source : Commission européenne, 2015.

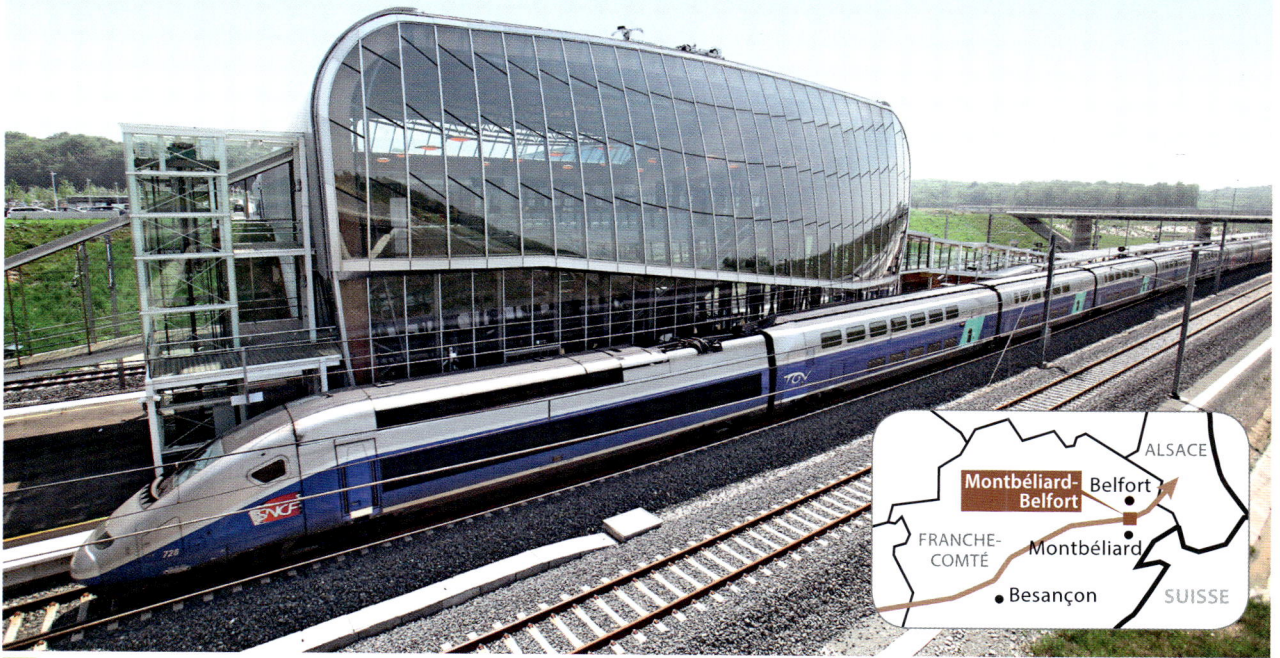

1 **La gare TGV de Montbéliard-Belfort : un atout pour des villes moyennes.**
Inaugurée en 2011, la gare dessert une aire urbaine de 300 000 habitants et une zone d'activités s'y développe. Elle met Besançon à 23 min de Belfort, 2 h 17 de Paris, 2 h 23 de Lyon et 1 h 20 de Strasbourg. Mais elle est à 18 km de Montbéliard et à 9 km de Belfort et doit être ralliée par des navettes autobus.

2 **Un réseau de communication encore centralisé**

Tous les réseaux français présentent une configuration en étoile centrée sur Paris. Le rôle historiquement directeur de la capitale dans la vie économique et politique nationale a précocement conduit à privilégier les liaisons radiales, entre le « centre » parisien et les « périphéries » du territoire. Ainsi, le réseau autoroutier a été conçu sous forme arborescente, avec des nœuds et des branches qui offrent peu d'itinéraires alternatifs : pour aller d'une ville à l'autre, il faut remonter jusqu'au nœud parisien. Les dernières décennies ont cependant été marquées par la constitution de sous-réseaux à partir des métropoles régionales (Lyon, Marseille, Lille, Nantes) et surtout par la construction d'itinéraires transversaux : A26 entre Calais et Dijon, A29 entre St-Quentin et le Havre. Le réseau TGV est nettement plus centralisé. En effet, la viabilité économique des liaisons à grande vitesse ne peut être assurée que par des flux très importants, qui existent d'abord entre Paris et les grandes villes françaises.

Y. Colombel et D. Oster (dir), *La France, territoires et aménagement face à la mondialisation*, Nathan, 2014.

Capacités et méthodes

Confronter des documents et mobiliser des connaissances

1. Comment les liaisons entre les métropoles régionales sont-elles renforcées ? (doc. 1 et 2)

2. Comment les réseaux de communication contribuent-ils à valoriser ou au contraire à marginaliser des territoires ? Montrez que leur aménagement devient un outil de marketing territorial. (doc. 2 et 3)

3 **L'accès au très haut débit : un enjeu pour les collectivités territoriales.**
Source : Conseil général de l'Isère, 2014.
La réduction de la fracture numérique par le déploiement d'un réseau très haut débit par fibre optique est un des projets du Conseil général de l'Isère. Seules 46 communes sur les 533 du département peuvent accéder au très haut débit par des opérateurs privés, en 2014.

Les réseaux, outil de développement des territoires

▶ **Quels sont les enjeux de l'aménagement des réseaux de communication ?**

A Renforcer la compétitivité des territoires

● **Dans le contexte de la mondialisation, la performance des réseaux de communication devient essentielle.** Mais elle renforce, dans une logique de rentabilité, les zones déjà bien équipées et l'accessibilité des métropoles au détriment des territoires ruraux. Ainsi, le déploiement de la couverture 4G par les opérateurs mobiles cible les zones les plus densément peuplées.

● **Les risques de saturation peuvent être un frein au développement des territoires** et ils obligent à diversifier l'offre de transport. L'axe Paris-Lyon-Marseille représente 25 % des voyageurs TGV en 2013. Le projet du Grand Paris Express (p. 50-51) doit créer de nouvelles gares pour soulager les gares parisiennes saturées. L'axe autoroutier Paris-Lyon a été doublé par un second, plus à l'ouest passant par Clermont-Ferrand et St-Étienne.

● **Les nouveaux aménagements cristallisent des contestations.** Les nouvelles LGV Marseille-Nice ou Paris-Rennes entraînent des phénomènes **Nimby**. De même, la création du nouvel aéroport de Nantes (Notre-Dame-des-Landes) soulève l'opposition virulente des défenseurs de l'environnement (doc. 1).

B Garantir la cohésion territoriale

● **L'accessibilité est un enjeu majeur de l'aménagement des territoires à toutes les échelles.** Les réseaux de communication sont intégrés aux politiques de désenclavement régionales (réseau autoroutier dans les Alpes ou le Massif Central) comme locales (tramway pour la rénovation de quartier). Mais, ils ne suffisent pas à garantir le développement économique : le pôle d'activités de la nouvelle gare TGV de Perpignan peine à dynamiser le quartier (p. 188-189).

● **Les collectivités territoriales sont devenues des acteurs de l'aménagement des réseaux.** Les régions ont consacré 25 % de leur budget aux transports en 2013 et assurent, depuis 2002, la desserte de leur territoire par les TER (Trains Express Régionaux, doc. 3). Avec les départements (transports interurbains) et les collectivités locales (tramways, vélos), les régions cherchent à garantir une offre publique de transport en commun sur l'ensemble des territoires.

● **Mais l'enjeu de cohésion territoriale se heurte au souci de rentabilité des réseaux.** Les projets de liaisons autoroutières (A26 entre Troyes et Auxerre, A51 entre Gap et Grenoble) et de LGV (Paris-Orléans-Clermont-Ferrand) sont repoussés après 2030. Le canal à grand gabarit Seine-Nord Europe a été retardé en raison des coûts de réalisation. La priorité donnée à la construction du réseau LGV est remise en question à cause de la faible rentabilité de certaines lignes.

C Développer des modes de transports durables

● **Le secteur des transports représente 35 % des émissions de CO_2 en France.** 95 % sont dues au seul transport routier (Repère). L'objectif pris en 2007, lors du « Grenelle de l'environnement », de diminuer les émissions de **GES** conduit l'État à encourager les projets visant à un **report modal** vers le rail ou la voie d'eau (doc. 2).

● **De nouveaux modes de transport alternatifs pour le fret se développent lentement.** Deux lignes de **ferroutage** de Perpignan à Bettembourg (Luxembourg) et d'Aiton (Savoie) à Turin (Italie) (doc. 2, p. 173) représentent le quart du trafic de fret ferroviaire. Une nouvelle autoroute de la mer reliant St-Nazaire à Vigo au Portugal a été ouverte en 2015 mais celle reliant St-Nazaire et Gijon en Espagne a été suspendue en 2014 faute de rentabilité (doc. 2).

● **Les mobilités douces sont encouragées à l'échelle locale.** En 2013, 26 agglomérations françaises possèdent un service de tramway et 39 proposent un système de vélo en libre-service. À Strasbourg, ville pionnière, 15 % des déplacements se font à vélo. Des projets de téléphériques urbains sont envisagés en région parisienne ou à Toulouse. Mais, le financement des projets de transport durable est difficile (abandon en 2013 d'une écotaxe).

Vocabulaire

Ferroutage : système permettant le transport des camions de marchandises par la voie ferrée. Coûteux mais moins polluant, il est adapté aux longues distances ou au franchissement d'obstacles (montagnes).

GES (Gaz à effet de serre) : gaz (CO_2, méthane, ozone) piégé dans l'atmosphère contribuant au changement climatique.

Mobilité douce : ensemble des modes de transport jugés plus propres à l'égard de l'environnement (vélo, tramway, téléphérique).

Nimby (*Not in my back yard*, pas dans mon jardin) : opposition de riverains à l'implantation d'une infrastructure (transport, industrie, énergie).

Report modal : action visant à faire baisser la part d'un mode de transport au profit d'un autre.

REPÈRE

Émission de CO_2 en g/km parcouru par passager

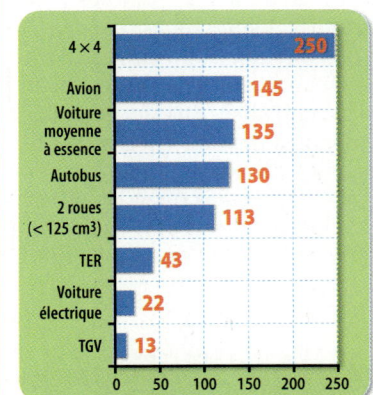

4 × 4	250
Avion	145
Voiture moyenne à essence	135
Autobus	130
2 roues (< 125 cm3)	113
TER	43
Voiture électrique	22
TGV	13

Source : Consoglobe, 2015.

1 **Manifestation contre l'aéroport de Notre-Dame-des-Landes.**
Le projet d'un aéroport au nord de Nantes, décidé dans les années 1970, a été réactivé au début des années 2000. Depuis, il soulève une opposition virulente qui freine sa réalisation.

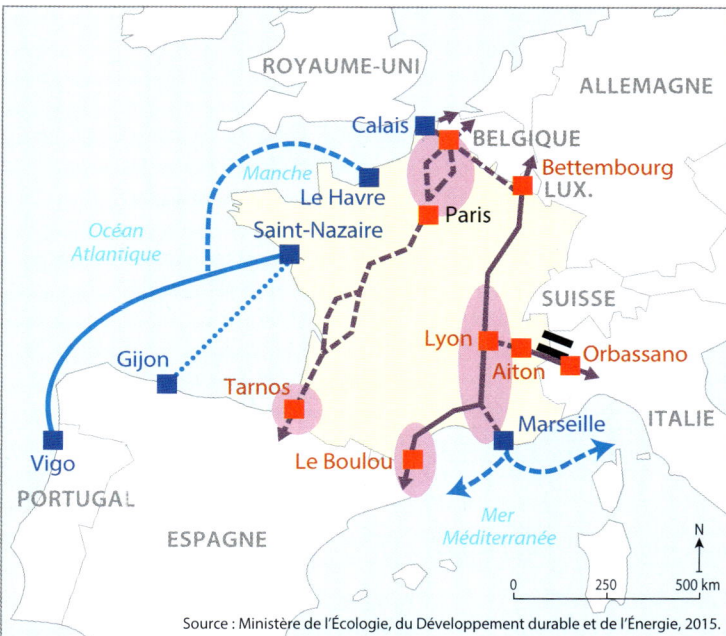

Source : Ministère de l'Écologie, du Développement durable et de l'Énergie, 2015.

Des solutions encore peu mises en œuvre

— ligne de ferroutage
‑ ‑ ‑ en service/en projet

■ plate-forme multimodale (rouge)
rail/route

■ plate-forme multimodale (bleu)
rail/route/mer

— — autoroute de la mer
en service depuis janvier 2015 /
en projet

········ autoroute de la mer fermée
depuis septembre 2014 1

Une nécessité face à la croissance des flux en Europe

● zone de saturation
du trafic routier

═ tunnel routier
transfrontalier saturé

1. La ligne, ouverte en 2010, a été fermée avec la fin des subventions publiques.

2 **Les alternatives à la route pour le fret**

3 **Le TER, un outil de cohésion territoriale pour la région Midi-Pyrénées**

L'existence d'une étoile ferroviaire autour de Toulouse était une opportunité pour renforcer une certaine cohésion territoriale entre Toulouse et les principales villes de Midi-Pyrénées. Depuis 2002, le Conseil régional de la région Midi-Pyrénées a souhaité développer l'offre de TER : il en définit la consistance, perçoit l'ensemble des recettes et supporte les déficits d'exploitation, après versement des péages à Réseau ferré de France pour l'utilisation du réseau, et rémunération de la SNCF qui assure l'exploitation. Grâce à du matériel nouveau acquis par la région, l'offre de TER a fortement progressé suscitant une rapide augmentation du trafic, surtout sur les lignes bénéficiant d'une desserte cadencée[1]. Mais des infrastructures encore insuffisantes et parfois obsolètes n'ont pu répondre à cette demande nouvelle. Pour effectuer les travaux nécessaires et hâter leur réalisation, la région a dû apporter une contribution financière majoritaire à un « Plan Rail Midi-Pyrénées » ambitieux (2008-2013).

R. Marconis, « TGV et TER, les enjeux de la desserte ferroviaire de Toulouse et de la région Midi-Pyrénées », Café-géo.net, mars 2012.

1. Ligne ou réseau de transports desservis selon un rythme régulier, fréquent et facilement mémorisable par les usagers.

La ligne TGV Paris-Barcelone, un outil de développement pour le Sud-Ouest de la France ?

La ligne TGV Paris-Barcelone en chiffres
- Temps de parcours : 6 h 25 (5 h 35 en 2021)
- 17 villes desservies
- 1 092 km parcourus

La ligne TGV Paris-Barcelone, initialisée en 1995 dans le cadre du réseau de transport transeuropéen, a été mise en service en décembre 2013. Cette ligne ferroviaire ambitionne de désenclaver le sud-ouest européen et de dynamiser les métropoles du Sud-Ouest comme Montpellier, Nîmes ou Perpignan. Elle est néanmoins l'objet de débats.

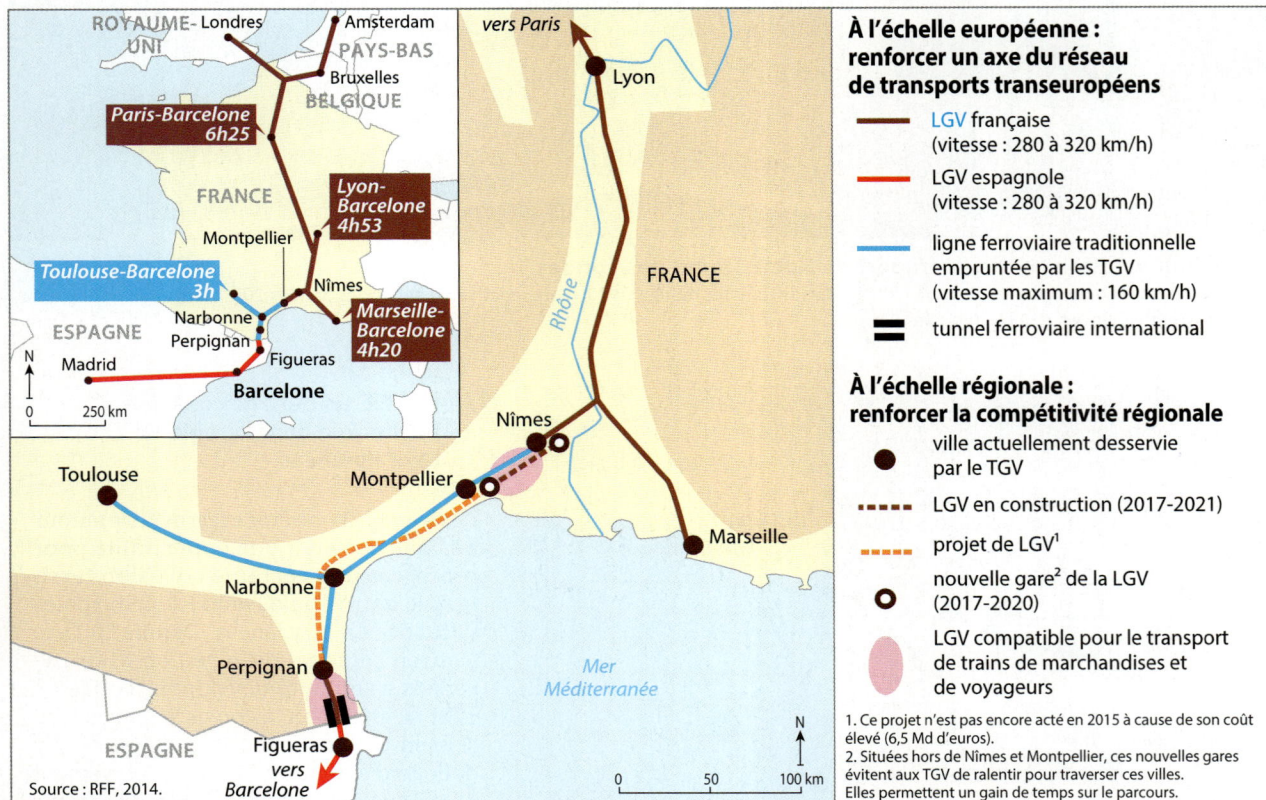

À l'échelle européenne : renforcer un axe du réseau de transports transeuropéens

- LGV française (vitesse : 280 à 320 km/h)
- LGV espagnole (vitesse : 280 à 320 km/h)
- ligne ferroviaire traditionnelle empruntée par les TGV (vitesse maximum : 160 km/h)
- tunnel ferroviaire international

À l'échelle régionale : renforcer la compétitivité régionale

- ville actuellement desservie par le TGV
- LGV en construction (2017-2021)
- projet de LGV[1]
- nouvelle gare[2] de la LGV (2017-2020)
- LGV compatible pour le transport de trains de marchandises et de voyageurs

1. Ce projet n'est pas encore acté en 2015 à cause de son coût élevé (6,5 Md d'euros).
2. Situées hors de Nîmes et Montpellier, ces nouvelles gares évitent aux TGV de ralentir pour traverser ces villes. Elles permettent un gain de temps sur le parcours.

Source : RFF, 2014.

1 La ligne TGV Paris-Barcelone : des enjeux de développement multiples

2 Les acteurs et les enjeux de la future LGV entre Montpellier et Nîmes

Union européenne + État + Réseau ferré de France	Collectivités territoriales : conseil régional, conseil général, communautés d'agglomération de Nîmes et Montpellier	Associations : usagers des transports, écologistes, commerçants du centre-ville
– à l'échelle européenne : consolider le corridor méditerranéen : Montpellier-Barcelone : 2 h 30 en 2017 Marseille- Barcelone : 3 h 40 en 2020 – à l'échelle nationale : relier les métropoles du Sud-Ouest à l'axe Marseille-Lyon-Paris par LGV	– à l'échelle régionale : supprimer 30 000 poids lourds par jour sur l'autoroute A9 grâce au transport de marchandises sur la LGV et augmenter l'offre de TER sur la ligne classique libérée – à l'échelle locale : créer des quartiers des affaires près des gares excentrées	– à l'échelle locale : éviter la disparition de 126 espèces protégées, menacées par les travaux, et maintenir un arrêt de ligne à grande vitesse dans le centre-ville.

Sources : *Midilibre*, 23 septembre 2013 et RFF, 2015.

PERPIGNAN
méditerranée

Naturellement compétitive

P E R P I G N A N
B A R C E L O N A
D I R E C T

4703 SNCF
TGV 310006

Le centre du monde
est **à PERPIGNAN** !

NATURELLEMENT-COMPETITIVE.FR

PERPIGNAN MÉDITERRANÉE — PERPIGNAN-MEDITERRANEE.COM — PERPIGNAN MÉDITERRANÉE Investir & Développer

3 **Le TGV, un outil de marketing territorial pour Perpignan ?**
Source : Agglomération Perpignan Méditerranée, 2014.

Ouvert er 2010, le nouveau centre d'activités baptisé « le centre du monde » est intégré à la gare TGV. Mais les 10 400 m² de surface de commerces et de bureaux sont en partie inoccupés malgré la création, par la ville, d'une agence de développement économique pour vanter les potentialités de la LGV et attirer les entreprises.

Vocabulaire

Corridor : couloir de circulation multimodal concentrant des flux transfrontaliers majeurs. L'Union européenne a défini 9 corridors transeuropéens.
Intermodalité : utilisation combinée de plusieurs moyens de transport pour un même trajet.
LGV (Ligne à grande vitesse) : ligne ferroviaire permettant la circulation de trains à grande vitesse (supérieure à 270 km/h).

Consigne Bac

À partir du document 4 et de l'exemple de Montpellier, montrez que les réseaux de transport constituent un enjeu de développement pour les territoires.

4 **L'« effet TGV » à Montpellier : un objet de débats**

a) L'avis de J.-P. Moure, ancien président de la communauté d'agglomération de Montpellier
La gare TGV[1] est vitale pour Montpellier. Montpellier sera à 2 h 50 de Paris, 1 h 05 de Lyon, 2 h 30 de Barcelone. Le temps va prendre le pas sur la distance, que ce soit pour le chef d'entreprise ou le touriste qui veut visiter Montpellier. La gare TGV permettra de rayonner rapidement sur tout le territoire. Car, cette gare sera située au cœur d'un maillage d'intermodalité exceptionnel, le premier en France après celui de Paris : elle sera reliée au centre de Montpellier par le tramway et sera à proximité de l'aéroport. La gare TGV est un équipement structurant autour duquel sera créé un centre d'affaires de dimension européenne, qui rassemblera 1 000 entreprises et 15 000 emplois.
1. La nouvelle gare TGV de la ligne Montpellier-Nîmes doit ouvrir en 2017.

b) L'avis d'O. Klein, ingénieur et chercheur au laboratoire d'économie des transports
La relation de causalité entre la création d'un équipement de transports et le développement économique d'un territoire n'est pas démontrable. La ville de Toulouse a connu un développement démographique et économique considérable depuis 30 ans alors qu'il faut 5 h 30 pour aller de Toulouse à Paris en TGV ! Ce qui compte avant tout, c'est le projet de développement économique d'un territoire. La gare TGV de Montpellier s'inscrit dans un projet d'aménagement du territoire, au sein d'une nouvelle zone urbanisée, bien desservie par les transports en commun. La proximité de la gare donne une image de modernité, mais elle ne crée pas, en elle-même, de développement économique.
LalettreM, magazine de la communauté d'agglomération de Montpellier, mai 2013.

Questions

1 Comment l'actuelle ligne TGV Paris-Barcelone devient-elle progressivement une LGV ? (doc. 1 et 2)

2 Quels sont les enjeux et les acteurs de la ligne Paris-Barcelone à l'échelle européenne ? à l'échelle nationale ? (doc. 1 et 2)

3 Montrez que les villes du Sud-Ouest veulent faire de la future LGV un outil de développement économique régional et local mais que ce choix suscite des débats. (doc. 2, 3 et 4)

Étude critique de documents SÉRIE ES/L

S ujet guidé L'aéroport de Lyon-St-Exupéry, une plate-forme multimodale performante ?

Montrez, à travers la confrontation des documents, que l'aéroport de Lyon-St-Exupéry est une plate-forme multimodale dont l'accessibilité incomplète constitue un frein au développement.

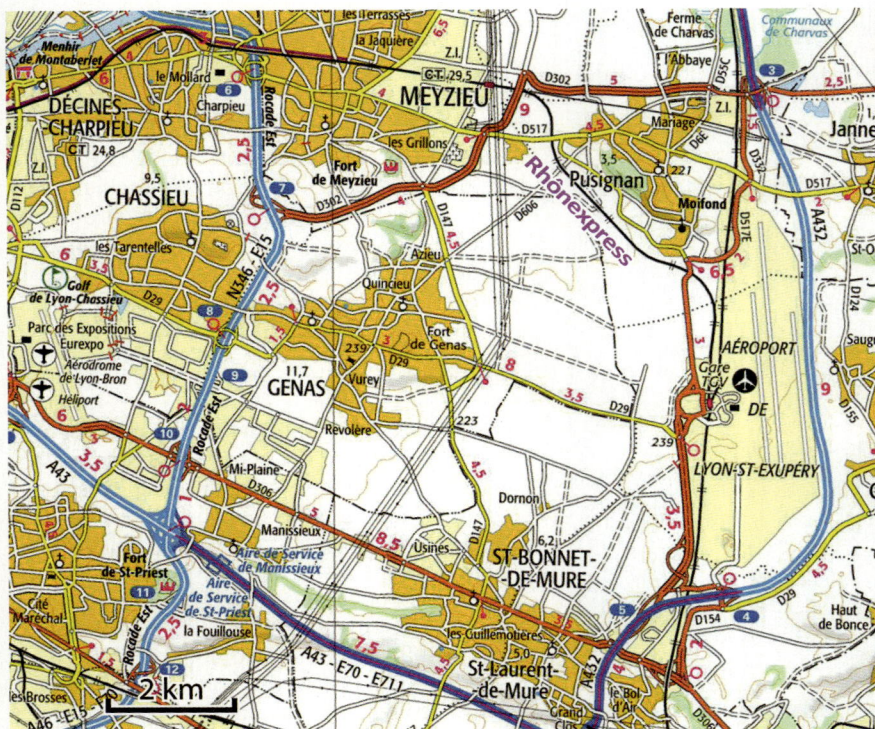

1 Un aéroport accessible

> **Conseil**
> Vous pouvez expliquer dans l'analyse que le Rhônexpress est un tramway permettant de relier l'aéroport à la gare TGV de la Part-Dieu située en centre-ville (25 km).

2 Une desserte ferroviaire insuffisante

Seule gare en France avec Roissy accolée à un aéroport international, Saint-Exupéry-TGV a longtemps été une gare fantomatique. Inaugurée en 1994, la gare atteignait 300 000 passagers en 2007 contre pratiquement 2 millions aujourd'hui. Cette récente augmentation s'explique par le trafic du Rhônexpress avec le centre-ville de Lyon. Le trafic purement SNCF atteint seulement 800 000 passagers[1]. Depuis 2013, le TGV low-cost[2], avec trois allers-retours quotidiens vers Marne-la-Vallée (Île-de-France) a également donné un sérieux coup de pouce au trafic de la gare. La direction des aéroports de Lyon espère d'autres nouvelles dessertes en direction du sud de la France pour capter des nouveaux passagers. Reste la question des Trains Express Régionaux qui n'ont jamais desservi cette gare. Un handicap qui ne sera pas résolu avant la réalisation d'une jonction pour desservir l'aéroport à l'horizon 2030.

La tribune.fr, 14 novembre 2014.

1. La gare Saint-Exupéry est en effet fortement concurrencée par la gare TGV Lyon-Part-Dieu, située en centre-ville (26 millions de passagers en 2013).
2. À bas coût.

A Analyser le sujet et la consigne

1) Identifiez les notions clés et délimitez l'espace concerné. ▶ **Méthode p. 34**

L'aéroport de Lyon-St-Exupéry, une **plate-forme multimodale performante ?**

Montrez, à travers la confrontation des documents, que **l'aéroport de Lyon-St-Exupéry** est une **plate-forme multimodale** dont **l'accessibilité incomplète constitue un frein au développement**.

> **Conseil**
> Précisez dans l'analyse que cet aéroport est au 4e rang français et au 43e rang européen en 2013.

a. **Décrire la carte :**
  – repérer les différents éléments représentés sur la carte : axes de communication, bâtiments industriels ou commerciaux, lotissements pavillonnaires, champs… ;
  – caractériser les différents espaces composant le territoire représenté : plate-forme multimodale combinant plusieurs moyens de transport, espace urbanisé, espace rural…

b. **Interpréter l'image :**
  – utiliser les connaissances du cours ou des documents complémentaires pour interpréter les informations. Une carte à une autre échelle peut être utile pour comprendre l'insertion de l'espace étudié dans un espace plus étendu ;
  – organiser les informations en lien avec les différentes parties de la consigne.

2 Complétez le tableau suivant.

Repérer les éléments sur la carte		Caractériser les différents espaces
	Infrastructures de l'aéroport : figuré de surface jaune.	– À l'aide de l'échelle, estimez en km la longueur et la largeur de l'aéroport. – À quelle distance du centre de Lyon se situe l'aéroport ?
	– Routes nationales et départementales : figuré linéaire rouge ou jaune – Voies rapides ou autoroutes :	– Quels sont les axes de communication qui relient l'aéroport à l'échelle de l'agglomération lyonnaise ? – À l'échelle de la région Rhône-Alpes ? – À l'échelle nationale ?
	Voies ferrées :	Listez les infrastructures de transports ferroviaires visibles sur la carte.
	Habitat : figuré de surface orange. Zone d'activités industrielles ou commerciales :	Quelles sont les principales communes à proximité de l'aéroport ? **Conseil** Le nombre d'habitants (en milliers) est écrit au-dessus du nom de la commune.
	Zone agricole :	Pour quelles raisons les zones entourant l'aéroport sont-elles surtout occupées par des terres agricoles ?

3 Afin d'interpréter la carte, justifiez les affirmations suivantes à l'aide des informations prélevées dans les documents et de vos connaissances.

– L'accessibilité de l'aéroport est inégale selon les modes de transport. (doc. 1 et 2)

– Malgré les possibilités d'extension, l'aéroport attire peu les activités économiques à proximité immédiate. (doc. 1)

Conseil
Utilisez chacune des affirmations comme idée principale de chaque partie de l'analyse.

– Des obstacles empêchent cet aéroport d'être une plate-forme multimodale aussi performante que Roissy. (doc. 2 et p. 174-175)

C **Rédiger l'étude de documents**

4 Rédigez la suite du 1er paragraphe et les deux derniers à l'aide des informations précédentes.

L'aéroport de Lyon est bien accessible à l'échelle régionale et nationale, par le réseau autoroutier (autoroute A43, A 432). À l'échelle lyonnaise, ...
....
....

Étude critique de documents SÉRIE ES/L

Sujet guidé La France, un carrefour de flux de marchandises

Montrez, à l'aide de la confrontation des documents, que la France est un carrefour de flux de marchandises. Vous expliquerez ensuite comment évoluent les modes de transport de marchandises et pourquoi la route reste dominante.

1 L'évolution du trafic terrestre de marchandises en milliards de tonnes-kilomètre[1]

	1990	2013
Transport ferroviaire	**52,2**	**32**
national	31,5	20,3
international	15	8,4
transit	5,7	3,3
Transport routier	**195,7**	**288,6**
national	157,7	188
international	17,2	58
transit	20,8	42,6
Transport fluvial[2]	**7,2**	**8**
national	4,3	5
international	2,9	3

Conseil
Calculez la part de chaque mode en 1990 et en 2013.

Source : Ministère de l'Écologie, du Développement durable et de l'Énergie, 2015.

1. Tonne-kilomètre : unité de mesure correspondant au transport d'une tonne sur une distance d'un kilomètre.
2. Hors transit rhénan et mosellan.

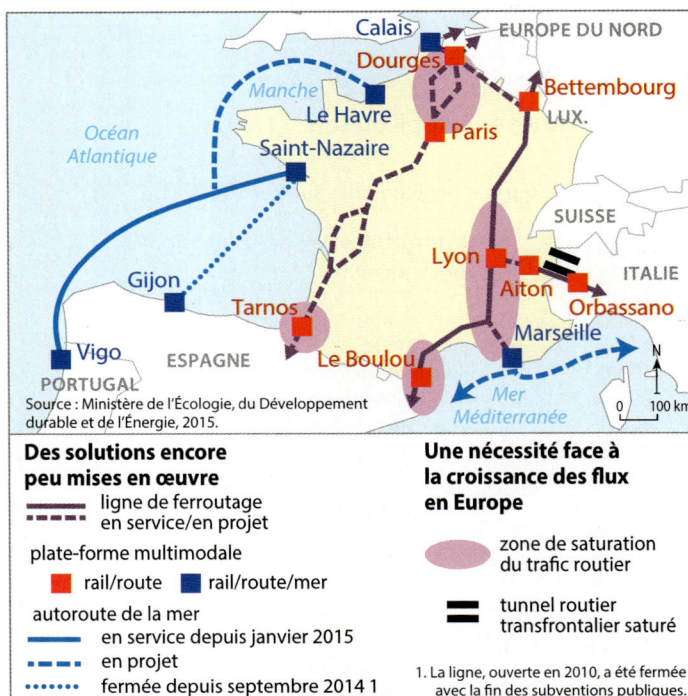

Des solutions encore peu mises en œuvre
— ligne de ferroutage en service/en projet
plate-forme multimodale
■ rail/route ■ rail/route/mer
autoroute de la mer
— en service depuis janvier 2015
--- en projet
···· fermée depuis septembre 2014 [1]

Une nécessité face à la croissance des flux en Europe
zone de saturation du trafic routier
tunnel routier transfrontalier saturé

1. La ligne, ouverte en 2010, a été fermée avec la fin des subventions publiques.

Source : Ministère de l'Écologie, du Développement durable et de l'Énergie, 2015.

2 Les alternatives à la route pour le fret

A Analyser le sujet et la consigne

1) Identifiez les notions clés et délimitez l'espace concerné. ▶ **Méthode** p. 34

La France, un **carrefour de flux de marchandises aux modes de transports diversifiés**.

Montrez, à l'aide de la confrontation des documents, que **la France est un carrefour de flux de marchandises**. Vous expliquerez ensuite **comment évoluent les modes de transport des marchandises** et **pourquoi la route reste dominante**.

B Étudier un tableau de données chiffrées

Méthode

a. **Identifier la source** : auteur, date, provenance des chiffres (ministères, Insee, Eurostat).
b. **Décrire le tableau** :
– repérer les valeurs les plus hautes, les plus basses et les moyennes ;
– repérer la tendance générale à la fois en ligne et en colonne ;
– mesurer ces tendances par des calculs simples (addition, soustraction, moyenne, multiplication, pourcentage).
c. **Interpréter le tableau** :
– utiliser les connaissances extraites du cours pour expliquer les grandes tendances ;
– organiser les informations en lien avec les différentes parties de la consigne ;
– quelle est la source du document ? Que peut-on en déduire sur la fiabilité des chiffres ?

2 Complétez le tableau suivant.

Parties de la consigne	Prélever des informations	Mobiliser des connaissances
La France est un carrefour de flux de marchandises	Comment évolue le trafic total de marchandises sur la période ? Comment évolue la place du trafic international ?	Quels grands axes routiers d'échelle européenne traversent le territoire français ? Quels sont les grands ports qui permettent l'ouverture aux échanges de la France ? ●▶ **Aide carte 1** p. 180
Des modes de transport de marchandises qui évoluent	Comment évolue chaque mode de transport sur la période ?	Pourquoi la route est-elle prédominante ? Quels sont les points forts et points faibles du transport fluvial ? ●▶ **Aide Cours 1** p. 182
Mais la route reste dominante	Quelles sont les solutions de report du trafic envisagées ? (doc. 2 p. 187)	Pourquoi des solutions alternatives à la route sont-elles envisagées ? ●▶ **Aide Cours 3** p. 186

C   Rédiger une étude de documents

Méthode

Rédiger une introduction. L'introduction se limite à 3 ou 4 phrases qui doivent :
   a. **présenter le sujet** en analysant les notions clés du sujet et de la consigne.
   b. **présenter le ou les documents et leur utilité** pour traiter le sujet et répondre à la consigne.

3 Complétez l'introduction ci-dessous.

> Dans le contexte de la mondialisation, la France est traversée par de multiples flux et constitue un carrefour pour les échanges de marchandises. Mais l'utilisation de ces modes de transport est inégale. Le document statistique de source gouvernementale permet d'analyser ....

4 Rédigez la suite des paragraphes en vous aidant du modèle ci-dessous.

> Paragraphe 1 : La France est un carrefour de flux de marchandises. En effet, la place du trafic en provenance de l'international ou en transit sur le territoire est importante. ....
> Paragraphe 2 : Cependant la place des divers modes de transport a considérablement changé...................
> Paragraphe 3 : Pour diminuer la place du transport routier, des solutions sont mises en œuvre...................

Conseil
Alternez dans chaque paragraphe la description et l'interprétation des documents.

Sujet d'entraînement   SÉRIE ES/L   SÉRIE S

L'aéroport de Roissy, un aéroport intégré dans la mondialisation

À partir des documents 1 et 2, montrez que le trafic de fret et de passagers de l'aéroport de Roissy est révélateur de son intégration dans la mondialisation.

1 L'évolution du trafic du fret de Roissy, en milliers de tonnes

	1990	2000	2012
Trafic fret total	618	1 063	1 428
Trafic fret international	585	1 015	1 381
Trafic fret France (y compris Outre-mer)	33	48	47

2 L'évolution du trafic de passagers de Roissy, en millions de passagers

	1990	2000	2013
Trafic passager total	22 094	48 141	61 891
Trafic international	19 128	42 724	55 937
Trafic France (y compris Outre-mer)	2 966	5 417	5 954

Source : Ministère de l'Écologie, du Développement durable et de l'Énergie, 2015

Production graphique SÉRIE ES/L

Capacités travaillées
• Choisir des figurés
• Réaliser un croquis

Sujet guidé — Le rôle des réseaux de transport dans l'intégration de la France métropolitaine à la mondialisation

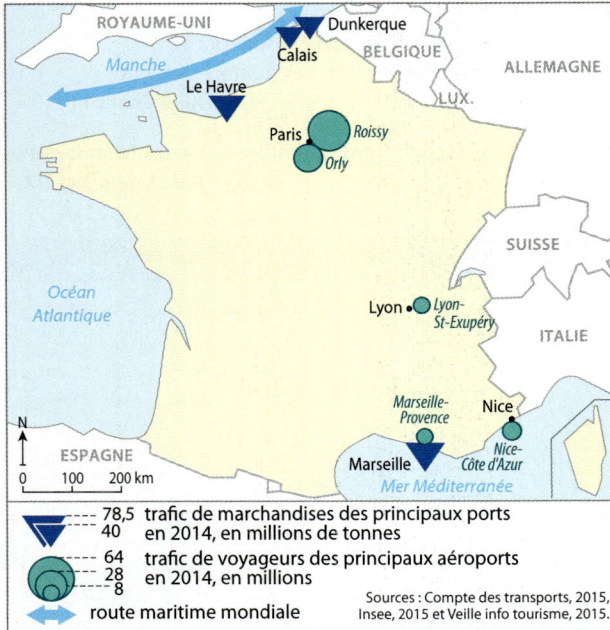

1 Un territoire ouvert sur le monde

Figurés de la carte :
- 78,5 / 40 : trafic de marchandises des principaux ports en 2014, en millions de tonnes
- 64 / 28 / 8 : trafic de voyageurs des principaux aéroports en 2014, en millions
- route maritime mondiale

Sources : Compte des transports, 2015, Insee, 2015 et Veille info tourisme, 2015.

Conseil
Montrez qu'il n'existe qu'un hub aéroportuaire d'échelle mondiale.

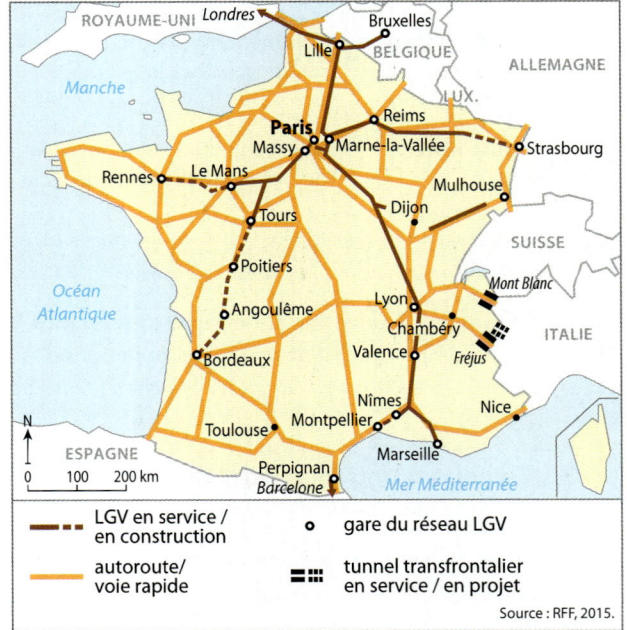

2 Un réseau autoroutier et ferroviaire reliant les métropoles françaises à l'Europe

Figurés de la carte :
- LGV en service / en construction
- autoroute / voie rapide
- gare du réseau LGV
- tunnel transfrontalier en service / en projet

Source : RFF, 2015.

Conseil
Ne retenez, sur le croquis, que des informations que vous pourrez mémoriser en vue d'un examen.

A Analyser le sujet

1) Identifiez les notions clés et délimitez l'espace concerné.

Quelles infrastructures de transport faut-il envisager de cartographier ? Quels sont les axes et les carrefours majeurs et secondaires qui facilitent l'ouverture du territoire français ?

Quels sont les territoires les mieux connectés et ouverts sur le monde et l'Europe ? Quels sont les moins bien connectés ?

Le rôle des réseaux de transport dans l'intégration de la France métropolitaine à la mondialisation

À quelles échelles le sujet est-il envisagé ?

B Choisir des figurés

Méthode

a. Adapter les figurés aux informations à représenter :
- des figurés de surface (des couleurs ou des hachures) pour représenter une zone ;
- des figurés ponctuels (points, carrés...) pour situer un lieu ou représenter une information dont la localisation est ponctuelle ;
- des figurés linéaires : lignes (route, fleuve...) ou flèches (flux).

b. Utiliser couleurs et taille des figurés pour traiter les informations :
- choisir une même gamme de couleurs pour un même type d'informations et respecter les conventions cartographiques (ex : bleu pour les informations liées à l'eau, vert pour les éléments naturels) ;
- hiérarchiser les phénomènes représentés en variant les couleurs d'une même gamme (jaune, orange, rouge) ou la taille des figurés ponctuels et linéaires ;
- lorsque les figurés se superposent dans leur localisation, choisir des figurés compatibles : hachures sur aplat de couleur ou figuré ponctuel sur aplat.

2 Quels figurés des doc. 1 et 2 représentent :
– les infrastructures qui permettent d'intégrer la France dans la mondialisation ?
– les axes principaux ouverts sur l'Europe ? les axes secondaires de plus en plus intégrés à l'Europe ?
– les principaux carrefours de communication à l'échelle mondiale ? à l'échelle européenne ?
– les territoires les plus connectées ? les moins connectées au réseau européen et mondial ?

> **Conseil**
> Les axes principaux sont ceux qui comportent à
> la fois un réseau autoroutier et un réseau LGV.

3 Classez, dans le tableau suivant, les informations répondant au sujet et associez-leur un figuré adapté.

Figuré de surface	Figuré ponctuel	Figuré linéaire
▭ territoire intégré au réseau européen et mondial	✈ aéroport d'échelle européenne et mondiale	▬ axe de circulation d'échelle européenne
⋯ territoire à l'écart du réseau européen et mondial	● hub mondial	

C Réaliser le croquis

4 Complétez le titre, la légende et le croquis.

Titre : ....

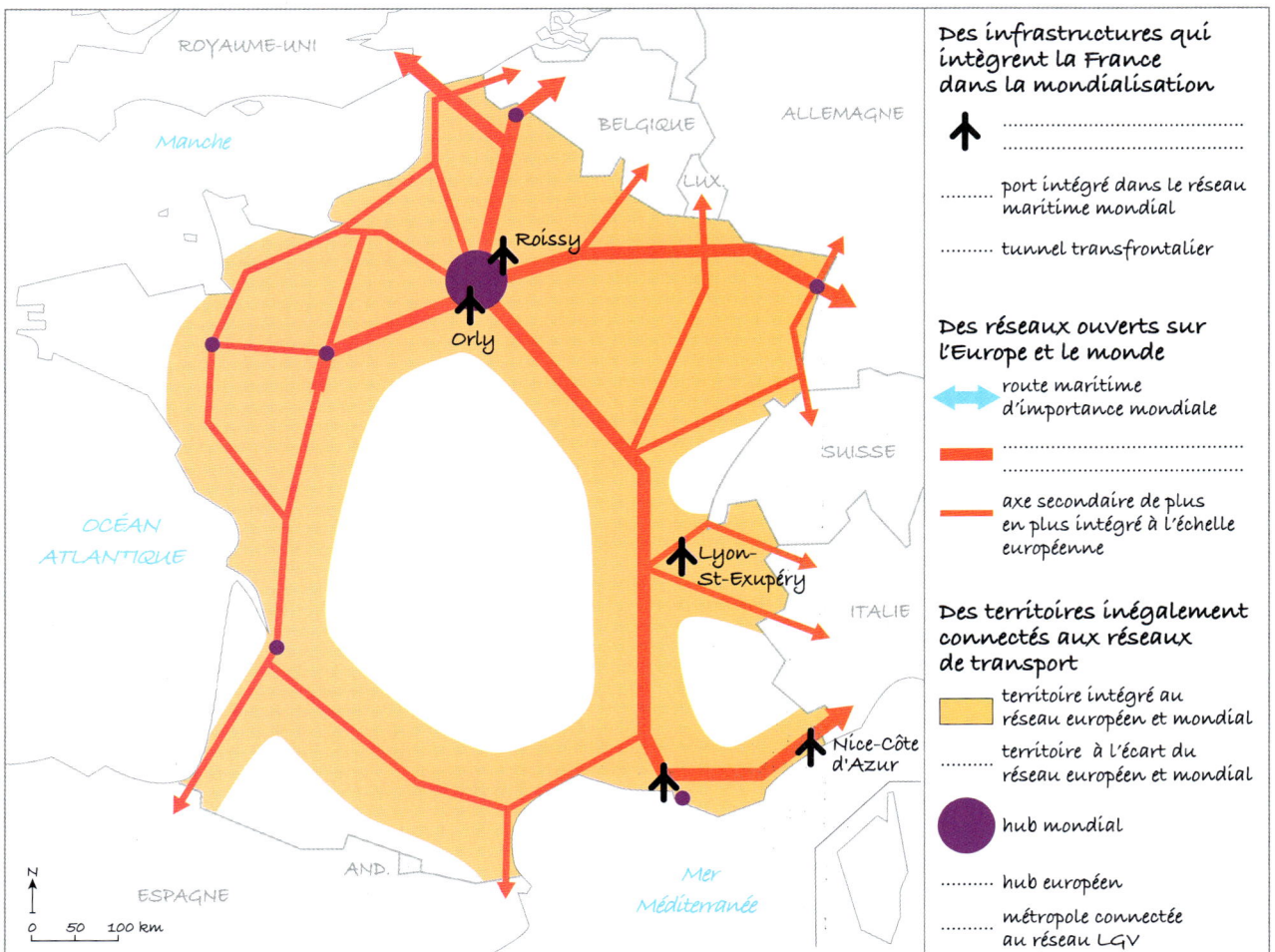

Des infrastructures qui intègrent la France dans la mondialisation
✈ ....
....
⋯ port intégré dans le réseau maritime mondial
⋯ tunnel transfrontalier

Des réseaux ouverts sur l'Europe et le monde
⟷ route maritime d'importance mondiale
▬ ....
....
▬ axe secondaire de plus en plus intégré à l'échelle européenne

Des territoires inégalement connectés aux réseaux de transport
▭ territoire intégré au réseau européen et mondial
⋯ territoire à l'écart du réseau européen et mondial
● hub mondial
⋯ hub européen
⋯ métropole connectée au réseau LGV

Composition SÉRIE ES/L

Capacités travaillées
• Analyser le sujet
• Travailler les transitions

S ujet guidé Le rôle des réseaux de transport terrestres dans l'organisation du territoire métropolitain français

Problématique suggérée : Comment les réseaux de transport terrestres sont-ils un outil de compétitivité et de cohésion du territoire français ?

A Analyser le sujet

1) Identifiez les notions clés et délimitez l'espace concerné.

Le rôle des réseaux de transport terrestres dans l'organisation du territoire métropolitain français.

B Travailler les transitions

Méthode

a. Les transitions permettent de faire progresser la réflexion et de répondre progressivement à la problématique.

b. Les transitions se situent :
– en début de grande partie pour annoncer le thème de la partie ;
– en début de paragraphe pour annoncer l'argument développé en lien avec le thème de la partie ;
– en fin de grande partie pour synthétiser les apports de la partie dans la réponse à la problématique et annoncer la partie suivante.

c. Les transitions prennent deux formes :
– des phrases d'introduction ou de conclusion de partie ;
– des mots de liaison (De même, En conséquence, À l'inverse, Enfin…).

2) À l'aide du cours 3 p. 186, rédigez la première partie de la composition selon les transitions proposées.

I/ Les réseaux de transport renforcent la compétitivité des territoires métropolitains et des régions en position d'interface européenne
1. Paris reste le nœud majeur de tous les réseaux terrestres.
2. Mais les métropoles régionales sont de mieux en mieux reliées entre elles.
3. Enfin, les régions frontalières intégrées aux réseaux européens sont valorisées.

Ainsi, les réseaux de transport rapides contribuent à la compétitivité des territoires les mieux connectés. Mais ils sont aussi un facteur de cohésion territoriale.

> Phrase annonçant le thème principal de la partie I

> Phrases annonçant l'idée traitée dans chaque sous-partie

> Phrase synthétisant les apports de la partie I et phrase annonçant les enjeux de la partie II

3) Rédigez les transitions qui conviennent et terminez le plan détaillé des parties II et III.

III/ Ainsi, les réseaux de transport sont un outil d'aménagement des territoires à toutes les échelles.
1. L'essor des transports collectifs est un enjeu à toutes les échelles.
2. Les nœuds des réseaux rapides attirent les activités économiques.
3. Le développement durable est de plus en plus pris en compte

IIII/ Les collectivités territoriales cherchent à relier les territoires encore mal connectés.

> Phrase annonçant le thème principal la partie II

> Transition entre la IIe et IIIe partie

Conseil
Utilisez des mots de liaison pour introduire les transitions et appuyer la démonstration.

Utiliser un SIG (Géoportail)

Capacités travaillées
- Lire une carte
- Comparer des cartes à des échelles différentes

Sujet Eurocentre, plate-forme multimodale de l'Europe méditerranéenne

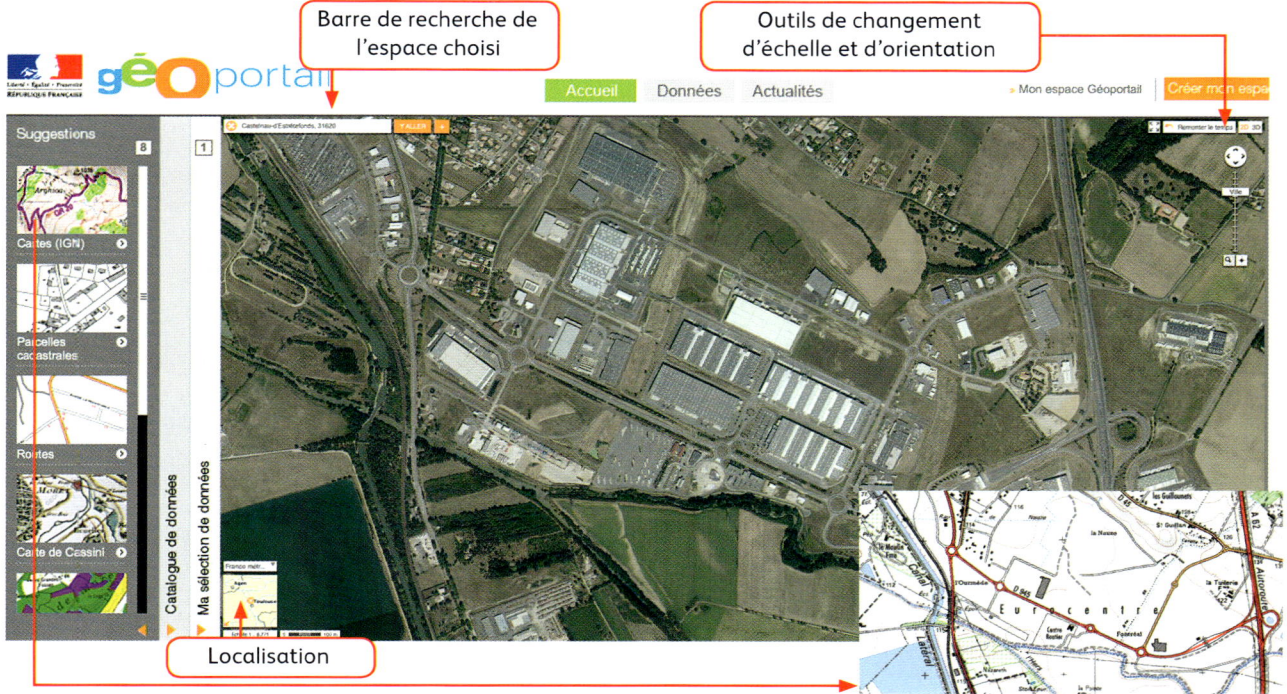

Barre de recherche de l'espace choisi

Outils de changement d'échelle et d'orientation

Localisation

1 Réalisez l'exercice d'application en vous aidant de la méthode proposée.

Méthode pour utiliser un SIG	Application
Choisir un SIG (Système d'informations géographiques) qui présente pour un même lieu des images satellites, des photographies aériennes et des cartes de dates différentes.	Allez sur le site « Géoportail », le site en ligne de l'Institut national de l'information géographique et forestière.
Sélectionner le lieu choisi grâce à la barre de recherche.	Tapez 31620, Castelnau d'Estrétefonds dans la barre de recherche.
Sélectionner « carte IGN » ou « photo aérienne » dans l'onglet de gauche, selon les informations recherchées.	Repérez les points communs et les différences de représentation entre la carte et la photographie (activités de la plate-forme, diversité du réseau de communication).
Identifier les éléments structurants de cet espace visibles sur l'image.	Listez au brouillon les éléments structurants : route, autoroute, chemin de fer, voie fuviale, zone de stockage…
Changer d'échelle pour comprendre l'intégration de cet espace au reste du territoire.	Quels axes de transport sont visibles à l'échelle locale ? à l'échelle régionale ? à l'échelle internationale ?

2 Complétez ces schémas pour expliquer comment cette plate-forme multimodale s'intègre à l'échelle locale et à l'échelle régionale.

Titre : ....

Titre : ....

....
▢ zone d'activités et de stockage
....
━━ ....
━━ ....
━━ ....

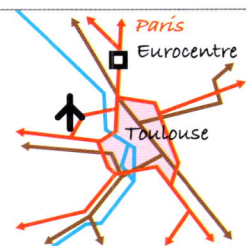

Paris
Eurocentre
Toulouse

Localisations essentielles

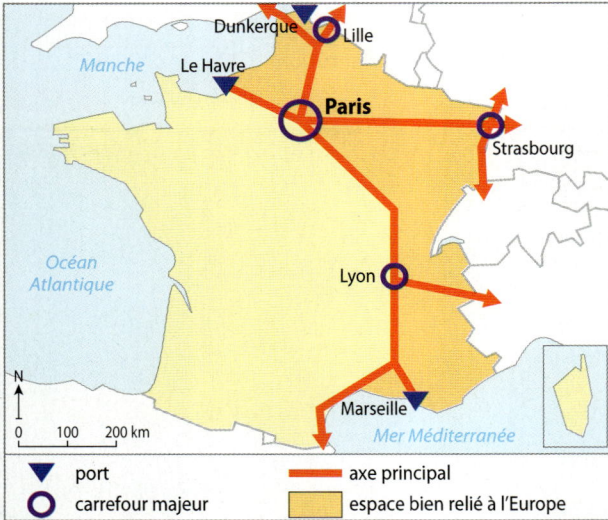

port
carrefour majeur
axe principal
espace bien relié à l'Europe

1 Une ouverture du territoire français sur l'Europe et le monde

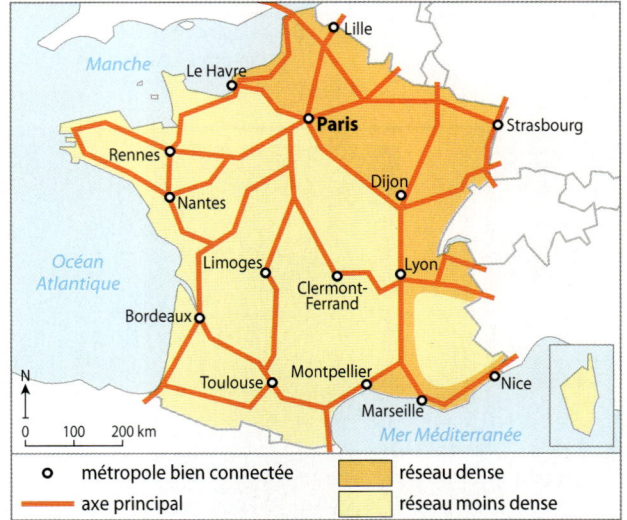

métropole bien connectée
axe principal
réseau dense
réseau moins dense

2 Une connexion inégale des territoires français aux réseaux de transport

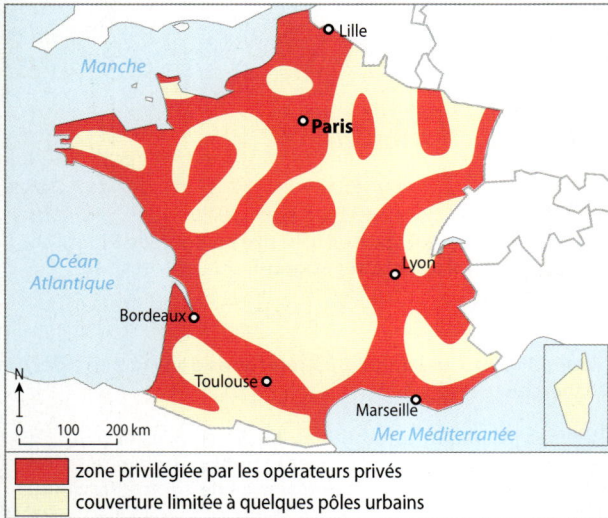

zone privilégiée par les opérateurs privés
couverture limitée à quelques pôles urbains

3 Les zones blanches du réseau très haut débit

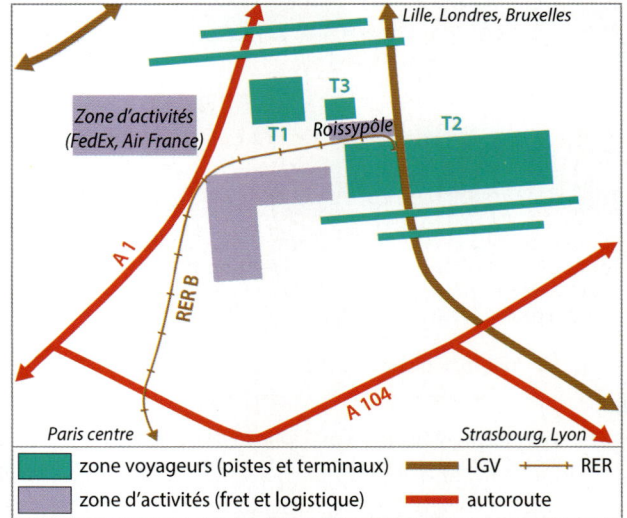

zone voyageurs (pistes et terminaux)
zone d'activités (fret et logistique)
LGV
RER
autoroute

4 Roissy, une plate-forme multimodale dynamique

Chiffres clés

A Le transport de voyageurs en France

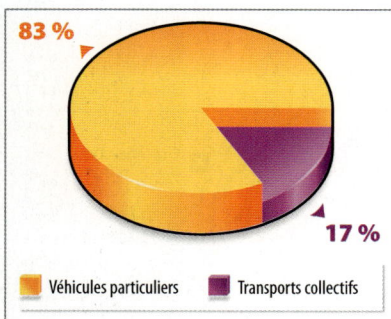

83 %
17 %

Véhicules particuliers
Transports collectifs

B Le trafic de marchandises sur les routes de France

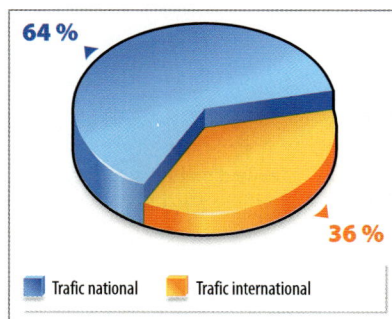

64 %
36 %

Trafic national
Trafic international

C Les 3 premiers aéroports français en 2014 (en millions de passagers)

AÉROPORTS DE PARIS
AÉROPORT NICE CÔTE D'AZUR

29 — 2 — Orly
64 — 1 — Roissy
12 — 3 — Nice

COMMENT LES RÉSEAUX DE COMMUNICATION EN FRANCE S'ADAPTENT-ILS AUX MOBILITÉS ET AUX FLUX CROISSANTS DANS LE CONTEXTE DE LA MONDIALISATION ?

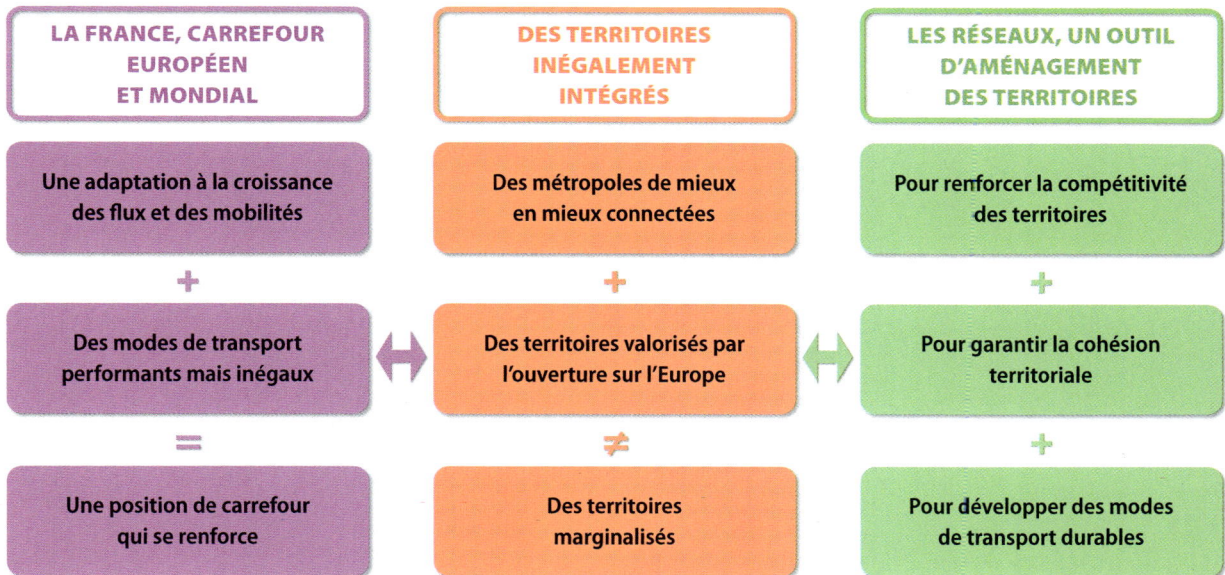

LA FRANCE, CARREFOUR EUROPÉEN ET MONDIAL	DES TERRITOIRES INÉGALEMENT INTÉGRÉS	LES RÉSEAUX, UN OUTIL D'AMÉNAGEMENT DES TERRITOIRES
Une adaptation à la croissance des flux et des mobilités	Des métropoles de mieux en mieux connectées	Pour renforcer la compétitivité des territoires
+	+	+
Des modes de transport performants mais inégaux	Des territoires valorisés par l'ouverture sur l'Europe	Pour garantir la cohésion territoriale
=	≠	+
Une position de carrefour qui se renforce	Des territoires marginalisés	Pour développer des modes de transport durables

A Comment les réseaux de communication permettent-ils l'ouverture du territoire français à l'Europe et au monde ?

Dans un contexte d'ouverture des frontières et de mondialisation des échanges, la France draine les **flux** de marchandises et de personnes grâce à des réseaux de communications performants. Pourtant, le poids de la route reste prépondérant. La France consolide sa **position de carrefour** par l'interconnexion des réseaux français aux réseaux européens (LGV Eurostar ou Paris-Barcelone) et le développement **de plates-formes multimodales** (Roissy) et **logistiques**.

B Comment les réseaux de communication reflètent-ils l'organisation du territoire français ?

Paris reste le **hub** majeur des réseaux de communication (réseau LGV et aéroports) mais les métropoles françaises sont de mieux en mieux reliées entre elles (gares de connexion de Massy et Marne-la-Vallée, A89). L'émergence de **corridors** européens valorise les régions frontalières du Nord et de l'Est et des métropoles comme Lille ou Strasbourg. Les activités logistiques, situées près de grands **axes** ou de plates-formes multimodales, dynamisent des territoires locaux (Grand Roissy).

C Quels sont les enjeux de l'aménagement des réseaux de communication ?

L'aménagement des réseaux de communication doit concilier deux logiques dans une perspective de **développement durable.** La logique de performance oblige à repenser l'offre pour éviter la saturation des axes majeurs (autoroute Paris-Clermont-Ferrand) tout en diminuant le poids de la route (**ferroutage**). La logique de **cohésion territoriale** conduit les collectivités territoriales à investir pour garantir une accessibilité pour tous (TER) et à développer des **mobilités douces**.

NE PAS CONFONDRE

Plate-forme multimodale : nœud de circulation (portuaire, ferroviaire ou aéroportuaire) qui permet le passage d'un moyen de transport à un autre.

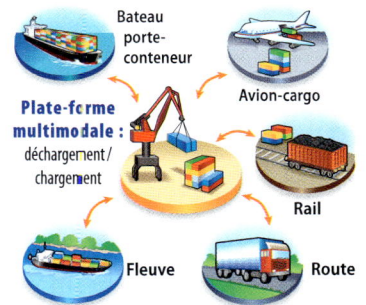

Plate-forme logistique : zone de stockage et de redistribution de marchandises reliée à des axes de communication rapides (autoroute, voie ferrée ou aérienne).

▶ Étude de cas transversale 3
La Réunion, une région française et un territoire ultramarin de l'UE
308-313

Cérémonie d'entrée de la Croatie dans l'Union européenne, à Strasbourg (1er juillet 2013).

L'entrée de la Croatie – ancienne république yougoslave – dans l'Union européenne le 1er juillet 2013 a marqué un pas de plus vers l'Est. Six ans après la Roumanie et la Bulgarie, cette adhésion pose une nouvelle fois la question du projet européen. En effet, l'UE doit aujourd'hui gérer 28 États aux niveaux de développement contrastés et plus de 30 territoires ultramarins dispersés sur trois océans. Or, la compétitivité des territoires est aujourd'hui dépendante de leur cohésion et de leur mise en réseau : un double défi à relever pour l'UE.

7 De l'espace européen aux territoires de l'Union européenne

En 2015, l'Union européenne regroupe 28 États, unis par des politiques communes. Au fil des élargissements se dessine, cependant, une Europe à géométrie variable en fonction du degré d'intégration et de la richesse des pays membres. La réduction des inégalités socio-spatiales et la compétitivité des territoires sont aujourd'hui les priorités affichées par l'UE.

▶ **Les divisions entre les États et les inégalités socio-économiques au sein de l'UE sont-elles des obstacles à la poursuite du projet européen ?**

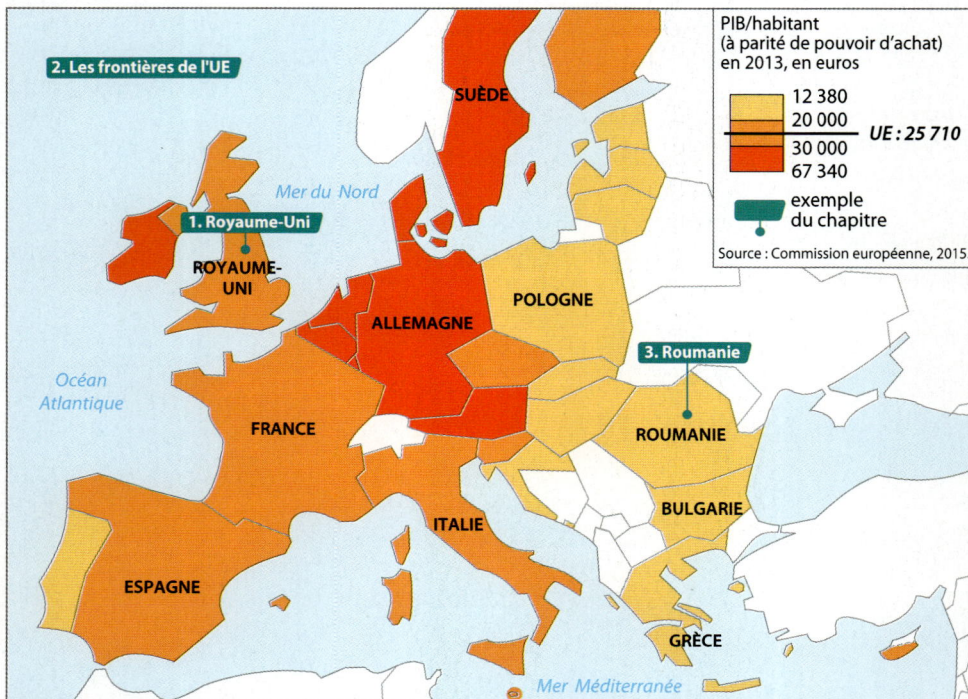

PIB/habitant
(à parité de pouvoir d'achat)
en 2013, en euros

12 380
20 000   *UE : 25 710*
30 000
67 340

exemple
du chapitre

Source : Commission européenne, 2015.

2. Les frontières de l'UE

SUÈDE

Mer du Nord

1. Royaume-Uni

ROYAUME-UNI

POLOGNE

ALLEMAGNE

Océan Atlantique

3. Roumanie

FRANCE

ROUMANIE

BULGARIE

ITALIE

ESPAGNE

GRÈCE

Mer Méditerranée

1 Les inégalités de richesse dans l'Union européenne

Questions

1) Quelles inégalités entre les territoires de l'Union européenne la carte met-elle en évidence ? (doc. 1)

2) Dans quelle mesure la confrontation des photographies témoigne-t-elle des disparités entre les territoires de l'Union européenne ? (doc. 2 et 3)

3) D'après vous, comment l'Union européenne peut-elle corriger les inégalités de richesse ? (doc. 3)

3 Un territoire périphérique bénéficiaire des aides de l'UE : le quartier de Yambol (Bulgarie)

ALLEMAGNE
Francfort

Paris

2 Un territoire dynamique au cœur de l'UE : Francfort-sur-le-Main (Allemagne)

L'Union européenne, une union d'États à géométrie variable

Sources : Commission européenne, 2015 et EEAS, 2015.

Une association de 28 États

- 🟦 État membre de l'UE
- ⭕ capitale institutionnelle de l'UE

Des élargissements envisagés

- 🟩 candidat officiel
- 🟩 candidat potentiel[1]

Des marges partenaires de l'UE

- 🟨 État de l'AELE, partenaire économique de l'UE
- 🟧 État concerné par la Politique européenne de voisinage
- 🟧 partenariat stratégique avec l'UE[2]

1 - Le concept de « candidat potentiel » désigne des États des Balkans auxquels l'UE offre une perspective d'adhésion sans pour autant s'engager trop rapidement.

2 - La Russie a choisi de ne pas adhérer à la Politique européenne de voisinage mais coopère avec l'UE dans différents domaines.

1 L'Union européenne, un projet géopolitique au cœur de l'Europe

Vocabulaire

AELE (Association européenne de libre-échange) : organisation économique européenne, fondée en 1960, en vue de créer une zone de libre-échange concurrente de la CEE (Communauté économique européenne).

Espace Schengen : espace de libre circulation des personnes entre les États signataires des accords de Schengen (1985).

Europe : portion de l'Eurasie dont les limites sont floues et discutées. Traditionnellement, on considère qu'elle s'étend de l'océan Atlantique à la chaîne de l'Oural (Russie) et compte une quarantaine d'États.

Politique européenne de voisinage : politique de coopération entre l'UE et ses voisins (Europe de l'Est, Maghreb, Proche-Orient). Elle vise à stabiliser les marges de l'UE en assurant la prospérité et la stabilité des frontières.

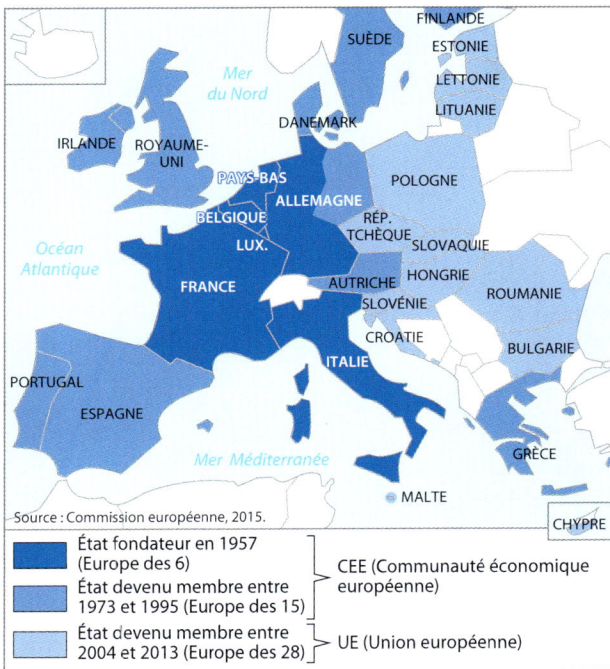

2 Les élargissements de l'UE

Légende :
- État fondateur en 1957 (Europe des 6)
- État devenu membre entre 1973 et 1995 (Europe des 15)
- État devenu membre entre 2004 et 2013 (Europe des 28)

CEE (Communauté économique européenne)
UE (Union européenne)

Source : Commission européenne, 2015.

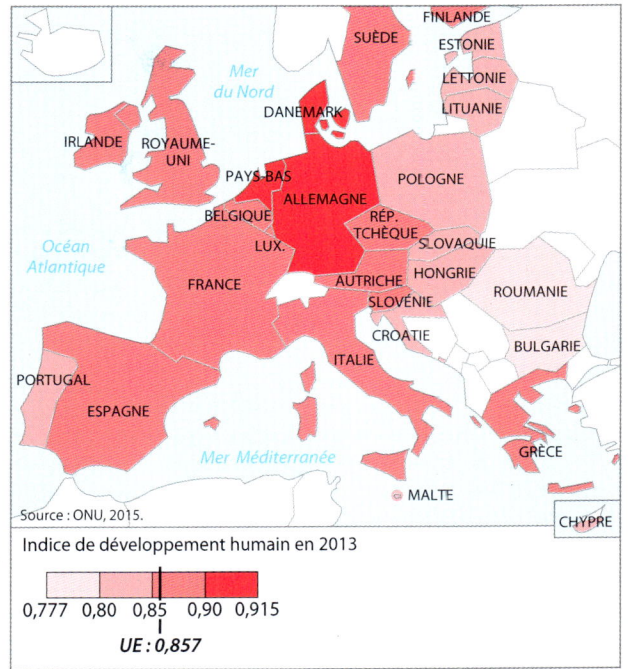

3 Les inégalités de développement dans l'UE

Indice de développement humain en 2013
0,777 — 0,80 — 0,85 — 0,90 — 0,915
UE : 0,857

Source : ONU, 2015.

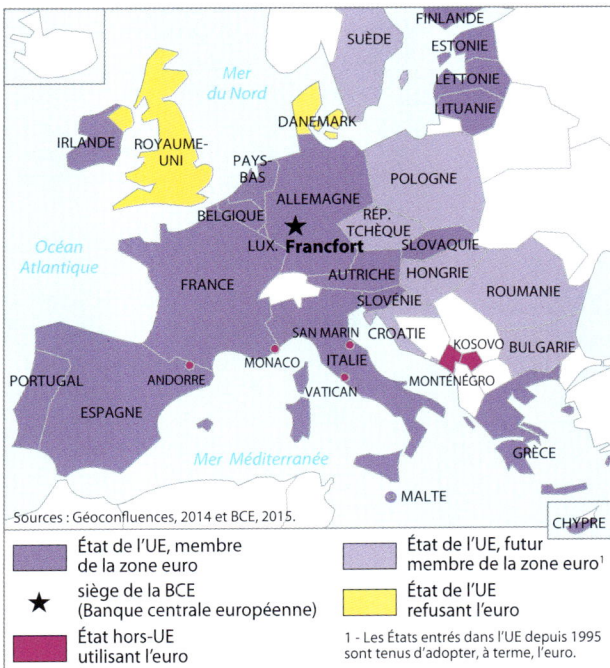

4 La zone euro

Légende :
- État de l'UE, membre de la zone euro
- ★ siège de la BCE (Banque centrale européenne)
- État hors-UE utilisant l'euro
- État de l'UE, futur membre de la zone euro[1]
- État de l'UE refusant l'euro

1 - Les États entrés dans l'UE depuis 1995 sont tenus d'adopter, à terme, l'euro.

Sources : Géoconfluences, 2014 et BCE, 2015.

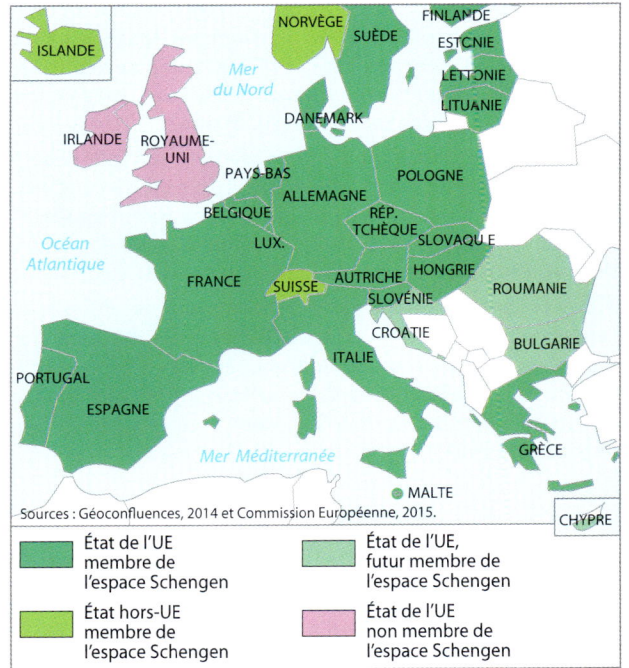

5 L'espace Schengen

Légende :
- État de l'UE membre de l'espace Schengen
- État hors-UE membre de l'espace Schengen
- État de l'UE, futur membre de l'espace Schengen
- État de l'UE non membre de l'espace Schengen

Sources : Géoconfluences, 2014 et Commission Européenne, 2015.

Questions

1 Comment ces cartes montrent-elles l'attractivité du projet d'une Europe unie ? (doc. 1 et 2)

2 Dans quelle direction l'UE s'est-elle élargie depuis 2004 ? En quoi ces élargissements représentent-ils un défi pour l'UE ? (doc. 2 et 3)

3 Quels États européens appartiennent à la fois à la zone euro et à l'espace Schengen ? Quels États européens sont intégrés de façon sélective ? (doc. 4 et 5)

L'Union européenne : frontières et limites

▶ Pourquoi l'Union européenne est-elle devenue une union à géométrie variable au fil des élargissements ?

A Un territoire en construction aux limites provisoires

• **L'Union européenne associe, en 2015, 28 États autour d'un projet d'unification** continentale sans équivalent, né dans les années 1950. Elle constitue aujourd'hui un espace de paix et un marché unique attractif. D'ailleurs, depuis 1993, tout État souhaitant rejoindre l'UE doit satisfaire à des critères précis : disposer d'institutions stables et démocratiques, respecter les droits de l'homme, avoir une économie de marché, etc.

• **Les limites actuelles de l'UE résultent d'élargissements successifs.** L'UE s'est peu à peu étendue vers le sud et l'est (6 pays en 1957, 15 en 1995, 28 en 2013 doc. 2 p. 205). Son territoire se prolonge également outre-mer (9 RUP). Si certains États sont officiellement candidats (Serbie, Albanie), la plupart des pays du continent européen pourraient à terme intégrer l'UE qui continue à être attractive (doc. 1 et 3).

• **Mais les futurs élargissements de l'UE font débat** (doc. 3). Les négociations sont lentes (Turquie) car les craintes sont fortes (délocalisations, perte d'identité). La politique européenne de voisinage est proposée comme une alternative aux États voisins du sud et de l'est depuis 2004.

B Des conceptions différentes de l'approfondissement

• **L'UE intervient dans de nombreux domaines** (économie, transports, recherche, justice). Des politiques communes accélèrent l'approfondissement. La PAC vise à doter l'UE d'une agriculture performante mais aussi durable. Son poids dans le budget (38 % pour 2014-2020 alors que les agriculteurs représentent 5 % de la population active) et son impact font néanmoins débat. La politique environnementale inspire des réglementations destinées à protéger la santé des populations et à lutter contre le changement climatique.

• **Toutefois, le désir d'approfondissement est inégal selon les États** pour des raisons politiques ou économiques. Certains pays sont prêts à abandonner une partie de leur souveraineté aux institutions européennes (Allemagne), d'autres y sont hostiles (Royaume-Uni). Ces divergences compliquent la réforme des institutions et les choix budgétaires (aides, politique fiscale).

• **Des ensembles régionaux émergent pour défendre leurs intérêts communs.** Une « Europe à la carte » s'affirme. Un noyau d'États (Allemagne, France) adhèrent à toutes les politiques et mènent des coopérations renforcées ; d'autres (Royaume-Uni, Danemark) bénéficient de clauses d'exemption ; plusieurs pays d'Europe centrale et orientale, fragiles économiquement, sont temporairement exclus de certaines politiques (euro).

C Des frontières internes qui s'estompent, des frontières externes qui se renforcent

• **Les frontières intérieures de l'UE tendent à s'effacer** avec les accords de libre-échange. Elles ne sont plus des ruptures mais deviennent des espaces de coopération transfrontalière qui ont parfois le statut d'eurorégion. La frontière franco-belge, invisible dans le paysage, est une interface parcourue par des flux de travailleurs et de capitaux valorisant les atouts de chaque pays (doc. 2).

• **Cependant, ces frontières s'estompent inégalement.** Comme tous les pays ne participent pas à l'ensemble des politiques communautaires, des frontières économiques subsistent. L'espace Schengen (22 pays en 2015) comme la zone euro (19 pays en 2015) ne concernent pas toute l'UE (Repère). La montée de mouvements séparatistes (Écosse, Flandre, Catalogne) montre la vivacité des frontières politiques et culturelles.

• **Les frontières extérieures de l'UE se renforcent.** Les contrôles s'opèrent maintenant aux portes d'entrée de l'espace Schengen : aéroports, ports, frontières extérieures (doc. 4). Celles-ci font l'objet d'une surveillance accrue (Frontex), incitant les migrants à emprunter de nouvelles routes parfois dangereuses (traversées de la Méditerranée, doc. 1 p. 212).

Vocabulaire

Approfondissement : processus d'unification et d'harmonisation favorisé par le renforcement des institutions européennes et la création de politiques communes.

Clause d'exemption : dérogation accordée à un État de l'Union européenne qui ne souhaite pas participer à une politique communautaire (union monétaire, accords de Schengen, etc.).

Coopération renforcée : possibilité offerte à plusieurs États européens (au moins 9) de mener un projet ensemble et d'adopter des règles communes.

Espace Schengen : espace de libre circulation des personnes entre les États signataires des accords de Schengen (1985).

Frontex : agence européenne chargée de faciliter la coopération entre États pour le contrôle des flux migratoires aux frontières extérieures de l'Union européenne.

Marché unique : espace de libre circulation des marchandises, des hommes, des services et des capitaux.

PAC (Politique agricole commune) : voir p.158.

Politique européenne de voisinage : voir p. 204.

RUP (région ultrapériphérique) : région ultrapériphérique appartenant à l'Union européenne mais située en dehors du continent européen.

REPÈRE

Une Europe à géométrie variable

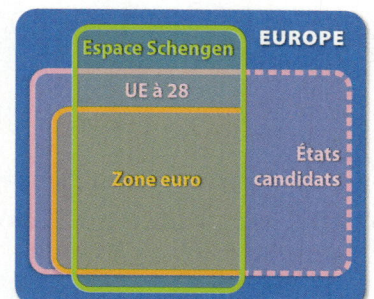

Source : Commission européenne, 2015.

1 Des visions opposées de l'Union européenne.

Dessin de P. Kroll paru dans *Le Soir* (quotidien belge), 9 décembre 2013. En 2013, des milliers d'Ukrainiens pro-européens manifestent contre la politique pro-russe du président Ianoukovitch.

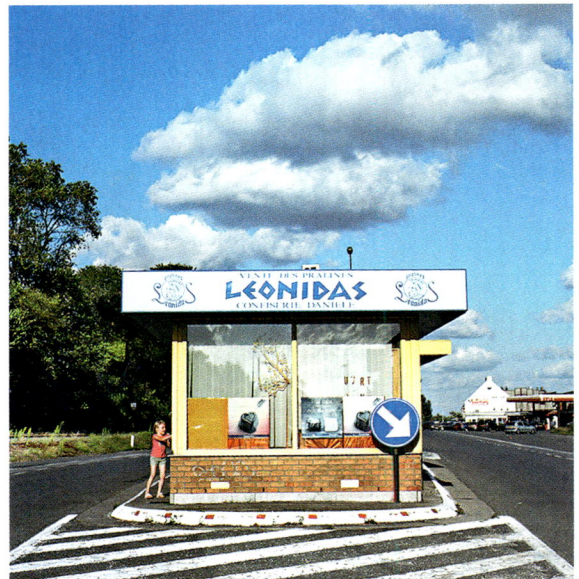

2 La reconversion d'un poste douanier sur la frontière ouverte entre la France et la Belgique

3 Des débats autour des futurs élargissements de l'UE

Les derniers élargissements ont été nombreux et parfois précipités. En l'espace de 15 ans, l'Union européenne est passée de 15 à 28 États membres, étendant ses frontières jusqu'aux confins de l'ex-URSS. Ainsi, les frontières de l'Union européenne sont aujourd'hui mal définies. La question de « l'européanité »[1] de la Turquie reste posée. À l'Est, l'intégration des Balkans et de la Moldavie est une option envisageable. Certains rapports laissent même entrevoir la perspective d'une Union à 40 États. Mais les prochains élargissements à la Turquie et aux Balkans posent des problèmes fondamentaux en matière de droits de l'homme et de démocratie : refus de reconnaître le génocide arménien de 1915 ou de se retirer de Chypre Nord dans le premier cas, difficultés de coopération avec le Tribunal pénal international de La Haye dans le second cas.
La Turquie et les Balkans sont aussi porteurs d'une réelle différence économique et sociale par rapport aux États membres. L'économie turque reste essentiellement agricole et les taux de chômage sont très élevés dans les Balkans. L'adhésion de la Turquie poserait, en outre, directement le problème du règlement des contentieux frontaliers avec la Syrie et l'Irak et le contrôle des flux migratoires au Moyen-Orient.

B. Alomar, S. Daziano, T. Lambert et J. Sorin,
Grandes questions européennes, Sedes, 2013.

1. Européanité : identité européenne.

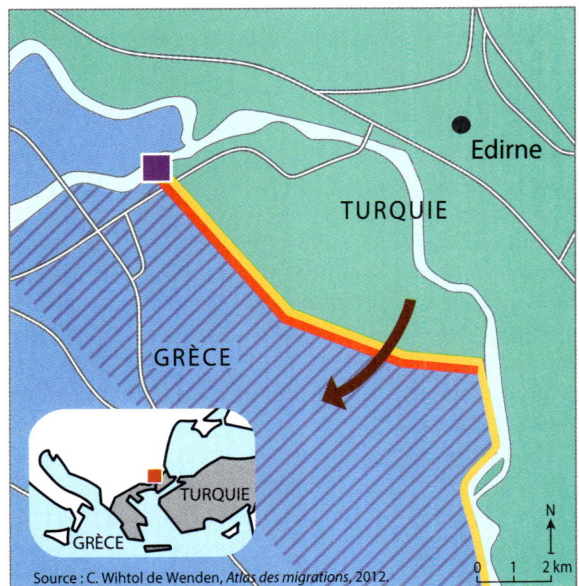

Source : C. Wihtol de Wenden, *Atlas des migrations*, 2012.

Une limite de l'Union européenne

territoire de l'UE et membre de l'espace Schengen

territoire hors UE (candidat officiel)

Une frontière surveillée

mur (grillage, barbelés, caméras thermiques)

trajet traditionnel des migrants

fossé antichar et mines

zone de patrouille de Frontex

poste frontière

4 Une frontière extérieure qui se renforce entre la Grèce et la Turquie

---

Capacités et méthodes   Cerner le sens général d'un document iconographique (doc. 1)

1. Comment l'auteur du doc. 1 explique-t-il l'attrait exercé par l'UE en Ukraine ?
2. Que veut démontrer le dessinateur en opposant les deux parties de l'image ?

L'action de l'UE pour concilier cohésion et compétitivité des territoires

▶ **L'UE parvient-elle à réduire les inégalités entre les territoires tout en renforçant leur compétitivité ?**

A Des inégalités à toutes les échelles

- **Les élargissements accentuent les écarts de richesse au sein de l'UE**. La richesse reste concentrée dans l'ouest de l'UE tandis que l'est (notamment la Roumanie et la Bulgarie) présente les niveaux de richesse les plus faibles. De plus, l'Europe du Nord, à l'image du Royaume-Uni, est plus riche que l'Europe du Sud (crise de la dette en Grèce).

- **Les inégalités se mesurent à l'échelle régionale** (doc. 2). La **mégalopole européenne** concentre les régions les plus riches (Grand Londres, Luxembourg) alors que les plus pauvres se situent à la périphérie du territoire : régions ultra-marines (Mayotte), sud de l'UE (Estrémadure, Thessalie), quasi-totalité des pays d'Europe centrale et orientale. Toutefois, le cœur de l'UE comporte aussi des régions en difficulté (Hainaut belge, Lorraine).

- **Les contrastes existent aussi à l'échelle intra-urbaine**. La métropolisation favorise l'émergence de pôles attractifs (quartiers des affaires de la City à Londres, technopôle Inovallée à Grenoble), tandis que certains quartiers sont marginalisés (bidonville de Canada Real à Madrid, ghetto rom de Ferentari à Bucarest, doc. 4 p. 215).

B Des politiques communes de cohésion et de compétitivité des territoires

- **La lutte contre les inégalités s'appuie sur une politique de cohésion** à laquelle l'UE consacre 1/3 de son budget. Le **Feder**, le **FSE** et le **Fonds de cohésion** (Repère A) favorisent l'harmonisation en aidant les territoires les plus pauvres (est de l'UE, territoires urbains et ruraux en difficulté) à rattraper leur retard (infrastructures de transport, développement durable, doc. 1 et 2).

- **Mais il s'agit aussi d'investir dans les territoires déjà compétitifs** pour qu'ils restent attractifs dans le cadre de la mondialisation. Les fonds leur permettent de renforcer leur accessibilité (aéroport international de Berlin-Brandebourg) ou de mener des projets innovants (**écopole** Brussels Greenbizz).

- **Pour atteindre ces objectifs, l'UE favorise la coopération internationale**. Elle encourage la construction d'un réseau de transport transeuropéen (tunnel ferroviaire reliant Lyon à Turin). Elle valorise aussi le partenariat entre régions frontalières : le Feder a financé la Medicon Valley, **cluster** transfrontalier (Danemark-Suède).

C Des politiques en débat

- **Les territoires qui bénéficient des aides de l'UE tendent à combler leur retard**. Ainsi, leur niveau de vie a progressé, à l'image de l'Irlande (PIB équivalent à 126 % de la moyenne de l'UE en 2013 contre 64 % en 1988). L'Espagne, le Portugal ou la Grèce ont connu des trajectoires semblables jusqu'à ce que la crise de 2008 les frappe violemment. Les aides ont facilité la reconversion d'anciennes régions industrielles (Nord de la France, Ruhr).

- **Cependant, d'importantes disparités subsistent**, voire se creusent, entre l'ouest et l'est d'une UE brutalement élargie en 2004 : il existe un rapport de richesse de 1 à 11 entre le centre de Londres et le nord-ouest de la Bulgarie. Contrairement aux objectifs fixés par l'UE, au sein des pays en retard, ce sont souvent les régions qui étaient déjà les plus compétitives (métropoles, espaces littoraux) qui se renforcent, accentuant le fossé avec le reste du pays (espaces ruraux).

- **Les objectifs de cohésion et de compétitivité sont difficiles à concilier**. Dans un contexte de crise budgétaire, l'attribution des fonds fait débat et la solidarité entre régions est parfois menacée comme l'a illustrée la réticence des États riches (Allemagne, Finlande) à aider la Grèce en 2011 (doc. 3 et Repère B).

Vocabulaire

Cluster : voir p. 148.
Écopole : voir p. 120.
Feder (Fonds européen de développement régional) : fonds destiné à corriger les déséquilibres régionaux dans l'Union européenne (projets de développement, reconversion de zones industrielles en déclin).
Fonds de cohésion : fonds destiné aux États les plus pauvres de l'Union européenne.
FSE (Fonds social européen) : fonds destiné au financement des projets (locaux, régionaux, nationaux) favorisant l'accès à l'emploi.
Mégalopole européenne : vaste espace urbanisé s'étendant de Londres à Milan en englobant l'espace rhénan. Il se caractérise par une forte concentration de métropoles et d'axes de communication.
Politique de cohésion : politique de l'Union européenne qui vise à créer une solidarité financière entre les États membres afin d'améliorer la compétitivité des territoires et de corriger les inégalités régionales.

REPÈRE A

Le fonctionnement de la politique de cohésion

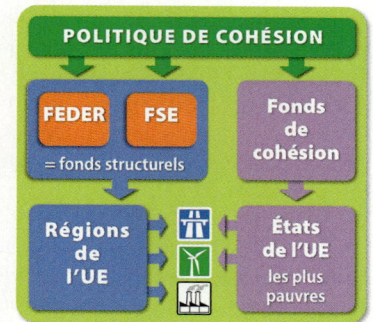

Source : Commission européenne, 2015.

REPÈRE B

Les plus gros contributeurs au budget de l'UE en 2014

1. Allemagne	20 %	
2. France	17 %	70 % du budget de l'UE
3. Italie	13 %	
4. Royaume-Uni	11 %	
5. Espagne	9 %	

Source : Commission européenne, 2015.

1 Un projet de développement durable financé par l'UE : les centrales solaires en Andalousie (Espagne)

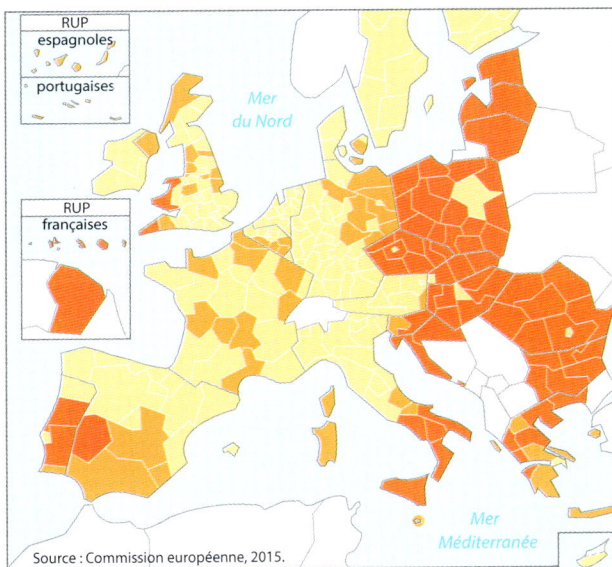

Source : Commission européenne, 2015.

	PIB/hab., en % de la moyenne de l'UE	Part des aides (FEDER et FSE), en %	Part de la population de l'UE, en %
régions les moins développées	< 75	67	27
régions en transition	entre 75 et 90	13	12
régions les plus développées	> 90	20	61

2 Les régions Nuts2[1] bénéficiaires de la politique de cohésion pour 2014-2020
1. Voir chapitre 2, doc. 6, p. 63.

3 Les défis de la politique régionale européenne 2014-2020

Lors des négociations sur la programmation 2014-2020, qui se sont déroulées sur fond de crise budgétaire en Europe, on a vu s'opposer les pays partisans d'une dépense publique limitée (Royaume-Uni, Allemagne, Danemark, Finlande, Pays-Bas) et les pays prônant une augmentation – au pire, un maintien – du budget européen alloué à la politique régionale (PECO[1], Grèce ou encore Portugal).
À l'issue des négociations, la Commission européenne a proposé une nouvelle architecture de la politique régionale européenne. On cherche surtout à ne plus saupoudrer les aides européennes, mais, au contraire, à les concentrer sur les régions les plus en retard. L'objectif est désormais de répartir les aides selon des priorités thématiques devant permettre d'améliorer la compétitivité de l'Europe telles que la recherche et le développement technologique, l'innovation, les énergies renouvelables. Or, ces projets ne répondent pas aux exigences de rattrapage des PECO. Il existe un réel décalage entre les thématiques soutenues financièrement par les Fonds européens et la nécessité pour les PECO de reconvertir leur industrie, construire des routes, relancer l'emploi.

S. Bourdin, « Les défis de la future politique régionale européenne 2014-2020 : on prend les mêmes et on recommence ? », *Géoconfluences*, 2014.
1. Pays d'Europe centrale et orientale.

Capacités et méthodes — **Confronter des documents de nature différente**

1. Comment les aides européennes sont-elles réparties ? (doc. 2)
2. Quels sont les problèmes soulevés par cette répartition ? (doc. 3)
3. En vous aidant du doc. 2, caractérisez le territoire évoqué par le doc. 1. Expliquez pourquoi l'UE finance un tel aménagement.

Quelle est la place du Royaume-Uni dans une Europe à géométrie variable ?

Partenaire historique des États-Unis, le Royaume-Uni n'a adhéré qu'en 1973 à ce qui était alors la Communauté économique européenne. Son poids économique et financier en fait aujourd'hui un membre à part entière de l'Union, mais un partenaire qui, en fonction d'enjeux nationaux, ne s'intègre que partiellement aux politiques communautaires.

> **Le Royaume-Uni en chiffres**
> - 64 millions d'habitants
> - 13 % du PIB de l'UE
> - 4e plus gros contributeur au budget de l'UE

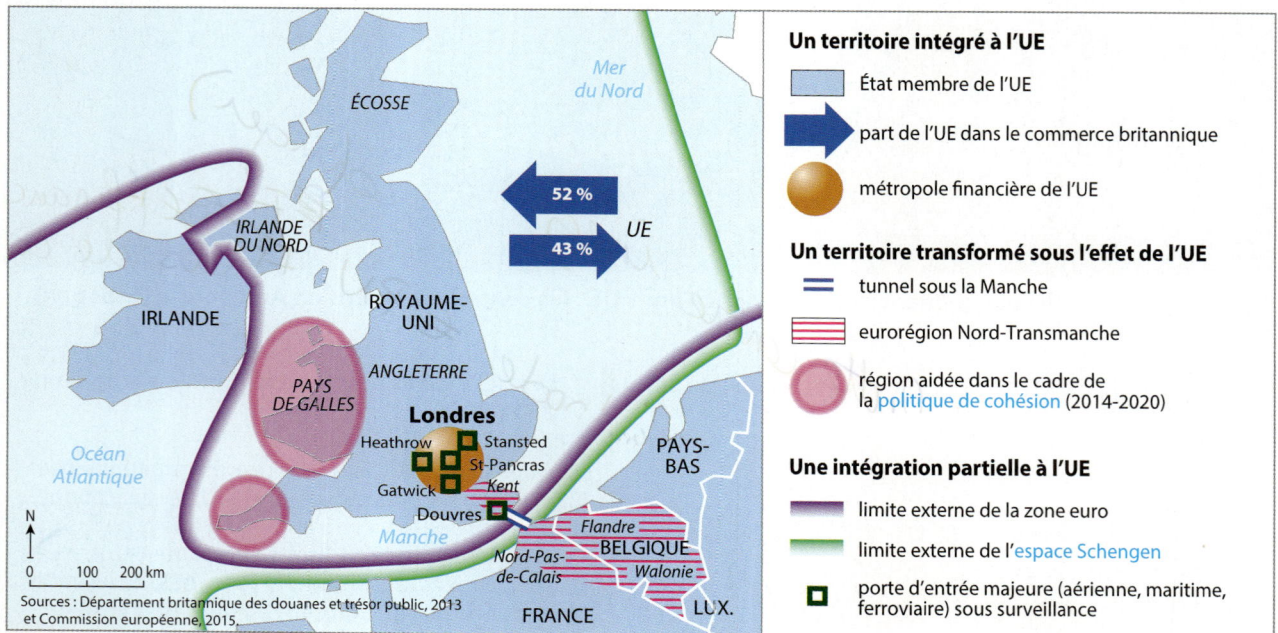

1 Le Royaume-Uni, un exemple d'intégration « à la carte » dans l'UE

2 La conception britannique de l'Union européenne

Les gouvernements britanniques ont toujours soutenu la nécessité d'élargir l'Union, parfois contre l'avis de leurs partenaires européens. Aujourd'hui, le Royaume-Uni est l'un des rares États membres à soutenir sans réserve l'adhésion de la Turquie, contrairement à l'Allemagne, l'Autriche ou la France. Les raisons du soutien indéfectible du Royaume-Uni au processus d'élargissement de l'Union sont multiples. Tout d'abord, Londres considère que le **marché unique** a vocation à s'élargir au plus grand nombre de pays possibles, puisque les bénéfices sont partagés par tous. Sur le plan politique, l'élargissement permet aux valeurs démocratiques d'être adoptées par le plus grand nombre. Enfin, Londres a toujours vu dans l'élargissement un moyen de limiter l'influence du couple franco-allemand et d'empêcher l'**approfondissement** de l'Union. Plus l'UE comptera d'États membres, plus la nécessité d'adapter ses politiques à des situations économiques et sociales diverses s'imposera, ce qui la rapprochera du modèle ayant les faveurs de Londres, celui fondé sur le marché unique et la coopération à la carte.

P. Schnapper, *Le Royaume-Uni doit-il sortir de l'Union européenne ?*, La Documentation française, 2014.

Vocabulaire

Approfondissement : processus d'unification et d'harmonisation favorisé par le renforcement des institutions européennes et la création de politiques communes.

Clause d'exemption : dérogation accordée à un État de l'Union européenne qui ne souhaite pas participer à une politique communautaire (union monétaire, accords de Schengen, etc.).

Espace Schengen : espace de libre circulation des personnes entre les États signataires des accords de Schengen (1985).

Euroscepticisme : opposition à certains aspects de l'intégration européenne ou à l'Union européenne dans son ensemble.

Marché unique : espace de libre circulation des marchandises, des hommes, des services et des capitaux.

Politique de cohésion : politique de l'Union européenne qui vise à créer une solidarité financière entre les États membres afin de corriger les inégalités régionales.

3 Le contrôle des frontières entre Gibraltar (enclave britannique) et l'Espagne

4 Le Royaume-Uni vu par les autres membres de l'UE.
Dessin de N. Vadot, paru dans *I Kathimerini* (quotidien grec) en 2013.
Le Royaume-Uni a obtenu des clauses d'exemption (euro, accords de Schengen) alors qu'il participe à la politique de cohésion et à la Politique agricole commune. Il est souvent perçu comme un acteur qui freine l'approfondissement de l'UE.

Parmi ces propositions, laquelle correspond le mieux au rôle que devrait jouer la Grande-Bretagne[1] dans l'Union européenne dans le futur ?

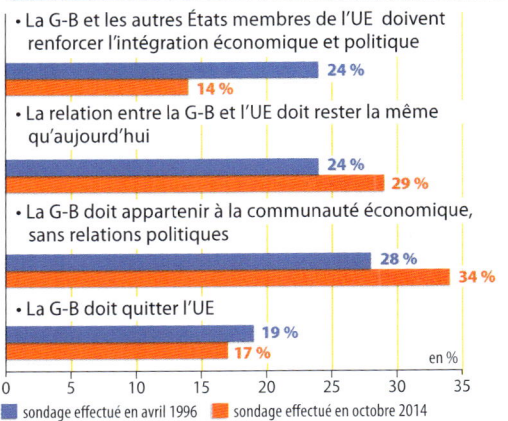

• La G-B et les autres États membres de l'UE doivent renforcer l'intégration économique et politique — 24 % / 14 %
• La relation entre la G-B et l'UE doit rester la même qu'aujourd'hui — 24 % / 29 %
• La G-B doit appartenir à la communauté économique, sans relations politiques — 28 % / 34 %
• La G-B doit quitter l'UE — 19 % / 17 %

■ sondage effectué en avril 1996 ■ sondage effectué en octobre 2014

1. Ce sondage concerne l'Angleterre, le Pays de Galles et l'Écosse.
Source : Ipsos MORI, 2014.

5 Un pays emblématique de l'euroscepticisme ?

Questions

1 Comment se manifeste l'intégration du Royaume-Uni à l'Union européenne ? (doc. 1 et 4)

2 Quelles sont les limites à l'intégration du Royaume-Uni ? (doc. 1 et 3)

3 En quoi la conception britannique de l'UE est-elle singulière ? (doc. 2) Quelles peuvent être les conséquences de cette conception originale de l'UE ? (doc. 4 et 5)

Consigne Bac

Après avoir présenté le document 4, analysez l'image qu'il renvoie de la place du Royaume-Uni dans l'UE. Montrez ensuite que le document 2 permet de nuancer cette vision.

Comment les frontières se recomposent-elles au sein de l'Union européenne ?

Le succès du programme d'échanges d'étudiants, Erasmus, montre combien la libre circulation des hommes est une réalité ancrée dans l'Union européenne. Toutefois, si certaines frontières tendent à s'effacer sous l'impulsion du marché unique, d'autres se renforcent. Les portes de l'UE sont ainsi soumises à une plus grande surveillance.

Les frontières de l'UE en chiffres

- 14 000 km de frontières extérieures
- Régions frontalières : 15 % du territoire de l'UE et 10 % de sa population

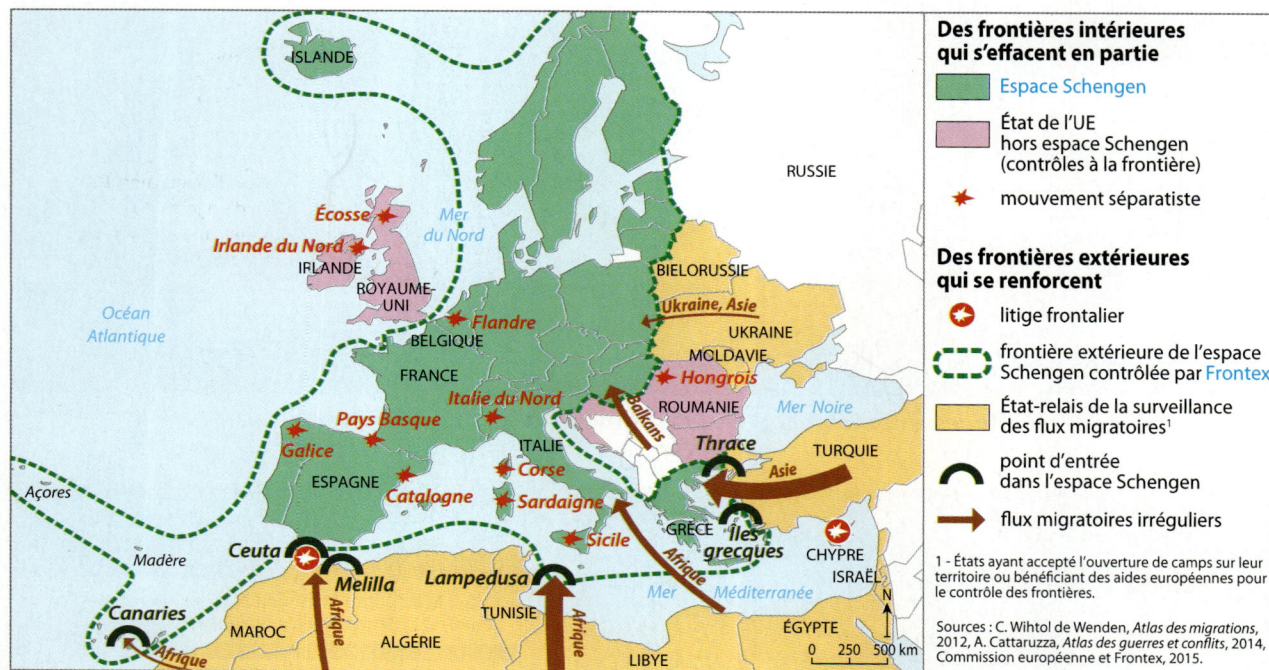

Des frontières intérieures qui s'effacent en partie
- Espace Schengen
- État de l'UE hors espace Schengen (contrôles à la frontière)
- mouvement séparatiste

Des frontières extérieures qui se renforcent
- litige frontalier
- frontière extérieure de l'espace Schengen contrôlée par Frontex
- État-relais de la surveillance des flux migratoires[1]
- point d'entrée dans l'espace Schengen
- flux migratoires irréguliers

1 - États ayant accepté l'ouverture de camps sur leur territoire ou bénéficiant des aides européennes pour le contrôle des frontières.

Sources : C. Wihtol de Wenden, *Atlas des migrations*, 2012, A. Cattaruzza, *Atlas des guerres et conflits*, 2014, Commission européenne et Frontex, 2015.

1 Les dynamiques des frontières de l'Union européenne

2 Des frontières intérieures de moins en moins perceptibles

Depuis plus d'un demi-siècle, le projet européen, porté par les responsables politiques des États européens, a pour objectif la libre circulation des marchandises, des informations, des capitaux et des personnes. Les accords de Schengen en 1985 ont permis la mise en œuvre du grand marché unique. La première conséquence est une ouverture inédite des frontières entre les pays membres, situés à l'intérieur. Inédite car l'intégration va jusqu'au démantèlement des postes de douanes, marqueurs spatiaux les plus forts du contrôle de la frontière. Les chemins des douaniers, les passages des contrebandiers, les bornes frontières et les panneaux indicateurs constituent les vestiges du passage. Cette évolution a permis de créer des opportunités nouvelles en matière de coopération, favorisant une lente intégration des territoires par le tissage de liens de plus en plus forts. Curieusement, la téléphonie mobile est un des rappels d'une frontière dévaluée. L'opérateur prévient son client, au moment du passage, pour l'assurer de son accompagnement au-delà de la frontière. Le réseau immatériel est devenu un indicateur plus efficace dans le suivi du passage que les moyens mis à la disposition des États.

F. Moullé, « La frontière et son double. Un modèle à partir de l'expérience européenne », *Belgeo.revues.org*, 2013.

Vocabulaire

Espace Schengen : espace de libre circulation des personnes entre les États signataires des accords de Schengen (1985).
Frontex : agence européenne chargée de faciliter la coopération entre États pour le contrôle des flux migratoires aux frontières extérieures de l'Union européenne.
Marché unique : espace de libre circulation des marchandises, des hommes, des services et des capitaux.

3 **La coopération transfrontalière franco-allemande.**
Afin de faciliter les échanges entre Strasbourg ① et Kehl ②, l'UE a subventionné une passerelle piétonne ③ et l'a agrémentée d'un jardin ④. Un pont réservé au tramway et aux mobilités douces est actuellement en projet.

4 **L'affirmation des frontières identitaires.**
Dessin de N. Vadot, paru dans *Le Vif / L'Express* (hebdomaire belge) le 31 décembre 2012.
Favorisés par l'UE, les mouvements identitaires se renforcent dans plusieurs États (flamand en Belgique, écossais au Royaume-Uni, catalan en Espagne, basque en Espagne et en France). Certaines régions revendiquent leur indépendance (Écosse, Catalogne).

5 **Melilla, l'une des portes d'entrée de la « forteresse » Europe**

Questions

1 En quoi peut-on dire que l'Union européenne favorise une ouverture des frontières intérieures ? Comment y parvient-elle ? (doc. 1, 2 et 3)

2 Montrez que des frontières politiques, culturelles ou économiques restent toutefois vivaces au sein du territoire de l'UE. (doc. 1 et 4)

3 Caractérisez les frontières extérieures de l'UE. Pourquoi parle-t-on parfois de « forteresse » Europe ? (doc. 1 et 5)

Consigne Bac

À partir de l'analyse du document 1, présentez les dynamiques des frontières extérieures de l'UE. Expliquez ensuite l'apport du document 5 pour traiter ce sujet.

Quels sont les effets de la politique de cohésion de l'UE en Roumanie ?

Située à plus de 1 500 km du cœur politique de l'Union européenne, la Roumanie est aussi l'une des périphéries les plus pauvres de l'Union. Son entrée dans l'UE en 2007 lui permet de s'enrichir et d'attirer des investisseurs mais, dans le même temps, les inégalités socio-spatiales persistent.

La Roumanie en chiffres

- 20 millions d'habitants (4 % de la population de l'UE)
- 5,7 % des aides européennes entre 2014 et 2020

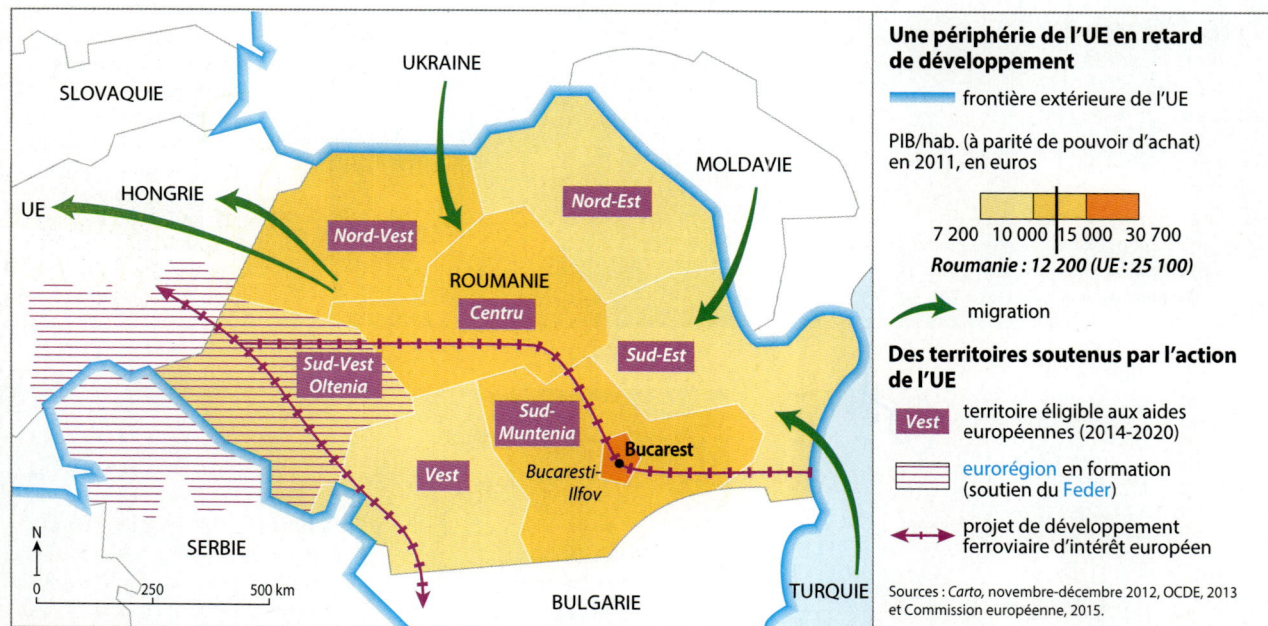

1 La Roumanie, un État de l'UE en voie d'intégration

2 L'évolution des conditions socio-économiques en Roumanie

	2007	2014
PIB/hab., en % de la moyenne de l'UE	39	54
Coût horaire de la main-d'œuvre, en euros	4,2 UE : 21,5	4,6 UE : 24
Accès à l'eau potable, en % de la population	57	99
Énergie renouvelable[1], en % de la consommation brute d'énergie	18 UE : 8	23 UE : 14
Montant des aides versées par la Politique agricole commune (PAC)[2], en euros	10 milliards (pour la période 2007-2013)	20 milliards (pour la période 2014-2020)

Sources : Banque Mondiale, 2015, Commission Européenne, 2015 et Eurostat, 2015.

1. Énergie solaire, hydraulique, éolienne, géothermique et biomasse.
2. Les agriculteurs représentent 28,6 % de la population active roumaine en 2011 (contre 5 % dans l'ensemble de l'UE).

Vocabulaire

Eurorégion : espace de coopération transfrontalière au sein de l'UE dont le statut administratif est très variable. Il bénéficie d'aides européennes pour mener des politiques communes (transports, économie, protection de l'environnement).

Feder (Fonds européen de développement régional) : fonds destiné à corriger les déséquilibres régionaux dans l'Union européenne (projets de développement, reconversion de zones industrielles en déclin).

Le pont « La Nouvelle Europe », financé par le Feder. 3
Ce pont de 2 km relie, depuis 2013, les villes de Calafat (Roumanie) et de Vidin (Bulgarie). Toutefois, le réseau routier qui mène à ce pont reste peu praticable. Ce qui explique sa faible fréquentation.

4 Ferentari, un quartier délaissé de Bucarest.
Le quartier de Ferentari, au sud de la capitale, constitue l'un des quartiers précaires roms de la ville. Ces tsiganes d'Europe de l'Est constituent une minorité importante en Roumanie, en Bulgarie, en Slovaquie, où ils vivent souvent dans la pauvreté.

5 Les effets contrastés de l'intégration européenne

La population roumaine est la plus pauvre d'Europe, après celle de la Bulgarie. Tandis que le cadre budgétaire européen, pour la période 2007-2013, plaçait la Roumanie dans le peloton de tête des pays bénéficiaires de transferts, le pays n'a réussi à consommer qu'un tiers des fonds qui lui étaient alloués : le transfert net de l'UE vers la Roumanie s'est élevé à 111 euros par habitant et par an. À titre de comparaison, en 2012, les Lettons, Portugais, Lituaniens et Estoniens ont obtenu des transferts européens allant de 410 à 590 euros par habitant. La bureaucratie, le manque d'information, la corruption empêchent encore trop souvent l'accès à la manne bruxelloise. Si l'État roumain éprouve des difficultés à accéder aux fonds européens, les acteurs économiques étrangers n'ont eu aucun mal à profiter de l'ouverture de la Roumanie. Aujourd'hui, les étrangers, souvent Italiens, détiennent 30 % des terres agricoles. Les firmes ouest-européennes ont conquis le marché roumain : Petrom, principal producteur de pétrole de Roumanie, n'est plus aujourd'hui qu'une filiale de l'autrichien OMV. Ce schéma se retrouve dans l'industrie automobile (rachat de Dacia par Renault).
lemonde.fr, 22 mai 2014.

Questions

1 Montrez que les inégalités socio-économiques sont fortes entre la Roumanie et les autres pays de l'UE mais également au sein de la Roumanie. (doc. 1 et 2)

2 Pourquoi cette situation de marginalité économique est-elle, paradoxalement, une source d'attractivité ? (doc. 1 et 5)

3 Comment l'UE cherche-t-elle à favoriser le rattrapage de la Roumanie ? (doc. 1, 2 et 3) Quelles sont les réussites et les limites de cette politique ? (doc. 2, 4 et 5)

Consigne Bac

Montrez que les documents 1 et 5 permettent de dresser un bilan mitigé des aides européennes versées à la Roumanie.

MÉTHODE BAC

Étude critique de documents ES/L
SÉRIE
Analyse de documents SÉRIE S

Capacités travaillées
- Étudier un dessin de presse
- Rédiger un paragraphe de l'étude / l'analyse de documents

Sujet guidé — Le contrôle des frontières externes de l'Union européenne

Après avoir montré que l'Union européenne est attractive mais que ses frontières externes sont de plus en plus contrôlées, expliquez l'intention de l'auteur en portant un regard critique sur le document.

Dessin de Chappatte publié dans *International Herald Tribune*, octobre 2013.

A — Étudier un dessin de presse

Méthode

a. **Identifier la source :** auteur, date, source, destinataires.

b. **Décrire le dessin de presse :**
   – repérer les éléments de construction : scène représentée, personnages, lieux, objets symboliques, couleurs ;
   – repérer les informations contenues dans le texte : titre, dialogue, ton employé ;
   – identifier les exagérations dans le dessin.

c. **Interpréter le dessin de presse :**
   – utiliser les connaissances extraites du cours pour interpréter le dessin ;
   – interpréter l'intention de l'auteur : illustrer, provoquer, dénoncer ;
   – organiser les informations en lien avec les différentes parties de la consigne.

1 Identifiez la source du document.

Conseil
Précisez dans l'identification de la source que l'*International Herald Tribune* est la version européenne du *New York Times*.

2 Décrivez le dessin de presse en répondant aux questions suivantes.

Personnages
Comment identifiez-vous chacun des personnages ? Quels sont leurs gestes et attitudes ?

> ON DIRAIT QU'IL SE NOIE

Lampedusa
ITALY

NO ENTRY

HOPE

Int'l Herald Tribune CHAPPATTE

Objets
Que nous apprend cette embarcation sur les conditions de trajet des migrants ?

Lieux
Que représentent le continent et l'îlot ?

3 Interprétez le dessin de presse en complétant l'organigramme à l'aide des expressions suivantes.

un manque de coordination des politiques migratoires de l'UE ; des niveaux de vie plus élevés en Europe ; Lampedusa, porte d'entrée de l'espace Schengen ; une traversée risquée dans l'espoir d'une vie meilleure ; des pays frontaliers démunis face aux flux migratoires irréguliers

1er paragraphe : Une Europe attractive
– ....
– ....

2e paragraphe : ....
– des frontières renforcées dans l'UE
– ....

3e paragraphe : Une situation critiquée par l'auteur
– ....
– ....

B Rédiger l'étude/l'analyse de documents

4 Terminez la rédaction du 1er paragraphe, puis rédigez la suite de l'étude de document.

▶ **Méthode** p. 165

L'Union européenne est attractive pour de nombreux migrants venus d'Afrique qui tentent de l'atteindre par des voies maritimes, entassés dans des embarcations précaires et souvent dangereuses. ....

Sujet d'entraînement

Des frontières internes de l'UE encore vivaces

Flandre

UE

Corse

Catalogne

Pays Basque

CHAPPATTE

Dessin de Chappatte publié dans *Le Temps* (quotidien suisse), septembre 2014.

Montrez, à travers ce dessin de presse, que des frontières culturelles et politiques persistent au sein de l'Union européenne.

Conseil
Précisez dans l'analyse que le référendum organisé en Écosse en septembre 2014 témoigne de la force du mouvement indépendantiste qui a recueilli 45 % des suffrages. Ce taux n'a cependant pas suffi à l'Écosse pour obtenir l'indépendance par rapport au Royaume-Uni.

Capacités travaillées

• Confronter deux documents
• Rédiger la conclusion d'une étude critique /
analyse de documents

S ujet guidé   L'Union européenne, un territoire marqué par de fortes inégalités

En confrontant les documents, montrez que les inégalités au sein de l'Union européenne persistent. Dégagez ensuite les limites des documents pour traiter le sujet.

> **Conseil**
> Précisez dans l'analyse que le PIB en PPA (parité de pouvoir d'achat) permet une comparaison plus fiable des pays puisqu'il opère une conversion tenant compte du coût de la vie.

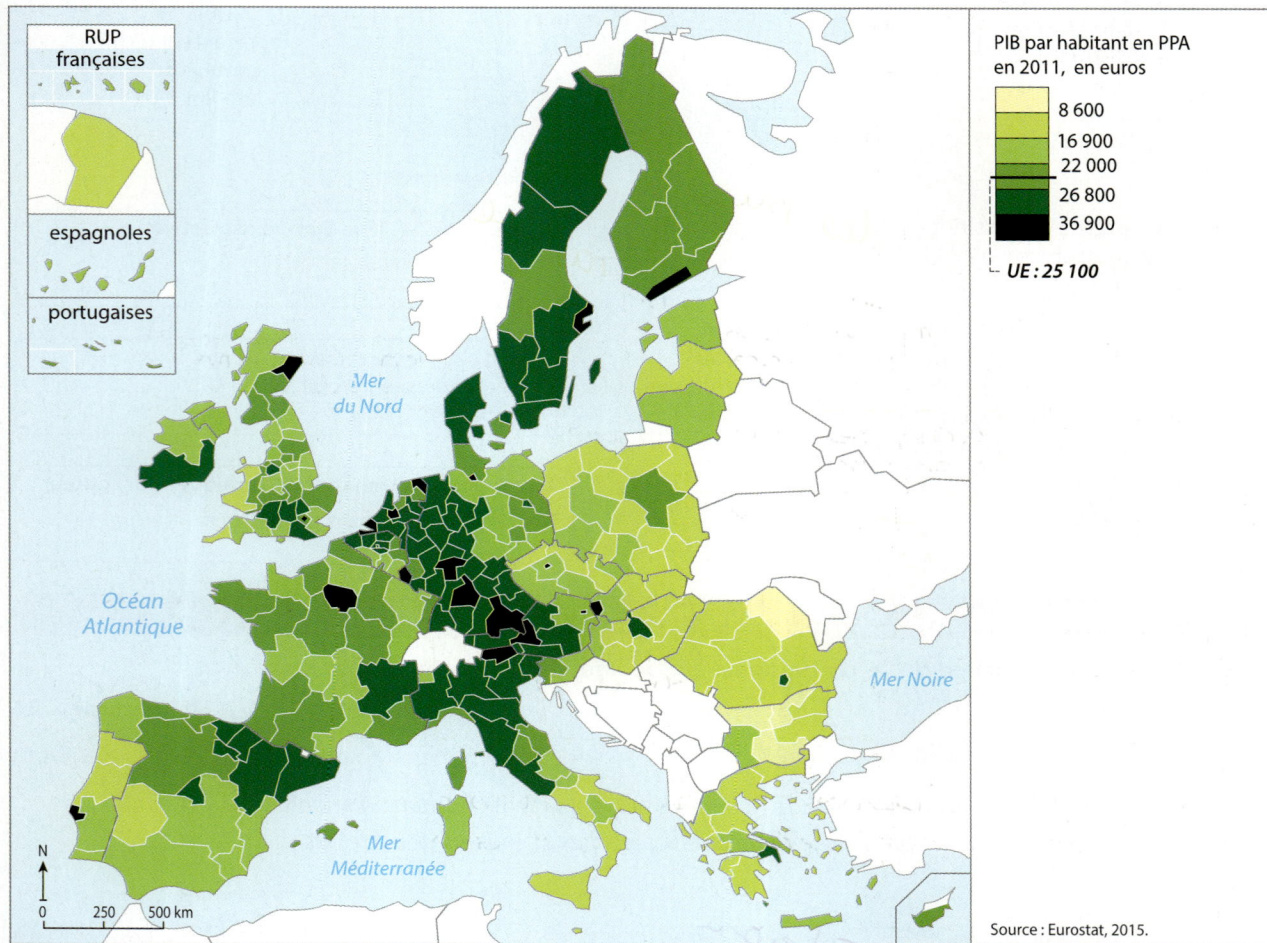

PIB par habitant en PPA en 2011, en euros

8 600
16 900
22 000
26 800
36 900

UE : 25 100

Source : Eurostat, 2015.

1   **Les inégalités de richesse entre les régions Nuts2 de l'Union européenne**

> **Conseil**
> Identifiez les régions en crise de l'ancienne Europe des 15 en vous aidant du doc. 2 p. 205.

2   **Des objectifs de cohésion et de compétitivité difficiles à concilier**

Le développement économique de l'UE tend à profiter aux aires dotées en services de très haut niveau, en laboratoires de recherche, et situées au cœur de réseaux d'information et de transport (comme Paris, Londres, Milan), plutôt qu'aux régions périphériques dont le seul atout est la faiblesse des salaires. Les territoires qui supportent le mieux la concurrence mondiale sont ceux où se sont tissés de solides réseaux régionaux entre petites et moyennes entreprises, capables de mutualiser leurs actions et de réagir positivement à l'ouverture économique. Les régions d'industrialisation ancienne en crise et les régions rurales délaissées de l'ancienne Europe des Quinze ont, dans un passé récent, largement bénéficié des fonds européens, en grande partie réorientés aujourd'hui vers les régions moins favorisées des nouveaux États membres. Au-delà de l'économie, les inégalités sociales restent fortes. Dans les régions plus développées, les populations bénéficient d'un meilleur accès aux services publics que dans les zones faiblement peuplées. Ainsi en est-il pour les services de santé avec des répercussions sur l'espérance de vie qui varie, pour les hommes, de 80 ans dans les Marches (Italie) à 65 ans en Lituanie. Un nouveau-né roumain a 6 fois plus de risque de décéder qu'un nouveau-né belge.

D'après J. Beaujeu-Garnier, C. Lefort et P.-J. Thumerelle, *Encyclopædia Universalis*, 2015.

A Confronter deux documents

Méthode

a. **Confronter la nature et les auteurs des documents**, comparer leur point de vue, expliquer leurs différences.
b. **Confronter les échelles des documents :** un changement d'échelle permet de nuancer ou de compléter l'analyse.
c. **Confronter les informations des documents :** sont-elles identiques, complémentaires, opposables ?

1 Sélectionnez les réponses appropriées dans la liste suivante :
La nature de ces deux documents les oppose ; Les sources les opposent ; Leur point de vue les oppose ; Les échelles permettent un complément d'analyse ; Leurs informations sont identiques ; Leurs informations sont complémentaires ; Leurs informations sont opposables.

2 À l'aide des documents, complétez le tableau ci-dessous.

	Confronter les informations		Mobiliser des connaissances
	Doc. 1	Doc. 2	
De profondes inégalités régionales	Quelles sont les régions riches ?	Quelles explications ? Quels exemples à d'autres échelles ?	– compétitivité – …………… – la mégalopole européenne – ……………
	Quelles sont les régions pauvres ?	Quelles explications ?	…………… ……………
D'autres manifestations des inégalités		Quelles autres inégalités ? Quelles explications ?	…………… ……………
Des solutions pour lutter contre les inégalités		Quelles aides soutiennent les régions en difficulté ? Quelles régions en ont bénéficié et en bénéficient ?	Quelles sont les autres aides de l'UE ? Quels sont leurs objectifs ?

Conseil
Utilisez dans votre réponse vos connaissances sur le Feder, le FSE et le fonds de cohésion.

3 En mobilisant vos connaissances, complétez la liste d'informations expliquant les inégalités :
Enclavement ; passé communiste des pays de l'Europe de l'Est ; date d'intégration à l'UE ; crise économique de 2008, …

B Rédiger une conclusion

Méthode

La conclusion doit :
– **rappeler l'intérêt des documents** pour traiter le sujet ;
– **rappeler les limites des documents** (oublis, subjectivité) pour traiter le sujet.

4 Complétez la conclusion.

Finalement, les inégalités au sein de l'Union européenne sont nombreuses ……………
……………
Cependant, la confrontation des documents met en évidence… ……………
……………

Conseil
Rappelez que les inégalités au sein de l'UE se mesurent à différentes échelles.

Capacités travaillées
• Construire une légende
• Choisir la nomenclature

Sujet guidé   **Inégalités régionales et politique de cohésion de l'Union européenne**

A   Analyser le sujet et choisir une problématique

1 Identifiez les notions clés et délimitez l'espace concerné.

> De quelles natures sont les inégalités régionales dans l'UE ?

> Pourquoi l'élargissement de l'UE est-il un facteur de creusement des inégalités au sein de l'Union ?

Inégalités régionales et politique de cohésion de l'Union européenne.

> Que signifie ici « et » ?

> Quelles formes peut prendre la politique de cohésion de l'UE ?

2 Dégagez la problématique.

Proposition de formulation : Comment la politique de cohésion de l'UE tente-t-elle de s'adapter aux inégalités régionales ?

B   Construire une légende

3 Sélectionnez dans ces deux cartes les informations qui correspondent au sujet.

> **Conseil**
> En vous aidant de la définition p. 184, montrez que les corridors constituent un facteur d'intégration européenne.

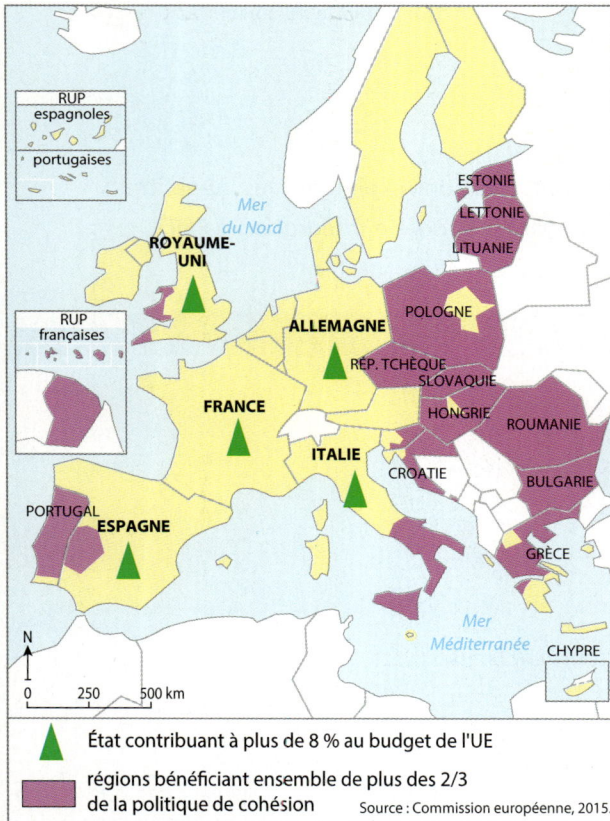

État contribuant à plus de 8 % au budget de l'UE

régions bénéficiant ensemble de plus des 2/3 de la politique de cohésion

Source : Commission européenne, 2015.

1 **La politique de cohésion de l'Union européenne**

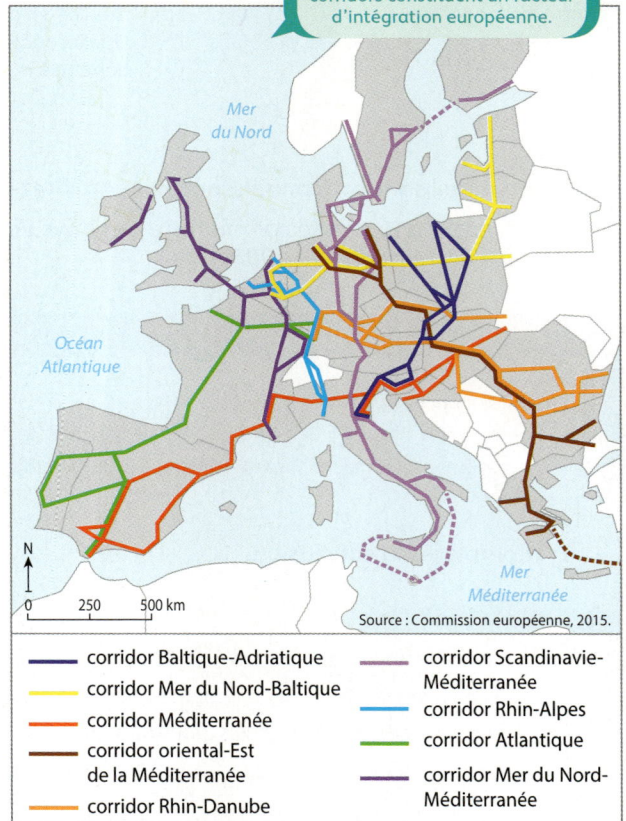

Source : Commission européenne, 2015.

— corridor Baltique-Adriatique

— corridor Mer du Nord-Baltique

— corridor Méditerranée

— corridor oriental-Est de la Méditerranée

— corridor Rhin-Danube

— corridor Scandinavie-Méditerranée

— corridor Rhin-Alpes

— corridor Atlantique

— corridor Mer du Nord-Méditerranée

2 **Les projets de corridors prévus par l'Union européenne pour 2030**

4) Complétez et classez dans le tableau ci-dessous les éléments de la légende qui répondent au sujet.

Méthode p. 194

Parties de la légende	Figurés	Éléments de légende	Justification du figuré
Des régions marquées par de fortes inégalités socio-économiques	🟥 🟧	– mégalopole européenne – .... –	....
Une politique de cohésion pour gommer les inégalités	🔺 🔻 - - - - -	– plus gros contributeur au budget de l'UE – .... –	....

5) Complétez le titre, la légende et le croquis à l'aide notamment de vos réponses à la question 4.

Titre : ....

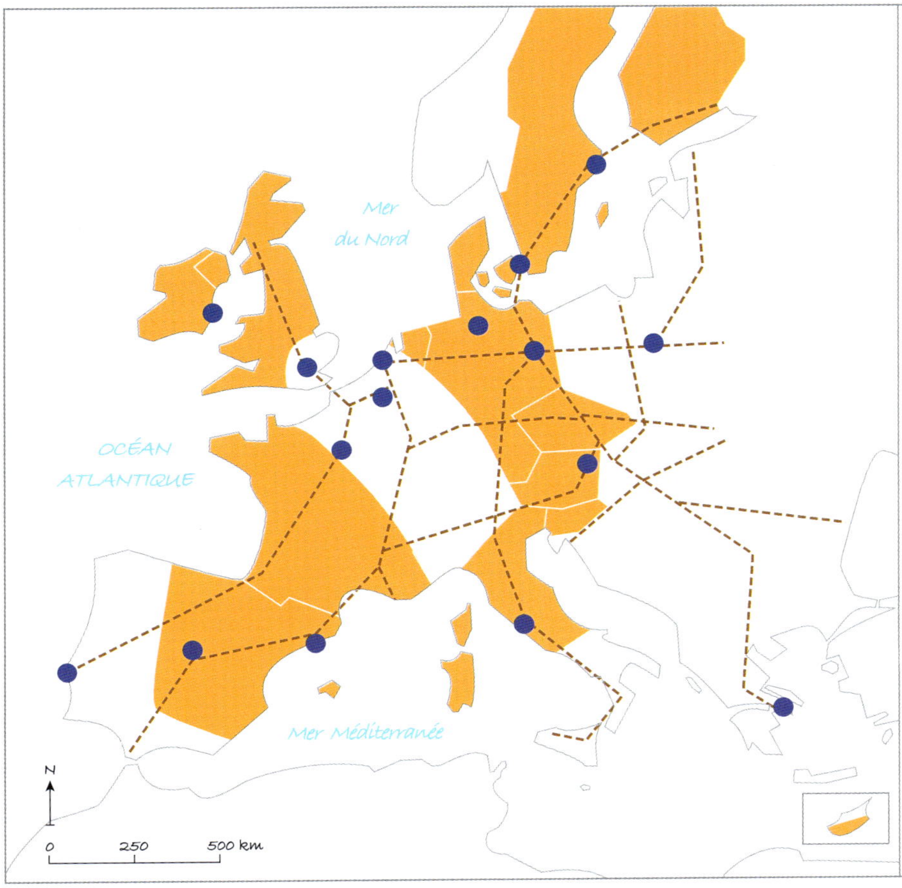

Des régions marquées par de fortes inégalités socio-économiques

....
....
....
....

Une politique de cohésion pour gommer les inégalités

....
....
....

Mer du Nord

OCÉAN ATLANTIQUE

Mer Méditerranée

N

0   250   500 km

C Choisir une nomenclature

Méthode

– La nomenclature doit être complète : États majeurs, villes représentées, mers et océans…
– L'écriture des noms doit être horizontale, sauf pour les fleuves.
– La taille des lettres doit être identique pour un même type d'informations.
– La taille ou la couleur des lettres doit varier selon la nature de l'information FRANCE, Madrid, OCÉAN ATLANTIQUE.

6) Situez les grandes métropoles européennes grâce à l'atlas du manuel.

Conseil
Nommez en priorité les plus gros contributeurs de l'UE et les États les plus aidés par l'UE.

7) Reportez, sur le croquis, le nom des principaux États, des mers et des océans.

Composition

Sujet guidé **L'Union européenne, une association d'États « à la carte » ?**

A Analyser le sujet

1 Identifiez les notions clés et délimitez l'espace concerné.

> L'UE est l'association d'États la plus aboutie au monde. Pourtant, elle juxtapose des États très différents. Donnez des exemples de ces contrastes.

L'Union européenne, une association d'États « à la carte » ?

> Citez des exemples de politiques communes qui associent les États de l'UE.

> Expliquez l'expression « à la carte » en vous aidant du Repère p. 206.

2 Formulez une problématique **ES/L** / un fil directeur **S** qui ne se contente pas de recopier les termes du sujet mais qui développe des pistes de réflexion.

▶ **Méthode** p. 78

B Construire le plan

3 Organisez chaque partie en trois paragraphes auxquels vous donnerez un titre significatif.

1. Un projet d'Europe unie malgré la diversité. a/...... b/....... c/......
2. Une Union européenne à géométrie variable. a/...... b/....... c/......
3. Des frontières intérieures qui s'estompent inégalement a/...... b/....... c/......

> **Conseil**
> Aidez-vous du cours 1 p. 206 pour trouver les paragraphes.

C Illustrer la composition par des exemples précis

Méthode

Dans une composition, chaque argument doit être illustré par des exemples :
– **les exemples doivent être précis** : données chiffrées, lieux précis, aménagement et politique mis en œuvre ;
– **les exemples doivent illustrer des phénomènes à des échelles différentes** (locale, régionale, nationale).

4 Soulignez l'argument et les exemples dans le paragraphe a) de la 2e partie.

> L'Union européenne est une union à géométrie variable, c'est-à-dire que ses États membres ne participent pas nécessairement à toutes les initiatives mises en commun.
> D'abord, l'Union européenne se construit autour d'un noyau d'États qui privilégient l'approfondissement dans les domaines économiques, politiques et culturels. Les États fondateurs de l'UE comme la France, l'Allemagne, l'Italie ou la Belgique adhèrent à l'essentiel des structures communes, notamment la monnaie unique et l'espace Schengen. Ils mènent des coopérations renforcées dans des domaines variés : par exemple, à l'exception de l'Italie, ils ont ratifié le traité de Prüm en 2005 encourageant la coopération policière et judiciaire en matière de lutte contre le terrorisme, la criminalité organisée et l'immigration illégale.

5) En vous aidant de l'exemple précédent, recopiez le paragraphe b) de la 2ᵉ partie en illustrant chaque terme surligné par un exemple.

Cependant, tous les États ne partagent pas ce désir d'approfondissement de l'Union européenne. Certains États s'engagent moins et sont hostiles à l'abandon de leur souveraineté aux institutions européennes. Ils bénéficient de clauses d'exemption, qui se multiplient depuis le Traité de Lisbonne en 2007.

Conseil
Utilisez des mots de liaison ou des connecteurs pour introduire les exemples : ainsi, comme, par exemple …

6) Complétez le paragraphe c) de la 2ᵉ partie.

Enfin, certains États nouvellement entrés dans l'Union européenne sont temporairement exclus de certaines politiques communautaires. ....
....

D Intégrer des schémas dans une composition

Méthode

a. Dans une composition de géographie, le schéma est valorisé :
– le schéma permet d'illustrer une idée ou une partie. Il est intégré au fil de la rédaction ;
– le schéma reprend les notions du cours dans le titre et la légende ;
– les schémas ne doivent pas être nombreux mais réguliers.

b. Le schéma illustrant une composition est très simple :
– sa forme est simplifiée au maximum : triangle, cercle, rectangle… ;
– sa taille est réduite : une dizaine de centimètres maximum ;

7) Complétez le titre et le schéma illustrant la 2ᵉ partie de la composition.

8) Complétez la légende et le titre du schéma illustrant la 3ᵉ partie de la composition.

Titre : ....

Titre : ....

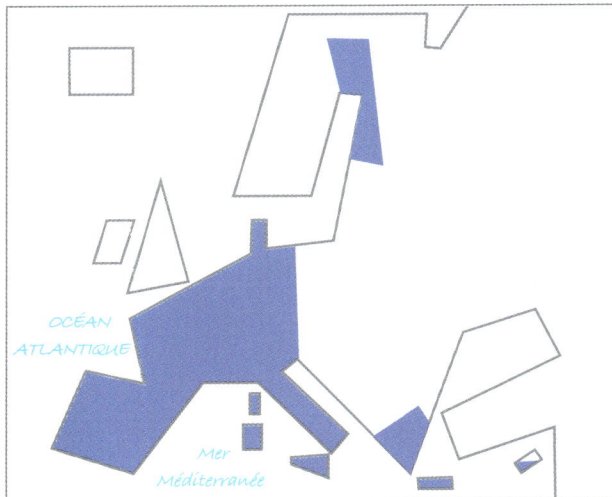

OCÉAN ATLANTIQUE

Mer Méditerranée

■ État partisan d'un approfondissement de l'UE
■ État réticent à l'approfondissement de l'UE
■ État temporairement exclu de certaines politiques communautaires
■ État souhaitant adhérer à l'UE

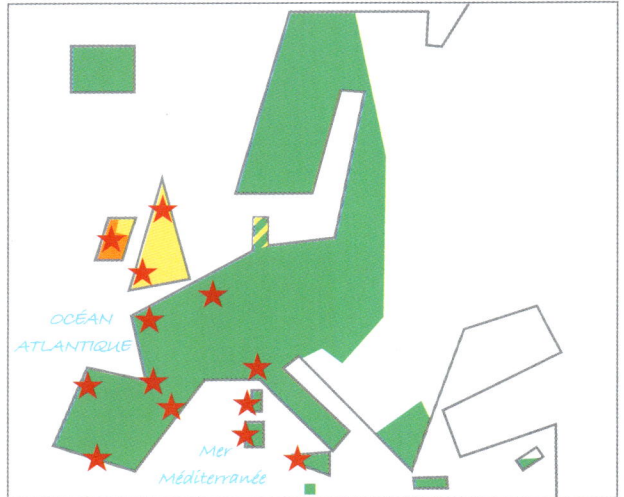

OCÉAN ATLANTIQUE

Mer Méditerranée

Une frontière extérieure contrôlée
....
Des frontières internes encore vivaces
....
....
....

Fiche de révision

Localisations essentielles

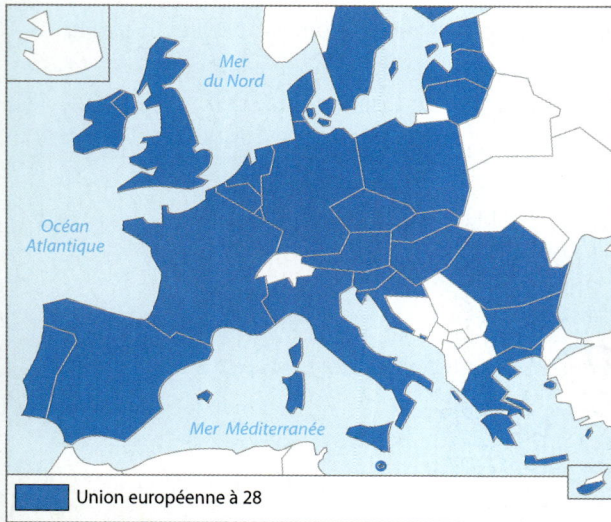

Union européenne à 28

1 Les limites de l'Union européenne

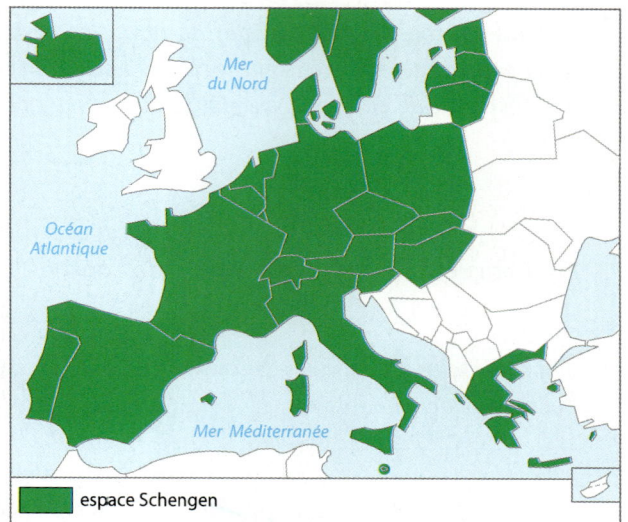

espace Schengen

2 L'espace Schengen

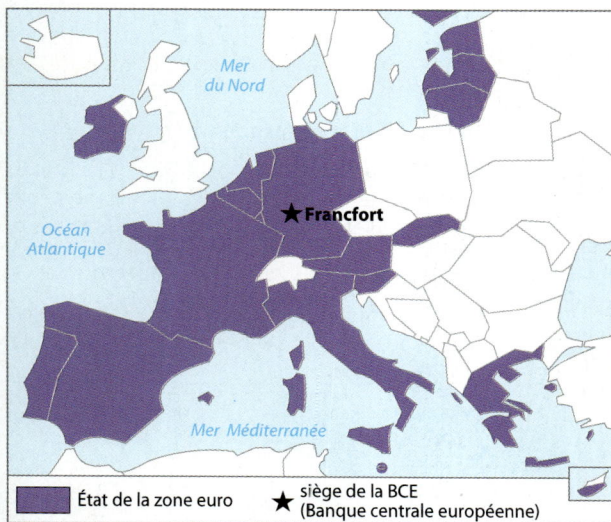

★ Francfort

État de la zone euro   ★ siège de la BCE (Banque centrale européenne)

3 La zone euro

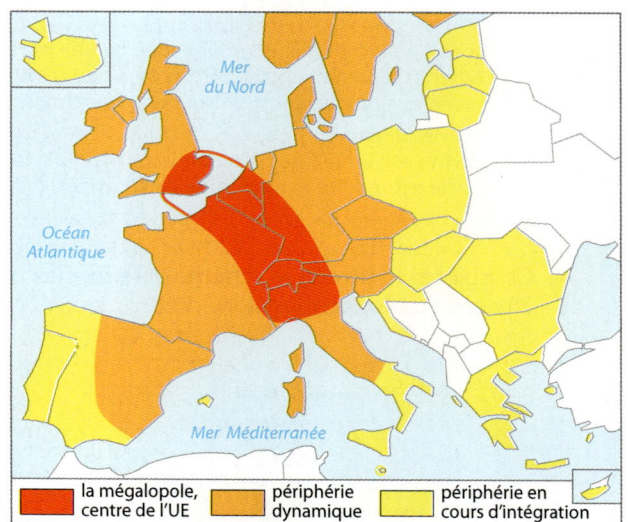

la mégalopole, centre de l'UE   périphérie dynamique   périphérie en cours d'intégration

4 Des espaces inégalement intégrés

Chiffres clés

A La population de l'UE

28 États
507,4 millions d'habitants

B Le budget de l'UE

Budget total de l'UE 2014-2020 :
1 082 milliards €

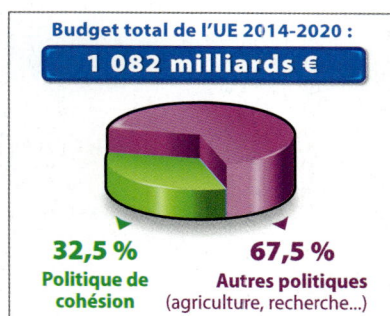

32,5 %
Politique de cohésion

67,5 %
Autres politiques (agriculture, recherche...)

C Les 3 régions les plus riches de l'UE en 2015 (en euros/habitant)

Grand Duché de Luxembourg   Inner London (R-U)   Bruxelles (Belg.)

LES DIVISIONS ENTRE LES ÉTATS ET LES INÉGALITÉS SOCIO-ÉCONOMIQUES AU SEIN DE L'UE SONT-ELLES DES OBSTACLES À LA POURSUITE DU PROJET EUROPÉEN ?

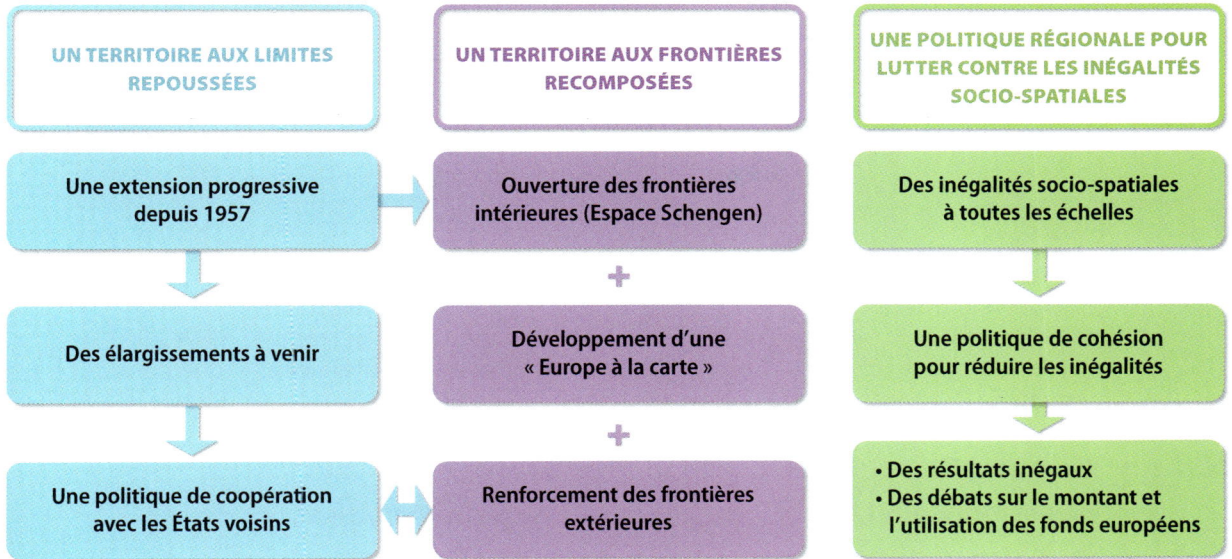

UN TERRITOIRE AUX LIMITES REPOUSSÉES	UN TERRITOIRE AUX FRONTIÈRES RECOMPOSÉES	UNE POLITIQUE RÉGIONALE POUR LUTTER CONTRE LES INÉGALITÉS SOCIO-SPATIALES
Une extension progressive depuis 1957	Ouverture des frontières intérieures (Espace Schengen)	Des inégalités socio-spatiales à toutes les échelles
Des élargissements à venir	Développement d'une « Europe à la carte »	Une politique de cohésion pour réduire les inégalités
Une politique de coopération avec les États voisins	Renforcement des frontières extérieures	• Des résultats inégaux • Des débats sur le montant et l'utilisation des fonds européens

A Pourquoi l'Union européenne est-elle devenue une union à géométrie variable au fil des élargissements ?

Le territoire de l'UE regroupe 28 États mais continue à s'étendre (5 candidats officiels). Cependant, depuis 2004, le processus d'**élargissement** est ralenti à cause des désaccords sur la nature du projet européen. La **Politique européenne de voisinage** est alors proposée aux États voisins comme alternative à l'adhésion. Parallèlement, l'UE poursuit son **approfondissement**. Mais elle devient une « Europe à la carte » : certains États participent à toutes les politiques communautaires, d'autres s'engagent moins (Royaume-Uni). La libre circulation des marchandises, des hommes et les coopérations transfrontalières contribuent à une ouverture de certaines **frontières** intérieures alors que l'UE renforce ses frontières extérieures (**Frontex**).

B L'UE parvient-elle à réduire les inégalités entre les territoires tout en renforçant leur compétitivité ?

Le territoire de l'UE est marqué par de profondes inégalités de richesse à toutes les échelles : entre États, entre régions, entre quartiers. Afin de corriger ces inégalités qui risquent de l'affaiblir, l'UE consacre 1/3 de son budget à la **politique de cohésion** : les fonds sont versés aux régions les plus pauvres afin qu'elles rattrapent leur retard (Roumanie) et à des territoires en déclin industriel. Les aides visent aussi à soutenir la compétitivité des territoires. Mais les choix budgétaires font aujourd'hui débat, au sein d'une UE élargie, et dans un contexte de crise budgétaire.

NE PAS CONFONDRE

Europe / Union européenne

L'Europe est une portion de l'Eurasie dont les limites sont floues et discutées. Traditionnellement, on considère qu'elle s'étend de l'océan Atlantique à la chaîne de l'Oural (Russie) et compte une quarantaine d'États.

L'Union européenne désigne à la fois un projet économique et politique et un territoire qui associe 28 États en 2015.

UNION EUROPÉENNE — EUROPE — EURASIE

Frontières intérieures / frontières extérieures de l'UE

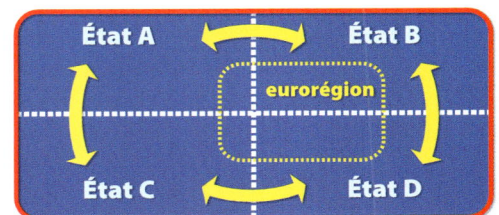

État A	État B
	eurorégion
État C	État D

- UE
- frontière extérieure sous surveillance accrue
- frontière intérieure en voie d'ouverture
- flux de personnes, marchandises, services, capitaux

8 Les territoires ultramarins de l'Union européenne et leur développement

ENJEUX

Héritages du passé colonial, les territoires ultramarins permettent à l'Union européenne d'avoir une présence planétaire. Au nombre d'une trentaine, ils présentent des niveaux de développement et des statuts très différents. L'Union européenne maintient des relations privilégiées avec ces territoires tout en encourageant leur intégration dans leur aire régionale.

▶ **Comment les territoires ultramarins concilient-ils leur dépendance à l'égard de l'UE et leur intégration dans leur aire régionale ?**

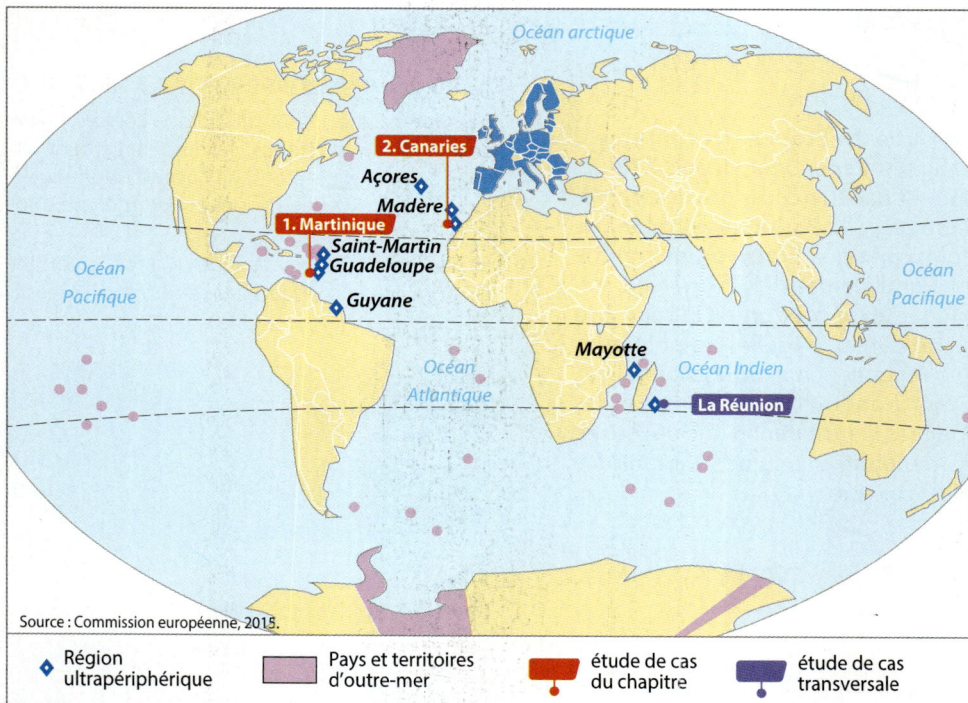

Source : Commission européenne, 2015.

◆ Région ultrapériphérique

▨ Pays et territoires d'outre-mer

🚩 étude de cas du chapitre

🚩 étude de cas transversale

1 Les territoires ultramarins de l'Union européenne en 2015

Questions

1) Montrez que les territoires ultramarins permettent à l'UE d'être présente sur l'ensemble de la planète. (doc. 1)

2) Quels sont les atouts présentés par Maupiti ? Pourquoi l'insularité de ce territoire ultramarin est-elle un handicap ? (doc. 2)

3) Pour quelles raisons l'île de Maupiti reçoit-elle des aides de l'Union européenne ? (doc. 1 et 2)

2 **Maupiti (Polynésie française) : une île associée à l'UE à plus de 15 000 km du continent européen.** Peuplée de 1 250 habitants, l'île de Maupiti, plus petite île de l'archipel des Îles de la Société, est accessible par un avion trois fois par semaine, depuis Papeete et par bateau depuis Bora-Bora. Le mont Teurafaatiu et les plages de sable fin de ses îlots font la réputation de Maupiti mais, en 2014, les habitants ont refusé par référendum l'installation d'hôtels sur l'île, à l'inverse d'îles comme Bora-Bora. Ils reçoivent, cependant, des aides de l'Union européenne qui est associée avec la Polynésie française.

La Martinique, un territoire européen en Amérique

Vue d'Europe, la Martinique est une région ultrapériphérique aux nombreuses contraintes et largement tournée vers la France. Mais, vue du bassin caraïbe, elle fait figure d'îlot de prospérité. Aidée par l'Union européenne, l'ancienne « perle des Antilles » (Caraïbes françaises) tente de se diversifier et de s'ancrer dans son aire régionale.

La Martinique en chiffres
- 395 000 habitants / (356 hab./km²)
- Paris / Fort-de-France : 6 854 km
- 50 % des importations et 80 % des touristes viennent de métropole
- Température moyenne annuelle : 26°C

A Comment la Martinique peut-elle relever les défis de son développement ?

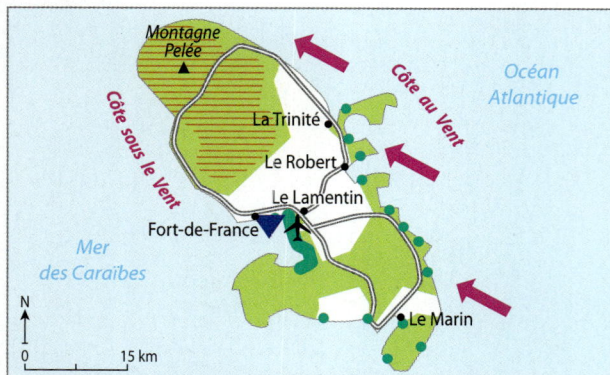

Des infrastructures de communication pour surmonter l'**insularité** et l'isolement

- ✈ aéroport
- ▼ port
- ═══ route

Un milieu riche aux contraintes persistantes

- massif volcanique
- parc naturel régional
- ● mangrove
- ➡ trajectoire des cyclones

Sources : IEDOM, 2015 et PNR de Martinique, 2015.

1 Une île tropicale aux fortes contraintes

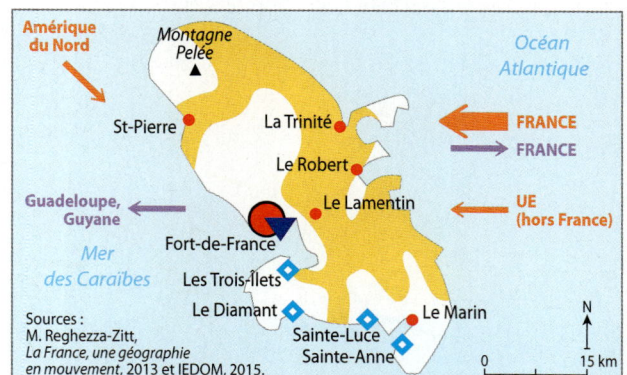

Une forte concentration de la population
- ● métropole régionale
- ● centre urbain secondaire

Des espaces productifs en quête de diversification
- agriculture de plantation
- ◆ station balnéaire
- ▼ ZIP

Une île très dépendante des échanges commerciaux
- importations (hydrocarbures, produits manufacturés et alimentaires)
- exportations (produits pétroliers raffinés, bananes)

part des principaux fournisseurs et clients
- ➡ plus de 50 %
- ➡ entre 10 et 30 %

Sources : M. Reghezza-Zitt, *La France, une géographie en mouvement*, 2013 et IEDOM, 2015.

2 Des activités spécialisées

3 Une activité d'exportation : l'agriculture de plantation (banane).
La production de la banane représente 70 % des exportations et absorbe la quasi-totalité de l'emploi agricole (plus de 10 000 emplois directs et indirects).

Vocabulaire

Insularité : caractère isolé d'une île ou d'un archipel.

Mangrove : formation végétale tropicale recouverte par la mer à marée haute.

ZIP (Zone industrialo-portuaire) : voir p. 92.

Tropicalité : spécificité des territoires intertropicaux liée à des caractéristiques physiques (chaleur constante, précipitations abondantes, végétation luxuriante) et socio-économiques (faiblesse des revenus, spécialisation des activités).

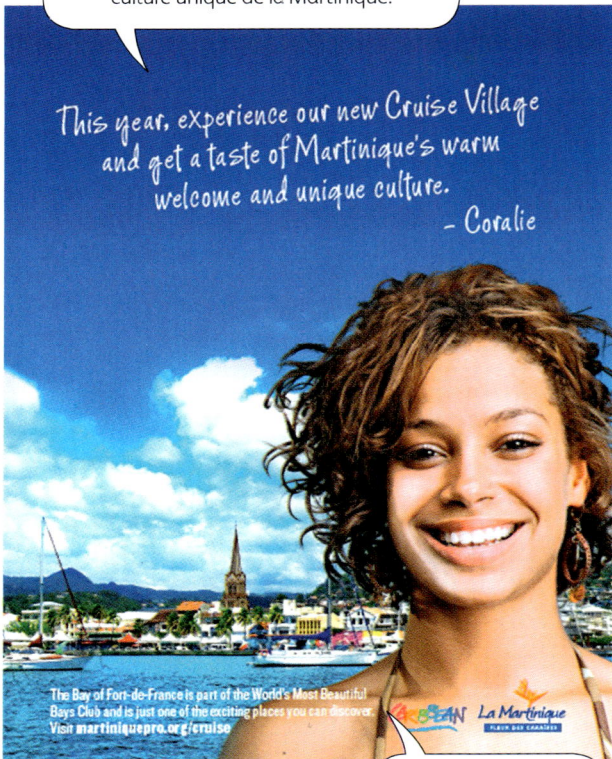

Cette année, testez notre croisière villageoise pour apprécier l'accueil chaleureux et la culture unique de la Martinique.

This year, experience our new Cruise Village and get a taste of Martinique's warm welcome and unique culture.
– Coralie

The Bay of Fort-de-France is part of the World's Most Beautiful Bays Club and is just one of the exciting places you can discover. Visit martiniquepro.org/cruise

La Martinique
FLEUR DES CARAÏBES

4 **Les croisières, une nouvelle opportunité pour relancer le tourisme ?**
Face à la forte concurrence d'îles voisines (République dominicaine, Cuba), la Martinique diversifie son activité touristique en s'ouvrant au marché des croisières. Les récents efforts engagés (création de quais de débarquement, campagne publicitaire en Amérique du Nord) ont permis de recevoir 170 000 croisiéristes en 2013 contre 41 100 en 2011.

La baie de Fort-de-France est un des plus beaux sites au monde et l'un des endroits les plus palpitants que vous pouvez découvrir.

Questions

1 Quels sont les handicaps de la Martinique liés à l'insularité et la tropicalité ? Quels en sont les atouts ? (doc. 1 et 2)

2 Montrez que l'économie martiniquaise est spécialisée. (doc. 3 et 4) Quelle conséquence cette spécialisation de l'économie a-t-elle sur les échanges ? (doc. 2)

3 Quelles difficultés la société martiniquaise connaît-elle ? Quelles en sont les explications ? (doc. 5 et 6)

4 Quelles solutions la Martinique met-elle en œuvre pour surmonter ses difficultés ? (doc. 1, 2 et 4)

▶ **Bilan :** Complétez la 1re colonne de l'organigramme bilan p. 232.

5 **Des difficultés sociales importantes**

La Martinique arrive en 3e position des départements les plus inégalitaires – juste après La Réunion et Paris. Si les inégalités sont fortes, c'est d'abord parce que ce département est l'un des plus pauvres de France. Le revenu fiscal avant impôts et prestations sociales atteint 1 100 euros en Martinique, nettement moins que pour les territoires de métropoles où le revenu est le plus bas, la Seine-Saint-Denis (1 270 euros) et le Pas-de-Calais (1 350 euros). En Martinique, un cinquième de la population dispose de revenus insuffisants pour vivre sans prestations, l'aide de la famille ou le travail non déclaré. De plus, le coût de la vie est plus élevé qu'en métropole (+ 17 % en Martinique)[1]. Mais la pauvreté n'est pas généralisée. Cependant, une partie de la population dispose de revenus très élevés, au niveau des catégories équivalentes de la plupart des villes de métropole.

Les raisons des difficultés économiques et sociales de ces territoires sont nombreuses, notamment liées au faible niveau d'éducation d'une partie de la population. Un quart des jeunes Martiniquais de 20 à 24 ans ayant quitté le système scolaire n'ont que le niveau du primaire, contre 14 % en métropole. Le taux de chômage atteint 23 % en Martinique. En comparaison, avec ses 9,8 % de chômeurs, la métropole donne presque l'image du plein emploi.

Observatoire des inégalités, 2015.

1. Malgré le « bouclier qualité prix » instauré par le gouvernement en 2013, les prix restent élevés car les biens de consommation sont majoritairement importés.

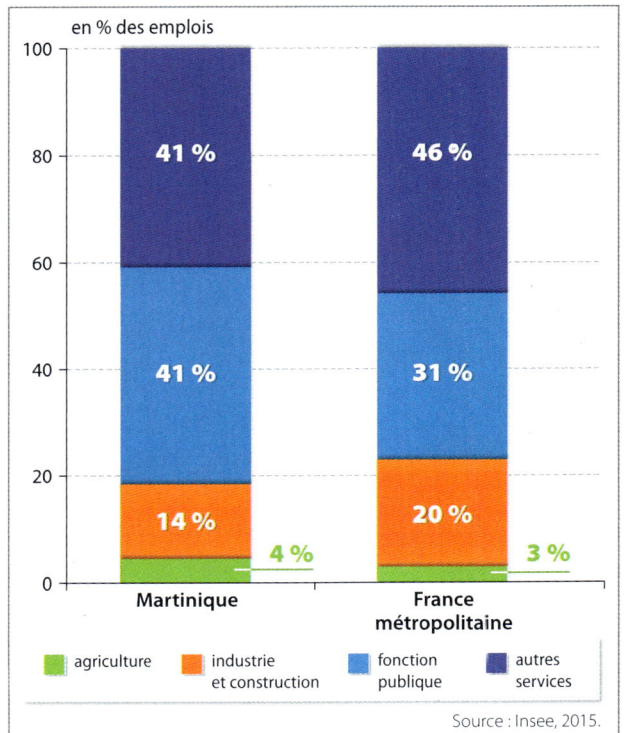

en % des emplois

	Martinique	France métropolitaine
autres services	41 %	46 %
fonction publique	41 %	31 %
industrie et construction	14 %	20 %
agriculture	4 %	3 %

Source : Insee, 2015.

6 **Une économie martiniquaise fortement tertiarisée**

B L'appartenance de la Martinique à l'UE est-elle un frein à son intégration régionale ?

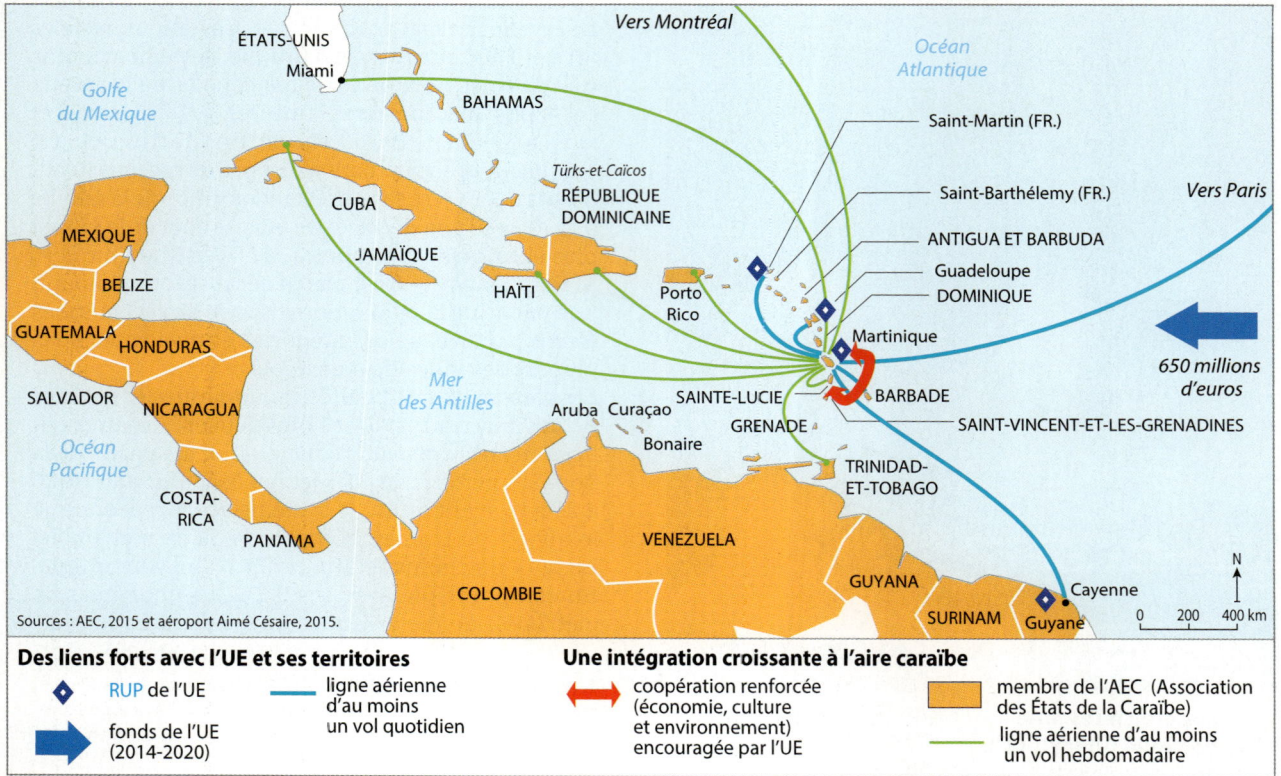

Sources : AEC, 2015 et aéroport Aimé Césaire, 2015.

Des liens forts avec l'UE et ses territoires

◆ RUP de l'UE

➡ fonds de l'UE (2014-2020)

— ligne aérienne d'au moins un vol quotidien

Une intégration croissante à l'aire caraïbe

⬌ coopération renforcée (économie, culture et environnement) encouragée par l'UE

▮ membre de l'AEC (Association des États de la Caraïbe)

— ligne aérienne d'au moins un vol hebdomadaire

7 Un territoire entre Europe et Amérique

8 **Un territoire aidé par les fonds européens.** Projet d'aménagement pour le passage du TCSP (transport en commun en site propre).

Vocabulaire

Hub : voir p. 174.

RUP (région ultrapériphérique) : région appartenant à l'Union européenne mais située en dehors du continent européen.

9 Un îlot de prospérité dans son aire régionale ?

	Martinique	France (métropole)	Sainte-Lucie
PIB/hab. en 2014, en euros	21 527	28 000	5 798
Taux net de migration[1] en 2013, en ‰	0	+ 1,1	− 3,13
Taux de mortalité infantile en 2013, en ‰	8,8	4	13
Nombre d'associations économiques régionales dans lesquelles se trouve intégré le territoire	1 (AEC) (adhésion dans le Caricom[2] en discussion)		3

Sources : Banque mondiale, 2015 et Insee, 2015.

1. Différence entre le nombre de personnes entrant et sortant du territoire pour ‰ personnes.

2. Association régionale de coopération économique des Caraïbes.

Situation actuelle

extension Nord

Fort-de-France
Le Lamentin
Aéroport
Extension du port
L'Anse Mitan

extension Est

Terminal après extension

10 **L'aménagement portuaire de Fort-de-France pour devenir un hub des Caraïbes.**
Pour profiter de l'ouverture du canal de Panama à de très gros porte-conteneurs à partir de 2016, les ports caraïbes ont lancé des opérations d'agrandissement de leurs infrastructures d'accueil. Dans cette compétition portuaire régionale, celui de Fort-de-France bénéficie pour ces travaux d'une aide de l'UE de 2,5 millions d'euros (sur un coût total de 60 millions).

11 **Une faible intégration régionale de la Martinique**

Le patrimoine culturel de la Martinique la rapproche des îles voisines. Les habitants de Martinique, Dominique et Sainte-Lucie peuvent, par exemple, se comprendre en créole. Par ailleurs, d'après les estimations de chercheurs de l'Université de Laval (Québec), plus de 80 % de la population martiniquaise se composent de noirs et de métisses. Ces chiffres sont assez comparables à ceux de Sainte-Lucie (94 %) et de la Dominique (95 %). Pourtant, en Martinique, 37 % seulement de la population se dit « caribéenne ». 90 % des étudiants martiniquais ont déjà voyagé en France alors que seuls 56 % ont déjà voyagé dans la Caraïbe (hors RUP françaises). Rien n'incite d'ailleurs aux échanges entre les habitants des îles françaises et le reste des Caribéens. Les prix des échanges sont prohibitifs, que l'on pense au transport, à l'envoi de marchandises ou même plus simplement aux appels téléphoniques. L'ensemble de ces éléments montre que, malgré leur positionnement géographique caribéen et les héritages culturels (langue créole, histoire commune), les Antilles françaises sont avant tout vécues comme des régions françaises. Ceci s'explique, en grande partie, par l'ensemble des politiques menées (politiques économiques et éducation notamment) et la forte connexion avec la France (transport, commerce, médias).

R. Cruise et L. Samot, *Caribbean Atlas*, 2013.

Questions

1 Par quels moyens et dans quels domaines l'Union européenne intervient-elle en Martinique ? (doc. 7, 8 et 10)

2 Quelles sont les particularités de la Martinique dans son aire régionale ? Quels liens entretient-elle avec les territoires de l'aire caraïbe ? (doc. 9 et 11)

3 Quel est le rôle de l'UE dans les progrès de l'intégration régionale de la Martinique ? Justifiez votre réponse. (doc. 7 et 10)

▶ **Bilan :** Complétez la 2ᵉ colonne de l'organigramme bilan p. 232.

La Martinique, un territoire européen en Amérique

L'essentiel

A Comment la Martinique peut-elle relever les défis de son développement ? ▶ (p. 228-229)

- La Martinique présente des handicaps structurels (insularité, éloignement, exiguïté) qui limitent en partie son développement.
- L'économie martiniquaise valorise les atouts de la tropicalité (agriculture de plantation, tourisme) mais est peu diversifiée.
- Les inégalités sociales sont fortes en Martinique et la pauvreté est élevée par rapport à la métropole.

B L'appartenance de la Martinique à l'UE est-elle un frein à son intégration régionale ? ▶ (p. 230-231)

- En tant que RUP, la Martinique bénéficie de fonds européens pour son développement économique mais également social ou culturel.
- Îlot de prospérité dans son environnement régional, la Martinique s'affirme comme un hub régional et s'insère de plus en plus dans des associations des Caraïbes.
- L'UE encourage cette intégration régionale en soutenant la coopération avec Sainte-Lucie, par exemple, et en finançant les extensions portuaires.

Mise en perspective

▶ Les handicaps et les atouts de la Martinique sont-ils communs aux autres territoires ultramarins de l'UE ?
🟩 ▶ Cours 1 (p. 238)

La spécialisation de l'économie martiniquaise et les inégalités sociales se retrouvent-elles dans les autres territoires ultramarins de l'UE ?
🟩 ▶ Cours 2 (p. 240)

▶ Quelles relations les autres territoires ultramarins entretiennent-ils avec l'UE et leur aire régionale ?
🟩 ▶ Cours 3 (p. 242)

Travailler autrement

FICHE À COMPLÉTER
En téléchargement sur le site de l'éditeur
PDF

Recopiez et complétez l'organigramme bilan de l'étude de cas en illustrant les idées par des exemples précis.

LA MARTINIQUE, UN TERRITOIRE DE L'UE EN AMÉRIQUE

UN DÉVELOPPEMENT FRAGILE p. 228-229	UN TERRITOIRE ENTRE UNION EUROPÉENNE ET AIRE RÉGIONALE p. 230-231
Des handicaps structurels • .... •	**L'UE, un partenaire privilégié** • .... • ....
+	+
Une économie spécialisée • .... •	**Un îlot de prospérité dans son aire régionale** • .... • ....
+	+
Des difficultés sociales • .... •	**Une intégration croissante dans l'aire régionale soutenue par l'UE** • .... • ....

Des schémas...

A Un développement fragile

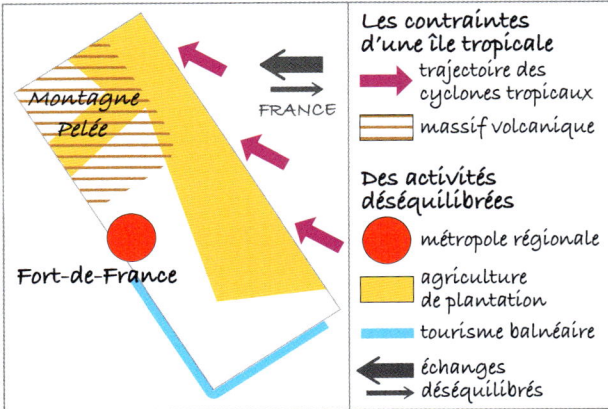

Les contraintes d'une île tropicale
- → trajectoire des cyclones tropicaux
- ▤ massif volcanique

Des activités déséquilibrées
- ● métropole régionale
- ▮ agriculture de plantation
- ▬ tourisme balnéaire
- → échanges déséquilibrés

B Un territoire entre UE et aire régionale

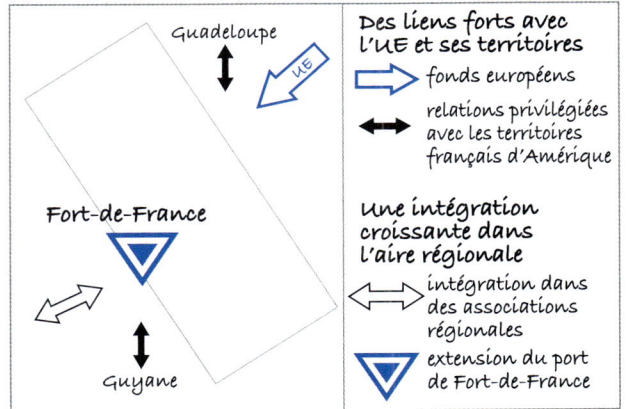

Des liens forts avec l'UE et ses territoires
- ⇨ fonds européens
- ↔ relations privilégiées avec les territoires français d'Amérique

Une intégration croissante dans l'aire régionale
- ⟷ intégration dans des associations régionales
- ▽ extension du port de Fort-de-France

...au croquis de synthèse

Sur votre cahier, complétez le titre, la légende et le croquis à l'aide des pages 228 à 231.

FICHE À COMPLÉTER
En téléchargement sur le site de l'éditeur

Titre : ....

Un développement fragile
- → ....
- ▤ ....
- ● ....
- ▮ ....
- ▬ ....
- → ....

Des liens forts avec l'UE et une intégration croissante dans l'aire régionale
- ⇨ ....
- ↔ ....
- ⟷ ....
- ▽ ....

Comment les îles Canaries s'intègrent-elles à l'UE et à leur aire régionale ?

Les Canaries en chiffres

- Madrid / Las Palmas : 1 855 km
- 2,2 millions d'habitants
- Température moyenne annuelle : 21°C

Tournées vers le tourisme européen, les Canaries sont le seul territoire ultramarin appartenant à l'Espagne et la plus peuplée des régions ultrapériphériques. Éloigné de l'Espagne, l'archipel tente de se rapprocher de ses voisins africains tout en restant dépendant des aides européennes.

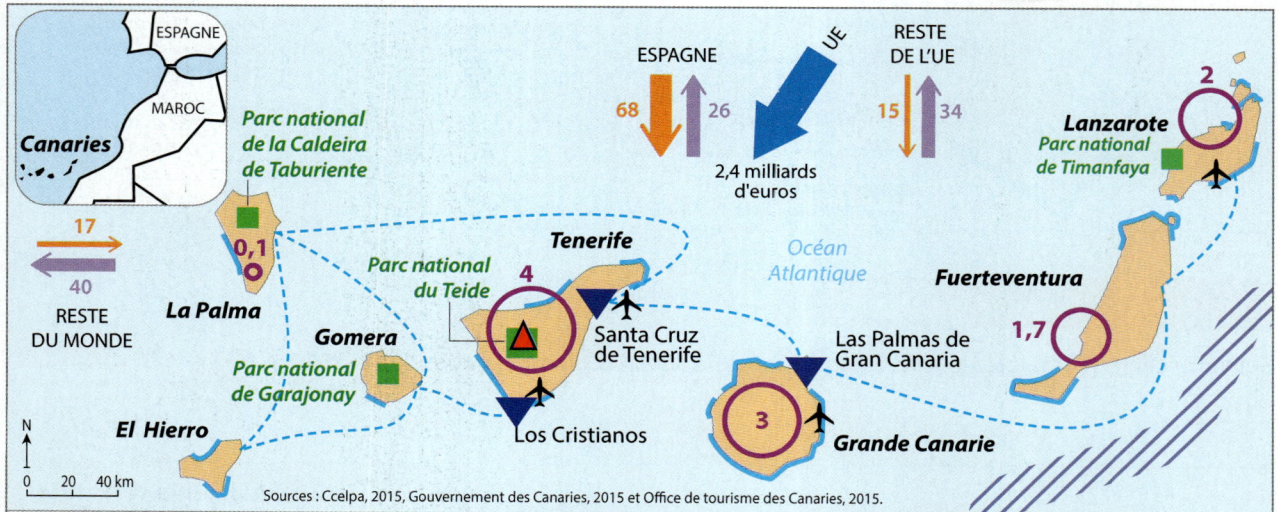

ESPAGNE

MAROC

Canaries

ESPAGNE

UE

RESTE DE L'UE

68 26

15 34

2,4 milliards d'euros

Lanzarote
Parc national de Timanfaya 2

La Palma
Parc national de la Caldeira de Taburiente 0,1

17

40

RESTE DU MONDE

Tenerife
Parc national du Teide 4

Gomera
Parc national de Garajonay

Santa Cruz de Tenerife

Los Cristianos

Océan Atlantique

Fuerteventura 1,7

Las Palmas de Gran Canaria

Grande Canarie 3

El Hierro

N

0 20 40 km

Sources : Ccelpa, 2015, Gouvernement des Canaries, 2015 et Office de tourisme des Canaries, 2015.

Un archipel volcanique morcelé

- île volcanique
- volcan actif
- parc naturel national
- aéroport
- port
- liaison maritime entre les îles

Des activités faiblement diversifiées

- tourisme balnéaire
- 2 nombre de touristes étrangers en 2013, en millions

De fortes relations avec l'UE et la métropole
part dans les importations ou les exportations des Canaries en 2013, en %

- importations
- fonds de l'UE (2014-2020)
- exportations
- zone de surveillance maritime Frontex

1 Les Canaries : un archipel africain dépendant de l'UE

2 Les Îles Canaries, un îlot de prospérité dans leur aire régionale ?

	Canaries	Espagne	Maroc
PIB/hab. en 2014, en euros	19 806	22 700	2 276
Part des personnes vivant sous le seuil de pauvreté en 2013, en %	28	22	Absence de donnée
Part du tourisme dans le PIB en 2013, en %	30	11	8,6
Taux de migration[1] en 2013, en ‰	7,6	– 2,7	– 3,7

Sources : Gouvernement des Canaries, 2015, Hcp 2015 et Ine, 2015.

1. Différence entre le nombre de personnes entrant et sortant du territoire pour ‰ personnes.

UNION EUROPÉENNE

110 millions d'euros (2014-2020)

Programme de coopération transnationale Madère-Açores-Canaries (POMAC)

Renforcer la recherche, le développement technologique et l'innovation

Protéger l'environnement et favoriser une répartition efficace des ressources

Améliorer la compétitivité des PME

Favoriser l'adaptation au changement climatique et la prévention et gestion des risques

Source : Pomac, 2015.

3 Le soutien de l'UE à la coopération des régions ultramarines

Vocabulaire

Feder : voir p. 208.

Frontex : voir p. 206.

Handicap structurel : contrainte pesant sur le développement des territoires ultramarins liée à l'insularité, l'éloignement ou l'exiguïté.

4 **Un milieu contraignant aménagé pour le tourisme à Amadores (Grande Canarie).**

En 2013, les Canaries ont accueilli 12 millions de touristes attirés par le climat doux toute l'année et les paysages volcaniques ①. Ce développement a nécessité des aménagements pour dépasser les contraintes naturelles : plages artificielles ②, dessalement d'eau de mer dans des micro-usines intégrées aux hôtels.

5 **Un rapprochement économique entre les Canaries et la Mauritanie**

Les Canaries et la Mauritanie ont renforcé leurs relations bilatérales, spécialement dans des domaines comme la pêche, les infrastructures et les services. L'objectif de l'accord, signé en mai 2014, est une intégration effective de la Mauritanie dans les programmes de coopération de l'UE. Ce programme qui inclut les Canaries, les Açores et Madère[1] ainsi que d'autres pays africains (Cap-Vert, Sénégal) bénéficiera d'une dotation provenant des fonds du Feder de 115 millions d'euros jusqu'à 2020. Les secteurs sélectionnés pour le programme 2014-2020 sont : la recherche et le développement, les petites et moyennes entreprises, l'environnement, la prévention des risques et le changement climatique, la bonne gouvernance et le soutien à l'administration. Le président canarien a proposé de mettre à disposition du gouvernement mauritanien l'expérience des Canaries pour l'élargissement du port de Nuadibu ou la construction d'un autre port.

D'après *El día*, quotidien canarien, 8 mai 2014.

1. RUP portugaises.

FICHE À COMPLÉTER En téléchargement sur le site de l'éditeur PDF

Activités

Rédigez, en une vingtaine de lignes, une réponse au sujet : « Comment les îles Canaries s'intègrent-elles à l'UE et à leur aire régionale ? »

Pour vous aider dans la préparation de la rédaction, vous pouvez organiser vos idées au brouillon dans l'organigramme suivant.

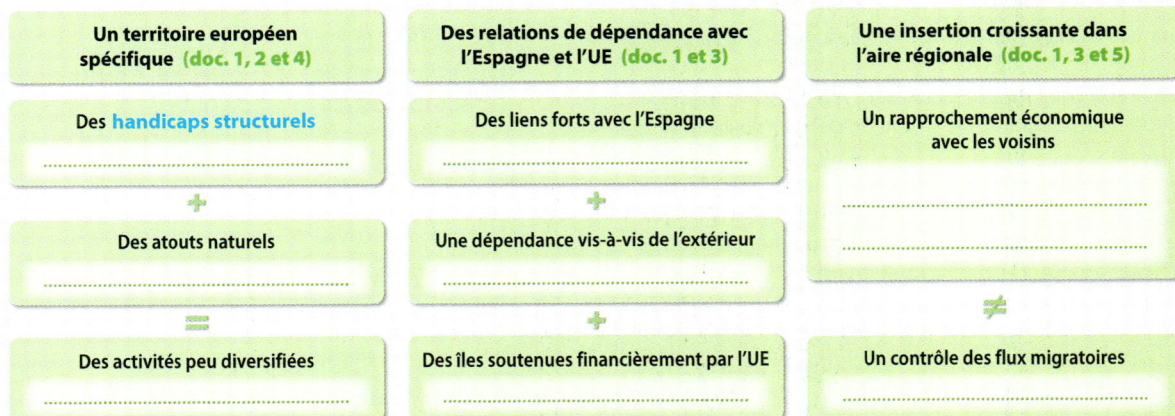

Un territoire européen spécifique (doc. 1, 2 et 4)	Des relations de dépendance avec l'Espagne et l'UE (doc. 1 et 3)	Une insertion croissante dans l'aire régionale (doc. 1, 3 et 5)
Des **handicaps structurels**	Des liens forts avec l'Espagne	Un rapprochement économique avec les voisins ....
+	+	
Des atouts naturels	Une dépendance vis-à-vis de l'extérieur	....
=	+	≠
Des activités peu diversifiées	Des îles soutenues financièrement par l'UE	Un contrôle des flux migratoires ....

Les territoires ultramarins de l'UE et leur développement

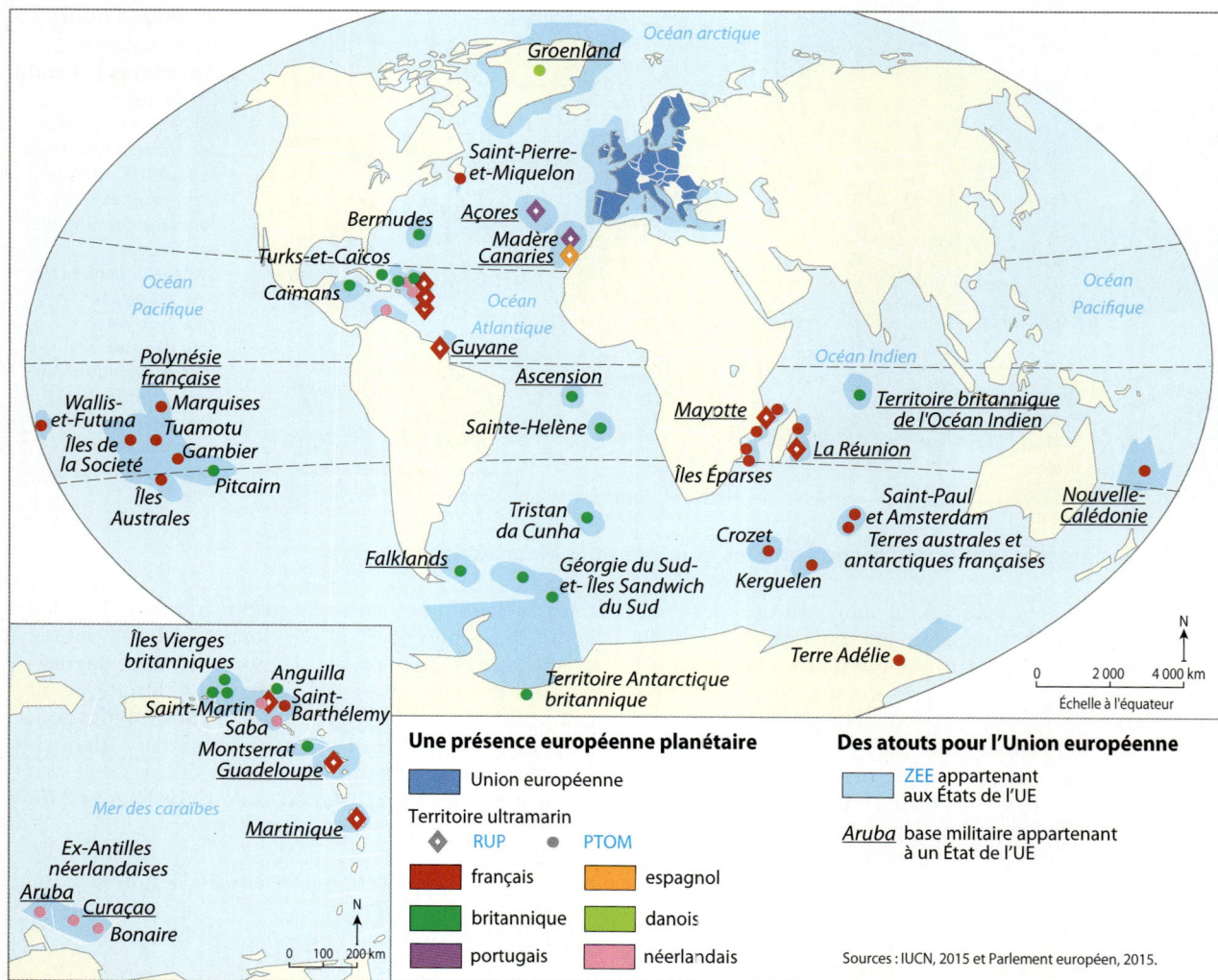

Océan arctique
Groenland

*Saint-Pierre-
et-Miquelon*

Bermudes
Açores
Madère
Canaries

Turks-et-Caïcos

Océan
Pacifique

Caïmans

Océan
Atlantique

Océan
Pacifique

Guyane

Ascension

Océan Indien

*Polynésie
française*

Mayotte

*Territoire britannique
de l'Océan Indien*

*Wallis-
et-Futuna*
Marquises
Tuamotu
*Îles de
la Société*
Gambier

Sainte-Hélène

La Réunion

Îles Éparses

Pitcairn

*Îles
Australes*

*Saint-Paul
et Amsterdam*
Terres australes et
antarctiques françaises

*Nouvelle-
Calédonie*

*Tristan
da Cunha*

Crozet

Falklands

*Géorgie du Sud-
et- Îles Sandwich
du Sud*

Kerguelen

N

Terre Adélie

0   2 000   4 000 km

Échelle à l'équateur

*Îles Vierges
britanniques*

Anguilla
Saint-Martin
*Saint-
Barthélemy*
Saba
Montserrat
Guadeloupe

Mer des caraïbes

Martinique

*Ex-Antilles
néerlandaises*
Aruba
Curaçao
Bonaire

N

0 100 200 km

*Territoire Antarctique
britannique*

Une présence européenne planétaire

☐ Union européenne

Territoire ultramarin
◇ RUP ● PTOM

● français
● britannique
● portugais

☐ espagnol
☐ danois
☐ néerlandais

Des atouts pour l'Union européenne

☐ ZEE appartenant
aux États de l'UE

Aruba base militaire appartenant
à un État de l'UE

Sources : IUCN, 2015 et Parlement européen, 2015.

1 **Des territoires ultramarins sur tous les océans**

Vocabulaire

Mangrove : formation végétale tropicale recouverte par la mer à marée haute.

PTOM (Pays et territoires d'outre-mer) : territoire appartenant à un État membre de l'Union européenne mais seulement associé à l'UE.

RUP (Région ultrapériphérique) : région appartenant à l'Union européenne mais située en dehors du continent européen.

Tropicalité : spécificité des territoires intertropicaux liée à des caractéristiques physiques (chaleur constante, précipitations abondantes, végétation luxuriante) et socio-économiques (faiblesse des revenus, spécialisation des activités).

ZEE (Zone économique exclusive) : espace marin large de 200 miles nautiques (370 km) dans lequel l'État côtier dispose de droits exclusifs sur l'exploration et l'exploitation des ressources.

Questions

1 À quels États de l'Union européenne appartiennent les territoires ultramarins ? Quels sont les deux statuts de ces territoires ? (doc. 1)

2 Quels sont les handicaps et les atouts de l'insularité et de la tropicalité ? (doc. 2, 3 et 5). Montrez que tous les territoires ultramarins ne sont pas uniquement des îles tropicales. (doc. 1)

3 Comment caractériser la croissance démographique de Mayotte ? (doc. 4)

4 Quels liens Mayotte et la Nouvelle-Calédonie entretiennent-elles avec leur aire régionale ? (doc. 4 et 5). À quelles aires régionales les autres territoires ultramarins peuvent-ils s'intégrer ? (doc. 1)

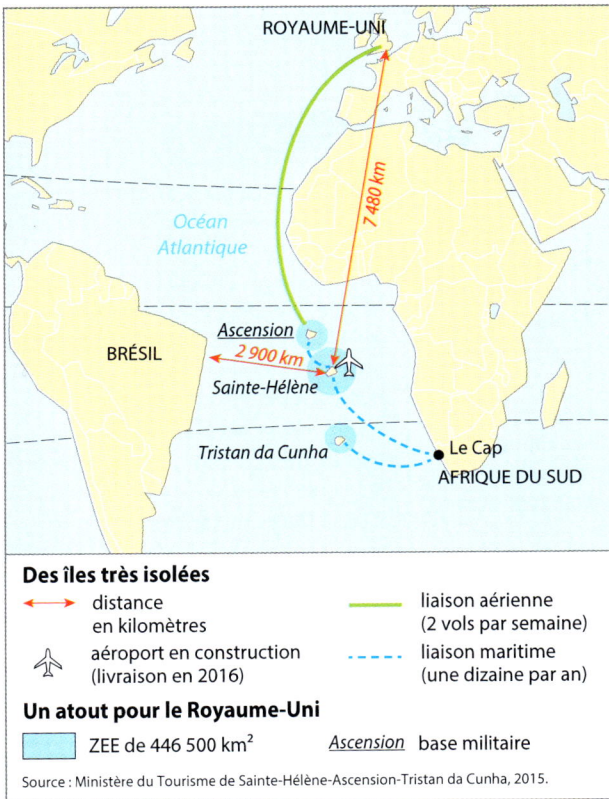

Des îles très isolées

↔ distance en kilomètres

✈ aéroport en construction (livraison en 2016)

— liaison aérienne (2 vols par semaine)

- - - liaison maritime (une dizaine par an)

Un atout pour le Royaume-Uni

▢ ZEE de 446 500 km²   *Ascension* base militaire

Source : Ministère du Tourisme de Sainte-Hélène-Ascension-Tristan da Cunha, 2015.

2 Des territoires insulaires éloignés : l'exemple de Sainte-Hélène-Ascension-Tristan da Cunha

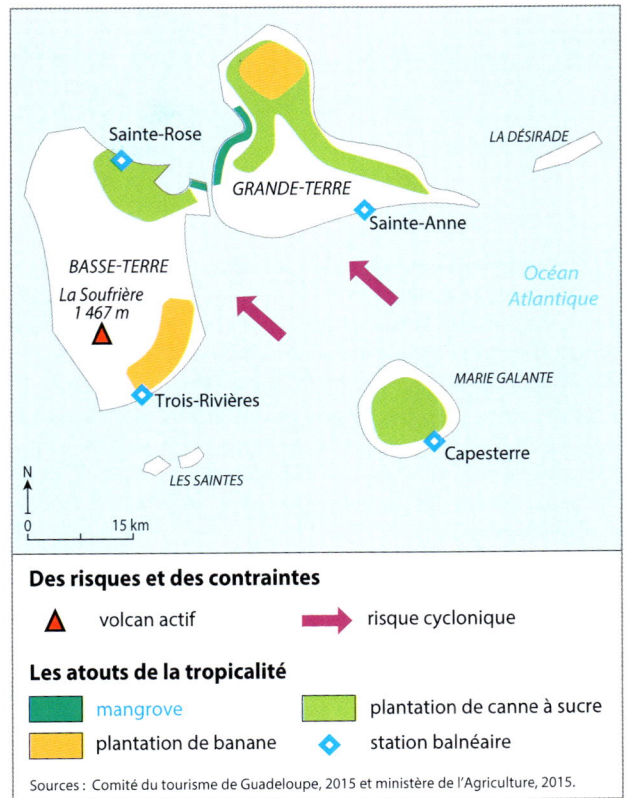

Des risques et des contraintes

▲ volcan actif   ➡ risque cyclonique

Les atouts de la tropicalité

■ mangrove   ■ plantation de canne à sucre
■ plantation de banane   ◆ station balnéaire

Sources : Comité du tourisme de Guadeloupe, 2015 et ministère de l'Agriculture, 2015.

3 Des territoires marqués par la tropicalité : l'exemple de la Guadeloupe

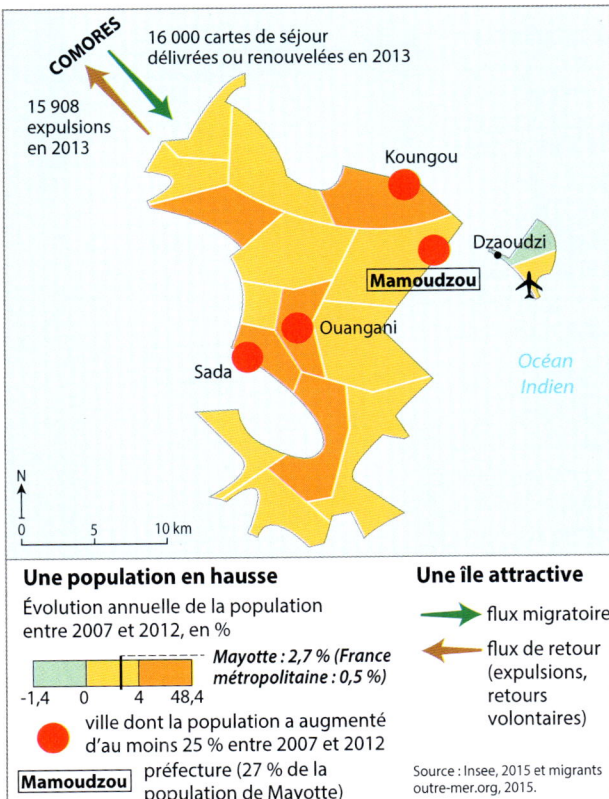

Une population en hausse

Évolution annuelle de la population entre 2007 et 2012, en %

Mayotte : 2,7 % (France métropolitaine : 0,5 %)

-1,4   0   4   48,4

● ville dont la population a augmenté d'au moins 25 % entre 2007 et 2012

▢ Mamoudzou préfecture (27 % de la population de Mayotte)

Une île attractive

➡ flux migratoire

➡ flux de retour (expulsions, retours volontaires)

Source : Insee, 2015 et migrants outre-mer.org, 2015.

4 Des territoires aux fortes dynamiques démographiques : l'exemple de Mayotte

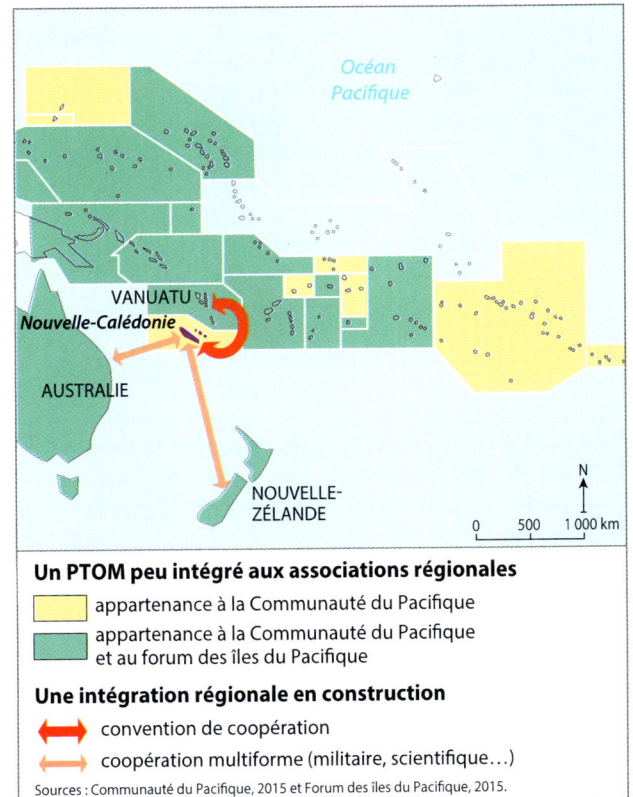

Un PTOM peu intégré aux associations régionales

▢ appartenance à la Communauté du Pacifique
■ appartenance à la Communauté du Pacifique et au forum des îles du Pacifique

Une intégration régionale en construction

↔ convention de coopération

↔ coopération multiforme (militaire, scientifique…)

Sources : Communauté du Pacifique, 2015 et Forum des îles du Pacifique, 2015.

5 Des territoires marqués par une intégration régionale limitée : l'exemple de la Nouvelle-Calédonie

Des territoires européens lointains et discontinus

▶ **Comment les territoires ultramarins gèrent-ils l'éloignement et l'insularité ?**

A Des terres éloignées

• **L'éloignement des territoires ultramarins est un handicap structurel** (Repère A). La Nouvelle-Calédonie est à 19 000 km de Paris et 12 500 km séparent le Royaume-Uni des Falkands reliés par 6 vols mensuels seulement. Ces territoires sont parfois très distants des centres majeurs de l'économie mondiale : la Polynésie est située à plus de 6 000 km des États-Unis ou du Japon.

• **La distance n'empêche pas des relations privilégiées avec les métropoles.** Grâce à des flux maritimes et aériens, ces territoires sont souvent mieux connectés à leur métropole qu'à leur aire régionale. En 2013, 68 % des importations et 26 % des exportations des Canaries, situées au large de l'Afrique de l'Ouest, se font avec le reste de l'Espagne.

• **L'éloignement devient parfois un atout.** Le climat, les paysages et la biodiversité des îles tropicales ou des terres arctiques évoquent l'exotisme. C'est pourquoi, le tourisme constitue une part essentielle des économies ultramarines (21 % à Madère dans l'océan Atlantique, 80 % à Aruba dans les Caraïbes). L'atout de la Guyane est autre : située à proximité de l'équateur, elle offre un site optimal pour le lancement des satellites à Kourou.

B Une majorité d'îles

• **Les territoires ultramarins sont surtout composés d'îles.** Certaines sont très réduites comme l'île de Sainte-Hélène (dans l'océan Atlantique) qui compte 3 900 habitants sur 122 km². D'autres sont très dispersées posant des problèmes de **discontinuité territoriale**. Les Açores comptent neuf îles abritant 250 000 habitants et s'étirent dans l'Atlantique sur 600 km, soit plus que la longueur du Portugal.

• **L'insularité est un handicap.** La lutte contre l'**enclavement**, qui affecte aussi la Guyane en raison de l'isolement créé par la végétation équatoriale, passe par le développement des transports aériens qui a une incidence sur le coût de la vie (doc. 1). Des investissements massifs sont donc effectués pour connecter ces territoires. Depuis 2010, un câble sous-marin fournissant l'Internet à haut débit relie la Polynésie française à Hawaï.

• **Mais l'insularité est aussi un atout.** Grâce aux territoires ultramarins, l'UE dispose de la plus grande **ZEE** au monde (25 millions de km²) qui recèle des ressources **halieutiques** ou minérales (hydrocarbures) variées (Repère B). Certains territoires tirent profit de leur proximité des grandes routes maritimes mondiales, comme les Antilles, en développant leurs installations portuaires pour l'accueil des navires de croisière (Sint-Marteen, Îles Vierges britanniques) ou des cargos (doc. 10 p. 231).

C Des statuts hiérarchisés

• **L'Union européenne distingue deux statuts pour ces territoires** (doc. 2) : les **RUP** et les **PTOM**. Par exemple, les programmes financiers conçus pour surmonter l'éloignement et l'insularité (modernisation de l'aéroport de Mayotte, extension du terminal de croisière de Pointe-à-Pitre) sont plus importants pour les RUP que pour les PTOM.

• **Les 9 RUP (Régions ultrapériphériques) font partie intégrante de l'Union européenne** (doc. 3). Elles bénéficient donc du même statut communautaire et leurs citoyens sont des citoyens européens. Cependant, les RUP bénéficient parfois de statuts administratifs spécifiques dans leur État membre (Communauté autonome pour les Canaries, régions autonomes pour les RUP portugaises).

• **Les 25 PTOM (Pays et territoires d'outre-mer) ne sont qu'associés à l'Union européenne** (doc. 3). Ils sont rattachés à la France, le Royaume-Uni, les Pays-Bas ou le Danemark. Ils disposent d'une autonomie variable dans de nombreux domaines. Par exemple, le Groenland assume la responsabilité des affaires judiciaires, de la police et des ressources naturelles mais le gouvernement danois est en charge des affaires étrangères, de la politique financière et de la sécurité.

Vocabulaire

Discontinuité territoriale : rupture dans l'espace qui peut être de différentes natures (frontière, océan).

Enclavement : situation d'un espace géographique isolé du fait d'une desserte insuffisante par les voies de communication et de transport.

Halieutique : relatif à la pêche.

Handicap structurel : voir p. 234.

Insularité : caractère isolé d'une île ou d'un archipel.

PTOM (Pays et territoires d'outre-mer) : territoire appartenant à un État membre de l'Union européenne mais seulement associé à l'UE.

RUP (Région ultrapériphérique) : région appartenant à l'Union européenne mais située en dehors du continent européen.

ZEE (Zone économique exclusive) : voir p. 236.

REPÈRE A

Les territoires ultramarins, des terres éloignées de l'UE

	Distance par rapport à Bruxelles	Décalage horaire par rapport à Bruxelles
Açores	2 730 km	2 h
Martinique	7 000 km	6 h
Guyane (Cayenne)	7 300 km	5 h
La Réunion	9 700 km	2 h
Wallis-et-Futuna	18 000 km	10 h

Source : Insee, 2015.

REPÈRE B

La ZEE ultramarine, un atout pour l'UE

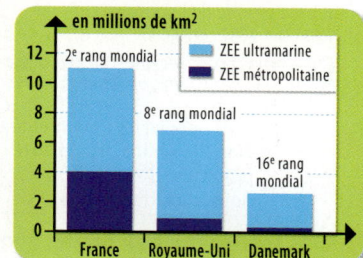

Source : Sea around us, 2015.

1 **L'île de Saba : un petit territoire hollandais isolé.** Une seule compagnie dessert l'aéroport de Saba (1 500 habitants) dont la piste d'atterrissage est très courte. Les avions à réaction ne peuvent y atterrir.

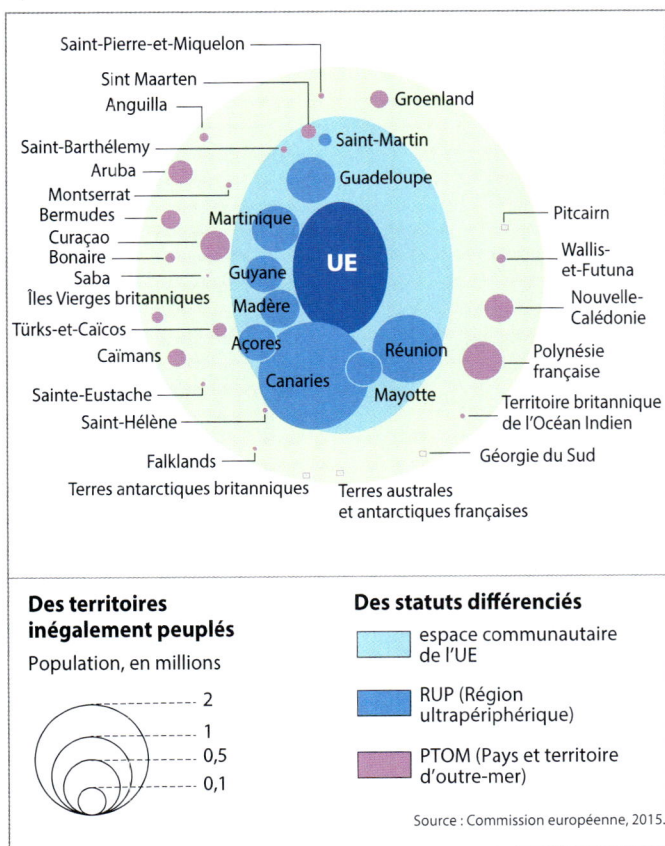

Saint-Pierre-et-Miquelon
Sint Maarten
Anguilla
Groenland
Saint-Barthélemy
Aruba
Saint-Martin
Montserrat
Guadeloupe
Bermudes
Curaçao
Martinique
Pitcairn
Bonaire
Saba
Wallis-et-Futuna
Guyane
UE
Îles Vierges britanniques
Madère
Nouvelle-Calédonie
Türks-et-Caïcos
Açores
Réunion
Caïmans
Polynésie française
Canaries
Sainte-Eustache
Mayotte
Saint-Hélène
Territoire britannique de l'Océan Indien
Falklands
Géorgie du Sud
Terres antarctiques britanniques
Terres australes et antarctiques françaises

Des territoires inégalement peuplés

Population, en millions

- 2
- 1
- 0,5
- 0,1

Des statuts différenciés

espace communautaire de l'UE

RUP (Région ultrapériphérique)

PTOM (Pays et territoire d'outre-mer)

Source : Commission européenne, 2015.

2 **Des territoires aux statuts différents**

3 **Les territoires ultramarins français, des terres éloignées aux statuts différents**

Sur les 12 millions de km² de l'empire colonial français, il n'en reste plus que le 100ᵉ, dispersé dans les trois grands océans et dans les deux hémisphères. L'outre-mer évoque l'éloignement à la métropole. Or, celui-ci n'est que très relatif comparé à la dissémination des territoires les uns par rapport aux autres. Certes, il faut compter au minimum huit heures d'avion pour atteindre les Antilles françaises au départ de Paris et plus de trente heures pour Wallis-et-Futuna, mais cette distance n'est pas un obstacle aux échanges, car un véritable pont aérien relie la métropole à l'outre-mer.

Au regard du droit de l'UE, la France d'outre-mer est divisée en deux catégories : d'un côté, les RUP sont sous le régime d'intégration ; de l'autre, les PTOM sont sous le régime d'association. Les premières sont intégrées au marché intérieur européen, ce qui leur donne certains privilèges mais ce qui les oblige à respecter les règles de libre circulation. Les PTOM ne font pas partie de l'espace communautaire, ce qui leur confère une autonomie plus grande dont celle de déterminer eux-mêmes leurs droits de douane. En contrepartie, ils doivent se contenter des budgets modestes du Fonds européen de développement.

J.-C. Gay, *La France d'Outre-mer*, Universalis, 2015.

Capacités et méthodes   **Décrire une situation géographique (doc. 1)**

1. En vous aidant du doc. 2, identifiez le statut de l'île de Saba.
2. Quels sont les atouts et les handicaps de ce territoire ?

Des territoires spécifiques au sein de l'UE

▶ Pourquoi le développement des territoires ultramarins est-il conditionné par leurs caractéristiques socio-économiques ?

A Des terres majoritairement tropicales

• **Les territoires ultramarins sont majoritairement situés dans la zone inter-tropicale.** Ce sont souvent des îles d'origine volcanique avec un climat chaud et humide qui présentent des atouts pour les cultures tropicales (banane, canne à sucre) ou le tourisme (doc. 1). Mais d'autres territoires ont un climat plus rigoureux : la température moyenne au Groenland est de −33°C en hiver.

• **Les territoires ultramarins présentent d'importantes richesses naturelles** (biodiversité et paysages exceptionnels). Si l'UE n'a pas délimité de zones Natura 2000 dans les RUP, des périmètres de protection sont établis à l'échelle nationale (parc national de la Réunion ou projet de réserve marine de Pitcairn) ou régionale (parc naturel de Te Faaiti en Polynésie ou de Martinique).

• **Ces territoires subissent de fortes contraintes naturelles.** Ils présentent des aléas inconnus dans les métropoles comme les cyclones ou les éruptions volcaniques. En 2014, le cyclone Bejisa a entraîné 62 millions d'euros de dégâts à l'agriculture réunionnaise et, à Montserrat (Caraïbes), la capitale Plymouth a été abandonnée suite à de nombreuses éruptions volcaniques. Des politiques de prévention sont développées pour faire face aux risques.

B Des territoires culturels et démographiques originaux

• **Les territoires ultramarins se caractérisent par leur multiculturalisme** (doc. 2). Ce sont souvent des territoires hérités de l'histoire coloniale européenne, avec une population d'origine diverse, surtout dans les territoires français (descendants de populations autochtones, de colons européens, d'esclaves africains). Ceci a amené à la naissance de cultures spécifiques, comme la langue **créole** dans les Antilles ou à la Réunion, héritage musical du peuple Guanche aux Canaries.

• **Ces territoires ont des caractéristiques démographiques particulières.** Souvent, la jeunesse de leur population explique le fort accroissement naturel (Repère A). L'explosion démographique est surtout visible dans les villes : Saint-Denis, la plus grande ville de l'outre-mer français, accueille 1/5e des habitants de la Réunion. Cependant, quelques îles moins attractives perdent des habitants (Bermudes, Falklands).

• **Les dynamiques démographiques sont paradoxales.** Ces territoires étant plus riches que leurs voisins, ils attirent de nombreux migrants pauvres : 13 000 arrivants à Mayotte en 2013 en provenance des Comores. Mais ce sont aussi des terres de départ : les migrants issus de ces territoires forment des **diasporas** dans les métropoles (un quart des Antillais nés dans les Caraïbes vit aujourd'hui en métropole).

C Des niveaux de développement contrastés

• **Les activités des territoires ultramarins sont incomplètes.** Les productions agricoles et minières sont souvent spécialisées (banane des Antilles, nickel en Nouvelle-Calédonie). Le secteur industriel est peu développé et la fonction publique (éducation, santé, administration) est souvent le premier secteur d'emploi (42 % dans les RUP contre 30 % en France métropolitaine). Cette situation accentue la dépendance à la métropole qui assure en partie les salaires des fonctionnaires.

• **Certains territoires s'insèrent dans la mondialisation.** Avec l'élargissement du canal de Panama, des ports caribéens comme Jarry en Guadeloupe ou celui de Fort de France ambitionnent de devenir des **hubs**. D'autres territoires ont fait le choix de l'ouverture aux capitaux (**paradis fiscaux** des Bermudes, des Îles Caïman) et aux touristes (Canaries, Madère). Mais les échanges commerciaux sont souvent déséquilibrés (Repère B).

• **De nombreux problèmes de développement affectent ces territoires** (doc. 3). Leur PIB/hab. est souvent très inférieur à celui de leur métropole. Le taux de chômage peut atteindre 50 % chez les jeunes de moins de 25 ans, qui souhaitent rester sur place. Ceci génère parfois de la violence et des tensions dans la population locale. Le chômage favorise aussi des pratiques aux conséquences néfastes pour l'environnement, comme la recherche illégale d'or en Guyane.

Vocabulaire

Créole : culture et langue issues de métissages dans certains territoires ultramarins.

Diaspora : dispersion d'une communauté ethnique ou d'un peuple à travers le monde.

Hub : voir p. 174.

Paradis fiscal : territoire sans fiscalité ou à fiscalité très basse qui attire les capitaux internationaux.

REPÈRE A

Des territoires contrastés

	Guyane	Madère	Groenland
Nombre moyen d'enfants par femme (UE : 1,6)	3,5	0,98	2,10
Part des moins de 25 ans, en % (UE : 25)	50	15,7	16
Taux de chômage, en % (UE : 10)	33 (Cayenne)	42 (Funchal)	29 (Nuuk)

Sources : *Tribune de Madère*, 2014, Insee, 2015 et office des statistiques du Groenland, 2015.

REPÈRE B

Des échanges réunionnais déséquilibrés

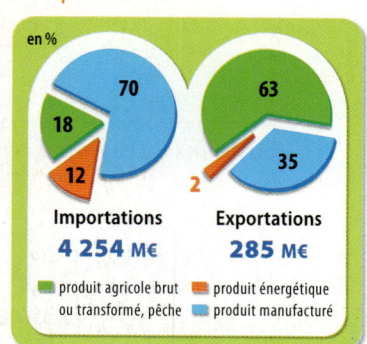

en %

Importations **4 254 M€** : 70 / 18 / 12

Exportations **285 M€** : 63 / 35 / 2

■ produit agricole brut ou transformé, pêche
■ produit énergétique
■ produit manufacturé

Source : Insee, 2015.

1 Les Îles Vierges britanniques, un archipel aménagé pour l'accueil des touristes. Le nombre de touristes dans les Îles Vierges britanniques ne cesse de croître (+ 6 % entre 2010 et 2012), en particulier grâce au tourisme de croisière.

2 Le multiculturalisme des territoires ultramarins : un marché à Pointe-à-Pitre (Guadeloupe).

La Guadeloupe est une terre de métissage où la très grande majorité de la population descend des esclaves venus d'Afrique. Cet héritage historique est visible dans les pratiques culturelles : religion, musique, danse et langue créole.

3 Une RUP en retard de développement : Mayotte

60 % des Mahorais ont moins de 25 ans et 30 % moins de 10 ans. Cette jeunesse provient d'une forte croissance démographique. La population a triplé depuis 1985. La part des étrangers se stabilise à 40 %, essentiellement de nationalité comorienne. Près de quatre étrangers sur dix sont des mineurs, nés à Mayotte, et qui pourront demander l'accès à la nationalité française à leur majorité.

Le niveau de qualification progresse mais reste faible : 71% de la population n'a aucun diplôme qualifiant. D'ailleurs, parmi les 15 ans et plus, un habitant de Mayotte sur trois n'a jamais été scolarisé. Et ceux qui ont des diplômes émigrent de plus en plus souvent pour poursuivre leurs études ou s'insérer professionnellement. Moins d'un adulte sur trois a un emploi. Le secteur tertiaire concentre 88 % des emplois et plus d'un salarié sur deux est employé dans le public (administration, enseignement, santé, action sociale). L'emploi se concentre dans quelques communes, dont la moitié au chef-lieu, Mamoudzou. Les conditions de logement, enfin, s'améliorent mais restent éloignées des standards métropolitains. Deux tiers des résidences principales n'ont pas le confort de base, à savoir qu'ils ne disposent pas, à l'intérieur, soit de l'eau courante, soit de l'électricité, soit d'un WC ou d'une douche.

Outre-mer 1ʳᵉ, février 2014.

Capacités et méthodes **Interpréter des statistiques**

1. Montrez que les situations démographiques et sociales des territoires ultramarins sont contrastées, entre eux et par rapport à l'UE. (Repère A)
2. Montrez que la balance commerciale est déséquilibrée du point de vue quantitatif et dans la nature des échanges. (Repère B)

Des territoires partagés entre Union européenne et aire régionale

▶ **Pourquoi l'UE joue-t-elle un rôle essentiel dans le développement des territoires ultramarins et dans leur intégration régionale ?**

A Des territoires en lien étroit avec l'Union européenne

• **Les territoires ultramarins sont inégalement dépendants des aides européennes.** Si les RUP bénéficient des fonds de la **politique de cohésion**, les PTOM reçoivent seulement les aides plus modestes du **FED** (Repère A). Elles sont cependant cruciales pour leur développement : 19 millions d'euros ont été ainsi débloqués pour le traitement des eaux usées de Papeete (Polynésie française).

• **L'UE adapte ses aides aux spécificités économiques de ces territoires.** Par exemple, la pêche bénéficie des subventions européennes afin de développer l'aquaculture et des techniques de mise en conserves durables. L'UE soutient l'agriculture des RUP, comme les subventions pour le maintien de la canne à sucre dans les RUP françaises. Elle fait également la promotion de leurs productions (doc. 2).

• **L'UE œuvre pour un développement plus autonome et durable des territoires ultramarins.** La stratégie UE 2020 vise à développer les domaines des énergies renouvelables (biocarburants, énergies éolienne, solaire, géothermique) ou encore du tourisme durable. Mais les difficultés économiques et sociales persistent et la question de la continuité territoriale entre l'UE et les territoires ultramarins pèse sur les économies locales. Les RUP ont ouvert un bureau à Bruxelles en 2013 pour influencer les décisions prises par l'UE.

B Des territoires peu intégrés dans leur aire régionale

• **Les territoires ultramarins apparaissent comme des îlots de prospérité dans des régions souvent mal développées** (Repère B). Le PIB de Mayotte, bien que 4,5 fois moins élevé que celui du territoire métropolitain français, est dix fois plus élevé que celui des Comores voisines. De plus, l'île bénéficie d'un système de santé et d'éducation de bien meilleure qualité qui attire les candidats à l'immigration.

• **Ces territoires s'efforcent de bloquer les flux migratoires en provenance de l'aire régionale.** À proximité de l'Europe, la multiplication des contrôles de **Frontex** explique la forte baisse de l'immigration aux Canaries. Mais la situation est différente dans le bassin caraïbe qui peine à contenir l'arrivée de migrants d'Amérique latine ou d'Haïti.

• **Les territoires ultramarins ont encore peu de relations entre eux.** Les échanges se font surtout entre les territoires appartenant à la même métropole, comme entre les départements français des Amériques ou entre ceux d'une même aire linguistique (doc. 1). Ainsi, l'aéroport de Turks-et-Caïcos, en territoire britannique, est surtout connecté aux dépendances anglaises des Caraïbes et aux États-Unis.

C De nouvelles stratégies pour accentuer l'intégration régionale

• **L'UE encourage un rapprochement économique entre les territoires ultramarins et leurs voisins** (doc. 4). Ainsi, le programme de coopération transnationale Madère-Açores-Canaries (doc. 3 p. 234) a permis un renforcement des liens avec les pays d'Afrique du Nord et les échanges commerciaux entre la Réunion et l'Inde ont augmenté de 60 % depuis 2010 (doc. 3).

• **Les territoires ultramarins intègrent de plus en plus des associations régionales de coopération.** Même si cette dynamique est encore limitée surtout pour les PTOM, certaines RUP font partie d'autres associations que l'UE. Depuis 2014, la Martinique et la Guadeloupe sont membres associés de l'Association des États de la Caraïbe (AEC). L'objectif de cette association est de promouvoir la coopération dans la Caraïbe et d'intégrer l'association régionale CARICOM.

• **Les territoires ultramarins s'érigent en modèles pour impulser un développement durable à l'échelle régionale.** C'est le cas des Canaries qui coopèrent avec le Maroc dans la protection des palmeraies. Les RUP, producteurs de bananes, s'efforcent d'utiliser moins de produits chimiques. L'UE finance des projets de protection de l'environnement dans les RUP et les PTOM : préservation de la biodiversité en zones humides (Guyane) et sur les barrières de corail (Pitcairn, Polynésie française).

Vocabulaire

FED (Fonds européen de développement) : instrument principal de l'aide communautaire au développement accordée aux PTOM ainsi qu'aux États d'Afrique, des Caraïbes et du Pacifique.

Frontex : voir p. 206.

Politique de cohésion : politique de l'Union européenne qui vise à créer une solidarité financière entre les États membres afin d'améliorer la compétitivité des territoires et de corriger les inégalités régionales.

REPÈRE A

Des aides européennes différenciées selon le statut

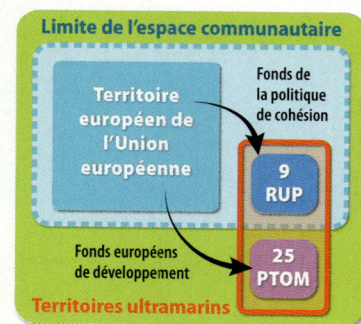

Source : Commission européenne, 2015.

REPÈRE B

Les territoires ultramarins, des îlots de richesse dans les Caraïbes

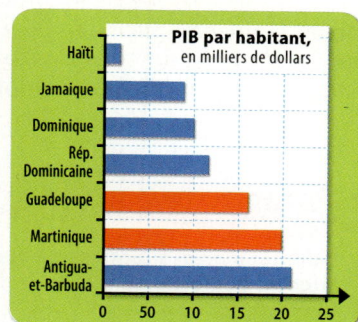

PIB par habitant, en milliers de dollars

Source : FMI, 2015.

Importations

2,6 milliards d'euros

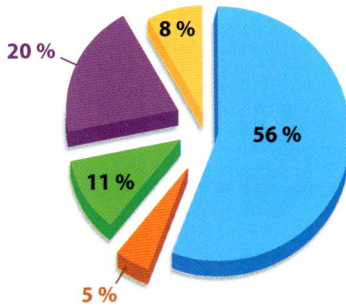

8 %
20 %
56 %
11 %
5 %

Exportations

0,2 milliard d'euros

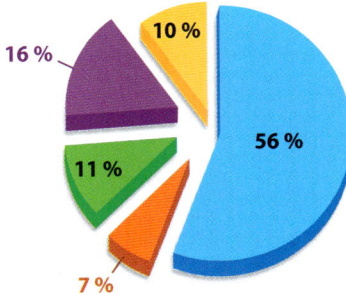

10 %
16 %
56 %
11 %
7 %

- ■ France métropolitaine
- ■ Reste de l'UE
- ■ Autre territoire ultramarin de l'UE
- ■ Amérique et Caraïbes
- ■ Autres

Source : Insee, 2015.

1 Les partenaires commerciaux de la Guadeloupe

2 La filière de la banane de Madère soutenue par l'UE

PORQUE É QUE A BANANA DA MADEIRA SABE TÃO BEM?

PORQUE VEM DE UMA RUP POIS VEM!

Pourquoi le goût de la banane de Madère est-il si bon ?

Mais c'est parce qu'elle vient d'une RUP !

RUP
Este selo certifica os produtos agrícolas provenientes de uma Região Ultraperiférica da União Europeia. Assim, sabe sempre de onde esta banana de sabor único vem.

---

3 Un renforcement de la coopération transfrontalière en Guyane

Guyane française
SÚRINAM
GUYANA
Para
Amapa
Amazonas
BRÉSIL

Le programme opérationnel de coopération transfrontalière Amazonie (POA) doit permettre une meilleure intégration régionale entre les territoires transfrontaliers. Il s'agit de motiver, d'initier et de soutenir financièrement des actions de coopération entre la Guyane et les États brésiliens de l'Amapa, du Para, de l'Amazonas et de la République du Surinam. Ces actions s'articulent autour de 3 axes prioritaires : l'aménagement du territoire, le développement économique et la cohésion sociale. La précédente programmation (2007-2013) s'est distinguée par deux projets d'envergure : la pose de la fibre optique avec Guyacom de l'Amapa à l'ouest de la Guyane et la gestion des catastrophes des territoires du plateau des Guyanes principalement initié par la Croix-Rouge. La période 2014-2020 devrait voir l'aboutissement du projet de bac[1] à grande capacité entre la Guyane et le Surinam. Autre nouveauté : l'inscription du Guyana dans la zone du programme de coopération. Si ce pays vient rejoindre le nord du Brésil, le Surinam et la Guyane, il faut également souligner l'augmentation importante des fonds européens.

Guyane 1re, 11 septembre 2014.

1. Bateau à fond plat permettant la traversée d'un fleuve.

4 L'aide de l'UE à l'intégration régionale

	Crédits 2014-2020 alloués à la coopération transnationale[1] et à l'insertion dans l'aire régionale, en millions d'euros
Caraïbes	74
Océan Indien	75
Amazonie (POA)	19
Atlantique (Pomac) et Afrique occidentale	111

Source : Eurodom, 2015.

1. Entre territoires ultramarins de l'UE.

Capacités et méthodes — Mettre en relation les documents

1. Quelles formes de dépendance des territoires ultramarins à l'UE sont illustrées dans ces documents ? (Repère A et doc. 1)
2. Montrez que l'aide européenne peut prendre différentes formes. (doc. 2 et 4)

MÉTHODE BAC

Sujet d'entraînement

La Réunion, une RUP dépendante de l'UE et faiblement intégrée à son aire régionale

À travers l'exemple de l'activité touristique, montrez que la métropole et l'UE sont des acteurs majeurs de l'économie réunionnaise. Expliquez pourquoi les relations de la Réunion avec le reste du monde, et en particulier les pays voisins de l'océan Indien, sont limitées.

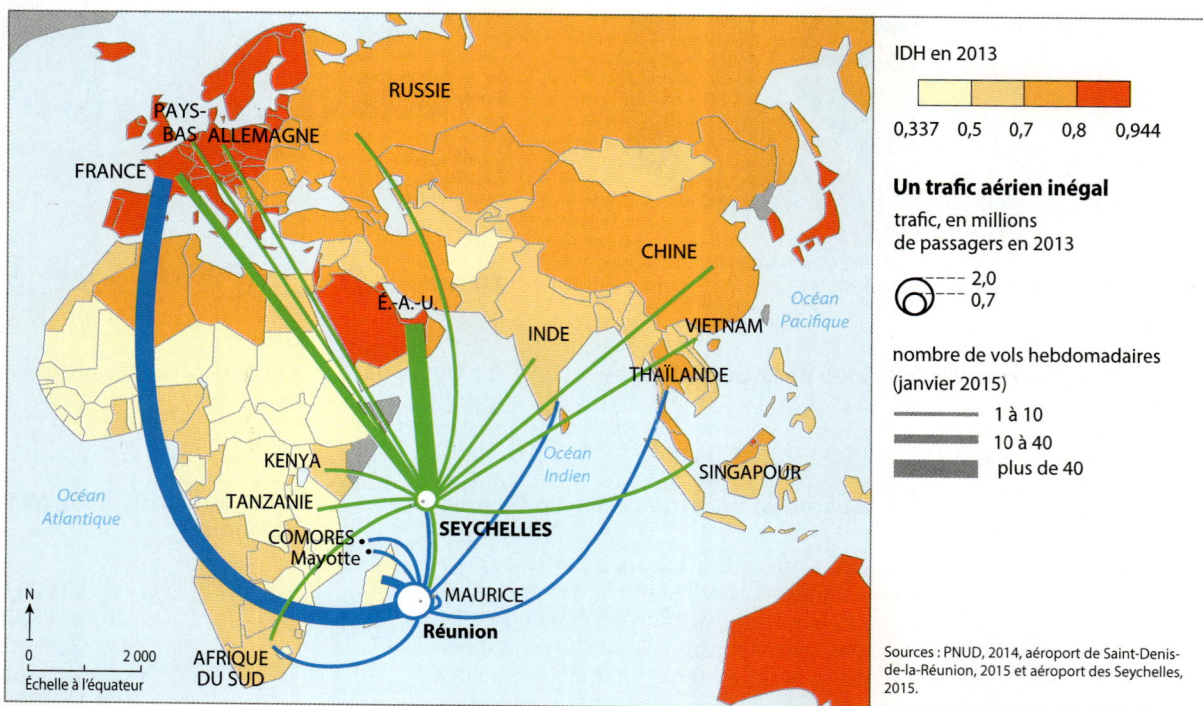

IDH en 2013

0,337   0,5   0,7   0,8   0,944

Un trafic aérien inégal
trafic, en millions de passagers en 2013
2,0
0,7

nombre de vols hebdomadaires (janvier 2015)
1 à 10
10 à 40
plus de 40

Sources : PNUD, 2014, aéroport de Saint-Denis-de-la-Réunion, 2015 et aéroport des Seychelles, 2015.

1 Les Seychelles et la Réunion, deux territoires inégalement reliés au monde

Conseil
Pour étudier une affiche, repérez ses auteurs grâce aux logos et faites preuve d'esprit critique.

2 Le tourisme, une activité majeure de la Réunion

La Réunion accueille chaque année environ 400 000 touristes. Cependant, ce chiffre stagne depuis quelques années ce qui explique les stratégies mises en place par les acteurs publics, dont l'UE, qui misent sur le patrimoine naturel exceptionnel de l'île, dont les sites les plus remarquables (pitons, cirques) sont classés à l'UNESCO.

La Polynésie française, entre richesse et pauvreté

À partir des documents, expliquez pourquoi le tourisme de luxe participe au développement de la Polynésie mais que sa population reste majoritairement pauvre et inégalitaire.

1 Bora Bora (Polynésie), un paradis pour touristes fortunés. Chaque année, environ 170 000 touristes visitent la Polynésie, en provenance surtout de l'UE (32 %), d'Amérique du Nord (28 %) et du Japon (6 %). Cette clientèle, en dépensant sur place en moyenne 240 000 FCP (environ 2 000 euros), assure la principale ressource propre de l'archipel.

2 Les îles polynésiennes, un archipel marqué par la pauvreté

En Polynésie, le taux de chômage est de 11,7 % et les services concentrent 75 % des actifs ayant un emploi. Les activités touristiques sont particulièrement développées, avec un quart des actifs ayant un emploi. Cependant, cette activité ne suffit pas à réguler la pauvreté : un ménage sur cinq a un revenu situé en dessous du seuil de pauvreté. Les 20 % des ménages les plus aisés captent près de la moitié du revenu total de l'ensemble des ménages, tandis que les 20 % des ménages les moins aisés en reçoivent 6 %. Le taux de pauvreté est plus élevé à Moorea qu'à Tahiti et, plus généralement, en milieu rural qu'en ville. Par ailleurs, les ménages jeunes et les personnes seules présentent un plus fort risque de pauvreté que les autres.

Ispf, 2015.

Conseil
Utilisez les valeurs chiffrées de ces documents pour illustrer votre réponse.

Les Canaries, un archipel partagé entre UE et aire régionale

Montrez que les Canaries sont dépendantes de l'UE mais que l'archipel s'intègre aussi dans son aire régionale.

1 Les flux entre les Canaries et le reste du monde

Fonds européens (2014-2020), en milliards d'euros	2,4
• Touristes en 2013, en millions • Part des touristes venant de l'UE	12 91 %
• Exportations de marchandises en 2013, en milliards d'euros	3,5
• Part des marchandises en direction de l'UE	60 %
• Importations de marchandises en 2013, en milliards d'euros	13,5
• Part des marchandises en provenance de l'UE	83 %

Sources : Commission européenne, 2015 et ministère espagnol de l'Industrie, de l'Énergie et du Tourisme, 2015.

2 Une coopération renforcée avec le Maroc

Le gouvernement des Îles Canaries participe à un projet de coopération transfrontalière pour la mise en œuvre d'un plan de dynamisation socio-économique du tourisme, des loisirs et des commerces dans la région de Souss (Maroc). Ce projet, financé à 75 % par le Feder, vise à transférer à quelques zones de la région d'Agadir l'expérience canarienne dans le modèle de développement des zones commerciales. Au total, dans le cadre du Programme de coopération transfrontalière des frontières extérieures de l'UE, 9 projets de coopération seront réalisés au Maroc avec la participation des Îles Canaries. Parmi ces projets, l'Observatoire marin atlantique Îles Canaries-Maroc jette les bases pour une coopération en matière des sciences marines (compétitivité des zones marines transfrontalières, transfert de savoir-faire).

Al Bayane, quotidien marocain.

Capacités travaillées
• Cartographier des données quantitatives
• Réaliser un croquis

Sujet guidé — La Guadeloupe, un territoire entre dépendance et intégration

Conseil
Banane et canne à sucre sont des cultures tropicales, on peut choisir de les regrouper sous un même figuré.

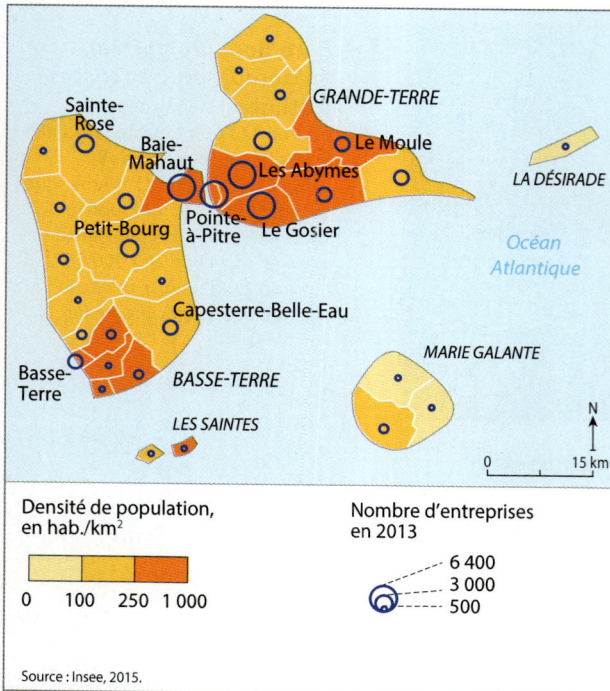

Densité de population, en hab./km²

0   100   250   1 000

Nombre d'entreprises en 2013

6 400
3 000
500

Source : Insee, 2015.

1 La concentration des populations et des activités

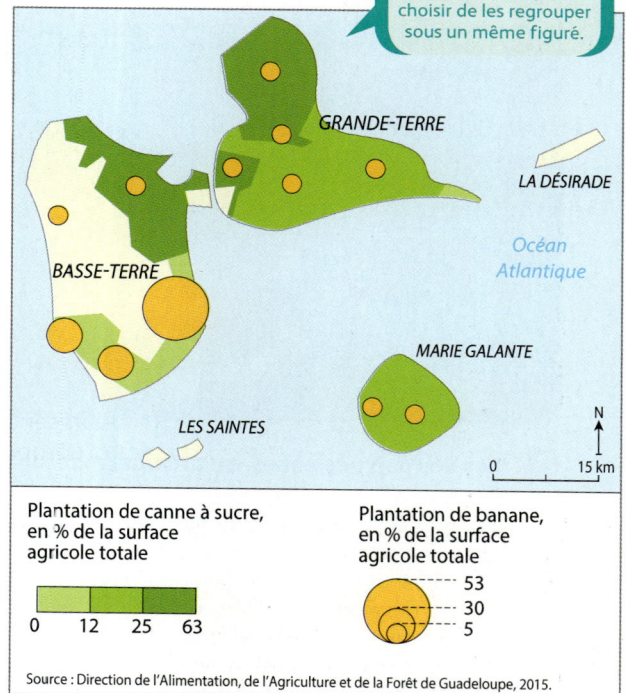

Plantation de canne à sucre, en % de la surface agricole totale

0   12   25   63

Plantation de banane, en % de la surface agricole totale

53
30
5

Source : Direction de l'Alimentation, de l'Agriculture et de la Forêt de Guadeloupe, 2015.

2 Les principales productions agricoles de la Guadeloupe

3 Une intégration régionale encore limitée

Fonds d'aides européens 2014-2020, en millions d'euros	998
Trafic portuaire en 2013 :	
• de marchandises (Jarry), en millions de tonnes	3,6
• de croisiéristes (Pointe-à-Pitre et Basse-Terre), en milliers	158
Trafic de l'aéroport de Pointe-à-Pitre en 2013, en milliers de passagers	
• France	1 200
• Autres pays d'Europe	20
• Martinique-Guyane	400
• Caraïbes-Amérique du Sud	90
• Amérique du Nord	50

Sources : Conseil régional de Guadeloupe, 2015, Guadeloupe Port Caraïbes, 2015 et Insee, 2015.

A Cartographier des données quantitatives
● Mémento cartographique

Méthode

a. Adapter les figurés aux données à représenter
– des figurés ponctuels (cercles, carrés…) pour représenter des données chiffrées avec précision (population d'une ville, trafic d'un port ou aéroport…) ;
– des figurés linéaires sous forme de ligne (trafic routier) ou de flèche (flux de marchandises, de touristes) ;
– des figurés de surface pour représenter des espaces (densité de population, production agricole).

b. Hiérarchiser les données chiffrées en les simplifiant
– contrairement à une carte, un croquis garde peu de valeurs brutes chiffrées en légende. Les informations sont plutôt hiérarchisées grâce à des précisions : fort, moyen, faible ; majeur, secondaire ; centre, périphérie.
– certaines données importantes peuvent être isolées. ex : pôle urbain concentrant plus de 3 000 entreprises.

1 Complétez le tableau suivant à l'aide des doc. 1 et 2, puis complétez la 1re partie de la légende.

Information des documents à simplifier	Information à cartographier	Figuré de surface adapté
Quel espace concentre les entreprises et les plus fortes densités de population ?	centre	▭
Quels espaces concentrent des activités agricoles importantes, de fortes densités de population et/ou des pôles économiques ?	périphérie intégrée	....
Quels espaces marginalisés cumulent faible densité et peu d'activités ?	....	....
Quelles sont les zones de forte production agricole ?	agriculture de plantation (banane, canne à sucre)	....

Conseil
Utilisez les codes conventionnels pour choisir la couleur des figurés liés aux transports maritimes.

Conseil
Pensez à l'utilisation des hachures pour superposer deux informations.

2 Quel type de figuré est adapté à la représentation des infrastructures de transport telles que le port de marchandises, de croisière et l'aéroport ? Complétez la 2e partie de la légende.

3 Parmi les propositions suivantes, choisissez les figurés et les formulations de légende les plus adaptés. Justifiez votre réponse, puis complétez la 3e partie de la légende.

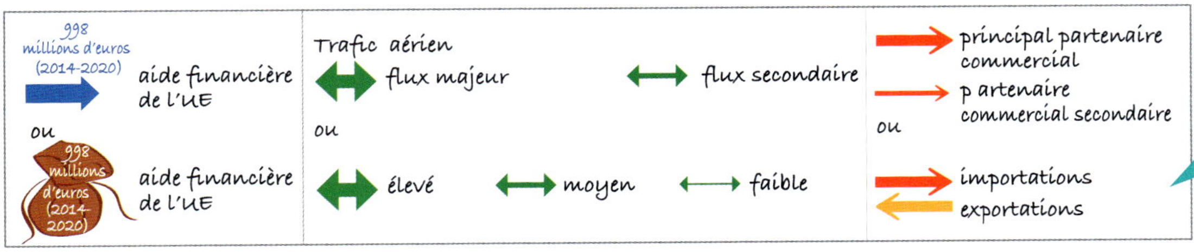

998 millions d'euros (2014-2020) → aide financière de l'UE
ou
998 millions d'euros (2014-2020) aide financière de l'UE

Trafic aérien
⬌ flux majeur   ⬌ flux secondaire
ou
⬌ élevé   ⬌ moyen   ⬌ faible

→ principal partenaire commercial
→ partenaire commercial secondaire
ou
→ importations
→ exportations

Conseil
Pour décider du nombre de flèches à placer en légende, examinez avec précision les valeurs chiffrées du doc. 3.

B Réaliser le croquis

4 À l'aide du travail ci-dessus, complétez le titre, la légende et le croquis.

Titre : ....

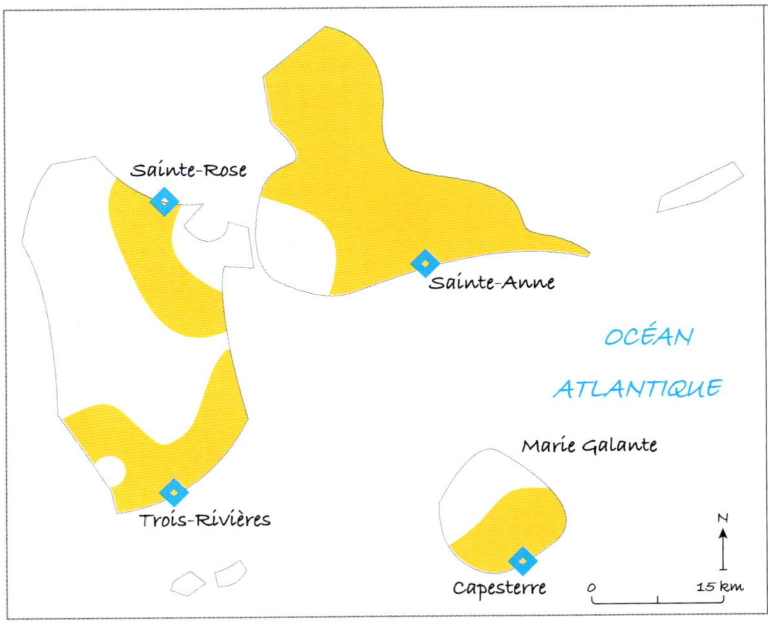

Des contrastes économiques importants
▭ centre
.... périphérie intégrée
.... périphérie marginalisée

Des activités et des aménagements qui favorisent une intégration dans la mondialisation
▨ ....
.... port de marchandises   .... port de croisière
.... aéroport   ◆ station balnéaire

Des relations encore fortes avec l'UE
.... aide financière de l'UE

Trafic aérien
....

Partenaire commercial
....

Sainte-Rose
Sainte-Anne
OCÉAN ATLANTIQUE
Marie Galante
Trois-Rivières
Capesterre
N
0   15 km

Composition

Capacités travaillées
- Construire un plan
- Rédiger une conclusion

Sujet guidé **Le développement de la Martinique, entre Union européenne et aire régionale**

A Analyser le sujet et construire le plan

1 Identifiez les notions clés et délimitez l'espace concerné.

Le développement de la Martinique, entre Union européenne et aire régionale

Problématique suggérée : **ES/L** En quoi le développement de la Martinique dépend-il à la fois de ses relations avec l'UE et de son intégration dans son aire régionale ?

Fil directeur suggéré : **S** Le développement de la Martinique repose sur ses relations privilégiées avec l'UE et une intégration croissante dans son aire régionale.

2 Sélectionnez, dans la liste suivante, trois propositions qui répondent au sujet. Puis, classez-les dans un ordre logique pour constituer les 3 parties du plan. ▶ **Méthode** p. 108

- La Martinique présente des difficultés de développement spécifiques.
- La Martinique est un territoire marqué par l'insularité et l'éloignement.
- L'UE encourage l'intégration de la Martinique dans son aire régionale.
- La Martinique est un territoire spécifique au sein de l'Union européenne.
- Le développement de la Martinique repose sur ses relations privilégiées avec l'UE.
- La Martinique constitue un îlot de prospérité dans son aire régionale.

B Rédiger la conclusion

Méthode

SÉRIE ES/L

a. **Rappeler l'apport de chacune des grandes parties** de la composition dans la réponse à la problématique.

b. **Formuler une réponse finale** (si possible, nuancée) à la problématique.

c. **Proposer une ouverture**, à travers un thème proche, ou un autre espace, ou une autre échelle.

SÉRIE S

a. **Rappeler l'idée clé de chaque partie** de la composition de manière courte et simple.

b. **Faire un bilan nuancé** répondant au fil directeur.

3 Rédigez chacune des parties de la composition en vous aidant du cours.

4 Complétez la conclusion en suivant les points de méthode **a** et **b** ci-dessus.

> **Conseil**
> Utilisez des connecteurs logiques pour montrer les liens entre les éléments de la conclusion.

La Martinique cumule des difficultés économiques et sociales importantes liées à ....
....

5 **ES/L** Choisissez parmi les propositions suivantes celle qui convient le mieux pour l'ouverture de la conclusion. Justifiez votre choix.

– En effet, un développement autonome et durable constitue un enjeu important pour répondre aux tensions sociales auxquelles la Martinique doit faire face.

– Pourtant, malgré les récentes tentatives, la Martinique ne parvient pas encore à s'intégrer dans son aire régionale.

– Mais, la forte dépendance de la Martinique à l'égard de l'UE et la faible intégration à son aire régionale est-elle une situation originale ou bien est-elle commune à l'ensemble des territoires ultramarins de l'UE ?

Traiter des données par cartographie interactive (*webmapping*)

Sujet **Les RUP françaises, des territoires insulaires aux fortes inégalités spatiales**

Outil de sélection des données à représenter

Outils de changement d'échelle et d'orientation

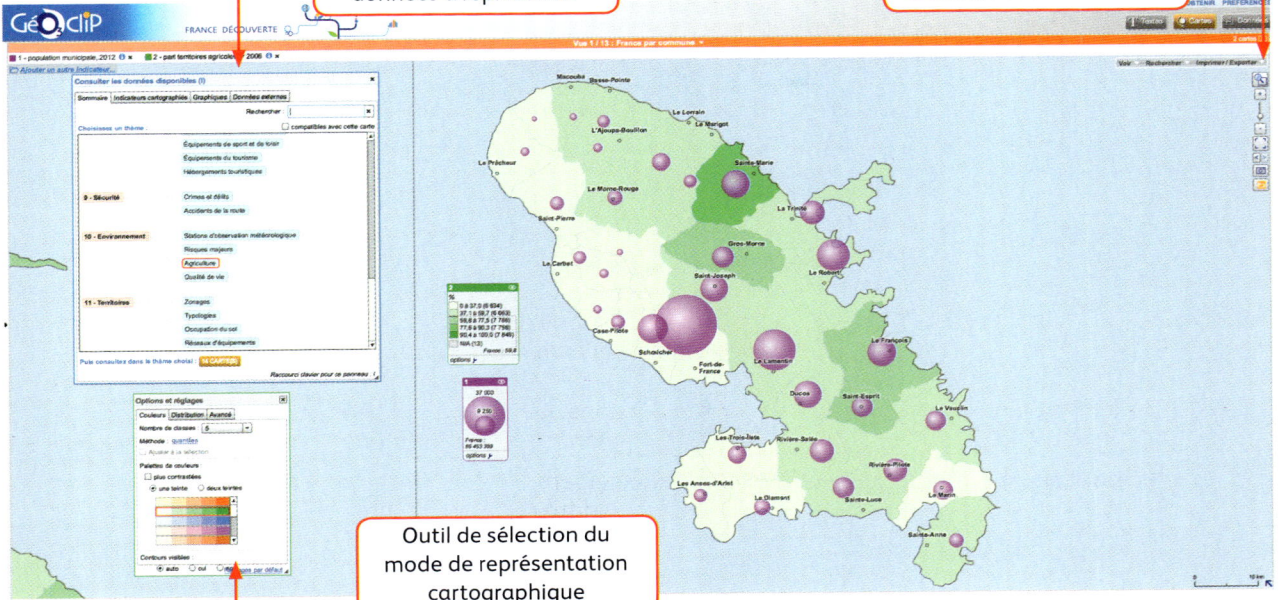

Outil de sélection du mode de représentation cartographique

1 Réalisez l'exercice d'application en vous aidant de la méthode proposée.

Méthode pour traiter des données par cartographie interactive	Application
Choisir un site de *webmapping* qui présente des données statistiques et les fonctions de cartographie interactive.	Allez sur le site « Géoclip » et ouvrez l'onglet « France découverte » qui présente de nombreuses statistiques de l'Insee.
Sélectionner le lieu choisi grâce à la barre de recherche.	Zoomez sur l'encart présentant la Martinique.
Sélectionner les données à cartographier grâce au sommaire.	Sélectionnez un indicateur démographique qui montre l'inégale répartition de la population ; un indicateur économique (agriculture, tourisme…) qui montre la concentration des activités économiques.
Pour chaque donnée, choisissez un mode de représentation cartographique des données.	Utilisez les options et réglages (couleurs, seuillage) afin de superposer sur une même carte plusieurs données.

Conseil
Limitez le nombre de classes statistiques afin de repérer les grands ensembles géographiques.

2 Sur le modèle de la Réunion ci-dessous, réalisez une carte interactive de la Guyane sur le thème de l'inégale occupation du territoire.

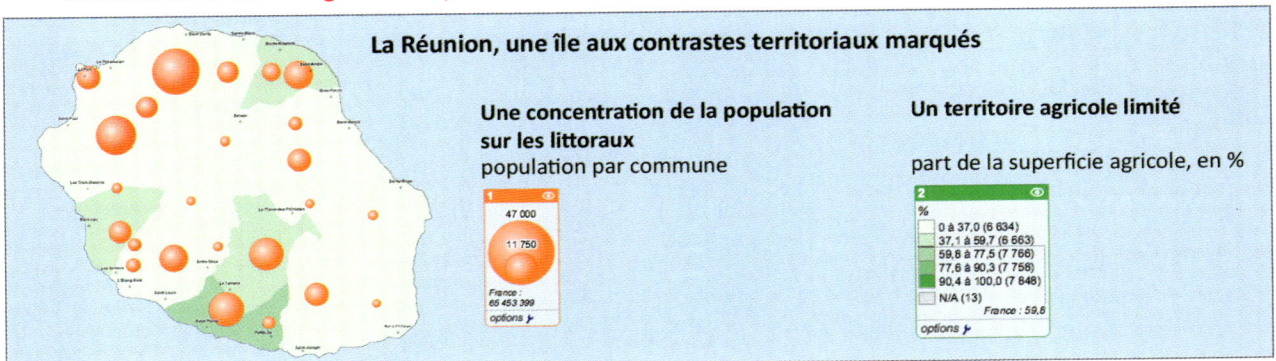

La Réunion, une île aux contrastes territoriaux marqués

Une concentration de la population sur les littoraux
population par commune

47 000

11 750

France :
65 453 399

options

Un territoire agricole limité

part de la superficie agricole, en %

%
☐ 0 à 37,0 (6 634)
☐ 37,1 à 59,7 (6 663)
☐ 59,8 à 77,5 (7 766)
☐ 77,6 à 90,3 (7 758)
☐ 90,4 à 100,0 (7 848)
☐ N/A (13)
France : 59,8

options

Localisations essentielles

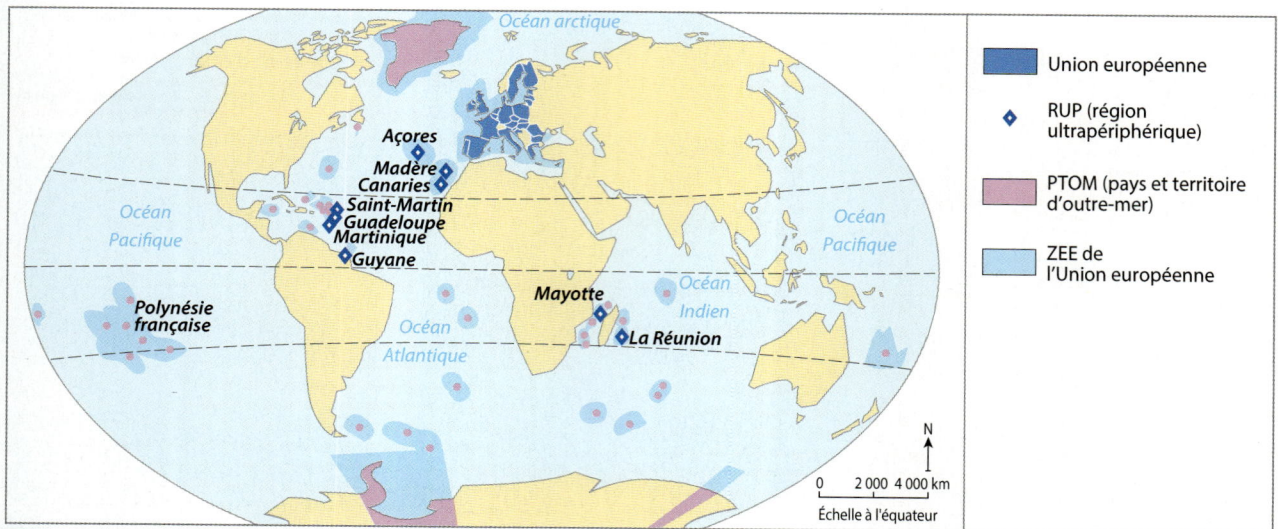

1 La présence planétaire de l'UE grâce aux territoires ultramarins

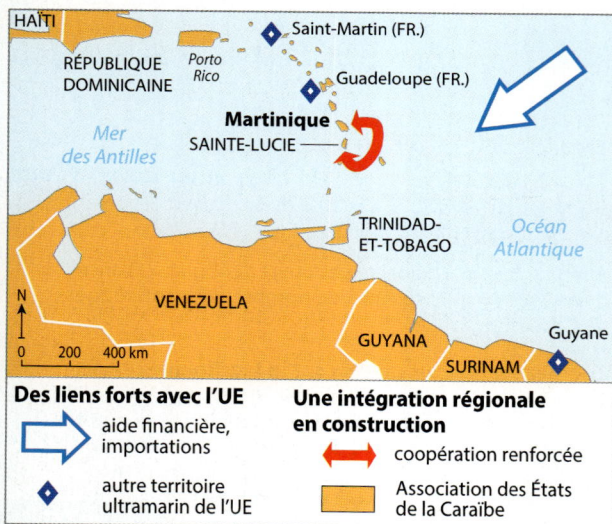

2 La Martinique, un territoire ultramarin de l'UE en voie d'intégration régionale

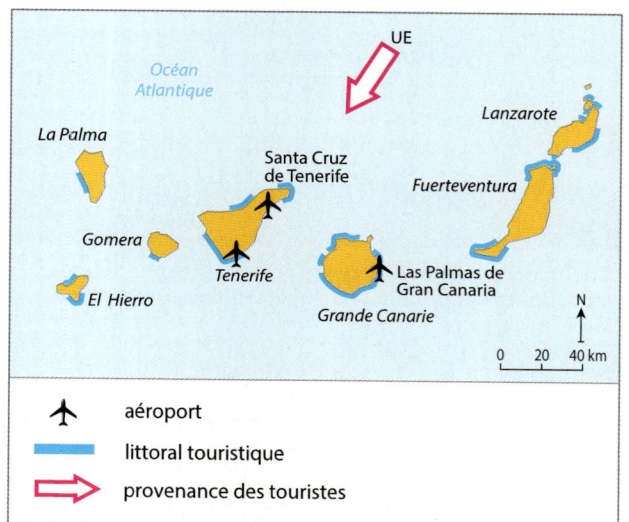

3 Les Canaries, un archipel touristique morcelé

Chiffres clés

A Les 3 premiers « États ultramarins » de l'UE

5 RUP
6 PTOM
12 PTOM
6 PTOM

France Royaume-Uni Pays-Bas

B La population des territoires ultramarins de l'UE

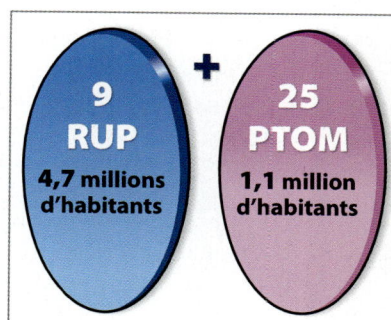

9 RUP 4,7 millions d'habitants
+
25 PTOM 1,1 million d'habitants

C La population des RUP

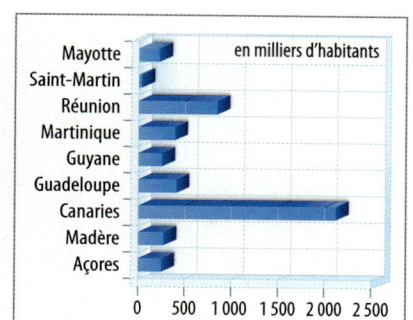

en milliers d'habitants

Mayotte, Saint-Martin, Réunion, Martinique, Guyane, Guadeloupe, Canaries, Madère, Açores

0 500 1 000 1 500 2 000 2 500

COMMENT LES TERRITOIRES ULTRAMARINS CONCILIENT-ILS LEUR DÉPENDANCE À L'ÉGARD DE L'UE ET LEUR INTÉGRATION DANS LEUR AIRE RÉGIONALE ?

DES TERRITOIRES EUROPÉENS LOINTAINS ET DISCONTINUS	DES TERRITOIRES SPÉCIFIQUES AU SEIN DE L'UNION EUROPÉENNE	DES TERRITOIRES ENTRE UNION EUROPÉENNE ET AIRE RÉGIONALE
Des terres éloignées	Des terres majoritairement tropicales	Des territoires en lien étroit avec l'Union européenne
+	+	+
Une majorité d'îles	Des territoires culturellement et démographiquement originaux	Des territoires peu intégrés dans leur aire régionale
+	+	↓
Deux statuts différents : **RUP et PTOM**	Des niveaux de développement contrastés	Une intégration croissante dans leur aire régionale encouragée par l'UE

A Comment les territoires ultramarins gèrent-ils l'éloignement et l'insularité ?

Les territoires ultramarins de l'UE sont souvent très éloignés de l'Europe et sont surtout composés d'îles et d'archipels. Leur connexion au reste du monde est donc coûteuse même si ces territoires ont surtout des relations privilégiées avec leur métropole. L'**éloignement** et l'**insularité** sont donc des handicaps structurels mais peuvent devenir des **atouts** pour ces territoires qui ont des paysages spécifiques (plages bordées de cocotiers, récifs coralliens) à offrir aux touristes européens. De plus, ces îles confèrent à l'UE la plus grande **ZEE** au monde.

B Pourquoi le développement des territoires ultramarins est-il conditionné par leurs caractéristiques socio-économiques ?

Comme les territoires ultramarins sont majoritairement situés dans la **zone intertropicale**, ils présentent d'importantes richesses naturelles et des atouts pour les cultures tropicales (banane, canne à sucre) ou le tourisme. Les territoires ultramarins peuvent miser sur la jeunesse de leur population et sur l'originalité de leur culture, comme la culture créole dans les Antilles. Cependant, compte tenu de l'exiguïté de leur territoire et de leur marché intérieur, ces territoires présentent des niveaux de **développement contrastés** et leur PIB est 30 à 50 % inférieur à celui de leur métropole.

C Pourquoi l'UE joue-t-elle un rôle essentiel dans le développement des territoires ultramarins et dans leur intégration régionale ?

Selon leur statut, les territoires ultramarins ne reçoivent pas les mêmes aides de la part de l'UE. Les 9 **RUP** intégrées à l'UE bénéficient des fonds de la **politique de cohésion** quand les 25 **PTOM** reçoivent les aides plus modestes du **FED**. Ces aides participent au développement des territoires ultramarins même si les difficultés économiques et sociales persistent. Actuellement, l'UE impulse un développement plus autonome et durable et encourage leur **intégration dans leur aire régionale**. Ainsi, certains territoires font désormais partie d'autres associations que l'UE, comme la Martinique et la Guadeloupe qui ont intégré l'AEC.

NE PAS CONFONDRE

RUP (Région ultrapériphérique) : région appartenant à l'Union européenne mais située en dehors du continent européen.

PTOM (Pays et territoires d'outre mer) : territoire appartenant à un État membre de l'Union européenne mais seulement associé à l'UE.

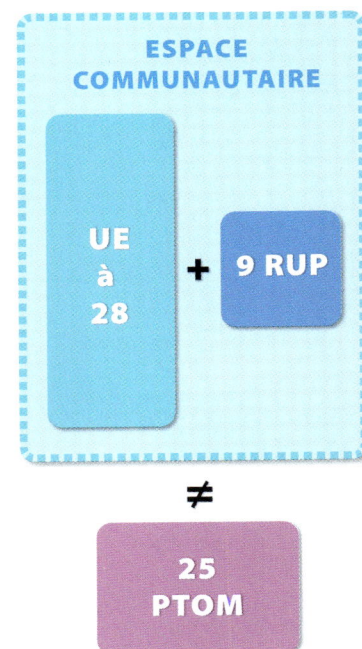

ESPACE COMMUNAUTAIRE

UE à 28 **+** 9 RUP

≠

25 PTOM

Paris

Vue de la Défense depuis la Fondation d'art contemporain Louis Vuitton.

Symbole de la réussite économique de l'entreprise LVMH, cette fondation d'art contemporain (au 1er plan) a ouvert ses portes en octobre 2014 dans l'Ouest parisien. L'entreprise, associée mondialement aux produits de luxe à la française, a en effet réalisé une vaste opération de communication en s'engageant dans le mécénat artistique. Ce centre de 7 000 m² a été construit au cœur du bois de Boulogne. Sa localisation est stratégique : à proximité du quartier des affaires de la Défense (au second plan), premier quartier d'affaires européen et vitrine de la puissance économique de l'Union européenne dans la mondialisation.

9
L'Union européenne dans la mondialisation

ENJEUX

Portée par son rayonnement culturel et politique, l'Union européenne est un des centres de la mondialisation. Si elle occupe les premiers rangs au niveau économique, commercial et financier, elle est concurrencée par les puissances majeures (États-Unis, Japon) et de plus en plus par les pays émergents. La principale façade portuaire de l'UE, la Northern Range, représente un puissant atout dans la mondialisation. L'Union européenne doit cependant répondre au double défi de la performance économique et du développement durable.

▶ **Comment l'UE peut-elle maintenir sa place dans la mondialisation face aux autres puissances ?**

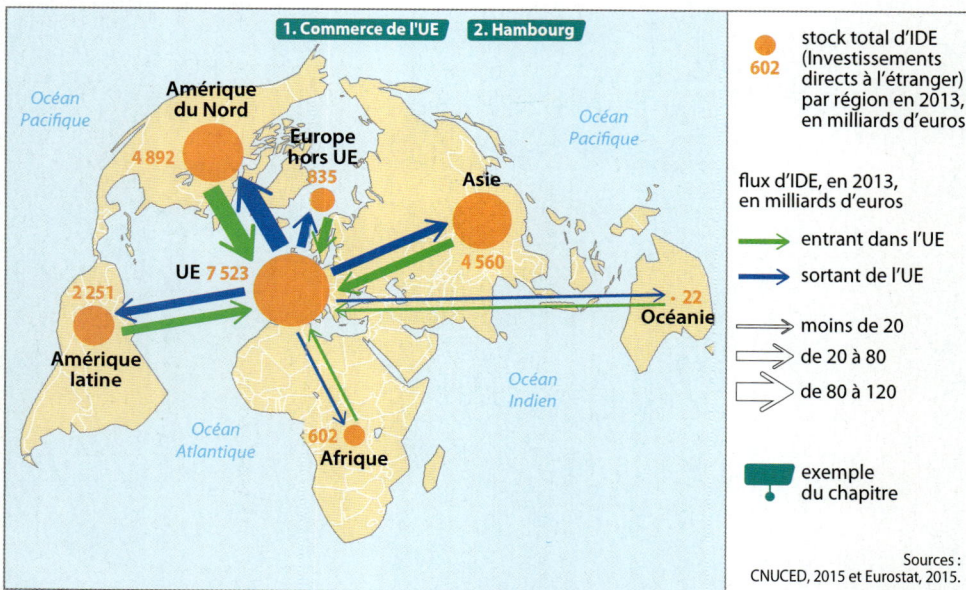

1 La place de l'Union européenne dans les investissements mondiaux

Questions

1) En quoi cette carte nous renseigne-t-elle sur la place de l'UE dans la mondialisation ? (doc. 1)

2) Montrez que l'UE est une région qui attire massivement les investissements directs à l'étranger et qui investit dans le monde entier mais de manière inégale. (doc. 1)

3) D'après cette photographie, quels éléments font de l'UE une grande puissance économique et lui permettent de s'intégrer à la mondialisation ? (doc. 2)

Saint-Pancras

City

Tamise

Buckingham Palace

Tower Bridge

2 La City de Londres, 1re place boursière européenne au cœur des flux planétaires

L'Union européenne dans la mondialisation

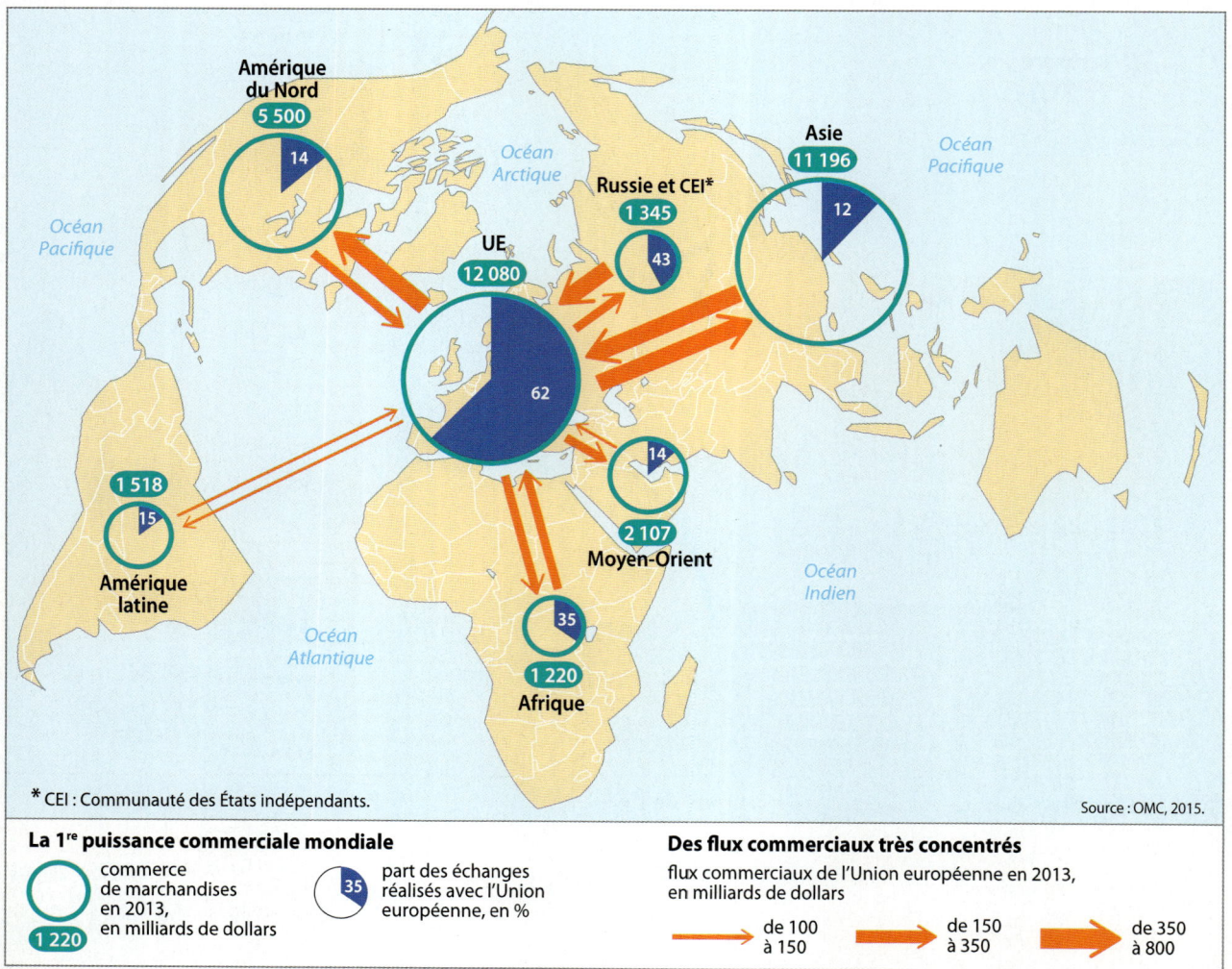

* CEI : Communauté des États indépendants.

Source : OMC, 2015.

La 1ʳᵉ puissance commerciale mondiale

○ commerce de marchandises en 2013, en milliards de dollars
1 220

35 part des échanges réalisés avec l'Union européenne, en %

Des flux commerciaux très concentrés

flux commerciaux de l'Union européenne en 2013, en milliards de dollars

→ de 100 à 150
→ de 150 à 350
→ de 350 à 800

1 **La place de l'UE dans le commerce mondial**

Vocabulaire

Arrière-pays : espace terrestre en liaison avec un port.

Façade maritime : littoral comprenant de grands ports en relation entre eux et partageant un même arrière-pays.

Feedering : technique qui consiste à redistribuer des conteneurs entre des ports secondaires et le port principal (hub) où ils sont chargés et déchargés sur des navires transocéaniques.

Hub : point d'un réseau (aéroport, port) drainant passagers et marchandises pour les redistribuer à une échelle internationale.

Northern Range : concentration des principaux ports européens de Hambourg (Allemagne) au Havre (France), le long de la mer du Nord. Elle sert de façade maritime à l'Europe rhénane.

Questions

1) Décrivez la place de l'Union européenne dans le commerce mondial de marchandises.

2) Quels sont les principaux partenaires du commerce extérieur de l'Union européenne ?

3) Quels points communs peut-on établir avec les flux d'investissements ? (doc. 1 p. 254)

4) Avec quelles régions du monde les échanges de l'UE sont-ils déséquilibrés ?

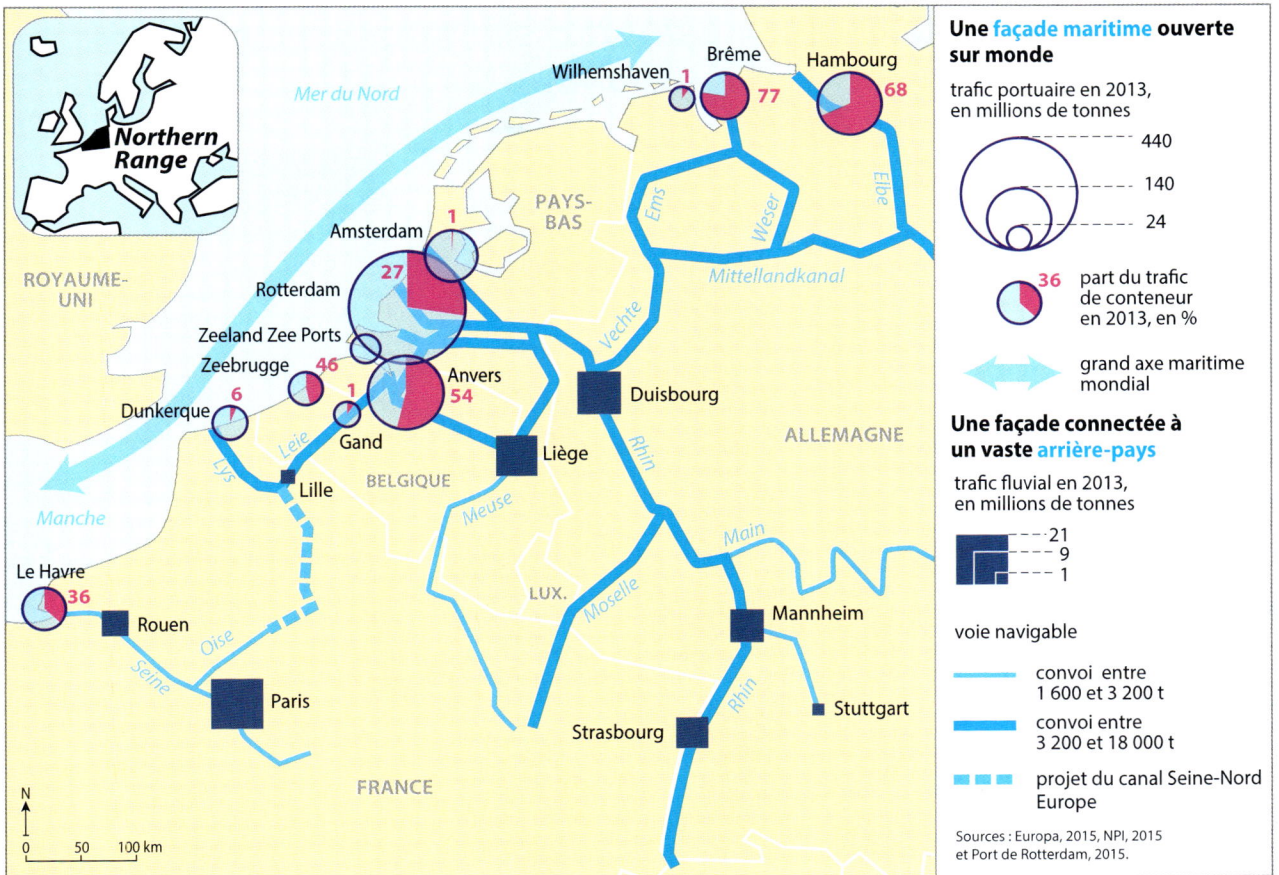

2 La **Northern Range**, porte d'entrée maritime de l'UE

Une **façade maritime** ouverte sur monde

trafic portuaire en 2013, en millions de tonnes
- 440
- 140
- 24

36 part du trafic de conteneur en 2013, en %

grand axe maritime mondial

Une façade connectée à un vaste **arrière-pays**

trafic fluvial en 2013, en millions de tonnes
- 21
- 9
- 1

voie navigable

convoi entre 1 600 et 3 200 t

convoi entre 3 200 et 18 000 t

projet du canal Seine-Nord Europe

Sources : Europa, 2015, NPI, 2015 et Port de Rotterdam, 2015.

3 Le fonctionnement du *feedering*

hub portuaire

port maritime ou fluvial secondaire

liaison maritime principale

liaison maritime assurant le *feedering*

Source : d'après Géoconfluences, 2015.

Questions

1 Décrivez précisément la façade maritime de la Northern Range (ports, route maritime à laquelle elle est connectée, avant et arrière-pays). (doc. 2)

2 Expliquez le fonctionnement du *feedering*. Quel est le rôle du port de Rotterdam dans ce système ? (doc. 2 et 3)

3 Par quels moyens les marchandises débarquées sur la Northern Range sont-elles distribuées dans l'arrière-pays ? Quel lien peut-on établir entre la densité du réseau fluvial et la taille des ports ? (doc. 2)

L'Union européenne, pôle majeur dans la mondialisation

▶ **Comment le rôle de l'UE évolue-t-il dans la mondialisation face à la concurrence internationale ?**

A L'UE, un centre majeur de la mondialisation

• **L'UE est toujours un** centre d'impulsion **majeur de la planète** (1/4 du PIB mondial en 2013). Au 1er rang mondial pour les importations et les exportations, l'UE reste une puissance commerciale en réalisant 15 % du commerce mondial (hors commerce intra-zone). Sa puissance financière repose sur ses places boursières interconnectées (Londres, Francfort) et sa capacité à attirer et à recevoir les **IDE** (doc. 1 p. 254). Mais son poids monétaire est plus limité car l'euro reste dominé par le dollar dans les transactions internationales.

• **L'UE est attractive pour les flux humains.** 1er pôle migratoire mondial, elle est perçue comme un eldorado par les migrants du Sud malgré la lutte contre l'immigration clandestine. L'UE cherche à drainer une main-d'œuvre qualifiée pour soutenir sa capacité à innover (doc. 2). Enfin, elle demeure le 1er marché planétaire du tourisme (563 millions de visiteurs en 2013), soit la moitié des touristes mondiaux.

• **Des atouts expliquent cette attractivité de l'UE.** Elle reste une puissance productive majeure (1er rang pour l'industrie et les services, 2e rang pour l'agriculture), malgré le ralentissement de sa croissance économique depuis 2008. L'une de ses forces réside dans ses 507 millions de consommateurs à haut niveau de vie et de formation. Elle est reliée au monde grâce à ses deux villes mondiales (Paris et Londres), ses métropoles et son réseau de transport (doc. 1).

B L'UE, un acteur particulier de la mondialisation

• **L'UE est active dans la** gouvernance **économique mondiale.** Bien que composée de 28 États, elle parle d'une seule voix à l'**OMC** où elle tente de défendre la qualité des produits échangés et des normes de production plus favorables aux travailleurs et à l'environnement. Mais elle reste divisée au sein du FMI (Fonds monétaire international), où elle ne parvient pas à s'imposer face aux États-Unis.

• **Les FTN (firmes transnationales) de l'UE (128 parmi les 500 premières mondiales) offrent un rôle majeur à l'UE dans la mondialisation.** Très présentes dans les domaines de l'énergie (Shell, BP, Total), l'automobile (Volkswagen, Renault) et les services (Carrefour, Ikea), ces FTN rivalisent dans la conquête des marchés (Repère). Pour rester compétitives, elles investissent en Europe orientale, au Maghreb, en Asie ou se rapprochent entre elles (Air France-KLM-Alitalia, PSA-Opel).

• **L'UE assoit son influence grâce aux valeurs qu'elle incarne :** démocratie, droits de l'homme et paix. Le *soft power* de l'UE les diffuse à travers sa production culturelle et médiatique, mais surtout grâce à sa politique extérieure. Elle distribue, par exemple, plus de 50 % de l'**aide publique au développement** de la planète et coopère avec les pays partenaires d'Afrique, de Caraïbes et du Pacifique (doc. 4).

C De nouvelles stratégies de l'UE dans la mondialisation

• **L'UE craint d'être marginalisée dans la mondialisation.** Le centre de gravité de l'économie mondiale se déplaçant en Asie (Chine, Inde), l'UE multiplie les accords commerciaux (Brésil, Argentine, Inde). Le projet d'une zone de libre-échange avec les États-Unis (825 millions de consommateurs, 45 % du PIB mondial) permettrait de faire contrepoids à la Chine mais divise les États membres de l'UE (doc. 5 p. 263).

• **L'UE doit relever un certain nombre de défis.** Le vieillissement de la population fait craindre une hausse des dépenses publiques et une pénurie de main-d'œuvre alors que la crise financière affaiblit fortement la zone euro (doc. 3). Ses relations avec la Russie, principal fournisseur de l'énergie de l'UE, restent très difficiles (crise en Ukraine en 2014). Enfin, les divisions politiques internes brouillent l'image de l'UE dans la mondialisation et entretiennent une certaine défiance de l'opinion publique européenne à l'égard des institutions jugées parfois technocratiques et lointaines.

• **Face à ces menaces, l'UE cherche à affirmer sa propre stratégie dans la mondialisation** en misant sur la cohésion, la compétitivité et la durabilité (p. 208). Elle valorise l'innovation en tentant de rattraper son retard dans la R&D (3 % de son PIB en 2020). Elle soutient son *leadership* dans la protection de l'environnement en s'engageant à limiter les émissions de **GES** de 20 % d'ici 2020.

Vocabulaire

Aide publique au développement : ensemble de dons et de prêts à conditions favorables accordés par des organismes publics aux pays en développement dans le but d'améliorer leurs conditions de vie.

Centre d'impulsion : ville ou région motrice de la mondialisation dans laquelle sont concentrées des fonctions de commandement internationales (économique, politique, culturelle).

GES (Gaz à effet de serre) : voir p. 186.

Gouvernance : manière de diriger les affaires publiques fondée sur la recherche de décisions qui associent l'ensemble des acteurs.

IDE : voir p. 142.

OMC (Organisation mondiale du commerce) : organisation qui régule le commerce international en réduisant les tarifs douaniers et en réglant les différends commerciaux.

Soft Power **(puissance douce) :** capacité d'un pays à élargir son rayonnement et à dominer les échanges mondiaux en employant des outils de persuasion culturels, économiques ou politiques.

REPÈRE

Les 5 premières FTN de l'Union européenne[1] en 2014

Rang mondial	Entreprise	Secteur
2	Royal Dutch Shell (R-U et Pays-Bas)	Énergie
6	BP (R-U)	Énergie
8	Volkswagen (All)	Automobile
11	Total (Fr)	Énergie
16	Axa (Fr)	Assurances

1. 30 FTN de l'UE figurent parmi les 100 premières mondiales, en chiffre d'affaires.
Source : Fortune, 2015.

1 Le quartier des affaires de Varsovie (Pologne)

2 **La Carte bleue.** Adoptée en 2009, la Carte bleue est un outil de politique d'immigration choisie, à l'instar de la Carte verte délivrée aux États-Unis. Ce permis de travail, pour les résidents d'un pays non-membre de l'UE, ne peut être obtenu que par des personnes qualifiées. En 2013, 15 431 Cartes bleues ont été délivrées.

3 **Les défis de l'UE pour défendre sa place dans la mondialisation**

Même si l'Europe reste la première puissance économique et commerciale du monde, elle subit une érosion systématique de son importance globale. Le rétrécissement est d'abord démographique : l'Europe pesait 22 % de la population au XIXᵉ siècle, au plus fort de son expansion coloniale. C'est exactement ce que pèse la Chine actuellement, alors que les Européens ne correspondent plus qu'à 7 % de la population mondiale. Pour les Européens, ce recul démographique se double aussi, à la différence des États-Unis, d'un vieillissement net de la population : en 2015, le nombre des décès est supérieur au nombre de naissances dans l'Union, ce qui s'accompagne de perspectives inquiétantes en termes d'innovation, de tension sur le marché du travail ou de financement des retraites. Quant à l'affaiblissement de la puissance économique de l'Union, les chiffres sont éloquents. La part de l'Union dans le commerce mondial baisse au profit des pays émergents et, surtout, de la Chine. Elle est passée de 19 % en 1999 à 15 % en 2013[1]. Enfin, sur le plan énergétique, l'Union est dans une situation de dépendance alarmante : son économie dépend à plus de 60 % pour l'approvisionnement en pétrole et gaz des trois zones les plus instables de la planète : la Russie, le Moyen-Orient et l'Afrique. Or, la capacité de l'Union à influencer politiquement ces trois régions reste extrêmement limitée.

Question d'Europe n° 296, Institut Robert Schuman, 2013.

1. Hors commerce intra-UE.

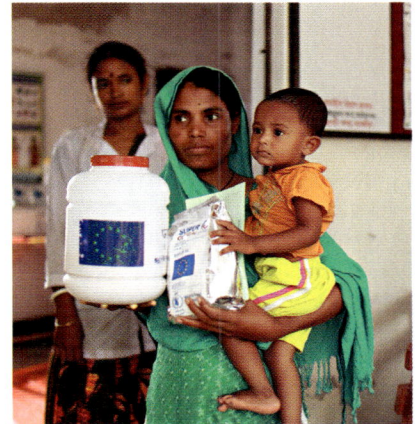

4 **L'UE, un acteur majeur de l'aide humanitaire**
La lutte contre la malnutrition au Bangladesh est un exemple d'intervention de l'Office européen d'aide humanitaire. Créé en 1992, il gère chaque année un budget moyen d'un milliard d'euros faisant de l'UE l'un des plus importants donateurs au monde en matière d'aide humanitaire (nourriture, médicaments…).

Capacités et méthodes

Analyser un texte

1. Identifiez le doc. 3. Pourquoi la recherche de la source est-elle indispensable à sa compréhension ?
2. À quels défis démographiques et économiques l'UE est-elle confrontée ? (doc. 3)

Une façade maritime : la Northern Range

▶ **Comment la Northern Range connecte-t-elle l'Union européenne au monde ?**

A La deuxième façade maritime du monde

- **La Northern Range est une puissante façade maritime.** Du Havre à Hambourg, elle s'étend sur 1 000 km le long de la mer du Nord et de la Manche, passage maritime le plus fréquenté au monde. Son activité portuaire, héritée du Moyen Âge, s'est accrue au XIXᵉ siècle avec l'industrialisation de la Ruhr (Allemagne).

- **Ses ports en font la principale interface de l'UE avec le monde.** 50 % du trafic maritime de l'UE y transite (47 % des conteneurs). Le port de Rotterdam est la principale porte maritime de cette façade (doc. 1). Cependant, le basculement de l'économie mondiale vers l'Asie orientale favorise ses ports (Shanghai, Singapour). 2ᵉ port mondial en 2002, Rotterdam n'est plus qu'au 8ᵉ rang en 2013.

- **La Northern Range s'appuie sur un arrière-pays riche** constitué de l'Europe rhénane. En effet, de puissants réseaux de transport relient les ports et le continent. Par exemple, Anvers est connecté à l'Europe par le Rhin, le Danube, 5 autoroutes et 840 km de voies ferrées. Mais l'accès à l'arrière-pays est inégalement efficace (Repère). Alors qu'Hambourg s'est ouvert à l'Europe de l'Est depuis 2004, Le Havre ne parvient pas à s'imposer face à Anvers ou Rotterdam qui assurent la moitié du commerce extérieur de la France, contre 20 % dans les années 1990.

B Des ports hiérarchisés entre concurrence et coopération

- **Rotterdam, Anvers et Hambourg dominent la Northern Range.** Ces trois hubs concentrent les 2/3 du trafic de la façade maritime. Le trafic interne est nourri par *feedering* (doc. 3 p. 257) : au centre, Rotterdam et Anvers s'appuient sur des ports moyens (Zeebrugge, Ostende) pour redistribuer les marchandises. Ainsi 36 % des conteneurs de Rotterdam ne restent que quelques heures sur les quais, le temps d'être transférés d'un porte-conteneurs à un bateau de tonnage plus faible. Les ports de Brême et de Hambourg au nord et du Havre au sud complètent la façade.

- **Ces ports sont des pôles économiques importants.** Si le trafic des produits agricoles, miniers et énergétiques est essentiel, le trafic de conteneurs s'accroît et représente 36 % du trafic en 2013. Les infrastructures s'adaptent à cette évolution : spécialisation des terminaux, installation de grues et de portiques. Mais les ports sont plus que des lieux de transit : ce sont des **ZIP**, voire des **clusters** : Le Havre occupe 32 000 personnes dans 122 entreprises (transport, assurance, maintenance navale).

- **Ces ports adoptent des stratégies de coopétition.** Chacun veut attirer les flux et les armateurs (le Danois Maersk, le Français CMA CGM). Mais, face à la concurrence mondiale, des ports coopèrent de plus en plus : Anvers, localisé dans l'estuaire de l'Escaut, et Zeebrugge, situé directement sur la mer du Nord, s'unissent dans la gestion du trafic des conteneurs : selon leurs destinations, les conteneurs sont accueillis tantôt à Anvers pour une desserte continentale rapide, tantôt à Zeebrugge pour une desserte maritime rapide.

C Des aménagements performants

- **Les aménagements portuaires sont en constante évolution.** Pour rester compétitifs et s'adapter aux navires de plus en plus gros, les ports cherchent à accroître la surface de leurs quais et de leurs entrepôts. À Rotterdam, l'avant-port Maasvlakte 2 qui accueille les plus gros navires du monde 24h/24 a été créé par **poldérisation**, offrant ainsi 20 km² directement accessibles aux navires de haute mer (doc. 1).

- **Les corridors de transport et les fleuves aménagés (Rhin, Elbe) sont renforcés.** Ils ont pour vocation d'élargir l'arrière-pays jusqu'à la Méditerranée (Barcelone, Gênes) et la mer Noire. Ainsi, les ports intérieurs sont autant de relais pour les marchandises : à Liège, la plate-forme multimodale Trilogiport trie les conteneurs pour Anvers, Rotterdam ou Dunkerque (doc. 2).

- **Les ports doivent concilier enjeux économiques et enjeux environnementaux.** L'activité portuaire et l'extension en mer nuisent aux écosystèmes (Maasvlakte 2 a nécessité 240 M de m³ de sable). Les directions portuaires cherchent des réponses face aux exigences environnementales (Le Havre, Rotterdam, doc. 3).

Vocabulaire

Arrière-pays : espace terrestre en liaison avec un port.

Cluster : voir p. 148.

Coopétition : situation dans laquelle les acteurs économiques (ici les ports) sont en compétition pour capter les flux mais collaborent dans certains domaines pour être plus performants.

Corridor : couloir de circulation multimodal concentrant des flux transfrontaliers. L'Union européenne a défini 9 corridors transeuropéens.

Façade maritime : voir p. 256.

Feedering : technique qui consiste à redistribuer des conteneurs entre des ports secondaires et le port principal (hub) où ils sont chargés et déchargés sur des navires transocéaniques.

Hub : voir p. 256.

Interface : voir p. 156.

Northern Range : voir p. 256.

Poldérisation : conquête de terres sur la mer ou sur les zones humides par endiguement et drainage.

ZIP (Zone industrialo-portuaire) : espace côtier associant des fonctions portuaires (accueil de gros navires) et industrielles liées au transport maritime (transformation de matières premières).

REPÈRE

Les modes de transport utilisés dans l'arrière-pays
en % des marchandises transportées

Ports (rang européen)	Route	Rail	Fleuve
Rotterdam (1)	60	9	31
Anvers (2)	60	8	32
Hambourg (3)	69	29	2
Le Havre (9)	87	5	8

Source : Devport, 2015.

1 Maasvlakte 2, le nouveau terminal du port de Rotterdam inauguré en mai 2014

2 **Trilogiport, une nouvelle plate-forme multimodale près de Liège.** La plate-forme de Liège (3ᵉ port fluvial d'Europe) regroupe un terminal à conteneurs trimodal (eau, rail, route) ①, des entrepôts ② ainsi qu'une zone de services ③.

24 h temps de navigation

3 **Des ports tournés vers un développement durable : Vision 2030 de Rotterdam**

Port Vision 2030 de Rotterdam ambitionne d'obtenir la plus faible empreinte écologique portuaire dans le monde, en développant des modes de transport durables, des carburants propres et des systèmes logistiques efficaces. Maasvlakte 2 a par exemple été conçu dans une démarche de durabilité : énergie produite par valorisation des déchets des activités industrialo-portuaires, installation d'éoliennes sur les digues. De même, des incitations financières sont mises en œuvre pour les navires propres. Toutefois, un certain nombre de limites persistent : l'électricité vient de centrales thermiques qui produisent du CO_2 ; l'intermodalité avec la route ou le rail, et secondairement les voies fluviales, et les pipelines provoque les critiques des écologistes (destruction des écosystèmes, pollution visuelle et sonore). Enfin, la législation n'est pas uniforme d'un État à l'autre et les ports néerlandais sont soumis à des conditions environnementales plus strictes que leurs voisins. L'UE reconnaît le problème et élabore une politique d'uniformisation.

D'après V. Hiranandani, *Sustainable development in the maritime industry*, World Economics Association, 2012.

Capacités et méthodes

Confronter des documents

1. De quelles façons les conteneurs peuvent-ils être transportés (doc. 1 et 2) ?

2. Quels sont les avantages de l'intermodalité (doc. 1 et 2) ?

Comment l'Union européenne conforte-t-elle sa place de géant commercial dans le monde ?

L'UE est aujourd'hui la 1re puissance commerciale au monde. Mais 62 % des échanges commerciaux sont réalisés entre les membres de l'UE. Or, pour faire face à la concurrence mondiale et à son déclin démographique, l'UE tente d'augmenter la part de son commerce extérieur. Elle peine cependant à trouver une stratégie commune pour valoriser ses atouts.

Le commerce extérieur de l'UE en chiffres

- 1er exportateur mondial devant la Chine et les États-Unis
- 10 % de la population active travaillent dans des activités exportatrices

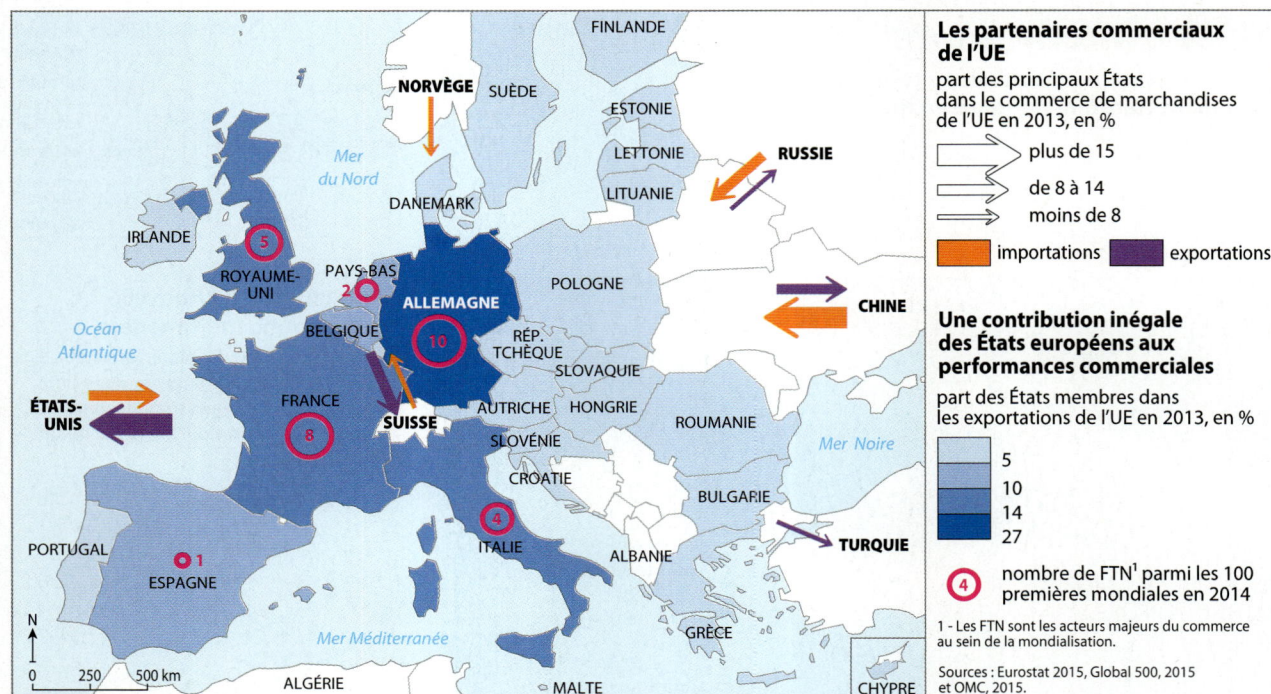

1 Le commerce extérieur de l'UE

2 L'évolution du commerce extérieur de l'UE

	En 2004	En 2013
Part de l'UE dans le commerce mondial (hors commerce intra-UE), en %		
• de marchandises	18	15 (1er rang)
• de services (transport, voyages, services aux entreprises)	28	25 (1er rang)
Solde des échanges de marchandises, en milliards d'euros	+ 77	− 105
Solde des échanges de services, en milliards d'euros	+ 42	+ 173
Part des États-Unis en % dans :		
• les importations de marchandises de l'UE	15,5	11,5 (3e rang)
• les exportations de marchandises de l'UE	26,4	16,5 (1er rang)
Part de la Chine en % dans :		
• les importations de marchandises de l'UE	4,8	16, 6 (1er rang)
• les exportations de marchandises de l'UE	11,4	8,5 (3e rang)

Sources : Eurostat, 2015 et OMC, 2014.

3 Adidas, une FTN allemande à la conquête du marché chinois. À l'image d'Adidas, les FTN de l'UE profitent actuellement du développement des classes moyennes en Chine et dans les autres pays émergents.

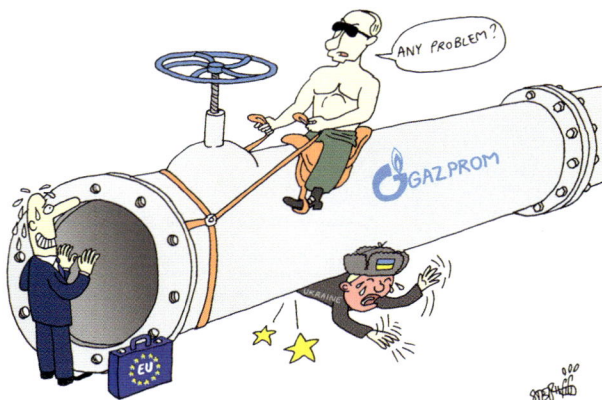

Dessin de Stephff, *Courrier International*,
11 avril 2014.

4 La dépendance énergétique de l'UE.
Les combustibles représentent 39 % des importations de l'UE. 50 % du gaz consommé dans l'UE vient de la Russie qui se sert de ses exportations de gaz comme arme diplomatique, notamment dans le conflit qui l'oppose à l'Ukraine depuis 2013.

5 Les défis de la puissance commerciale de l'UE

Une façon pour les Européens de faire face au défi de la montée des émergents serait d'établir une grande région productive, sachant protéger ses préférences collectives sociales et environnementales. Il faudrait penser à y associer l'Afrique subsaharienne.
On considère trop souvent comme acquise la puissance commerciale de l'UE et le rôle déterminant qu'y jouerait l'Allemagne, championne des exportations. On oublie ainsi trop rapidement que c'est l'union douanière des 28 pays qui procure un avantage collectif à l'UE dans les négociations mondiales et en fait le premier partenaire de la Chine, de l'Inde, du Brésil ou des États-Unis.
Que se passerait-il si l'UE disparaissait et si chaque pays faisait cavalier seul dans ses relations commerciales ? L'analyse montre sans ambiguïté que tous les pays européens se trouveraient marginalisés par rapport aux autres grandes puissances commerciales. L'analyse laisse aussi perplexe sur l'opportunité pour l'UE de signer l'accord transatlantique de libre-échange[1]. Le commerce demeure aujourd'hui le seul facteur indiscutable de puissance de l'Union européenne à l'échelle mondiale. L'accord transatlantique ne réduirait-il pas *de facto* la capacité de l'UE à mener une stratégie autonome ?

Le Nouvel Observateur, 19 mai 2014.

1. Accord de libre-échange entre l'UE et les États-Unis en cours de négociation. Il porte sur la réduction des barrières douanières et réglementaires.

Questions

1 Montrez que l'UE est aujourd'hui une puissance commerciale fondée sur de nombreux atouts. (doc. 1 et 2)

2 Quels sont pourtant les signes d'un recul relatif ? (doc. 2) À quelles difficultés l'UE fait-elle face dans la compétition mondiale ? (doc. 4 et 5)

3 Quels défis l'UE doit-elle relever pour maintenir son rang ? (doc. 3 et 5)

Consigne Bac

À partir des documents 3 et 5, montrez que l'ouverture aux pays émergents est une nécessité pour le commerce de l'UE mais qu'elle n'est pas sa seule stratégie pour maintenir son rang dans la mondialisation.

Comment le port d'Hambourg connecte-t-il l'Union européenne au monde ?

Concurrencé par Rotterdam ou Anvers, le port d'Hambourg profite depuis 2004 de l'ouverture de l'UE aux pays d'Europe orientale et de sa position septentrionale en Europe. Il est aujourd'hui un port dynamique - spécialisé dans le trafic des conteneurs - et innovant, notamment en matière environnementale.

Le port d'Hambourg en chiffres

- 15e rang mondial, 2e rang européen (trafic conteneur)
- 150 000 emplois
- Liaison avec 950 ports dans 178 pays

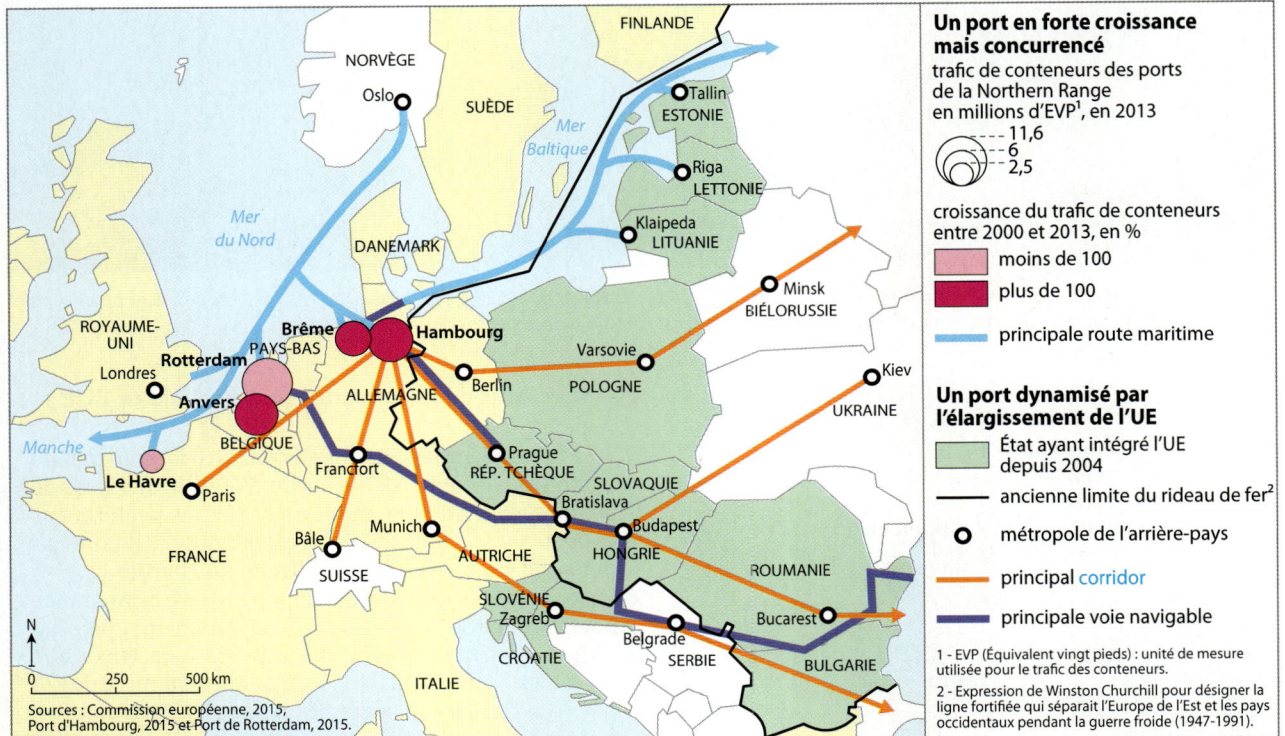

Un port en forte croissance mais concurrencé
trafic de conteneurs des ports de la Northern Range en millions d'EVP[1], en 2013
- 11,6
- 6
- 2,5

croissance du trafic de conteneurs entre 2000 et 2013, en %
- moins de 100
- plus de 100
- principale route maritime

Un port dynamisé par l'élargissement de l'UE
- État ayant intégré l'UE depuis 2004
- ancienne limite du rideau de fer[2]
- métropole de l'arrière-pays
- principal corridor
- principale voie navigable

1 - EVP (Équivalent vingt pieds) : unité de mesure utilisée pour le trafic des conteneurs.
2 - Expression de Winston Churchill pour désigner la ligne fortifiée qui séparait l'Europe de l'Est et les pays occidentaux pendant la guerre froide (1947-1991).

Sources : Commission européenne, 2015, Port d'Hambourg, 2015 et Port de Rotterdam, 2015.

1 **Hambourg, la porte maritime de l'Europe centrale et orientale**

Trafic portuaire en 2013, en %
- 68,2 conteneur
- 18 vrac solide (produits agricoles, fer, charbon)
- 10,5 vrac liquide (pétrole et dérivés)
- 3,3 autres

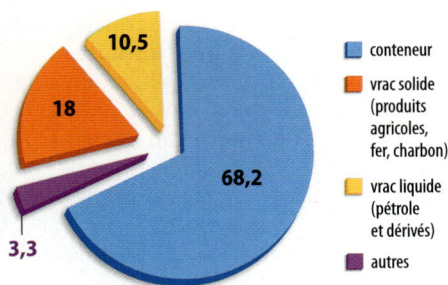

Destination du trafic de conteneurs entre 2002 et 2013
en millions d'EVP[1]
- 2002
- 2013

1. EVP (Équivalent vingt pieds) : unité de mesure utilisée pour le trafic des conteneurs.

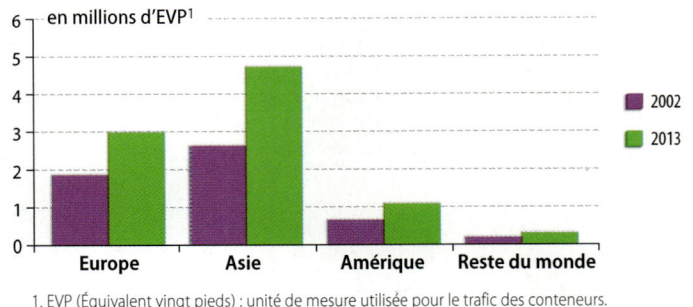

Source : Port de Hambourg, 2015.

2 **Un port spécialisé**

Vocabulaire

Cluster : regroupement d'entreprises spécialisées dans un même secteur d'activités et fonctionnant en réseau.

Corridor : couloir de circulation multimodal concentrant des flux transfrontaliers. L'Union européenne a défini 9 corridors transeuropéens.

Écoquartier : quartier aménagé pour répondre aux objectifs du développement durable.

3 Burchardkai, un terminal à conteneurs dynamique. Depuis 2004, le trafic du port d'Hambourg connaît une forte hausse grâce à l'ouverture de nouvelles lignes conteneurisées vers la Baltique et la mer du Nord. Des parts de marché ont également été gagnées en Asie.

4 La reconversion des anciennes infrastructures portuaires en écoquartier (Hafen City). Ce quartier portuaire en reconversion accueille actuellement des zones résidentielles, des espaces verts, une salle de spectacle ① et des activités économiques ②.

5 Un « *smart port*[1] » tourné vers le développement durable

Pour les dirigeants du port, qui ont lancé un grand programme de développement baptisé *Hambourg 2025*, l'objectif est de créer le premier « *smart port* » du monde, un ensemble d'installations, d'équipements et de matériels reliés entre eux par des infrastructures informatiques et de communications les plus avancées. Des investissements importants sont également en cours dans le domaine de l'indépendance énergétique, afin que le port puisse produire lui-même l'énergie dont il a besoin, en recourant aux éoliennes (on en compte déjà près d'une dizaine sur le site actuel) mais aussi à l'énergie solaire et à la géothermie. La grande ambition des dirigeants du port est de parvenir à s'équiper d'installations de stockage d'électricité sur lesquelles planchent notamment les équipes de Siemens. Hambourg est d'ailleurs devenue une sorte de « cluster » consacré aux nouvelles technologies dans le domaine de la construction navale, de la logistique et de l'hydrologie.

latribune.fr, 24 juin 2013.

1. Port connecté.

Questions

1 Montrez qu'Hambourg est une porte maritime majeure de l'UE. (doc. 1 et 2)

2 Pourquoi peut-on dire que le port d'Hambourg a bénéficié de l'élargissement de son arrière-pays depuis le début des années 1990 ? (doc. 1 et 2)

3 Confrontez les doc. 3 et 5 pour montrer que des aménagements portuaires différents ont été nécessaires pour s'adapter aux évolutions de l'UE et à la mondialisation.

4 Comment les autorités portuaires tentent-elles de concilier compétitivité et développement durable ? (doc. 4 et 5)

Consigne Bac

À partir des documents 1 et 3, vous montrerez que le dynamisme du port d'Hambourg s'explique à la fois par son ouverture au monde et l'importance de son arrière-pays. Puis vous montrerez les limites des documents.

Étude critique de documents **SÉRIE ES/L**
Analyse de documents **SÉRIE S**

Sujet d'entraînement

Atouts et limites de la puissance commerciale de l'UE

À partir de ces documents, montrez que l'UE est une grande puissance commerciale qui cherche à maintenir sa place dans la mondialisation. Vous expliquerez ensuite les limites des documents pour traiter le sujet.

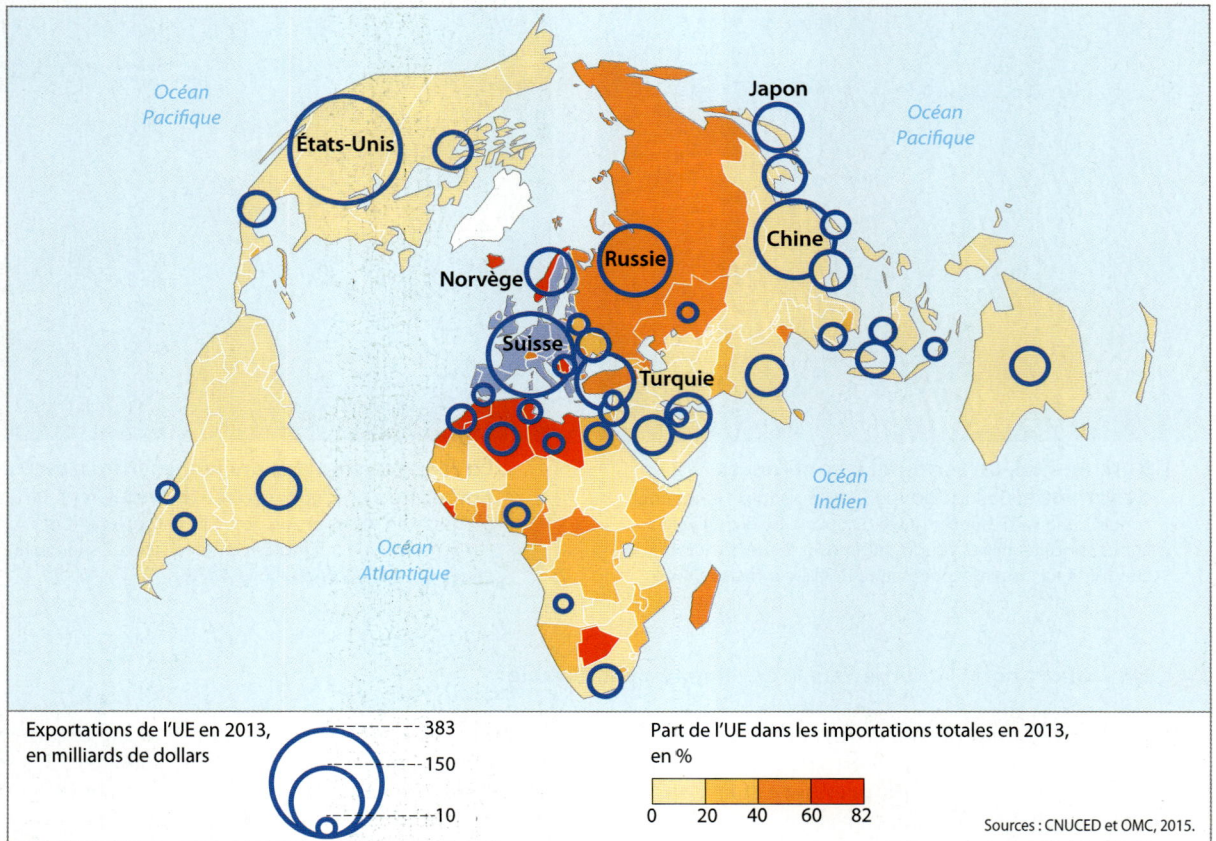

Exportations de l'UE en 2013, en milliards de dollars — 383 / 150 / 10

Part de l'UE dans les importations totales en 2013, en %
0   20   40   60   82

Sources : CNUCED et OMC, 2015.

1 L'UE, une grande puissance commerciale mondiale

> **Conseil**
> Montrez que le choix des informations représentées sur la carte met l'accent sur la puissance commerciale de l'UE.

2 Les limites de la puissance de l'UE dans la mondialisation

> **Conseil**
> Aidez-vous du cours p. 258 pour trouver les faiblesses de l'UE dans la mondialisation.

La part de l'Europe dans le monde ne cesse de se réduire. C'est une tendance de fond, due à la montée – normale et très positive – des pays émergents. Même si on prend l'UE dans son sens le plus large, c'est-à-dire en faisant l'hypothèse de l'entrée des Balkans occidentaux (ex-Yougoslavie et Albanie), la population européenne ne devrait pas dépasser 5 % de la population mondiale en 2030. Sur le plan économique les choses sont encore plus marquantes du fait du boom de l'Asie orientale. On ne sait pas assez que, lorsque nous importons un smartphone ou un ordinateur portable du Japon, de Chine ou de Corée, nous importons en réalité un produit qui est le fruit d'une coopération industrielle entre tous ces pays. Une façon pour les Européens de faire face à ce défi serait d'établir une grande région productive, sachant protéger ses préférences collectives sociales et environnementales, et sachant y associer les pays de son voisinage. Si l'on veut voir plus loin, il faut déjà penser à y associer l'Afrique subsaharienne, faute de quoi ses marchés et ses ressources seront valorisés par d'autres que nous.

CIST, mai 2014.

La Northern Range, principale façade maritime européenne

En confrontant les exemples de Rotterdam et d'Anvers, montrez comment les ports de la Northern Range permettent à l'Union européenne de s'intégrer dans la mondialisation.

1 Rotterdam, le plus vaste port de la Northern Range

Conseil
Aidez-vous du doc. 1 p. 261 pour repérer les grands espaces industrialo-portuaires de Rotterdam.

2 Les investissements du port d'Anvers pour conserver son rang européen

Anvers est un des plus grands ports maritimes européens. « On est au cœur de l'Europe ! Les grands centres industriels de la Ruhr et de la Rhénanie sont à une journée de navigation en péniche, il y a 250 trains de marchandises qui partent tous les jours et nous sommes entourés d'autoroutes », s'exclame D. Deckers du port d'Anvers. 60 % du pouvoir d'achat européen est concentré dans un rayon de 500 km autour du port flamand.

Anvers domine certains secteurs comme celui des marchandises non conteneurisées, où il occupe la 1re place européenne notamment grâce à son trafic d'acier et de métaux non ferreux. La plus grande concentration au monde de citernes inox alimente le plus grand complexe pétrochimique européen, qui rassemble des raffineries, des pipelines et des centres de distribution. Les fruits, le café, les voitures, les conteneurs… en 2013, le port a traité 190 millions de tonnes de marchandises.

Pour conserver cette position stratégique dans le commerce européen, Anvers s'en donne les moyens. Entre 2010 et 2025, 10 milliards d'euros seront investis par l'Autorité portuaire, ainsi que les partenaires publics et privés, pour des travaux d'infrastructures titanesques : approfondissement de l'Escaut, creusement d'un tunnel, ouverture d'une nouvelle écluse. À côté de Rotterdam, qui vient de s'équiper du nouveau terminal Maasvlakte 2, Anvers continue à jouer la carte de sa géographie et de ses compétences portuaires.

Mer et Marine, 23 décembre 2014.

Conseil
Pour vous aider dans l'étude de documents, comparez le trafic d'Anvers et de Rotterdam (chiffre clé p. 272) et les modes de transport utilisés dans leur arrière-pays (Repère p. 260).

Production graphique

MÉTHODE BAC

Capacités travaillées
- Construire une légende
- Réaliser un croquis

Sujet guidé — Une façade maritime mondiale : la Northern Range

A Analyser le sujet

1) Identifiez les notions clés et délimitez l'espace concerné.

> Quel est le rôle d'une façade maritime ?
> Comment est-elle organisée ?

> Listez les ports qui structurent la Northern Range. Quel est le port principal ?

Une façade maritime mondiale : la Northern Range

> Comment la Northern Range relie-t-elle l'UE au reste du monde ?

Proposition suggérée : Comment cette façade maritime est-elle organisée et reliée à l'arrière-pays européen ?

B Construire une légende

2) Pour chaque question, choisissez le titre qui convient le mieux. Reportez ces trois titres dans la légende sous le croquis.

▶ **Méthode** p. 167

1 Comment caractériser l'organisation de la façade maritime ?

- Une façade maritime mondiale
- Une façade maritime organisée
- Une façade maritime mondiale et hiérarchisée

2 Comment expliquer le dynamisme de cette interface maritime ?

- Une façade maritime connectée à un vaste arrière-pays
- Une façade maritime dont les ports sont en concurrence
- Une façade maritime dont les aménagements portuaires sont récents

3 Comment caractériser l'arrière-pays de la Northern Range ?

- Un arrière-pays très riche et dynamique
- Un arrière-pays inégalement connecté à la façade maritime
- Un arrière-pays en crise

3) Formulez les informations pour qu'elles répondent au sujet et choisissez un figuré adapté. Puis complétez les informations manquantes.

Informations à cartographier	Formulation dans le cadre du sujet	Figurés
port de dimension mondiale	hub portuaire mondial	▼
redistribution des marchandises entre les ports	liaison assurant le *feedering*	→
très grande ville (Londres, Paris)	....	....
autre grande ville	....	....
port de dimension européenne	....	....
passage maritime mondial	....	....
axe routier	....	....
port de dimension régionale	....	....
....	....	....

Conseil
Réutilisez le vocabulaire spécifique vu dans le cours : interface maritime, arrière-pays, corridor…

4 En vous aidant du travail précédent, complétez le titre, le croquis et la légende.

Titre : ....

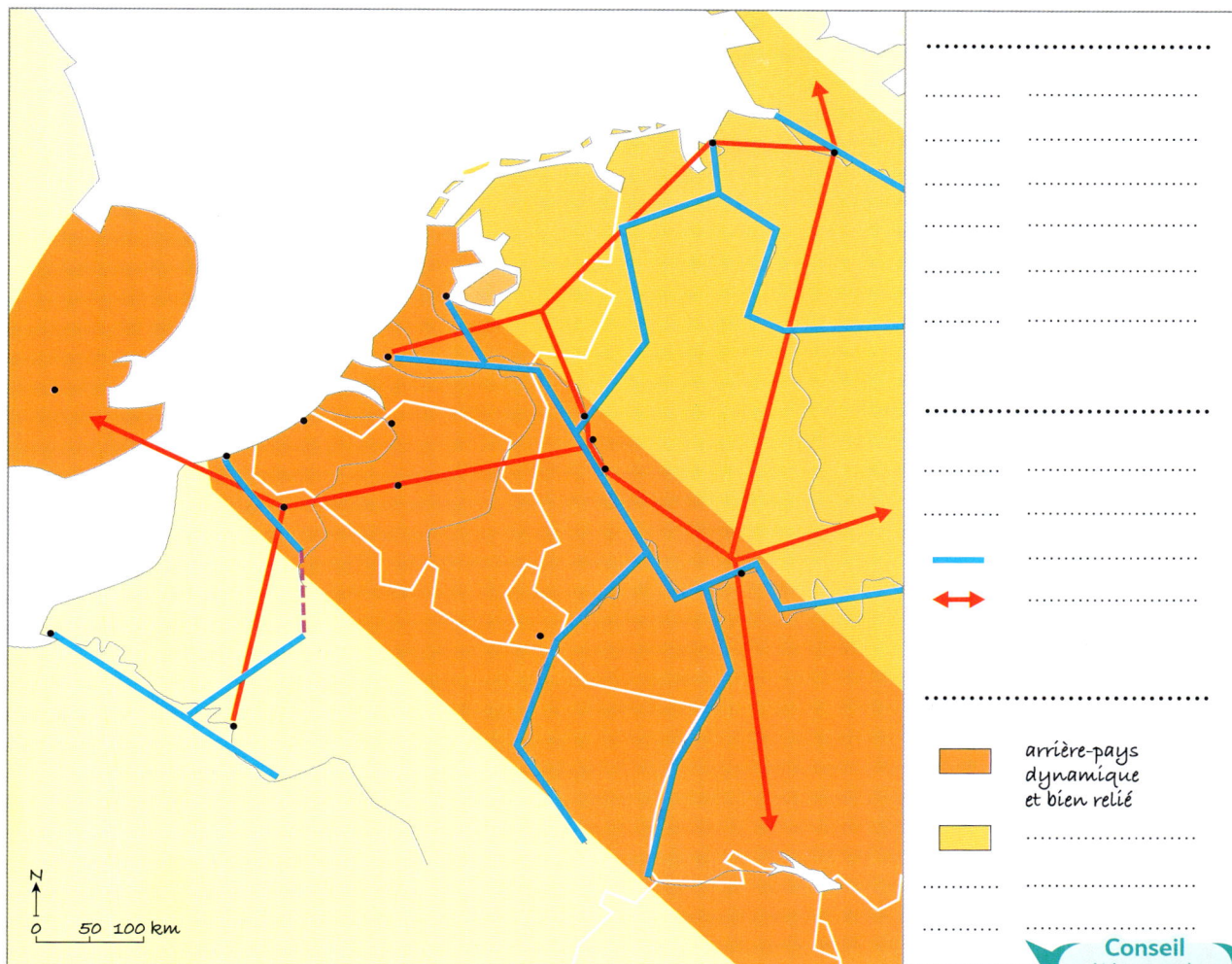

arrière-pays
dynamique
et bien relié

N
↑
0   50 100 km

5 Choisissez parmi les trois propositions suivantes celle qui convient le mieux pour la nomenclature. Complétez l'ensemble de la nomenclature du croquis ci-dessus sur le modèle choisi.

▸ **Méthode** p. 221

Conseil
Aidez-vous du doc. 2 p. 257 pour caractériser les différents arrières-pays de la Northern Range.

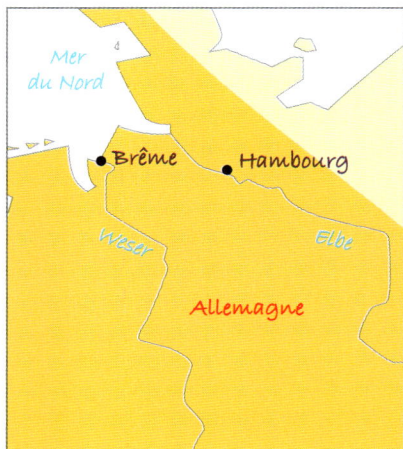

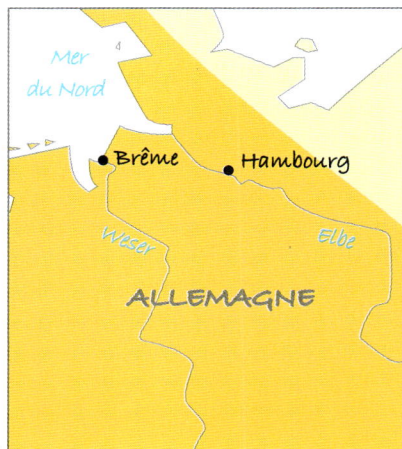

Composition

Capacités travaillées
• Analyser le sujet
• Rédiger une composition

Sujet guidé **Forces et faiblesses de l'Union européenne dans la mondialisation**

A Analyser le sujet

1 Identifiez les notions clés et délimitez l'espace concerné.

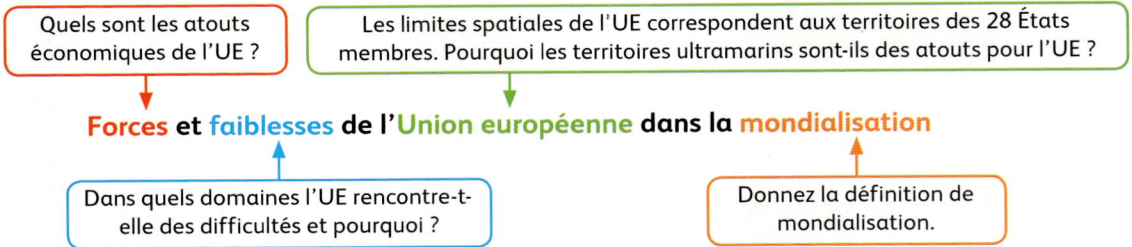

Quels sont les atouts économiques de l'UE ?

Les limites spatiales de l'UE correspondent aux territoires des 28 États membres. Pourquoi les territoires ultramarins sont-ils des atouts pour l'UE ?

Forces et **faiblesses** de l'**Union européenne** dans la **mondialisation**

Dans quels domaines l'UE rencontre-t-elle des difficultés et pourquoi ?

Donnez la définition de mondialisation.

2 Choisir une problématique SÉRIE **ES/L** / un fil directeur SÉRIE **S**.

SÉRIE **ES/L**

La problématique la plus simple est : Quelles sont les forces et les faiblesses de l'Union européenne dans la mondialisation ?

Formulez une problématique qui ne se contente pas de recopier les termes du sujet mais qui développe des pistes de réflexion.

SÉRIE **S**

Le fil directeur le plus simple est : L'Union européenne a des atouts et des faiblesses dans la mondialisation.

Formulez un fil directeur qui ne se contente pas de recopier les termes du sujet mais qui développe des pistes de réflexion.

B Préparer la composition

3 Recopiez l'organigramme suivant et complétez les exemples à l'aide de vos connaissances et des informations du manuel.

▶ **Méthode** p. 108

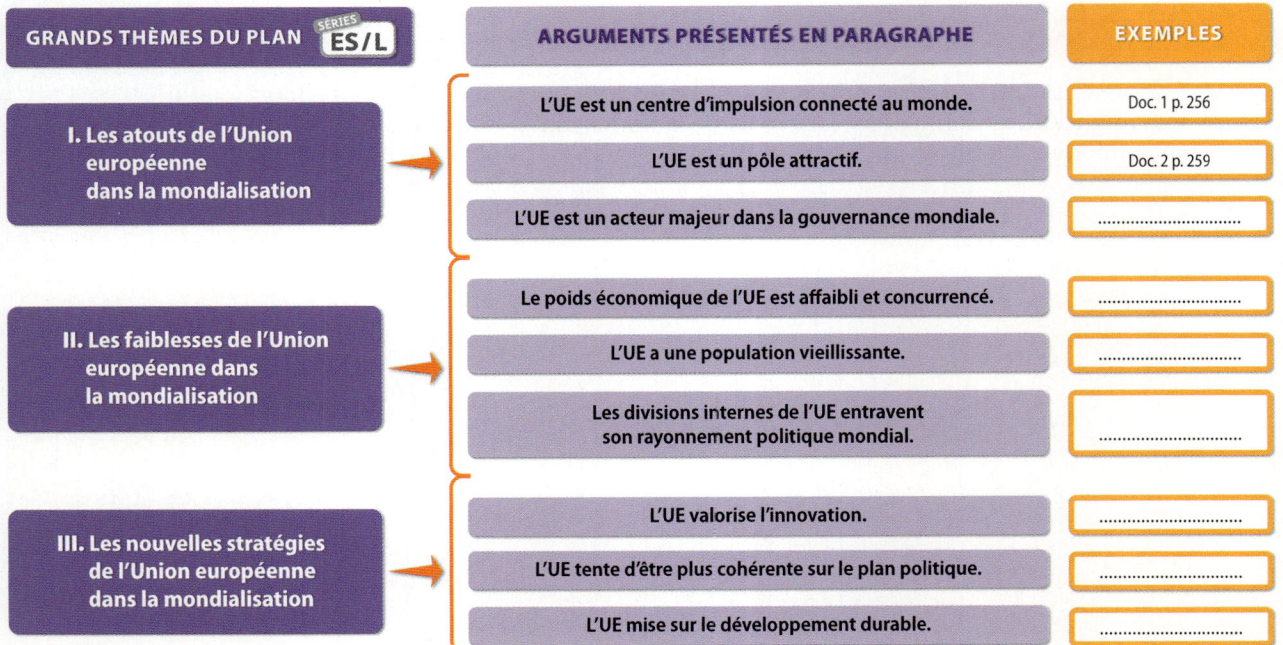

GRANDS THÈMES DU PLAN SÉRIES ES/L	ARGUMENTS PRÉSENTÉS EN PARAGRAPHE	EXEMPLES
I. Les atouts de l'Union européenne dans la mondialisation	L'UE est un centre d'impulsion connecté au monde.	Doc. 1 p. 256
	L'UE est un pôle attractif.	Doc. 2 p. 259
	L'UE est un acteur majeur dans la gouvernance mondiale.	....
II. Les faiblesses de l'Union européenne dans la mondialisation	Le poids économique de l'UE est affaibli et concurrencé.	....
	L'UE a une population vieillissante.	....
	Les divisions internes de l'UE entravent son rayonnement politique mondial.	....
III. Les nouvelles stratégies de l'Union européenne dans la mondialisation	L'UE valorise l'innovation.	....
	L'UE tente d'être plus cohérente sur le plan politique.	....
	L'UE mise sur le développement durable.	....

4 Complétez l'introduction

Méthode p. 134

Portée par son rayonnement culturel, l'Union européenne est un des centres d'impulsion de la mondialisation et une grande puissance dipolmatique. Elle a cependant des faiblesses et ....

....

5 Recopiez le paragraphe ci-dessous correspondant au 1er paragraphe de la 1re partie et soulignez : **en violet foncé, l'idée principale**, en violet clair, le premier argument, **en orange, les exemples**. Puis complétez le schéma.

L'Union européenne dispose d'atouts dans la mondialisation. Tout d'abord, l'UE est un centre d'impulsion connecté au monde. Elle s'impose comme une grande puissance commerciale, en réalisant 15 % du commerce mondial notamment avec les autres pôles de la Triade. Sa puissance financière repose sur ses places boursières interconnectées (Londres, Francfort) et sa capacité à attirer et à recevoir les IDE (8 500 milliards de dollars en 2013). Efficacement aménagée, surtout dans la mégalopole, elle est reliée au monde grâce à ses deux villes mondiales (Paris et Londres), ses métropoles et son réseau de transport.

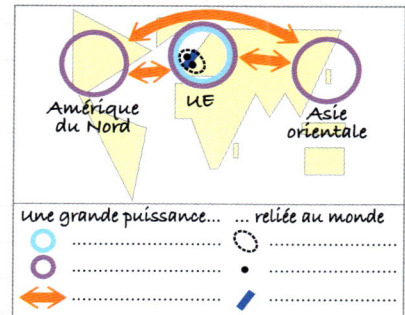

L'UE, un centre d'impulsion relié au monde

6 Sur ce modèle, complétez le 2e paragraphe de la 1re partie et le titre du schéma.

Ensuite, l'UE est un pôle attractif pour les flux humains. ......

....

Argument 1 : le premier pôle migratoire mondial
Argument 2 : le premier marché touristique mondial

Conseil
Utilisez des exemples précis et variez les échelles.

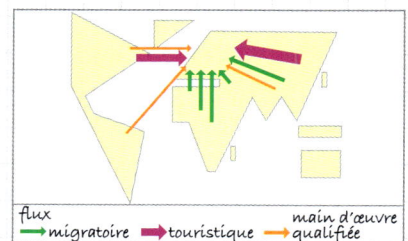

Titre ....

7 Rédigez le 3e paragraphe de la 1re partie et complétez le schéma.

Enfin, l'UE s'affirme comme un acteur croissant de la gouvernance mondiale. ....

....

....

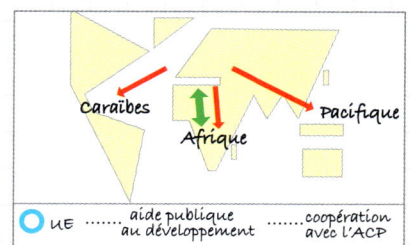

Titre ....

8 Rédigez les 2e et la 3e parties de la composition.

Localisations essentielles

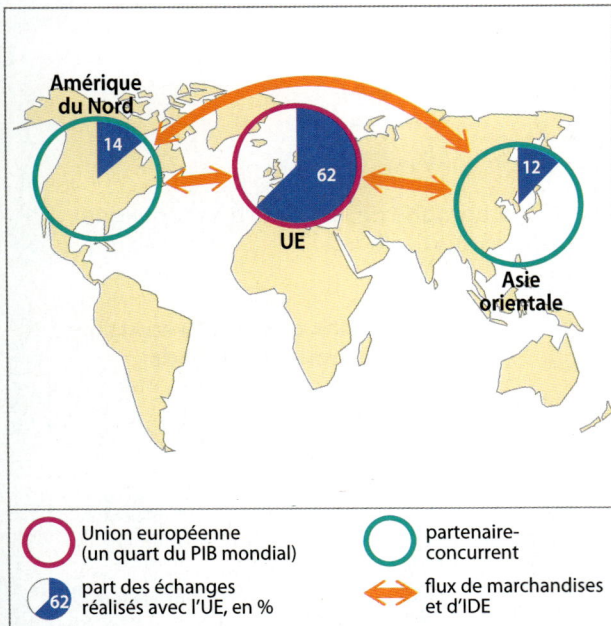

1 La puissance économique de l'UE

Légende :
- Union européenne (un quart du PIB mondial)
- partenaire-concurrent
- 62 part des échanges réalisés avec l'UE, en %
- flux de marchandises et d'IDE

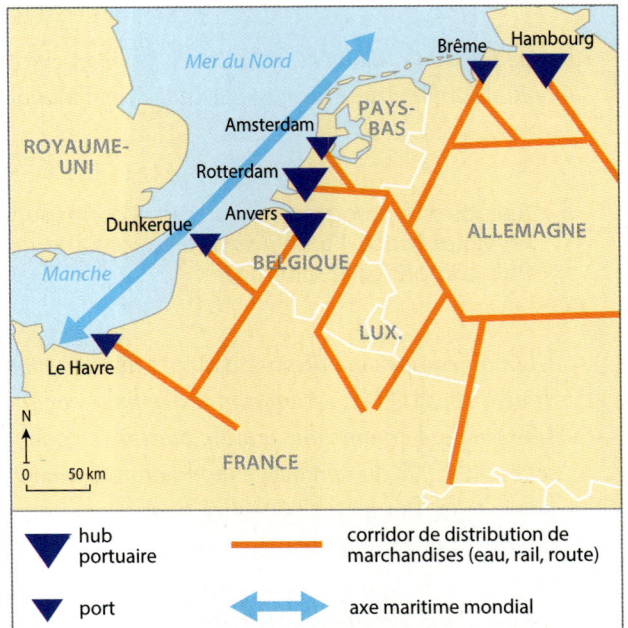

2 La Northern Range : la façade maritime de l'UE

Légende :
- hub portuaire
- port
- corridor de distribution de marchandises (eau, rail, route)
- axe maritime mondial

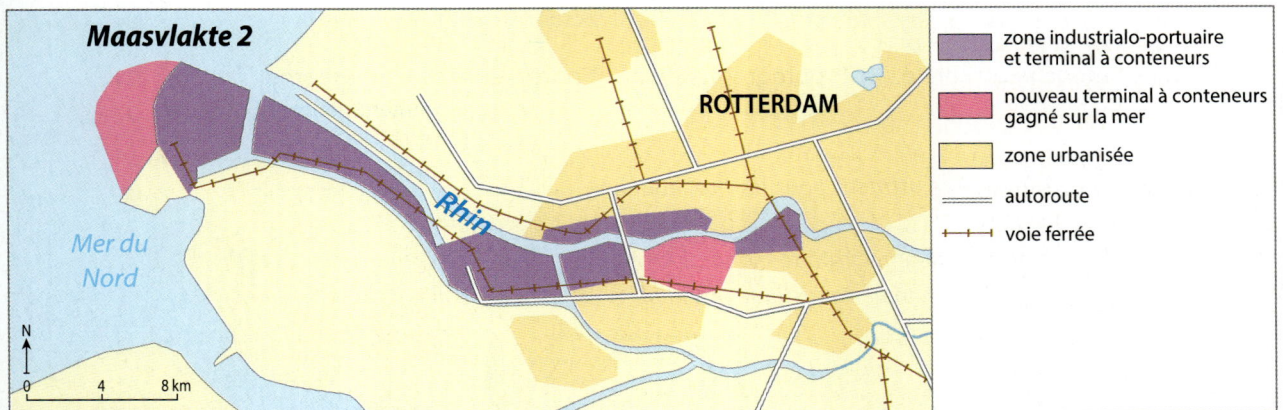

3 Rotterdam, 1er port européen

Légende :
- zone industrialo-portuaire et terminal à conteneurs
- nouveau terminal à conteneurs gagné sur la mer
- zone urbanisée
- autoroute
- voie ferrée

Chiffres clés

A La part du PIB de l'UE dans le monde

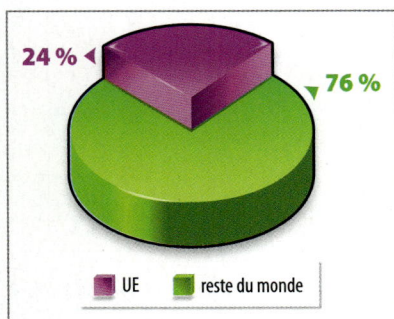

24 % UE — 76 % reste du monde

B Les 3 premières FTN européennes

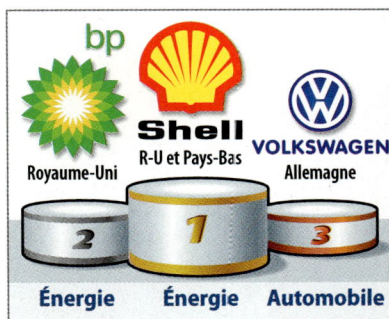

bp — Royaume-Uni — Énergie (2)
Shell — R-U et Pays-Bas — Énergie (1)
VOLKSWAGEN — Allemagne — Automobile (3)

C Les 4 premiers ports de la Northern Range

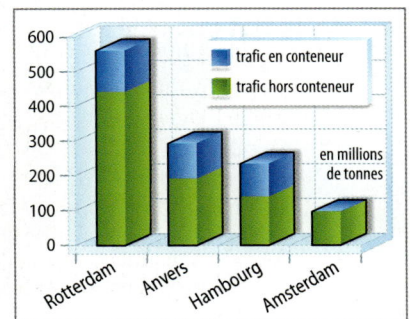

trafic en conteneur / trafic hors conteneur — en millions de tonnes
Rotterdam, Anvers, Hambourg, Amsterdam

COMMENT L'UNION EUROPÉENNE PEUT-ELLE MAINTENIR SA PLACE DANS LA MONDIALISATION FACE AUX AUTRES PUISSANCES ?

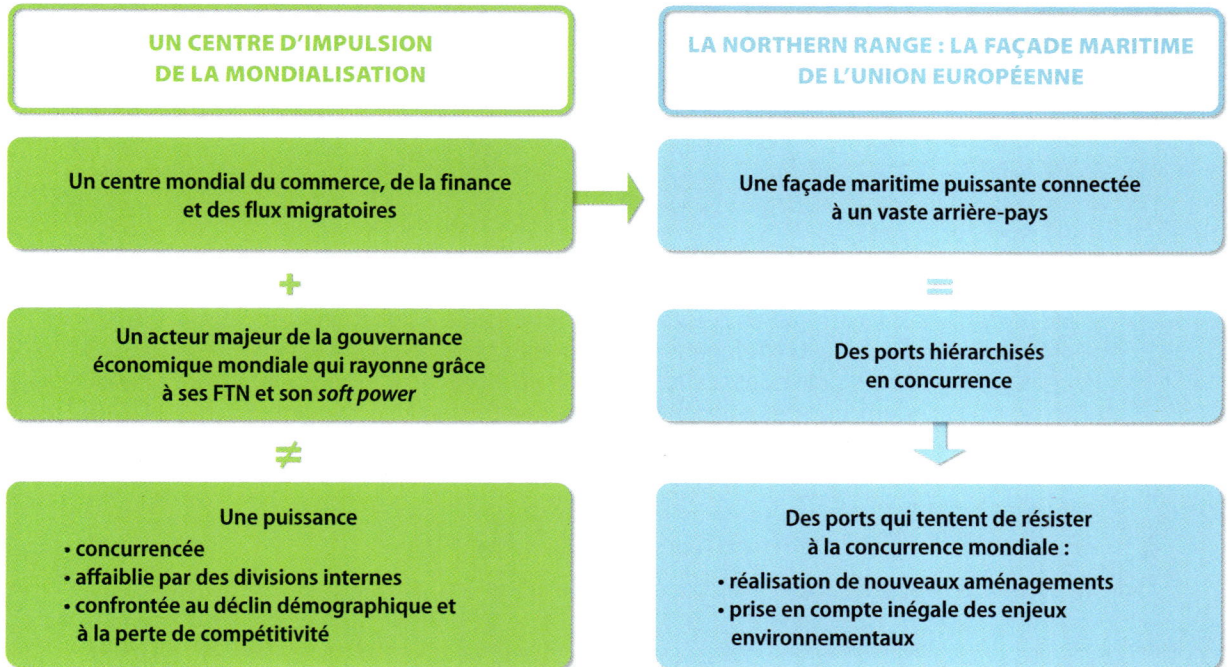

UN CENTRE D'IMPULSION DE LA MONDIALISATION	LA NORTHERN RANGE : LA FAÇADE MARITIME DE L'UNION EUROPÉENNE

Un centre mondial du commerce, de la finance et des flux migratoires → **Une façade maritime puissante connectée à un vaste arrière-pays**

+

=

Un acteur majeur de la gouvernance économique mondiale qui rayonne grâce à ses FTN et son *soft power*

Des ports hiérarchisés en concurrence

≠

Une puissance
- **concurrencée**
- **affaiblie par des divisions internes**
- **confrontée au déclin démographique et à la perte de compétitivité**

Des ports qui tentent de résister à la concurrence mondiale :
- **réalisation de nouveaux aménagements**
- **prise en compte inégale des enjeux environnementaux**

A Comment le rôle de l'UE évolue-t-il dans la mondialisation face à la concurrence internationale ?

L'UE est un pôle majeur de la mondialisation grâce à sa puissance commerciale, sa capacité d'investissement et son attractivité (IDE). Cette puissance repose sur les FTN dynamiques, sa force productive et la taille de son marché de consommation (507 millions d'hab.). L'UE est aussi au cœur des flux migratoires mondiaux (1er pôle migratoire, 1er pôle touristique). Cependant, le déclin démographique, la perte de compétitivité et le manque d'unité politique dans les grandes institutions internationales fragilisent la place de l'UE dans la mondialisation face aux États-Unis et aux pays émergents.

B Comment la Northern Range connecte-t-elle l'Union européenne au monde ?

La Northern Range est la façade maritime qui assure l'intégration de l'UE à la mondialisation. Cet alignement de ports hiérarchisés, dominé par Rotterdam, Anvers et Hambourg est efficacement relié à un arrière-pays riche et vaste. Ces ports sont en compétition pour assurer les échanges de marchandises entre l'UE et le monde mais ils collaborent aussi de plus en plus pour résister à la concurrence mondiale. Ils doivent actuellement répondre à la fois à une logique de performance économique (faire transiter plus de marchandises et plus vite) et de développement durable (reconversion des friches portuaires, protection de l'environnement).

NE PAS CONFONDRE

Commerce extra-UE : ensemble des échanges commerciaux réalisés entre l'EU et le reste du monde.

Commerce intra-UE : ensemble des échanges commerciaux réalisés entre les États membres de l'UE.

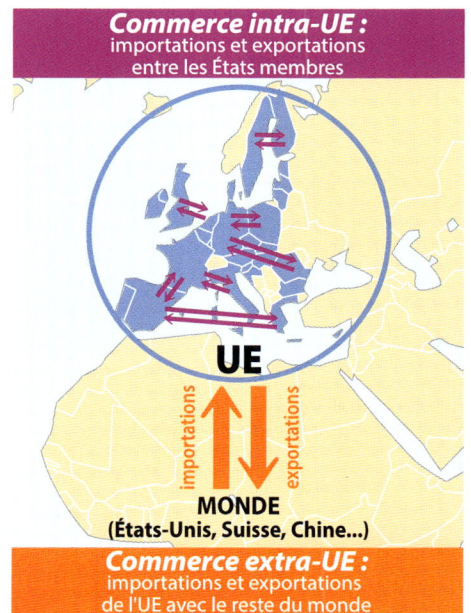

Commerce intra-UE : importations et exportations entre les États membres

UE

importations | exportations

MONDE
(États-Unis, Suisse, Chine...)

Commerce extra-UE : importations et exportations de l'UE avec le reste du monde

10 La France dans la mondialisation

ENJEUX

Petit pays moyennement peuplé à l'échelle mondiale, la France est pourtant classée parmi les dix premières puissances économiques. Étroitement liée à l'Union européenne, elle cherche à maintenir sa présence mondiale en jouant sur ses atouts politiques, culturels et sur sa capacité d'innovation. Paris est, à cet égard, une des principales vitrines de l'attractivité française. En concentrant les fonctions de haut niveau, la capitale cherche à renforcer son rôle de ville mondiale.

▶ **Comment la France maintient-elle sa place dans le monde face à une concurrence de plus en plus forte ?**

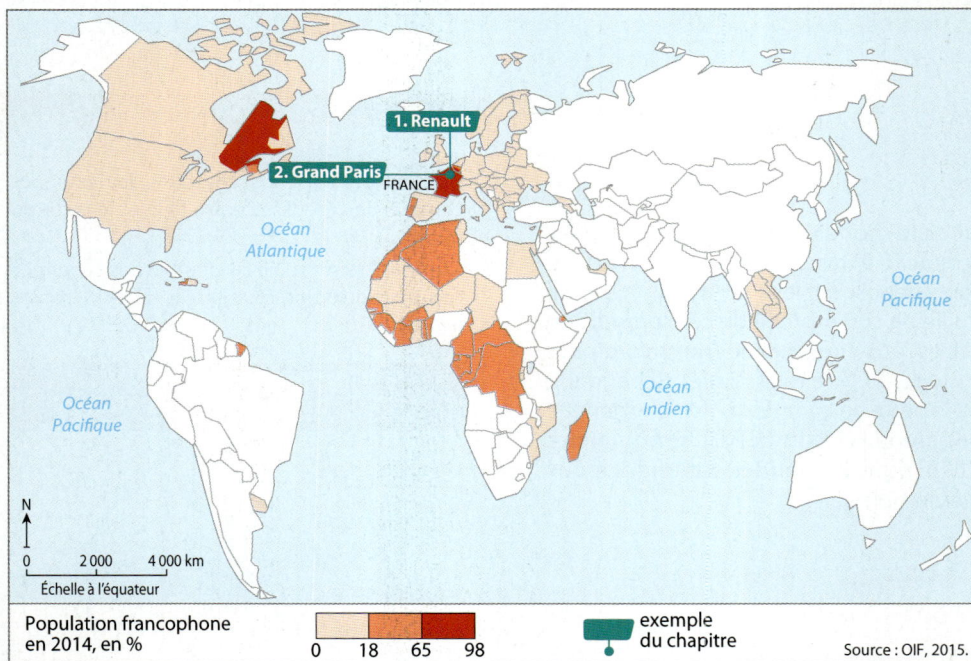

1. Renault

2. Grand Paris

FRANCE

Océan Atlantique

Océan Pacifique

Océan Pacifique

Océan Indien

N

0   2 000   4 000 km

Échelle à l'équateur

Population francophone en 2014, en %

0   18   65   98

exemple du chapitre

Source : OIF, 2015.

1 **Les francophones dans le monde**

Questions

1) Comment la francophonie illustre-t-elle le rayonnement culturel de la France ? Dans quelles régions est-elle particulièrement dynamique ? (doc. 1)

2) En quoi la construction du Louvre Abou Dhabi illustre-t-elle l'influence de la France dans le monde ? (doc. 2 et 3)

3) Comment la construction d'un tel musée contribue-t-elle au rayonnement de Paris ? (doc. 2)

3 Le Louvre à Abou Dhabi : une implantation stratégique dans la mondialisation

2 **Le Louvre Abou Dhabi, un exemple du rayonnement français dans le monde.**
Le Louvre Abou Dhabi résulte d'un accord conclu en 2007 entre les Émirats arabes unis et la France pour une inauguration en 2015. Les musées français prêteront sur 10 ans plusieurs œuvres d'art de renom (L. De Vinci, J.-L. David, E. Manet) le temps que le Louvre Abou Dhabi enrichisse sa propre collection. Le musée, construit par l'architecte français Jean Nouvel, illustre la volonté de renforcer les liens entre les deux pays, déjà très dynamiques sur le plan économique (présence d'investisseurs français comme Total, Carrefour ou Chanel) et militaire (implantation militaire permanente depuis 2009). Cette coopération témoigne également du rayonnement mondial du musée du Louvre, un des monuments les plus visités au monde avec 9,3 millions de visiteurs en 2014.

FRANCE Abou Dhabi

La France et Paris dans le monde

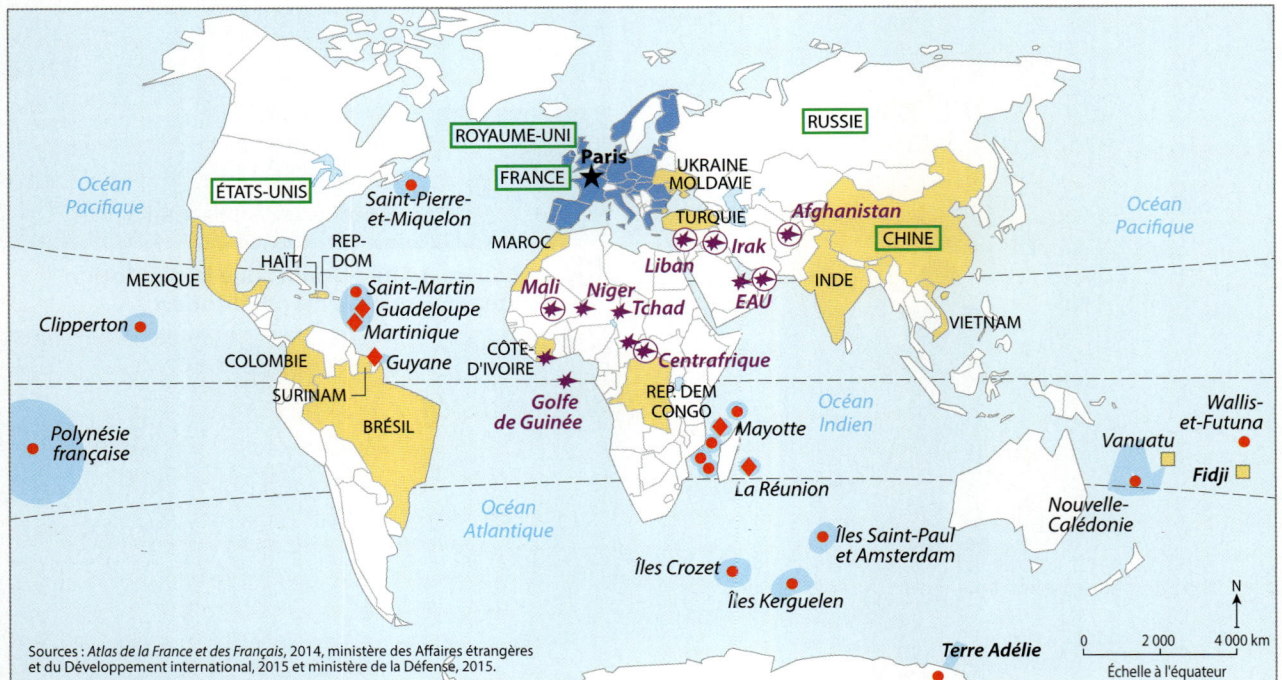

Sources : *Atlas de la France et des Français*, 2014, ministère des Affaires étrangères et du Développement international, 2015 et ministère de la Défense, 2015.

Des territoires ultramarins stratégiques

◆ DROM

● autre territoire ultramarin français

▢ ZEE française

Intervention militaire depuis 2010

✳ initiative nationale

✳ initiative internationale

Une puissance diplomatique mondiale

▢ UE, premier partenaire diplomatique de la France

★ siège de 3 organisations internationales (UNESCO, OCDE, FIDH)

CHINE membre permanent du Conseil de sécurité de l'ONU

▢ État bénéficiaire de l'aide publique au développement française

1 La présence militaire et diplomatique de la France dans le monde

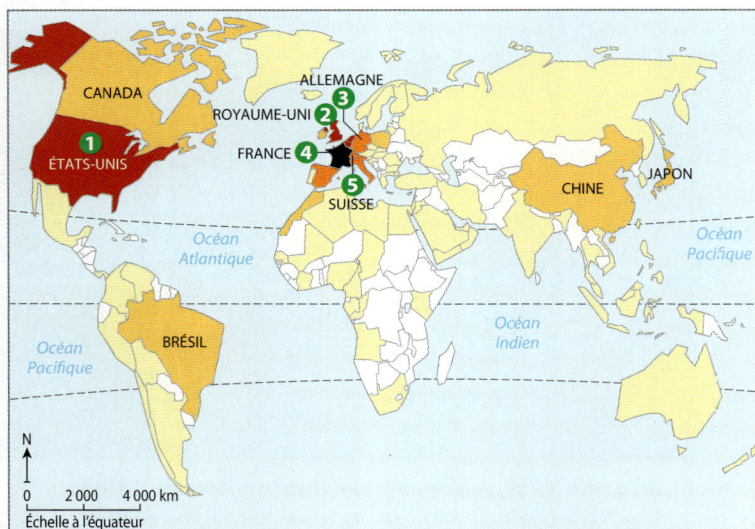

investissement des entreprises françaises à l'étranger entre 2002 et 2012, en milliards de dollars

1 100 300 1 000 2 200

❶ rang dans le top 5 des pays ayant le plus de stock d'IDE dans le monde en 2014

Sources : Cnuced, 2015 et Insee, 2015.

2 La France, le 4ᵉ pays investisseur au monde

Vocabulaire

Centre d'impulsion : ville ou région motrice de la mondialisation dans laquelle sont concentrées des fonctions de commandement internationales (économiques, politiques, culturelles).

DROM : voir p. 64.

Hub : voir p. 174.

ONU (Organisation des Nations unies) : institution internationale créée en 1945 groupant, en 2015, 193 États. Ses objectifs essentiels sont la promotion de la paix et le développement dans le monde.

ZEE : voir p. 236.

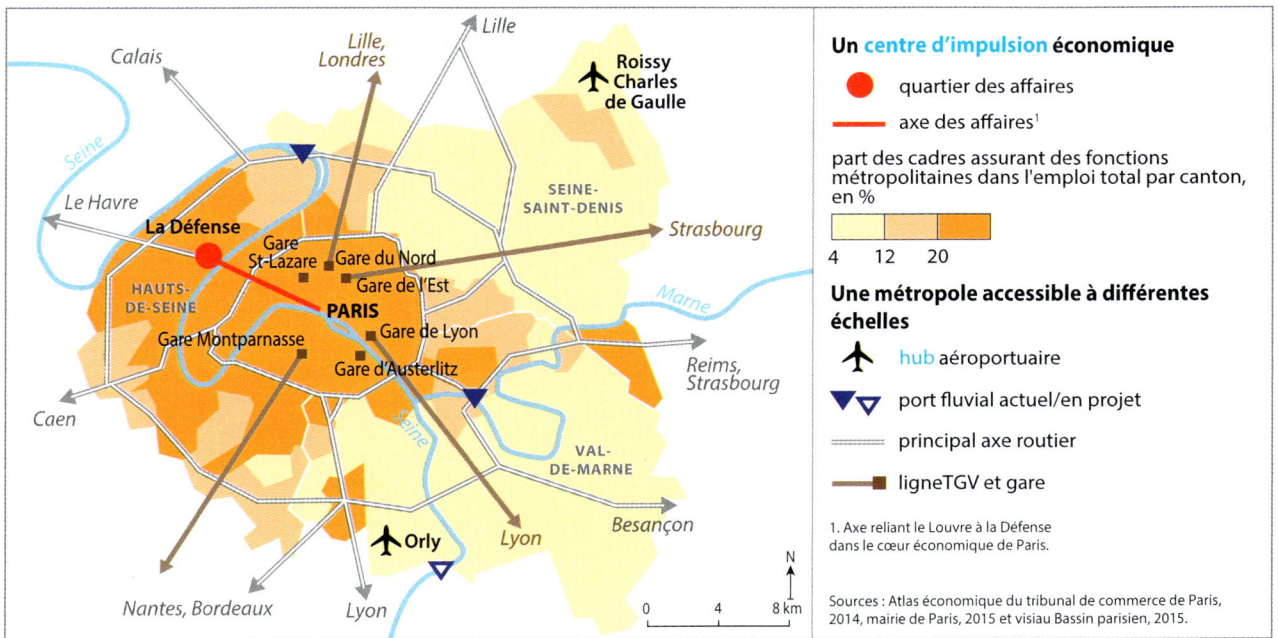

3 Une métropole économique accessible

Un **centre d'impulsion** économique
- ● quartier des affaires
- — axe des affaires[1]

part des cadres assurant des fonctions métropolitaines dans l'emploi total par canton, en %

4   12   20

Une métropole accessible à différentes échelles
- ✈ hub aéroportuaire
- ▼▽ port fluvial actuel/en projet
- principal axe routier
- ligneTGV et gare

1. Axe reliant le Louvre à la Défense dans le cœur économique de Paris.

Sources : Atlas économique du tribunal de commerce de Paris, 2014, mairie de Paris, 2015 et visiau Bassin parisien, 2015.

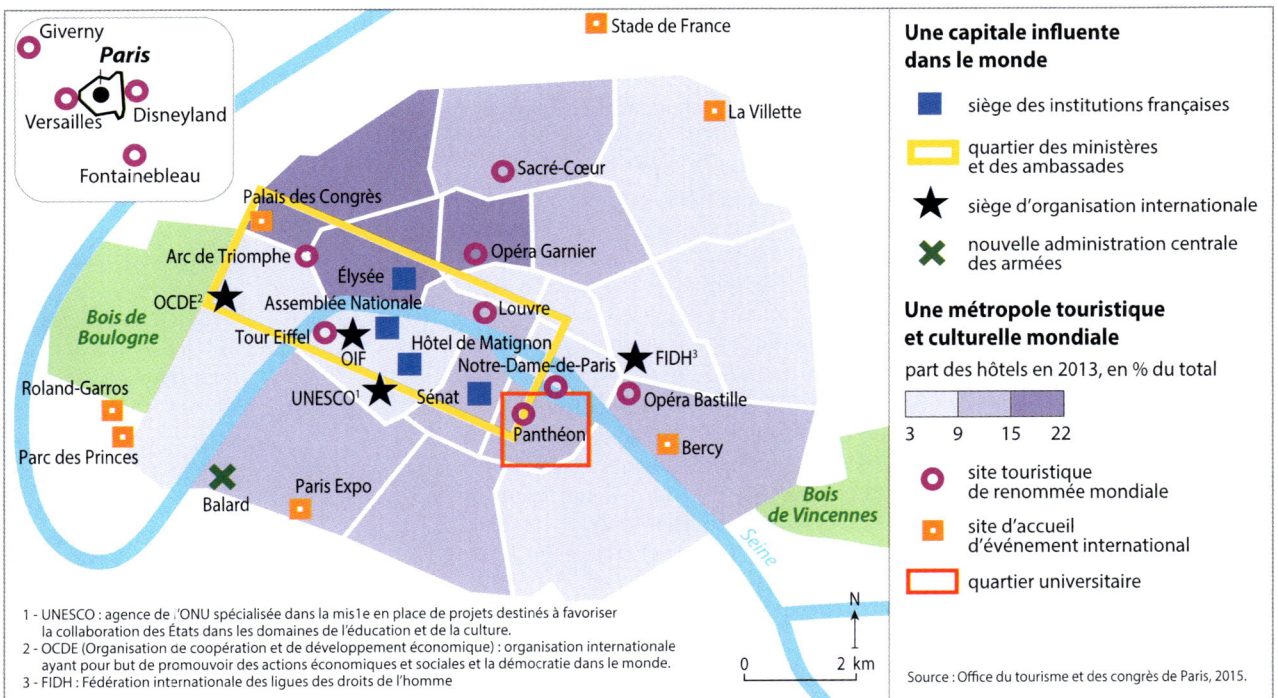

4 Une métropole diplomatique et culturelle internationale

Une capitale influente dans le monde
- ■ siège des institutions françaises
- ▭ quartier des ministères et des ambassades
- ★ siège d'organisation internationale
- ✖ nouvelle administration centrale des armées

Une métropole touristique et culturelle mondiale

part des hôtels en 2013, en % du total

3   9   15   22

- ◉ site touristique de renommée mondiale
- ▣ site d'accueil d'événement international
- ▭ quartier universitaire

1 - UNESCO : agence de l'ONU spécialisée dans la mise en place de projets destinés à favoriser la collaboration des États dans les domaines de l'éducation et de la culture.
2 - OCDE (Organisation de coopération et de développement économique) : organisation internationale ayant pour but de promouvoir des actions économiques et sociales et la démocratie dans le monde.
3 - FIDH : Fédération internationale des ligues des droits de l'homme

Source : Office du tourisme et des congrès de Paris, 2015.

Questions

1 Quel rôle stratégique les territoires ultramarins jouent-ils pour la France ? (doc. 1)

2 Dans quelles régions du monde se concentrent les actions militaires et humanitaires de la France ? (doc. 1) Pourquoi selon vous ?

3 Dans quels pays la France investit-elle ? Pourquoi ? (doc. 2)

4 Dans quels domaines Paris exerce-t-elle une influence mondiale ? Par quels moyens ? (doc. 3 et 4)

La puissance de la France dans le monde

▶ **La France a-t-elle des atouts pour maintenir sa place dans la mondialisation ?**

A   Une présence planétaire

- **Hérités de son histoire coloniale, les territoires ultramarins confèrent à la France une présence géostratégique dans le monde.** Ils la dotent de la 2ᵉ **ZEE** mondiale, après celle des États-Unis. Plus de 7 000 hommes stationnent ainsi dans les Caraïbes, l'océan Indien et le Pacifique-Sud (doc. 1). Cette présence française, dans des zones devenues stratégiques, ouvre la voie à de possibles coopérations au sein de leur aire régionale, avec le Brésil, l'Inde ou l'Australie (doc. 5 p. 237).

- **Depuis la fin de la guerre froide, la France s'est maintenue parmi les acteurs politiques mondiaux.** Son armée intervient partout dans le monde sur initiative nationale, comme au Sahel en 2013, ou internationale, comme en Irak en 2014. Membre du **FMI**, de la Banque mondiale et du **G20**, elle prend également part aux décisions sur la mondialisation économique.

- **Les Français installés à l'étranger relaient la présence de la France dans le monde.** Leur nombre augmente fortement (+ 35 % entre 2005 et 2015) et concerne de plus en plus de jeunes diplômés. Ils font vivre un réseau de commerces, de lieux culturels et environ 500 établissements scolaires français. La France possède aussi le 2ᵉ réseau diplomatique du monde avec 163 ambassades et de nombreux consulats.

B   Un rayonnement mondial

- **La France est un centre d'impulsion de l'économie mondiale.** Elle est la 6ᵉ puissance économique en 2015 grâce à sa capacité productive (agriculture, industries agroalimentaires ou énergétiques, services) et d'innovation (Repère A). L'internationalisation des entreprises françaises entraîne des délocalisations industrielles (doc. 2). Le pays totalise ainsi 32 FTN des 500 premières mondiales. Elles sont souvent leaders dans leur domaine (Total, Axa, Carrefour).

- **Première destination touristique mondiale depuis 1989, la France attire de nombreux étrangers** (85 millions en 2014), grâce à un riche patrimoine naturel et culturel. Si le tourisme représente 7 % du PIB national, il est moins compétitif que celui des États-Unis ou des voisins européens en termes de recettes. En effet, les touristes sont à 80 % européens, parfois en transit vers une autre destination. Depuis 2014, l'État démontre une volonté politique de soutien au secteur du tourisme en l'incluant dans les compétences du ministère des Affaires étrangères.

- **La France exerce un rôle mondial grâce à son rayonnement culturel.** Ainsi, la **francophonie** concerne 274 millions d'hommes (Repère B). La France dispose aussi d'un réseau scolaire unique au monde, présent dans 130 pays et accueillant 2/3 d'élèves étrangers. Alliances et Instituts français (doc. 3) forment un réseau de diffusion de la culture française (expositions, cinémas, cours de langue), complété par des médias à l'audience internationale (RFI, TV5 Monde et France 24).

C   Des freins à la puissance

- **La puissance économique de la France est mise en difficulté par des problèmes structurels.** Les exportations françaises ne sont concentrées que sur certains secteurs (aéronautique, industrie pharmaceutique, agriculture) et destinées à 58 % à l'UE. La croissance de l'économie française dépend des IDE entrants (4ᵉ stock mondial) en diminution depuis 2007, et d'un petit nombre de FTN. Ces éléments fragilisent le poids économique de la France face à la Chine, à l'Inde ou au Brésil.

- **La France fait face à une concurrence grandissante de son influence.** Elle affronte des pays émergents contre lesquels elle ne pèse plus qu'au sein de l'UE. En Afrique, l'influence historique de la France s'érode en parallèle de l'implantation des intérêts indiens et surtout chinois. Mais la France bénéficie encore d'une image flatteuse dans le monde (terre des droits de l'homme).

- **Le rayonnement culturel français est de plus en plus remis en question.** L'Organisation internationale de la Francophonie promeut la francophonie économique, depuis 2012, pour que la langue française soit davantage utilisée dans les affaires. L'État défend l'**exception culturelle** dans les échanges et encourage la culture française à se moderniser en utilisant les réseaux numériques.

Vocabulaire

Exception culturelle : dispositif visant à faire de la culture une exception dans les traités internationaux de libre-échange pour soutenir les artistes d'un pays.

FMI (Fonds monétaire international) : institution internationale ayant pour rôle d'assurer la stabilité financière et d'encourager la coopération monétaire.

Francophonie : dispositif institutionnel organisant des relations politiques et de coopération entre 77 États et gouvernements membres de l'Organisation internationale de la Francophonie (OIF) pour promouvoir la langue française.

G20 : groupe de concertation internationale réunissant 19 pays et l'UE. Son objectif principal est de faciliter le dialogue et la coopération économique et financière internationale.

ZEE (Zone économique exclusive) : voir p. 236.

REPÈRE A

La France, un leader mondial de l'innovation

Pays	Nombre d'entreprises et centres de recherche parmi les 100 plus innovants au monde en 2013
États-Unis	45
Japon	28
France	12
Suisse	4
Autres	11

Source : Thomson Reuter, 2014.

REPÈRE B

La Francophonie dans le monde

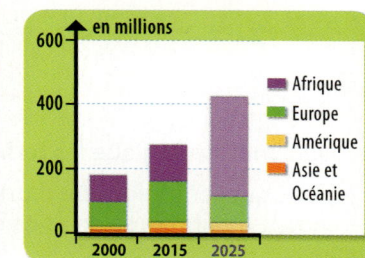

Source : Cour des comptes, 2015.

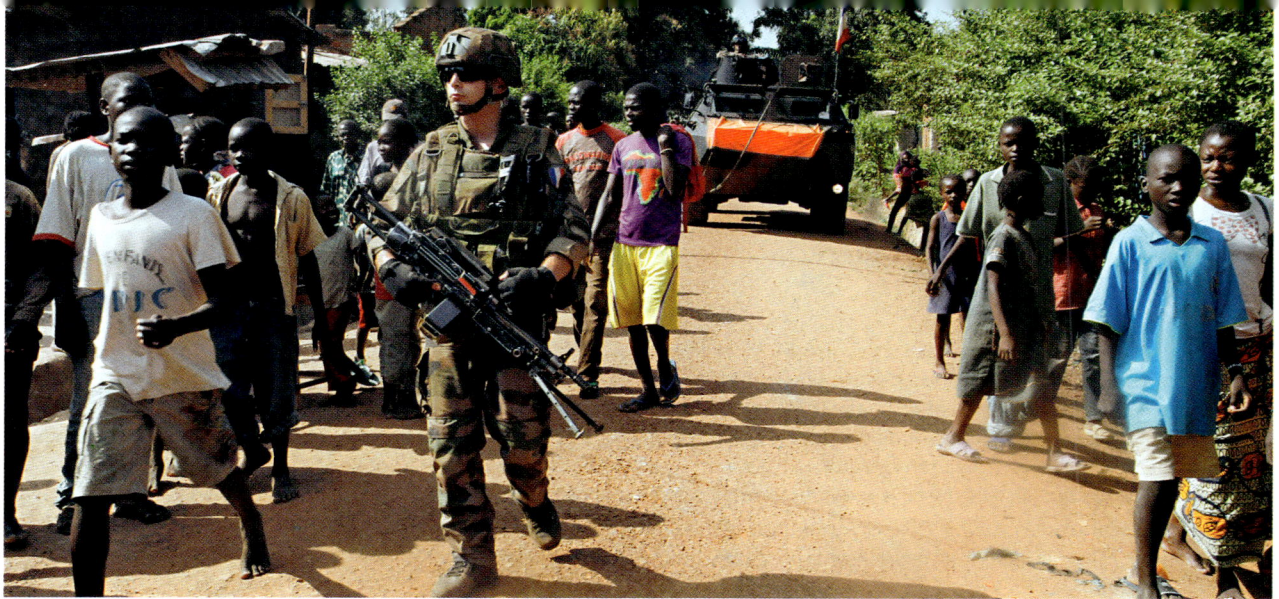

1 Une présence militaire internationale (Centrafrique, 2013)

2 Une puissance économiquement concurrencée

Si la France peut être considérée comme une puissance géoéconomique et géopolitique moyenne, sa présence dans le monde est largement portée par l'internationalisation de ses entreprises qui s'est accélérée ces 30 dernières années. Le pays totalise globalement 2 650 firmes internationalisées, hors banques, qui emploient plus de salariés dans leurs filiales à l'étranger (4,7 millions) qu'en France (4,2). Si le bâtiment et les services aux ménages demeurent plus nationaux, l'industrie (agroalimentaire, énergie et raffinage, automobile, chimie, pharmacie), la grande distribution et le commerce, les services aux entreprises ou les activités financières sont largement internationalisés. Cependant, contrairement à d'autres États européens comme l'Allemagne ou l'Italie, où le poids des PME est plus net, l'internationalisation française reflète la forte concentration du système productif. Ainsi, 87 FTN réalisent à elles seules 87 % des ventes. Le redéploiement géographique des firmes françaises privilégie l'UE, qui représente la moitié des ventes et plus de 2 millions d'emplois, en particulier dans les 4 grands voisins (Royaume-Uni, Allemagne, Espagne, Italie). Les États-Unis gardent une place considérable avec 31 % des ventes et 520 000 salariés. On assiste cependant ces deux dernières décennies à la sensible montée des Suds, surtout des grands pays émergents (Chine, Brésil, Russie, Inde). Le stock d'investissement y est multiplié par 5 – et même par 10 en Chine. Ce processus est parfois l'objet de vives polémiques, notamment sur la délocalisation de l'appareil industriel productif.

D'après L. Carroué, *L'Atlas de la France et des Français*, 2014.

3 Un rayonnement culturel mondial

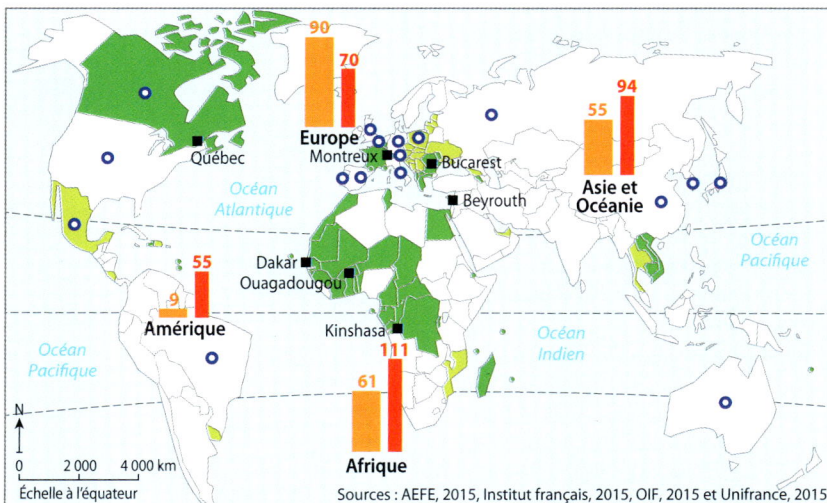

Sources : AEFE, 2015, Institut français, 2015, OIF, 2015 et Unifrance, 2015.

La diffusion de la langue française

Organisation internationale de la Francophonie

- État membre
- État partenaire
- ■ sommet de la francophonie depuis 2000

Une influence culturelle mondiale

- 55 élèves inscrits dans un lycée français, en milliers
- 9 nombre d'Instituts français
- ○ État où le cinéma français a réalisé plus d'1 million d'entrées en 2013

Capacités et méthodes

Lire une carte (doc. 3)

1. Où les populations francophones se localisent-elles ? Comment expliquer cette localisation ?

2. Montrez que l'influence culturelle française dépasse largement les frontières de la francophonie.

Paris, ville mondiale

▶ **Quel rôle Paris joue-t-elle dans l'influence internationale de la France ?**

A Une ville mondiale connectée

• **Paris, ville mondiale , couvre une aire urbaine de 12 millions d'habitants.** Centre de pouvoir économique et politique de dimension internationale, elle concentre des fonctions de commandement (banque, assurance, recherche, information) (Repère A). Elle assure un large rayonnement culturel et une influence planétaire. Elle est complémentaire et concurrente d'autres villes mondiales (New York, Tokyo et Londres) avec lesquelles elle domine l'**archipel métropolitain mondial**.

• **La Défense incarne le pouvoir et le rayonnement économique international de Paris** (doc. 1). Premier **quartier des affaires** européen, la Défense réalise 10 % du PIB français et fonctionne comme un centre d'impulsion mondial. Elle accueille 15 des 50 premières FTN mondiales (Mitsubishi, Canon, Allianz) et emploie plus de 33 000 étrangers. Cependant, elle est moins attractive que les quartiers des affaires de Londres (la City) ou Francfort pour les investisseurs étrangers.

• **Paris bénéficie d'une excellente accessibilité, notamment avec la mégalopole européenne.** Elle est connectée à Londres et aux autres grandes métropoles européennes grâce à un système de transport efficace et dense. L'aéroport de Roissy est une porte d'entrée internationale sur le territoire français, qui se modernise constamment pour rester un des premiers **hubs** au monde (voir p. 174-177).

B Un rayonnement planétaire à maintenir

• **Grâce à son statut de capitale, Paris a une influence politique de dimension internationale.** Elle accueille 65 consulats et ambassades et concentre les sièges de grandes organisations internationales (doc. 4 p. 277). Plus de 1 000 congrès internationaux s'y déroulent chaque année, comme la conférence mondiale de l'ONU sur le climat en 2015.

• **Paris est reconnue comme l'une des capitales mondiales de la culture.** Son offre culturelle (173 musées, 208 théâtres) est exceptionnelle (doc. 3 p. 277). L'industrie du luxe et de la mode attire une clientèle fortunée (en 2014, la *Fashion Week* a attiré 89 000 visiteurs) mais elle est concurrencée par New York dans ce domaine. Paris bénéfice également de l'attractivité de la gastronomie française (10 restaurants 3 étoiles sur 105 dans le monde).

• **Paris est en conséquence la première destination touristique mondiale,** avec 32 millions de touristes en 2014 (doc. 3). Elle attire pour son patrimoine architectural, dont une partie est classée par l'UNESCO (rives de la Seine) (Repère B). Certains craignent cependant qu'elle devienne une ville-musée. Ses parcs d'attraction attirent une clientèle internationale (15 millions d'entrées à Disneyland Paris en 2013) et le tourisme d'affaires progresse (13,3 millions en 2013).

C Les défis à relever pour Paris

• **Paris est une ville mondiale de plus en plus concurrencée.** Elle ne parvient pas à suivre le rythme de croissance des métropoles émergentes (qui accueillent 73 des 500 premiers sièges sociaux de FTN en 2014, contre 23 en 2000). De plus, Paris ne conserve des fonctions boursières que dans le cadre de sa coopération européenne **Euronext** depuis 2000. Elle tente toutefois de renforcer son ouverture maritime mondiale en développant des liens avec le port du Havre.

• **Les projets d'aménagement du Nouveau Grand Paris visent à maintenir le poids de Paris dans le monde.** Il s'agit de développer le réseau de transport grâce au Grand Paris Express (72 gares réparties entre 4 nouvelles lignes) pour relier Paris, les deux aéroports et une dizaine de pôles économiques périphériques (Cité du cinéma à Saint-Denis Pleyel, plateau de Saclay, doc. 2). Ces aménagements sont conçus au sein de **contrats de développement territorial.** (p. 284-285).

• **Pour atteindre ses objectifs, la Métropole du Grand Paris (2016) développe l'intercommunalité.** Cette nouvelle instance est responsable du logement, de l'urbanisme, de la politique de la ville et du développement durable. Cependant, ses limites territoriales, ses compétences et ses ressources budgétaires sont encore l'objet de négociations entre les communes et l'État.

Vocabulaire

Archipel métropolitain mondial : ensemble de métropoles étroitement connectées en réseaux (de transport et numérique) nouant des relations privilégiées entre elles.

Contrat de développement territorial : partenariat d'une durée de 15 ans entre l'État et une collectivité territoriale d'Île-de-France pour la mise en œuvre du Grand Paris.

Euronext : bourse européenne issue de la fusion entre les bourses belge, française, néerlandaise, portugaise et anglaise depuis 2000. Elle est aussi le principal opérateur financier de la zone euro.

Hub : voir p. 174.
Quartier des affaires : voir p. 116.
Métropole du Grand Paris : voir p. 50.
Nouveau Grand Paris : voir p. 50.
Ville mondiale : voir p. 114.

REPÈRE A

Paris dans le classement des villes mondiales

	Rang de Paris	1re ville mondiale
Poids économique	12	Tokyo
Accessibilité	2	Londres
Rayonnement culturel	3	Londres
Capacité d'innovation	7	New York
Qualité de vie	1	Paris

Source : MoryFoundation, 2015.

REPÈRE B

Des monuments parisiens attractifs

Les 5 monuments les plus visités au monde	Visiteurs en 2013, en millions
1 Notre-Dame de Paris	12
2 Grande muraille de Chine	9
3 Opéra de Sydney	7,4
4 Tour Eiffel	6,7
5 Lincoln Mémorial (Washington)	6

Source : *TourismReview*, 2015.

1 L'axe des affaires, du Louvre au quartier de la Défense

2 Adapter l'accessibilité de Paris à son rang de ville mondiale

Le projet de liaison ferroviaire CDG Express propose de relier, sans aucun arrêt, l'aéroport de Roissy à Paris-gare de l'Est à l'horizon 2023. Cette nouvelle liaison en site propre devra offrir une desserte adaptée entre la métropole la plus visitée au monde et son principal aéroport international, et ainsi participer à l'attractivité économique et touristique de Paris et du pays. Ce service adapté aux besoins des passagers aériens existe déjà dans plusieurs autres grandes métropoles internationales. La future ligne en site propre est jugée vitale dans la bataille que se livrent les grands aéroports européens. Elle garantira aux voyageurs qui embarquent ou débarquent à Roissy une visibilité sur leur temps de trajet (20 minutes environ) entre l'aéroport et la capitale ; garantie que ne leur offrent aujourd'hui ni l'autoroute A1, fréquemment embouteillée, ni le RER B, saturé.

Les Échos, 8 novembre 2014.

Provenance des touristes étrangers à Paris en 2013, en %

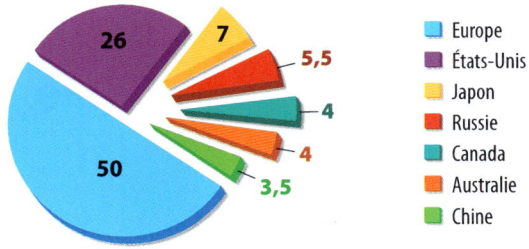

- Europe
- États-Unis
- Japon
- Russie
- Canada
- Australie
- Chine

Principales activités pratiquées par les touristes étrangers à Paris (hors tourisme d'affaires)

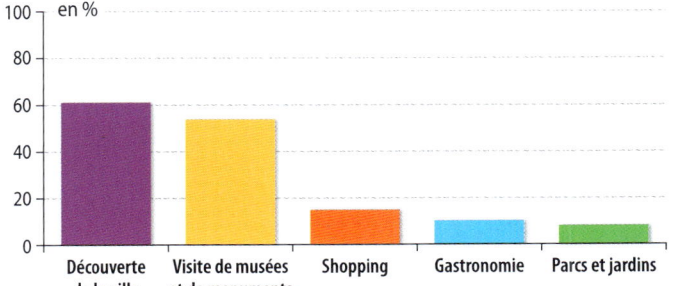

Source : *Le tourisme à Paris, chiffres clés 2013*, 2015.

3 La première ville touristique mondiale

Capacités et méthodes   Identifier et comprendre un graphique (doc. 3)

1. Identifier la nature précise des deux graphiques.
2. Rédigez une ou deux phrases résumant les informations essentielles de chacun de ces graphiques.

Comment Renault participe-t-elle à la puissance de la France dans la mondialisation ?

Sixième constructeur automobile mondial, Renault exporte ses voitures depuis 1905. À partir des années 2000, la FTN se lance dans une stratégie d'alliances à la conquête des marchés mondiaux, notamment émergents. Reflet de la puissance économique française dans le monde, Renault fabrique pourtant de moins en moins en France.

Renault en chiffres :
- 2,6 millions de voitures vendues dans le monde
- Sites de production et d'assemblage dans 128 pays
- 120 000 salariés dans le monde

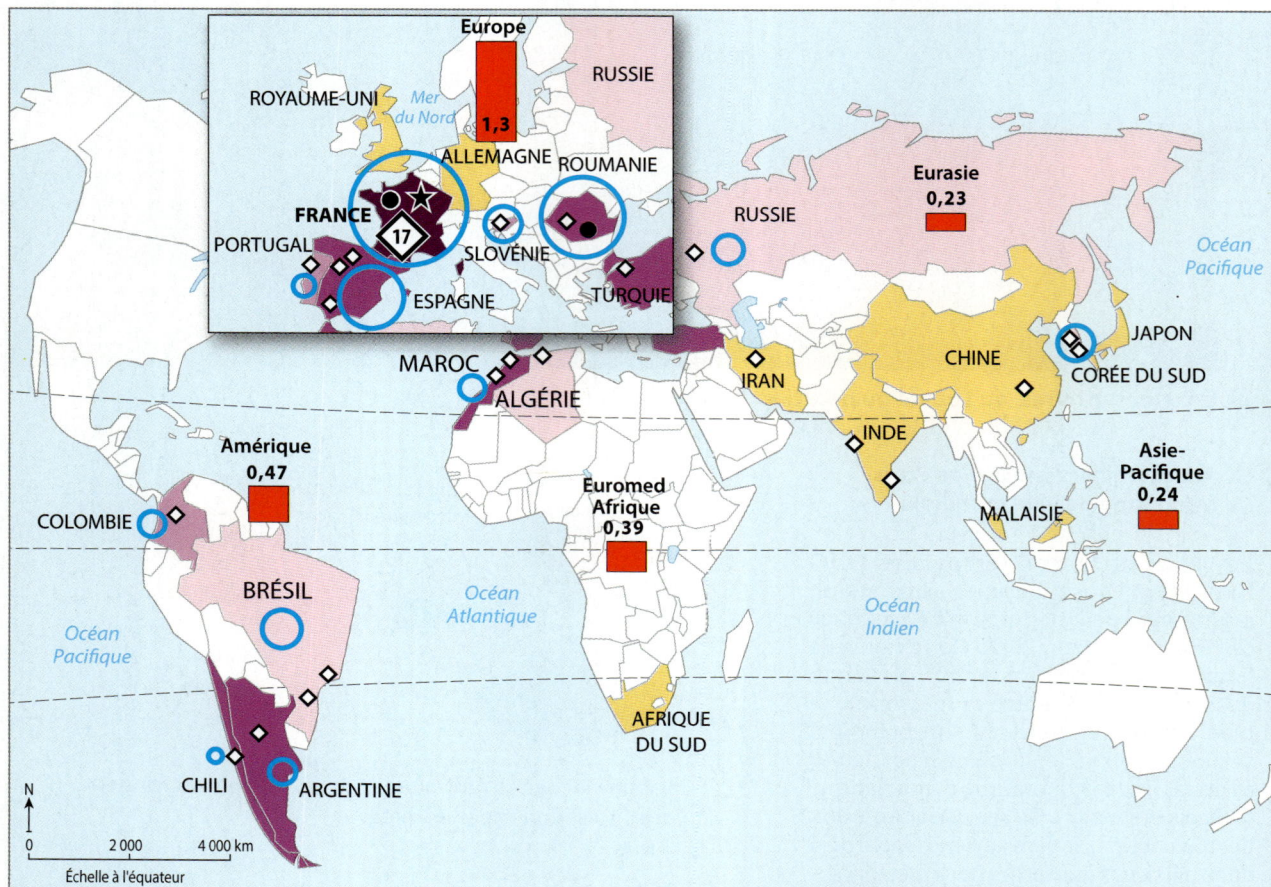

Une division internationale du travail

- ★ siège social historique
- ● centre de recherche
- ◇ site de production

Nombre de salariés
- 26 000
- 7 000
- 400

Des stratégies plurielles de conquête des marchés

Ouverture de la première usine de production

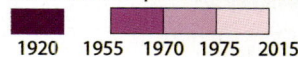

1920 1955 1970 1975 2015

partenariat avec des groupes locaux

0,47 nombre de voitures vendues par aire géographique en 2013, en millions

Sources : *Le Monde*, 16 janvier 2013 et Renault, 2015.

1 Un déploiement à l'échelle mondiale

Vocabulaire

Division internationale du travail : spécialisation des États dans un type d'activités (conception, production, montage).

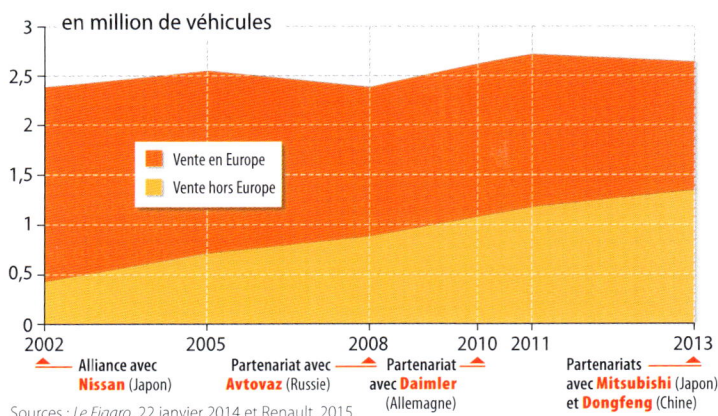

en million de véhicules

- Vente en Europe
- Vente hors Europe

| | | | | | | |
|2002|2005|2008|2010 2011| |2013|

Alliance avec **Nissan** (Japon)　Partenariat avec **Avtovaz** (Russie)　Partenariat avec **Daimler** (Allemagne)　Partenariats avec **Mitsubishi** (Japon) et **Dongfeng** (Chine)

Sources : *Le Figaro*, 22 janvier 2014 et Renault, 2015.

2 Des exportations de plus en plus mondialisées

4 La valorisation du « made in France » : l'alliance avec le constructeur japonais Nissan.

Renault et Nissan créent une alliance en 2002. Elle est renforcée en 2012 par une plus grande mutualisation de la production et des unités de recherche et développement pour réduire les coûts. Cette alliance est aujourd'hui le 4e constructeur mondial avec 8,3 millions de véhicules vendus dans le monde en 2014.

3 La production de modèles adaptés au marché local : l'exemple de l'usine d'Oran (Algérie)

Les premières automobiles Symbol[1] sortent de la toute nouvelle ligne d'assemblage de Renault installée à Oran. Ce site doit produire 25 000 véhicules ce qui représente, à l'échelle de Renault, une petite unité de production. Rien à voir avec l'usine de Tanger (Maroc) et ses 5 500 employés, configurée pour produire pour l'exportation jusqu'à 400 000 véhicules. En Algérie, Renault ne s'est pas implantée tout seul : l'usine est codétenue à 51 % par l'État algérien, qui juge ce type d'investissement stratégique pour diversifier son économie. Renault a aussi obtenu qu'aucun de ses concurrents ne puisse s'établir dans le pays pendant trois années, un accord qui a indigné de nombreux Algériens. Cette usine est destinée à alimenter un marché automobile local en pleine expansion : il est devenu le second du continent africain derrière l'Afrique du Sud. En effet, depuis 2005, il est passé de 100 000 immatriculations annuelles de véhicules à plus de 437 000 en 2012.

D'après *Le Monde*, 10 novembre 2014.

1. La voiture Symbol est en grande partie fabriquée en Turquie (où le coût horaire de la main-d'œuvre s'élève à 5 euros), à destination des marchés locaux d'Europe centrale et orientale, d'Amérique latine, du Maghreb et des pays du Golfe.

Questions

1. Dans quelles régions Renault est-elle la plus présente ? Que révèle l'évolution des ventes de Renault sur ses stratégies d'expansion ? (doc. 1 et 2)

2. Quelles stratégies la FTN Renault met-elle en place pour s'adapter à la mondialisation ? (doc. 1, 3 et 4)

3. Quelles sont les conséquences en France du déploiement planétaire de l'entreprise Renault ? (doc. 3 et 5)

Consigne Bac

En confrontant les documents 1 et 3, montrez comment et pourquoi Renault cible les marchés des pays émergents.

5 Une production française fragilisée

	2003	2013
Nombre de salariés de l'entreprise en France (part des salariés dans le monde)	60 000 (47 %)	48 300 (40 %)
Coût horaire de la main-d'œuvre, en euros	24	35
Nombre (part) des véhicules produits sur le territoire français	1 280 000 (64 %)	470 000 (18 %)

Sources : M. Freyssenet, *Évolution du nombre de salariés de Renault, 1978-2013*, CNRS, 2014, Eurostat, 2015 et Renault, 2015.

Comment les aménagements du Grand Paris renforcent-ils sa place dans la mondialisation ?

Deux grands projets visent à améliorer le cadre de vie des Franciliens tout en renforçant la place de Paris dans le monde : la Métropole du Grand Paris et le Nouveau Grand Paris. Alors que le premier met en place à partir de 2016 une vaste intercommunalité, le second est un ensemble d'aménagements stratégiques visant à améliorer l'accessibilité et la compétitivité de la capitale.

> **La Métropole du Grand Paris en chiffres :**
> - Paris intra-muros : 2,2 millions d'habitants ; 105 km²
> - Métropole du Grand Paris : 7 millions d'habitants ; 700 km²

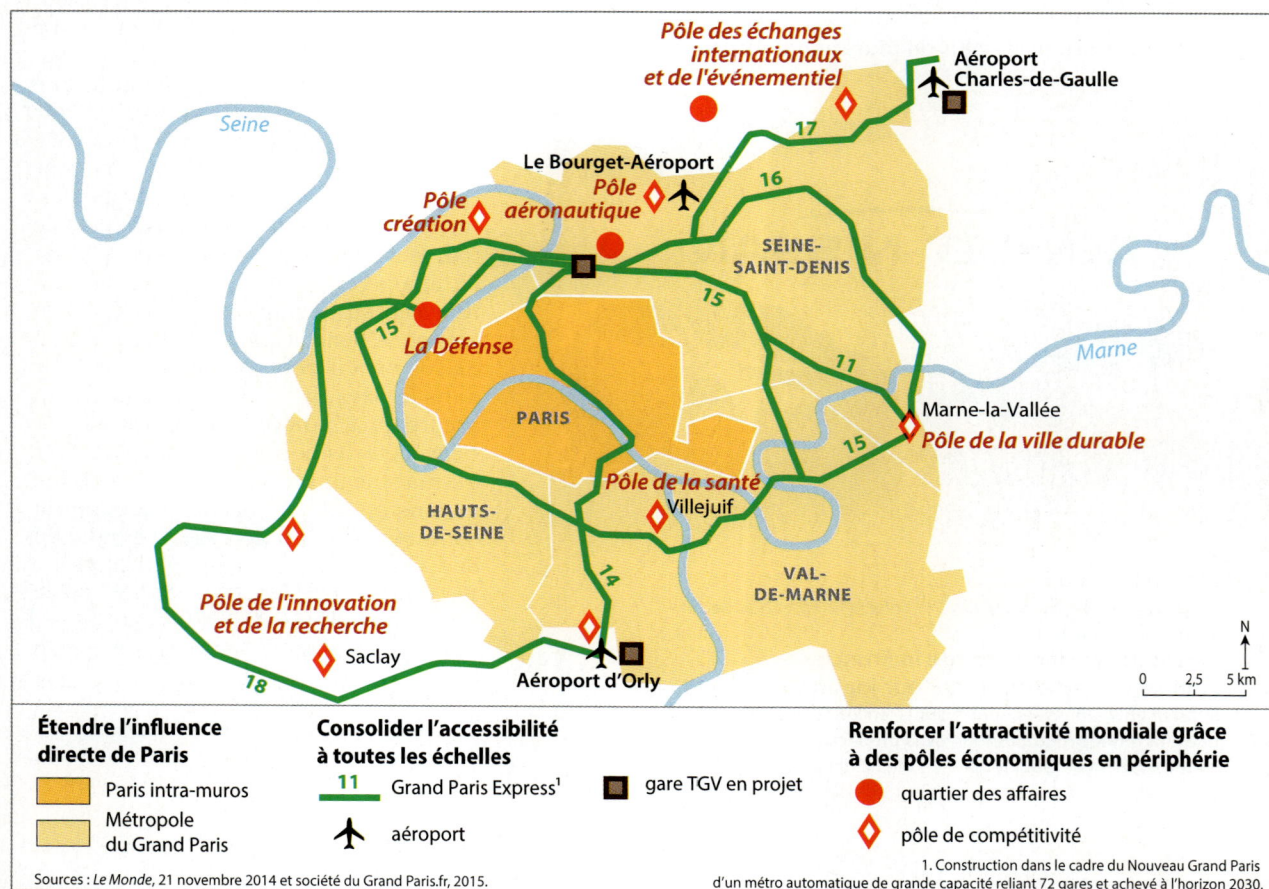

Étendre l'influence directe de Paris
- Paris intra-muros
- Métropole du Grand Paris

Consolider l'accessibilité à toutes les échelles
- 11 Grand Paris Express[1]
- aéroport
- gare TGV en projet

Renforcer l'attractivité mondiale grâce à des pôles économiques en périphérie
- quartier des affaires
- pôle de compétitivité

Sources : *Le Monde*, 21 novembre 2014 et société du Grand Paris.fr, 2015.

1. Construction dans le cadre du Nouveau Grand Paris d'un métro automatique de grande capacité reliant 72 gares et achevé à l'horizon 2030.

1 Les objectifs des aménagements du Nouveau Grand Paris

Vocabulaire

Contrat de développement territorial : partenariat d'une durée de 15 ans entre l'État et une collectivité territoriale d'Île-de-France pour la mise en œuvre du Grand Paris.

Métropole du Grand Paris : intercommunalité regroupant les communes de Paris et celles des 3 départements de la petite couronne. Elle a vocation à s'élargir. Elle vise à développer et à assurer la continuité des aménagements entre Paris et sa proche banlieue.

Nouveau Grand Paris : projet d'aménagement à l'échelle de la Métropole du Grand Paris qui a vocation à améliorer la vie des habitants, corriger les inégalités territoriales et affirmer son rôle de ville mondiale.

Ville mondiale : grande métropole concentrant des fonctions de commandement et exerçant une influence à l'échelle mondiale dans les domaines politique, économique et culturel.

2 Surmonter les handicaps et renforcer la compétitivité de Paris, ville mondiale

Le Nouveau Grand Paris est un projet révolutionnaire qui devrait transformer la Ville lumière en une métropole susceptible de rivaliser avec New York, Londres ou Tokyo. Pour cela, quatre nouvelles lignes de métro automatique verront le jour, soit 205 km de voies. Le RER sera modernisé. L'ambition est de désengorger les rues de Paris et d'agrandir la ville. Pour ce faire, de nouveaux quartiers se formeront autour des gares et redynamiseront les secteurs méconnus. L'objectif est de passer de 42 000 nouveaux logements par an à environ 70 000. Le projet tient également compte des pôles situés à la périphérie de Paris : Cité du cinéma de Luc Besson à Saint-Denis ; offre hospitalière de tout premier plan à Villejuif ; pôle aéronautique à Roissy. Le projet se propose de connecter ces pôles entre eux à l'aide d'un métro périphérique qui permettra de rejoindre les banlieues les plus excentrées sans passer par Paris. Ce projet passe aussi par une nouvelle administration : l'idée est de gérer Paris non pas comme une ville isolée, mais comme le centre d'une région cohérente qui sera dotée d'une fiscalité commune. L'égalité et la lutte contre la pauvreté seront également au cœur du Grand Paris.

Foreign Policy (Washington), cité par *Courrier International,* 21 novembre 2014.

3 Des pôles périphériques à vocation mondiale : le plateau de Saclay.
Conçu au sein d'un contrat de développement territorial, le plateau de Saclay est un technopôle dont l'ambition affichée est de rivaliser avec la Silicon Valley (Californie). Un nouveau projet vise à le densifier grâce à plus d'1 million de m² de locaux de grandes écoles, de bureaux et de logements à construire d'ici 2020. ① Le synchroton, accélérateur de particules. ② Centre d'études nucléaires et atomiques.

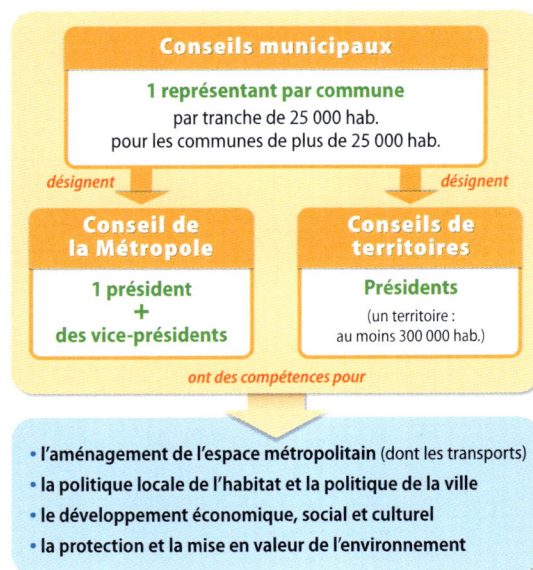

Conseils municipaux

1 représentant par commune
par tranche de 25 000 hab.
pour les communes de plus de 25 000 hab.

désignent → ← *désignent*

Conseil de la Métropole

1 président + des vice-présidents

Conseils de territoires

Présidents
(un territoire : au moins 300 000 hab.)

ont des compétences pour

- l'aménagement de l'espace métropolitain (dont les transports)
- la politique locale de l'habitat et la politique de la ville
- le développement économique, social et culturel
- la protection et la mise en valeur de l'environnement

Source : Institut d'Aménagement et d'Urbanisme, 2015.

4 Une nouvelle gouvernance : la Métropole du Grand Paris

Questions

1 Quels défis Paris doit-elle relever dans le contexte de mondialisation ? (doc. 2)

2 Comment les aménagements prévus dans le Grand Paris renforcent-ils son rôle de ville mondiale ? (doc. 1 et 3)

3 Quels sont les acteurs de la Métropole du Grand Paris et comment s'organise la gouvernance ? Pourquoi la gouvernance proposée pour le Grand Paris fait-elle débat ? (doc. 4 et 5)

Consigne Bac

À l'aide des documents 2 et 5, montrez que le Nouveau Grand Paris est un projet ambitieux qui fait débat.

5 Des élus réticents au projet de la Métropole du Grand Paris

Chaque commune voisine de toutes celles concernées par la future métropole a la possibilité de l'intégrer ou pas. C'est donc le cas pour Villeparisis, limitrophe de la Seine-Saint-Denis. Les élus villeparisiens ont pris la décision de « marquer leur refus d'intégrer la Métropole du Grand Paris ». Ils craignent de ne pas être entendus. « Quel poids auront nos 25 000 habitants face aux 7 millions de la métropole ? » Autre argument mis en avant : « cette métropole est tournée vers Paris et la petite couronne. Villeparisis sera encore plus à la marge, éloignée, puisque nous serions la dernière commune à l'est ». Ce que craignent surtout les élus, c'est que leur commune perde son identité, en perdant des compétences.

La Marne, le 7 octobre 2014.

Étude critique de documents **ES/L**
Analyse de documents **S**

Capacités travaillées

- Auto-évaluer une étude critique de documents **ES/L** /une analyse de documents **S**
- Réaliser une étude critique de documents **ES/L** /une analyse de documents **S**

Auto-évaluer une étude critique de documents **ES/L** / une analyse de documents **S**

Grandes étapes	Savoir-faire à maîtriser	Méthode	Acquis	En cours d'acquisition
Analyser le sujet et la consigne	Identifier les notions clés	▶ p. 34	✔	
	Délimiter l'espace concerné			
Préparer l'étude de documents	Identifier les documents	▶ p. 72		
	Identifier les informations	▶ p. 73		
	Prélever les informations	▶ p. 104		
	Mobiliser des connaissances	▶ p. 129		
	Confronter deux documents	▶ p. 219		
	Critiquer un document **ES/L**	▶ p. 131		
	Dégager les limites d'un document pour traiter le sujet	▶ p. 131		
Rédiger l'étude de documents	Rédiger l'introduction	▶ p. 193		
	Rédiger un paragraphe	▶ p. 165		
	Rédiger la conclusion	▶ p. 219		

Sujet d'entraînement

La France, un centre d'impulsion dans la mondialisation

À partir des documents, montrez que la France est un centre d'impulsion dans la mondialisation, mais qu'elle est fragilisée. Expliquez ensuite quelles sont les limites des documents pour répondre au sujet.

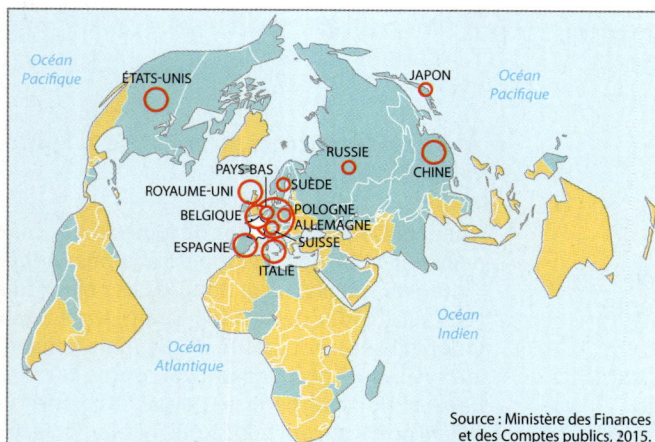

Part dans le commerce de la France en 2014, en %
○ 17   ○ 10   ○ 5

Balance commerciale de la France en 2013
▢ négative
▢ positive

Source : Ministère des Finances et des Comptes publics, 2015.

Conseil
En vous aidant de la carte 2 p. 276, montrez que ce document n'aborde pas la puissance financière de la France.

1 Le poids économique de la France dans le monde

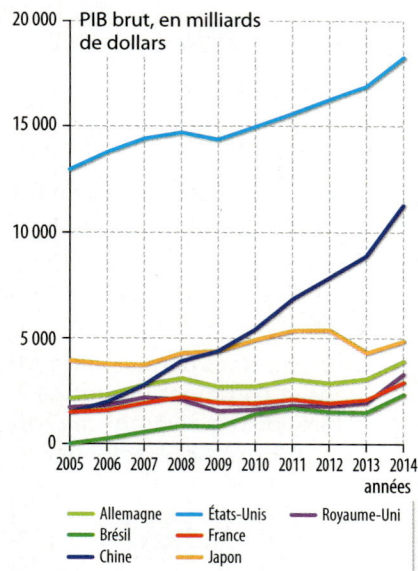

PIB brut, en milliards de dollars

— Allemagne — États-Unis — Royaume-Uni
— Brésil — France — Japon
— Chine

Source : Banque mondiale, 2015.

2 Une puissance économique concurrencée

Les défis du Grand Paris

En confrontant les documents, montrez quels sont les enjeux et les débats de la Métropole du Grand Paris.

1 La Métropole du Grand Paris, une gouvernance en construction

La Métropole du Grand Paris (1er janvier 2016) se heurte à de nombreuses difficultés concernant ses limites territoriales, son organisation, ses modalités de fonctionnement et de financement. Cependant, elle est une nécessité, aussi bien pour l'ensemble des acteurs qui résident ou travaillent dans cet ensemble, mais également, à l'échelle planétaire : vu de Sao Paulo, Paris est une ville mondiale. Or, une métropole de taille mondiale doit disposer d'un périmètre qui corresponde aux enjeux qui se posent à cette échelle. Comment comprendre la dissociation, comme c'est le cas aujourd'hui, entre la politique des transports et celle du logement ? Comment comprendre l'exclusion d'un aéroport de taille mondiale de ce péri-mètre ? Ensuite, la Métropole du Grand Paris doit disposer de compétences étendues, afin de conduire les politiques struc-turantes qui relèvent de cette échelle (aménagement, écono-mie, transport, logement, envi-ronnement, etc.). Mais il est illusoire de vouloir gérer certains services et équipements à l'échelle de la métropole, et il faut dans ce cas privilégier la proximité. La seule manière d'y aboutir consis-terait alors à généraliser, sur l'ensemble de ce périmètre, l'organisation en arrondissements qui prévaut à Paris.

D'après *Huffington Post*, 23 novembre 2014.

> **Conseil**
> Aidez-vous du doc.4 p. 285 pour expliquer la gouvernance proposée pour le Grand Paris.

2 La Cité du cinéma à Saint-Denis Pleyel, un pôle de compétitivité à vocation mondiale.

Inaugurée fin 2012 à l'initiative de Luc Besson, la Cité du cinéma s'étend sur 62 000 m². Elle propose 9 plateaux de tournage ①, l'école de la Cité ② et l'école Louis Lumière ③. Elle abrite le siège social du studio de cinéma français Europacorps ④. Elle a vocation à dynamiser le secteur du cinéma pour continuer à produire de nombreux films et à attirer des productions étrangères.

> **Conseil**
> Repérez sur le doc. 1 p. 284 la Cité du cinéma (Pôle création) et les autres pôles de compétitivité prévus par le Nouveau Grand Paris.

Production graphique

Capacités travaillées
- Auto-évaluer un schéma ou un croquis
- Réaliser un schéma

Auto-évaluer un schéma ou un croquis

Grandes étapes	Savoir-faire à maîtriser	Méthode	Acquis	En cours d'acquisition
Analyser le sujet	Identifier les notions clés	▶ p. 76	✔	
	Délimiter l'espace concerné			
Préparer la production graphique	Identifier croquis et schéma	▶ p. 36		
	Mobiliser des connaissances	▶ p. 106		
	Construire une légende	▶ p. 132		
	Formuler les titres de la légende	▶ p. 167		
	Choisir des figurés	▶ p. 195		
Réaliser la production graphique	Cartographier des données quantifiées	▶ p. 246		
	Choisir la nomenclature	▶ p. 221		
	Présenter le croquis	▶ p. 77		

Sujet guidé — Paris, une ville mondiale en mutation

A Analyser le sujet

1) Identifiez les notions clés et délimitez l'espace concerné.

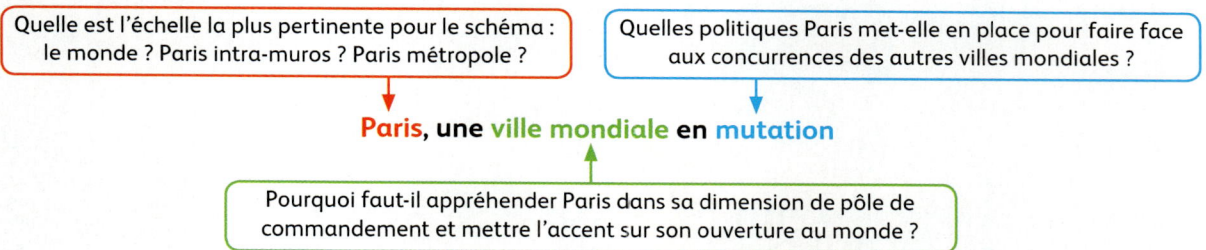

> Quelle est l'échelle la plus pertinente pour le schéma : le monde ? Paris intra-muros ? Paris métropole ?

> Quelles politiques Paris met-elle en place pour faire face aux concurrences des autres villes mondiales ?

Paris, une ville mondiale en mutation

> Pourquoi faut-il appréhender Paris dans sa dimension de pôle de commandement et mettre l'accent sur son ouverture au monde ?

2) Quelle problématique correspond le mieux au sujet ? Justifiez votre réponse.
- Quelle est l'influence de Paris dans le monde ?
- Comment Paris maintient-elle son statut de ville mondiale ?
- Quels aménagements transforment la ville de Paris ?

B Construire une légende

3) Sélectionnez, dans la liste suivante, les informations utiles au sujet et reportez-les dans la légende sous le schéma.

ouverture maritime siège d'institution nationale ligne RER
siège d'organisation internationale part des hôtels pôle de compétitivité
axe terrestre majeur canal en projet croissance de la métropole
site culturel de renommée mondiale Paris intra-muros quartier politique
axe des affaires quartier des affaires hub aéroportuaire de rang mondial axe fluvial

4 Complétez le tableau en associant chaque figuré proposé à une information. ▶ **Méthode** p. 194

Figurés	Informations	Justification du choix du figuré
Figurés ponctuels : ● ✈ ● ■ ★ ◇	quartier des affaires .... site touristique de renommée mondiale .... pôle de compétitivité	couleur chaude pour représenter le centre économique de la ville ....
Figurés linéaires : ▬▬ ▬▬ ▪▪▪▪ ◀▶	axe fluvial .... canal en projet	....
Figuré de surface : ▮ ▮	....	....

5 Classez les éléments de nomenclature suivants selon leur fonction : ▶ **Méthode** p. 221
1. localisation de pôles parisiens ; **2.** direction des principaux axes de communication ;
3. accès fluvial et maritime

Calais ; La Défense ; Dunkerque ; Roissy ; Le Havre ; Allemagne ; Suisse ; Marseille ; Londres ; Nantes ; Lyon ; Royaume-Uni ; Espagne ; Saclay ; Belgique ; la Seine ; Italie ; Orly ; Northern Range ; Strasbourg ; Lille

C Réaliser un schéma

6 Complétez le titre, le schéma et la légende. Choisissez ensuite un style d'écriture adapté à chaque groupe de nomenclature, établi dans la question 5, et reportez les noms sur le schéma.

Titre : ....

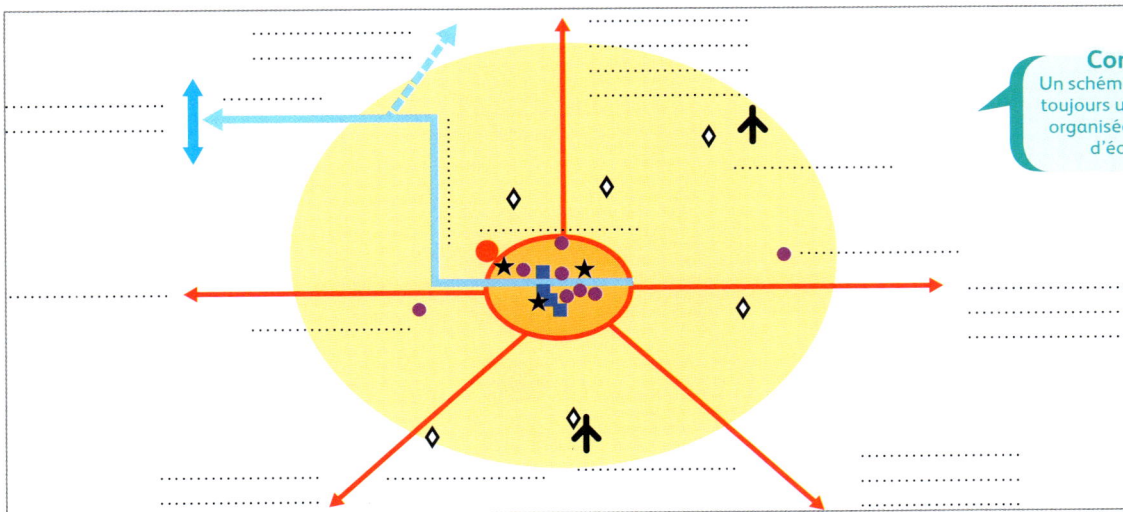

Conseil
Un schéma comporte toujours une légende organisée mais pas d'échelle.

Une capitale ouverte sur le monde	Les fonctions de commandement d'une ville mondiale	Des dynamiques pour renforcer la place de ville mondiale
....	....	....

Composition

Capacités travaillées
- Auto-évaluer une composition
- Réaliser une composition

Méthode

Auto-évaluer une composition

Grandes étapes	Savoir-faire à maîtriser	Méthode	Acquis	En cours d'acquisition
Analyser le sujet	Identifier les notions clés	▸ p. 38	✔	
	Délimiter l'espace concerné			
Préparer la composition	Choisir une problématique	▸ p. 78		
	Construire un plan	▸ p. 108		
Rédiger la composition	Rédiger une introduction	▸ p. 134		
	Rédiger un paragraphe de la composition	▸ p. 169		
	Travailler les transitions	▸ p. 196		
	Illustrer la composition par des exemples précis	▸ p. 222		
	Intégrer des schémas dans une composition	▸ p. 223		
	Rédiger une conclusion	▸ p. 248		

Sujet guidé — La France, une puissance mondiale ?

A Analyser le sujet

1) Identifiez les notions clés et délimitez l'espace concerné.

> Quels territoires assurent à la France une présence sur tous les continents ?

> Dans quels domaines la France a-t-elle une influence ? Dans quels domaines en a-t-elle moins ?

La France, une puissance mondiale ?

> Montrez que l'émergence de nouvelles puissances érode en partie la place française dans le monde.

SÉRIE ES/L

2) Quelle problématique convient le mieux ? Justifiez votre choix.

- Quel est le poids politique, économique et culturel de la France dans la mondialisation ?
- Comment la France utilise-t-elle ses atouts pour maintenir sa puissance dans le monde face à des concurrences de plus en plus fortes ?
- La France est-elle une puissance moyenne ?

SÉRIE S

2) Quel fil directeur convient le mieux ? Justifiez votre choix.

- La France est une grande puissance mondiale, leader dans de nombreux domaines.
- Le rayonnement culturel de la France lui confère un statut de grande puissance mondiale.
- La France est une puissance mondiale moyenne qui cherche à renforcer ses atouts pour maintenir son rang et faire face aux nombreuses concurrences.

Conseil
Pour construire le fil directeur, reformulez le sujet le plus clairement possible.

3 À l'aide du cours et du doc. 1 p. 276, complétez le plan de la 1re partie de la composition, le schéma et son titre.

⬤ ▶ **Méthode** p. 108

Titre : ....

I. Une puissance diplomatique dans un monde multipolaire
* *La France a une présence territoriale sur tous les continents*
....

* *La France est un acteur militaire et politique mondial* ....
....

* *Le poids de la France sur la scène internationale repose surtout sur l'Union européenne :* ....
....

Conseil
Soignez vos schémas car ces productions graphiques sont valorisées.

Des territoires ultramarins nombreux
◆   DROM
⬤   autre territoire ultramarin

Un engagement militaire international
○   base militaire
★   intervention militaire

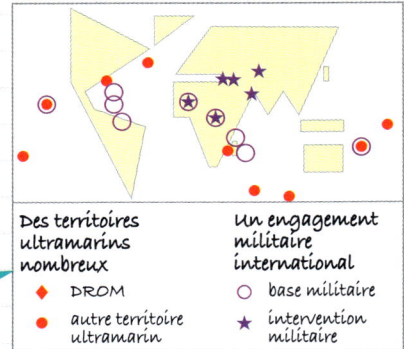

4 Terminez le plan de la partie 2 et complétez le titre et la nomenclature du schéma.

Titre : ....

II. Un centre d'impulsion concurrencé dans la mondialisation
* *La France est une grande puissance économique mondiale :*
....

* *La France, un leader mondial de l'innovation*
....

* ....
....

Conseil
Apprenez à dessiner à main levée des contours du monde très schématisés.

FRANCE

○   pôle de la Triade
◯   principal partenaire commercial de la France
⟶   IDE entrant et sortant

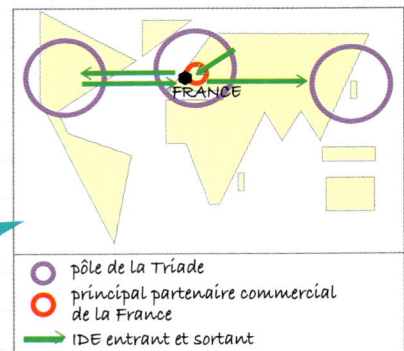

5 Terminez le plan de la partie 3 et complétez la légende du schéma à l'aide des informations proposées.

Paris, vitrine de la culture française

III. Un rayonnement culturel à maintenir ....
* ....

* ....
....

* ....

Conseil
Développez vos idées à partir des notions clés suivantes : francophonie, exception culturelle, limites du rayonnement culturel.

Conseil
Pensez à varier les échelles de vos schémas.

Seine
Arc de Triomphe
Tour Eiffel
Louvre
Disneyland
Notre-Dame de Paris
Versailles

Le premier pôle touristique mondial
⬤   ....
■   ....

Une métropole culturelle influente
▢   ....
★   ....

6 Rédigez intégralement la composition à l'aide du plan détaillé.

Localisations essentielles

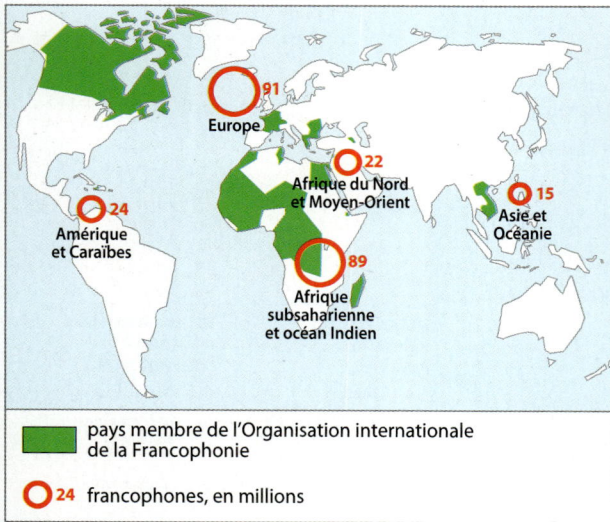

1 La diffusion de la langue française dans le monde

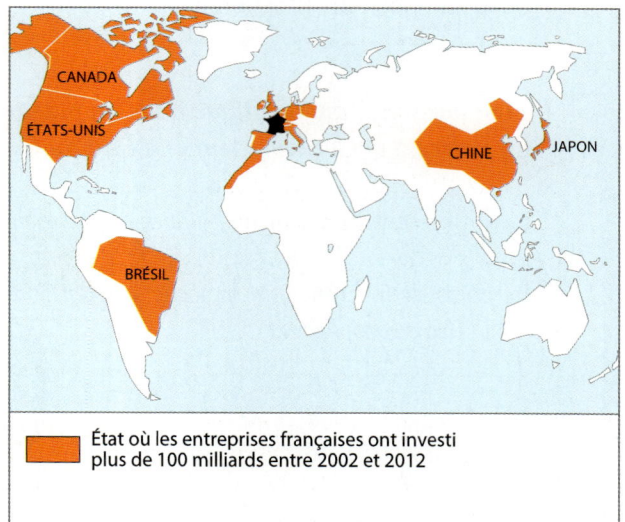

- **91** Europe
- **22** Afrique du Nord et Moyen-Orient
- **15** Asie et Océanie
- **24** Amérique et Caraïbes
- **89** Afrique subsaharienne et océan Indien

Légende :
- pays membre de l'Organisation internationale de la Francophonie
- ⭕ **24** francophones, en millions

2 La présence des entreprises françaises dans le monde

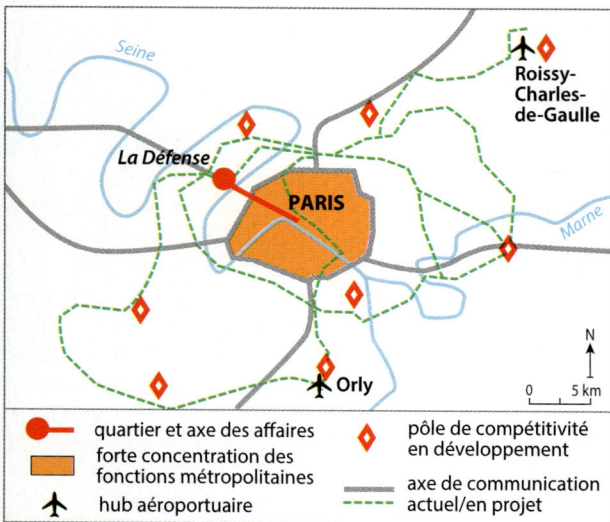

CANADA — ÉTATS-UNIS — CHINE — JAPON — BRÉSIL

Légende :
- État où les entreprises françaises ont investi plus de 100 milliards entre 2002 et 2012

3 Paris, centre d'impulsion dans la mondialisation

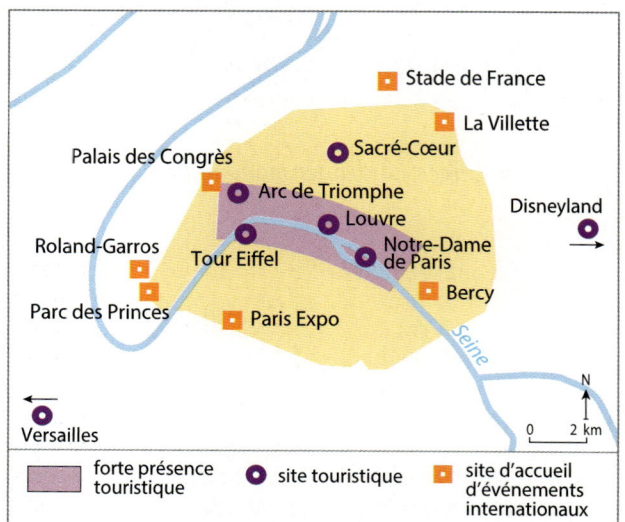

Seine — Roissy-Charles-de-Gaulle — La Défense — PARIS — Marne — Orly

N — 0 — 5 km

Légende :
- ● quartier et axe des affaires
- 🔶 pôle de compétitivité en développement
- forte concentration des fonctions métropolitaines
- ✈ hub aéroportuaire
- axe de communication actuel/en projet

4 Paris, place touristique mondiale

Stade de France — La Villette — Sacré-Cœur — Palais des Congrès — Arc de Triomphe — Louvre — Disneyland — Roland-Garros — Tour Eiffel — Notre-Dame de Paris — Bercy — Parc des Princes — Paris Expo — Seine — Versailles

N — 0 — 2 km

Légende :
- forte présence touristique
- ⊙ site touristique
- ▪ site d'accueil d'événements internationaux

Chiffres clés

A Le poids de la France dans le monde

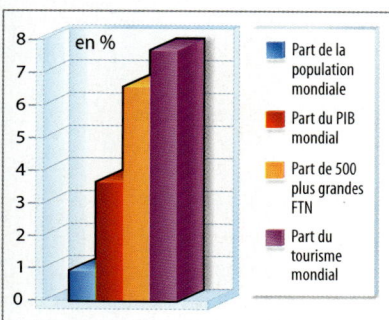

en %
- Part de la population mondiale
- Part du PIB mondial
- Part de 500 plus grandes FTN
- Part du tourisme mondial

B Les Français à l'étranger

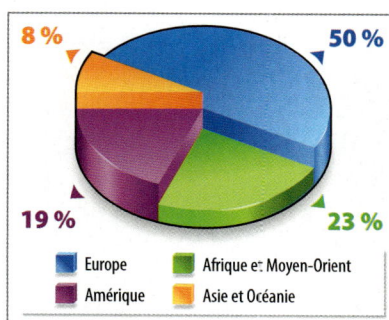

- 50 % Europe
- 23 % Afrique et Moyen-Orient
- 19 % Amérique
- 8 % Asie et Océanie

C La répartition de la population francilienne

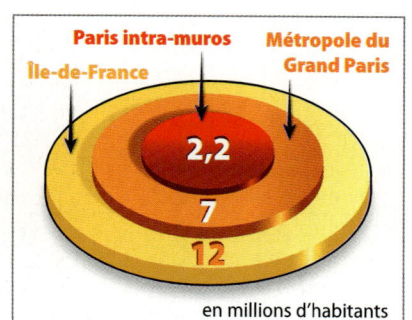

- Paris intra-muros : 2,2
- Métropole du Grand Paris : 7
- Île-de-France : 12

en millions d'habitants

COMMENT LA FRANCE MAINTIENT-ELLE SA PLACE DANS LE MONDE FACE À UNE CONCURRENCE DE PLUS EN PLUS FORTE ?

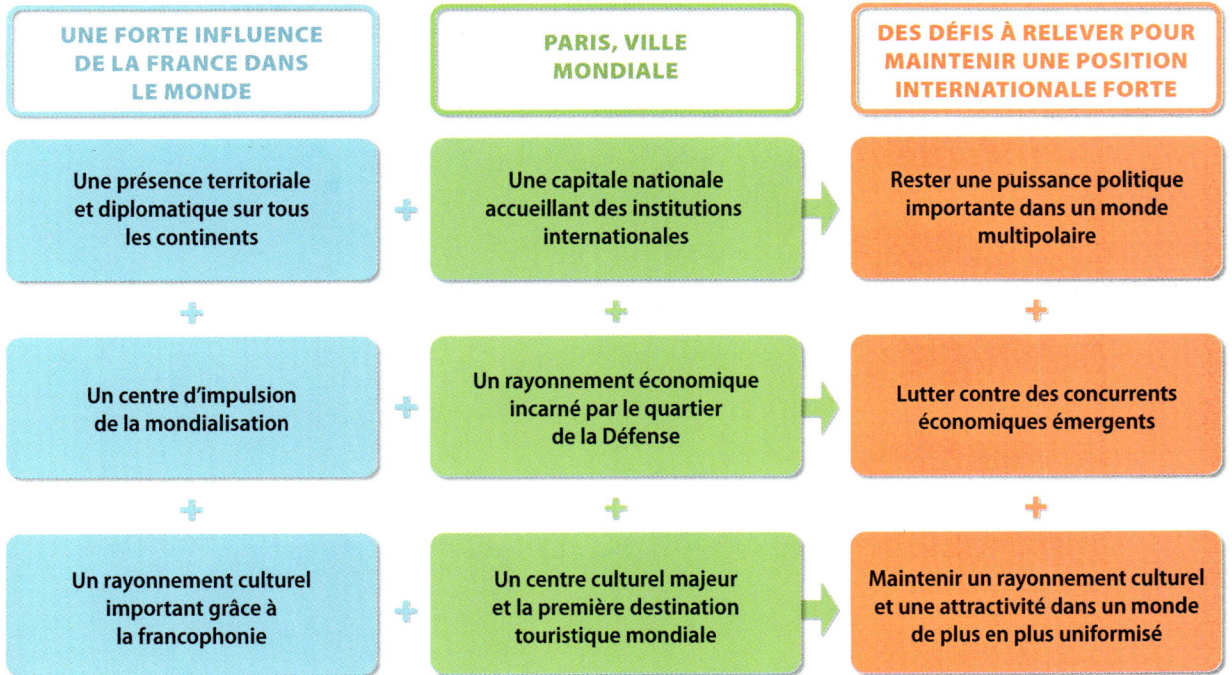

UNE FORTE INFLUENCE DE LA FRANCE DANS LE MONDE	PARIS, VILLE MONDIALE	DES DÉFIS À RELEVER POUR MAINTENIR UNE POSITION INTERNATIONALE FORTE
Une présence territoriale et diplomatique sur tous les continents	Une capitale nationale accueillant des institutions internationales	Rester une puissance politique importante dans un monde multipolaire
Un centre d'impulsion de la mondialisation	Un rayonnement économique incarné par le quartier de la Défense	Lutter contre des concurrents économiques émergents
Un rayonnement culturel important grâce à la francophonie	Un centre culturel majeur et la première destination touristique mondiale	Maintenir un rayonnement culturel et une attractivité dans un monde de plus en plus uniformisé

A La France a-t-elle des atouts pour maintenir sa place dans le monde ?

La France est présente dans le monde à travers ses nombreux territoires ultramarins, sa participation à des instances internationales (ONU, FMI, G20) et ses expatriés installés à l'étranger. Elle est un **centre d'impulsion** de la mondialisation grâce notamment à la capacité de ses entreprises à innover et à s'internationaliser. Elle maintient son rang de première destination touristique mondiale et sa culture rayonne dans le monde, portée par la **francophonie.** Cependant, elle est soumise à une concurrence croissante dans le domaine économique (diminution du stock d'IDE), politique et culturel.

B Quel rôle Paris joue-t-elle dans l'influence internationale de la France ?

Paris est une ville mondiale qui domine l'**archipel métropolitain mondial** aux côtés de Londres, New York et Tokyo. Pour se faire, elle bénéficie d'une excellente accessibilité et d'un **quartier des affaires** puissant (la Défense). Elle rayonne au niveau politique (siège de la FIDH et de UNESCO), culturel (luxe, gastronomie) et touristique. Cependant, face aux concurrences de la mondialisation, elle s'adapte en projetant une **Métropole du Grand Paris** qui reposera sur l'intercommunalité et dont la gouvernance reste à clarifier. Elle met en place des aménagements ambitieux pour maintenir le poids de la capitale française dans le monde (**Nouveau Grand Paris).**

NE PAS CONFONDRE

Métropole du Grand Paris : intercommunalité regroupant les communes de Paris et celles des 3 départements de la petite couronne. Elle a vocation à s'élargir. Elle vise à développer et à assurer la continuité des aménagements entre Paris et sa proche banlieue.

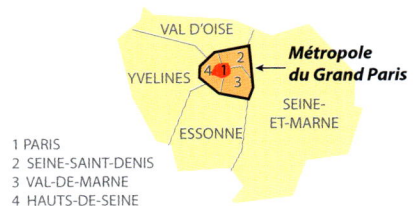

VAL D'OISE

Métropole du Grand Paris

YVELINES

SEINE-ET-MARNE

ESSONNE

1 PARIS
2 SEINE-SAINT-DENIS
3 VAL-DE-MARNE
4 HAUTS-DE-SEINE

Nouveau Grand Paris : projet d'aménagement à l'échelle de la Métropole du Grand Paris qui a vocation à améliorer la vie des habitants, corriger les inégalités territoriales et affirmer son rôle de ville mondiale.

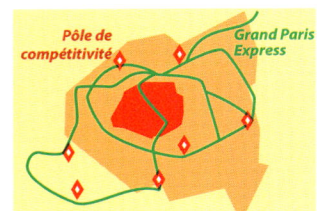

Pôle de compétitivité

Grand Paris Express

Aquitaine, Limousin et Poitou-Charentes

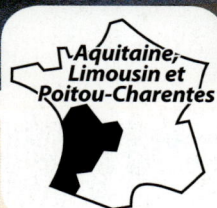

1. Aquitaine, Limousin et Poitou-Charentes, une région à développer durablement   296-301

Chapitre 2
La région, territoire de vie, territoire aménagé

Chapitre 3
Valoriser et ménager les milieux

3. La Réunion, une région française et un territoire ultramarin de l'UE   308-313

Chapitre 2
La région, territoire de vie, territoire aménagé

Chapitre 8
Les territoires ultramarins de l'Union européenne et leur développement

2. Alsace, Champagne-Ardenne et Lorraine, une nouvelle région en quête d'innovation 302-307

Chapitre 2
La région, territoire de vie, territoire aménagé

Chapitre 5
Les dynamiques des espaces productifs dans la mondialisation

Alsace, Champagne-Ardenne et Lorraine

Réunion

▶ Chapitre 2 (p. 42 à 81)
▶ Chapitre 3 (p. 84 à 111)

- 5,8 millions d'habitants (4e région)
- 84 096 km² (1re région)
- 10 % du territoire en parcs naturels terrestres

Aquitaine, Limousin et Poitou-Charentes une région à développer durablement

Du marais poitevin aux cimes pyrénéennes, la plus grande région de France est marquée par une importante diversité des milieux et de fortes disparités économiques. Or, cette nouvelle région née en 2015 doit aujourd'hui trouver une nouvelle cohésion pour s'affirmer. Les milieux sont un atout pour son nouveau développement, même si leur valorisation est parfois difficile à concilier avec leur protection.

A Comment la nouvelle région peut-elle faire face au double défi de la compétitivité et de la cohésion ?

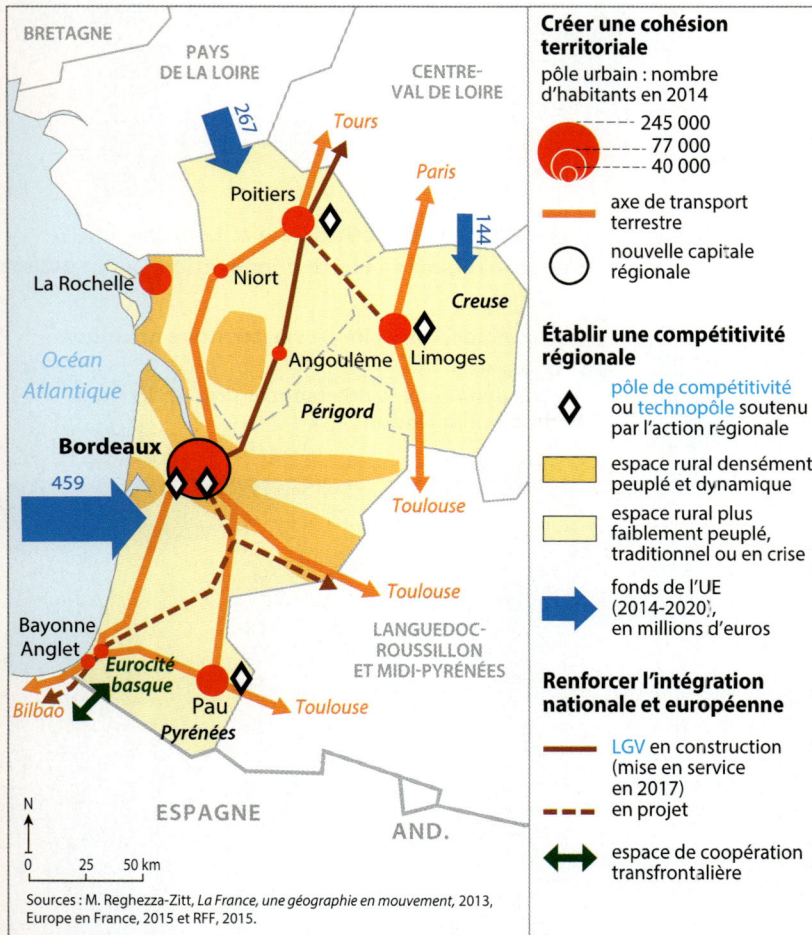

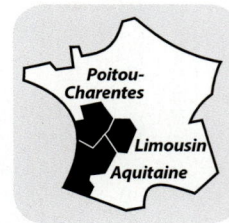

1 Les enjeux de la fusion régionale

Sources : M. Reghezza-Zitt, *La France, une géographie en mouvement*, 2013, Europe en France, 2015 et RFF, 2015.

Créer une cohésion territoriale

pôle urbain : nombre d'habitants en 2014
- 245 000
- 77 000
- 40 000

— axe de transport terrestre

○ nouvelle capitale régionale

Établir une compétitivité régionale

◇ pôle de compétitivité ou technopôle soutenu par l'action régionale

espace rural densément peuplé et dynamique

espace rural plus faiblement peuplé, traditionnel ou en crise

➡ fonds de l'UE (2014-2020), en millions d'euros

Renforcer l'intégration nationale et européenne

— LGV en construction (mise en service en 2017)

--- en projet

⬌ espace de coopération transfrontalière

2 Une nécessité : soutenir les territoires en difficulté (Périgord)

L'initiative est inédite en France : dans les métiers du cuir haut de gamme, où l'on peine à trouver de la main d'œuvre qualifiée, 13 entreprises dont Hermès vont former des artisans, sur une plate-forme commune financée sur fonds publics. Ce pôle d'excellence rurale des métiers du cuir et du luxe a été inauguré à Thiviers dans le Périgord. Pour les anciennes régions partenaires du projet (Aquitaine, Limousin, Poitou-Charentes) où sont implantées beaucoup d'entreprises du cuir et du luxe, le but est à la fois social et industriel : il s'agit de reconvertir des demandeurs d'emploi et de participer au développement d'entreprises du terroir. Objectif : former plus de 100 personnes par an. Ensemble, l'Aquitaine, le Limousin et le Poitou-Charentes emploient 2 055 salariés dans la fabrication de chaussures et près de 1 600 dans la sellerie-maroquinerie.

Lexpress.fr, 23 septembre 2014.

Vocabulaire

LGV (ligne à grande vitesse) : ligne ferroviaire permettant la circulation de trains à grande vitesse (supérieure à 270 km/h).

Pôle d'excellence rurale : projet de développement d'un territoire rural fondé sur l'innovation.

Pôle de compétitivité : regroupement, sur un territoire donné, d'entreprises et de centres de recherche publics ou privés, dans le but de développer l'innovation.

Technopôle : parc d'activités spécialisé dans les industries de haute technologie.

3 Un enjeu : limiter les inégalités socio-économiques

	Aquitaine	Limousin	Poitou-Charentes
Population – en millions d'hab. – évolution entre 1999 et 2014, en % (France : + 8,3 %)	3,3 + 11,5	0,7 + 3,8	1,8 + 8
PIB par habitant en 2012, en euros (France métropolitaine : 28 500)	27 583	23 354	25 166
Part dans le PIB de la nouvelle région en 2012, en %	59	11	30
Part des nuitées en hôtellerie et camping de la nouvelle région en 2013, en %	50	18	32

Source : Insee, 2015.

4 Un atout : des complémentarités régionales à valoriser

Pour réussir la fusion, organiser la proximité et la gestion de ce territoire qui couvre près d'un quart de la France, la nouvelle région doit valoriser ses talents. Elle occupe déjà une place prépondérante dans le secteur aéronautique et tient le leadership dans la recherche en chimie verte, en éco-construction ou encore en termes d'emplois agricoles. Déjà, les compétences du pôle de compétitivité limousin Elopsys, dans le domaine des lasers, ne sont plus à démontrer. Un rapprochement avec son homologue aquitain constituerait ainsi une complémentarité au service des petites et moyennes entreprises. Le président du conseil régional d'Aquitaine croit également à une restructuration du secteur agroalimentaire et à une mutualisation des réussites. « Nous avons une complémentarité extraordinaire », note-t-il, qu'il s'agisse d'industrie, de mobilité ou de formation. Le défi est immense. « Nous voulons construire une région plus puissante, plus solidaire et plus créative » annoncent les trois présidents qui souhaitent développer de grands projets auxquels la population pourra s'identifier.

Région Limousin, 8 décembre 2014.

LA DOMOTIQUE ET LE MAINTIEN À DOMICILE :
LE LIMOUSIN, UN TERRITOIRE PRÉCURSEUR

Odyssée 2023 · legrand · LA CREUSE · LIMOUSIN
EDF · PROMOTELEC

6 Bordeaux, une métropole régionale attractive

5 Un défi : faire face au vieillissement en développant l'innovation.
Le pôle d'excellence rurale Odyssée 2023 est situé dans la Creuse, où les plus de 60 ans représentent 34 % de la population. Il a pour objectif de développer des projets innovants au service des personnes âgées, comme la domotique (ensemble des technologies utilisées dans les domiciles).

Questions

1 Quelles sont les caractéristiques démographiques et économiques de la région ? (doc. 1, 3 et 5)

2 Par quelles inégalités territoriales est-elle marquée ? (doc. 1, 3 et 6)

3 Sur quelles complémentarités régionales la nouvelle région peut-elle s'appuyer ? (doc. 2 et 4)

3 Quels axes du développement régional sont orientés vers la cohésion régionale ? vers la compétitivité ? (doc. 2, 4 et 5)

▶ **Bilan :** Complétez la 1re colonne de l'organigramme bilan p. 300.

B Comment gérer durablement la région Aquitaine, Limousin et Poitou-Charentes ?

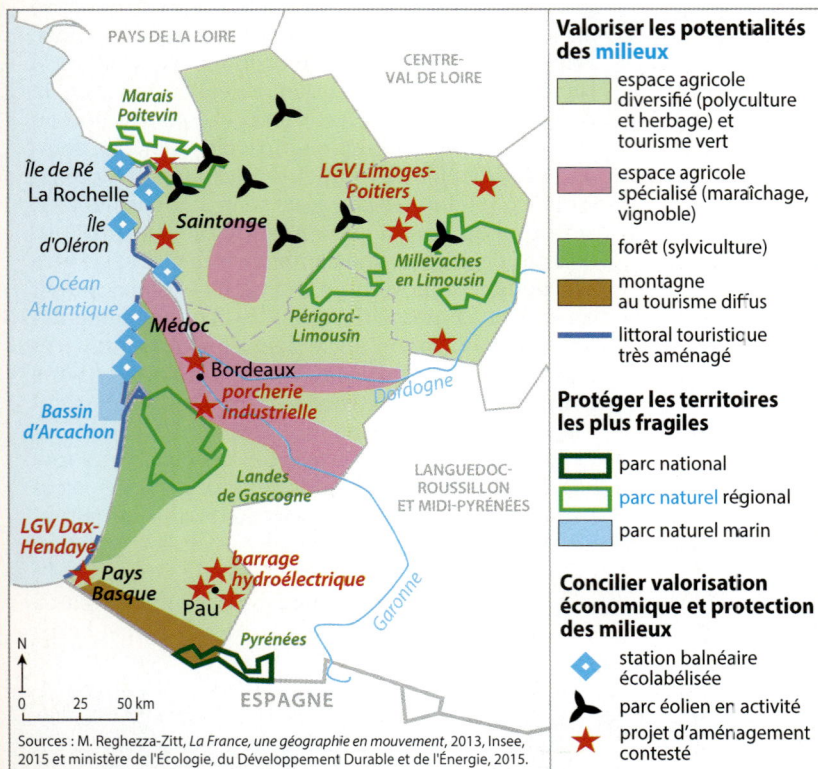

Valoriser les potentialités des milieux

- espace agricole diversifié (polyculture et herbage) et tourisme vert
- espace agricole spécialisé (maraîchage, vignoble)
- forêt (sylviculture)
- montagne au tourisme diffus
- littoral touristique très aménagé

Protéger les territoires les plus fragiles

- parc national
- parc naturel régional
- parc naturel marin

Concilier valorisation économique et protection des milieux

- ◆ station balnéaire écolabélisée
- ✹ parc éolien en activité
- ★ projet d'aménagement contesté

Sources : M. Reghezza-Zitt, *La France, une géographie en mouvement*, 2013, Insee, 2015 et ministère de l'Écologie, du Développement Durable et de l'Énergie, 2015.

7 Des milieux valorisés et protégés

Vocabulaire

Artificialisation : transformation d'espaces naturels, forestiers ou agricoles en espaces bâtis (habitations, zones industrielles) ou en infrastructures de transport.

Conflit d'usage : concurrence entre différents acteurs pour le contrôle et l'utilisation d'un espace ou d'une ressource.

Milieu : ensemble des éléments naturels, plus ou moins transformés par les aménagements, constituant le cadre de vie d'une société.

Parc naturel : espace protégé soumis à une réglementation spécifique afin d'y préserver l'environnement tout en favorisant le développement économique. Il peut être régional, national ou marin.

Risque : probabilité qu'un ou plusieurs aléas affectent une société.

8 Concilier valorisation et protection du milieu : le bassin d'Arcachon. Le bassin d'Arcachon est composé d'espaces naturels remarquables (dune du Pilat, Île aux Oiseaux ①) qui attirent chaque année un million de touristes. La protection du bassin est assurée par la réserve naturelle des prés salés d'Arès et de Lège-Cap Ferret ②, et depuis 2014, par un parc naturel marin.

9 Des risques naturels aggravés par l'artificialisation (Pays Basque, juillet 2014)

11 Une valorisation durable, les énergies renouvelables : la centrale solaire de Fontenet (Saintonge). Cette centrale mise en service en 2014 a été financée par des acteurs privés et publics. Sur l'ensemble de la région, 6 centrales solaires ont été construites avec l'aide de fonds régionaux, illustrant l'intérêt porté au développement durable (1/3 du budget).

12 Une valorisation contestée : l'exploitation des ressources minières, source de conflit d'usage (Creuse). En 2013, Cominor, filiale française d'une entreprise canadienne, a obtenu l'autorisation de rechercher de l'or dans la Creuse. Mais les associations de défense de l'environnement s'inquiètent du risque de pollution des nappes phréatiques.

10 Des acteurs variés en réseau : le projet de création du parc naturel régional du Médoc

La création d'un Parc naturel régional (PNR) en Médoc est un projet porté depuis 2009 par la région Aquitaine. Mais la marche est encore longue avant que le « label » ne soit décerné par le ministère de l'Écologie. La région a confié au Syndicat mixte de Pays Médoc (qui rassemble les six Communautés de communes du Médoc) tout le travail de rédaction de la charte du PNR : quel projet de développement mettre en place pour la préservation et la valorisation des ressources locales ? Et cela sur un espace fragile. Des champs sont à explorer : les ressources du territoire, le développement économique, l'économie sociale et solidaire, les projets de ruches, l'intégration de nouveaux agriculteurs, etc. Tout en travaillant sur le projet du PNR, le Syndicat mixte de Pays Médoc est aussi candidat à un programme de fonds européens en direction des territoires ruraux qui ont des projets de développement. Les élus devront échafauder un plan autour de l'économie, du tourisme et de la cohésion sociale. Au total, c'est une enveloppe de trois millions d'euros qui serait attribuée. Une gouvernance de partenaires publics-privés en aurait la responsabilité.

Sud-Ouest, 4 novembre 2014.

Questions

1 Montrez la diversité des milieux et leurs potentialités. (doc. 7 et 12)

2 Par quoi sont-ils menacés ? (doc. 9 et doc. 1 p. 114)

3 Quels sont les outils et les acteurs du développement durable ? (doc. 7, 10 et 11)

4 Pourquoi est-il difficile de concilier protection de l'environnement et valorisation économique ? (doc. 7, 8, 10 et 12)

▶ **Bilan :** Complétez la 2e colonne de l'organigramme bilan p. 300.

Aquitaine, Limousin et Poitou-Charentes, une région à développer durablement

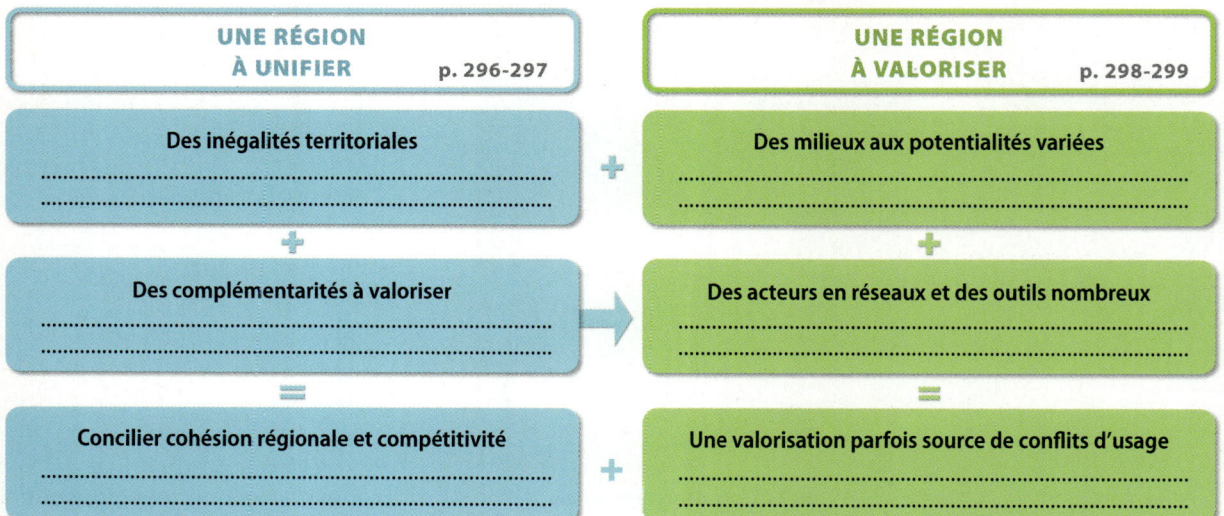

A Comment la nouvelle région peut-elle faire face au double défi de la compétitivité et de la cohésion ? ▶ (p. 296-297)

- La plus grande région de France métropolitaine se caractérise par de fortes inégalités territoriales entre des espaces plus ou moins dynamiques du point de vue économique et démographique.
- Les acteurs régionaux valorisent les complémentarités en misant sur la formation et l'innovation. La mise en réseau des entreprises et des territoires en marge (Limousin, Périgord) est un outil privilégié.
- Dans ce but, la cohésion régionale est renforcée pour favoriser le développement économique et le soutien à la compétitivité.

▶ • Toutes les régions françaises sont-elles affectées par des déséquilibres territoriaux ?

B Comment gérer durablement la région ? ▶ (p. 298-299)

- La région est marquée par la diversité de ses milieux : littoraux touristiques, montagnes plus ou moins attractives, grandes vallées fluviales. Cependant, l'extension des surfaces artificialisées et les risques naturels rappellent la fragilité des milieux.
- Pour mettre en œuvre un développement durable, les acteurs régionaux publics utilisent les parcs naturels. Associés à des partenaires privés, ils sollicitent aussi les fonds européens pour le développement des territoires ruraux.
- Mais concilier protection et valorisation de l'environnement s'avère parfois difficile. Si la région s'engage dans la préservation et la valorisation des ressources, des projets d'aménagement sont contestés par les associations de défense de l'environnement.

▶ • La valorisation des milieux est-elle toujours compatible avec le développement durable ?

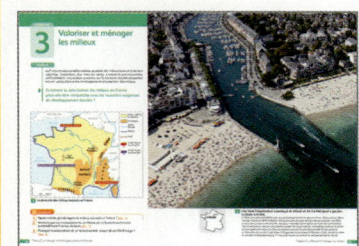

Travailler autrement

FICHE À COMPLÉTER
PDF ▶ En téléchargement sur le site de l'éditeur

Recopiez et complétez l'organigramme bilan de l'étude de cas en illustrant les idées par des exemples précis.

AQUITAINE, LIMOUSIN ET POITOU-CHARENTES, UNE RÉGION À DÉVELOPPER DURABLEMENT

UNE RÉGION À UNIFIER p. 296-297	UNE RÉGION À VALORISER p. 298-299
Des inégalités territoriales	**Des milieux aux potentialités variées** ....
+	+
Des complémentarités à valoriser	**Des acteurs en réseaux et des outils nombreux** ....
=	=
Concilier cohésion régionale et compétitivité	**Une valorisation parfois source de conflits d'usage** ....

Des schémas...

A Une région à unifier

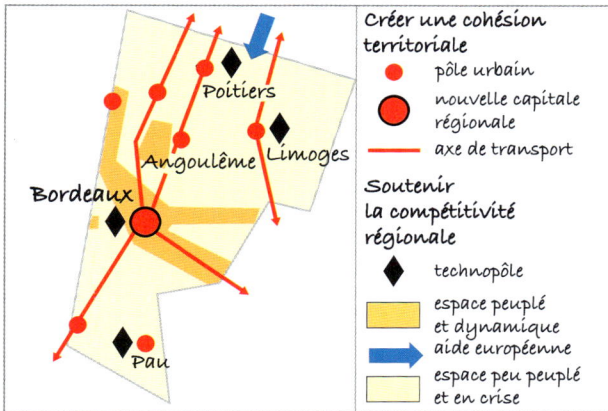

Créer une cohésion territoriale
- ● pôle urbain
- ⬤ nouvelle capitale régionale
- ── axe de transport

Soutenir la compétitivité régionale
- ◆ technopôle
- ▨ espace peuplé et dynamique
- ➡ aide européenne
- ▢ espace peu peuplé et en crise

B Une région à valoriser

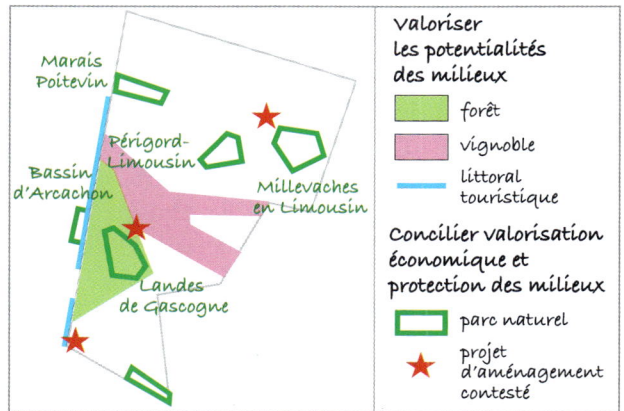

Valoriser les potentialités des milieux
- 🟩 forêt
- 🟪 vignoble
- ── littoral touristique

Concilier valorisation économique et protection des milieux
- ▭ parc naturel
- ★ projet d'aménagement contesté

...au croquis de synthèse

Sur votre cahier, complétez le titre, la légende et le croquis à l'aide des pages 296 à 299.

FICHE À COMPLÉTER
En téléchargement sur le site de l'éditeur

Titre : ....

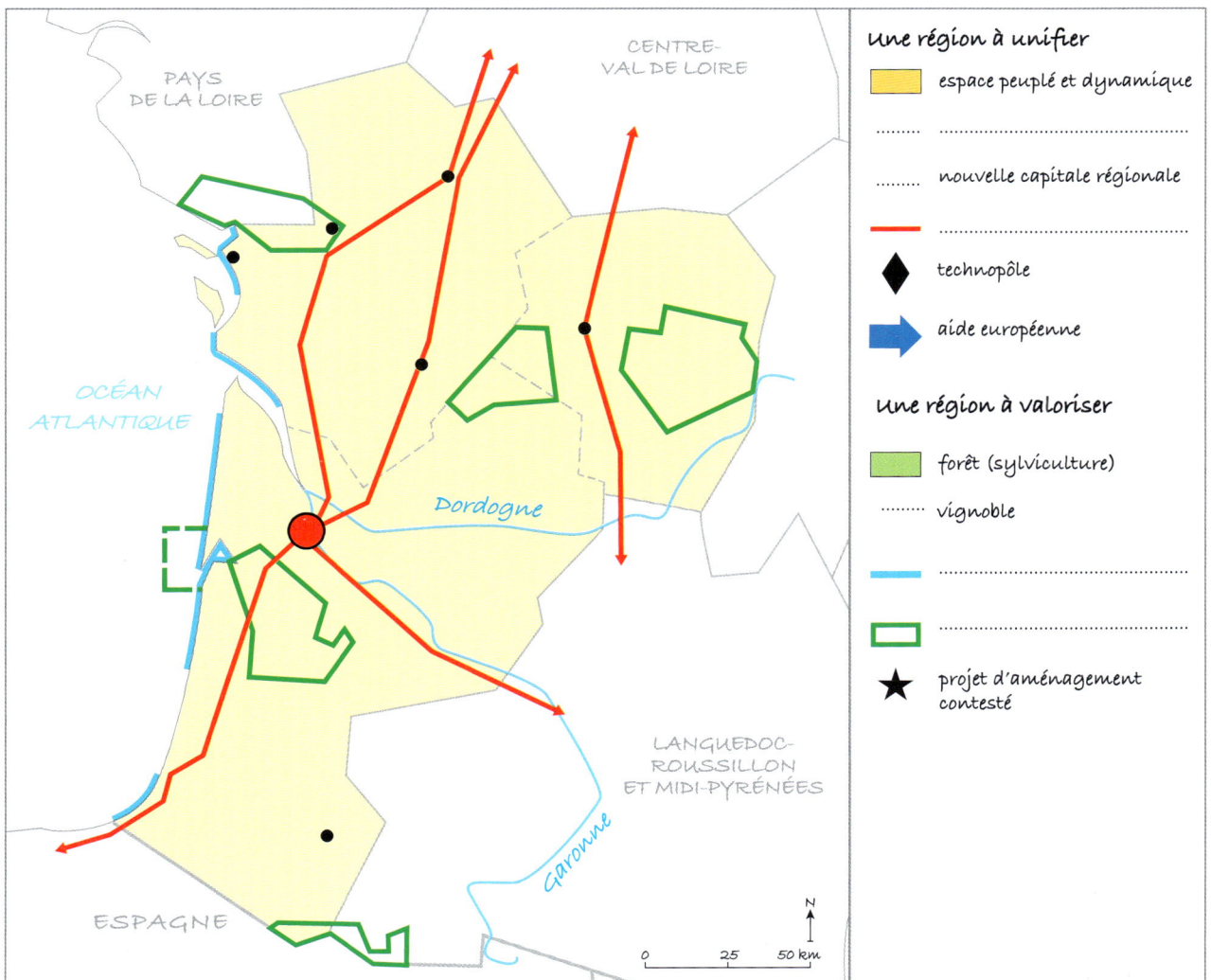

Une région à unifier
- 🟨 espace peuplé et dynamique
- ....
- .... nouvelle capitale régionale
- ── ....
- ◆ technopôle
- ➡ aide européenne

Une région à valoriser
- 🟩 forêt (sylviculture)
- .... vignoble
- ── ....
- ▭ ....
- ★ projet d'aménagement contesté

▸ Chapitre 2 (p. 42 à 81)
▸ Chapitre 5 (p. 138 à 171)

La région en chiffres

- 5,5 millions d'habitants (6ᵉ région française)
- 57 443 km² (4ᵉ région française)
- 11 506 chercheurs (5ᵉ région française)

Alsace, Champagne-Ardenne et Lorraine, une nouvelle région en quête d'innovation

Marquée par son passé industriel, la nouvelle région née de la fusion entre l'Alsace, la Champagne-Ardenne et la Lorraine connaît des difficultés socio-économiques et de fortes inégalités entre les territoires. Elle dispose pourtant d'atouts qui orientent son futur développement régional : ouverture européenne déjà ancienne, dynamisme économique alsacien, niveau de qualification élevé. Le conseil régional, comme les autres acteurs du territoire, mise sur le développement de l'innovation afin de donner une nouvelle identité à la région.

A Comment concilier compétitivité et nouvelle cohésion régionale ?

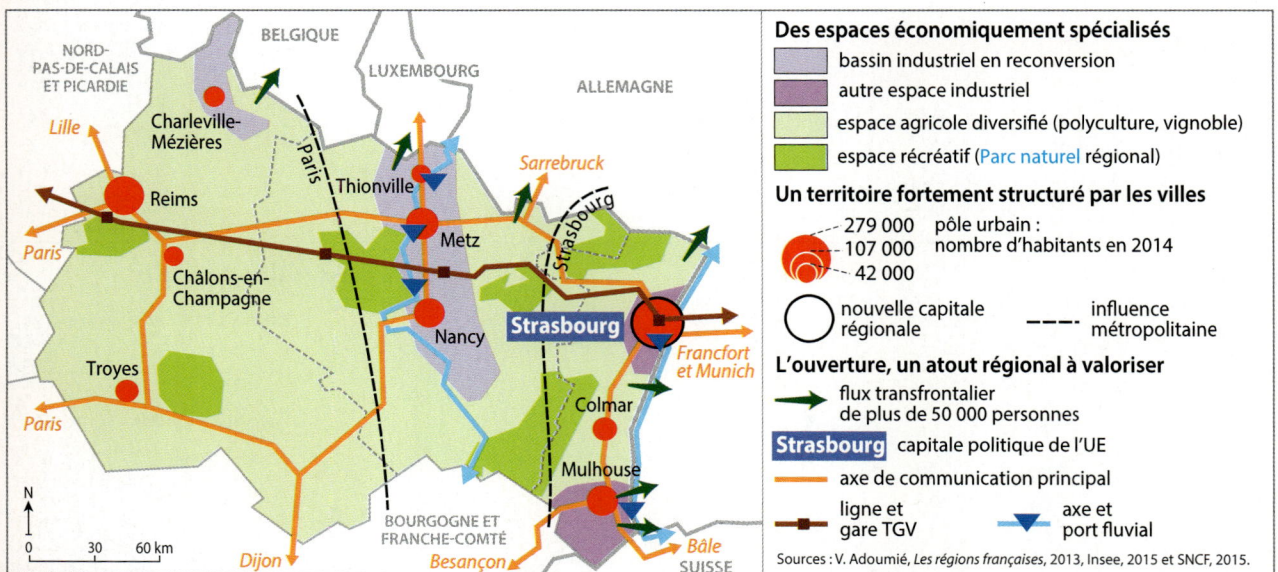

Des espaces économiquement spécialisés
- bassin industriel en reconversion
- autre espace industriel
- espace agricole diversifié (polyculture, vignoble)
- espace récréatif (Parc naturel régional)

Un territoire fortement structuré par les villes
- 279 000 / 107 000 / 42 000 — pôle urbain : nombre d'habitants en 2014
- nouvelle capitale régionale
- influence métropolitaine

L'ouverture, un atout régional à valoriser
- flux transfrontalier de plus de 50 000 personnes
- Strasbourg capitale politique de l'UE
- axe de communication principal
- ligne et gare TGV
- axe et port fluvial

Sources : V. Adoumié, *Les régions françaises*, 2013, Insee, 2015 et SNCF, 2015.

1 Une région contrastée ouverte sur l'Europe

2 Un défi à surmonter : une région marquée par de fortes inégalités socio-économiques

	Alsace	Champagne-Ardenne	Lorraine
Population – en millions d'habitants – évolution entre 1999 et 2014, en % (France : + 8,3 %)	1,8 + 7,5	1,3 – 0,7	2,4 + 1,7
PIB par habitant en 2012, en euros (France métropolitaine : 28 500)	28 849	23 968	27 813
Dépenses du conseil régional en 2015, en % – Éducation et formation – Transports – Compétitivité et développement durable	40 39 21	52 24 24	52 25 23

Sources : Conseils régionaux d'Alsace, de Lorraine et de Champagne-Ardenne, 2015 et Insee, 2015.

Vocabulaire

Eurorégion : espace de coopération transfrontalière au sein de l'UE dont le statut administratif est très variable. Il bénéficie d'aides européennes pour mener des politiques communes (transport, économie, protection de l'environnement).

Parc naturel : espace protégé soumis à une réglementation spécifique afin d'y préserver l'environnement tout en favorisant le développement économique. Il peut être régional, national ou marin.

R&D (recherche et développement) : activité créatrice des entreprises et des laboratoires de recherche basée sur l'innovation scientifique et technique.

3 **La crainte de perdre l'identité régionale (Strasbourg, novembre 2014).** Les manifestants protestent contre une fusion imposée par l'État sans concertation et contre la dilution d'une identité alsacienne dans un ensemble régional hétérogène.

5 **Des atouts communs à valoriser**

Pour la Lorraine, le rapprochement avec l'Alsace est pertinent. L'existence de liens anciens, le partage d'un atout transfrontalier fort, la structuration du territoire autour de deux axes métropolitains, une concentration forte entre l'Alsace et la Lorraine d'équipements de recherches et de transferts de technologie, et la possibilité de s'arrimer à une région plus dynamique ont semblé être des atouts indéniables à un rapprochement. Pour la Champagne-Ardenne, il existe déjà un certain nombre de collaborations avec cette dernière, notamment dans le domaine des matériaux, de l'énergie, de l'eau, des déchets ou dans celui de l'agroalimentaire.

Lor'Actu, 20 octobre 2014.

Cinq éléments de politique régionale sont déterminants pour la réussite du rapprochement : **1)** Maintenir le rôle de l'État, garant de la solidarité et l'égalité accordée aux collectivités ; **2)** Doter les sous-ensembles régionaux (Sillon Lorrain, Est-Mosellan) de réels moyens pour assurer les nouvelles compétences régionales (transports scolaires, gestion des déchets) ; **3)** Mutualiser les économies, parier sur le tourisme (Massif vosgien), développer en cohérence les mobilités ; **4)** Élargir les compétences régionales au transfrontalier pour en faire une région européenne puissante, à travers la R&D, l'enseignement supérieur, l'industrie ; **5)** Établir une nouvelle gouvernance donnant une place à la société civile.

CESL (Conseil économique de Lorraine), 2015.

4 **Une coopération transfrontalière dynamisée par la nouvelle région**

Dans le cadre de l'eurorégion « Grande région », il est cohérent et pertinent de prévoir la fusion des régions Alsace, Lorraine et Champagne-Ardenne, qui présente une opportunité de créer de nouvelles dynamiques de territoire. Cela permettrait ainsi l'accroissement de l'attractivité de cette eurorégion grâce au renforcement des liens économiques, universitaires, touristiques (politique de Massif vosgien, patrimoine industriel et militaire) et européens. Les régions Alsace, Lorraine et Champagne-Ardenne forment en effet une eurorégion singulière avec trois pays voisins (Belgique, Luxembourg, Allemagne), qui place les enjeux transfrontaliers au cœur de cette réforme. Il est en effet essentiel de donner à ce nouvel espace territorial les moyens pour organiser une offre de services quotidiens de dimension transfrontalière : près de 250 000 emplois nouveaux doivent, en effet, être pourvus en Sarre, Luxembourg et Rhénanie Palatinat d'ici dix ans, générant chaque année plus de 10 milliards d'euros de pouvoir d'achat supplémentaire.

Assemblée nationale, 6 novembre 2014.

6 **La Maison de la Région : le choix du développement durable (Strasbourg).**
Le siège du conseil régional a été construit en 2005 dans une démarche de qualité environnementale. Il devient ainsi le symbole de la fusion des trois régions qui encouragent le développement durable en subventionnant la construction de bâtiments aux normes BBC (Bâtiment basse consommation).

Questions

1) Montrez que la région Alsace, Champagne-Ardenne et Lorraine réunit des territoires très contrastés économiquement et socialement. Quelle est sa place par rapport aux autres régions françaises ? (doc. 1 et 2)

2) Quels points de vue se sont opposés lors de la constitution de cette nouvelle région ? Quels sont les arguments des opposants à la fusion ? (doc. 3 et 5)

3) Comment la nouvelle politique régionale cherche-t-elle à atténuer les inégalités territoriales et renforcer l'ouverture européenne ? Quelles limites peut-elle rencontrer ? (doc. 4, 5, 6)

▶ **Bilan :** Complétez la 1re colonne de l'organigramme bilan p. 306.

B L'innovation permet-elle de dynamiser tout le territoire régional ?

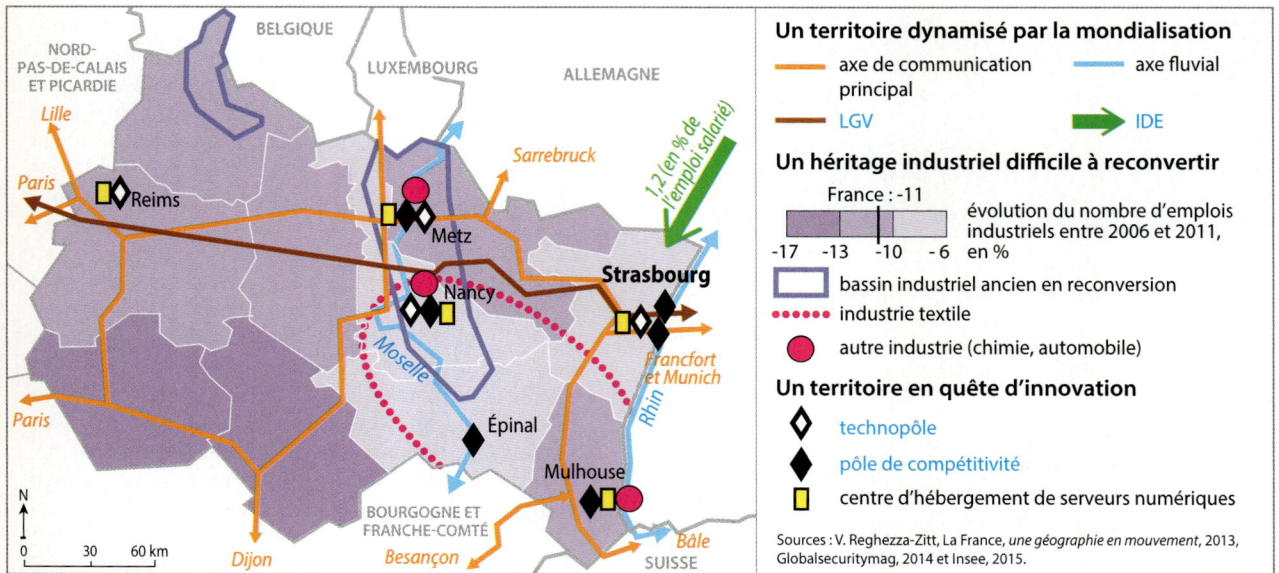

Un territoire dynamisé par la mondialisation
— axe de communication principal
— axe fluvial
— LGV
→ IDE

Un héritage industriel difficile à reconvertir
France : -11 — évolution du nombre d'emplois industriels entre 2006 et 2011, en %
-17 -13 -10 -6
▭ bassin industriel ancien en reconversion
•••••• industrie textile
● autre industrie (chimie, automobile)

Un territoire en quête d'innovation
◇ technopôle
◆ pôle de compétitivité
▯ centre d'hébergement de serveurs numériques

Sources : V. Reghezza-Zitt, La France, *une géographie en mouvement*, 2013, Globalsecuritymag, 2014 et Insee, 2015.

7 Un constat : une adaptation inégale des territoires à l'innovation

8 **Une difficulté : reconvertir l'héritage industriel sidérurgique à Florange (Lorraine).** Le groupe indien Arcelormittal a fermé en 2013 les hauts-fourneaux sidérurgiques de Florange et produit aujourd'hui sur le site des emballages métalliques. L'État français a, quant à lui, lancé le projet Metafensch, une plate-forme publique d'innovation sur la sidérurgie.

Vocabulaire

IDE (Investissement direct à l'étranger) : investissement d'une FTN à l'étranger par la création ou le rachat d'une entreprise, ou encore la prise de participation dans son capital.

LGV (ligne à grande vitesse) : ligne ferroviaire permettant la circulation de trains à grande vitesse (supérieure à 270 km/h).

Pôle de compétitivité : regroupement, sur un territoire donné, d'entreprises et de centres de recherche publics ou privés, dans le but de développer l'innovation.

Technopôle : parc d'activités spécialisé dans les industries de haute technologie.

9 **Une cohésion régionale anticipée par les pôles de compétitivité**

Sur le plan industriel, la future région Alsace, Lorraine et Champagne-Ardenne présente une cohésion que les pôles de compétitivité avaient anticipée. Le pôle Materalia est né de la fusion en 2009 de Mipi (Matériaux Innovants Produits Intelligents) et du champardennais P2MI (Procédés de Mise en Œuvre des Matériaux Innovants), complémentaires. Le pôle coopère déjà avec les alsaciens Bio Valley et Véhicules du futur. Les rapprochements pourront également favoriser l'émergence de filières d'excellence. « Avant même la réorganisation territoriale, le réseau Aériade avait été approché par la région Champagne-Ardenne qui présente une industrie aéronautique comparable à la nôtre, mais peu structurée. Reims présente une véritable histoire aéronautique depuis plus d'un siècle et il existe à l'évidence des champs de coopération en matière de transformation des métaux », estime Thierry Jean, président du réseau aéronautique lorrain Aériades. Autre point fort de la région Alsace, Champagne-Ardenne et Lorraine, l'industrie du bois pourrait prendre de la vigueur dans ses vastes massifs forestiers.

Usinenouvelle.com, 31 décembre 2014.

10 **Une stratégie : la R&D (Parc d'innovation de Strasbourg).** Le Parc d'innovation de Strasbourg est spécialisé dans la R&D et l'innovation dans les domaines de la santé, de la mobilité et de l'environnement. Il regroupe 7 000 personnes travaillant dans le pôle de compétitivité Alsace Biovalley ①, des écoles et centres de recherche en sciences physiques et biotechnologies.

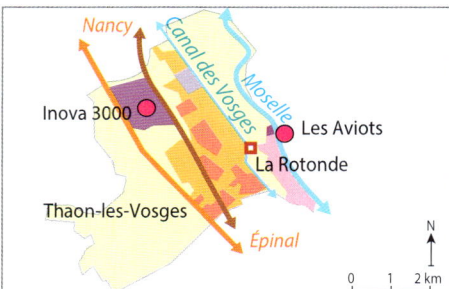

Source : S. Edelblutte, Géoconfluences, 26 novembre 2014.

Les traces d'une ancienne ville-usine

- ancienne cité ouvrière
- territoire non bâti
- friche industrielle textile
- pôle culturel (ancien foyer social ouvrier)

Des mutations urbaines et productives

- bâti récent
- friche industrielle en reconversion (zone commerciale et pavillonnaire)
- zone industrielle (1970-1980)
- nouvelle activité industrielle mécanique et plastique
- axe routier principal
- voie ferrée

11 Une réussite : la reconversion de l'héritage industriel textile à Thaon-les-Vosges (Lorraine)

12 Une performance : le développement des services de haute-technologie (Reims)

Installé dans un immeuble en centre-ville de Reims, derrière ses murs courent des kilomètres de fils et des centaines de serveurs informatiques, en service 24 heures sur 24. Il y a 8 ans, cette ancienne start-up francilienne a choisi la cité des sacres pour ouvrir son Datacenter (centre d'hébergement de serveurs numériques). Comprenez, une salle d'hébergement Internet où chaque client dispose d'un espace attiré dans des serveurs rangés dans ces drôles d'armoires ultra sécurisées. Cette société spécialisée organise la maintenance, l'expertise, la recherche de nouvelles solutions d'hébergement. Elle gère en direct plus de 70 000 sites Internet. Ses clients sont aussi divers que discrets. Avec 15 % de croissance par an, 8 millions d'euros de chiffre d'affaires, pour le PDG d'Ikoula, l'avenir s'annonce plutôt dégagé. En termes de performances, son entreprise a même supplanté le géant américain Google, également hébergeur internet. Sur le marché mondial du Datacenter, les petits Français ont le vent en poupe, notamment grâce à un excellent réseau électrique sur l'ensemble du territoire, mais aussi grâce à une position géographique centrale favorisant les échanges.

France 3 Champagne-Ardenne, 26 juillet 2014.

Questions

1 Quels sont les territoires productifs en reconversion ? Quelles en sont les difficultés et les réussites ? (doc. 7, 8 et 11)

2 Où sont implantés les territoires de l'innovation ? Pourquoi ? Quels sont leurs atouts pour faire face à la concurrence ? (doc. 7, 10 et 12)

3 Montrez que de nombreux acteurs interviennent pour que la région soit compétitive mais que les résultats sont inégaux. (doc. 8, 9 et 10)

▶ **Bilan :** Complétez la 2ᵉ colonne de l'organigramme bilan p. 306.

Alsace, Champagne-Ardenne et Lorraine, une nouvelle région en quête d'innovation

A Comment concilier compétitivité et nouvelle cohésion régionale ?
▶ (p. 302-303)

- De fortes inégalités sociospatiales existent au sein de la région : l'Alsace polarise les activités et les fonctions métropolitaines supérieures mais le reste du territoire connaît des difficultés.
- Des points de vue opposés sur la fusion persistent : résistances identitaires, défense d'une gouvernance régionale. Pourtant des axes de convergence existent (ouverture transfrontalière, développement durable).
- Les axes du nouveau développement régional s'organisent autour de la réduction des inégalités territoriales. Le nouveau territoire a vocation à bâtir une nouvelle eurorégion en renforçant les liens économiques et universitaires.

• La réduction des inégalités territoriales est-elle toujours le principal défi que doivent relever les régions françaises ?

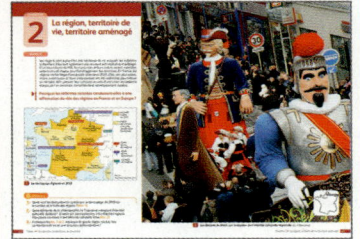

B L'innovation permet-elle de dynamiser tout le territoire régional ?
▶ (p. 304-305)

- Les territoires industriels anciens sont en reconversion vers de nouvelles activités industrielles. Les sites sidérurgiques rencontrent plus de difficultés que les sites de l'industrie textile.
- L'innovation, la tertiarisation et l'ouverture aux IDE déterminent alors de nouvelles localisations industrielles. La région fait le choix du développement des activités numériques et de la R&D dans les biotechnologies et la métallurgie.
- Les acteurs publics mettent en réseau les chercheurs et les entreprises au sein des pôles d'innovation ou de compétitivité. Cependant, ces activités innovantes sont polarisées par les métropoles, dans la moitié est de la région.

• L'innovation et l'ouverture à la mondialisation sont-elles les seuls facteurs qui expliquent l'évolution des espaces productifs français ?

Travailler autrement

FICHE À COMPLÉTER
En téléchargement sur le site de l'éditeur

Recopiez et complétez l'organigramme bilan de l'étude de cas en illustrant les idées par des exemples précis.

ALSACE, CHAMPAGNE-ARDENNE ET LORRAINE, L'INNOVATION COMME SOLUTION AUX INÉGALITÉS SOCIO-SPATIALES

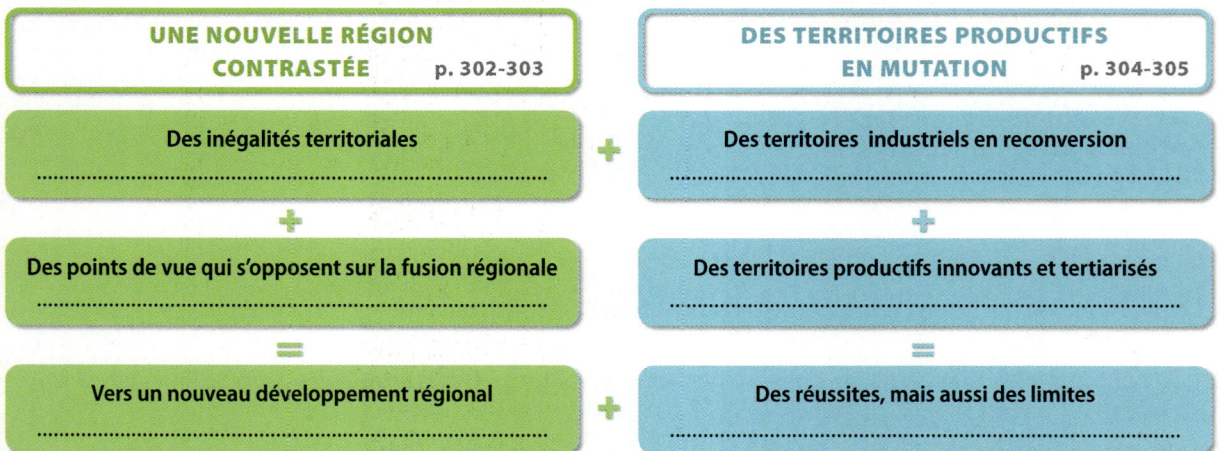

UNE NOUVELLE RÉGION CONTRASTÉE p. 302-303	DES TERRITOIRES PRODUCTIFS EN MUTATION p. 304-305
Des inégalités territoriales	Des territoires industriels en reconversion
Des points de vue qui s'opposent sur la fusion régionale	Des territoires productifs innovants et tertiarisés
Vers un nouveau développement régional	Des réussites, mais aussi des limites

Des schémas...

A Une nouvelle région contrastée

Un territoire de spécialisations économiques
- espace agricole et récréatif
- espace industriel

Un territoire métropolisé et ouvert
- pôle urbain principal
- nouvelle capitale régionale
- axe de communication
- flux de transfrontaliers

B Des territoires productifs en mutation

Des territoires industriels en reconversion
- bassin industriel ancien en reconversion
- autre espace industriel

Des territoires productifs innovants et tertiarisés
- technopôle/pôle de compétitivité
- centre d'hébergement de serveurs numériques

...au croquis de synthèse

Sur votre cahier, complétez le titre, la légende et le croquis à l'aide des pages 302 à 305.

FICHE À COMPLÉTER
En téléchargement sur le site de l'éditeur
PDF

Titre : ....

Une nouvelle région contrastée

espace agricole	pôle urbain	axe de communication
espace industriel	nouvelle capitale	flux de transfrontaliers

Des territoires productifs en mutation

▶ **Chapitre 2** (p. 42 à 81)
▶ **Chapitre 8** (p. 226 à 251)

La Réunion en chiffres
- 841 000 habitants
- Paris / Saint-Denis : 9 400 km
- 52 % des importations et 80 % des touristes viennent de métropole
- Température moyenne annuelle : 25°C

La Réunion, une région française et un territoire ultramarin de l'UE

Seule région française de l'hémisphère Sud avec Mayotte, la Réunion veut affirmer sa spécificité d'île tropicale. Le conseil régional cherche à développer sa compétitivité économique grâce à des aménagements touristiques et à une meilleure accessibilité. Mais il n'est pas le seul acteur puisque l'Union européenne soutient, d'une part, le développement de ce territoire ultramarin et, d'autre part, l'intégration dans son aire régionale : le partenariat avec Madagascar et les pays voisins est devenu une priorité.

A Comment la région Réunion s'affirme-t-elle comme un territoire de vie dans l'océan Indien ?

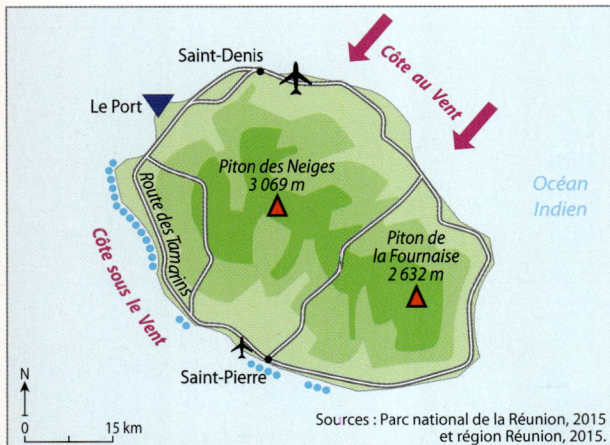

Des infrastructures de communication pour surmonter l'insularité et l'isolement

✈ aéroport   ▼ port   ═══ route

Un milieu contraignant
altitude, en mètres
0   500   1 500
▲ volcan actif   •••• récif corallien   ➡ trajectoire des cyclones

Sources : Parc national de la Réunion, 2015 et région Réunion, 2015.

1 La Réunion : une île tropicale isolée

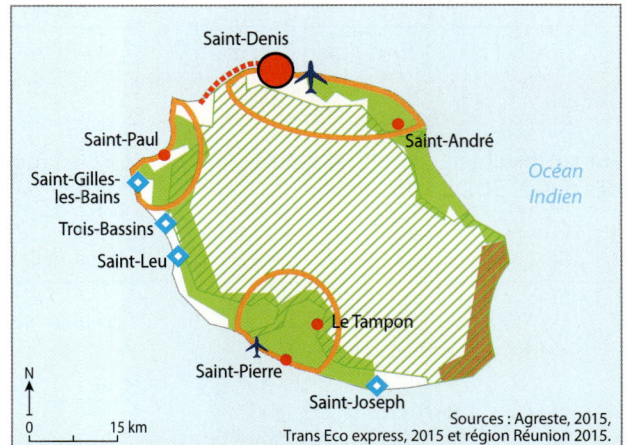

Renforcer la cohésion territoriale
🔴 pôle urbain majeur   ● autre pôle urbain
••••• future route du littoral   ▭ densification du transport en commun régional

Favoriser la compétitivité économique d'un territoire spécialisé
🟩 plantation de canne à sucre   🟫 vanille
◇ station balnéaire   ▨ parc national de la Réunion (tourisme vert)
✈ modernisation des aéroports

Sources : Agreste, 2015, Trans Eco express, 2015 et région Réunion 2015.

2 L'aménagement d'un territoire ultramarin, un défi à relever par la région Réunion

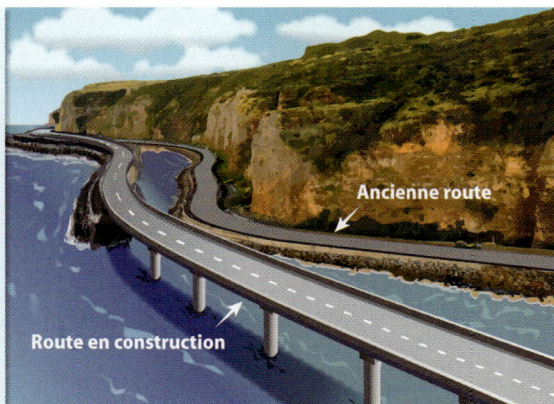

Longueur : **12,5 km**

Durée des travaux : **2014-2020**

Coût : **1,6 milliard d'euros** (dont 40 % par la région, 32 % par l'État et 9 % par l'Union européenne)

Source : Région Réunion, 2015.

3 La nouvelle route du littoral : un axe financé en partie par la région

Vocabulaire

DROM (Département et région d'outre-mer) : territoire ultramarin faisant partie du territoire national (Guadeloupe, Martinique, Guyane, Réunion, Mayotte).

4 **Un objectif de la région : valoriser le patrimoine naturel pour le tourisme.** (ici, cirque de Mafate)

Avec le soutien du département et de l'État, la région lutte contre la concurrence touristique régionale : l'Île Maurice accueille deux fois plus de touristes que la Réunion. En créant le Pôle touristique d'excellence, elle permet par exemple aux touristes asiatiques de visiter l'île sans demande de visa. La Réunion espère ainsi accueillir 15 000 touristes chinois par an à partir de 2015.

5 **La Réunion, à la fois un département et une région**

Durant les quatre dernières décennies du XXᵉ siècle, la Réunion passe du statut de colonie à celui de département puis de région (DROM). Ces mutations à la fois politiques, économiques et sociales ont modelé le développement de l'île. La vie politique réunionnaise repose donc sur deux piliers : le conseil général et le conseil régional qui doivent faire face ensemble aux problèmes sociaux (taux de chômage de 29 %), aux questions de développement (agriculture, tourisme, etc.), aux crises sanitaires (épidémie de chikungunya) et aux bouleversements liés au réchauffement climatique. En 2009, un collectif contre la vie chère s'est mis en place. Il réclame notamment la baisse des taxes sur les produits de première nécessité et les carburants, ainsi que le relèvement des bas salaires et des minima sociaux. Les vastes chantiers en cours (route des Tamarins, tram-train et route du littoral) ont des effets sur les paysages, les déplacements, l'économie et l'emploi. Ils traduisent à la fois un haut niveau de technicité dans le Sud-Ouest de l'océan Indien et l'affirmation d'un développement dans le cadre d'un partenariat et d'un financement Région-France-Europe.

Y. Combeau et G. Fontaine, *L'Île de la Réunion*, Encyclopedia Universalis, 2015.

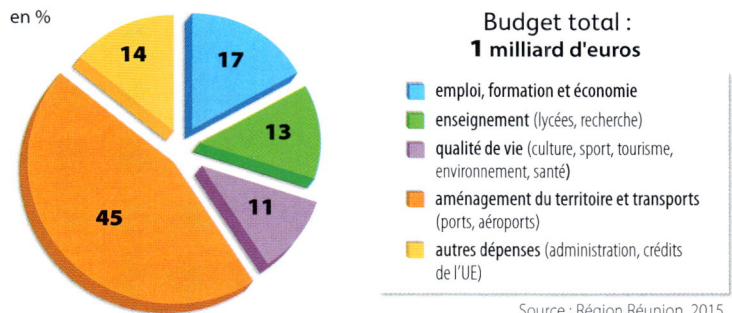

en %

Budget total :
1 milliard d'euros

- 🟦 emploi, formation et économie
- 🟩 enseignement (lycées, recherche)
- 🟪 qualité de vie (culture, sport, tourisme, environnement, santé)
- 🟧 aménagement du territoire et transports (ports, aéroports)
- 🟨 autres dépenses (administration, crédits de l'UE)

14 — 17 — 13 — 11 — 45

Source : Région Réunion, 2015.

6 **Le budget de la région en 2015**

Questions

1 Décrivez l'organisation de l'espace régional. Quelles sont les conséquences de l'éloignement et de l'insularité ? (doc. 1 et Repère A p. 238)

2 Quelles sont les particularités sociales et économiques de la Réunion ? (doc. 4 et 5)

3 Montrez que le conseil régional joue un rôle majeur dans l'aménagement du territoire et le développement du niveau de vie. (doc. 2, 3 et 6) Quels acteurs collaborent avec la région ? (doc. 4 et 5)

4 Quels défis la région Réunion doit-elle relever pour développer et intégrer davantage son territoire à la mondialisation ? Par quels moyens tente-elle de s'y adapter ? (doc. 2 et 4)

▶ **Bilan :** Complétez la 1ʳᵉ colonne de l'organigramme bilan p. 312.

B En quoi la Réunion est-elle partagée entre son intégration à l'UE et son aire régionale ?

Sources : Insee, 2015, COI, 2015 et IORA, 2015.

Des liens forts avec l'UE et ses territoires

◆ RUP de l'UE ▸ fonds de l'UE (2014-2020) ligne aérienne d'au moins un vol quotidien

Une intégration croissante à l'aire de l'océan Indien ?

⬌ partenariat renforcé (éducation, développement économique…) encouragé par l'UE

MAURICE membre de la COI[1] ligne aérienne d'au moins un vol hebdomadaire

autre organisation régionale dont la Réunion n'est pas membre[2]

▢ COMESA ▢ IOR-ARC

1. La Commission de l'océan Indien (COI) a pour but de renforcer les liens entre les pays du sud-ouest de l'océan Indien, notamment dans les domaines économique, social, culturel et technique.
2. Le COMESA et l'IOR-ARC sont deux associations qui visent à accroître les relations entre les États de l'Afrique orientale, pour la première, et les États voisins de l'océan Indien, pour la seconde.

7 Une **RUP** partagée entre UE et son aire régionale

9 Un îlot de prospérité dans son aire régionale ?

	Réunion	France (métropole)	Madagascar
PIB/hab. en 2014, en euros	17 900	29 897	320
Taux de chômage, en %	29	10,5	4 (mais 50 % de sous-emploi)
Taux de mortalité infantile en 2013, en ‰	7,7	4	41
Nombre d'associations économiques régionales dans lesquelles se trouve intégré le territoire	1 COI		3 COMESA IOR-ARC SADC

Sources : Banque mondiale, 2015 et Insee, 2015.

8 Réussites et limites de la politique de l'UE à la Réunion

La Réunion est un territoire en développement qui a vu le niveau et la qualité de la vie de ses habitants progresser, en même temps que l'évolution de son économie et de ses services publics. Mais si la comparaison avec son environnement régional montre le bond de son développement, la comparaison avec les régions européennes révèle les efforts qui restent encore à accomplir pour faire face aux difficultés persistantes du territoire. La jeunesse de la population constitue un véritable défi pour le territoire, qui doit se construire à un rythme accéléré pour faire face aux besoins croissants en termes d'éducation, de formation, d'infrastructures, de services et d'emplois[1]. Le dynamisme économique de la région depuis le début des années 80 n'a pas permis de répondre à l'ensemble des besoins en emplois induits par l'évolution démographique, et l'économie de l'île a été sévèrement touchée par la crise financière mondiale.

Réunioneurope.org, 2015.

1. Un Réunionnais sur cinq est âgé de 16 à 29 ans. Or, près de 60 % des actifs de moins de 25 ans sont à la recherche d'un emploi. La région a donc investi 300 millions d'euros en 2014 dans la formation et l'UE versera 36 millions d'euros dans ce domaine pour la période 2014-2020.

Vocabulaire

RUP (région ultrapériphérique) : région appartenant à l'Union européenne mais située en dehors du continent européen.

10 Une politique d'intégration régionale : la surveillance des pêches. Source : Smartfish, 2015

SmartFish est un programme de la COI, mis en place en partenariat avec la FAO[1] et financé par l'UE. C'est l'un des plus grands programmes de développement de la pêche en Afrique. Il bénéficie à 20 pays situés à l'est et au sud de l'Afrique, près de l'océan Indien.

Secure Fisheries
Secure Futures

1. La FAO (*Food and Agriculture Organization*) : agence de l'ONU spécialisée dans la mise en place de projets destinés à améliorer la situation alimentaire et agricole dans le monde.

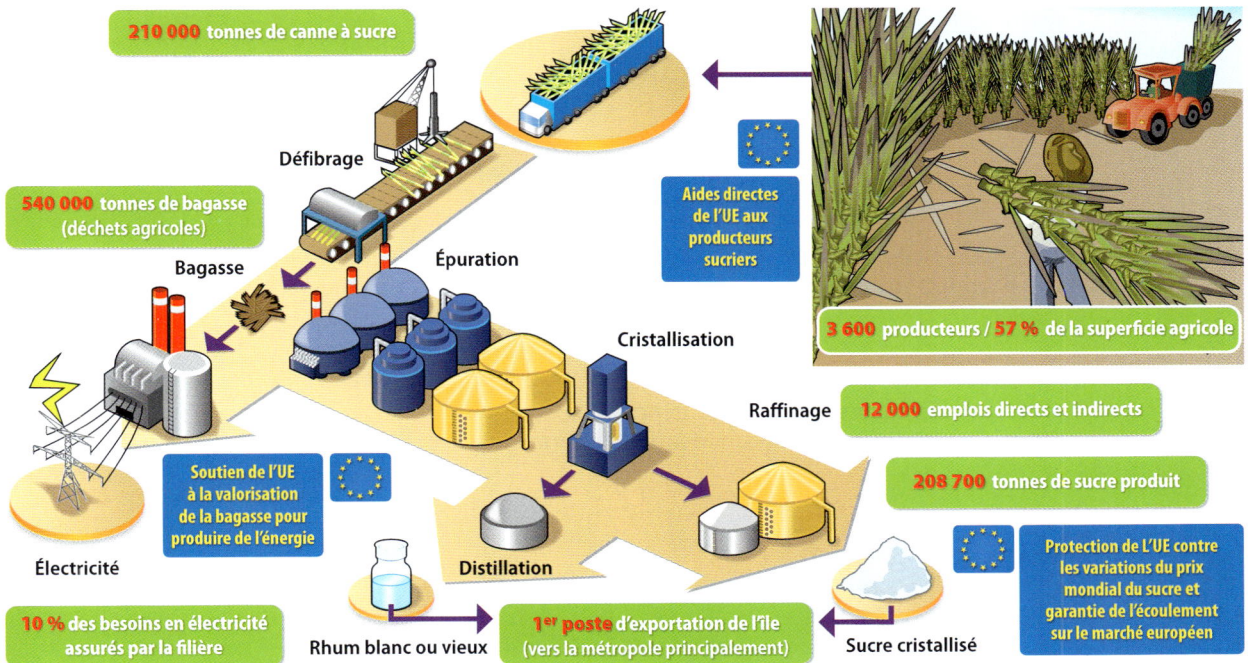

210 000 tonnes de canne à sucre

Défibrage

540 000 tonnes de bagasse (déchets agricoles)

Bagasse

Épuration

Aides directes de l'UE aux producteurs sucriers

3 600 producteurs / 57 % de la superficie agricole

Cristallisation

Raffinage

12 000 emplois directs et indirects

Soutien de l'UE à la valorisation de la bagasse pour produire de l'énergie

208 700 tonnes de sucre produit

Électricité

Distillation

Protection de L'UE contre les variations du prix mondial du sucre et garantie de l'écoulement sur le marché européen

10 % des besoins en électricité assurés par la filière

Rhum blanc ou vieux

1er poste d'exportation de l'île (vers la métropole principalement)

Sucre cristallisé

Sources : ministère de l'Agriculture, de l'Agroalimentaire et de la Forêt, 2015, région Réunion, 2015 et Tereos, 2015.

11 La canne à sucre, une filière soutenue par l'UE

12 Les enjeux de l'intégration de la Réunion à son aire régionale

Les échanges de biens de la Réunion avec les pays de l'océan Indien sont globalement limités. Essentiellement concentrés vers les économies proches (Maurice, Seychelles, Comores, Madagascar), ils représentent moins de 10 % de ses exportations totales sur la période 2002-2011. Le faible niveau de développement des pays voisins, combiné à l'étroitesse de leur marché, constituent un frein. De ce fait, les échanges de la Réunion restent fortement orientés vers la métropole, première partenaire commercial. Pourtant, les enjeux sont multiples. Combinant une taille de marché importante et un niveau de développement élevé, l'Afrique du Sud pourrait constituer un partenaire commercial privilégié. La création de partenariats commerciaux, tels que la COI ou le COMESA, auxquels la Réunion ne participe pas, a engendré une croissance des échanges pour les pays qui en sont membres. Or, la distance élevée entre la Réunion et les grands centres économiques mondiaux est un facteur de rapprochement avec les États voisins et cet isolement encourage les échanges intra-zone.

Réunion la 1re (chaîne de radio réunionnaise), 2014.

Questions

1 Par quels moyens et dans quels domaines l'Union européenne intervient-elle à la Réunion ? (doc. 7, 8 et 11)

2 Pourquoi peut-on dire que la Réunion est un îlot de prospérité dans son aire régionale ? Quels liens entre-tient-elle avec les territoires de l'aire de l'océan Indien ? (doc. 9 et 12)

3 Quel est le rôle de l'UE dans les progrès de l'intégration régionale de la Réunion ? Justifiez votre réponse. (doc. 7 et 10)

▶ **Bilan :** Complétez la 2e colonne de l'organigramme bilan p. 312.

La Réunion, une région française et un territoire ultramarin de l'UE

A Comment la région Réunion s'affirme-t-elle comme un territoire de vie dans l'océan Indien ? ▶ (p. 308-309)

- Très éloignée de la métropole française, la Réunion est un territoire de vie spécifique en raison de son caractère insulaire et de sa proximité avec le continent africain.
- La région Réunion joue un rôle majeur dans l'aménagement de ce territoire particulier. Pour ce faire, elle s'associe à d'autres acteurs publics comme le département ou l'État.
- La Réunion modernise ses infrastructures de transports pour rendre son territoire plus accessible et développe son secteur touristique pour accueillir la clientèle des pays émergents proches.

● **Les enjeux d'aménagement des régions de France métropolitaine sont-ils semblables à ceux de la région Réunion ?**

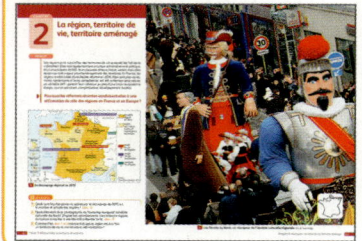

B En quoi la Réunion est-elle partagée entre son intégration à l'UE et son aire régionale ? ▶ (p. 310-311)

- En tant que RUP, la Réunion bénéficie de fonds européens pour son développement économique mais également social.
- Îlot de prospérité dans son environnement régional, la Réunion est encore fortement liée à la métropole et peine à s'insérer dans les associations régionales.
- L'UE encourage cette intégration régionale en soutenant la coopération avec Madagascar, par exemple, et en finançant des projets d'intégration régionale (SmartFish).

● **Les autres territoires ultramarins sont-ils plus indépendants de l'UE et mieux intégrés à leur aire régionale ?**

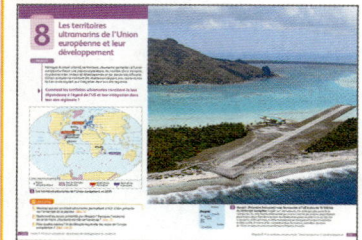

Travailler autrement

FICHE À COMPLÉTER En téléchargement sur le site de l'éditeur (PDF)

Recopiez et complétez l'organigramme bilan de l'étude de cas transversale en illustrant les idées par des exemples précis.

LA RÉUNION, UNE RÉGION FRANÇAISE ET UN TERRITOIRE ULTRAMARIN DE L'UE

UNE RÉGION TROPICALE DE L'OUTRE-MER FRANÇAIS p. 308-309

UNE RUP DE L'UE EN VOIE D'INTÉGRATION RÉGIONALE p. 310-311

Un DROM à l'organisation régionale spécifique
....

Un développement soutenu par l'UE
....

+ +

La région, un acteur majeur de l'aménagement
....

Un îlot de prospérité dans son aire régionale
....

+ +

Des efforts pour une meilleure intégration dans la mondialisation
....

+

Une intégration dans l'aire régionale soutenue par l'UE
....

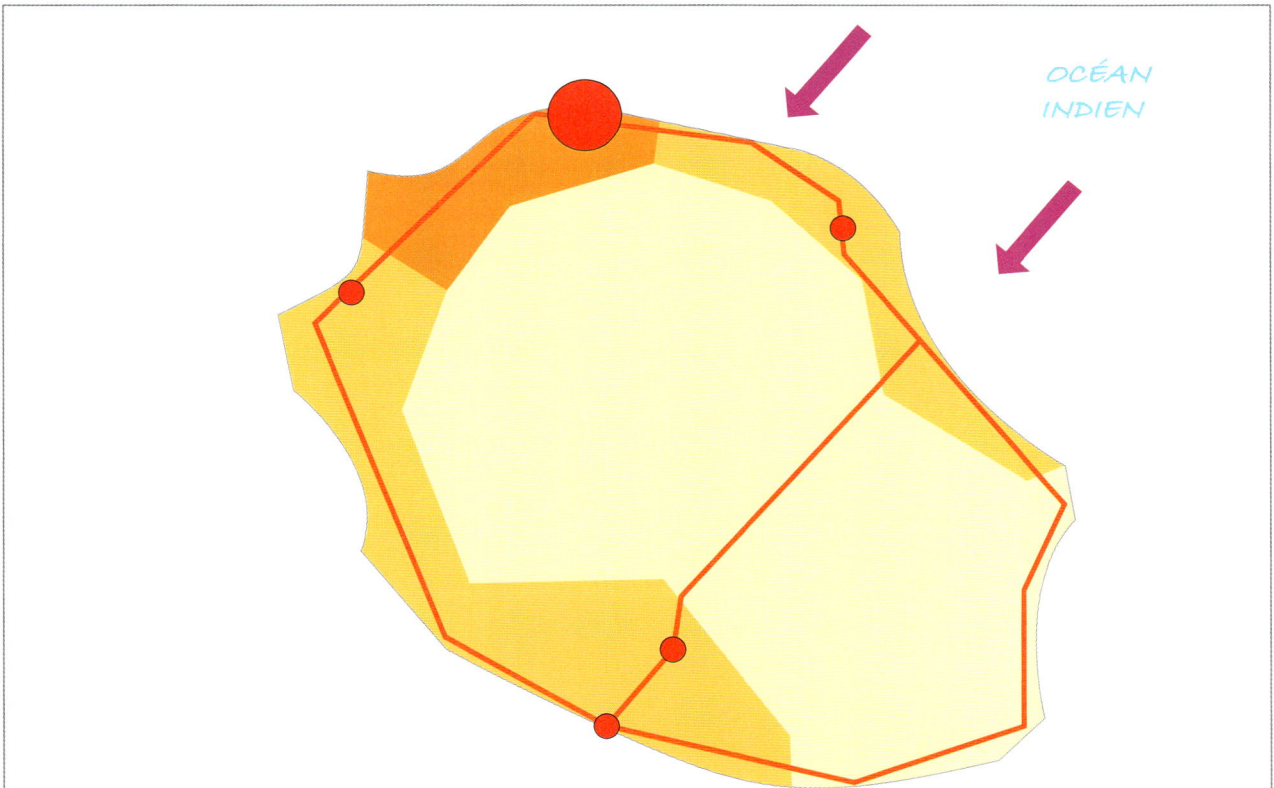

A Une région tropicale de l'Outre-mer français

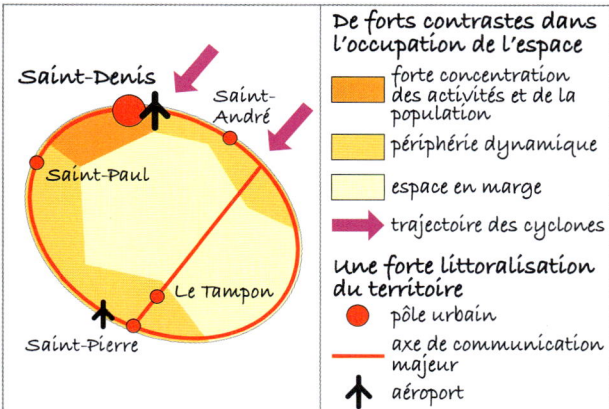

De forts contrastes dans l'occupation de l'espace
- forte concentration des activités et de la population
- périphérie dynamique
- espace en marge
- trajectoire des cyclones

Une forte littoralisation du territoire
- pôle urbain
- axe de communication majeur
- aéroport

B Une RUP de l'UE en voie d'intégration régionale

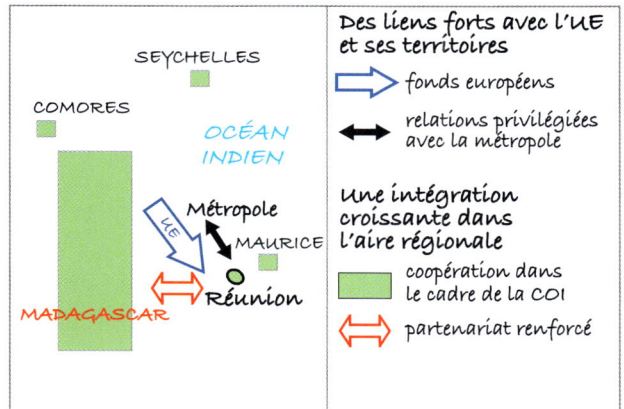

Des liens forts avec l'UE et ses territoires
- fonds européens
- relations privilégiées avec la métropole

Une intégration croissante dans l'aire régionale
- coopération dans le cadre de la COI
- partenariat renforcé

...au croquis de synthèse

Sur votre cahier, complétez le titre, la légende et le croquis à l'aide des pages 308 à 311.

FICHE À COMPLÉTER
En téléchargement sur le site de l'éditeur

Titre : ....

OCÉAN INDIEN

Une région tropicale de l'outre-mer français

....

....

....

Une RUP de l'Union européenne en voie d'intégration régionale

....

....

....

Lexique

A

Acteur : personne ou organisme ayant, directement ou indirectement, une action sur un territoire. Cet acteur peut être public (collectivités locales, État, UE) ou privé (entreprise, association, usagers). Voir p. 21.

AELE (Association européenne de libre-échange) : organisation économique européenne fondée en 1960 en vue de créer une zone de libre-échange concurrente de la CEE (Communauté économique européenne). Voir p. 204.

Agenda 21 : plan d'action qui fixe la mise en œuvre de chaque pilier du développement durable à l'échelle d'un territoire (ville, région, État). Son adoption à l'échelle locale n'est pas obligatoire et son contenu est très variable. Voir p. 28.

Agglomération : unité urbaine qui s'étend sur plusieurs communes. Voir p. 116.

Agriculture biologique : agriculture n'utilisant ni intrants d'origine industrielle (pesticides, engrais) ni OGM. Voir p. 150.

Agriculture productiviste : agriculture commerciale recherchant l'augmentation des rendements par l'utilisation des progrès scientifiques et techniques. Voir p. 48.

Aide publique au développement : ensemble de dons et de prêts à conditions favorables accordés par des organismes publics aux pays en développement dans le but d'améliorer leurs conditions de vie. Voir p. 258.

Aire urbaine : espace constitué d'un pôle urbain central et d'une couronne périurbaine. Elle regroupe des communes dans lesquelles au moins 40 % de la population ayant un emploi travaille dans le pôle urbain central. Voir p. 114.

Alpage : pâturage de montagne. Voir p. 87.

AMAP (Association pour le maintien de l'agriculture paysanne) : partenariat entre un groupe de consommateurs et un producteur, basé sur un système de distribution de « paniers » composés des produits de la ferme. Voir p. 160.

Aménagement : mise en valeur et transformation à usage public d'un territoire. Il peut résulter d'une politique à l'échelle nationale (réseau de communication) ou locale (construction d'un pont, d'un lycée). Voir p. 21.

AOC (Appellation d'origine contrôlée) : appellation française protégeant les produits agricoles de qualité. Voir p. 150.

Approfondissement : processus d'unification et d'harmonisation favorisé par le renforcement des institutions européennes et la création de politiques communes. Voir p. 206.

Archipel métropolitain mondial : ensemble de métropoles étroitement connectées en réseaux (de transport et numérique) nouant des relations privilégiées entre elles. Voir p. 280.

Armature urbaine : réseau hiérarchisé des villes sur un territoire. Voir p. 114.

Arrière-pays : espace terrestre en liaison avec un port. Voir p. 60.

Artificialisation : transformation d'espaces naturels, forestiers ou agricoles en espaces bâtis (habitations, zones industrielles) ou en infrastructures de transport. Voir p. 94.

Axe : couloir de circulation caractérisé par l'importance des flux (personnes et marchandises) qu'il génère entre deux pôles. Voir p. 180.

B

Biodiversité : diversité des êtres vivants et des écosystèmes dans un espace donné. Voir p. 100.

C

Centre d'impulsion : ville ou région motrice de la mondialisation dans laquelle sont concentrées des fonctions de commandement internationales (économique, politique, culturelle). Voir p. 258.

Clause d'exemption : dérogation accordée à un État de l'Union européenne qui ne souhaite pas participer à une politique communautaire (union monétaire, accords de Schengen, etc.). Voir p. 206.

Cluster : regroupement d'entreprises spécialisées dans un même secteur d'activités et fonctionnant en réseau. Voir p. 70.

Cohésion des territoires : développement économique et social harmonieux des territoires ayant pour objectif la lutte contre les inégalités. Voir p. 23.

Collectivité territoriale : structure administrative (commune, département, région) compétente sur un territoire délimité. Elle est représentée par des élus qui disposent d'un pouvoir de décision, de compétences propres et d'un budget pour répondre aux besoins des habitants. Voir p. 47.

Commerce extra-UE : ensemble des échanges commerciaux réalisés entre l'EU et le reste du monde. Voir p. 273.

Commerce intra-UE : ensemble des échanges commerciaux réalisés entre les États membres de l'UE. Voir p. 273.

Compétitivité des territoires : capacité à faire face à la concurrence des autres territoires dans le cadre de la mondialisation. Voir p. 27.

Conflit d'usage : concurrence entre différents acteurs pour le contrôle et l'utilisation d'un espace ou d'une ressource. Voir p. 88.

Conteneurisation : système permettant la manutention, le stockage et le transport de marchandises grâce aux conteneurs, boîtes métalliques de taille standardisée. Voir p. 182.

Contrainte : frein au développement des sociétés. Elle peut être physique (relief, climat) ou socio-économique (pauvreté, dégradation environnementale). Voir p. 87.

Contrat d'axe : planification d'un aménagement qui combine transport et urbanisme dans le but de créer des villes plus compactes (densification de l'habitat le long d'un nouvel axe de transport, renforcement des pôles d'activités). Voir p. 176.

Contrat de développement territorial : partenariat d'une durée de 15 ans entre l'État et une collectivité territoriale d'Île-de-France pour la mise en œuvre du Grand Paris. Voir p. 176.

Contrat de ville : partenariat d'une durée de 7 ans entre l'État et une collectivité locale. Son objectif est de réaliser des projets urbains. Voir p. 30.

Coopération renforcée : possibilité offerte à plusieurs États européens (au moins 9) de mener un projet ensemble et d'adopter des règles communes. Voir p. 206.

Coopétition : situation dans laquelle les acteurs économiques (ici les ports) sont en compétition pour capter les flux mais collaborent dans certains domaines pour être plus performants. Voir p. 260.

Corridor : couloir de circulation multimodal concentrant des flux transfrontaliers majeurs. L'Union européenne a défini 9 corridors transeuropéens. Voir p. 184.

CPER (Contrat de plan État-région) : partenariat d'une durée de 7 ans entre l'État et une région. Son objectif est le financement d'aménagements à l'échelle régionale. Voir p. 30.

Créole : culture et langue issues de métissages dans certains territoires ultramarins. Voir p. 240.

D

Décentralisation : transfert de compétences et de ressources budgétaires de l'État vers les collectivités territoriales. Voir p. 66.

Délocalisation : transfert d'activités vers un pays étranger pour diminuer les coûts de production et/ou gagner de nouveaux marchés. Voir p. 158.

Démocratie participative : forme de partage et d'exercice du pouvoir qui implique la participation des citoyens. Voir p. 30.

Déprise : recul de l'activité agricole qui se traduit par des friches et la progression de la forêt. Voir p. 87.

Désenclavement : action de rompre l'isolement d'une région en la connectant aux réseaux de communication. Voir p. 32.

Désindustrialisation : diminution ou disparition de l'activité industrielle. Voir p. 158.

Développement concerté : action de mener un territoire à la compétitivité et à la cohésion, à travers le développement durable et la mise en réseau des acteurs publics et privés. Voir p. 32.

Développement durable : développement qui permet de répondre aux besoins des générations actuelles sans compromettre la satisfaction des besoins des générations futures. Voir p. 23.

Diaspora : dispersion d'une communauté ethnique ou d'un peuple à travers le monde. Voir p. 240.

Discontinuité territoriale : rupture dans l'espace qui peut être de différentes natures (frontière, océan). Voir p. 238.

Division internationale du travail : spécialisation des États dans un type d'activités (conception, production, montage). Voir p. 282.

DROM (Département et région d'outre-mer) : territoire ultramarin faisant partie du territoire national (Guadeloupe, Martinique, Guyane, Réunion, Mayotte). Voir p. 64.

E

Éco-construction : bâtiment construit dans le respect de l'environnement (matériaux locaux, énergie durable, récupération des eaux de pluie). Voir p. 124.

Écologie industrielle : système associant le développement industriel et la protection de l'environnement par le recyclage des matières et des énergies. Voir p. 92.

Économie résidentielle : ensemble des activités essentiellement destinées à satisfaire les besoins des résidents permanents ou des touristes (services aux personnes, transports). Voir p. 120.

Écopôle : pôle d'accueil d'entreprises en lien avec le développement durable. Voir p. 120.

Écoquartier : quartier aménagé pour répondre aux objectifs du développement durable. Voir p. 25.

Effet-tunnel : situation dans laquelle un espace est traversé par une voie de transport rapide mais sans y avoir accès (pas de gare TGV, pas de péage autoroutier). L'espace a les nuisances du trafic sans en avoir les effets économiques ou sociaux dynamiques. Voir p. 184.

Enclavement : situation d'un espace géographique isolé du fait d'une desserte insuffisante par les voies de communication et de transport. Voir p. 184.

Espace Schengen : espace de libre circulation des personnes entre les États signataires des accords de Schengen (1985). Voir p. 174.

Étalement urbain : croissance spatiale des villes sous l'effet d'un accroissement démographique et/ou de l'implantation de nouvelles activités. Voir p. 116.

Europe : portion de l'Eurasie dont les limites sont floues et discutées. Traditionnellement, on considère qu'elle s'étend de l'océan Atlantique à la chaîne de l'Oural (Russie) et compte une quarantaine d'États. Voir p. 204.

Eurorégion : espace de coopération transfrontalière au sein de l'UE dont le statut administratif est très variable. Il bénéficie d'aides européennes pour mener des politiques communes (transport, économie, protection de l'environnement). Voir p. 62.

Euronext : bourse européenne issue de la fusion entre les bourses belge, française, néerlandaise, portugaise et anglaise depuis 2000. Elle est aussi le principal opérateur financier de la zone euro. Voir p. 280.

Euroscepticisme : opposition à certains aspects de l'intégration européenne ou à l'Union européenne dans son ensemble. Voir p. 210.

Exception culturelle : dispositif visant à faire de la culture une exception dans les traités internationaux de libre-échange pour soutenir les artistes d'un pays. Voir p. 278.

Exploitation raisonnée : système productif alliant préservation des ressources et développement économique. Voir p. 100.

F

Façade maritime : littoral comprenant de grands ports en relation entre eux et partageant un même arrière-pays. Voir p. 156.

FED (Fonds européen de développement) : instrument principal de l'aide communautaire au développement, accordée aux PTOM ainsi qu'aux États d'Afrique, des Caraïbes et du Pacifique. Voir p. 242.

Feder (Fonds européen de développement régional) : fonds destinés à corriger les déséquilibres régionaux dans l'Union européenne (projets de développement, reconversion de zones industrielles en déclin). Voir p. 66.

Fédéralisme : système politique dans lequel l'État est composé de plusieurs entités autonomes, ayant leur propre gouvernement. Voir p. 68.

Feedering : technique qui consiste à redistribuer des conteneurs entre des ports secondaires et le port principal (hub) où ils sont chargés et déchargés sur des navires transocéaniques. Voir p. 256.

Ferroutage : système permettant le transport des camions de marchandises par la voie ferrée. Coûteux mais moins polluant, il est adapté aux longues distances ou au franchissement d'obstacles (montagnes). Voir p. 56.

FMI (Fonds monétaire international) : institution internationale ayant pour rôle d'assurer la stabilité financière et d'encourager la coopération monétaire. Voir p. 278.

Fonds de cohésion : fonds destiné aux États les plus pauvres de l'Union européenne. Voir p. 208.

Fracture numérique : inégalité d'accès aux technologies de l'information et de la communication. Voir p. 32.

Fragmentation socio-spatiale : division des territoires urbains en fonction des catégories sociales de population. Elle s'oppose à la mixité socio-spatiale. Voir p. 118.

Francophonie : dispositif institutionnel organisant des relations politiques et de coopération entre 77 États et gouvernements membres de l'Organisation internationale de la Francophonie (OIF) promouvant la langue française. Voir p. 278.

Fret : trafic de marchandises et de colis postaux. Voir p. 174.

Friche : espace abandonné par l'activité qui y était pratiquée. Voir p. 160.

Frontex : agence européenne chargée de faciliter la coopération entre États pour le contrôle des flux migratoires aux frontières extérieures de l'Union européenne. Voir p. 206.

FSE (Fonds social européen) : fonds destiné au financement des projets (locaux, régionaux, nationaux) favorisant l'accès à l'emploi. Voir p. 208.

G

G20 : groupe de concertation internationale réunissant 19 pays et l'UE. Son objectif principal est de faciliter le dialogue et la coopération économique et financière internationale. Voir p. 278.

Gentrification : afflux d'une population aisée dans un quartier auparavant populaire. Voir p. 118.

GES (Gaz à effet de serre) : gaz (CO_2, méthane, ozone) piégé dans l'atmosphère contribuant au changement climatique. Voir p. 186.

Gouvernance : manière de diriger les affaires publiques fondée sur la recherche de décisions qui associent l'ensemble des acteurs. Voir p. 258.

Grand Roissy : territoire d'influence de l'aéroport de Roissy s'étendant sur 63 communes. L'aéroport en constitue le cœur. Voir p. 176.

Greenwashing : pratique commerciale qui consiste à utiliser des arguments environnementaux parfois trompeurs pour vendre des produits. Voir p. 100.

H

Halieutique : relatif à la pêche. Voir p. 238.

Handicap structurel : contrainte pesant sur le développement des territoires ultramarins liée à l'insularité, l'éloignement ou l'exiguïté. Voir p. 234.

Héliotropisme : attractivité exercée par les espaces aux conditions climatiques favorables (ensoleillement, chaleur). Voir p. 114.

Hub : point d'un réseau (aéroport, port) drainant passagers ou marchandises pour les redistribuer à une échelle internationale. Voir p. 174.

I

IAA (Industrie agroalimentaire) : industries de transformation et de valorisation d'un produit agricole. Voir p. 158.

IDE (Investissement direct à l'étranger) : investissement d'une FTN à l'étranger par la création ou le rachat d'une entreprise, ou encore la prise de participation dans son capital. Voir p. 142.

Immigré : personne résidant en France mais née à l'étranger. Elle peut avoir acquis la nationalité française. Voir p. 182.

Insularité : caractère isolé d'une île ou d'un archipel. Voir p. 228.

Interface : lieu de contact entre un espace et le reste du monde. Voir p. 156.

Intermodalité : utilisation combinée de plusieurs moyens de transport pour un même trajet. Voir p. 23.

Intercommunalité : regroupement de communes ayant des projets de développement commun et soumis à des règles communes (fiscalité, urbanisme). Voir p. 28.

Intrants : produits utilisés pour accroître la croissance des plantes (engrais, produits de traitement des végétaux, semences). Certains nuisent à l'environnement. Voir p. 150.

L

Land (Länder au pluriel) : structure administrative allemande disposant d'une autonomie budgétaire et politique au sein de l'État allemand. Chaque Land dispose d'un pouvoir législatif (élu par les citoyens du Land) et exécutif. Voir p. 70.

LGV (ligne à grande vitesse) : ligne ferroviaire permettant la circulation de trains à grande vitesse (supérieure à 270 km/h). Voir p. 60.

M

Macrocéphalie : situation d'une métropole dominant nettement les autres villes du pays. Voir p. 116.

Mangrove : formation végétale tropicale recouverte par la mer à marée haute. Voir p. 228.

Marché unique : espace de libre circulation des marchandises, des hommes, des services et des capitaux. Voir p. 206.

Marketing territorial : campagne de communication (affiches, presse institutionnelle, site Internet) visant à renforcer l'image d'un territoire. Voir p. 64.

Mégalopole européenne : vaste espace urbanisé s'étendant de Londres à Milan en englobant l'espace rhénan. Il se caractérise par une forte concentration de métropoles et d'axes de communication. Voir p. 184.

Ménager : action de protéger un milieu tout en valorisant durablement ses potentialités. Voir p. 88.

Métropole : grande ville qui concentre la population, les activités et les fonctions de commandement et qui exerce une influence sur le territoire qui l'entoure. Voir p. 54.

Métropole du Grand Paris : intercommunalité regroupant les communes de Paris et celles des 3 départements de la petite couronne. Elle a vocation à s'élargir. Elle vise à développer et à assurer la continuité des aménagements entre Paris et sa proche banlieue. Voir p. 50.

Métropolisation : concentration croissante de la population, de la richesse et des fonctions de commandement dans les métropoles. Voir p. 116.

Milieu : ensemble des éléments naturels, plus ou moins transformés par les aménagements, constituant le cadre de vie d'une société. Voir p. 87.

Mitage : extension non planifiée de zones d'habitations et d'aménagements dans un espace rural d'origine. Voir p. 96.

Mixité sociale : mélange sur un même territoire de personnes aux niveaux de vie et aux cultures différentes. Elle s'oppose à la fragmentation socio-spatiale. Voir p. 25.

Mobilité : déplacement des hommes dans l'espace, temporaire et de courte durée. Elle peut être liée à des raisons professionnelles, touristiques, personnelles. Voir p. 182.

Mobilité douce : ensemble des modes de transport jugés plus propres à l'égard de l'environnement (vélo, tramway, téléphérique). Voir p. 186.

Mobilité pendulaire : déplacement quotidien effectué entre le domicile et le lieu de travail. Voir p. 116.

Mondialisation : processus de mise en relation et d'interdépendance des différentes parties du monde. Voir p. 32.

N

Natura 2000 : réseau européen de sites naturels protégés (terrestres et marins) pour leur biodiversité. Voir p. 88.

Navetteur : personne qui habite et travaille ou étudie dans deux zones distinctes et qui effectue des trajets quotidiens. Voir p. 64.

Néo-rural : personne d'origine citadine nouvellement installée dans une commune rurale. Voir p. 120.

Nimby (*Not in my back yard* – pas dans mon jardin) : opposition de riverains à l'implantation d'une infrastructure (transport, industrie, énergie). Voir p. 27.

Lexique

Northern Range : concentration des principaux ports européens de Hambourg (Allemagne) au Havre (France), le long de la mer du Nord. Elle sert de façade maritime à l'Europe rhénane. Voir p. 256.

Nouveau Grand Paris : projet d'aménagement à l'échelle de la Métropole du Grand Paris qui a vocation à améliorer la vie des habitants, corriger les inégalités territoriales et affirmer son rôle de ville mondiale. Voir p. 50.

Nuts : unité territoriale découpant le territoire de l'Union européenne. Définies pour les besoins statistiques, elles ne constituent pas forcément des unités administratives officielles. Les fonds européens sont distribués selon les Nuts2 qui sont au nombre de 274 dans l'UE en 2015. Voir p. 62.

O

OMC (Organisation mondiale du Commerce) : organisation qui régule le commerce international en réduisant les tarifs douaniers et en réglant les différends commerciaux. Voir p. 258.

ONU (Organisation des Nations Unies) : institution internationale créée en 1945 groupant, en 2015, 193 États. Ses objectifs essentiels sont la promotion de la paix et du développement dans le monde. Voir p. 277.

P

PAC (Politique agricole commune) : politique européenne de modernisation de l'agriculture. Voir p. 158.

Paradis fiscal : territoire sans fiscalité ou à fiscalité très basse qui attire les capitaux internationaux. Voir p. 240.

Parc naturel : espace protégé soumis à une réglementation spécifique afin d'y préserver l'environnement tout en favorisant le développement économique. Il peut être régional, national ou marin. Voir p. 66.

Paysage : aspect visible d'un espace géographique. Il est le produit du milieu naturel et des aménagements humains. Voir p. 96.

PER (pôle d'excellence rurale) : projet de développement d'un territoire rural fondé sur l'innovation. Voir p. 120.

Péréquation : mécanisme de redistribution financière qui vise à réduire les inégalités entre les territoires. Voir p. 70.

Périurbanisation : urbanisation au-delà des limites d'une agglomération à l'origine d'un étalement urbain discontinu. Voir p. 116.

Plate-forme logistique : zone de stockage et de redistribution de marchandises reliée à des axes de communication rapides (autoroute, voie ferrée ou aérienne). Voir p. 146.

Plate-forme multimodale : nœud de circulation (portuaire, ferroviaire ou aéroportuaire) qui permet le passage d'un moyen de transport à un autre. Voir p. 50.

PLU (Plan local d'urbanisme) : document de planification définissant les règles d'urbanisme sur un territoire : zones constructibles, zones agricoles, zones naturelles. Voir p. 30.

Poldérisation : conquête de terres sur la mer ou sur les zones humides par endiguement et drainage. Voir p. 260.

Pôle de compétitivité : regroupement, sur un territoire donné, d'entreprises et de centres de recherche publics ou privés dans le but de développer l'innovation. Voir p. 32.

Politique de cohésion : politique de l'Union européenne qui vise à créer une solidarité financière entre les États membres afin d'améliorer la compétitivité des territoires et de corriger les inégalités régionales. Voir p. 68.

Politique européenne de voisinage : politique de coopération entre l'UE et ses voisins (Europe de l'Est, Maghreb, Proche-Orient). Elle vise à stabiliser les marges de l'UE en assurant la prospérité et la stabilité des frontières. Voir p. 204.

Port sec : plate-forme logistique en liaison directe avec un port maritime offrant de vastes espaces de stockage. Voir p. 182.

PPP (Partenariat public-privé) : accord permettant la mise en place d'un aménagement public par des entreprises privées qui, en échange de tout ou d'une partie du financement, obtiennent l'usage de cet aménagement durant une période déterminée. Voir p. 30.

PPR (Plan de Prévention des Risques) : document administratif organisant la prévention des risques sur un territoire. Voir p. 98.

Prévention : ensemble de mesures visant à réduire la vulnérabilité d'une société : prévision du risque, aménagements, plans d'information et de secours. Voir p. 98.

PTOM (Pays et territoires d'outre-mer) : territoire appartenant à un État membre de l'Union européenne mais seulement associé à l'UE. Voir p. 236.

Q

Quartier des affaires : quartier qui concentre les activités économiques décisionnelles des métropoles (sièges sociaux des grandes entreprises, places boursières). Voir p. 48.

Quartier prioritaire : quartier en difficulté considéré comme prioritaire par la politique de la ville pour bénéficier d'aides publiques, en raison du faible revenu de ses habitants. Voir p. 28.

R

R&D (recherche et développement) : activité créatrice des entreprises et des laboratoires de recherche basée sur l'innovation scientifique et technique. Voir p. 68.

Région : structure administrative intermédiaire entre l'État et les collectivités locales (département, commune). Elle peut avoir une identité héritée de son histoire (Bretagne, Catalogne), de ses caractéristiques géographiques (Guadeloupe, Vallée d'Aoste, Bavière), ou être le résultat d'un découpage administratif (Pays de la Loire). Les régions administratives françaises sont devenues des collectivités territoriales en 1982. Voir p. 47.

Régionalisme : attitude de valorisation ou de défense des particularités d'une région (mouvements culturels, organisation politique). Voir p. 60.

Renouvellement urbain : opération urbaine ayant pour objectif la mixité sociale, l'amélioration du cadre de vie et le développement de la mobilité. Voir p. 124.

Report modal : action visant à faire baisser la part d'un mode de transport au profit d'un autre. Voir p. 186.

Risque : probabilité qu'un ou plusieurs aléas affectent une société. Voir p. 87.

Risque technologique : probabilité qu'un ou plusieurs aléas liés aux activités humaines (explosion, incendie, irradiation) affectent une société. Voir p. 98.

RUP (région ultrapériphérique) : région ultrapériphérique appartenant à l'Union européenne mais située en dehors du continent européen. Voir p. 206.

S

Sanctuarisation : protection totale d'un espace de toute action humaine pouvant porter atteinte à l'environnement. Voir p. 88.

Scot (Schéma de cohérence territoriale) : document définissant un projet de territoire visant à mettre en cohérence les différentes politiques d'urbanisme. Voir p. 30.

Service marchand : service à but lucratif incluant le commerce et les services aux entreprises. Voir p. 158.

Site Seveso : site industriel dangereux, surveillé par les autorités publiques par le biais des Plans de prévention des risques technologiques. Voir p. 92.

Soft Power (puissance douce) : capacité d'un pays à élargir son rayonnement et à dominer les échanges mondiaux en employant des outils de persuasion culturels, économiques ou politiques. Voir p. 258.

T

Technopôle : parc d'activités spécialisé dans les industries de haute technologie. Voir p. 27.

Territoire : espace vécu et approprié par ses habitants. Il donne lieu à des pratiques (déplacements, habitat, loisirs…), des représentations (territoire attractif ou répulsif, territoire d'appartenance) et des stratégies (aménagement d'infrastructures, choix d'implantation économique…). Voir p. 21.

Territoire du quotidien : territoire parcouru régulièrement par un individu entre son logement et ses activités scolaire, professionnelle, commerçante ou récréative. Voir p. 21.

Transit : passage par un lieu sans s'y arrêter ou séjourner. Voir p. 182.

Transition énergétique : passage d'un système énergétique fondé sur la consommation d'énergies fossiles à un système énergétique intégrant efficacité énergétique et énergies renouvelables. Voir p. 56.

Tropicalité : spécificité des territoires intertropicaux liée à des caractéristiques physiques (chaleur constante, précipitations abondantes, végétation luxuriante) et socio-économiques (faiblesse des revenus, spécialisation des activités). Voir p. 228.

U

Urbanisme : ensemble des sciences (étude du phénomène urbain) et des techniques (aménagements) liées à l'urbanisation. Voir p. 25.

V

Ville mondiale : grande métropole concentrant des fonctions de commandement et exerçant une influence à l'échelle mondiale dans les domaines politique, économique et culturel. Voir p. 114.

Vulnérabilité : fragilité des sociétés face à un aléa. Elle varie selon leur préparation et leur capacité à y faire face. Voir p. 87.

Z

ZEE (Zone économique exclusive) : espace marin large de 200 miles nautiques (370 km) dans lequel l'État côtier dispose de droits exclusifs sur l'exploration et l'exploitation des ressources. Voir p. 236.

ZIP (Zone industrialo-portuaire) : espace côtier associant des fonctions portuaires (accueil de gros navires) et industrielles liées au transport maritime (transformation de matières premières). Voir p. 92.

Zonage : spécialisation des territoires urbains en fonction des activités. Voir p. 116.

Zone blanche : zone géographique où les habitants n'ont pas accès à un service de communication numérique par téléphonie mobile ou ADSL. Voir p. 184.

Zone franche : zone qui présente des avantages fiscaux pour attirer les entreprises et développer l'activité économique. Voir p. 118.

Crédits iconographiques

Couverture ®Jon Arnold / AWL Images/Corbis

16-17 : ®Jacques Pierre /hémis.fr

CHAPITRE 1
18 : extrait issu de BD ORTHO®, IGN-2015 autorisation n°80-1509 ; **19** : Daniel Joubert/CIT'images ; **22** : extrait issu de BD ORTHO®, IGN-2015 autorisation n°80-1509 ; pétition Tram E/dr ; **23** : SMTC/MÉTRO ; **24** : extrait issu de BD ORTHO®, IGN-2015 autorisation n°80-1509 ; AS.Architecture-Studio, Adagp, Paris 2015 ; **25** : Dronestudio.fr ; **26** : extrait issu de BD SCAN25®, IGN-2015, autorisation n°80-1509 ; **31** : Charlie Delta ; Mairie d'Auxerre/Christian Flamand ; **33** : Conseil général de la Manche et Manche Numérique/photo D. Daguier-CCG50/Conception graphique Mano ; **34** : Gilles Rolle/Rea ; **39** : Euromediterranée/dr

CHAPITRE 2
43 : PHOTOPQR/La Voix du Nord ; **49** : Yves Talensac/Photononstop ; Christian Garcia/Ectm ; **51** : Hachette ; **55** : Jacques Léone-Grand Lyon; hemis.fr ; Deligne-Iconovox ; **57** : canceropôleCLARA ; **60** : Fred Tanneau/AFP ; **61** : Région Bretagne ; **65** : Nouveau Monde DDB Nantes ; Delucq ; **67** : PHOTOPQR/Nice Matin ; **69** : Jane Stockdale/Rex/Sipa ; **71** : Luftbildverlag Bertram ; **73** : région Centre-Val de Loire/dr ; **79** : IAU ile de France/dr

82-83 : ®Desvigne Conseil - Jean-Philippe Restoy (Regard du ciel) / SPL Lyon Confluence - 2014

CHAPITRE 3
85 : Benoit Stichelbaut/hemis.fr ; **86** : Robert Palomba/Onlyfrance.fr ; **87** : Chris Hellier/Corbis ; PHOTOPQR/Nice Matin ; **89** : Éloge de la pentitude par F'Murr ©2002 Éditions Glénat ; Lionel Pascale/Mountain Wilderness ; **93** : Pôle Logistique Documentaire–Grand Port Maritime du Havre ; Gérard Né/ www.cargos-paquebots.net ; **97** : Francis Leroy/hemis.fr ; Jean-Marie Faucillon-novissen ; **99** : Jérôme Lallier ; **101** : Fourmy/Andia.fr ; PEFC France ; **102** : Philippe Guinard/Air Images

CHAPITRE 4
113 : photo-aérienne-france/P.Blot ; **117** : ©photo-aérienne-france/Hervé Colson ; **119** : extrait issu du SCAN25®, IGN-2015 autorisation

n°80-1509 ; Ville de Chalon-sur-Saône (mars 2012) Création graphique Le Cargo Jaune/Photo ComAir ; **121** : Philippe Tastet ; Conseil Général du Gers ; **122** : Mairie de Bordeaux ; 123 : Jacques Rouaux/API ; **125** : PHOTOPQR/Voix du Nord ; Daniel Rapaich/Ville de Lille ; Thomas Colin/Journal La Brique ; **126** : Camille Moirenc/hemis.fr ; **127** : Frédéric Hedelin/Onlyfrance.fr ; corse.fr

CHAPITRE 5
139 : P. Decaux ; Jacques Boyer / Roger-Viollet ; **140** : Université d'Aix-Marseille/dr ; Bruno Delessard/Challenges-REA ; **142** : Bloombert/Getty Images ; **143** : Université d'Avignon/dr ; Boizet/Alpaca/Andia.fr ; **147** : Agence Himacom, photos : Airbus-CNES ; **148** : Laurent Dequick ; **150** : Mauritius/Photononstop ; **151** : Photographie Bill Cahill ©Comité Champagne ; **157** : ©JEVEUXMETZ/MMD-HOP ; **159** : LMY&R/Estelle Carr ; **161** : Conseil général de la Vienne ; Johann Trompat/CIT'images ; L'Europe vue du ciel ; **162** : Ester Technopole/Yves Bayard, architecte DPLG ©Adagp, Paris 2014 ; **163** : Région Pays de la Loire-agence DDB

CHAPITRE 6
173 : Jean-Pierre Clatot/AFP ; Jean-Loïc Belhomme/Illustrabank ; **174** : Gilles Rolle/Rea ; **175** : Hubert Raguet/LookatSciences ; **177** : Philippe Guinard/Air Images ; Advocnar ; **183** : Francis Bocquet 03 20 87 87 59 ; 185 : PHOTOPQR/L'Alsace ; Conseil général de l'Isère-fotolia-Carte B. Fouquet ; **187** : Mehdi Fedouach/AFP ; **189** : Communauté d'Agglomération de Perpignan-Méditerranée/Attraptemps ; **190** : Extrait issu du SCAN25® ©IGN-2015 autorisation n°80-1509 ; **197** : extrait issu du SCAN25®, ©IGN-2015 autorisation n° 80-1514 ; extrait issu de BD ORTHO®, ©IGN-2015 autorisation n°80-1514

200-201 : ®Frederic Maigrot/Rea

CHAPITRE 7
203 : Westend 61/hemis.fr ; Dimitar Dilkoff/AFP ; **207** : Kroll ; Valerio Vincenzo ; **209** : Yann Arthus-Bertrand/Altitude ; **211** : A. Carrasco Ragel/epa/Corbis ; Vadot ; **213** : photo-aérienne-france/Hervé Colson ; Vadot ; Jesus Blasco de Avellaneda/Reuters ; **215** : FCC Construction ; Bjoern Steinz/Panos-Rea ; **216** : Chappatte ; **217** : Chappatte

CHAPITRE 8
227 : Kyprianos Biris ; **228** : Jean-Marc Lecerf/Hoa-Qui/Gamma-Rapho ; 229 : Maison de la Martinique ; **230** : Région Martinique ; 231 : photosmartinique.com ; **235** : Cyril Bana/Age Fotostock ; **239** : Nieboer/Picture Press/Sipa ; **241** : DK Limited/Corbis ; Rosine Mazin/Photononstop ; 243 : banara de Madeira ; 244 : Ile de la Réunion Tourisme ; **245** : Walter Bibikow/JAI/Corbis

252-253 : ®Bertrand Gardel/Hemis.fr

CHAPITRE 9
255 : Sandra Standbridge/Getty Images ; **259** : Christian Kober/John Warburton-Lee/Photononstop ; Programme Alimentaire Mondial/Masud Al Mamun ; **261** : photo-aérienne-france/Van–Middelkoop ; PAL-Chris Renault-Plate-forme Trilogipor ; **263** : Antonio Pisacreta/Ropi/Rea ; Stephff ; **265** : Marcus Brandt/dpa/Corbis ; euroluftbild de /Age Fotostock ; **267** : Aeroview b.v.

CHAPITRE 10
275 : EPA/MAXPPP ; Reuters ; **279** : Emmanuel Braun/Reuters ; **281** : Maciej Noskowski/Getty Images ; **283** : Alliance Renault Nissan/dr ; Louafi Larbi/Reuters ; **285** : Philippe Guinard/Air Images ; **287** : Philippe Guinard/Air Images

294 : ®José Antonio Moreno/ Age Fotostock ; **295** : (haut) ®Arnaud Viry/ PhotoPqr/ Thann/ Maxppp ; (bas) ®Beboy/Fotolia.com

297 : Grand Guéret communauté d'agglomération-maison du Limousin ; Romain Cintract/hemis.fr ; **298** : Francis Leroy/hemis.fr ; **299** : photo prise depuis l'hélicoptère «DRAGON 64» de la Sécurité Civile de Pau ; Francis Leroy/hemis.fr ; Maria Veses Ferrer ; **303** : Gilles Varela/20 Minutes/Sipa ; MAYLO/CIT'images ; **304** : Jean-Christophe Verhaegen/AFP ; **305** : AIRDIASOL/Rothan ; **309** : Jean-Paul Azam/hemis.fr ; **311** : smartfish/dr

Les auteurs remercient particulièrement les cartographes de l'AFDEC et Beata de Domino.

Couverture et maquette intérieure : Anne-Danielle Naname
Mise en page : Laure Raffaëlli-Péraudin et Olivier Brunot
Iconographie : Laurence Blauwblomme et Katia Davidoff
Cartographie : AFDEC
Infographie : Beata Gierasimczyk et Christophe Michel, Domino
Relecture pédagogique : Arnaud Cuvelier (professeur d'histoire-géographie au lycée Saint Rémi à Roubaix) et Grégoire Gueilhers (professeur d'histoire-géographie au lycée La Bruyère à Versailles)
Stagiaires : Ouafa Mameche et Céline Priet

www.hachette-education.com
ISBN : 978-2-01-395404-4
© Hachette Livre 2015, 58, rue Jean-Bleuzen, 92178 Vanves Cedex.

hachette s'engage pour l'environnement en réduisant l'empreinte carbone de ses livres. Celle de cet exemplaire est de : **1100 g éq. CO$_2$** Rendez-vous sur www.hachette-durable.fr

PAPIER À BASE DE FIBRES CERTIFIÉES

1

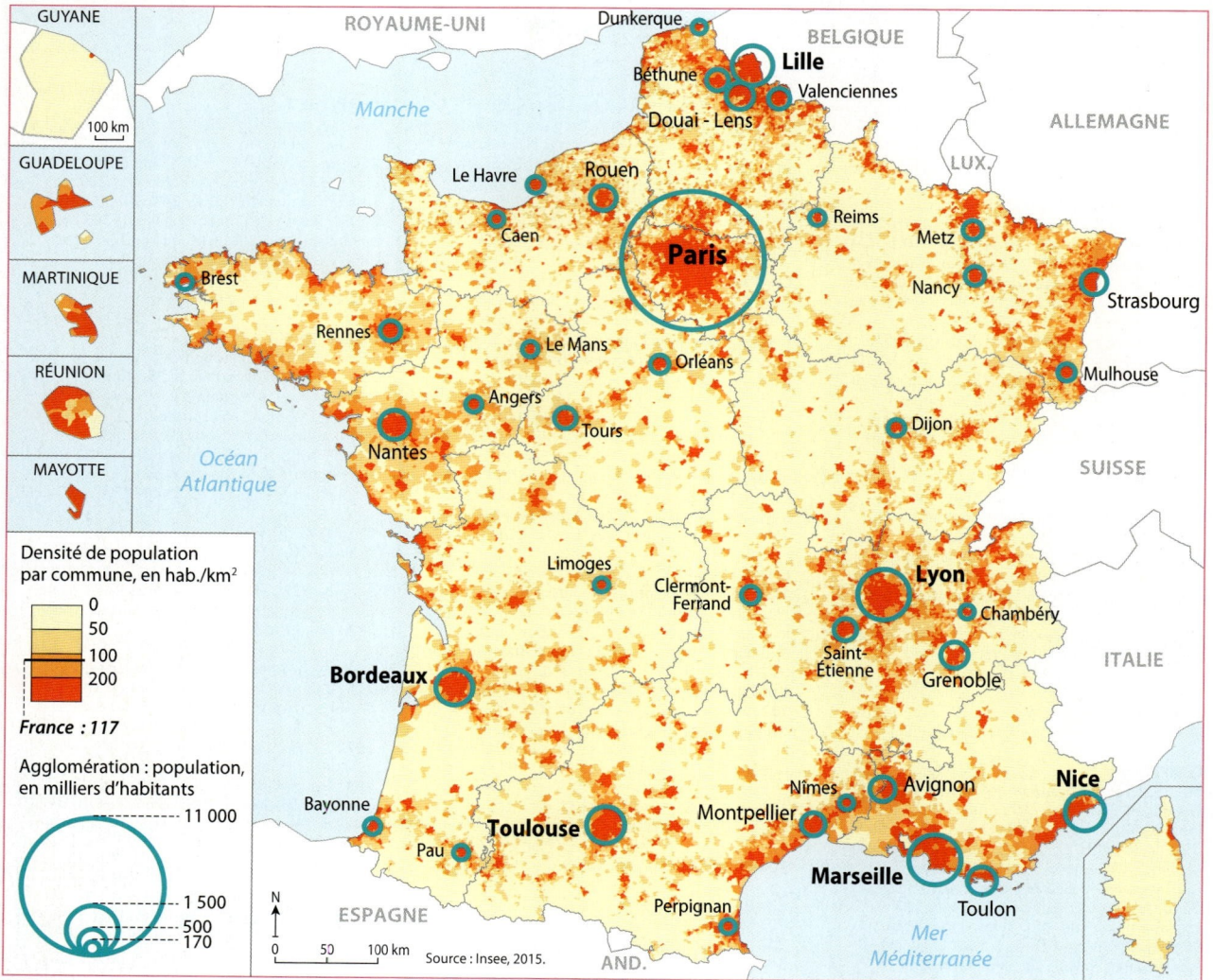

La répartition de la population française

Densité de population
par commune, en hab./km²

0
50
100
200

France : 117

Agglomération : population,
en milliers d'habitants

11 000

1 500
500
170

Source : Insee, 2015.

GUYANE

100 km

GUADELOUPE

MARTINIQUE

RÉUNION

MAYOTTE

ROYAUME-UNI

Manche

Dunkerque
Béthune **Lille** Valenciennes
Douai - Lens
Le Havre Rouen
Caen
Brest
Rennes Le Mans
Angers
Nantes Tours
Orléans

Océan
Atlantique

Limoges
Clermont-
Ferrand

Bordeaux

Bayonne
Pau

N

0   50   100 km

ESPAGNE

BELGIQUE
ALLEMAGNE
LUX.
Reims
Metz
Nancy Strasbourg
Mulhouse
Dijon
SUISSE

Lyon
Chambéry
Saint-
Étienne Grenoble
ITALIE

Toulouse

Nîmes Avignon Nice
Montpellier
Marseille
Perpignan Toulon
AND. Mer
Méditerranée

2

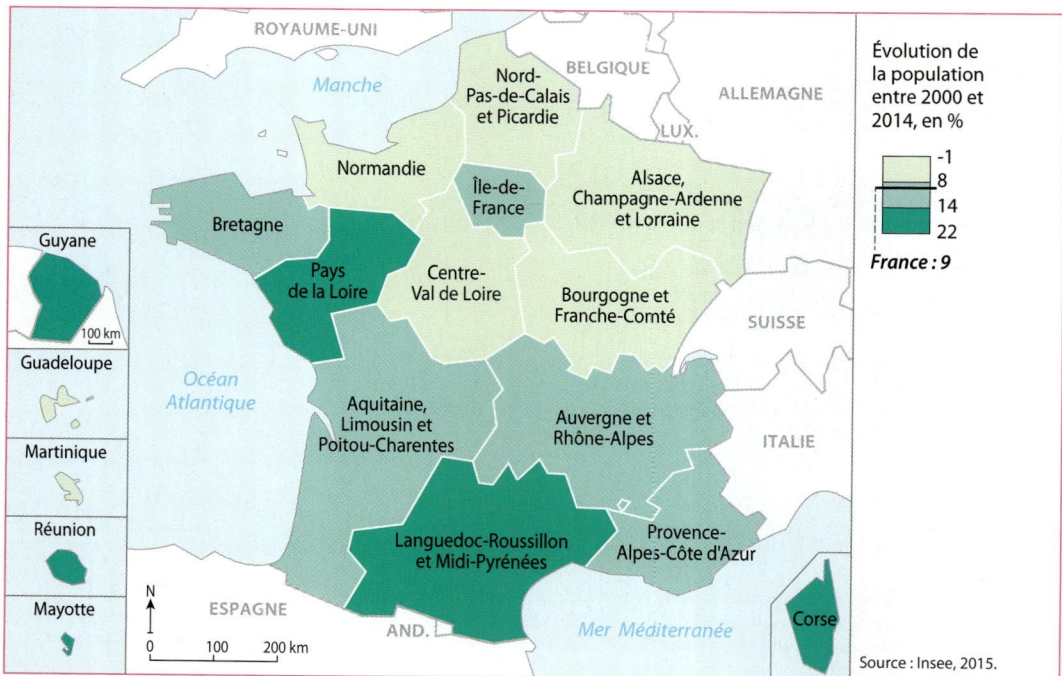

La croissance de la population française

Évolution de
la population
entre 2000 et
2014, en %

-1
8
14
22

France : 9

Source : Insee, 2015.

ROYAUME-UNI

Manche

BELGIQUE
ALLEMAGNE
LUX.

Nord-
Pas-de-Calais
et Picardie

Normandie
Île-de-
France
Alsace,
Champagne-Ardenne
et Lorraine

Bretagne

Pays
de la Loire
Centre-
Val de Loire
Bourgogne et
Franche-Comté
SUISSE

Guyane

100 km

Guadeloupe

Martinique

Réunion

Mayotte

Océan
Atlantique

Aquitaine,
Limousin et
Poitou-Charentes

Auvergne et
Rhône-Alpes

ITALIE

Languedoc-Roussillon
et Midi-Pyrénées

Provence-
Alpes-Côte d'Azur

Corse

N

0   100   200 km

ESPAGNE
AND. Mer Méditerranée

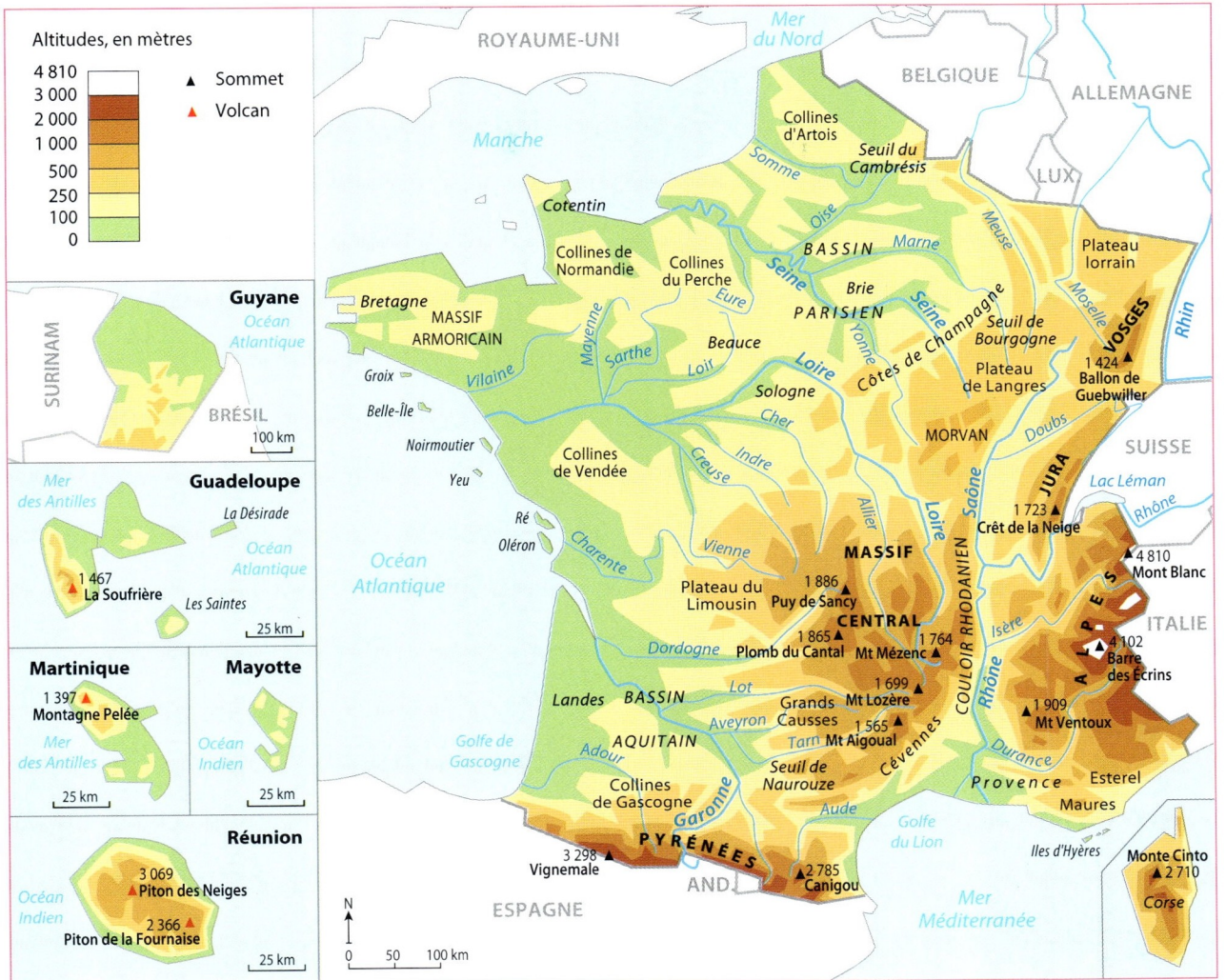

Altitudes, en mètres

4 810	
3 000	
2 000	
1 000	
500	
250	
100	
0	

▲ Sommet
▲ Volcan

ROYAUME-UNI
Mer du Nord
BELGIQUE
ALLEMAGNE
LUX.

Guyane

SURINAM
Océan Atlantique
BRÉSIL
100 km

Guadeloupe

Mer des Antilles
La Désirade
Océan Atlantique
▲ 1 467 La Soufrière
Les Saintes
25 km

Martinique

▲ 1 397 Montagne Pelée
Mer des Antilles
25 km

Mayotte

Océan Indien
25 km

Réunion

Océan Indien
3 069 ▲ Piton des Neiges
2 366 ▲ Piton de la Fournaise
25 km

Manche
Cotentin
Bretagne
MASSIF ARMORICAIN
Groix
Belle-Île
Noirmoutier
Yeu
Ré
Oléron

Collines d'Artois
Seuil du Cambrésis
Somme
Oise
Collines de Normandie
Collines du Perche
Eure
BASSIN
Marne
Meuse
Moselle
Brie
Plateau lorrain
Mayenne
Sarthe
Loir
PARISIEN
Seine
Yonne
Côtes de Champagne
Seuil de Bourgogne
Plateau de Langres
VOSGES
▲ 1 424 Ballon de Guebwiller
Rhin
Beauce
Loire
Sologne
Cher
MORVAN
Doubs
SUISSE
Indre
Creuse
Allier
Saône
JURA
Lac Léman
▲ 1 723 Crêt de la Neige
Rhône
Vienne
Charente
Plateau du Limousin
Puy de Sancy ▲ 1 886
MASSIF
CENTRAL
▲ 1 865 Plomb du Cantal
▲ 1 764 Mt Mézenc
COULOIR RHODANIEN
Isère
▲ 4 810 Mont Blanc
A L P E S
ITALIE
▲ 4 102 Barre des Écrins
Dordogne
Landes
BASSIN
Lot
AQUITAIN
Aveyron
Grands Causses
Mt Lozère ▲ 1 699
1 565 ▲ Mt Aigoual
Tarn
Cévennes
Rhône
Durance
▲ 1 909 Mt Ventoux
Provence
Esterel
Adour
Collines de Gascogne
Garonne
Seuil de Naurouze
Aude
Maures
Îles d'Hyères
Monte Cinto ▲ 2 710
Golfe de Gascogne
PYRÉNÉES
3 298 ▲ Vignemale
AND.
ESPAGNE
▲ 2 785 Canigou
Golfe du Lion
Mer Méditerranée
Corse

N
0 50 100 km

3 Le relief de la France

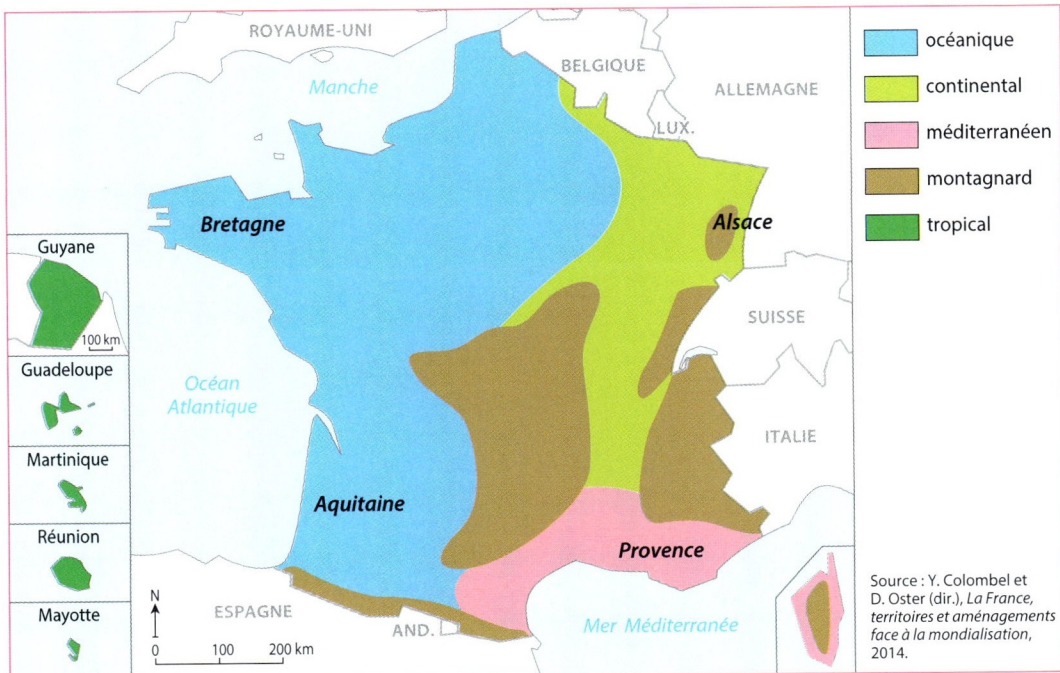

ROYAUME-UNI
Manche
BELGIQUE
ALLEMAGNE
LUX.

Bretagne
Alsace
SUISSE
Océan Atlantique
ITALIE
Aquitaine
Provence
ESPAGNE
AND.
Mer Méditerranée

■	océanique
■	continental
■	méditerranéen
■	montagnard
■	tropical

Guyane
100 km
Guadeloupe
Martinique
Réunion
Mayotte

N
0 100 200 km

Source : Y. Colombel et D. Oster (dir.), *La France, territoires et aménagements face à la mondialisation*, 2014.

4 Les climats de la France

1 PLATE MOVEMENTS AND THEIR RESULTS

The movement of the Earth's crust

The Earth's surface is made up of sections of light crust floating on dense molten rock. Areas of this light crust form continents which can, over time, drift about. These sections of crust are called plates. Figure 1.1 shows that Africa and South America might once have joined together. There are marked similarities and differences between plants and animals in the two continents. These help us to date separation to about 140 million years ago.

A pattern can be shown to exist between earthquakes, volcanoes and mountain ranges. These features usually occur at the edge of plates. The theory put forward to explain this pattern is called plate tectonics. There are six major plates and a slightly larger number of minor plates. These smaller plates seem to form where many major plate edges meet suggesting that they are broken-off fragments. These plates slowly drift about. This movement is probably caused by the extreme heat found deep in the molten rock beneath the lighter solid crust.

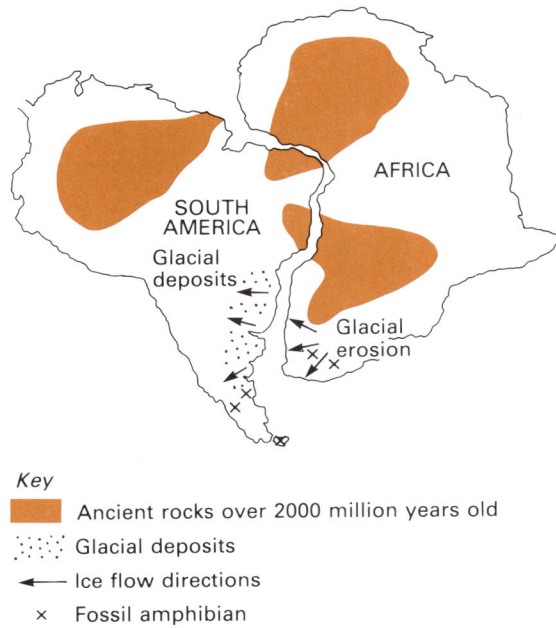

Fig. 1.1 *Africa and South America – do they fit?*

Key
- Ancient rocks over 2000 million years old
- Glacial deposits
- Ice flow directions
- × Fossil amphibian

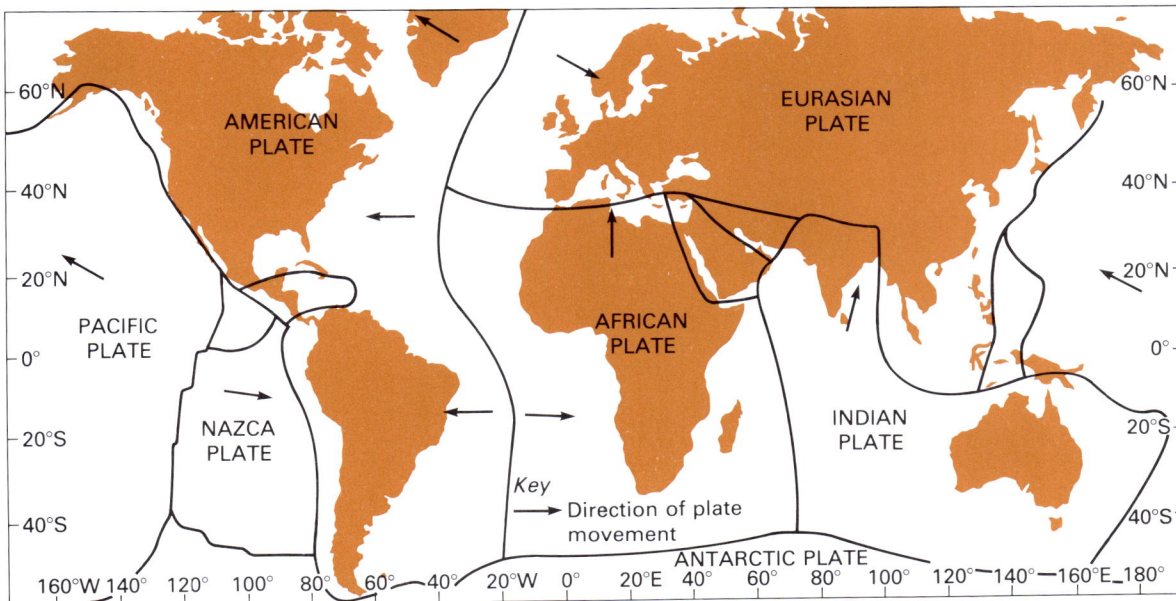

Fig. 1.2 *The major crustal plates as suggested by the pattern of earthquake and volcanic (tectonic) activity*

Key
→ Direction of plate movement

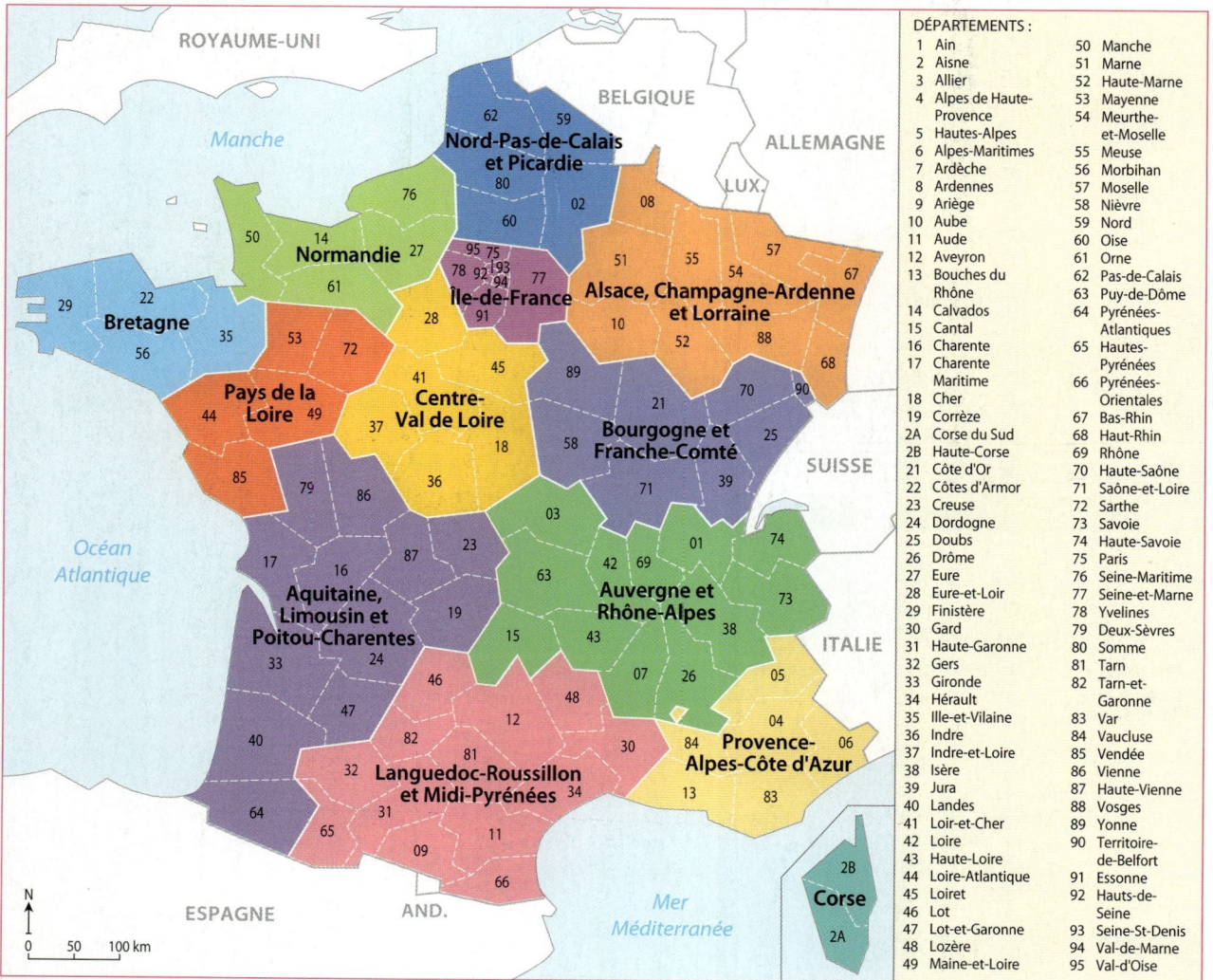

DÉPARTEMENTS :

1	Ain	50	Manche
2	Aisne	51	Marne
3	Allier	52	Haute-Marne
4	Alpes de Haute-Provence	53	Mayenne
5	Hautes-Alpes	54	Meurthe-et-Moselle
6	Alpes-Maritimes	55	Meuse
7	Ardèche	56	Morbihan
8	Ardennes	57	Moselle
9	Ariège	58	Nièvre
10	Aube	59	Nord
11	Aude	60	Oise
12	Aveyron	61	Orne
13	Bouches du Rhône	62	Pas-de-Calais
14	Calvados	63	Puy-de-Dôme
15	Cantal	64	Pyrénées-Atlantiques
16	Charente	65	Hautes-Pyrénées
17	Charente Maritime	66	Pyrénées-Orientales
18	Cher	67	Bas-Rhin
19	Corrèze	68	Haut-Rhin
2A	Corse du Sud	69	Rhône
2B	Haute-Corse	70	Haute-Saône
21	Côte d'Or	71	Saône-et-Loire
22	Côtes d'Armor	72	Sarthe
23	Creuse	73	Savoie
24	Dordogne	74	Haute-Savoie
25	Doubs	75	Paris
26	Drôme	76	Seine-Maritime
27	Eure	77	Seine-et-Marne
28	Eure-et-Loir	78	Yvelines
29	Finistère	79	Deux-Sèvres
30	Gard	80	Somme
31	Haute-Garonne	81	Tarn
32	Gers	82	Tarn-et-Garonne
33	Gironde	83	Var
34	Hérault	84	Vaucluse
35	Ille-et-Vilaine	85	Vendée
36	Indre	86	Vienne
37	Indre-et-Loire	87	Haute-Vienne
38	Isère	88	Vosges
39	Jura	89	Yonne
40	Landes	90	Territoire-de-Belfort
41	Loir-et-Cher	91	Essonne
42	Loire	92	Hauts-de-Seine
43	Haute-Loire	93	Seine-St-Denis
44	Loire-Atlantique	94	Val-de-Marne
45	Loiret	95	Val-d'Oise
46	Lot		
47	Lot-et-Garonne		
48	Lozère		
49	Maine-et-Loire		

5 Le découpage administratif de la France métropolitaine

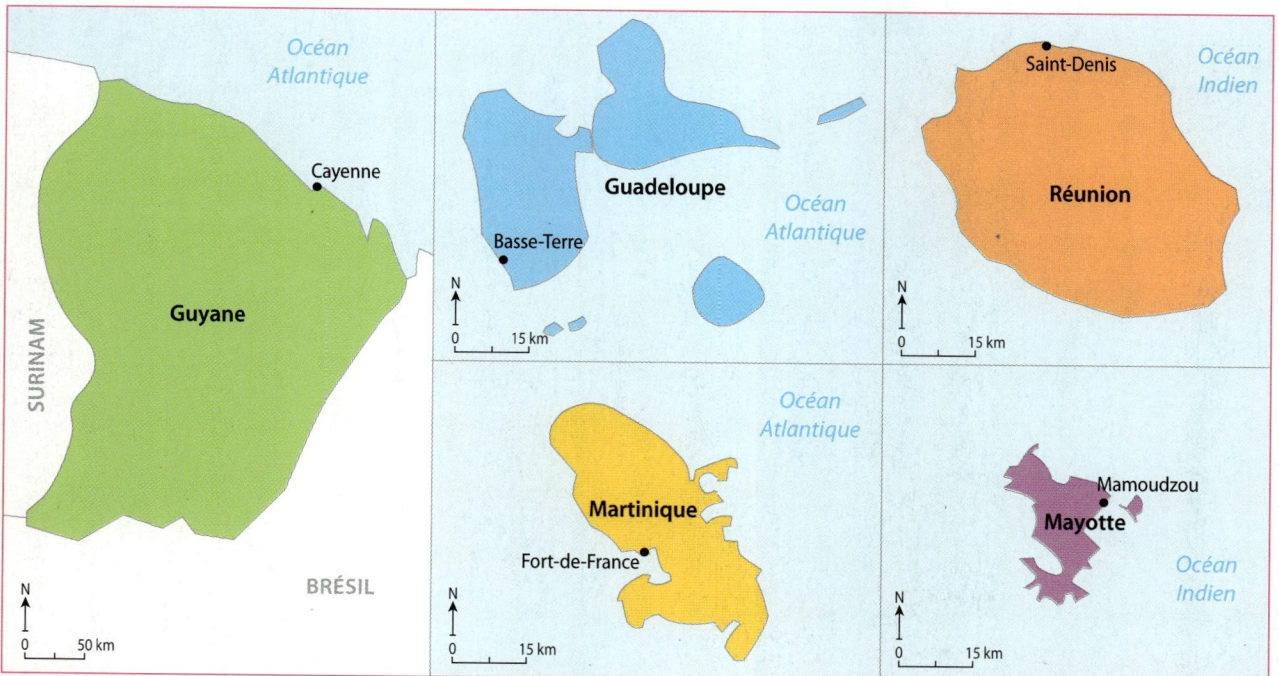

6 Les 5 départements et régions d'Outre-mer français

Achevé d'imprimer en Italie par G. Canale - Dépôt legal : 07/2016 - Edition n° 03 - 73/7786/3   3